Helmut Gollwitzer · Krummes Holz – aufrechter Gang

Helmut Gollwitzer

Krummes Holz – aufrechter Gang

Zur Frage nach dem Sinn des Lebens

Chr. Kaiser

Dieses Buch widmen wir
in großer Dankbarkeit
unseren Eltern

Barbara Gollwitzer
Elsa Freudenberg
Adolf Freudenberg

Helmut und Brigitte Gollwitzer

© 1970 Chr. Kaiser Verlag München
Alle Rechte vorbehalten, auch die des auszugsweisen Nachdrucks,
der fotomechanischen Wiedergabe und der Übersetzung.
Einbandentwurf und Umschlag von Jan Buchholz
Satz und Druck: Buch- und Offsetdruckerei Georg Wagner, Nördlingen
Printed in Germany. ISBN 3 459 00594 7

Inhalt

Vorwort 9

I. NÄHE UND FERNE DER SINNFRAGE . . . 17
Nach dem Sinn des Lebens wird heute bewußter und bedrängter gefragt denn je zuvor. Alte Sinngebungen versagen; was an ihrer Stelle angeboten wurde, enttäuscht. Die Erinnerung an frühere Geborgenheit in ausreichenden Antworten verschärft das Empfinden der Leere. Der Rat, sich dieser Frage überhaupt zu entschlagen, ist ebenso charakteristisch für die Ratlosigkeit wie die Hoffnung, im Kampf für die Veränderung der Gesellschaft den gesuchten Sinn zu finden.

Religion, Philosophie, Christentum 17
Sinneskrise 19
Sinnfrage als Erbe 21
Was tun mit den »letzten Fragen«? 25

II. EIN THEOLOGISCHES BEDENKEN . . . 27
In der Theologie unserer Zeit finden sich ernstzunehmende Stimmen, die davor warnen, das Evangelium als Antwort auf die »letzten Fragen« auszugeben, weil es Ruf in den Dienst Gottes an der Welt sei, nicht Mittel zur Lösung unserer seelischen Schwierigkeiten. Aber wenn das Evangelium Botschaft vom Heil ist, muß es einen Bezug zu unseren existentiellen Problemen haben.

Reinhold Schneider 27
Harvey Cox 32
Dietrich Bonhoeffer 34
»Unmetaphysische Generation«? 43

III. WONACH WIRD GEFRAGT? 46
Sprachgeschichtlich ist die Verwendung des Wortes Sinn für die Frage nach dem Wozu des menschlichen Lebens ziemlich neuen Datums. Eine Analyse der Situationen, in denen die Sinnfrage gestellt wird, zeigt, daß in ihr nach der Beziehung zu einer höheren und bleibenden personalen Gemeinschaft gefragt wird. Die Ahnung von solchem Sinn wird uns schon durch frühkindliche Erfahrungen vermittelt. Damit erweist sich, daß Sinn von uns empfangen wird durch vorgegebene Gemeinschaft. Daß Sinn also Gnade ist, hat gesellschaftskritische Bedeutung gegen Predigt von Sinn durch Leistung und die Wertung des Menschen nach seinem Nutzen in der gegenwärtigen Gesellschaft.

Sprachgeschichtlicher Befund 46
Inhaltlicher Befund 50
Die Erfahrung der Sinnfrage 53
Exkurs über Nutzen und Sinn 62
Sinn als *Gnade* und Sinn als *Leistung* 68

IV. DIE SINNFRAGE IM NIHILISMUS 83
Ausgehend von Nietzsches Erfahrung des Nihilismus wird die Veränderung des Verhältnisses zum Tode seit dem Schwinden des Unsterblichkeitsglaubens dargestellt. Eine ausführliche Auseinandersetzung gilt dem Versuch, mit Hilfe der Fortschrittsidee (in ihrer bürgerlichen wie in ihrer marxistischen Fassung) die Sinnfrage zu beantworten. Jean Paul, Nietzsche, Dostojewskij, Nicolai Hartmann und Albert Camus kommen als Zeugen neuzeitlichen Denkens zu Wort.

Nietzsches Erfahrung des Nihilismus 83
Das Gehäuse der christlich-abendländischen Metaphysik 90
Die Sterblichkeit 94
Exkurs über das Todesproblem im Marxismus . . . 107
Nietzsches Antwort auf den Nihilismus 115
Fortschritt als Sinngebung 122
Sinngebung als Sinnsetzung 161

V. DER CHRISTLICHE GLAUBE UND DIE SINN-
FRAGE 176
Die Sinnfrage ist die Gottesfrage, sofern mit dem Worte »Gott« jeweils diejenige Instanz bezeichnet wird, von der Sinngebung erhofft wird. Im christlichen Glauben wird das Wort »Gott« reserviert für eine Stimme, die in der Geschichte Israels und in der Erscheinung Jesu Christi gehört wird. Dieses Hören hat eine neue und eigenartige Stellung, Verschärfung und Beantwortung der Sinnfrage zur Folge.

Sinn und »Gott« 177
Die Glaubensgestalt der antik-christlichen Metaphysik 191
Biblische Botschaft und Sinnfrage 195

VI. SCHÖPFUNG UND SINN 211
Nach der Auflösung des jahrhundertealten Bundes zwischen christlichem Denken und antiker Metaphysik zeigt sich, daß biblischer Schöpfungsglaube und moderner Nihilismus sich berühren in der Erkenntnis, daß ein dem Weltgeschehen immanenter Sinn nicht aufgewiesen werden kann. Für den biblischen Glauben ist dies aber nur die negative Kehrseite der positiven Geborgenheit der Welt als Schöpfung in der Zuwendung des Schöpfers. In der Beziehung zu ihm hat die Welt und das Einzelleben Sinn.

Inhalt 7

Schöpfung und Nichts 211
Schöpfung als Sinngebung 224

VII. DIE SINNESKRISE IN DER BIBEL 229
Diese Sinngebung durch Schöpfung ist nicht fraglos. Sie wird im biblischen Glauben als in Frage gestellt erfahren von zwei Seiten her: durch die (scheinbare) Untreue des Schöpfers und die (tatsächliche) Untreue des Geschöpfs. Die erste Infragestellung wird besonders in den Psalmen, im Buche Hiob (dazu eine Auseinandersetzung mit dessen Verständnis bei Immanuel Kant und Ernst Bloch) und im Verlassenheitswort Jesu am Kreuz ausgesprochen. Die zweite Infragestellung meint den biblischen Begriff der Sünde und die Überwindung der durch sie verursachten Sinnwidrigkeit des menschlichen Lebens durch die Versöhnung in Jesus Christus.

Psalmen und Hiob 229
Exkurs: Zu Immanuel Kants und Ernst Blochs Hiob-Deutung 239
Golgatha 250
Sinneskrise als Sinnverfehlung und Gericht 259

VIII. GUTE BOTSCHAFT FÜR JUDAS ISCHARIOTH 271
Judas Ischarioth ist Beispiel für ein Leben, das geschenkten Sinn durch eigene Verfehlung verwirkt hat. Gottes Zuwendung in Jesus zu den von ihm und damit von ihrem eigenen Leben Getrennten ist Gewährung neuen Sinnes in bedingungsloser Liebe, darum auch für den Verräter und Selbstmörder in Geltung. So wenig wie die Verfehlung des Sinnes kann auch der Tod diese neue Gewährung aufheben. Das Evangelium ist Zusprache größerer Hoffnung über das Nein des Todes hinaus.

Schuld und Vergebung 271
Tod und ewiges Leben 283

IX. SINNEMPFANG UND SINNGEBUNG. Zusammenfassung I 297
Der gewährte Sinn ist zugleich Gabe und Aufgabe. Er ermächtigt zum sinnvollen Tun, d. h. zum Mitwirken an dem Werke des Schöpfers, der seine Schöpfung erhalten und zu ihrem Ziele führen will. Gnade schließt unser Wirken nicht aus, sondern bringt es in Gang und gibt ihm sinnvollen Zusammenhang und Hoffnung gegen Resignation. Damit erhält politisches und gesellschaftliches Tun eine universale Sinnperspektive und hoffnungsvollen Impuls. Die reformatorische Rechtfertigungslehre zeigt das Evangelium als überwindende Antwort auf die Sinneskrise und als Begründung zuversichtlichen Wirkens in der Welt.

Der Einzelne 298 · Der Einzelne in Gemeinschaft 300 · Bleibende Gemeinschaft 301 · Die Welt ist nicht genug 302 · Exkurs über JHWH 303 · Begründung und Folge der Gemeinschaft 305 · Verfehlung 307 · Rechtfertigung des Verfehlenden 308 · Sinngebendes Handeln 309 · Mitwirken 312 · Weg zum Ziel 314 · Befriedung und Beunruhigung 316 · Sinngebung durch den Bedürftigen 320 · Sinnverheißung 323

X. AUSBLICK NACH VORN. Zusammenfassung II . . 326

Die Schöpfung ist nicht fertig. Auch die Sinngebung ist nicht fertig. Was wir in der Sinnzusage der biblischen Botschaft erhalten, ist Ausrüstung zum Hoffen und zum Durchhalten in der Nacht der Anfechtung und der Erfahrung von Sinnlosigkeit durch Ausblick auf Erfüllung der Verheißung. »Gott« ist der Name der Verheißung und ist die Verheißung der Erfüllung. Die eschatologische Dimension des christlichen Glaubens macht Glauben zu Hoffnung. Wir haben den Sinn noch nicht so, daß wir ihn sehen; aber wir blicken voraus auf seine Offenbarung. Sinnverheißung ist Befehl und Einladung zu Sinnhoffnung.

XI. CHRISTLICHER GLAUBE UND ATHEISMUS IN DER GEGENWART 345

In fünf Thesenreihen wird der Sinn christlicher Rede von Gott entfaltet und dem Einspruch entgegengestellt, den der neuzeitliche Atheismus dagegen im Namen der Wissenschaft, im Namen der Autonomie des Menschen und im Namen der leidenden Kreatur erhebt.

1. Der Sinn der biblischen Rede von Gott 345
2. Der Einspruch des neuzeitlichen Atheismus gegen den christlichen Glauben im Namen der Wissenschaft . . 355
3. Der Einspruch des neuzeitlichen Atheismus gegen den christlichen Glauben im Namen der Autonomie des Menschen 363
4. Der Einspruch des neuzeitlichen Atheismus gegen den christlichen Glauben im Namen der leidenden Kreatur 373
5. Womit bekommt man zu tun, wenn man mit dem Evangelium zu tun bekommt? 382

Sachregister 383

Namensregister 385

Vorwort

Krummes Holz – so nannte Immanuel *Kant* die Menschen[1]. Aufrechter Gang – das ist Ernst *Blochs* Bild für des Menschen noch nicht erreichte, erst noch zu gewinnende Bestimmung. Dazwischen liegt zeitlich und sachlich viel; vor beiden liegt die Tradition der Bibel, die in beiden Formeln mitspricht, vielfach verändert, entstellt, schlecht verwirklicht von denen, die sie weitergeben, aber doch von ihnen weitergegeben, Element für und kritische Frage an unser Denken und Leben.

Aufrechter Gang – das ist Leben in Sinnesgewißheit. Krummes Holz – dem ist Sinn bezweifelt oder ganz aufgekündigt. Wie kommt krummes Holz zum aufrechten Gang?

An dieser Stelle sah ich das, was auf folgenden Seiten als »biblische Botschaft« geschildert wird, zusammentreffen mit Grundfragen heutigen Daseins, sowohl den individualistisch formulierten der Existenzphilosophie wie den kollektiven der politisch-gesellschaftskritischen Bewegung, also des Sozialismus. Eine Vorlesung, die ich in Berlin (erstmals 1964) und München (zuletzt im einschneidenden Sommer 1967) über »Der christliche Glaube und die Frage nach dem Sinn des Lebens« gehalten habe, bewegte sich von Anfang an in der Spannung zwischen diesen beiden Tendenzen. Sie versuchte einerseits aufzuspüren, wie es auch im Politischen dem einzelnen Leben um Sinngewinnung geht, dieses Einzelne also gegen die Aufsaugung durchs Kollektiv zu verteidigen und zur Geltung zu bringen. Andererseits wurde mir zunehmend wichtig, der gesellschaftlich-politischen Zielsetzung als Hoffnung für die in gegenwärtiger Sinnlosigkeit sich zerreibende Einzelexistenz nachzugehen mit der Frage nach dem Grund, aber auch nach der Grenze dieser Hoffnung: Engagement fürs Kollektiv als Erlösung des nichtig dahintreibenden bürgerlichen Individuums.

In der täglichen Teilnahme an den vom Generationsbruch bestimmten, aber nicht allein auf ihn zurückführbaren Auseinandersetzungen in meinen beiden primären Lebensbereichen, der Hochschule und der Kirche, wurde jede gefundene Formulierung sofort wieder

---

[1] Siehe S. 126.

in den Strudel der Befragung hineingezogen. Wie wenig sprachliche Kommunikation heute gelingen will, wie jedes Wort, jede Formel in anderen Ohren und Köpfen in einen anderen Kontext gerät, mit anderen Assoziationen, Erfahrungen, Belastungen und Animositäten, hat sich gerade bei den Gesprächen über Gegenstände dieses Buches erwiesen. Heute mehr denn je sind wir »Boten, die versiegelte Gaben zu unbekannten Leuten tragen« (Wilhelm *Raabe*). Pfingstwunder sind so rar wie nötig. Ohne Hoffnung auf sie, auf eine pfingstliche Verständigung, kann man über das hinaus, worüber Computer sich mühelos verständigen können, kaum noch einen Gedankengang darzulegen wagen.

Erst recht gilt das dann, wenn christliche Gedanken mit ins Spiel kommen. Sie stehen heute in einer merkwürdigen Ambivalenz: aufs Christentum richten sich immer noch und immer wieder besondere Erwartungen – und gegen das Christentum wachsen besonders massive, ressentimentgeladene Barrieren. Woher sie kommen, und inwieweit die offiziellen Institutionen, Traditionen und Repräsentanten des Christentums selbst das meiste und dickste Baumaterial dafür geliefert haben, ist jetzt nicht zu erörtern. Der unvermeidliche Zwischenruf beim Lautwerden christlicher Worte, dies sei alles abgebraucht, faszinationslos, ins Leere greifend, ist mir wahrhaftig bekannt genug. Er generalisiert suggestiv die Situation einiger, vieler, und spielt sie hoch zum Gesetz für alle; er urteilt vorweg, lähmt entstehende Aufmerksamkeit und macht diese zu einer Frage nonkonformistischen Mutes. Widerlegen kann man ihn nur, indem man selber vollzieht, wozu man andere einladen und gerne bringen möchte: das aufmerksame Fragen und Hinhören auf die Sache des Christentums, also auf das, was ich in diesem Buche mit den Titeln nenne, in denen schon die frühe christliche Tradition ihren Inhalt zusammenfaßte: Evangelium, Botschaft.

Inhalt ist: Leben für die Menschen, Leben Gottes für das Leben der Menschen. Soll das mit unserer Wirklichkeit zu tun haben, dann muß auch vom Tode die Rede sein. Das ist, wie man sehen wird, in nicht geringem Maße der Fall: vom Tode des Menschen wie vom Tode Gottes. Auf eine sehr verschlungene Weise wird beides im Neuen Testament zusammengebunden: Der Tod Gottes ist der Tod der Menschen – und: Der Tod Gottes ist das Leben der Menschen. Dies alles, nicht um Gott totzusagen, sondern um ihn als den, durch den Menschen leben, wahrzunehmen. Darüber wird nachgedacht in

Vorwort

dem Jahrhundert, in dem die Tötung des Menschen zunehmend das zentrale Thema ist. Der Völkermord, in dessen Schatten wir über den Sinn des einzelnen Menschenlebens nachdenken – der an den Juden vollzogene und ihnen weiterhin angedrohte, der in Vietnam, der an den Indianern, der an den Ibos – ist die Ankündigung der großen Tötung des Menschen: die Abschaffung der Unbrauchbaren und die Regulierung der Brauchbaren. Es ist gerade umgekehrt, wie es Karl *Marx* in seiner Religionskritik gesagt hat: Was man Gott beilegte, nahm man dem Menschen weg; nun muß man es Gott wieder wegnehmen und dem Menschen beilegen, dann endlich kommen die Menschen zu ihrem menschlichen Wesen. Das stimmt an der Oberfläche: Um Gott zu ehren, hat man oft genug den Menschen in sich und im anderen vergewaltigt, verkrüppelt, verkümmern lassen, materiell und geistig. Aber es stimmt nicht in der Tiefe; wenn man weiter vorstößt und mehr erfährt (und das haben wir schon, nur das Erkennen der Erfahrungen ist das Schwierige!), dann ist es umgekehrt: Das Töten Gottes durch das Totsagen Gottes tötet den Menschen. Ist Gott tot, dann ist der Mensch nichts mehr wert. Während sie vom Tode Gottes schwatzen, breitet sich das Töten des Menschen auf die mannigfaltigste Weise aus. Im Abgrund der Tötung des Menschen, – auf dem Marktplatz des ausgehenden 20. Jahrhunderts, auf dem der »tolle Mensch« hundert Jahre nach *Nietzsche* angesichts der Tempel der neuen humanistischen Religionen nicht mehr die längst alt gewordene Nachricht vom Tode Gottes, sondern die neue (aber daraus folgende!) Nachricht vom toten Menschen ausruft – wieder mit den gleichen Worten: »Wir haben ihn getötet ... Wie werden wir nun leben? ...« – auf diesem Marktplatz wird die Identität der Frage nach dem lebendigen Menschen und der Frage nach dem lebendigen Gott, die Identität der Sinnfrage und der Gottesfrage sichtbar, ja schon erfahren.

Das Totsagen Gottes allerdings geschieht nicht nur auf atheistische Weise. Noch wirksamer geschieht es im Totreden Gottes überall da, wo die Rede von Gott folgenloses Gerede ist. Wo hat das seine Grenze? Wo hat das Reden vom lebendigen Gott – vom schöpferischen Quell des Lebens, vom sterbenden und auferweckten Bruder des Menschen, vom neu schaffenden, Vereinigung wirkenden Geist – die ihm entsprechenden Folgen, also die revolutionären, sowohl individuell wie politisch-sozial? Die Frage, auf jeden selbst angewandt, verschlägt einem die häufig beliebte Kritik an den Kirchen und den Frommen, aber sie kann deshalb doch nicht unterlassen werden. Das folgenlose fromme Gerede von Gott und das hinsichtlich der Folgen ahnungslose Totsagen Gottes arbeitet sich in die Hände. Nur Lebensfolgen, nur darauffolgende Lebenszeichen können christliche Rede von Gott verifizieren.

Daran ist ein Hauptmangel dieses Buches zu erkennen. Ich habe es so lange mit mir herumgetragen wie keine andere meiner Veröffentlichungen; wohl gerade wegen der eigenen Erfahrung, durch die die hier niedergelegten Formulierungen hindurchgegangen sind, empfinde ich sie mehr als früher Veröffentlichtes als unzulänglich, abständig vom Intendierten, höchst verbesserungsbedürftig. Der größte Mangel aber ist, daß diesem Buch der unentbehrliche zweite Teil fehlt. Sozusagen im gleichen Atemzug, zwischen den gleichen Buchdeckeln, müßte, wenn auch in unumkehrbarer Reihenfolge, der Gegenzug fahren: Wird in diesem Teile der prometheischen Hybris, der Lehre vom sinngebenden Menschen, entgegengetreten und der Mensch zum Empfänger freilich großen Sinnes – degradiert oder erhoben (wie das nun einer sehen will), so muß von der Sinngebung durchs Tun noch einmal in anderem Tone gesprochen werden: als von der Folge, auf die das Empfangen zielt, als von dem Woraufhin, ohne das das Empfangen seinerseits sinnlos wird. D. h. was hier noch fehlt und doch zum Verständnis und zur Praktizierung des Ganzen unentbehrlich ist, ist ein zweiter Teil über die politischen Folgen des christlichen Glaubens, samt Aufdeckung der Ursachen seiner häufigen Wirkungslosigkeit und seiner häufigen Wehrlosigkeit gegen Mißbrauch in Geschichte und Gegenwart, seiner Abdrängung in eine aparte Religionswelt, der Ursachen des Ausbleibens der Gesellschaftsrevolution infolge des Evangeliums, wesenhaft natürlich einer sozialistischen. Politik und Religionskritik gehören dazu, werden hoffentlich eines Tages auch in Buchform nachgeliefert. Was der Verfasser bisher in verschiedenen Veröffentlichungen, einschließlich seiner Predigten, einschließlich seiner konkreten politischen Stellungnahmen, kundgetan hat, möge inzwischen als Ersatz für den hier fehlenden, den ersten Teil im Gegenzug kommentierenden zweiten Teil genommen werden.

Das muß ich betonen – auch, um die Bezugnahmen auf den Marxismus in diesem Buche vor Mißverständnis zu schützen. Sie sind nicht zu verstehen als Voten in einem christlich-marxistischen Dialog, sofern es sich bei diesem um einen Disput zwischen Vertretern

Vorwort

verschiedener Gruppen handelt. Ich stehe *auch* in diesem Dialog, und er ist ja wohl auch dringend nötig, zudem als ein wahrer Dialog erst von kurzer, noch sehr ungenügender Dauer. Diese Schrift aber ist gedacht von einer Position aus, die den Dialog schon hinter sich hat, die also sowohl marxistisch als auch christlich ist, – in dem veränderten Sinn, den diese Etiketten bekommen, wenn jemandem das, was er vom Marxismus gelernt hat und praktiziert, ebenso zur eigenen Sache geworden ist wie das, was er von der christlichen Botschaft hört. Deshalb ist auf den folgenden Seiten nicht einfach vom Marxismus, sondern (meist ausdrücklich) vom »traditionellen Marxismus« die Rede. Das meint: die dann geäußerte Kritik kommt nicht von außen, um »den« Marxismus als ein abgeschlossenes dogmatisches Gebilde zu erledigen, sondern ist Appell an einen sich selbst geschichtlich, d. h. nicht als fertig verstehenden Marxismus zur Selbstkorrektur, zur Öffnung für neue Einsichten, und zwar Appell von Seiten eines an ihm selbst Beteiligten (und Zuteilung eines der vorhandenen Ketzerhüte durch Gralshüter marxistischer Orthodoxie unbeeindruckt Hinnehmenden).

Christus und Prometheus sind eben keine letzten Gegensätze, wie man oft meint. Ist Prometheus nach dem jungen Marx »der vornehmste Heilige und Märtyrer« im marxistischen Kalender, so verdammt das den Marxismus nicht dazu, antichristlich zu bleiben. Wie könnte der Heilige der menschlichen Arbeit verworfen werden von Christus, der Arbeiter in seine Ernte ruft? Den Seinen gibt er's schlafend, aber das heißt nicht, daß er die schlafenden Knechte für seine besten hält. Im Gebot: ora et labora! ist vereinigt, was in der christlich-marxistischen Kontroverse oft öde genug (und bar jeder Dialektik) gegeneinander ausgespielt worden ist. Dem will dieses Buch nicht Vorschub leisten; christliches Gebets- und Gnadenverständnis bedarf oft genug der Korrektur, nicht nur marxistische Arbeitsverherrlichung. Deshalb müßte dieses Buch einen zweiten Teil haben, der ihm nun auf andere Weise folgen wird.

Das Buch ist nicht ein wissenschaftliches für Wissenschaftler geworden. Ich erhoffe Verständlichkeit ohne Fachvoraussetzungen. »Professorenphilosophie für Philosophieprofessoren« (Schopenhauer), Professorentheologie für Theologieprofessoren gibt es mehr als genug, muß es ja wohl auch geben, und ich hoffe, mich weiter auch daran beteiligen zu können. Aber Wissenschaft hat eine Dienstfunktion und nicht mehr, und das muß daran herauskommen, daß von den Themen, um die sie sich müht, nach dem Durchgang durch die wissenschaftliche Reflexion auch wieder außerhalb der Fachsprache gesprochen werden kann.

Die angefügten Thesenreihen wurden von mir in einer Vorlesung an der Freien Universität Berlin über »Atheismus und Theologie in der Gegenwart« im Jahre 1968/69 vorgetragen und diskutiert. Sie können vielleicht Auskunft geben über die hier nicht weiter erörterten Voraussetzungen für manche Sätze in diesem Buche. Wer in ihm ein eigenes Kapitel über den Sinn des Leidens vermißt, über die hier zu findenden Berührungen dieses Themas hinaus, der möge sich vorläufig durch die 4. Thesenreihe entschädigen lassen.

Für Mitarbeit an der Fertigstellung des Manuskripts und am Korrekturenlesen habe ich Frau Vera Schmidt und Frau Pastorin Ilse Parther, beide in Berlin, zu danken, ganz besonders aber Frau Pastorin Hannelotte Reiffen, ohne deren Mithilfe und ohne deren genaue Nachprüfung der Zitate manch ärgerlicher Fehler stehen geblieben wäre.

Urberg über St. Blasien   Helmut Gollwitzer
Ostern 1970

Ob wir davon kommen, ohne gefoltert zu werden, ob wir eines natürlichen Todes sterben, ob wir nicht wieder hungern, die Abfalleimer nach Kartoffelschalen durchsuchen, ob wir getrieben werden in Rudeln, wir haben's gesehen. Ob wir nicht noch die Zellenklopfsprache lernen, den Nächsten belauern, vom Nächsten belauert werden, und bei dem Wort Freiheit weinen müssen. Ob wir uns fortstehlen rechtzeitig auf ein weißes Bett oder zugrunde gehen am hundertfachen Atomblitz, ob wir es fertigbringen mit einer Hoffnung zu sterben, steht noch dahin, steht alles noch dahin.

Marie Luise Kaschnitz, »Steht noch dahin«, 1970

Wenn du für den Menschen schreibst, belädst du ein Schiff. Doch nur recht wenige Schiffe erreichen den Hafen. Sie versinken im Meer. Es gibt nur wenige Worte, die im Lauf der Geschichte nicht ihre Leuchtkraft verlieren. Denn ich habe vielleicht vieles bezeichnet, aber nur wenig erfaßt.

Antoine de Saint-Exupéry,
»Die Stadt in der Wüste« (Citadelle), Kapitel 36

*Wer ist das, der weiterspricht,
wenn wir abbrechen?*
Ludwig Strauss, »Wintersaat«, 1953, letzter Aphorismus

An jenem Tage werdet ihr mich nichts fragen.
Evangelium des Johannes 16,23

I. Nähe und Ferne der Sinnfrage

Nach dem Sinn des Lebens wird heute bewußter und bedrängter gefragt denn je zuvor. Alte Sinngebungen versagen; was an ihrer Stelle angeboten wurde, enttäuscht. Die Erinnerung an frühere Geborgenheit in ausreichenden Antworten verschärft das Empfinden der Leere. Der Rat, sich dieser Frage überhaupt zu entschlagen, ist ebenso charakteristisch für die Ratlosigkeit wie die Hoffnung, im Kampf für die Veränderung der Gesellschaft den gesuchten Sinn zu finden.

Religion, Philosophie, Christentum

Die Sinnfrage ist allgegenwärtig; es geht immer zentral um sie. Aber sie entzieht sich, sobald wir sie direkt in den Blick zu nehmen versuchen.

Sie ist die Voraussetzung aller anderen Fragen, aber wir können sie aufschieben, aus der ersten in die letzte Frage verwandeln.

Sie ist unausweichlich, und doch können wir ihr den Rücken kehren.

Sie duldet keinen Aufschub, aber meist wissen wir uns nicht anders zu helfen, als indem wir sie aufschieben.

Alles führt zu ihr hin, aber vieles führt von ihr ab.

Wir kennen sie alle, aber schon beim Versuch, sie zu formulieren, geraten wir in Streit; denn sie ist das Allgemeinste, aber auch das Besonderste.

An ihr zeigt sich, wie wir alle dran sind; aber was einer zu ihr sagt, zeigt, wie er im Besonderen dran ist.

Steht die Sinnfrage gleichzeitig in dieser Nähe und in dieser Ferne, so ist es kein Wunder, daß sie selbstverständlich und unselbstverständlich in einem ist. Sie steht im Zentrum, von ihr her lassen sich alle Religionen und Philosophien deuten, aber oft genug gestehen sie es nicht ein, ja es gehört zur Emanzipation der Philosophie von der Religion, zu dem Vorgang, den wir »Säkularisierung« nennen, daß mehr und mehr die Tendenz aufkommt, die Sinnfrage den Religionen zu überlassen, sie eine »metaphysische«, die sie wahrhaftig ist, eine »theologische« zu nennen mit der Absicht, sie damit zu antiquieren. Die Theologie kann dies als eine Ehre ansehen, die ihr damit angetan wird. Denn allerdings soll in dieser Schrift die These vertreten werden, daß es im Christentum zentral um eine besondere Weise geht, die Sinnfrage zu stellen und zu beantworten, obwohl auch im Bereich der Theologie heute manchmal jenes verächtliche Abschieben der Sinnfrage zu vernehmen ist, von dem die Philosophie unserer Tage voll ist, in beiden Bereichen mit einem allzu unbedachten Programm der »Überwindung der Metaphysik« verbunden.

In der Sinnfrage sind die Religionen, die Philosophie und die christliche Theologie miteinander verbunden. So sehr geht es in allen Religionen um die Vergewisserung des Verbleibens im Sinne des Lebens, daß man identifizieren kann: die Sinnfrage ist eine, sie ist *die* religiöse Frage. »Das Entscheidende an der Religion ist nicht, daß sie ›irrational‹ ... daß sie ›paradox‹ ist – wäre sie *bloß* dies, so wäre sie nichts weiter als eine Ungereimtheit, – sondern daß sie Sinn gibt.«[1] Die Religionen mit ihren Lehren, Mythen, Kulturen und Lebensanweisungen sind in allen Kulturen der Ausdruck für die Virulenz der Sinnfrage. »Es gibt in allen Kulturen einen Ort, an dem diese Frage immer wieder wahrgenommen ist. Diesen Ort in allen Kulturen nennt man die Religion. Die Religion in den Kulturen hat immer die Rolle, dieses Gegenwärtige ... als Sinn sicherzustellen, dem kein Unsinn folgt, sondern der Sinn genannt werden darf, weil er als ›in sich‹ Leben fördernd, Leben bewahrend, kurz als lebensmächtig sich erwiesen hat.«[2]

Die Philosophie, seit sie sich verselbständigt hat, hat in ihren großen Zeiten nie daran gedacht, die Sinnfrage den Religionen und der Theologie zu überlassen. Sie hat sie von diesen übernommen und behandelt sie mit ihren eigenen Mitteln, also als Frage der Vernunft und »innerhalb der Grenzen der bloßen Vernunft«, und zwar nicht

---

[1] K. Holl, Gesammelte Aufsätze zur Kirchengeschichte I, 1932, 36 A.
[2] C. H. Ratschow, Die Frage nach dem Sinn des Lebens, in: Spannungsfelder der evangelischen Sozialehre (Festschrift für F. Karrenberg), 1960, 22f; vgl. dazu die Beschreibung der Religion in einem Dokument des 2. Vatikanischen Konzils (Declaratio Nostra aetate, 1,3): Die Religion will »Antwort auf die ungelösten Rätsel des menschlichen Daseins« geben: »Was ist der Mensch? Was ist Sinn und Ziel unseres Lebens? Was ist das Gute, was die Sünde? Woher kommt das Leid, und welchen Sinn hat es? Was ist der Weg zum wahren Glück? Was ist der Tod, das Gericht und die Vergeltung nach dem Tode? Und schließlich: Was ist jenes letzte und unsagbare Geheimnis unserer Existenz, aus dem wir kommen und wohin wir gehen?«

nur so, daß sie die Fragen entfaltet (worauf Paul *Tillich* sie gerne beschränkt hätte), sondern doch auch so, daß sie es sich nicht nehmen läßt, sie in irgendeiner Weise zu beantworten. Hierin liegt die Größe ihres Anspruchs, während Unzufriedenheit mit dem, was sie dabei zu leisten vermag, solange sie nicht unter der Hand sich anderer, nämlich theologischer Mittel bedient, zur Folge hat, daß Philosophen bestrebt sind, die Sinnfrage aus der philosophischen Arbeit als einer wissenschaftlichen auszuscheiden. In der Sinnfrage sind Religion und Philosophie, Christentum und die Religionen, diese drei Größen miteinander vereinigt, so sehr, daß eine Abwehr der Sinnfrage, der Versuch, sich ihrer zu entschlagen, sowohl zu einem Bruch mit der Religion, zur Irreligiosität führt wie auch zu einem Bruch mit dem Christentum, wie auch zum tiefsten Bruch innerhalb der Philosophie. In der Sinnfrage sind aber Christentum, Religionen und Philosophie auch unterschieden, vielleicht sogar geschieden. Ihre Differenz bricht gerade in der Frage, die sie alle drei vereinigt, am tiefsten auf, und zwar, wie wir sehen werden, nicht nur in ihrer verschiedenen Antwort auf diese Frage, sondern, was allerdings damit eng zusammenhängt, in der Sicht der Frage selbst, in der Art, wie sie sie stellen, und in dem Grunde, aus dem sie sie entstehen sehen.

Sinneskrise

Was kann ich erkennen? Was soll ich tun? Was darf ich hoffen?[3] – einfachste und erschöpfendste Zusammenfassung des Fragens, in dem menschliches Dasein sich vollzieht. Im politischen Streit, in den individuellen Krisen werden diese Fragen abgehandelt, aber nicht erst in den Krisen entstehen sie. Jeden Tag, jede Stunde werden sie beantwortet, ehe sie noch als Fragen bewußt wurden, mit vorgegebenen Antworten der Überlieferung und des Milieus, die wir fraglos übernehmen. Ihre Vorgegebenheit ist Garantie ihres Sinnes. Wakkelt die Garantie oder bricht sie zusammen, dann erst tritt das Fragezeichen der Fragen ins Bewußtsein.

Weil die Überlieferung sich als Antwort auf die Sinnfrage gab, stehen plötzlich die Generationen sich fremd gegenüber. Die Alten

---

[3] I. Kant, Kritik der reinen Vernunft. Kants Werke, hg. von W. Weischedel, 3. Bd., 447f.

hatten ihre Antwort gegeben und meinten, sie den Jungen weitergeben zu können. Das kann lange funktionieren. Plötzlich verweigert sich eine neue Generation der Übernahme. Es schaudert sie, das Leben der Eltern weiterzumachen. Wo diese Befriedigung fanden, wird Hohlheit, Selbstbetrug vermutet. Das Worum-willen ihrer Pflichterfüllung, ihrer innerweltlichen Askese, ihr Berufsstreben, ihre Zielsetzungen – dies alles suggeriert keine Nachfolge mehr. Der gesellschaftliche Rahmen, in den das Private sich einpaßte, wird in seiner Heuchelei und seiner Brutalität sichtbar; die Diskrepanz zwischen Behauptung und Realität kann nicht mehr verschleiert werden. Sinnlos erscheint, was eben noch sinnvoll schien, weil nur inselhaft, weil ohne umfassenden Sinngrund. Es zeigt sich: In resigniertem Sich-Begnügen mit isolierter Sinnhaftigkeit (privater Genuß, Familie, Beruf) existiert man dualistisch: aufs Ganze denkt man nihilistisch, im bürgerlichen und privaten Bereich gebärdet man sich, als sähe man Sinn. Diese bourgeoise Inselhaftigkeit der Sinngebung wird unerträglich; gegen sie wird das in ihr noch enthaltene Versprechen eines sinnvollen Lebens eingeklagt, mit der Hoffnung, durch gesellschaftliche Sinnerfüllung diese Isolierung zu überwinden. Radikaler Protest, Gammeln, Drop-outs, Trost in Narkosen, – zum Erschrecken der Älteren steigen die Jungen aus, verhöhnen die Versicherung, was unbefriedigend sei, ließe sich verbessern, verweigern die Teilnahme an Reformen, die doch Sinnhaftigkeit des Ganzen voraussetzen, begeben sich auf neue Sinnsuche, resignieren in leerer Anpassung oder halten den Ausstieg in noch nicht erstorbener Hoffnung. Die Decke, mit der gesellschaftliche Zufriedenheit die Neurosen abgedeckt hatte, wird dünn; die Neurosen brechen durch, den Älteren Anlaß zu billigem Vorwurf; der Psychotherapeuten sind zu wenige, in der Klassengesellschaft zu teuer und sie können es nicht mehr schaffen.

Individuell geschieht das von jeher, auch außerhalb gesellschaftlicher Massenkrise, beim Zusammenbruch oder Verlust dessen, von woher bisher Sinn zukam: plötzlicher Tod von Menschen, an denen das Herz hing und für die gesorgt wurde; Ausgestoßenwerden aus einer Tätigkeit oder einer Gemeinschaft, in der ein Mensch »aufging«, mit der er sich identifizieren konnte; Herannahen derjenigen Ausstoßung, die das Leben selbst beendet: des Alterns und des Sterbens. Dann also, wenn die Sinnfrage uns in der Weise des Verlustes bisheriger Antwort überfällt, zeigt sich, daß der Mensch im Bewußtsein des Sinnes seines Lebens und seines Tuns wie in einer Burg geborgen gewesen war; aus ihr ist er nun ins Unbehauste, in die Öde gestoßen.

Sinnfrage als Erbe

Die Sinnfrage ist so allgemein-unvermeidlich wie geschichtlich, in verschiedenen Zeiten auf verschiedene Weise erfahren und ausgesprochen, je nach dem Ganzen, auf das sie sich bezog. Wir stehen im Erbe einer universalen Stellung und Beantwortung der Sinnfrage durch Religionen, Metaphysik und Christentum. Unsere heutige Sinneskrise ist davon unverwechselbar bestimmt. Eine mögliche und verbreitete Reaktion auf sie besteht darin, sie zu verstehen als Aufforderung, sich dieses Erbes zu entledigen und damit die Trauer des Verlustes loszuwerden. Wir unterlägen, so heißt es, indem sie uns die universale und zentrale Frage ist, einer bestimmten historischen Tradition, im besonderen der christlichen; uns ihrer entledigend, würden wir die ganze Qual los und könnten uns den lösbaren Aufgaben zuwenden. Etwa nach dem Sinn des Krankseins zu fragen, sei eine »Mystifikation des Menschen im Rahmen der christlich-religiösen Weltanschauung«; die Sinnfrage entstehe ja erst »durch die außerwissenschaftliche Projektion des Menschen in die phantastischen Zusammenhänge von göttlicher Schöpfung, Sündenfall, Erlösung, Diesseits als Jammertal und Jenseits als Feld ewiger Seligkeit mit dem Tod als Schlupfloch dorthin«[4]. So schreibt, in heftiger Animosität gegen das Christentum, der Romancier Otto *Flake*:

»Was ist der Sinn des Holunders, des schönen Junibaumes; was der der Spinne, der Viper, der Trichine, der Alge, der übrigen pflanzlichen und tierischen Gebilde? Sie sind dem Lebenszwang gehorsam, das ist ihr Sinn ... Zweitausend Jahre Christlichkeit haben die Geister derart daran gewöhnt, die Frage nach dem Sinn zu stellen, daß die Geister nicht mehr fähig sind, unbeeinflußt zu überlegen, ob das Leben der Geschöpfe tatsächlich sinnlos sei, wenn es sich hier und jetzt erfülle. Nichts, was auftritt, ist sinnlos, denn es entspringt einem Zusammenhang: es mag weiter keinen Nutzen und keinen Zweck haben, aber sinnlos ist es nicht, seine Tatsächlichkeit rechtfertigt sein Dasein ...

Die richtige Perspektive ist jedem Geschöpf mitgegeben, durch den Willen zur Selbstbehauptung, durch die Instinkte, die ihm sagen, was es tun und wie es sich verhalten soll. Da ist kein Zweifel, da ist nur Bejahung, da ist nur Wille zum Ich, dem verörtlichten Konkretum. Der Holunder blüht, die Amsel singt und

---

[4] Moderne Naturwissenschaft und Atheismus, hg. von O. Klohr, 1964, 202, 208.

treibt ihr Wesen, dem Menschen sind, in welcher Zivilisationsphase er sich befindet, die Tage mit Beschäftigung und Aufgaben gefüllt. Unter diesem Gesichtspunkt kann von Zwecklosigkeit keine Rede sein, da das Sichregen und Sichbetätigen Selbstzweck ist.
Das Leben, auf Drang, Unrast, Betätigung und Intensität beruhend, zwingt seine Geschöpfe zum Gehorsam, und die Frage nach dem Sinn erübrigt sich, solange der Sinn mit dem Zweck zusammenfällt. Erst das Lebewesen, das sich am weitesten von der Natur entfernt, der Mensch, kann in die verschrobene Lage geraten, sich eines Vergehens gegen die Natur schuldig zu machen, indem er fragt, ob die von ihr vorgeschriebene Bestimmung – tätig zu sein, solange die Befristung währt – denn alles sei.«[5]

Hier wird die Sinnfrage sofort als Frage nach einem transzendenten Sinn formuliert und als solche abgewiesen zugunsten der Selbstzwecklichkeit des Lebensvorgangs als solchen. Wir werden auf das Verhältnis von Transzendenz und Immanenz noch zu sprechen kommen; hier dient uns die Erwähnung solcher Stimmen nur dazu, den Anschein der Selbstverständlichkeit einer transzendierenden Sinnfrage zu beseitigen.

Im gleichen Sinn wie Flake schreibt z. B. D. H. *Lawrence:*

»Es gibt keinen Sinn. Leben und Liebe sind Leben und Liebe, ein Strauß Veilchen ist und bleibt ein Strauß Veilchen und einen Sinn hineinzerren zu wollen heißt alles zerstören. Lebe und lasse leben, liebe und lasse lieben, blühe und vergehe und folge der natürlichen Linie, welche fortfließt, ohne Sinn... Sie werden einfach vom Sichsorgen verschlungen. Sie sind so emsig dabei sich zu sorgen, um den Faschismus oder um den Völkerbund oder ob Frankreich im Recht ist oder ob die Ehe bedroht ist, daß sie nie wissen, wo sie selbst eigentlich stehen. Sie leben bestimmt nie auf dem Fleck, wo sie sind. Sie bewohnen den abstrakten Raum, die wüste Leere der Politik, der Prinzipien, von Recht und Unrecht und so weiter. Sie sind zum Abstrakten verdammt.«

Es fällt auf: Exemplifiziert wird hier am pflanzlichen und tierischen Leben. Dann wird das Exempel als Vorbild und Begründung benützt. Es stimmt ja:

Die Ros' ist ohn' Warum; sie blühet, weil sie blühet.
Sie acht' nicht ihrer selbst, fragt nicht, ob man sie siehet.   *Angelus Silesius*

Ist sie dem Menschen nützlich, der sie anpflanzt, so ist dieser Sinn ihr äußerlich, nicht ihr eigener. Gilt das auch für den Menschen? Was hier vorausgesetzt wird, ist erst noch zu fragen: Ist das Veto

---

[5] Neue Zeitung, 20. 3. 1951; vgl. R. Luxemburg, Briefe aus dem Gefängnis, 1927, 34 (an Sonja Liebknecht, 23. 5. 1917): »Sie fragen, wozu das alles? ›Wozu‹... ist überhaupt kein Begriff für die Gesamtheit des Lebens und seiner Formen. Wozu gibt es Blaumeisen auf der Welt? Ich weiß es wirklich nicht, aber ich freue mich, daß es welche gibt, und empfinde als süßen Trost, wenn mir plötzlich über die Mauer ein eiliges Zizibä aus der Ferne herübertönt.«

Sinnfrage als Erbe

haltbar, das hier aufgerichtet wird: nur eine »verschrobene Lage«, ein »Vergehen gegen die Natur« sei die Frage, die über den Daseinsvollzug als solchen hinausfragt. Wie zweifelhaft, zeigt sich an der Abwandlung des Vetos bei D. H. Lawrence: Indem jede Frage nach einem transzendenten Sinn verworfen wird, wird sogar die Sinngebung für das Individuum von der Transzendenz des Kollektivs her abgeschnitten; das pure Für-sich-selbst-sein des Individuums bleibt als Selbstzweck und angeblich allein konkret übrig, als stimme diese Isoliertheit auch nur für das Veilchen.

Aber es bleibt doch noch die Frage, ob es, wenn denn schon der einzelne Mensch nicht für sich ist, sondern eingebunden in überindividuelle Zusammenhänge, von denen der Sinn seines Lebens und Tuns nicht abgelöst werden kann, nicht Weisen der Sinnfrage gibt, die ihm aufgeredet sind, auf die er von sich aus nicht käme, und von denen er sich also befreien sollte, um nach dem Sinn in ursprünglicherer, in seiner ihm eigenen Weise zu fragen. Solche Befreiungen von überlieferten Sinnsuggestionen (Vaterland, traditionelle Gesellschaftsordnung, Elternideale) sind wichtige Emanzipationsvorgänge, auch dann, wenn sie zunächst, wie vorhin für die heutige junge Generation beschrieben, viele in große Ratlosigkeit und hilflose Leere stürzen. Geht es bei Emanzipation um vermehrte Selbstbestimmung, so ist der Hinweis von Franz *Overbeck* legitim:

»Wer mich über den Sinn des Lebens unterhält, ... hat sich vor allem darüber auszuweisen, wie er zu der Frage kommt, woher er sie hat, vor allem, ob nur aus sich und für sich oder ob von außen und woher? D. h., ist der Sinn seiner Frage: Was ist der Sinn meines Lebens? Oder was ist der Sinn dessen, was ich im Weltall überhaupt unter der Bezeichnung Leben verbreitet sehe? Schon die Überlegung dieser Alternative entscheidet über die Fortsetzung der Unterhaltung; denn die Antwort öffnet oder verschließt mein Ohr für alles Weitere. Probleme und Wissen gibt es überhaupt für den Menschen nur auf dem Weg über sich selbst.«[6]

Der letzte Satz ist unbestreitbar: Es geht in der Sinnfrage um mich selbst. Diese meine eigene, einzelne Existenz wird in ihr unübersteigbar wichtig. Die Frage nach dem Sinn des einzelnen Menschen tritt *vor* die Frage nach dem Sinn der Geschichte, des Weltalls usw. und wird der Probierstein für alles. Auf sie ist deshalb unsere Besinnung in dieser Schrift konzentriert. Aber ob hier eine »Alternative« sei, ob sie sich loslösen lasse von der Frage nach dem Sinn des Übergreifenden, des Ganzen, das wird noch zu fragen sein. Und ebenso steht es mit Overbecks anderer Alternative: ob die Frage für

---

[6] Aus Overbecks Nachlaß zitiert bei W. Nigg, Franz Overbeck, 1931, 32.

den einzelnen entsteht »nur aus sich und für sich oder von außen«. Sind wir geschichtliche Wesen, so ist das, was in uns entsteht, nicht abtrennbar von dem, was von außen uns zukommt. »Was man ist, das blieb man andern schuldig«[7], – das gilt auch für die Weise der Frage nach dem Sinn, und nicht nur für ihre Beantwortung, sondern schon für Entstehung und Fragerichtung. Ist die Weise, gegen die die erwähnten Stimmen polemisieren, die der jüdisch-christlichen Tradition, so scheint sich das Urteil nahezulegen, auf diese Weise nach einem Sinn zu fragen, nämlich nach einem »transzendenten«, d. h. von einem »Jenseits« (Gottes, dem Leben nach dem Tode usw.) abhängigen, sei uns von einer Tradition aufgenötigt und also schon allein deswegen eine abzulegende zugunsten einer uns eigenen Weise. Aber es ist ein Vorurteil, nur das für unser Eigenes zu halten, was uns nicht aus einer Tradition zukommt. Wohl muß Tradition immer erst angeeignet werden, aber sie kann das auch; wohl muß Tradition kritisch geprüft werden, um angeeignet werden zu können, sonst wäre sie nur heteronome Herrschaft. Aber daß sie nichts als dies sei und sein könne, ist ein Vorurteil, das verkennt, wie unmöglich es ist, unser Eigenes von der Tradition zu isolieren. Denn zum Menschsein gehört wesentlich das Stehen in und Übernehmen von Tradition, wie das sprachliche Existieren des Menschen am deutlichsten zeigt. Wird also in einer bestimmten Tradition heute eine Sinnverheißung und mit ihr eine bestimmte Weise, die Sinnfrage zu stellen, uns überliefert, uns zugesprochen, so ist das nur eine bestimmte Form derjenigen Kommunikation, die zum Menschsein gehört, und durch die, wie wir noch genauer sehen werden, so etwas wie Sinnfrage überhaupt möglich wird. Daß in dieser Kommunikation früher entstandene Vision von Sinn zu uns spricht, diskreditiert diese nicht, mindert ihren Anspruch gehört zu werden nicht, solange gegenwärtige Menschen – also diejenigen, die sich als Hörer dieser Tradition heute Christen nennen – unter uns diese Vision als eine ihnen zu eigen gewordene aussprechen. Ist sie ihnen, wie sie selbst niemals verheimlichen, »von außen« zugekommen (ja, nach ihrem eigenen Eingeständnis, noch radikaler »von außen« als nur durch das »Außen« einer historischen Tradition, nämlich durch das »von außen« der göttlichen Stimme, deren Geschehen in dieser Tradition erzählt wird), so ist sie doch zu ihrem eigenen Worte geworden, das

---

[7] J. W. v. Goethe, Torquato Tasso, 1. Aufzug, 1. Auftritt.

Was tun mit den »letzten Fragen«?

sie ihren von der Frage nach einem sinnvollen Leben umgetriebenen Zeitgenossen sagen. Was diese Sinn-Vision enthält, verspricht und woraus sie entsteht, soll im Folgenden als Beitrag zu unser aller Sinn-Suche dargestellt werden.

Was tun mit den »letzten Fragen«?

Die Beschäftigung mit solchen Fragen kann ironisiert werden. Eine Einigung ist nicht zu erwarten; was an Antworten gegeben wird, erschöpft sich in seiner Faszination und entbehrt der Möglichkeit der Verifikation. Wir fragen hier weit über unsere Köpfe hinaus. Die Sinnfrage, gestellt als Frage sowohl nach dem Sinn des Einzellebens wie nach dem Sinn des Ganzen, sei selbst sinnleer, sofern sie nicht in wissenschaftlich sinnvolle Sätze sich fassen lasse, so schallt es im Chor des älteren und neueren Positivismus. Darum scheint es besser zu sein, solche unbeantwortbaren, ja nie präzis stellbaren Fragen auf sich beruhen zu lassen, statt diesen »letzten« Fragen sich den »ersten« zuzuwenden, statt der Kontemplation, zu der die metaphysischen Fragen verführen, sich auf die Fragen der Weltveränderung zu konzentrieren, auf Theorie für die Praxis, sowohl der individuellen wie der politisch-sozialen, in beiden Hinsichten aber jedenfalls der diesseitigen Lebensgestaltung. Denn im Unterschied zu jenen lassen diese sich nicht hinausschieben. Im Andrängen solcher »ersten« Fragen geschieht eine Relativierung der sich so absolut gebärdenden »letzten« Fragen, manchmal sogar eine therapeutisch hilfreiche, sofern es mir, vom Sinn-Verlust überfallen, sehr lebensfördernd sein kann, daß ich mitten in meiner Verzweiflung über die totale Sinnlosigkeit ein Mittagessen besorgen muß, ein Nachtlager brauche und ein Dach über den Kopf, für meine Familie oder sonst irgendwen sorgen muß, die gesellschaftlichen Probleme nicht loswerde. Dies allerdings nur, sofern nicht meine Verzweiflung mich auch dazu unfähig macht und in Selbstmord oder totale Apathie führt. Dieser Extremfall, keineswegs selten, zeigt schon, daß diese Rede von den »letzten« und den »ersten« Fragen eine entstellende Schematisierung ist, daß die sich hier so unangefochten in den Vordergrund schiebende, ja sich als Beantwortung der Sinnfrage in Form von Eliminierung oder Vertagung gebende Praxis unterhöhlt wird: was sich agnostisch-ironisch als das Vernünftigere ausgab, als beschränkt-diesseitige Sinngebung, eingestandenermaßen fragmentarisch, aber mit dem Vorzug des Erreichbaren und Verifizierbaren, oft nur in Gestalt von biederer Karriere oder den Augenblick ergreifendem Lebensgenuß, vulgär-materialistisch oder politisch-idealistisch als Kampf für bessere Gesellschaft, wird oft spätestens von der nächsten Generation – siehe oben – als öde und sinnleer verworfen. Die Anforderungen des praktischen Lebens können hilfreiche Entlastung sein, als dauerhaftes Mittel für die Stillegung der Sinnfrage pflegen sie sich nicht zu bewähren. Die »ersten« Fragen können unversehens zu den »letzten« und die »letzten« zu den ersten werden. Ob etwas »unpraktisch«, d. h. ohne Bedeutung für die Praxis sei, liegt nicht so gleichbleibend auf der Hand, wie ein sich selbst seiner Vernünftigkeit rühmender Praktizismus und Agnostizismus es meint.

II. Ein theologisches Bedenken

In der Theologie unserer Zeit finden sich ernstzunehmende Stimmen, die davor warnen, das Evangelium als Antwort auf die »letzten Fragen« auszugeben, weil es Ruf in den Dienst Gottes an der Welt sei, nicht Mittel zur Lösung unserer seelischen Schwierigkeiten. Aber wenn das Evangelium Botschaft vom Heil ist, muß es einen Bezug zu unseren existentiellen Problemen haben.

Reinhold Schneider

Ein theologischer Vorbehalt steht heute dem Unternehmen entgegen, den christlichen Glauben als eine Stellungnahme zur Frage nach dem Sinn des Lebens auszulegen. Wir beginnen seine Verdeutlichung mit einer Überlegung von Reinhold *Schneider* in seinem letzten, aus tiefen Anfechtungen eines heutigen Christen geschriebenen Buche »Winter in Wien« (1958). Es können doch – so fragt er und so scheint es ihm – für die Menschen eines ganzen Zeitalters an die Stelle des Verlangens nach ewigem Leben das »Verlangen nach Verlöschen« treten.

»Was kann Christi Sieg über den Tod Menschen und Völkern bedeuten, die sich in den Tod ergeben haben, nach Ewigkeit gar nicht verlangen? Die Osterbotschaft kann sie nicht erreichen. Und doch wurden die Apostel an alle Völker gesandt. Und doch wissen wir von Dornen, Disteln, steinigem Grund, wo das Korn nichts vermag. Gilt das nur von einzelnen, gilt das nicht auch von Völkern?« (99) Und: »Das Korn will Erdreich, in dem es sterben kann, um aufzuerstehen. Wenn der Mensch das ewige Leben weder ersehnt noch fürchtet – und dieser Zone sind wir sehr nahe –, verdorrt das Korn für immer. Der Glaube an die Auferstehung setzt den Wunsch nach Auferstehung voraus – oder die Angst vor dem Nichts. Aber weder dieser Wunsch noch die Angst verstehen sich von selbst; in der Definition des Menschlichen, soweit sie überhaupt möglich ist, sind sie nicht eingeschlossen. Menschentum kann ich darstellen, formen, ohne von der Frage nach Unsterblichkeit beunruhigt zu werden: hier ist die Grenze der Verkündigung, der Mission, des Wortes, des Christentums. Es ist nicht Wort an alle, sondern an die Erwählten unter allen« (69).

Spricht Schneider von Auferstehung, ewigem Leben, Unsterblichkeit, so spricht er von der Sinnfrage und von der Osterbotschaft als von der christlichen Antwort auf die Sinnfrage. Denn Sinn des Lebens meint, wie wir noch sehen werden, Geborgenheit und Erfüllung ohne Angst, also auch ohne Angst vor der Vergänglichkeit, und wie eng die Sinnfrage mit unserer Sterblichkeit zusammenhängt, wird noch ausführlicher Darstellung bedürfen[1]. Schneider sieht richtig, daß die Art, wie wir Menschen uns zu unserer Sterblichkeit stellen, geschichtlich veränderlich ist. Zutreffend beobachtet er den antiidealistischen, antimetaphysischen Zug der Zeit; einer vielleicht noch zunehmenden Zahl von Zeitgenossen in unserem Kulturraum scheint der Durst nach Unsterblichkeit, die Sehnsucht nach einer jenseits des mundus sensibilis, der sinnlich-irdischen Welt liegenden höheren Welt, der Gram über unsere Endlichkeit abhandengekommen zu sein, der seit der Gnosis – um in Schneiders (von Matt. 13, 1–9 genommenen) Bilde zu bleiben – jahrhundertelang den Acker der Völker für das Korn der christlichen Botschaft bereitet hat. Wenige in der jüngeren Generation zeigen sich dafür ansprechbar; was man früher das »metaphysische Bedürfnis« nannte, und worauf eine breite religionsphilosophische Literatur das Werden der Religionen und die Aussichten des Christentums zurückführte, scheint weithin erstorben zu sein, so daß nicht einmal ein annäherndes Verstehen von Äußerungen metaphysisch bestimmter Zeiten möglich bleibt. Es wird nicht klaglos, aber fraglos gestorben; es wird so sehr das Sein als Sein zum Tode erfahren, daß Sterblichkeit als sein Wesenscharakter enthüllt werden kann und darüber hinausgehende Hoffnung als Verkennung des Menschseins abgetan wird (M. *Heidegger*). Idealisten haben einen schweren Stand; Materialisten begrüßen das als notwendige Ernüchterung bei der Umwandlung der Menschen aus Kandidaten des Jenseits in Kandidaten des Diesseits (L. *Feuerbach*); Christen empfinden es als Ausdruck tiefer Resignation und fürchten mit Reinhold Schneider, der hier in den Bahnen katholischer Tradition denkt, daß solche Verschlossenheit in »in sich ruhender Endlichkeit« (P. *Tillich*) empfangsunfähig mache für das Evangelium. Die Klage eines apokryphen Jesuswortes scheint potenzierte Geltung zu bekommen:

»Ich trat auf mitten in der Welt / und im Fleische erschien ich ihnen / und fand sie alle trunken / und keinen fand ich unter ihnen, der durstig gewesen wäre. / Und es mühte sich meine Seele um die Kinder der Menschen / weil sie blind sind in ihrem Herzen und nicht sehen.«[2]

R. Schneider sieht den Widerspruch zwischen der universalen Adressierung des Evangeliums an alle und der nur noch vereinzelten

---
[1] Vgl. S. 277.
[2] Vgl. J. Jeremias, Unbekannte Jesusworte, 1951, 66f.

Disposition und beschränkt die »Erwählten« auf diese wenigen Disponierten. Aber das Gleichnis Jesu vom vierfachen Ackerfeld will nicht über eine notwendige Dispositiertheit belehren, die dann doch wohl nur schicksalhaft zu denken wäre, so daß der erwählende Gott damit in das Dunkel eines glückliche und unglückliche Veranlagung zum Heil willkürlich verteilenden Schicksals geriete, und es will nicht anleiten, die Disponierten am Kennzeichen ihres metaphysischen Bedürfnisses auszusuchen. Es will vielmehr den Hörer aufmerksam machen auf die Dornen, Disteln und Verschlossenheiten, die bei ihm dem Wort des Heils den Zugang verstellen und seine Entfaltung gefährden, und will ihn anreizen, um die von ihm nicht selbst zu bewerkstelligende Öffnung, Disposition und Beseitigung der Hindernisse durch die Kraft des in unser Leben eindringenden Wortes, durch die Kraft des Heiligen Geistes also, zu bitten: »Mache mich zum guten Lande, / wenn dein Samkorn auf mich fällt«, wie ein altes Gesangbuchlied sagt[3]. Glaube an die Auferstehung setzt den Wunsch nach Auferstehung nicht voraus, sondern die Botschaft der Auferstehung ruft ihn hervor. Deshalb wird christliche Sinnverheißung nicht von vorhandenem Bedürfnis sich abhängig machen; sie geschieht im Vertrauen darauf, daß sie auf einen Hunger antwortet, der nicht bewußt sein muß, der aber geweckt und ins Bewußtsein geholt wird, wenn sie zum Menschen kommt. Freilich, die unerhörte Sinnverheißung, die das Evangelium enthält und die in dieser Schrift dargestellt werden soll, hat durch jahrhundertelanges Ausgerufenwerden zu einem geschichtlichen Bewußtsein der Sinnfrage beigetragen, das selbst wieder eine Disposition darstellt; sie tat das in einer dialektischen, d. h. zugleich anknüpfenden und widerstreitenden Verbindung mit der bis in die Neuzeit wirkenden Erfahrung der Unbehaustheit des Menschen im Kosmos, wie sie sich in der Spätantike in Gnosis und Mysterienkulten aussprach, aber sie ist auf diese Erfahrung nicht auf Gedeih und Verderb angewiesen. Zugleich ist aber, was sie geschichtlich gewirkt hat, längst nicht so verschollen, wie R. Schneider fürchtet. Im Gegenteil, ein solches Ereignis »vergißt sich nicht mehr« – so kann man Immanuel *Kants* Wort über die Französische Revolution[4] darauf anwenden; man lese etwa nur

---
[3] »Tut mir auf die schöne Pforte«, V. 4, von Benjamin Schmolck (1672–1737).
[4] I. Kant, Der Streit der Fakultäten II, 7. Kants Werke, hg. von W. Weischedel, 6. Bd., 361.

Alexander *Solschenizyns* »Krebsstation« (1969), um dafür ein Empfinden zu bekommen. Der »vierte Mensch«, den Alfred *Weber* beschrieben hat[5], trägt mehr in sich, als seine Oberfläche verrät, und vermag den vorherigen Menschen keineswegs total abzulösen. Die Nicht-Angewiesenheit des Evangeliums auf die geschichtlich verschaffte oder geschichtlich verhinderte Offenheit der bewußten menschlichen Selbstauslegung auf »ewiges Leben« (was auch immer darunter verstanden werden möge) hin, das Zutrauen zu der Selbstmacht dieses Evangeliums, uns unsere wahre Bedürftigkeit aufzudecken und zum Stachel unseres Bewußtseins zu machen[6], kann uns von der Sorge um die Wirkungsmöglichkeiten der christlichen Botschaft, die R. Schneider quälte, befreien. Damit ist aber die Frage nach dem Verständnis »des« heutigen Menschen (womit immer nur gemeint sein kann: vieler heutiger Menschen) nicht gleichgültig geworden, weil derjenige, der sich beauftragt und gedrungen sieht, diese christliche Botschaft weiterzusagen, seine Zeitgenossen dort aufzusuchen hat, wo sie tatsächlich leben, und das, was er ihnen bringt, in ein Verhältnis zu setzen hat zu dem, was sie bewegt. Wird er jene diesem Menschen nachgesagte Verschlossenheit gegen metaphysische Fragen, jene Abwesenheit eines »metaphysischen Bedürfnisses« auch nicht als eine unüberwindliche Barriere für die ihnen zu

---

[5] A. Weber, Der Dritte oder der Vierte Mensch. Vom Sinn des geschichtlichen Daseins, 1953.
[6] Damit ist natürlich nicht an eine magische Bezauberung, an ein irrationales Mysterium fascinans gedacht. Als Jesu Ruf Matthäus, den Funktionär des ausbeuterischen römischen Kolonialsystems, aus seinem Büro in die Nachfolge holte (Matth. 9,9), – war das ein Vorgang der Verdunkelung oder der Aufklärung, der Knechtung oder der Befreiung? Was mit »Selbstmacht des Evangeliums« gemeint ist, ist an der von den Evangelien gegebenen Darstellung der Befreiungsexousia (Vollmacht) Jesu und seines Wortes abzulesen, d. h. es ist damit vorausgesetzt, daß dies, wie einstmals, so auch heute noch geschieht, d. h. es ist damit vorausgesetzt, daß Jesus lebt; es ist also der Protest der Auferstehungsbotschaft gegen den »Glauben an den ewigen Tod« (R. Schneider, aaO. 99), der von R. Schneiders Sorge, dieser Glaube könne dem Evangelium den Weg versperren, befreit. Das meint Karl *Barths* schlichter Satz: »Jesus Christus selbst sorgt dafür, daß wir in ihm und durch ihn nicht draußen, sondern drinnen sind« (Kirchliche Dogmatik II/1, 174). Anders als unter dieser Voraussetzung kann man weder in Zeiten mit noch in Zeiten ohne metaphysisches Bedürfnis wagen, die christliche Botschaft weiterzusagen. Sie hat Ostern, das Aufsprengen des vom Tod umschlossenen Grabes dieser Welt und also auch des menschlichen Bewußtseins und seiner Selbstauslegung, also auch des modernen Bewußtseins mit seinem Sich-Abfinden mit der Sterblichkeit und dem postmortalen Nichts – nicht nur zum Inhalt, sondern auch zu seiner Möglichkeitsbedingung.

bringende Botschaft ansehen, so wird sie ihm doch beachtlich sein müssen bei der Frage, mit was für Menschen er es konkret zu tun hat, wo sie der Schuh drückt und wo nicht, und zum Aufsuchen der vielleicht verborgenen und verdrängten Fragen, die zur konkreten Not dieser Mitmenschen genauso gehören wie diejenigen Probleme, von denen ihre Reden voll sind. Karl *Barths* Warnung, das Anknüpfen, das jeder, der anderen eine Botschaft bringen will, zu leisten hat, zu fixieren auf solches »metaphysische Bedürfnis«, das die christliche Theologie unter dem Titel »natürliche Theologie« zu behandeln und auf das sie ihre Zuversicht allzu sehr zu setzen pflegte, Barths Kampf also gegen die »natürliche Theologie« gibt seiner theologischen Arbeit eine hervorragende Gegenwartsbedeutung in einem »unmetaphysischen« Zeitalter mit atheistischer Atmosphäre. Aber es würde Barths Meinung vergröbern, wollte man ihn so verstehen, als stehe das Evangelium in keinerlei Beziehung zu den Bedürfnissen und Fragen des Menschen, oder als sei das Verstummen eines »metaphysischen Bedürfnisses« gerade die zu wünschende, sozusagen negative Voraussetzung für die evangelische Botschaft. Solche Meinung kann dazu führen, daß man von theologischer Seite die Zeitgenossen in einer Fraglosigkeit, in einer dumpfen Resignation, in einem (heroischen oder verzweifelten oder verflachten) Sich-Versteifen auf die hier zwischen Geburt und Tod zu erreichende Befriedigung noch bestätigt und befestigt, in der das Evangelium sie doch beunruhigen, aus der es sie doch herausrütteln will. Zwar gibt das Evangelium uns Menschen nicht nur Antwort auf unsere Fragen, sondern verändert, wie wir sehen werden, auch unsere Fragen und ist Antwort im Vollsinn erst auf dieses von ihm veränderte Fragen, – und zwar setzt das Evangelium nicht voraus, daß der Hörer sich in einer offenen Fragesituation befindet und nicht in der Verschlossenheit der Resignation oder einer selbstfabrizierten Dogmatik, sondern es bringt ihn erst gründlich in diese offene Fragesituation, – aber dies alles heißt nicht, daß das Evangelium nicht in einer Beziehung stünde zu den Fragen der menschlichen Existenz, daß es nicht gerade diese meinte. Ist es euangelion, freudemachende Botschaft, so gilt es also Leuten, die freudlos sind oder sich mit anderen Freuden trösten, und will bessere Freude bringen. Ob die Freudlosigkeit und Selbsttröstung des Menschen in metaphysischem Bedürfnis oder in metaphysischer Bedürfnislosigkeit sich äußert, – beides ist nur Ausdruck des Elends derer, »die durch Furcht des Todes ihr ganzes Leben lang einer Knechtschaft verfallen« sind (Hebr. 2, 15). Jeder Mensch »lebt doch eine Existenz, in der er real schuldig wird, in der er real auf seine Grenzen stößt, die höchst real mit dem Tode endigt. Er kann real zweifeln am Sinn seiner Existenz. Er kann sich real fürchten. Er kann real verzweifeln. Und in irgend einer Tiefe ist er offen oder heimlich dieser Möglichkeit real bewußt und real darauf anzusprechen. Er ist also ebenso real auch der Gnade Gottes bedürftig«[7].

Harvey Cox

Das gilt auch für den »urbanen Menschen«, d. h. den Menschen der heutigen Stadtkultur, den Harvey Cox[8] beschrieben hat und von dem er sagt, dieser Mensch befrage »meistens den andern nicht daraufhin, was er ist, sondern was er tut«. »Die Sinnfrage wird also identisch mit der Zweckfrage, mit der Frage nach der menschlichen Nützlichkeit« (88). Er »verläßt sich auf sich selbst und seine Mitmenschen, um die Antworten zu finden. Er fragt weder die Kirche noch den Priester noch Gott« (95). Nun sind aber »die Kirche« und »der Priester« ebenfalls Mitmenschen, und es ist deshalb nicht einzusehen, wieso sie nicht auch zu den Mitmenschen gehören, die befragt werden, da sie sich ja ebenso wie die anderen auch zu Worte melden. Werden sie nicht mehr wie früher mit der Vorgabe der Anerkennung einer ihnen traditionell zugestandenen Autorität befragt, sondern schlicht als Mitmenschen, so ist das kein Unglück, im Gegenteil, es entspricht der Unausweisbarkeit, d. h. der nicht durch einen alles Fragen niederschlagenden Mirakelbeweis gestützten, wehrlosen, anzweifelbaren Autorität der Verheißung, mit der Jesus selbst aufgetreten ist und auf die allein er seine Jünger sich zu verlassen angewiesen hat. Gott selbst kann dieser Mensch freilich so wenig direkt fragen wie frühere Menschen, wohl aber fragt er nach Gott, selbst wenn er das allzu abgebrauchte Wort dafür nicht verwendet oder sich nicht bewußt ist, daß sein Fragen ein Fragen nach Gott ist. Indem er sich aber – davon wird ausführlich die Rede sein – mit dem Aufgehen der Sinnfrage in die Zweckfrage nicht abzufinden vermag, dieses Aufgehen vielmehr die Hölle der reinen Funk-

---
[7] K. Barth, Kirchliche Dogmatik II/1, 146.
[8] H. Cox, Stadt ohne Gott, 1966.

tionalität ist, die Hölle des nur noch Gebraucht- und Verbrauchtwerdens, fragt er, ob dies denn der ganze Sinn seines Lebens sei, und eben damit fragt er – nach Gott, d. h. nach einem besseren, vom Versagen in der Nützlichkeit, von Schuld und Tod nicht mehr durchstreichbaren Sinn[9]. In seiner Existenz *ist* er selbst lebendige Frage nach Gott[10]. Deshalb ist es sehr fraglich, ob H. Cox mit Recht nach *diesem* Kriterium P. *Tillich* einer schon vergangenen Epoche zuteilt und K. *Barth* für den moderneren Theologen hält. Er begründet das damit, daß Barth nicht von den Fragen des Menschen ausgehe, sondern von Gottes freier Aktion auf den Menschen hin, so daß also nach Barth das Evangelium nicht abhängig ist davon, ob der Mensch von metaphysischen Fragen umgetrieben ist (97); dagegen spreche Tillich »diejenigen an, die noch das Bedürfnis haben, religiöse Fragen zu stellen, auch wenn sie in untraditioneller Weise gestellt werden« (94). So sehr diese Unterscheidung zutrifft, so unrichtig ist es doch, damit Tillichs Fragweise für antiquiert zu halten. Wäre die Sinnfrage vergangen und bezöge sich das Evangelium nicht auf jene von Barth aufgezählten »realen Fragen«, zu denen die Sinnfrage gehört und unter denen sie eine besonders mächtige Frage ist[11], dann könnte man so urteilen. Weil dies aber nicht der Fall ist, darum kann Tillich sich mit Recht auf die Situation auch des heutigen Menschen

---

[9] J. Günther, Das letzte Jahr. Mein Tagebuch 1944/45, 1948, 225 (Eintragung vom 3. 8. 1944): »Ob der Gedanke des Sinns eine Vorform des Gottesgedankens ist? Sicher ist, daß Gott als Sinn gefaßt werden kann, und daß seine Bejahung auf eine Bejahung und Rückkehr zum Sinn nach einer wieder aufgehellten Sinnverdunkelung hinausläuft.« Günther erinnert daran, daß Richard Wilhelm in seiner Laotse-Übertragung das chinesische Dao mit Sinn übersetzt hat.
[10] R. Bultmann, in: Glauben und Verstehen II, 1952, 232: »... daß der Mensch sehr wohl wissen kann, wer Gott ist« (B. will wohl sagen: was mit dem Worte »Gott« gemeint ist), »nämlich in der Frage nach ihm. Wäre seine Existenz nicht (bewußt oder unbewußt) von der Gottesfrage bewegt im Sinne des Augustinischen ›Tu nos fecisti ad Te, et cor nostrum inquietum est, donec requiescat in Te‹ (Du hast uns zu Dir hin geschaffen, und unser Herz ist unruhig, bis daß es Ruhe findet in Dir), so würde er auch in keiner Offenbarung Gottes Gott als Gott erkennen. Im menschlichen Dasein ist ein existentielles Wissen um Gott lebendig als die Frage nach ›Glück‹, nach ›Heil‹, nach dem Sinn von Welt und Geschichte, als die Frage nach der Eigentlichkeit des je eigenen Seins. Mag das Recht, solches Fragen als die Gottesfrage zu bezeichnen, erst vom Glauben an die Offenbarung Gottes aus gewonnen sein, – das Phänomen als solches ist der Sachbezug auf die Offenbarung.«
[11] Vgl. dazu meine Überlegungen in: H. Gollwitzer/W. Weischedel, Denken und Glauben, 1965, 202–209, 222–227.

berufen und auf sie seine Auslegung der christlichen Botschaft richten[12]; was an Differenzen zwischen Barth und ihm zu verhandeln ist, ist theologischer Art und nicht mit dem Kriterium der verschiedenen Mentalität früherer und heutiger Menschen zu entscheiden.

Dietrich Bonhoeffer

Von Barth herkommend, hat Dietrich *Bonhoeffer* in seinen letzten Briefen[13] eine Benützung der menschlichen Existenzfragen zur Verteidigung oder zur Vermittlung des Evangeliums aus theologischen Gründen abgelehnt. Man lasse bei dieser Methode Gott »bei den sogenannten letzten Fragen als deus ex machina fungieren« und verwende also »Gott zur Antwort auf Lebensfragen, zur Lösung von Lebensnöten und -konflikten«. Zu diesem Zwecke muß man den Hörer entweder in seinen schwachen Stunden aufsuchen oder in die Schwäche hineinstoßen: »es muß dem Mann ohne Lebensfragen etc. nachgewiesen werden, daß er in Wahrheit tief in solchen Fragen, Nöten, Konflikten steckt, ohne es sich einzugestehen oder es zu wis-

---

[12] Für Tillich ist allerdings – anders als für Barth – die Sinnfrage als die zentrale religiöse Frage leitend, und er hat sein ganzes philosophisch-theologisches Denken wie kein anderer von den namhaften Theologen unseres Jahrhunderts in den Dienst ihrer Explizierung gestellt, um dann – in seiner Methode der Korrelation von Frage und Antwort – das Evangelium als Antwort auf diese menschliche Zentralfrage auszulegen. Weil Barths Ablehnung des Ausgehens von den menschlichen Fragen als Ablehnung einer theologischen Beschäftigung mit diesen Fragen mißverstanden und durch dieses Mißverständnis die theologische Bearbeitung der Sinnfrage (auch als eines hermeneutischen Schlüssels für das Verständnis der Bibel nicht weniger als die von der reformatorischen Theologie in den Mittelpunkt gestellte Frage von Schuld und Vergebung; vgl. Apologie des Augsburgischen Konfession, 1530, Art. 4,3 über den Artikel von der Rechtfertigung, »welcher auch zu klarem richtigen Verstande der ganzen heiligen Schrift vornehmlich dient, und zu dem unaussprechlichen Schatz und der rechten Erkenntnis Christi allein den Weg weist, auch in die ganze Bibel allein die Tür auftut«) blockiert ist, darf an Tillichs Arbeit nicht vorübergegangen werden. Obwohl sie in dieser vorliegenden Schrift wenig zitiert wird, habe ich ihr für viel Belehrung und Anregung zu danken. Im besonderen nenne ich: Der Mut zum Sein, 1953; Religionsphilosophie (Urban-Bücher Nr. 63), 1962; Systematische Theologie I, 288ff; II, 81ff; III, 262f, 346ff. – Neben Tillich sind vor allem K. Heims theologische Bestrebungen zu nennen, von: Das Weltbild der Zukunft, 1904, bis zu seinem Hauptwerke: Der evangelische Glaube und das Denken der Gegenwart, 6 Bde., 1931–1952.
[13] D. Bonhoeffer, Widerstand und Ergebung, hg. von E. Bethge, 1951, zitiert nach der 6. Aufl. 1955 (abweichend also von der erweiterten Neuausgabe 1970); hier ein ähnlicher Vergleich zwischen Tillich und Barth, 219.

sen ... Gelingt es aber nicht, den Menschen dazu zu bringen, daß er sein Glück als sein Unheil, seine Gesundheit als seine Krankheit, seine Lebenskraft als seine Verzweiflung ansieht und bezeichnet, dann ist das Latein der Theologen am Ende« (230). Bonhoeffer war eine kräftige Natur, dem jedes Ressentiment gegen Stärke und Gesundheit, das *Nietzsche* dem Christentum vorhielt, fremd war; er konnte einem heulenden Schwächling seine »Verachtung« so ins Gesicht sagen, daß dieser »mich wahrscheinlich für einen sehr zweifelhaften Christen hält« (145; vgl. 114, 127f, 139f, auch 255). Aber nicht nur seiner Natur, sondern seiner christlichen Erkenntnis, die vom Alten Testament belehrt war, widerstrebte die »Ausnutzung menschlicher Schwäche« (181) durch solche »raffinierten Methoden« (230) zu dem betreffenden Menschen »fremden, von ihm nicht frei bejahten Zwecken« (218). Hier werden die Schwächen des Menschen »ausspioniert« (235), ein »pfäffisches« »Hinter-den-Sünden-der-Menschen-Herschnüffeln« (234), christlicher oder »säkularisierter Methodismus« (217), eine christliche Apologetik, die »sinnlos«, »unvornehm« und »unchristlich« ist (217f). Gott wird hier verwendet für das, was der Mensch begehrt, als der Machtgott, der deus ex machina (242), den man als »Lückenbüßer« (211) für die Lösung der menschlichen Fragen anpreist mit der Behauptung, daß »nur ›Gott‹ eine Antwort geben kann«, und daß man um solcher Antwort willen »Gott und die Kirche und den Pfarrer braucht« (216). Das ist zwar eine naheliegende Methode; denn – so meint man – wie soll man anders den Menschen zum Glauben bringen als so, daß man ihm andemonstriert, wie sehr er Gott *»braucht«?*

Bonhoeffer wollte nicht bestreiten, daß der Mensch Gott brauche (vgl. seine Gedichte »Wer bin ich?«, 242f, und »Von guten Mächten«, 275f); er sah aber, daß das Wirken des Evangeliums am Menschen anders ist, als es in diesem »Methodismus« gesehen wird: Keine Methode kann sicherstellen, daß ein Mensch das Evangelium hört; wenn er es aber hört, dann geschieht eine »Umkehrung« weg von den »eigenen Nöten, Fragen, Sünden, Ängsten«, ein »sich in den Weg Jesu Christi Mithineinreißenlassen« (245). Aus dem »Gott-für-mich-brauchen-wollen« wird in dieser »Umkehrung alles menschlichen Seins« das »Teilnehmen am Sein Jesu«, an Jesu »Für-andere-da-sein« (259). »Das ist die Umkehrung von allem, was der religiöse Mensch von Gott erwartet. Der Mensch wird aufgerufen, das Leiden Gottes an der gottlosen Welt mitzuleiden« (244); »nur der leidende Gott kann helfen« (242), das heißt: wahre Hilfe für uns liegt in dem Weggeholtwerden von unseren egoistischen Fragen, nicht darin, daß wir Gott in unseren Dienst stellen, sondern darin, daß wir in seinen Dienst gestellt werden, in »ein neues Leben im ›Da-sein-für-andere‹« (251), wie denn auch Jesus nicht die Menschen mit ihrer Sünde beschäftigte, sondern »die Begegnung mit Jesus der Erkenntnis der Sünde voran« ging: »Jesus nimmt das ganze menschliche Leben in allen seinen Erscheinungen für sich und das Reich Gottes in Anspruch«, und zwar auch »die mündiggewordene Welt« (231), die »auch ohne Gott mit diesen Fragen fertig« zu werden (211) vermag in »männlicher Nüchternheit« (216). Darum möchte Bonhoeffer eine christliche Verkündigung, die den Menschen nicht an seiner schwachen, sondern »an seiner stärksten Stelle mit Gott konfrontiert« (236), »nicht an den Grenzen, sondern in der Mitte, nicht in den Schwächen, sondern in der Kraft, nicht also bei Tod und Schuld, sondern im Leben und im Guten des Menschen« (182), und ihm hier einen neuen Sinn in sein Leben bringt – nicht dadurch, daß sie ihn davon überzeugt, daß er Gott brauche, sondern dadurch, daß sie ihm sagt, daß Gott ihn braucht. Denn »was über diese Welt hinaus ist, will im Evangelium *für* diese Welt da sein« (184), und solches Da-Sein allein ist das Sein der Kirche (261), die metanoia zum »Knecht« Gottes in der Welt in der Nachfolge des Gottesknechtes von Jes. 53 (244f): »Gott selbst läßt sich von uns im Menschlichen dienen« (263). Fürchtet jemand, daß bei den Menschen dann nicht mehr das Interesse am Evangelium geweckt werden könne, so antwortet Bonhoeffers »Offenbarungstheologie«, daß es von dem egoistischen Interesse des Menschen zu dem neuen Interesse an Dienst und Nachfolge keinen kontinuierlichen Übergang, sondern eben nur jene »Umkehrung« gibt, und daß diese Umkehrung der Kraft des Wortes Gottes, der »Begegnung mit Jesus Christus« (259) zuzutrauen ist. »Dem Wort Gottes ist die Zudringlichkeit aller dieser Menschen zu unaristokratisch, um sich mit ihnen zu verbünden. Es verbündet sich nicht mit dem Aufruhr des Mißtrauens (235: »Aufruhr der Minderwertigkeit«!), dem Aufruhr von unten. Sondern es regiert« (236).

An Bonhoeffers Gedanken einer »religionslosen Interpretation« des Evangeliums ist viel herumgerätselt worden; für eine weit von ihm entfernt liegende »Tod Gottes-Theologie« sind sie in Anspruch genommen worden. Ich meine, daß seine Überlegungen über eine

Weltentwicklung zur Areligiosität, gegen die sich viel einwenden läßt, und über die moderne Autonomie wissenschaftlicher Welterhellung und rationaler Weltgestaltung, die zutreffend, aber nicht neu sind, für ihn nur die Provokation waren, die ihn veranlaßte, sich von allen apologetischen Versuchen und psychologischen Überführungsmethoden abzukehren und der Begegnung mit Jesus im Evangelium die »regierende« Kraft der »Umkehrung« eines Menschen vom Hängen an seinen Wünschen und Fragen zur Nachfolge (vgl. sein gleichnamiges Buch aus dem Jahre 1937) zuzutrauen. Diese Umkehrung zum Dienst an der Welt als der Welt Gottes und diese Bereitschaft, teilzunehmen an dem, was der Mensch von sich aus scheut, am Leiden des seiner Welt dienenden Gottes, und sich mit Gott aus der Welt herausdrängen zu lassen ans Kreuz (242), – das ist Abkehr von der »religiösen« (= auf die egoistischen Fragen des Menschen aufbauenden) Interpretation des Christentums und also »weltliche«, »religionslose Interpretation«.

Der Weg, die Sinnfrage mit dem christlichen Glauben zusammenzubringen, sie als eine christlich zu bedenkende Frage anzugehen, scheint aber auch hier blockiert zu sein. »Er ... ist keineswegs ›dazu gekommen‹, uns ungelöste Fragen zu beantworten« (211); »der Auferstehungsglaube ist nicht die ›Lösung‹ des Todesproblems« (182), – so werden wir barsch beschieden. Wer diese letzten Briefe Bonhoeffers dogmatisiert, der übersieht, daß es tastende Gedanken sind, in jener unabgesicherten Einseitigkeit niedergeschrieben, die im vertrauten Freundesgespräch ihren Ort hat, fragmentarisch im höchsten Grade schon der äußeren Umstände wegen, die den Briefschreiber so oft abbrechen ließen oder physisch belasteten, so daß vieles unerläßlich Dazugehörige nie geschrieben wurde oder uns nicht erhalten geblieben ist. Weil es sich um solche »ins Unreine« (237) geschriebene, oft gerade nur das Thema benennende (231) Bruchstücke handelt, bei denen »es oft zu klotzig herauskommt« und »das Positive« ungeschrieben blieb (268), läßt sich aus ihnen nicht ein System, nicht einmal ein Gerüst dazu zusammenbauen. Deshalb macht die immer noch wachsende Bonhoeffer-Literatur oft den Eindruck rätselnder, zugleich aber mit kühnen Konjekturen konkurrierender Interpretationen eines hermetischen Textes; jede Willkür kann sich an diesen wehrlosen Splittern austoben.

Immerhin: die oben aus den Briefen herausgezogene Gedankenlinie fällt hoffentlich nicht ebenfalls unter dieses Urteil. Sie hat für sich, daß sie nicht einzelne Stellen gegenüber anderen bevorzugt, daß sie sich einfügt in alles, was durch die Briefe und durch die anderen Texte aus der Haftzeit über Bonhoeffers Denken und Haltung in dieser seiner letzten Lebensfrist bekannt ist, und sie steht unter dem Bemühen, nichts von dem, was man selbst möchte, daß Bonhoeffer es gesagt hätte, einzutragen. Jene Gedankenlinie erscheint in sich kohärent; ihr Protest gegen Bekehrungsmethodismus, ihre Beschreibung der »Umkehrung« sind von großer christlicher Wahrheit. Wird hier des Nachdrucks wegen und in jener Entschiedenheit, die Entdeckungen eigen ist, einiges »zu klotzig« gesagt, dann korrigiert differenziertere Betrachtung die Einseitigkeit, die doch unvermeidlich auch Entstellung ist.

Wo ungelöste Fragen aufgesucht werden, werden – sofern es sich um existentielle Fragen handelt und nicht um jene theoretisch-weltbildlichen, von denen Bonhoeffer in seinem historischen Überblick (239ff) spricht – menschliche Nöte aufgesucht. »Sich für Nöte anderer Menschen offenhalten« (122), diese Weise des »Für-andere-da-Seins« ist Teilnahme auch an den bedrängenden Fragen anderer, Teilnehmen am »Weg Jesu Christi« (245), in der Erkenntnis, »daß Elend, Leid, Armut, Einsamkeit, Hilflosigkeit und Schuld vor den Augen Gottes etwas ganz anderes bedeuten als im Urteil der Menschen, daß Gott sich gerade dorthin wendet, wo die Menschen sich abzuwenden pflegen« (77). Er, Jesus, ist ja sehr wohl unserer »ungelösten Fragen« wegen gekommen, der von uns unlösbaren und uns aufzehrenden wegen; er ist gekommen, um »gesund zu machen« (Matth. 8,7), zu »retten« (Matth. 18,11), nicht zu den Gesunden, »die des Arztes nicht bedürfen«, sondern zu den Kranken (Matth. 9,12), damit er »die Werke des Teufels zerstöre« (1. Joh. 3,8). Wer Hungernden den Weg zum Brot zeigt, Kranke mit dem Arzt bekannt macht, scheinbar Gesunden ihre Gesundheit nicht glaubt, sondern sie auf verborgene, vielleicht noch nicht bewußte Not anspricht, muß das nicht in jedem Falle tun, um »Triumphe« zu feiern (230), ihre Schwäche für seine ihnen »fremde Zwecke« (218) auszunützen und sie »religiös zu vergewaltigen« (179) und zu »erpressen« (234); es kann eben dies ebenso sehr geschehen in der Sendung des durch die Begegnung mit Jesus »Umgekehrten«, der nun den Weg Gottes gehen will: »Gott geht zu allen Menschen in ihrer Not« (247).

Sicher sind »die christlichen Antworten ebenso wenig – oder eben so gut – zwingend wie andere mögliche Lösungen« (211), und sicher zeigt sich in der Neuzeit (und nicht erst in ihr), daß man die »wissenschaftlichen, künstlerischen, auch ethischen« und zunehmend auch »die religiösen Fragen« – »ohne ›Gott‹« beantworten kann (215f). Aber Bonhoeffer sagt selbst von diesem heutigen Menschen der »mündigen Welt«, die sich »ihrer selbst in einer Weise sicher ist, daß uns das unheimlich wird« (216), zwar mehrmals, er werde »mit diesen Fragen fertig« (211), ja es sei das uns von Gott heute Zugemutete, »mit dem Leben ohne Gott fertig zu werden« (241), aber er übersieht nicht, daß dies nur sehr eingeschränkt gilt: »Nur fehlt die seelische Kraft... Der Mensch wird wieder auf sich selbst verwiesen. Mit allem ist er fertig geworden, nur nicht mit sich selbst« (258). Hier also, in diesem »selbst« fängt alles wieder von vorne an, zeigt sich, daß wir mit dem Wichtigsten nicht »fertig« geworden sind. Die Wunde ist wieder offen. »Gott«, als »Lückenbüßer für unsere Verlegenheiten überflüssig geworden« (258), ist aufs neue der Titel für die offenste Frage.

Dies also ist Bonhoeffer bewußt. »Mündigkeit«, »Autonomie«, »fertig werden« u. ä. wollen bei ihm nicht im Traume besagen, was man ihm unterstellt hat, um ihn zum Kronzeugen für das hölzerne Eisen eines »atheistischen Christentums« zu machen: »Gott« sei überhaupt nur eine Arbeitshypothese[14]. Nicht daß der Mensch ohne Gott sein und leben könne, wollte er sagen, sondern daß Christusverkündigung in Zukunft geschehen müsse, ohne »Gott« als »Lückenbüßer« und »Arbeitshypothese« in den ungelösten weltlichen Fragen anzusiedeln und so diese Lücken apologetisch zu verwenden.

Nicht nur, weil ihm dies alles zu »unaristokratisch« war, lehnte er das ab, sondern aus zwei zentral biblischen Gründen:
1. Wo das Evangelium allzu direkt als Hilfe für menschliche Not angepriesen wird, wird Gott mißverstanden als Lieferant dessen, was unser Lebensdrang wünscht; darum braucht man einen Macht-Gott, um ihn in die eigenen Dienste zu stellen. Das Kreuz wird hier vergessen, die »Umkehrung«, durch die »man nicht mehr die eignen Leiden, sondern das Leiden Gottes in der Welt ernst nimmt« (249). Auch unsere Wünsche müssen erst sterben, bevor sie in einem neuen Leben erfüllt werden. Sie sind durchtränkt von der Entfremdung, in der wir leben, Wünsche des »alten Menschen« in

---

[14] So z. B. H. Kimmerle, in: Frankfurter Hefte 24 (1969), H. 1,40ff: Bonhoeffer verzichte »auf die ›Arbeitshypothese Gott‹« (statt: auf Gott als Arbeitshypothese!).

einer alten Welt, d. h. Ausdruck des habenwollenden, »in sich verkrümmten« (Luther), nicht für andere, sondern für sich selbst dasein wollenden Menschen. In ihnen geht es um unser eigenes Recht, nicht um Recht und Not des andern. Auf sie versessen, ahnen wir nicht, daß wir unser Recht schon verwirkt haben, rechnen wir nicht damit, daß wir uns selbst schon um den Sinn gebracht haben könnten[15]. Dies nicht wahr sein lassend, klagen wir unser Recht ein und schlagen damit Gott tot, der unsere Forderung direkter Wunscherfüllung enttäuscht. So drängen wir Gott »aus der Welt heraus ans Kreuz« (242). Das Kreuz ist Ergebnis und Gericht über unsere Forderung. Das »Wort vom Kreuz« ist »Torheit« und »Skandal« (1. Kor. 1,18) für unseren Anspruch, Gott solle unsere Wünsche erfüllen; es ist zugleich die Macht der »Umkehrung«, der Sinnesänderung (metanoia), in deren Folge ein Mensch nicht mehr auf seinem schon verwirkten Recht besteht, sondern durch Vergebung ein neues Recht zum Leben empfängt, das er nicht mehr im Habenwollen, sondern im Geben, nicht mehr im Kreisen um sich selbst, sondern im »Dasein für andere« betätigt.

2. Individualistisch aufs eigene Heil bedacht, drängt man aus der Welt in ein »besseres Jenseits« (226), aber »nicht um das Jenseits, sondern um diese Welt, wie sie geschaffen, erhalten, in Gesetze gefaßt, versöhnt und erneuert wird, geht es doch« (184). Weil Christus »Herr der Welt« ist (180), will er diese Welt und uns für diese Welt »in Anspruch nehmen« (231, 253), uns nicht aus ihr fliehen lassen.

Für alle unsere folgenden Überlegungen zur Sinnfrage werden diese beiden Punkte gegenwärtig sein müssen. Um den Sinn dieser Negationen aber nicht zu verfehlen, wird man die immer nur angedeuteten (was aus theologisch-kirchlicher Verbindung der beiden Briefpartner verständlich ist) positiven Sätze ständig hinzunehmen müssen: Gott ist »ohnmächtig und schwach in der Welt« (242), aber – er »sitzt nach wie vor im Regiment« (263), und sein Reich ist »ein Reich der Macht und Gewalt« (194); Gott »läßt sich aus der Welt herausdrängen ans Kreuz« (242), aber man darf »seine Sache ganz aus den eigenen Händen geben und in die Hände Gottes legen«, und eben dies ist Befreiung (254, 275, 202). »Ist nicht die individualistische Frage nach dem persönlichen Seelenheil uns allen

---

[15] Siehe unten Kap. VIII.

Dietrich Bonhoeffer 41

fast völlig entschwunden?«, fragt er am 5. 5. 1944 (184), aber in einem besonders »persönlichen Brief« (21. 7. 1944) steht die Bitte: »Gott führe uns freundlich durch diese Zeiten; aber vor allem führe er uns zu sich« (249). Christentum ist »keine Erlösungsreligion« (225), aber ›Erlösung‹ ist das Wort, um das alles kreist« in der »Mitte des Evangeliums« (214). »Der Auferstehungsglaube ist nicht die ›Lösung‹ des Todesproblems« (182), aber: »die Überwindung des Sterbens ist im Bereich menschlicher Möglichkeiten, die Überwindung des Todes heißt Auferstehung« (168). Nicht ins »bessere Jenseits«, sondern an das »Leben auf der Erde verweist« uns die christliche Auferstehungshoffnung (226), in eine »tiefe Diesseitigkeit, ... in der die Erkenntnis des Todes und der Auferstehung immer gegenwärtig ist« (248); aber: der Blick auf den Tod, »das höchste Fest auf dem Wege zur Freiheit« (256), ist der Blick auf das Jenseits des Todes: »Tod, leg nieder beschwerliche Ketten und Mauern / unsres vergänglichen Leibes und unsrer verblendeten Seele, / daß wir endlich erblicken, was hier uns zu sehen mißgönnt ist« (251)[16]. Bonhoeffer war sicher, daß die Zusammengehörigkeit dieser Negationen und Positionen nicht verkannt werden könne.

Wer durch törichte Unvorsichtigkeit von Mitverschwörern in Haft und Todesgefahr geraten ist, dem stellt sich die Sinnfrage in konkreter Schärfe. Wer aber in die Verschwörung selbst sich eingelassen hat in klarem Bewußtsein der Gefahren, aber ebenso der Unausweichlichkeit des Auftrags (92), dem war sein Leben durch einen »sinnlosen« Fehler im Zusammenhang sinnvoller Unternehmung bedroht. Das letztere ist Trost gegenüber ersterem: »Die Frage nach dem ›Sinn‹ ist allerdings oft belastend; aber findest Du es nicht schon sehr wichtig, daß man wenigstens weiß, *warum* das alles nötig ist und man es ertragen muß, wenn auch das ›Wofür‹ problematisch ist« (192). Aber dieser Widerspruch von Sinnlosem und Sinnvollem ist umfaßt, zum Frieden gebracht, nicht leichthin, nicht billig, nicht statisch, sondern so, daß der *gegebene* Sinn *getan* werden muß: »Ich glaube, daß mir nichts Sinnloses widerfährt, und daß es für uns alle gut so ist, wenn es auch unseren Wünschen zuwiderläuft. Ich sehe in meinem gegenwärtigen Dasein eine Aufgabe, und hoffe nur, daß ich

---

[16] Vgl. 80: »Das Unvollendete, Fragmentarische unseres Lebens empfinden wir darum wohl besonders stark. Aber gerade das Fragment kann ja auch wieder auf eine menschlich nicht mehr zu leistende höhere Vollendung hinweisen. Daran muß ich besonders beim Tode so vieler meiner besten ehemaligen Schüler denken.«

sie erfülle« (188). Ist Gott, wie oben gesagt, nicht der nützliche Lieferant dessen, was wir begehren, so doch der Beauftragende, der gibt, wo er befiehlt: »Nicht alle unsere Wünsche, aber alle seine Verheißungen erfüllt Gott« (265). Alle Abweisungen und Problematisierungen, durch deren offenes Aussprechen diese Briefe so große Beachtung gefunden und so sehr gewirkt haben, auch Bonhoeffers Kritik an pfäffischer Ausnützung der »Lebensfragen«, sind nur zu verstehen in dem Dialog mit Verheißungen, in dem er bis zum letzten Augenblick lebte, – Verheißungen, durch die er »begründete Hoffnung« (252) gewann, und deren Inhalt er im vorletzten Briefe an seinen Freund gleichsam testamentarisch zusammenfaßt, um sich und dem Freunde zu repetieren, »was Gott verheißt und was er erfüllt«, und damit »einmal wieder die Fundamente klar zu legen, auf denen Du weiterleben willst«:

»Gewiß ist, daß wir immer in der Nähe und unter der Gegenwart Gottes leben dürfen, und daß dieses Leben für uns ein ganz neues Leben ist; daß es für uns nichts Unmögliches mehr gibt; weil es für Gott nichts Unmögliches gibt; daß keine irdische Macht uns anrühren kann ohne Gottes Willen, und daß Gefahr und Not uns nur näher zu Gott treiben; gewiß ist, daß wir nichts zu beanspruchen haben und doch alles erbitten dürfen; gewiß ist, daß im Leiden unsere Freude, im Sterben unser Leben verborgen ist; gewiß ist, daß wir in dem allen in einer Gemeinschaft stehen, die uns trägt. Zu all dem hat Gott in Jesus Ja und Amen gesagt. Dieses Ja und Amen ist der feste Boden, auf dem wir stehen. Immer wieder in dieser turbulenten Zeit verlieren wir aus dem Auge, warum es sich eigentlich zu leben lohnt. Wir meinen, weil dieser oder jener Mensch lebt, habe es auch für uns Sinn zu leben. In Wahrheit aber ist es doch so: Wenn die Erde gewürdigt wurde, den Menschen Jesus Christus zu tragen, wenn ein Mensch wie Jesus gelebt hat, dann und nur dann hat es für uns Menschen einen Sinn zu leben. Hätte Jesus nicht gelebt, dann wäre unser Leben trotz aller anderen Menschen, die wir kennen, verehren und lieben, sinnlos. Vielleicht entschwindet uns jetzt manchmal die Bedeutung und Aufgabe unseres Berufes. Aber kann man sie nicht in einfachster Form so aussprechen? Der unbiblische Begriff des ›Sinnes‹ ist ja nur eine Übersetzung dessen, was die Bibel ›Verheißung‹ nennt« (265f).

Wenn die Frage nach dem Sinn des Lebens theologisch aufgenommen, wenn also nach ihrem Zusammenhang mit dem Inhalt der christlichen Botschaft gefragt wird, dann darf das also nicht in der Weise des von Bonhoeffer abgelehnten Methodismus geschehen. Es muß offen bleiben, ob die Frage nach einem Sinn des Lebens in der noch darzustellenden Prägung, die die Frage durch die biblischen Verheißungen bekommen hat, für Menschen aller Zeiten »wesentlich« und »unabdingbar«[17] war, ist und sein wird; deshalb wurde

---

[17] R. Schneider, aaO. 98.

»Unmetaphysische Generation«?

oben[18] auf ihren geschichtlichen Charakter verwiesen. Es muß die Vorstellung vermieden werden, als könne die Wahrheit der christlichen Beantwortung so demonstriert werden, daß damit alle anderen Antworten abgetan wären, - obzwar freilich manche Antwort schon am Maßstabe der Frage, soweit sie allgemein aufweisbar ist, in ihrem Ungenügen enthüllt werden kann. Es darf, was christlich dazu zu sagen ist, nicht an eine Methode der Manipulation des Hörers gebunden werden, als müsse der Mensch zuerst in die Aporie der Sinnfrage gestoßen werden, bevor ihm das Evangelium von Jesus erzählt werden kann.

Aber allerdings geschieht die folgende Darlegung in der Überzeugung,

1. daß die christliche Botschaft eu-angelion, freudemachende Botschaft nicht nur für einige besonders veranlagte, sondern für alle Menschen ist, daß also jeder Mensch, wie er auch sonst im einzelnen dran sein möge, dieser Freude wie keiner anderen bedürftig ist, -

2. daß diese Botschaft sich daran bewähren muß und zu bewähren vermag, daß sie dem Menschen, der in die Bedrängnis der Sinnfrage gerät, eine genau darauf gezielte Antwort zuruft, die rettend ist, -

3. daß diese Botschaft die Frage selbst, mag sie sonst noch nicht bewußt sein, hervorruft, und zwar, wie wir sehen werden, in einer unüberbietbaren Verschärfung, aber freilich so, daß diese Verschärfung vom schon überwundenen Abgrund her geschieht, so daß der, der sie hört, wie der Reiter über dem Bodensee in Gustav *Schwabs* Ballade erst auf neuem, festem Grund gezeigt bekommt, was an Abgrund hinter ihm liegt, - nicht, damit er vor Schreck entseelt zu Boden sinke, sondern damit er tief aufatme und danke.

»Unmetaphysische Generation«?

Wie weit die Mentalität eines Zeitalters die jeweiligen Zeitgenossen dazu disponiert, sich der Sinnfrage zu stellen oder sie sich zu verstellen, dürfte darum nicht so entscheidend sein, wie Reinhold *Schneider* meinte. Außerdem gehen hier alle statistischen Schätzungen fehl und können durch Wendungen der Stimmungslage rasch über den

---

[18] Siehe S. 23f.

Haufen geworfen sein. Klaus *Mehnert* ließ 1967 die beruhigende Mitteilung drucken, nach einer Umfrage des Allensbacher Instituts für Meinungsforschung, bei der westdeutsche Studenten nach ihrer Ansicht über den »Sinn des Lebens« ausgefragt wurden, hätten 6% einen solchen bezweifelt und nur 4% ihn resolut verneint. Bei der Frage, »ob man das Leben als Aufgabe betrachte oder zum Genuß verwenden soll«, seien auf jeden »Genießer« zwei andere gekommen, die sich zu Aufgaben bekannten. Mehnerts Fazit: »So dürfen wir, mit einiger Überraschung vielleicht, feststellen: Moralisch befinden wir uns nicht auf dem Weg in den Abgrund.«[19] Die Periode, die just mit 1967 begann, hat Anlaß gegeben, die Bewegungen in der jungen Generation differenzierter zu sehen, als es bei solch oberflächlichem Moralismus möglich ist. In den Staaten des östlichen Sozialismus haben ähnliche Umfragen Ähnliches ergeben, so eine in der Tschechoslowakei von 1967: 51% der befragten Jugendlichen zwischen 16 und 20 Jahren fanden den Sinn des Lebens in der Arbeit, die zweithäufige Gruppe in der Familie, nur 11,3% im Lebenserfolg, 10,8% in den menschlichen Beziehungen, 8,4% in der Bildung. 83 von 1365 wußten nichts zu antworten, und nur 6 sprachen sich entschieden für die Sinnlosigkeit des Lebens aus[20]. Die offizielle Erziehung in diesen Ländern kann also für sich buchen, was in Wirklichkeit auch sonst verbreitet ist, und wovon noch zu sprechen sein wird: das Bedürfnis, dem Leben Sinn zu geben durch sinnvolles Tun in der Gesellschaft[21]. Lange Zeit hat der orthodoxe Marxismus sich dabei begnügt und mit seiner Ablehnung der anthropologischen Fragen auch solche Fragen, soweit sie sich nicht durch den moralischen Appell zum Dienst an der Gesellschaft zum Verstummen bringen ließen, als »existentialistisch« verdächtigt. Inzwischen sind sie explosiv aufgebrochen, – wie der »tschechoslowakische Frühling« gezeigt hat, mit politischer Relevanz. Nicht nur die jüngere Sowjetliteratur ist voll davon, auch die marxistischen Denker in Osteuropa müssen sie zum Thema machen, wie im besonderen die Entwicklung von Adam *Schaff* zeigt, der schon vor Jahren erzählte:

---

[19] K. Mehnert, Der deutsche Standort, 1967, 206.
[20] Czechoslovak Digest, Prag, Nr. 1/1967.
[21] Vgl. in: Ostprobleme 19/1967, 533ff, den Aufsatz aus der sowjetischen Zeitschrift Woprosy filosofii »Vom Sinn des Lebens«, in dem die Formeln »Der Sinn des Lebens ist das Glück« und »Das Glück ist der Sinn des Lebens« in Harmonie gebracht werden. Auch V. Pavićević, Der Sinn des Lebens und die Bedeutung des Menschen, in: Praxis, Zagreb 1969, 314, 435–450.

»Unmetaphysische Generation«?

»Mir ist eine Versammlung mit Studenten in der akademischen Siedlung Jelonki im Gedächtnis geblieben; nach der Vorlesung über weltanschauliche Themen wurden Fragen über Ethik gestellt, darunter an erster Stelle Fragen nach dem Sinn des Lebens. Als einer plötzlich fragte: ›Verzeihen Sie, aber vielleicht können Sie uns am eigenen Beispiel erklären, welchen Sinn das Leben hat?‹ – war meine erste Reaktion: Welch geschmackloser Sarkasmus gegenüber dem Vortragenden! Als ich jedoch auf den Fragenden und Hunderte auf mich gerichtete Augenpaare sah, verstand ich plötzlich: die Sache ist wichtig! Das bestätigte die Stille, in der sie meine Antwort anhörten. Ich muß zugeben, ich dachte damals laut und sehr fieberhaft. Bislang hatte ich diese Art von Problemen a limine als Quatsch verworfen. Es war wohl jener Abend, der mich vom Gegenteil überzeugt hat, jedenfalls von der Notwendigkeit, solche Probleme zu erwägen und eine Antwort darauf zu erteilen – gerade als Marxist und vom Standpunkt des Marxismus.«[22]

---

[22] A. Schaff, Marx oder Sartre?, 1964, 63; A. Maceina, Sowjetische Ethik und Christentum, 1969, 131–167. Wie ratlos Schaff selbst immer noch vor dieser Frage steht, mit lauter Schein-Antworten, dafür vgl. sein Buch: Marxismus und das menschliche Individuum, 1965, 212, wo er die Dostojewskijsche Frage aufwirft: »Was ist wichtiger: das Individuum oder die Gesellschaft?« – Neuere Arbeiten marxistischer Denker zur Sinnfrage: M. Machovec. Vom Sinn des Lebens (tschech.), Prag 1965; ders., Christen und Marxisten auf der gemeinsamen Suche nach dem Sinn des Lebens, in: Dokumentarband der Marienbader Tagung der Paulus-Gesellschaft 1967, 1968, 291–300; Z. Tominová, Nesmyslny zivot, in: Se sity 27, Prag 1969; L. Kolakowski, Vom Sinn der Geschichte, in: Neues Forum 13, 1966, 337ff, 479ff; Der Mensch ohne Alternative, 1960, 191–215. – Es bestätigt sich die Voraussage von A. Buchholz (Der Kampf um die bessere Welt, 1961, 155–165), daß das Sinn- und Todesproblem auch im Herrschaftsbereich des traditionellen Marxismus sich nicht auf die Dauer mit den offiziellen Formeln abspeisen läßt. Vgl. auch H. v. Ssachno, Der Aufstand der Person, 1965.

III. Wonach wird gefragt?

Sprachgeschichtlich ist die Verwendung des Wortes Sinn für die Frage nach dem Wozu des menschlichen Lebens ziemlich neuen Datums. Eine Analyse der Situationen, in denen die Sinnfrage gestellt wird, zeigt, daß in ihr nach der Beziehung zu einer höheren und bleibenden personalen Gemeinschaft gefragt wird. Die Ahnung von solchem Sinn wird uns schon durch frühkindliche Erfahrungen vermittelt. Damit erweist sich, daß Sinn von uns empfangen wird durch vorgegebene Gemeinschaft. Daß Sinn also Gnade ist, hat gesellschaftskritische Bedeutung gegen Predigt von Sinn durch Leistung und die Wertung des Menschen nach seinem Nutzen in der gegenwärtigen Gesellschaft.

Sprachgeschichtlicher Befund

Bisher wurde schlagworthaft von der »Sinnfrage«, vom »Sinn des Lebens« gesprochen, als sei ohne weiteres klar, was mit solchen Ausdrücken gemeint ist. Forscht man in der einschlägigen Literatur, ob philosophisch, theologisch oder belletristisch, so wird man fast durchgängig das gleiche Verfahren finden[1].

Es wird sich zeigen, daß Mangel an Klärung allerlei Verzerrungen zur Folge hat. Macht sich an der Sinnfrage, wie oben gesagt, unsere Geschichtlichkeit bemerkbar, dann hat sie viele Weisen, dann ist an ihr nichts selbstverständlich, wie nicht ihre Zentralstellung, so auch nicht ihr Inhalt.

Die Etymologie hilft uns nicht viel weiter. »Sinn« ist nicht Lehnwort aus dem Lateinischen (sensus), sondern ein autochthon germanisches Wort, das vielleicht mit sensus eine gemeinsame indogermanische Wurzel hat. sinnan (althochdeutsch) meint reisen, streben, gehen, jedenfalls eine Ortsbewegung (erhalten in senden, Gesinde,

---

[1] Um ein bezeichnendes Beispiel aus dem Lager, in dem die Sinnfrage für sinnleer angesehen wird, zu bringen: K. Popper äußert sich kritisch in: The open Society and its Ennemies, Princeton University Press, 1950, 440–463, über Behauptungen von einem angeblichen Sinn der Geschichte; er bringt eine flüchtige Definition von history, erklärt aber eine genauere Beschreibung der Bedeutung von meaning für überflüssig.

Sprachgeschichtlicher Befund

Richtungssinn, Uhrzeigersinn, Gegensinn), wie auch im Lateinischen sentire ursprünglich das Verfolgen einer Richtung meinte[2].

Bedeutungsgeschichtlich ist der Befund in den Wörterbüchern sehr auffallend. Im *Grimm*schen Wörterbuch der deutschen Sprache[3] sind 24 Bedeutungen von Sinn verzeichnet, mit Belegen insbesondere auch aus der lutherschen Bibelübersetzung; z. B.: das innere Wesen des Menschen (Jer. 39,33; Ps. 4,7); das Denken des einzelnen (»eines Sinnes«: Röm. 12,16; Phil. 2,2); Organ alles Strebens (»etwas im Sinne haben«; »in den Sinn kommen«), Gesinnung, Absicht (»es geht mir wider den Sinn« oder »es ist nach meinem Sinn«); Gemüt (»leichtsinnig«); Gefühl (»fröhlicher Sinn«, »hintersinnig«); Geist (1. Joh. 5,20; griechisch: nous); Bewußtsein (»bei Besinnung sein«); Klugheit (Besonnenheit); Empfänglichkeit für Eindrücke (Sinneseindrücke; die fünf Sinne; Sinnlichkeit); Art und Weise (»im griechischen« oder »im mittelalterlichen Sinne«); Meinung (subj.: Bedeutung einer Geste); Meinung (obj.: Sinn eines Wortes, einer Rede; »Sinnspruch«; eine Auslegung »gibt einen guten Sinn«; vierfacher Schriftsinn).

Das ist alles! Die Artikel über Sinnlos, Sinnlosigkeit, Sinnvoll bringen nichts weiteres hinzu. In dem 1905 erschienenen Bande ist die deutsche Literatur bis Gustav Freytag und C. F. Meyer ausgewertet, aus der Philosophie nur der deutsche Idealismus, nicht Schopenhauer und Nietzsche, nicht der Positivismus. Grimm ist vor-Nietzsche, vornihilistisch; die Bedeutung von Sinn, um die es sich für uns handelt, ist in diesem Bande noch nicht vorhanden. Dies entschuldigt nicht ganz die philosophischen Wörterbücher, bei denen es nicht besser steht[4]. Rudolf *Eislers* »Wörterbuch der philosophischen Begriffe« bringt in seiner Auflage von 1930 vier Seiten über das Wort Sinn: 1. Empfänglichkeit für einen geistigen Inhalt, Gemütsart eines Menschen; 2. (logisch) Bedeutung eines Wortes oder Zeichens; Zweck einer Handlung; 3. (psychologisch) Sinn und Sinnesempfindungen; 4. Sinn als geistiger Gehalt; oft mit Wert gleichgesetzt: Sinngehalt von Ideen, der dem Verstehen aufgegebene obj.

---

[2] R. Lauth, Die Frage nach dem Sinn des Daseins, 1953, 28–34, gibt einen Überblick über die möglichen Bedeutungen des Wortes und Parallelen aus den europäischen Sprachen.
[3] Bd. X, 1, 1905, Sp. 1103–1151.
[4] Im theologischen Lexikon »Die Religion in Geschichte und Gegenwart« fehlt das Stichwort in allen drei Auflagen.

Gehalt eines geistigen Seins. Das ist wieder alles! Dem schließt sich ein nächster Artikel an, von sieben Zeilen: »Sinn des Lebens«. Im Unterschied zum sonstigen Verfahren Eislers werden hier nicht Zitate aus der philosophischen Literatur gebracht; es heißt nur summarisch: »Vgl. die Werke Fichtes, Nietzsches, Kierkegaards, R. Euckens, Müller-Lyers und die unter ›Lebensphilosophie‹ genannten Denker«; dazu noch die Titel von vier mehr populärphilosophischen Schriften, und »Vgl. Wert, Sittlichkeit, Geist, Leben, Weltanschauung«. Deutlich ist die Mißachtung des Themas: es gehört in die Popularphilosophie und ist eines wissenschaftlichen Philosophen nicht würdig[5]. Mit Recht schreibt 1960 Hans *Reiner:*

»Die Frage nach dem Sinn unseres Daseins selbst haben die Philosophen nur selten ausdrücklich aufgegriffen und sie zu einem deutlich herausgestellten Mittelpunkt ihres Nachdenkens gemacht. Wenigstens gilt dies für die Philosophen, die als anerkannt bedeutende Denker in der Geschichte des abendländischen Geistes hervorragen. Es ist, wie wenn sie bei ihren Versuchen, das Anliegen dieser Frage, das auch sie doch bedrängt haben muß, zu verfolgen, immer wieder abgeglitten und in damit zwar zusammenhängenden, aber für sich allein genommen doch davon mehr oder weniger abführenden Problemen hängengeblieben wären. Die moderne Existenzphilosophie kreist zwar sogar großenteils um diese Frage, aber sie wagt es kaum irgendwo, sie unmittelbar anzugeben. Ja zum Teil wird hier ihre Erörterung sogar ausdrücklich abgelehnt, da nur jeder selbst den Sinn seines Daseins bestimmen könne. Ein Standpunkt, der praktisch auf einen Bankerott der Philosophie in ihrer wichtigsten Frage hinausläuft.«[6]

Aber Philosophie ist nicht zu Ende, wird, wie sehr sie sich auch mit den Wandlungen der Gesellschaft noch wandeln mag, nicht zu Ende sein. Ist ihr Geschäft das radikale Fragen (W. *Weischedel*), dann lebt sie, solange die Menschen leben, deren Leben ständiges Fragen ist, Fragen nach dem Warum, da der Mensch das »rastlose Ursachentier« (G. *Benn*) ist, und Fragen nach dem Wozu, da er das Wesen ist, das seine Taten und sich selbst rechtfertigen muß. Er ist das nach Sinn fragende Lebewesen. Darum hat Weischedel recht, wenn er am Ende einer philosophisch-theologischen Diskussion *Kants* Satz zitiert: »Daß der Geist des Menschen metaphysische

---

[5] »Die metaphysischen Kategorien leben, säkularisiert, fort in dem, was dem vulgären höheren Drang die Frage nach dem Sinn des Lebens heißt. Der weltanschauliche Klang des Wortes verurteilt die Frage.« So Th. W. Adorno (Negative Dialektik, 1966, 367). Jedes Wort in diesen zwei Sätzen ist seinerseits höchst frag-würdig. Immerhin rehabilitiert Adorno selbst auf der gleichen Seite die abgetane Frage mit dem Satz: »Leben, das Sinn hätte, fragte nicht danach«, ein Satz von unendlicher Perspektive, und eben sein Konjunktiv ist der Ursprung aller metaphysischen Kategorien.
[6] H. Reiner, Der Sinn unseres Daseins, 1960, 13.

Sprachgeschichtlicher Befund

Untersuchungen einmal gänzlich aufgeben werde, ist ebenso wenig zu erwarten, als wir, um nicht immer unreine Luft zu schöpfen, das Atemholen einmal lieber ganz und gar einstellen würden.«[7]

Man sieht zweierlei:

1. Die Etymologie hilft uns nicht weiter, weil der Bedeutungswandel das Wort von seinen Ursprüngen nicht nur entfernt hat, sondern auch zu seinen bisherigen Hauptgebrauchsweisen im Laufe der letzten 100 Jahre eine neue Bedeutung hinzugeliefert hat. Das muß mit der Krise des europäischen Geistes zu tun haben, die sich im Nihilismus äußert. Erst indem dieser die Frage allgemein bewußt machte, hat man sich aus einem Wort durch Bedeutungswandel ein Ausdrucksmittel für die neue Problematik geschaffen, das nun rasch ins allgemeine Bewußtsein einging[8].

2. Daß die Problematik neu ist, betrifft ihre Schärfe, ihre Bewußtheit und Verbreitung, so daß sie nun in aller Munde ist. Handelt es aber sachlich um etwas gänzlich Neues? Ist die gleiche Frage, die Sinnfrage, früher nicht empfunden worden? Wenn die Menschen früher keinen Begriff dafür hatten, so haben sie sie doch vielleicht

---

[7] I. Kant, Prolegomena zu einer jeden künftigen Metaphysik, A 192. Kants Werke, hg. von W. Weischedel, 3. Bd., 245, zit. in: W. Weischedel, Philosophische Grenzgänge, 1967, 178.

[8] K. H. Miskotte, De (On-) Zin van het Leven, in: Kennis en Bevinding, Haarlem 1969, 157–184, meint, der neuartige Ausdruck »Sinn des Lebens« sei ein »letzter Ausläufer« des spekulativen Idealismus und unterstelle ein kosmisches Lebensgefühl in einem mehr oder minder vermittelten »Selbstbewußtsein«; genauer träfen die älteren Worte »Ziel« (telos, finis) und »Bestimmung« (157ff). – Um die Klärung der für diese Schrift leitenden Bedeutung des Wortes Sinn hat sich neben R. Lauth (vgl. Anm. 2) besonders J. E. Heyde in verschiedenen Aufsätzen verdient gemacht: Vom »Sinn der Welt«, in: Grundwissenschaft 1925, 51–58; Vom Sinn des Lebens, ebd. 1929, 221ff; Vom Sinn des Wortes Sinn, in: Sinn und Sein, hg. von R. Wisser, 1960, 69–94. Vgl. auch Th. Lessing, Geschichte als Sinngebung des Sinnlosen, Neuaufl. 1962, 26ff, 93ff, 153f, 209ff. – B. Welte, Auf der Spur des Ewigen, 1963, 18–24, definiert: »Sinn ist die mögliche Übereinkunft meiner mit mir selbst als Übereinkunft mit meiner Welt« (20), und betont: »Sinn als eigentlichen und echten gibt es je und je für jedes Wort und jede Tat und jedes kurze Glück in jeder Gegenwart des Menschen nur dann, wenn es Sinn im Ganzen seines Lebens gibt, in Vergangenheit und Zukunft, in Geburt und Tod, im ganzen Kreise, der nichts, was mir zugehört, außer sich hat« (21), wobei solcher Sinn nicht »bloßer Bestand« ist, sondern immer »aktiv ergriffen werden« muß (22). – W. Keller, Der Sinn-Begriff, 1937; F. J. von Rintelen, Sinn und Sinnverständnis, Ztschr. f. Philos. Forschung, 2. Jg. 1947, H. 1. Unergiebig für die Begriffsbestimmung sind F. Müller-Lyer, Der Sinn des Lebens und die Wissenschaft, 1910; R. Eucken, Der Sinn und Wert des Lebens, 4. Aufl., 1914; J. Hessen, Der Sinn des Lebens, 1933. J. Hausmann, Der Sinn und die Rechtfertigung des Daseins, 1951.

mit anderen Worten ebenso deutlich zur Sprache gebracht. Mit welchen? Damit kommen wir endlich zur Aufgabe, inhaltlich zu sagen, *worum* es in der Sinnfrage überhaupt geht. Wie spricht sich die Frage nach dem Sinn aus (auch da und dann, wo es den Begriff des Sinns noch nicht gibt), und was kommt in solchem Aussprechen zur Sprache?[9]

Inhaltlicher Befund

Wir knüpfen bei unseren lexikographischen Feststellungen an. Während zunächst mit Sinn ein Phänomen am menschlichen Subjekt bezeichnet wurde (Herz, Geist, Empfänglichkeit), wanderte die Bedeutung dann ins Objektive hinüber: der Sinn einer Handlung und eines Wortes, zunächst noch vom Subjekt her: der Sinn, den der Täter oder Sprecher in seine Handlung oder in seine Worte hineingelegt, – dann im Blick auf den Empfänger, der die Aufgabe des Verstehens hat: der Sinn, der in Worten oder Zeichen liegt (obj.) und verstehend zu erheben ist. Von daher kann nun objektiv nach dem Sinn von Handlungen oder Begebenheiten gefragt werden. Bei Handlungen geht es um den Sinn, den sie im Zusammenhang des Lebens

---

[9] Für die folgenden Ausführungen bin ich der Analyse des Sinnbegriffs in unveröffentlichten Vorlesungen von W. Weischedel, mit denen endlich das bisher in der philosophischen Literatur Versäumte nachgeholt worden ist, zu besonderem Danke verpflichtet, außerdem auch der Arbeit von H. Rehfeld, Sinn und Wert. Das Problem des Bedingungsverhältnisses von Sinnverständnis und Wertbewußtsein (unter bes. Berücksichtigung von Münsterberg, Scheler und Hartmann) und seine Lösung als Versuch einer metaphysischen Grundlegung der Wertlehre. Phil. Diss. (maschinenschriftlich), Berlin 1954. – Martin Heideggers »Exposition der Problematik der Temporalität« als der »konkreten Antwort auf die Frage nach dem Sinn des Seins« (Sein und Zeit, 1931, 19), ausgearbeitet am menschlichen Dasein, entwickelt die Sinnfrage an den Phänomenen von Angst und Furcht und gewinnt daran die Sorge des Daseins, dem sich in der Angst sein »Sein zum Ende« (245) und die »Unbedeutsamkeit der Welt« (343) erschließt, als Sorge um sich selbst, d. h. um sein eigentliches Sein-können, als die aus der Zeitlichkeit entspringende Zeitlichkeit des Daseins: »Zeitlichkeit enthüllt sich als der Sinn der eigentlichen Sorge« (326). Abgesehen von dem Unterschied zwischen Heideggers hermeneutischem Begriff vom Sinn und dem Inhalt der von uns ins Auge gefaßten Art von Sinnfrage führt die verschiedene Sicht des Todes und des zwischenmenschlichen Miteinanderseins auch zu verschiedenen Ergebnissen, woran sich bestätigt, daß den scheinbar formalen Kategorien der Heideggerschen Existenzanalyse tatsächlich »eine bestimmte ontische Auffassung von eigentlicher Existenz« zugrundeliegt (390), – ein vieldiskutierter Sachverhalt, der hier gerade nur notiert werden kann.

Inhaltlicher Befund 51

der Beteiligten haben: Eine Vorlesung hat den Sinn der Unterrichtung über Probleme oder Fakten oder Gedanken, also einen Nutzsinn; ein Gruß hat den Sinn der Bewillkommnung oder der Huldigung, also einen Ausdruckssinn. Hier ist Sinn = Funktion in einem Interessenzusammenhang. Die einzelne Handlung empfängt ihren Sinn aus diesem Zusammenhang, sofern sie dessen Funktion ist. Diese Funktion kann durch den *Nutzen* angegeben werden, den sie für die Beteiligten hat, oder durch den Aussagewert für die Kommunikation der Beteiligten, also durch ihre Bedeutung als *Ausdruck*. Im Nutzen oder in der Ausdrucksbedeutung liegt der Zweck der Handlung[10]. Es ergibt sich: Sinn in Bezug auf eine Handlung ist identisch mit dem Zweck der Handlung, der definiert wird durch ihren Nutzen oder ihre Ausdrucksbedeutung. Die Handlung ist also angewiesen darauf, daß ihr Sinn verliehen wird durch den größeren, umfassenden Zusammenhang, in dem sie steht und dessen Funktion sie ist. Sinnwidrig ist dann eine Handlung, deren Inhalt im Widerspruch zu der für sie behaupteten Funktion als Nutzen oder Ausdruck steht. Sinnlos ist eine Handlung, die keine Funktion in einem größeren Zusammenhang hat, etwa eine funktionslose Geste oder ein Wort, das nichts ausdrückt. Beide Adjektive gehen im Sprachgebrauch ineinander über, etwa wenn wir von einem Krieg sagen, er sei sinnlos, d. h. er hat nicht das Ergebnis, das man sich versprach, sondern im Gegenteil ein schädliches Ergebnis, so daß man ein solches Unternehmen besser unterlassen hätte[11].

Wichtig ist für uns die Differenz zwischen der Handlung als dem Sinnempfangenden und dem Zusammenhang, dem Kontext als dem Sinngebenden. Sinnhaftigkeit einer Handlung hat dann als eine verliehene die Sinnhaftigkeit ihres Kontextes zur Voraussetzung; ihr Sinn gründet in der Sinnhaftigkeit eines Größeren. Das Wort Nutzen besagt ebenfalls einen Mittelwert, der Wert ist nur dank der Werthaftigkeit eines anderen, von dem er abhängt und auf das er dienend bezogen ist; Nutzen heißt: Wert für ... und Sinn für ... So steht die einzelne Handlung, sofern für sie Sinn beansprucht

---
[10] Wo im Folgenden vom Sinn von Handlungen gesprochen wird, werden unter Zweckhandlung meist nur die Handlungen mit Nutzzweck genannt. Die Ausdruckshandlungen sind in das dort Gesagte von Fall zu Fall mit einzubeziehen.
[11] So sieht z. B. A. Jäger (Reich ohne Gott. Zur Eschatologie Ernst Blochs, 1969, 218) die Bedeutung von E. Blochs Denken u. a. vor allem darin, daß er – im Unterschied zu Nietzsche – das Sinnlose »kompromißlos als das im Letzten Sinnwidrige versteht«.

wird, in einem Verweisungszusammenhang, der sofort zum Weiterfragen nötigt: vom Sinn des Ersten zum Sinn des Nächsthöheren. Vom Sinn einer Vorlesung aus müssen wir fragen nach dem Sinn des akademischen Unterrichts, dessen Teil sie ist, dann nach dem Sinn der Tätigkeiten, für die der akademische Unterricht ausbildet, von da nach dem Sinn unseres Tuns überhaupt, – und kommen damit, weil »Tun überhaupt« identisch ist mit unserem Leben, zwangsläufig, die Kette der Frage von einem Glied zum anderen weiterlaufend, zur Frage nach dem Sinn unseres Lebens, zunächst unseres Einzellebens. Fragen wir von ihm aus unbesehen weiter (es wird zu fragen sein, ob es richtig ist, das unbesehen zu tun!), dann betrachten wir auch dieses unser Einzelleben als Funktion eines größeren Zusammenhangs und fragen nach seinem Sinn = Funktionswert für diesen Zusammenhang, also für das nächst größere Kollektiv, Familie, Volk, Gesellschaft, Menschheit, Welt. Unaufhaltsam drängt die Kette der Verweisung weiter bis zur Frage nach dem Sinn der Welt des Seienden im Ganzen: »Warum ist überhaupt Seiendes und nicht vielmehr Nichts?« – nach M. Heidegger »die Grundfrage der Metaphysik«[12]. Aufhören könnte dieses Fragen erst, wenn es mündete in einem begründenden Sein, das nicht selbst mehr der Sinnverheißung von einem Außerhalb seiner Selbst, von einem Anderen und Höheren bedarf, das der Sinngebung unbedürftig ist, weil es sinnhaft in sich selbst ist, d. h. weil es nicht Funktion für anderes ist, sondern alles andere Funktion für dieses, weil es »für sich selbst« sinnhaft ist, nicht relativ, sondern absolut sinnhaft: absoluter Sinn. Die Frage nach diesem Grunde, der allen Sinn begründet, ist die Frage der Metaphysik. Diesen absoluten Sinngrund, der a se und per se, von sich aus und durch sich selbst sinnhaft ist und allem anderen Sinn verleihen kann, nennt sie *Gott*. Wie sich der Gott der Metaphysik zu dem verhält, den der christliche Glaube Gott nennt, wird ein Problem dieser Schrift sein, nicht nur, weil beide Seiten die gleiche Vokabel verwenden, sondern weil sich darin eine Berührung ihrer Themen, ihrer Fragen und ihrer Aussagen anzeigt; der damit gegebene Zusammenhang wird auf Identität und Differenz zu prüfen sein. Wir fassen zusammen mit der Definition von *Weischedel:*

»Sinn ist das Deuten des als sinnhaft Bezeichneten auf etwas, von woher es

---
[12] Schluß von: Was ist Metaphysik?, 1929.

Die Erfahrung der Sinnfrage 53

verstehbar wird, was ihm seine Sinnhaftigkeit verleiht, was es im Hinblick auf sein Dasein und Sosein rechtfertigt, worin seine Fraglosigkeit im Hinblick auf Dasein und Sosein gründet.«[13]

Die Erfahrung der Sinnfrage

Wie wird die Sinnfrage erfahren? Wir müssen an der Stelle noch etwas verharren, die wir soeben nur wie ein Glied unter anderen in der Kette der Verweisungen aufgezählt haben. Es könnte ja sein, daß hier keineswegs ein Glied wie das andere behandelt werden darf. Gemeint ist der Übergang von der Frage nach dem Sinn einer einzelnen Handlung zur Frage nach dem Sinn unserer eigenen Existenz. Kann man wirklich so fortfahren, wie wir es taten? Kann man auf unsere Existenz die Begriffe Funktion eines höheren Zusammenhangs, Nutzwert, Zweck anwenden? Gewiß, wir tun es unbesehen, aber die Frage ist, ob wir damit recht tun. Weil die Anwendbarkeit dieser Begriffe fraglich ist, ergibt sich hier die Gelegenheit, die Sinnfrage mit einem Schein des Rechtes für das Dasein des Menschen überhaupt abzuwehren, wie wir es bei O. *Flake* gesehen haben: eine anthropomorphische Unterwerfung des Menschen unter die Kategorie des Nutzens, die nur innerhalb eines menschlichen Zweckzusammenhangs »Sinn« hat und nicht darüber hinaus extrapoliert werden darf. So wenig für das Dasein des Holunder die Frage nach seinem Nutzen (nämlich für menschliche Zwecke) entscheidend ist, so wenig trägt diese Frage auch für unser eigenes Dasein aus, sofern mit ihr der Bezug auf einen höheren Zweck gemeint ist. Es könnte aber sein (das ist jetzt zu prüfen), daß wir mit dieser Kritik an den Kategorien (Nutzen, Zweck, Ausdruckswert), in denen sich die Frage ausspricht, nicht die Frage selbst loswerden, sondern daß sie sich uns weiter aufdrängt. Es kommt dann aber darauf an, die ihr gemäßen Aussprachemittel zu finden. Die Fraglich-

---

[13] »Rechtfertigung« ist auch das entscheidende Stichwort in Max Müllers Beschreibung der philosophischen Sinnfrage: Sinn und Sinngefährdung des menschlichen Daseins, in: Philos. Jahrbuch der Görresgesellschaft, 74, 1966, 1. Halbbd. 1–29, bes. 19ff, 24: »Sein ›ist‹ nur im Sichgeben. Das Ereignis des Sichgebens ist zugleich das Ereignis der Rechtfertigung. Daher ›ist‹ Sein nur als Rechtfertigung, als rechtfertigende Gabe, welche wiederum nur ist als Antwort für den, der für seine Freiheit und Entschließung sie braucht und daher je und je nach ihr gefragt hat. Sein ist Rechtfertigung für die fragend-fragliche Freiheit als Selbstgabe an das Seiende.«

keit der bisherigen Kategorien kann ein Indiz dafür sein, daß beim Übergang von der Einzelhandlung zur Einzelexistenz zwar nicht das Ende, wohl aber eine ja nicht zu übersehende Zäsur der Verweisungskette vorliegt, die einen Wandel der Kategorie verlangt. Wird diese Stelle für ein Ende gehalten, dann wird die Sinnfrage in ihrem Weitergelten geleugnet, im Gegensatz zu ihrem weiteren Andrängen, – und das führt zu einem Widerspruch, der die Aufforderungen, sich der Sinnfrage zu entschlagen, zu einem billigen, unkräftigen Imperativ werden läßt, der von der Frage nicht wirklich befreit. Wird die Zäsur übersehen, dann wird die Frage nach dem Sinn der Einzelexistenz mit den Kategorien, die für den Sinn der Einzelhandlung gelten, gestellt und beantwortet, und das führt dazu, daß die Einzelexistenz nur als Funktion des Kollektivs angesehen wird und nur vom Nutzwert fürs Kollektiv ihren Sinn erhält. Wir müssen deshalb fragen: Wie wird die Sinnfrage in Bezug auf unsere Existenz und im Unterschied zur Einzelhandlung eigentlich erfahren?

Wann spricht sie sich ganz unüberhörbar aus? Zur Veranschaulichung einige Beispiele: In meinem Bericht über die Kriegsgefangenschaft[14] erwähne ich eine Szene vom Heiligen Abend 1948: Als ich zu der Baracke ging, in der die Weihnachtsfeier des Lagers stattfinden sollte, lehnte ein junger schwäbischer Kamerad an einer Mauer, und ich hörte ihn im Vorbeigehen zu dem, der neben ihm stand, in einem Ausbruch des Stöhnens sagen: »Es ist ja alles so sinnlos, so sinnlos!« – In der Todeszelle des Zuchthauses Brandenburg, in der zwischen 1933 und 1945 viele Verurteilte die Stunde der Hinrichtung erwarteten, ist an der Wand eingeritzt: »Das kann nicht der Sinn meines Lebens gewesen sein!« – Nach den schweren Bombenangriffen auf Hamburg im Zweiten Weltkrieg wurde im Friedhof Hamburg-Ohlsdorf ein riesiges Massengrab in Kreuzform mit einer Grasdecke, auf der Holzplanken die Namen der zerstörten Stadtteile trugen, angelegt. Hinterbliebene brachten daraufhin allerlei Reliquien aus den zerbombten Wohnungen oder Kreuze mit Namen an. Unter den Aufschriften war die häufigste: »Warum?« (gemeint – wie wir sehen werden – : Wozu?).

Noch eine ganz andere Situation ist zu nennen: das anlaßlose Überfallenwerden von der Erfahrung der Bodenlosigkeit alles Seienden: die Situation der

---

[14] H. Gollwitzer, Und führen, wohin du nicht willst, 1951, 345f.

Die Erfahrung der Sinnfrage

philosophischen Grunderfahrung, der Ursprung philosophischen Fragens. Bisherige Gegründetheit und Sinnhaftigkeit der Dinge und des Lebens enthüllt sich als Schein; verläßlicherer Grund und Sinn muß gesucht werden. Wo das Suchen endet, in welchen vorgeblichen Gewißheiten und Verehrungen, das unterscheidet die metaphysischen Entwürfe, und ob es überhaupt enden darf oder nicht vielmehr als radikales Fragen subversiv alles erreichte Gründen wieder aufzuheben und in neues Fragen zu überholen habe, das ist seit *Nietzsche* die Unruhe, die sich dem metaphysischen Ruhedrang entgegensetzt. Davon wird in den geistesgeschichtlichen Abschnitten dieser Schrift die Rede sein. Wenn ich diese Erfahrungssituation in die jetzt zu versuchende Analyse nicht einbeziehe, so hat das zwei Gründe:

1. Wenn, wie sofort festzuhalten ist, auch das in der philosophischen Grunderfahrung sich ereignende Fraglichwerden bisheriger Sinnesgewißheit existentiell ist und keineswegs ein nur intellektuelles In-Frage-Stellen, dann muß eine Übereinstimmung mit der Verlusterfahrung in jenen konkreten Verlustsituationen bestehen. Die universale Perspektive, die dem philosophischen Fragen eigen ist, wird durch die praktisch-leibliche Tiefe der Existenzbedrohung in jenen konkret verursachten Situationen insofern ausgeglichen, als nun keiner von diesen Situationen ein grundsätzlicher Vorrang gegeben werden kann; in jeder von ihnen bricht die Sinnfrage in ihrer eigentlichen Weise auf.

2. Wonach gefragt wird, ist in der Betrachtung der konkret verursachten Situationen nicht schlechter, sondern m. E. besser zu erkennen. Denn hier wird die Sinnfrage in ihrer spezifisch *menschlichen* Weise ausgesprochen. In der vom Verlust ausgelösten Klage äußert sich ein Verständnis dessen, was der Mensch braucht, um menschlich leben zu können. Die allgemeine Frage nach Gründung und Sinngebung des Seienden enthält nicht jene deutliche Orientierung an menschlicher Not und Notwendigkeit, wie ich sie in der konkreten Verlusterfahrung zu finden hoffe. Es gibt genug metaphysische Entwürfe, in denen der Mensch, der konkrete Einzelmensch, auf dem Wege zu Grund und Sinn mehr und mehr entschwindet. Er aber soll bei unseren Überlegungen nie aus den Augen verloren werden. Fragen wir nach dem, wonach er in seiner Verlustsituation fragt, so könnte es sein, daß wir dadurch einige Kriterien finden, an denen angebotene Sinn-Antworten gemessen werden können.

An diesen individuellen Fällen wird deutlich:

1. Die Aussprache geschieht am drängendsten und unüberhörbarsten in einer Situation der Existenzbedrohung, also des drohenden Todes oder des Verlustes von Lebenswichtigkeiten, – also sowohl vom Ende des eigenen Lebens her, wie in der Mitte des eigenen Lebens vom Ende einer wertvollen Beziehung her, sei es nun die Beziehung zu anderen Menschen oder zu Besitztümern oder zu Idealen, zu Aufgaben usw. Von solchem Ende her wird der Sinn des Lebens in Frage gestellt oder zerstört.

2. In dieser Situation äußert sich die Angewiesenheit auf Sinn als angstvolle Frage oder als Klage, in Trauer, Jammer oder melancholischer Resignation. Abwesenheit von Sinn wird als Negativum empfunden.

3. Die Sinnfrage betrifft das Zentrum der Existenz. Nicht irgend etwas ist gefährdet oder verloren, ohne das, wie schmerzlich der Verlust auch sei, das Leben doch »sinnvoll« weitergehen kann, sondern es geht um radikale Bedrohung oder Verlorenheit. Es geht um das Ja oder Nein, das positive oder negative Vorzeichen zur ganzen Existenz. Wo das Nein erfolgt, ist der Mensch in der Wurzel getroffen. Geht sein Leben dennoch weiter, so sagt er, dies sei nun »kein Leben mehr«, dies habe nun »keinen Wert mehr«, dies sei nur noch »Vegetieren«. Der Sinn-Verlust in der Mitte des Lebens kann, wenn nicht neuer Sinngewinn eintritt, auch zum äußeren Ende des Lebens führen, indem der Mensch nun sein Leben als wertlos wegwirft (durch Selbstmord oder im Abenteuer), oder indem er in seinem Lebenswillen gelähmt ist, verwahrlost oder dahinsiecht, weil er, wie er sagt, nicht mehr weiß, »wofür er lebt«, »worauf das alles hinaus soll«.

4. Dieses »Wofür« und »Woraufhin« zeigt an, daß der Mensch in Beziehungen existiert, ohne die er nicht leben kann. Werden diese Beziehungen abgeschnitten durch den Tod oder durch ihren Verlust, so bleibt nur noch seine Existenz als solche übrig – entweder als gewesene oder als weitergehende –, und sie erscheint ihm »ohne Wert«. Das, was ihn seine Existenz schätzen, sein Leben lieben läßt, liegt also in diesen Beziehungen. Würden sie über seinen Tod hinaus dauern, würde auch der Tod an ihnen nichts ändern, so könnte ihn das auch mit seinem Tod, mit dem Nicht-Dauern seiner Existenz, versöhnen. Finden sie schon während dieses Lebens ihr Ende, so kann ihn das nicht einmal mit seinem Leben versöhnen, so kann ihn über das Ende dieser Beziehungen nicht einmal das Nicht-Ende seiner Existenz, das Weitergehen seines Lebens trösten. Er sagt, er wäre lieber tot, es sei ihm leid, dies überleben zu müssen, und sehnt sich nach seinem eigenen Tod.

5. Dieses In-Beziehung-Sein spricht sich aus in der Frage nach dem Wofür oder Wozu. Der Trost, mit dem die Klage nach dem Verlust des »Wofür« beantwortet wird, muß dann ein neues Wofür an Stelle des verlorenen oder ein umfassenderes und weiterdauerndes Wofür unabhängig von dem verlorenen angeben können. Der Trost muß also dem Tode begegnen können, wenn das bisherige Wofür stirbt. Dem Zusammenhang der Sinnfrage mit dem Todesgeschick wird sorgsam nachzugehen sein. Was sinngebend ist, muß es mit dem Tode aufnehmen können. »Aimer un être, c'est dire: toi,

Die Erfahrung der Sinnfrage

tu ne mourras pas!«, sagt Gabriel *Marcel* (Ein Wesen lieben, heißt sagen: Du, du wirst nicht sterben!). »Lieben heißt wollen, daß der Geliebte nicht stirbt.«[15] Weil der einzelne geliebte Mensch, wie wir genau wissen, sterblich ist, hoffen wir, daß er uns überlebt, und neigen wir dazu, über den einzelnen Geliebten hinaus sinngebende Instanzen zu finden, die der Vergänglichkeit besser widerstehen können: Familie, Vaterland, irgend eine soziale Institution oder Bewegung, Fortschritt der Menschheit. Deren Sinnfunktion soll ebenso beim Verlust des Geliebten wie beim Verlust des eigenen Lebens standhalten können. In der Beziehung zu dieser Größe findet der einzelne Mensch dann seine Existenz trotz ihres Endes aufgehoben, aufbewahrt: in dem ihn überlebenden Wofür lebt er weiter. Weil es sich um Menschen handelt, um jene bewußt lebenden Lebewesen, die in den Beziehungen des Für-Seins von Personen zueinander ihr Leben haben, ist für dieses Aufbewahrtwerden im größeren Wofür entscheidend das *Gedenken*. Wer in die Vergessenheit versinkt, sinkt spätestens dadurch in die Sinnlosigkeit, bzw. in die Reduzierung des Sinnes auf Nützlichkeit, die aber, wie noch deutlicher werden wird, die Sinnfrage nicht zur Genüge erfüllt: er mag dem größeren Zusammenhange auch als längst Vergessener nützlich gewesen sein, – nur wenn seiner gedacht wird, ist er nicht nur als Baustein, sondern als Person aufbewahrt. Das ist das Motiv alles Toten- und Gräberkultes: wir erweisen den Gestorbenen die Wohltat des Nicht-Vergessenwerdens und uns selbst die Wohltat, sie im Gedächtnis gegenwärtig zu haben. Aber freilich, was in unserer Macht steht, ist nur Ersatz für ein Gedenken, das erfüllen könnte, was hier erstrebt wird: unser Gedenken erbringt nur eine schattenhafte Vergegenwärtigung, und zudem nur eine kurze. Zuviel behauptet die Edda:

Besitz stirbt,
Sippen sterben;
Was nicht stirbt:
Der Toten Nachruhm.

---

[15] So C. Verhoeven, Wohin ist Gott?, 1969, 13; dort das Zitat von G. Marcel aus Homo Viator, 205. Dazu Ch. Peguy, De Jean Coste (zit. bei R. Lauth, Die Frage nach dem Sinn des Daseins, 273): Un fait particulier peut causer une souffrance totale. Une absence particulière peut causer une privation totale. Un seul être vous manque et tout est depeuplé (Ein einziger Umstand kann Ursache grenzenlosen Leidens sein. Der Verlust eines einzigen Menschen kann zu völliger Vereinsamung führen. Ein einziges Wesen fehlt dir und alles ist entvölkert).

Wie groß solcher Nachruhm auch sei, auch er stirbt bald genug...
»Dieses Bemühen nach Leben im anderen würde Sinn nur haben, wenn der andere, dem wir uns anvertrauen, nicht wiederum, wie wir selbst, vergeht, sondern wirklich bleibt; es würde Sinn ferner nur dann haben, wenn dieser andere nicht bloß einen Schatten von uns – unseren Namen, unser Erbgut – sondern wirklich uns selber festzuhalten vermöchte.«[16] Darum haben die Menschen von jeher nach einem übermenschlichen, bleibenden Gedenken gefragt, wie es *Sokrates* sich von seinen Richtern verheißt: »Auch ihr, Richter, sollt glauben an die Güte des Todes und durchdrungen werden von jener einen Wahrheit, daß einem guten Menschen nichts Schlimmeres widerfahren kann, weder zu Lebzeiten noch im Tode, und daß die Götter ihn nicht vergessen.«[17] So ist denn auch im biblischen Bereiche tot derjenige, dessen Gott nicht mehr gedenkt (Ps. 88,6; Pred.9,5), wogegen für alttestamentliche Weisheit »das Gedächtnis der Gerechten im Segen bleibt« (Spr. 10,7; Ps. 1,4–6). Wird das Mahl Jesu mit seinen Jüngern von der nachösterlichen Gemeinde weiter vollzogen unter der Aufforderung: »Dieses tut zu meinem Gedächtnis!«, dann ist der Sinn dabei möglicherweise nicht nur das Gedenken der Gemeinde an ihren Herrn, sondern: »damit Gott meiner gedenke«, d. h., da Gottes Gedenken ein wirkungskräftiges ist, daß Gott des Messias gedenke durch Herbeiführung des von Jesu angekündigten Reiches[18]. Göttliches Gedenken – das wäre wirksames und bleibendes Aufbewahrtwerden, sinngebendes Bleiben für den vergänglichen einzelnen; denn »nur er bleibt, nur sein Gedenken ist Wirklichkeit. Und eben dies ist die hoffende Gewißheit, die der biblische Glaube gewähren will: Der Ewige gedenkt des Menschen, der Mensch lebt im Gedenken Gottes und so wahrhaft als er selber, denn Gottes Gedanke ist kein Schatten, sondern Wirklichkeit«.[19] Alle

---

[16] J. Ratzinger, in Dialog mit dem Zweifel, 1969, 11f.
[17] Platon, Apologie des Sokrates, XXXIII.
[18] So die These von J. Jeremias, Die Abendmahlsworte Jesu, 1949², 115–118.
[19] J. Ratzinger, aaO. 112. – Nur den innerweltlichen Nutzen, die Notwendigkeit des Weitergehens des Lebens betrifft B. Brechts »Lob der Vergeßlichkeit« (Ges. Werke IX 1967, 628f): »Die Schwäche des Gedächtnisses verleiht den Menschen Stärke«, den Nutzen des Vergessenkönnens, sowohl der eigenen Leiden wie auch der auf dem Wege zurückgelassenen. Wie aber steht es mit diesen? Auch sie werden von Brecht aufgefordert: »Lobet von Herzen das schlechte Gedächtnis des Himmels! / Und daß er nicht / Weiß euren Nam' noch Gesicht. / Niemand weiß, daß ihr noch da seid. / Lobet die Kälte, die Finsternis und das Verderben! / Schauet hinan: Es komme nicht auf euch an, / Und ihr könnt unbesorgt

Die Erfahrung der Sinnfrage

Lust, aber zuvörderst diese, die Lust der Sinnesgewißheit, »will Ewigkeit, will tiefe tiefe Ewigkeit« (F. *Nietzsche*). Wir betrachten das jetzt noch nicht kritisch, sondern beobachten nur: soweit das »Wofür« beantwortet wird, ist der Mensch von der durch die Vergänglichkeit verschärften Qual der Sinnfrage bewahrt oder aus ihr gerettet.

6. Dieses »Wofür« wird häufig mit der Frage nach dem Nutzen des eigenen Lebens für irgend etwas anderes gleichgesetzt und läßt das Leben nach dem Gesichtspunkt seines Zweckes befragen. Weil dies ein unzulängliches Verständnis des mit der Wofür-Frage eigentlich Gemeinten ist, und weil, wie schon früher gesagt, beim Begriff des Nutzens das Leben nur nach seinem äußeren Wert für irgend etwas anderes gesehen wird, kann dem die Aufforderung entgegengehalten werden, sich vom Gesichtspunkt des Nutzens freizumachen, sich nicht suggerieren zu lassen, unser Leben sei so zu betrachten, wie wir ein Haustier oder eine Nutzpflanze betrachten: vom Nutzen für uns her und also vergessend, daß von der Pflanze her und für die Pflanze selbst diese Beurteilung unwesentlich ist; für sie hat ihr Dasein »Sinn in sich selber«, nicht außer ihr, und dies wird uns zum Vorbild vorgehalten (s. O. *Flake*). »Die Ros' kennt kein Warum...« (*Angelus Silesius*). Aber diese Art von Tröstung ist von auffallender Schwäche, wie sich im Ernstfall zeigt. Diese Schwäche hat ihren Grund: diese Tröstung versucht die Beziehungen, in denen wir unser Leben haben, als für unser Leben unwesentlich, akzidentiell hinzustellen. Das stimmt schon nicht für die Pflanze und das Tier: diese haben in Wahrheit nicht »Sinn in sich selber«, sondern das Individuum hat Sinn für die Erhaltung der Art, und alles in seinem Leben ist daraufhin konstruiert. Auch das pflanzliche und tierische Individuum ist Sein-in-Beziehung. Dazu noch einmal Angelus Silesius: »Der Regen fällt nicht ihm, / die Sonne scheint nicht ihr, / auch du bist anderen / geschaffen und nicht dir.« Die Frage ist nur, ob der Zusammenhang von Individuum und Art, oder die Erhaltung der Art als Wofür des Individuums beim Menschen genügt oder nicht. Darüber ist noch zu reden. Jetzt zeigt sich daran schon die Fragwürdigkeit der Begriffe Nutzen und Zweck. Sie genügen nicht, weil sie nur objektiv und darum zu objektivistisch sind.

---

sterben« (VIII, 216). Nur dem sehr Müden oder dem von Scheitern, Leid oder Schuld schwer Beladenen wird das Versinken in Finsternis zum Lobgesang geraten.

Bei ihnen ist ignoriert die Frage, ob der Mensch seine Nützlichkeit für den behaupteten Zweck bejahen, in dieser Nützlichkeit und also in diesem Zweck eine genügende Antwort auf die Frage nach seinem Wofür erkennen kann. Soll in der Angabe eines Sinnes die Sinnfrage beantwortet werden, dann muß der Mensch *einstimmen* können. Sinn ist *bejahbarer* Sinn, durch den der Mensch zum Ja zu seinem Leben und zu seinem Schicksal gelangt. Sinn muß in mein Selbstverständnis übernommen werden können in der Weise des *Dankes;* Sinn ist *Seligkeit im Dank.*

7. Die Begriffe Nutzen und Zweck stellen sich deshalb so leicht ein, bieten sich deshalb zur Aussprache des Wofür so an, weil sie anzeigen, daß ein Seiendes seinen Wert von etwas anderem her empfängt, so daß es nicht »Endzweck« ist, sondern zu bejahen ist um eines anderen willen. In dieses Um-willen ist es wie das Kleinere in ein Größeres, das weniger Wertvolle in ein Wertvolleres eingeordnet. Es hat seinen Wert, eine Bejahbarkeit, seine Kostbarkeit nicht in sich selbst, so daß alles Übrige in ihm endet und von ihm her zu werten ist. Zwar kann ein menschliches Individuum letzteres behaupten[20] und sich praktisch so benehmen, — aber in Sinnfrage und Sinnklage zeigt sich, daß das nicht durchzuhalten ist, sondern ein Irrtum, eine falsche Anlage des Lebens, eine Selbstüberschätzung war. Zwar geht es — das ist das Wahrheitsmoment in dieser Selbstüberschätzung — dem Leben um sich selbst, um seinen Wert, dem Ich um sein eigenes Sein, aber die Bedrängnis der Sinnfrage zeigt an, daß das Ich, weil es immer nur als Ich-in-Beziehung existiert, sich selbst gewinnen und bejahen kann nur in Partizipation, sich selbst empfängt von anderem Sein her, und dieses andere Sein muß es als eines sehen können, für das zu sein sich lohnt. Das Für-Sein lohnt sich aber nur, wenn das Sein, an dem ich partizipiere, größer, umfassender, dauernder, wertvoller ist als mein eigenes Sein, und wenn ich dies erkennen und anerkennen kann. Die Pflanze hat Nutzen für den Menschen, der sie züchtet und ißt oder als Blume betrachtet; das kann aber nicht als der Sinn der Pflanze beschrieben werden, weil es nur eine Verwendung ist, die für die Pflanze ganz äußerlich ist. Da außerdem die Pflanze nicht »verstehendes Dasein« (M. *Heidegger*) ist, also nicht bejahen und fragen kann, ist die Frage nach ihrem Sinn für sie unangebracht und wirkt deshalb komisch. Der

---

[20] Vgl. M. Stirner, Der Einzige und sein Eigentum, 1845.

Die Erfahrung der Sinnfrage 61

Sklave hat Nutzen für seinen Herrn; dies resultiert nur aus seiner Verwendung als Mittel zum Zweck, wird nur an ihm vollzogen, ist nicht eine Seinspartizipation, die er mit vollzieht. Weiter als bis zur Verwendung reicht der Begriff des Nutzens nicht und muß also transzendiert werden. Die Frage nach dem Wofür umfaßt das Ganze meiner Existenz, nicht nur meinen Leib (wie bei den Sklaven, mit denen Lucullus seine Fische fütterte), nicht nur einzelne Tätigkeiten, sondern sowohl das Dasein wie den Vollzug meiner Existenz, mit meinen Gedanken, meinem Wollen, meinem Lieben, meiner ganzen Hingabe. Damit vollzieht sich aber in unserer Analyse eine kritische Wendung. Soll das Wofür eine genügende Antwort finden, dann muß diese auf Partizipation an einem Sein verweisen, das einesteils nicht untermenschlich ist, sondern mindestens menschlich, d. h. zu dem ich in menschlicher Kommunikation stehen, das ich lieben und von dem ich geliebt werden kann, – zum ersten Male stoßen wir auf einen Zusammenhang von Sinn und Liebe, der freilich in Ausdrükken wie »Dank«, »Bejahen« und »Partizipieren« schon verborgen zur Stelle war. Zum andern muß es sich um Partizipation an einem Sein handeln, das mich überdauert, das nicht mit mir oder vor mir endet, – ob nun dieses Überdauern in der Zeit geschieht oder, wie in der Antwort, die der Idealismus auf die Sinnfrage gibt, die Zeit transzendiert.

Die kritische Wendung der Analyse wird deutlich daran, daß wir an diesen Bedingungen vorkommende Antworten messen können: a) Wer von seiner Familie her Sinn empfängt, bei dem ist die erste, nicht also die zweite Bedingung erfüllt, darum kann Verlust und Absturz in Sinnlosigkeit geschehen. b) Wer von einem Kollektiv oder einer Idee her Sinn empfängt, bei dem ist die zweite, aber nicht die erste Bedingung erfüllt. Die Frage ist dann, ob er nicht bloß nützlich verwendetes Mittel ist; außerdem: wie lange die größere Dauer vorhält. Sinn hat mit Vergänglichkeit, Zeit und Ende zu tun, wie wir schon gesehen haben. Die Frage ist, ob das sinngebende Sein wirkliche Überwindung der Vergänglichkeit gewährt. c) Wer Sinn empfängt von irgendeinem Gut oder einer vorübergehenden Befriedigung her (Geld, Besitz, Berufstätigkeit, Sexualität), bei dem ist weder die erste noch die zweite Bedingung erfüllt, er lebt also in *Sinntäuschung,* die irgendwann enthüllt werden wird. Damit berühren wir die Frage nach der Sinn*wahrheit,* dem *wahren* Sinn, samt der Frage, ob sich ein solcher überindividuell angeben läßt, und wir merken schon, daß diese Frage zusammenhängt mit den beiden anderen Fragen: Wer kann Sinn geben? und: Wer ist der Sinngebung bedürftig?

8. In der Analyse ist noch hervorzuheben, was unter 6. schon angedeutet worden ist: Während »Nutzen« die Zuteilung eines Mittelwertes für die Zwecke eines anderen besagen kann, bei der ich, der Benützte und Verwendete und so Nützliche, ganz passiv und uninteressiert sein kann, besagt Sinn ein Wertvollsein meiner Existenz in Beziehung auf andere, dessen ich mich freue, in dem mir selbst meine Existenz eben dadurch wertvoll wird, daß sie in dieser Beziehung anderen wertvoll wird. Das Ja des anderen zu meiner Existenz verhilft auch mir zur Bejahung meiner eigenen Existenz. Ich empfange dieses Ja und ich beantworte es, – und zwar in der Weise, daß ich *diene* – nicht gezwungen und desinteressiert wie der ausgebeutete Sklave, sondern im Dienen ergreife ich die Möglichkeit, mein Leben *wichtig* zu machen für den anderen und eben dadurch auch für mich selbst. Sinn ist selbst ein *Beziehungsbegriff* und charakterisiert die Beziehung als eine zwischen handelnden und aufeinander wirkenden *Personen*. Das »Wofür«, nach dem gefragt wird, ist nicht das Wofür eines dinglichen, ruhenden Seins, sondern das Wofür eines tätigen Lebens. Sinngewährung ist *Gewährung eines Wofür für tätiges Leben,* als Gewährung einer *Aufgabe* zum Dienen und einer Gelegenheit, sich zu opfern und aufzuopfern. Im Sinnverlust sagt der Mensch: »Ich bin für nichts mehr da, mein Leben *dient* zu nichts mehr, es ist deshalb niemandem mehr wichtig. Wofür könnte ich es noch opfern?«

Exkurs über Nutzen und Sinn

Frustra vivit, qui nemini prodest (Für nichts lebt, wer niemandem nützt), steht am Portal einer Krakauer Kirche. Das Verhältnis der Kategorien Nutzen und Sinn eröffnet eine weite gesellschaftskritische Perspektive, die hier nur angedeutet sei. Unsere gesellschaftlichen Beziehungen sind allenthalben durch den gegenseitigen Nutzen vermittelt. Ständig gebrauchen wir andere Menschen als Mittel zum Zweck. So tief ist damit unser eigenes Selbstbewußtsein verknüpft, daß daraus die tiefe Depression entsteht, in der ein Mensch

Exkurs über Nutzen und Sinn 63

feststellt, daß er von niemandem »gebraucht« wird. Was wir füreinander leisten, macht uns einander wert. Die daraus entstehende Leistungsethik wird uns von Jugend auf eingeprägt. Sie entspricht der Unbarmherzigkeit der Gesellschaft, die an Leistung das Überleben bindet, Leistungslosigkeit also mit dem Tode bedroht, Leistungsschwache mit materieller und psychischer Degradierung straft und zur Sorge für Leistungsunfähige immer erst durch humane Impulse, die alles andere als selbstverständlich sind, gedrängt werden muß. »Wer nicht arbeitet, der soll auch nicht essen«, sagen gemeinsam der Apostel Paulus (2. Thess, 3,10, allerdings in einer sehr konkreten Situation und Ermahnung, die nicht als allgemeines und ewiges Prinzip verstanden werden darf) – und, daraus ein Prinzip für die sozialistische Phase der Gesellschaft machend, die Stalinsche Verfassung von 1936. Wie eine unter dem Leistungsdruck stehende Gesellschaft mit den Leistungsunfähigen umgeht, ist ein Test für ihre humane Entwicklung, – dies gehört zu den Wirkungen des Christentums, wie man in Ländern ohne Einwirkung christlicher Predigt wohl sehen kann, allzu unvollkommene, oft nur ansatzweise realisierte Wirkungen, die aber immerhin etwas verändert, das gesellschaftliche Todesurteil über die Leistungsunfähigen aufgehoben haben.

Nutzen und Sinn liegen so nahe beieinander, daß die Versuchung, sie zu identifizieren, ständig ins Haus steht, erst recht in einer Gesellschaft, die noch vom Mangel, dem alten, überlieferten Vorzeichen aller Gesellschaften, bestimmt ist, oder in der dieses Vorzeichen interessiert und künstlich aufrecht erhalten wird. Weil der Wert, den Menschen füreinander haben, auch den Nutzen mit einschließen kann, den einer dem anderen verschafft, liegt die Versuchung nahe, zu meinen, sich einreden zu lassen oder zur Doktrin zu erheben, der Wert sei mit dem Nutzen identisch, hänge von ihm ab und erschöpfe sich mit ihm. In der Mangelgesellschaft, in der die Güterverteilung nach dem doppelten Schlüssel von Geburtsprivileg und Arbeitsleistung erfolgt, wird vor allem dem, der nur durch Leistung sich Güteranteil verschaffen kann, von den Umständen wie von der gesellschaftlichen Ideologie täglich gepredigt, er sei nur soviel wert, wie er Nützliches leistet, und wo durch Abschaffung des Erbschaftsprivilegs, also durch sozialistische Revolution, der doppelte Schlüssel zu dem einfachen der Verteilung nach Leistung geworden ist, ist der Modus der Verteilung zwar rationaler und gerechter geworden und ermöglicht bessere Berücksichtigung der gesamtgesellschaftlichen Bedürfnisse, aber an der Verdinglichung des Menschen, welche eben in der Gleichsetzung seines Lebenssinnes mit seiner Nützlichkeit besteht, hat sich noch nichts geändert, – wie inzwischen unsere historische Erfahrung uns deutlich belehrt hat.

Wird der Wert eines Menschenlebens an dem Nutzen gemessen, den es für andere hat, so ist der Mensch für die anderen ein nützliches Ding –, gleichgültig, ob er zwangsweise zum instrumentum animatum (beseelten Werkzeug), wie die Römer ihre Sklaven bezeichneten, gemacht wird, zum »Menschenmaterial« in Fabriken und Armeen, oder ob er die Leistungsforderung so verinnerlicht hat, daß er selbst den Sinn seines Lebens in seinen Leistungen sieht. Leistungen, die mit anderen Leistungen entgolten werden, sind austauschbar, und austauschbar, ersetzbar sind deshalb auch die Leistenden. Den großen Kommentar zu einer Gesellschaft, die Nutzen und Sinn identifiziert, hat wie kein anderer Karl *Marx* geschrieben[21].

Er hat in seinen jungen Jahren einer durch die Leistung (= Ware) vermittelten Beziehung zwischen Menschen die durch Liebe vermittelte gegenüber gestellt, weil in der Liebesbeziehung die Kommunikation nicht im Austausch der durch Leistung produzierten Waren (einschließlich der Ware Arbeitskraft) besteht, wobei von den speziellen Qualitäten der Waren abgesehen werden muß, damit sie quantifiziert auf den gemeinsamen Nenner des qualitätslosen Geldes gebracht werden können. Wo er dies beschrieb, hat er bei der Gegenvision einer durch persönliche Liebe vermittelten Beziehung, die eine qualitative Beziehung ist, freilich nur auf den »reichen Menschen« geblickt. In den gleichen Aufzeichnungen (den sog. Pariser Manuskripten von 1844) hat er aber an anderer Stelle den Menschen als bedürftiges Wesen geschildert, das sein Wesen »außer sich« hat, indem es der anderen Menschen bedürftig ist. Die Beziehung der Liebe ist also nicht nur durch den persönlichen Reichtum, sondern auch durch die persönliche Armut vermittelt; Liebe ist nicht nur Eros, der am Reichtum des anderen Anteil haben will, sondern

---

[21] Zum Folgenden vgl. im 1. Band des »Kapital« vor allem das 1. Kapitel über »Ware«, und in den Marxschen »Frühschriften« (hg. von S. Landshut, 1953), bes. 234f, 254ff, 295–305. Dazu auch in meinem Aufsatz: Zum Verständnis des Menschen beim jungen Marx, in: Forderungen der Freiheit, 1962, 168–190 und in: Die marxistische Religionskritik und der christliche Glaube (Siebenstern-Taschenbücher Nr. 33), 1965, 73ff, sowie die treffende Gegenüberstellung von »Ersatz« und »Stellvertretung« bei D. Sölle, Stellvertretung, 1965, 21–72.

Exkurs über Nutzen und Sinn

auch Agape, Erbarmen, das dem Armen, der nichts zu bieten hat, Anteil am eigenen Reichtum gewährt und damit die Kategorie des Nutzens ganz überwindet.

Der Sinn transzendiert den Nutzen; die so nötige Unterscheidung von Nutzen (samt Zweck) und Sinn impliziert die Transzendierung einer Gesellschaft, in der die Beziehungen der Menschen von der Kategorie des Nutzens beherrscht sind, auf eine »von Nützlichkeit emanzipierte Gesellschaft« hin, d. h. eine Gesellschaft, deren Einrichtungen und Regeln der »Möglichkeit zweckfreier Beziehungen« zwischen den Menschen dienen[22]. Verführt die gegenwärtige Gesellschaft mit der ungeheuren Macht der rationalen Verwendung alles Vorhandenen einschließlich der Einzelmenschen für eine selbstzwecklich gewordene Güterproduktion zur Resignation, so mobilisiert die Hoffnung, die im wahren Begriff des Sinnes enthalten ist, zum Widerstand und zur Arbeit für eine Revolution, deren gesellschaftliche Vision geleitet wird von Erfahrung zweckfreier Beziehungen als der wahrhaft menschlichen. So sehr wird uns jene Resignation heute suggeriert, daß die Beziehungen, in denen Menschen einander um ihrer selbst willen wichtig werden, als »vortechnisch« erscheinen und »personalistische« Anthropologie, die die Sinnfindung im Du als Zentrum menschlichen Lebens aufweist[23], als gesellschaftsfremd verurteilt wird. Hat dieser »Personalismus« auch versäumt, seine Erkenntnisse mit der konkreten Lage der heutigen Gesellschaft zu vermitteln, also sich selbst als deren Kritik zu entfalten, so wird er dadurch nicht unwahr. Was Th. W. *Adorno* als die Zerstörung des Subjekts und der Individualität in der kapitalistischen Gesellschaft noch und noch beschreibt, besorgt das von den Philosophen der »Ich-Du-Beziehung« Versäumte, wobei aber menschliches Sein im gleichen Sinne verstanden wird. Die Sinnwidrigkeit der Gesellschaft des Nutzens und des Habens liegt in der »Verarmung im Verhältnis zu anderen Menschen«:

»... die Fähigkeit, den andern als solchen und nicht als Funktion des eigenen Willens wahrzunehmen, vor allem aber die des fruchtbaren Gegensatzes, die

---

[22] Th. W. Adorno, Minima Moralia, 1951, 247, 61: »Zartheit zwischen Menschen ist nichts anderes als das Bewußtsein von der Möglichkeit zweckfreier Beziehungen, das noch die Zweckverhafteten tröstlich streift.«
[23] Ich meine hier die Denkrichtung, für die die Namen von Ferdinand Ebner und Martin Buber repräsentativ sind, und deren soziologische Relevanz von Eugen Rosenstock-Huessy ausgearbeitet wird.

Möglichkeit, durch Einbegreifen des Widersprechenden über sich selbst hinauszugehen, verkümmert. Sie wird ersetzt durch beurteilende Menschenkenntnis.. Diese Reaktionsweise aber, das Schema aller Administration und ›Personalpolitik‹, tendiert bereits von sich aus, vor aller politischen Willensbildung und aller Festlegung auf ausschließende Tickets, zum Faschismus. Wer es einmal zu seiner Sache macht, Eignungen zu beurteilen, sieht die Beurteilten aus gewissermaßen technologischer Notwendigkeit als Zugehörige oder Außenseiter, Arteigene oder Artfremde, Helfershelfer oder Opfer. Der starr prüfende, bannende und gebannte Blick, der allen Führern des Entsetzens eigen ist, hat sein Modell im abschätzenden des Managers, der den Stellenbewerber Platz nehmen heißt und sein Gesicht so beleuchtet, daß es ins Helle der Verwendbarkeit und ins Dunkle, Anrüchige des Unqualifizierten erbarmungslos zerfällt. Das Ende ist die medizinische Untersuchung nach der Alternative: Arbeitseinsatz oder Liquidation.«[24]

Resignation hat sich schon da eingeschlichen, wo mit früheren Gestalten und Vokabeln der Individualität (und mit diesem Wort ist hier, mit Adorno, nicht das isolierte Individuum gemeint, sondern das Ensemble menschlicher Beziehungen, in denen die daran Beteiligten als Individuen, in ihrer Besonderheit und um ihrer selbst willen, einander wichtig sind) auch die Sache der Individualität der Vergangenheit – bedauernd oder triumphierend – überantwortet wird. Resignation stellt die fatale Entwicklung als Fatum sicher, darum ist sie verboten, ist sie selbst Mitwirkung an der Fatalität. Alles tendiert auf die technokratische Gesellschaft, in der der Nutzen die Totalkategorie ist, deshalb muß alles ihr widerstehen. Konkret heißt das: gegen den Kapitalismus für den Sozialismus, wobei der historische Sozialismus der Befreiung von der seiner Vision widersprechenden Beherrschung von der Nutzkategorie selbst erst noch bedarf. Nutzen, Mangel, Zwang und Herrschaft sind zusammengehörige Kategorien. Die Möglichkeit, die Geschichte des Mangels an Lebensgütern, also die bisherige Menschheitsgeschichte, zu beenden, trifft sich heute mit der Möglichkeit, die Verdinglichung des Menschen durch konsequente Nutz-Planung zu vollenden. Das ist die Alternative. Konkret analysierbare Besitz- und Herrschaftsinteressen in West und Ost fördern die zweite und hindern die erste Möglichkeit. Die gesellschaftskritische Kraft der Unterscheidung von Nutzen (Zweck) und Sinn macht diese dring-

---

[24] Th. W. Adorno, aaO. 244; wenn Adorno an dieser Stelle weiterfährt: »Der neutestamentliche Satz: ›Wer nicht für mich ist, ist wider mich‹, war von jeher dem Antisemitismus aus dem Herzen gesprochen«, so mag das für den isolierten Satz gelten. Seine Wahrheit kündigt sich an, wenn wir für unseren Zusammenhang formulieren: »Wer heute nicht für die Rettung des Menschen vor der technokratischen Maxime kämpft, der arbeitet gegen sie.«

Exkurs über Nutzen und Sinn

lich und erweist die politische Relevanz der Sinnfrage, entgegen ihrer Mißachtung als Privatproblem für Mußestunden oder für kontemplative Grübler. Es handelt sich um eine Unterscheidung, nicht um eine schlichte, also (oft) schlechte Antithese. Wir verwenden einander ständig als Mittel zum Zweck, und *Kants* moralische Maxime[25] verdammt nicht dies, sondern daß der Mitmensch *nur* als Mittel zum Zweck verwendet wird. Wir wollen einander nützlich sein, wir sollen es sein wollen, wir empfinden unser Leben als sinnlos, wenn wir es nicht sind, – und eben in diesem legitimen Empfinden liegt die Gefahr. Der Liebende will dem Geliebten nützlich sein, sucht Gelegenheit dazu und freut sich ihrer; wenn er unbedacht darin die Bedingung der Liebesbeziehung sieht, entstellt er sie, und der Widerspruch des Geliebten, der ihm aus dem Krampf des Sichernwollens der Liebesbeziehung durchs Nützlichsein heraushelfen will, muß ihm befreiende Belehrung sein. Nicht als Bedingung menschlichen Zusammenseins, wohl aber als eines seiner Medien, in denen es sich verwirklicht, in die personale Beziehung integriert, gehört die Kategorie des Nutzens ins zwischenmenschliche Dasein, unter- und eingeordnet, aber entstellend, wo sie herrschend wird. »Menschen, die zusammengehören, sollen sich weder ihre materiellen Interessen verschweigen, noch auf sie nivellieren, sondern sie reflektiert in ihr Verhältnis aufnehmen und damit über sie hinausgehen.«[26]

Wir fassen unsere, durch einen Augenblick auf ihre gesellschaftskritische Implikation ergänzte Analyse zusammen: »Sinn« in der uns hier interessierenden besonderen, neuzeitlich-neuartigen Bedeutung des Wortes meint Antwort auf die Frage nach einem Wofür des menschlichen Lebens. Mit ihm ist dieses Leben charakterisiert als Leben in Beziehung, das die Möglichkeit der Bejahung, also sein Recht und seinen Wert, von der Beziehung her bekommt. Diejenige Beziehung, durch die solche Bejahung möglich ist, muß das Einzelleben partizipieren lassen an einem Sein, das ihm überlegen ist an Wert und Dauer, das es zugleich in Anspruch nehmen und ihm Bedeutung zusprechen kann; es muß also eine persönliche, sprachliche

---

[25] I. Kant, Grundlegung zur Metaphysik der Sitten, 2. Abschnitt. Kants Werke, hg. von W. Weischedel, 4. Bd., 61: »Handle so, daß du die Menschheit, sowohl in deiner Person, als in der Person eines jeden andern, jederzeit zugleich als Zweck, niemals bloß als Mittel brauchest.«
[26] Th. W. Adorno, aaO. 69.

Beziehung in Liebe und Dienst sein, in der dieses Einzelleben persönlich gemeint und mit seinem Opfer und Dienst persönlich in Anspruch genommen wird. Herausfallen aus solcher Beziehung bedeutet radikale Existenznot, Leben in dieser Beziehung dagegen Geborgenheit in Bejahung.

Sinn als *Gnade* und Sinn als *Leistung*

Das Wort »*Geborgenheit*« führt uns noch einen Schritt weiter. Wir waren von der Frage und der Klage in der Situation des Sinnverlustes ausgegangen. Woher weiß der Fragende und Klagende von dem, wonach er fragt und um dessen Mangel er klagt? Er kommt immer schon her von Sinnerfahrung. Diese ist vorgängiger als die Erfahrung der Sinnlosigkeit und ermöglicht erst diese. Wir treten nicht erst in Sinnbeziehung ein, wir suchen nicht erst nach ihr, sondern wir finden uns in ihr vor und fallen dann erst aus ihr heraus. Alles menschliche Sein beginnt in Geborgenheit, in nicht erst zu erwerbender, sondern schon geschenkter Beziehung, findet sich in *Heimat* vor, in der es wertgehalten wird, in der es sich erfährt als bedeutungsvoll für anderes Sein, als bejaht und wichtig. Sein Verlangen nach solcher Beziehung erfährt es zunächst als ein befriedigtes Verlangen und weiß deshalb nichts davon. Dies ist nicht eine verklärende Beschreibung der Kindheit, sondern unentbehrliche, lebensnotwendige Ausgangserfahrung (vgl. Adolf *Portmanns* Säuglingsforschungen). Ohne das erste Sichkümmern eines Menschen um einen neuen Menschen könnte dieser nicht Mensch werden. Daß ein Mensch sich um uns kümmert (die Mutter vor allem, dann die Familie und Nachbarschaft), erfahren wir grundlegend als Bejahung unseres Daseins, die uns ein Recht zu sein gibt und einen Platz in der Gemeinschaft von Menschen. Das Lächeln, mit dem der Säugling darauf antwortet, ist erstes Echo dieser Bejahung. Durch sie bekommt der Mensch sich selbst als seindürfend zugesprochen: seine erste Begnadigung, – Freispruch vom Todesurteil der Kindesaussetzung: Er darf leben. Leben aber ist hier identisch nicht nur mit Toleriertwerden, sondern mit Bejahtwerden, mit Aufnahme in Lebensgemeinschaft, mit tätiger Hilfe und Wohltat, und zwar der Wohltat spezifisch menschlicher Zuwendung. Toleriert wurden jene Kinder auch, die der Hohenstaufenkaiser Friedrich II., wie man erzählt,

Sinn als Gnade und Sinn als Leistung   69

aufwachsen ließ mit aller leiblichen Versorgung, aber ohne Erweisung menschlicher Zuwendung, ohne auf sie gerichtetes Mienenspiel, ohne Lächeln und Anrede; sie gingen bald ein. Zuwendung erfuhren auch die menschlichen Wolfskinder, von denen wir wissen[27]. Sie überlebten dank tierischer Zuwendung, aber sie wurden nicht zu Menschen, nur zu Mißbildeten und konnten das Versäumte und Versagte nie wieder einholen. Kaspar Hauser konnte dies nur, weil er, wie kärglich auch immer, in seiner dunklen Kammer mehr Menschliches erfahren hatte als jene Kinder im Experiment des Staufenkaisers und die Wolfskinder. Wie groß das Maß ist, dessen jeder Mensch bedarf, zeigen die Schäden des Hospitalismus, bei Kindern also, die mehr Fürsorge erfahren haben als Kaspar Hauser und doch zu wenig fürs Menschlichwerden des Lebens.

So kommen wir alle schon her aus Heimat, wie unzulänglich und unwohnlich sie auch gewesen sein mag, und sind durch Gewährung von Heimat gestärkt oder durch zu wenig Gewährung geschädigt fürs ganze Leben. Unser Leben beginnt Leben zu sein, indem uns Erfahrung von Sinn, von Wert für andere Menschen geschenkt wird. Das bedingt den Satz Ernst *Blochs:* Heimat sei, worin noch keiner war[28]; denn ohne allererste, anfängliche Heimaterfahrung könnte uns, die wir nicht als Nestflüchter geboren sind, nicht Heimat zum Ziel werden. Aber Blochs Satz ist damit nicht widerlegt; denn es soll nicht behauptet werden, diese erste Erfahrung sei schon die befriedigende und diese erste Zusprache von Sinn schon die ausreichende. Das Gegenteil ist der Fall. Wir werden dadurch nicht gesättigt, sondern geraten in Hunger. Wir verhungern, wenn es bei diesem Ersten bleibt. Grundlegend aber ist diese erste Erfahrung, sofern wir durch sie einmal »besaßen, was so köstlich ist«, und dadurch ahnen, daß es dies geben kann: ein Bejahtsein unserer Existenz von der Beziehung her, in der wir stehen, ein Wichtigsein für andere, ein liebendes, fürsorgendes Interesse anderer an uns: *Glück* also (und Glück ist nichts als ein anderes Wort für Sinn). »Glück ist nichts anderes als das Umfangensein, Nachbild des Geborgen-

---

[27] Vgl. J. A. L. Singh, Die ›Wolfskinder‹ von Midnapore. Mit Geleitwort von A. Portmann, 1964, 55ff: Zuneigung als Lebensbedingung; J. Itard, Victor, das Wildkind vom Aveyron, hg. von J. Lutz, 1964.
[28] Schlußsatz von »Prinzip Hoffnung«: »Hat er sich erfaßt und das Seine ohne Entäußerung und Entfremdung in realer Demokratie begründet, so entsteht in der Welt etwas, das allen in die Kindheit scheint, und worin noch niemand war: Heimat.«

seins in der Mutter.«[29] Vom vor- und nachgeburtlichen Geborgensein empfangen wir das »Grundvertrauen«, wie Erik H. *Erikson*[30] den »kostbaren frühen Schatz« nennt: »jene Annahme, daß ›jemand da ist‹, ohne den wir nicht leben können«. Nur wer es erfahren hat, kann es anderen weitergeben; nur die Mutter, die selbst bemuttert worden ist oder dies wenigstens mit Sehnsucht bei anderen beobachtet hat, kann bemuttern. Freilich – und dies ist für uns ebenso wichtig – entsteht dieses »Urvertrauen« nur zugleich mit der Erkenntnis der Möglichkeit des Verlustes derer, »die lieb zu ihm sind«, und deshalb »kennt das Menschenkind Furcht und Ängste, die bei einem Tierjungen undenkbar sind«. Sinnerfahrung ist also sofort schon angefochtene Erfahrung. In ständiger Krise gegen ein »Urmißtrauen« muß sich jener »Uroptimismus« bewähren, muß durch weitere Liebeserfahrung dafür gestärkt werden, um zu einer Hoffnung zu werden, die nicht aufgibt, weil sie herkommt von »der ersten Weltordnung des Kindes, dem ursprünglichen Paradies des Versorgtwerdens«[31].

Wir haben gesehen: Bei dieser grundlegenden Erfahrung geht das Empfangen voran. Sinnempfang kommt vor Sinnleistung. Wir erwerben diese Bejahung nicht, sondern finden uns in ihr vor. Unsere Aktivität folgt nach. Die Aufforderungen, denen wir folgen und durch deren Befolgung wir Lob ernten (z. B. beim Gehenlernen), sind Weisen der uns zugesprochenen Bejahung, des Interesses, das andere – und zwar die uns Liebenden – an uns nehmen. Das Evangelium kommt hier durchaus vor dem Gesetz, und das Gesetz ist eine Weise des Evangeliums. Die Leistung, mit der wir antworten, ist unser Dank dafür[32]. Wenn wir in späterer Zeit unser Leisten

---

[29] Th. W. Adorno, aaO. 203; vgl. 78: »Ob einer glücklich ist, kann er dem Winde anhören. Dieser mahnt den Unglücklichen an die Zerbrechlichkeit seines Hauses und jagt ihn aus leichtem Schlaf und heftigem Traum. Dem Glücklichen singt er das Lied des Geborgenseins: sein wütendes Pfeifen meldet, daß er keine Macht mehr hat über ihn.«
[30] E. H. Erikson, Kindheit und Gesellschaft, 1965, bes. 241ff; Der junge Mann Luther, 1958, bes. 126ff und 281ff; vgl. auch R. Schottländer, Theorie des Vertrauens, 1957, bes. 20–30.
[31] E. H. Erikson, Luther, 127ff.
[32] So hat K. Barth das Verhältnis von Gottes Geben und Gottes Fordern, von Gnade und Gebot bestimmt und darum den Dank als die Grundweise des menschlichen Tuns beschrieben. Unsere Erörterung hat, wie sich noch deutlicher zeigen wird, zum Hintergrund Überlegungen zum Grundproblem des reformatorischen Glaubensverständnisses, dem Verhältnis von Gesetz und Evangelium.

Sinn als Gnade und Sinn als Leistung

dann interpretieren als Versuch, die Bejahung uns zu erhalten oder neu zu erwerben, so ist das schon nicht mehr die kindliche Phase. Von hier aus ergibt sich ein Zugang zum Verständnis der neutestamentlichen Gleichstellung der Glaubenden mit Kindern und Gottes mit einem Vater, ebenso für Jesu Worte über die Kinder[33]. Hier wird weder künstliche Kindlichkeit gefordert noch im Infantilismus festgehalten; nicht erwachsene Mündigkeit wird diskreditiert, sondern mündige Erwachsene werden vor dem Irrtum der Leistungs-Idolatrie gewarnt durch Erinnerung daran, daß das neue Menschsein ebenso wie das natürliche Menschsein (vgl. Joh. 3,3f) mit Empfangen und nicht mit Leisten beginnt. Der Mensch ist nicht Schöpfer seiner selbst, so gern er es sein möchte, und so sehr er wahrhaftig an seiner weiteren Entwicklung aktiv mitarbeiten kann und muß. Die menschliche Arbeit kommt nicht zu kurz, auch wenn sie *nicht*, wie die marxistischen Klassiker es haben wollten, am Anfang aller Dinge steht. Am Anfang steht vielmehr das Empfangen, die Gnade, und alles, was von unserer Seite folgt, kann nur noch Dank sein. Darum darf man auch die biblischen Vater-Aussagen nicht unter *Freuds* Einfluß als Bindungen an ein strenges Über-Ich verstehen, auf die die Reaktion des Ödipuskomplexes nur allzu natürlich ist. Der biblische Vatertitel symbolisiert Gottes vorausgehende, lebenspendende und heimatgewährende Zuwendung.

Unser Leben beginnt mit der Erfahrung, daß es Sinn hat: es hat Sinn für andere, was diese ausdrücken durch ihr Sich-Kümmern um uns, und eben dadurch hat es Sinn für uns. Was wir am Anfang empfangen, ohne das können wir nicht mehr sein, danach werden wir immer verlangen. Daß wir es gleich zu Anfang empfingen, gibt uns für alle Zeit den Geschmack dafür und die Sehnsucht danach. Sinnverlangen und Sinnhoffnung werden uns nun nicht mehr verlassen; ununterdrückbar wird die Klage über den Verlust und die Frage des Neugewinnes sein, wenn wir aus der bisherigen Geborgenheit selbstverständlicher Sinngewährung herausgefallen sind.

Erst dieses Herausfallen macht Klage und Frage lebendig. Frage ist hier immer, wie sehr das auch geleugnet werden mag, Ausdruck von Klage: »Ich besaß es doch einmal, was so köstlich ist!« Die Frage hat an dem, worum die Klage trauert, ihr Maß und ihren Impuls.

---

[33] Jesu Kindersegnung: Matth. 18,1ff; Luk. 18,17; der Mensch als Kind im Gottesverhältnis in: Joh. 1,12; Röm. 8,14–21; Gal. 4,7; Eph. 3,15; 1. Joh. 3,2.

Jeder fällt heraus, wir alle sind herausgefallen, aber in unterschiedlicher Art. Der Weg ins Leben ist Herausfallen aus dem Glück der anfänglichen Geborgenheit.

»Der Mann muß hinaus ins feindliche Leben.« Aber mit dem äußerlichen Hinaus hat er sein Zuhause noch keineswegs verloren. Weil es menschliche Behausung ist, kann das Zuhause mit uns gehen: das Geliebtwerden, die übernommenen Normen und Sinn-Verheißungen, das ganze Gehäuse von Gewißheiten und Maßstäben wandert mit und hilft, die neuen Erlebnisse zu integrieren, das neu Begegnende zu sondieren und zu sortieren. Verluste und Leiden können ohne Bruch bestanden werden, solange das Band, das den Menschen mit seinem Zuhause verbindet, nicht zerschnitten ist. Wird es zerschnitten, dann fällt er in die Sinneskrise und fragt nach neuem Zuhause, verschafft es sich eilfertig, weil er die Unbehaustheit nicht ertragen kann, oder hält diese aus auf lange hin. Dabei sind die räumlichen Begriffe »Zuhause«, »Heimat« nicht zufällig. Das »territoriale Gefühl«[34] verleiht Rechte und Kräfte; aber allerdings ist das beim Menschen nur der Fall, wo Heimat ein menschlich erfülltes Territorium ist. Denn der Mensch ist das Lebewesen, das zum Menschen wird nur durch den Menschen.

Weil das erste Zuhause kein isoliertes war, konnte es die Sozialisation, die Zugehörigkeit zum größeren Zuhause der Gruppe und der Gesellschaft leisten. Mit ihr erweitert sich das enge, kleine Zuhause der Anfänge bruchlos zu immer größeren sinngebenden Umgebungen, und diese sind geistig schon vorweggenommen durch die im Vaterhaus erfolgende Einweisung in sie. Das war von jeher die Aufgabe der Erziehung und der positive Sinn von gemeinschaftlichen Ideologien, ihre Lebensfunktion. Der Austritt aus dem Vaterhause ist unter solchen Bedingungen nicht das Herausfallen aus dem sinngebenden Zuhause, sondern dessen Erweiterung. Bei diesem Austritt wird die oft sehr schmerzhafte Erfahrung der Kleinheit des Vaterhauses und der Begrenztheit der dort empfangenen Liebe und

---

[34] R. Ardrey, Adam und sein Revier. Der Mensch im Zwange des Territoriums, 1969. Ardrey zeigt, wie für viele Tierarten nicht nur Hunger und Fortpflanzung die stärksten Antriebselemente sind, sondern ebensosehr das Verhältnis zu einem begrenzten Territorium, an das sie gebunden sind, das sie besitzen und gegen Artgenossen verteidigen. Das gibt ihnen die Möglichkeit, sich mit etwas Größerem zu identifizieren, das Gefühl der Sicherheit und der Überlegenheit gegen Angreifer sowie den Anreiz zur Aufzucht von Nachwuchs. Im menschlichen Heimatgefühl setzt sich das fort.

Sinn als Gnade und Sinn als Leistung 73

Sinngebung gemacht: die dort mich umgaben und schützten, können mir nicht helfen, nehmen sich aus der Entfernung winzig und ohnmächtig aus, sind selbst preisgegeben dem »feindlichen Leben«, und was ich ihnen bedeutete, bedeute ich in der größeren Umgebung nicht mehr. Daher die Sehnsucht zurück in die Geborgenheit der Kindheit und die Erfahrung des ersten Anhauchs der Unbehaustheit, des Hineingehaltenseins ins Nichts der Angst. Diese Erfahrung wird aber zunächst meist aufgefangen, weil die geistige Mitgabe der Erziehung in die größere Gemeinschaft einwies, in der der Mensch aufs neue Geborgenheit erfährt, – hier aber freilich so, daß sie nun in ungleich größerem Maße von seiner Leistung für diese größere Gemeinschaft abhängt. Das Übergewicht des Sinnempfangens durch vorausgehende Liebe, dem gegenüber die eigene Leistung nur antwortender Dank war, ändert sich zugunsten eines Übergewichtes der Leistung, von der die Anerkennung der Zugehörigkeit und die Bedeutung für die Gemeinschaft abhängt. Die größere Gemeinschaft ist unbarmherziger als das Vaterhaus, sie mißt nach guten Werken und gibt Daseinsrecht nach dem Maße der Werkgerechtigkeit. So hat es *Hegel* in seiner Gymnasialrede vom 2. September 1811 beschrieben:

»Das Leben in der Familie nämlich, das dem Leben in der Schule vorangeht, ist ein persönliches Verhältnis, ein Verhältnis der Empfindung, der Liebe, des natürlichen Glaubens und Zutrauens, es ist nicht das Band einer Sache, sondern das natürliche Band des Bluts, das Kind gilt hier darum, weil es das Kind ist, es erfährt ohne Verdienst die Liebe seiner Eltern, so wie es ihren Zorn, ohne ein Recht dagegen zu haben, zu ertragen hat. – Dagegen in der Welt gilt der Mensch durch das, was er leistet, er hat den Werth nur, insofern er ihn verdient. Es wird ihm aus Liebe und um der Liebe willen, hier gilt die Sache, nicht die Empfindung und die besondere Person. Die Welt macht ein von dem Subjektiven unabhängiges Gemeinwesen aus, der Mensch gilt darin nach den Geschicklichkeiten und der Brauchbarkeit für eine ihrer Sphären, je mehr er sich der Besonderheit abgethan, und zum Sinne eines allgemeinen Seyns und Handelns gebildet hat.«[35]

Der tiefe Unterschied zwischen dem Zuhause und der Fremde ist, daß der Mensch dort von Gnade, hier von Leistung lebt, dort empfangendes Geschöpf ist, hier selbst Schöpfer, suae fortunae faber (seines Glückes Schmied) sein muß. Evangelium und Gesetz erscheinen hier wie Titel zweier Lebensperioden. Deshalb können diese Lebensperioden wiederum zu Symbolisierungen zweier Existenzverhältnisse, also zweier Gottesverhältnisse werden, die einander entgegenstehen: das der Kindschaft und das der Knechtschaft,

---

[35] G. W. F. Hegel, Sämtl. Werke, hg. von H. Glockner, 3. Bd., 269.

sagt das Neue Testament (Gal. 4,1-7; Röm. 8,15-17; Hebr. 2,11-15). Dies ist eine merkwürdige Umkehrung dessen, was wir, wo die Sinnfrage verhandelt wird, von vielen Seiten zu hören bekommen: der Zustand der Kindschaft, in der wir Sinnempfänger sind, sei der der Knechtschaft, dagegen seien wir dann erst frei, wenn Sinngebung von uns selbst geleistet werde, wenn wir selbst bestimmen, worin der Sinn des Lebens liegt, und selbst ihn uns erwerben.

Der emanzipatorische Sinn dieser These ist klar: Gegen oktroyiertes Eingehaustsein in traditionelle Fraglosigkeiten wird hier die mündige Selbstbestimmung gepriesen. Es ist nötig, daß das geschieht, und unaufhaltsam zugleich. Aber ob dies das letzte Wort sein kann, ist wegen des Ernstes der Sinnfrage zu ernst, als daß die Frage unterlassen werden dürfte. Wie verhält sich die These, daß wir selbst unserem Leben Sinn zu geben hätten und eben dies Freiheit und Mündigkeit ausmache, zu unserer bisherigen Analyse?

»Nach unserer Auffassung«, so werden wir belehrt[36], »gibt es Sinn in der Begriffsbildung von Zweck, Ziel und Wert nur im menschlichen Leben. Zwecke und Ziele verfolgen nur Menschen ... Sinn mit dem allgemein gebräuchlichen Begriffsinhalt Ziel, Zweck, Wert ist eine nur die menschliche Tätigkeit betreffende Kategorie.« »Es handelt sich um Sinngebung und nicht um Sinnfindung; denn letztere setzt die Existenz eines objektiven Sinnes voraus. Objektiv besteht die jeweilige Aufgabe, heute z. B. der Übergang zum Sozialismus. Der Mensch oder die Klasse oder das Volk, die ihr Tun darauf richten, handeln sinnvoll.« Darum also: »Wenn wir nach dem Sinn unseres Lebens fragen, so kann es sich nur um eine Sinngebung durch den Menschen handeln, d. h. um die Ziele und den Inhalt, die der Mensch seinem Leben gibt. Der Inhalt des menschlichen Lebens wird aber falsch bestimmt, wenn man dabei von Wunschträumen ausgeht. Der Ausgangspunkt für die Sinnerfüllung unseres Lebens müssen die objektiven Möglichkeiten sein, die durch die gesellschaftlichen Gesetze gegeben sind.«[37] Es drängt sich also, sobald die Sinngewinnung in die Hand des Menschen gelegt wird, sofort die Möglichkeit der Sinnverfehlung auf. Nicht jede Sinngebung ist gleichmäßig richtig; der seinem Leben Sinn gebende Mensch ist zugleich der sein Leben durch Irrtum oder eigene Schuld um seinen Sinn bringende

---

[36] Ernst Blochs ›Revision des Marxismus‹ hg. von einem Autorenkollektiv, 1957, 67ff, gegen E. Blochs Frage nach einem objektiven Sinn oder Ziel der Geschichte.
[37] O. Klohr, Naturwissenschaft, Religion, Kirche, 1958, 89.

Sinn als Gnade und Sinn als Leistung

Mensch. Die Frage nach der objektiven Richtigkeit der Zwecke, in deren Realisierung der Sinn des Lebens liegen soll, ist dann von höchster Dringlichkeit. Kann sie dem einzelnen, diesem schwachen und irrtumsfähigen Wesen, überlassen bleiben? Darf er durch Querköpfigkeit die Realisierung, auf die andere aus sind, stören? Werden nicht Autoritäten von nicht mehr hinterfragbarer Weisheit nötig sein, die uns aufklären über jene »objektiven Möglichkeiten« und uns vorschreiben, was im Blick auf sie das »sinnvolle Tun« ist und was nicht, und uns auch, zu unserem Glück wie zu dem der anderen, dazu zwingen? Die Nähe des Totalitarismus ist sichtbar; das Gesetz unseres Tuns, wenn es das Gesetz der Sinngebung unseres Lebens sein soll, wurde hier in unsere Hand gelegt, um uns sofort wieder genommen und als Peitsche über uns geschwungen zu werden.

Unvermeidlich bringt die stolze Einsetzung des Menschen zum schöpferischen Sinngeber zurück zur Einschätzung seines Wertes gemäß seiner Nützlichkeit. Die Deutung des Sinn-Begriffs hat sich von vornherein nicht über die Gleichsetzung von Sinn und Zweck erhoben:

»Aktives menschliches Verhalten ist zweckmäßiges Handeln, d. h. in Gedanken werden die Ergebnisse der Tätigkeit vorweggenommen, als Zweck gesetzt und zu ihrer Verwirklichung wird gehandelt. Wird durch die Tätigkeit der gesetzte Zweck erreicht, dann ist diese Tätigkeit sinnvoll, hat Sinn. Der Begriff Sinn drückt die positive Wertung menschlicher Tätigkeit und ihrer Ergebnisse aus, und zwar bezüglich des gesetzten Zweckes.«[38]

So richtig das für menschliches Handeln ist, so verhängnisvoll ist die Reduktion der Sinnfrage auf die Zweckhaftigkeit des Handelns; sie reduziert das Leben auf die zweckhafte Tätigkeit und den Sinn unseres Lebens auf den Nutzen unseres Lebens und unterwirft uns restlos den Entscheidungen derer, die sich anmaßen, über unseren Nutzen oder unsere Unnützlichkeit befinden zu können. Alles muß nützlich sein. Aber welchen Nutzen hat die Leidenschaft? Welchen Nutzen hat Gott? Weil keinen, darum weg damit! Gegen die technokratische Rationalisierung hat diese Art von Sozialismus keine ausreichenden Kategorien, kann ihr darum auch nicht widerstehen. Der Theorie der Konvergenz von Ost und West noch heftig widersprechend, treiben die Nutzdenker schon wehrlos der technokrati-

---

[38] O. Klohr (Hg.), Moderne Naturwissenschaft und Atheismus, 1964, 210; vgl. dazu A. v. Jüchen, Atheismus in West und Ost, 1968, 65ff.

schen Konvergenz der verwalteten Nutz-Welt zu. Zu Unrecht verlästern sie diejenigen, die – in besserer Ahnung – sich dem großen Nutzen verweigern, aus dem Gesetz der Zweckhaftigkeit austreten, sich dem Augenblick anheimgeben, der Lust des Daseins, dem Spiel, der Ekstase und dem Traum, – die Landstreicher, die Hippies, die Hedonisten. Ihre Weigerung hat tausendmal Recht gegen die Nutzwert-Betrachtung des Menschen; sie ist eine Ahnung von Sinn, der nicht geleistet, sondern geschenkt ist, auch da, wo sie sich als Desinteressement gegen die Sinnfrage gibt. Beseitigen freilich kann sie die Frage nicht; wer zuhört, kann sie auch dort als Klage vernehmen.

Die Alternative von »Sinnfindung« und »Sinngebung«, von Gnade und Leistung, Evangelium und Gesetz hat also eminente politische Bedeutung. Tritt der Mensch hinaus ins »feindliche Leben«, dann wird er nach seinen Werken gemessen, wird durch seine Werke gerecht oder ungerecht. Recht, zu sein, bekam er, als er noch nichts leisten konnte, durchs Geliebtwerden, jetzt aber durch seinen Nutzen. Das Tauschverhältnis mischt sich überall ein: Do ut des (Ich gebe, damit du gibst), gib Werte und du bekommst Sinn! Dies entspricht dem verschiedenen Begriff von Gerechtigkeit, durch den sich die Bibel von Aristoteles unterscheidet. »Principes, philosophi, sapientes, patresfamilias, paedagogi (Politiker, Philosophen, Weise, Familienväter, Pädagogen), sie alle kennen nur die justitia activa, die Gerechtigkeit durchs Handeln«, sagt *Luther*[39]; die christiana iustitia aber ist passiva und aliena, fremd, d. h. sie wird von anderswoher, von außen, uns zugeeignet; sie ist eine schöpferisch an uns handelnde Gerechtigkeit, die uns Wert gibt, statt Wert von uns zu fordern, und dadurch erst uns auf die Beine stellt. Luther hat bis in seine letzte Lebenszeit immer wieder bewegt geschildert, welche Rettung ihm die Entdeckung der verschiedenen Möglichkeiten, Gerechtigkeit zu verstehen, gewesen ist: justitia distributiva, d. h. die Gerechtigkeit, die einer durch sein Tun aufweisen muß und nach der er beurteilt wird, die proportionale Vergeltungsgerechtigkeit also, und die Gerechtigkeit, die uns durch misericordia, durch Barmherzigkeit zugeeignet wird. Er wußte aus Erfahrung, daß, wenn von der ersteren der Sinn unseres Lebens abhängt, dies ein Zustand per-

---

[39] WA 40 I, 40f. – Zum Folgenden ist am besten H. J. Iwands Darstellung in Glaubensgerechtigkeit nach Luthers Lehre, 1959³, heranzuziehen.

Sinn als Gnade und Sinn als Leistung 77

manenter, tödlicher Angst ist und im menschlichen Zusammenleben gnadenloses Richten gegeneinander, und daß dies tiefe Heuchelei, ständiges Bemühen um besser Scheinen als Sein, bewirkt.

»Da ich erstlich im psalmen las und sang: In justitia tua libera me! (In deiner Gerechtigkeit befreie mich!) da erschrak ich alle mal und war den Worten feindt: justitia Dei, judicium Dei, opus dei (Gericht Gottes, Werk Gottes), denn ich wußte nichts anders, justitia Dei hieß sein gestreng gericht. Nun sollt er mich nach seinem gestrengen gericht erretten? So wär ich ewig verloren! Aber misericordia Dei, adiutorium Dei (Hilfe Gottes), die wortt hett ich lieber. Gottlob, da ich die res (Sache) verstund und wußte, daß justitia Dei hieß justitia, qua nos justificat per donatam justitiam in Christo Ihesu (Gerechtigkeit, durch die er uns rechtfertigt durch die geschenkte Gerechtigkeit in Christus Jesus), da verstunde ich die grammatica, und schmeckt mir erst der Psalter.«[40]

Rückblickend auf jene fundamentale Entdeckung erzählt er 1545 in der Vorrede zur Ausgabe seiner lateinischen Schriften:

»Als ich unter Gottes Erbarmen Tag und Nacht meditierte und den Zusammenhang der Worte zu verstehen suchte: ›Die Gerechtigkeit Gottes wird darin (im Evangelium) offenbart, wie geschrieben steht: Der Gerechte wird aus Glauben leben‹ (Röm. 1,17), da begann ich die Gerechtigkeit Gottes zu verstehen als jene Gerechtigkeit, durch die der Gerechte dank des göttlichen Schenkens lebt, nämlich aus Glauben, und daß die Meinung diese sei: es werde durchs Evangelium offenbart die Gerechtigkeit Gottes, nämlich als passive, durch die der erbarmende Gott uns rechtfertigt durch den Glauben hindurch, wie geschrieben steht: Der Gerechte lebt aus Glauben. Hier fühlte ich mich gänzlich wiedergeboren und durch weitgeöffnete Türen ins Paradies selbst eintreten.«[41]

Ins Paradies des wiedergewonnenen, nun zum Siege gekommenen Sinnes, weil nicht mehr in Erfahrung begrenzter menschlicher Gnade allein, sondern im Vernehmen allumfassender, endgültiger, unumstößlicher und unverlierbarer Gnade begründeter Rechtfertigung. Was Glauben heißt, ist hier eben am Kinde abzulesen, gemäß Jesu Wort: »Wenn ihr nicht die Gottesherrschaft empfangt wie Kinder, werdet ihr nicht in sie gelangen« (Luk. 18,17): vertrauend den Sinn annehmen, statt ihn erleisten zu wollen. Wir hatten ja aus *Weischedels* Sinn-Definition[42] gehört, daß mit Sinn gemeint ist die Beziehung eines Seienden »auf etwas, ... was ihm seine Sinnhaftigkeit verleiht, was es im Hinblick auf sein Dasein und Sosein rechtfertigt«. Es geht also bei der Sinnfrage um nichts anderes als um die Rechtfertigung unseres Lebens, und es ist darum sehr abwegig, zu meinen, unsere Zeit unterscheide sich von der des 16. Jahrhunderts dadurch, daß damals die Menschen von der Frage nach der Recht-

---
[40] Luther, Tischreden, Nr. 5247 (1540).
[41] WA 54, 186.
[42] Siehe oben S. 52f.

fertigung (»Wie kriege ich einen gnädigen Gott?«) umgetrieben gewesen seien, heute aber von der Sinnfrage. Beide Fragen sind vielmehr die gleiche, und ihre Terminologie ist austauschbar. Eben das hat die Analyse der Sinn-Erfahrung und der Sinneskrise gezeigt. Überall also, wo die Sinngebung reduziert wird auf das sinnvolle Tun, handelt es sich um das, was die Reformatoren »Werkgerechtigkeit« nannten, d. h. ein Rechtfertigen des Daseins durch die Akte des Menschen, die Gründung unseres Rechtes, zu sein, auf unsere Leistungen und aufweisbaren Nutzwerte. Eben dies ist das Stehen unter dem Gesetz, und dies ist ein Zustand der Knechtschaft, nicht der Freiheit. Denn frei ist der Mensch, wenn er nicht sich selber rechtfertigen muß, wenn er von diesem Müssen frei ist, wenn er frei zum Spielen ist, wenn Freiheit nicht sein Ziel ist, um das er sich bemühen, das er sich erwerben muß, sondern sein Ausgangspunkt. Frei ist der Mensch, der von Freiheit herkommt. Frei ist der Mensch unter der Gnade. Darum ist das Kind das Bild der Freiheit. Freiheit wie Sinn wie Glück ist immer empfangene, ist immer Gnade. »So empfängt die Erde den Regen, den sie nicht hervorbringt und nicht durch irgend ein eigenes Werk, durch Kultivieren oder Kräfte-Aufwenden kann sie Wasser haben, sondern sie nimmt den Regen entgegen. Im gleichen Maße also, wie der Erde der Regen eigen ist, ist uns die christliche Gerechtigkeit eigen.«[43]

Wir sind unversehens auf eine theologische Bahn geraten. Oder hat Hinterlist die Weichen so gestellt? Fromme und Atheisten werden vielleicht gleichermaßen protestieren, hier werde der Unterschied zwischen der Beziehung von Mensch zu Mensch und von Mensch zu Gott einnivelliert. Aber machen wir uns am Ende dieses analytischen Teils noch einmal den Weg klar, dann legt sich hoffentlich der Protest.

Wir fragten nach der spezifischen Bedeutung des Wortes »Sinn«, die in dem, wie wir sehen, sprachgeschichtlich sehr jungen Gebrauch in den Redeweisen »Sinn des Lebens«, »Sinn der Geschichte«, »Sinnlosigkeit des Daseins«, »Sinnfrage« zur Stelle ist. Wir hielten es dann für ratsam, zu stocken, als wir in der immer weiterführenden Verweisungskette für den Sinn unserer Handlungen zum Verhältnis von Handlung und Existenz kamen und fragen mußten, ob Sinn als Ausdruckssinn und als Nutzsinn, wie für unsere Handlungen, so

---

[43] WA 40 I, 43.

Sinn als Gnade und Sinn als Leistung

auch für unsere Existenz ausgesagt werden können. An dem Widerstand, der sich hier einstellt, wurde einerseits die Aufforderung verständlich, sich der Sinnfrage im Namen der selbstzwecklichen Existenz zu entschlagen, andererseits erscheint diese Aufforderung ohnmächtig gegenüber der zähen Beharrlichkeit der sich weiter aufdrängenden Sinnfrage. Die Vermutung, daß wir beim Übergang von der Frage nach dem Sinn von Dingen oder Handlungen zur Frage nach dem Sinn unserer Existenz (»Sinn des Lebens«) an einer Zäsur stehen, jenseits derer die Bedeutung von »Sinn« sich qualitativ ändert, hat sich bestätigt, als wir die Situationen uns verdeutlichten, in denen die Sinnfrage erfahren wird. Es zeigte sich, daß die Gleichsetzung von Sinn und Zweck (Nutzen) in der Beziehung auf persönliche Existenzen nicht mehr genügt, obzwar der Nutzsinn nicht einfachhin abgestoßen wird. Der Sinn (das Wofür) personaler Existenz transzendiert den Nutzsinn personaler Existenz. Die gesellschaftskritische und gesellschaftsutopische Relevanz der Unterscheidung von Zweck und Sinn ließ das Gewicht dieser Feststellung erkennen.

Als wir dann nach der biographischen Voraussetzung jener Situationen, in denen die Sinnfrage als Klage um Sinnverlust laut wird, fragten, entdeckten wir eine ähnliche Zäsur. Sinnfrage gründet in vorgängiger Sinnerfahrung; dem Sinnverlust geht Geborgenheit in anfänglichem Sinn vorher, d. h. Erfahrung einer Wichtigkeit meiner Person für andere; durch den Sinn für andere bekomme ich Sinn für mich, erfahre ich mich als gerechtfertigt und bejaht: die Erfahrung des Kindes. Dieses Bekommen geht dem Erwerben von Bejahung durch meine Leistungen und durch meine für andere wertvollen Eigenschaften voran. Wert für andere hatte ich schon, als ich ihnen noch nichts Wertvolles anzubieten hatte. Die Zuwendung der anderen war in ihnen, nicht in mir, d. h. nicht in dem, was sie von mir empfingen, begründet. Solche Zuwendung nennen wir Gnade. Zurückgehend von dem Wertvollwerden für andere durch unsere Akte und einzelnen Eigenschaften auf den Anfang unseres Lebens gelangen wir zu einem Wertvollsein, das wir uns nicht erworben haben. Es besteht also eine Zäsur zwischen einer Rechtfertigung unseres Daseins durch unsere Handlungen und einer Rechtfertigung unseres Daseins, die uns vor aller Aktivität (also passiv) und nicht in uns, sondern in anderen, die sich uns zuwenden, gründet, also »fremd«, extra, (justitia aliena und externa) zuteil wird, – eine Zäsur zwischen einer Sinngebung, die dem gilt, was wir durch unsere Handlungen und einzelnen Eigenschaften für andere bedeuten, und einer Sinngebung, die unserem Dasein als solchem gilt. Die letztere ist die durchschnittliche und lebenserhaltende Erfahrung des Menschen beim Anfang seines Lebens, die erstere die durchschnittliche und lebenserhaltende Erfahrung des Erwachsenen im »feindlichen Leben«. Damit ist nicht entfernt geleugnet, daß auch Bejahung, die unseren durch Handlungen und Eigenschaften von uns erworbenen Wert transzendiert und uns als Person gilt, von uns als Erwachsenen erfahren wird; es ist die Erfahrung der Liebe. Aber sie ist nicht die durchschnittliche und nicht die, die uns durchschnittlich unser Überleben in der Gesellschaft sichert. In der Gesellschaft gilt – nicht nur, aber durchschnittlich und damit unsere gesellschaftliche Geltung bestimmend – Werkgerechtigkeit. Sollen wir sagen: nur in der Gesellschaft, wie wir sie bisher kennen? Die Gesellschaft, in der die Bejahung nicht mehr von dem abhängt, was der Einzelne zu bieten hat, ohne jede Einstufung nach seinen Werken und Eigenschaften, und in der er von vornherein, also aus erbarmender Liebe bejaht ist, ist uns noch unbekannt, sie ist Utopie, genau die Utopie, die mit der biblischen Verheißung des Reiches Gottes gemeint ist.

In der Bejahung, die uns als Kind und die uns in der persönlich sich auf uns als Person richtenden Liebe zuteil wird, leben wir in Sinngebung, die unser Dasein als solches betrifft, und die wir eben deshalb uns nicht verdienen, sondern die wir nur als Gnade empfangen können. Die gleiche Art des Bejahtwerdens sagt der christliche Glaube, wie später noch ausführlicher dargelegt werden wird, uns zu von einer dritten Seite her, von Gott her. Die Ausdrücke, mit denen Luther von der Rechtfertigung des Menschen durch Gottes Gnade spricht, passen ebenso sehr für die Rechtfertigung des Menschen durch die Gnade anderer Menschen. Die Differenz, die allerdings besteht, liegt nicht in der Art, sondern in der Radikalität. Denn für die elterliche Bejahung ist zwar nicht das, was das Kind zu bieten hat, entscheidend, sie ist aber auch nicht »reine Gnade«, sofern das Dasein des Kindes einen sozialen Wert und Besitz für sie darstellt, sofern im Kinde sie sich selbst fortsetzen, und sofern ein biologischer Trieb wirksam wird; das Gleiche gilt für das zwischenmenschliche Liebesverhältnis. Was hier nur eingeschränkt, durchmischt mit anderen Motiven, dem Menschen zuteil wird, das wird ihm – das will der christliche Glaube sagen – von einem anderen

Sinn als Gnade und Sinn als Leistung

her rein, radikal, umfassend und nun wirklich bedingungslos zuteil: Sinnzuteilung vor und unabhängig von dem, was er zu bieten hat: »Die Liebe Gottes findet das für sie Liebenswerte nicht vor, sondern schafft es«, sagt *Luther*,[44] und *Paulus* radikalisiert das noch, indem er diese von uns nicht erwerbbare, sondern nur zu empfangende Liebe Gottes als Feindesliebe charakterisiert. »Als wir noch Feinde waren«, hat Gott seine Liebe »bewiesen«, indem er sich selbst in Christus für uns opferte (Röm. 5,8–10). Die Feindesliebe, zu der wir in der Bergpredigt (Matth. 5,43–48) angehalten werden, ist also das zwischenmenschliche Wiederholen dieser auf die Person selbst, unabhängig von dem, was sie zu bieten hat, gehenden Bejahung sogar dem gegenüber, der uns nicht nur nichts, sondern Feindseligkeit bietet. Als Einladung zur Wiederholung dessen, wovon wir selbst leben, gegenüber den anderen Menschen hat das Gebot der Feindesliebe Sinn, Grund und Kraft; auf sich selbst gestellt, losgelöst von dem ernstnehmenden Hören der grundlegenden Zusage solchen Bejahtwerdens trotz eigenen Unwerts, erscheint es als überspitzter Idealismus, überanstrengende, dem Menschen nicht gemäße Forderung, und es ist zu verstehen, daß Sigmund *Freud* sie, auf das Menschenmögliche schauend, mit einem credo quia absurdum quittiert.[45]

Nicht nur das Gebot der Feindesliebe verliert Grund und Kraft, wenn die Zusage von der allem unserem Leisten vorhergehenden Sinngebung unseres Lebens durch Gottesliebe ignoriert oder bestritten wird. Es verlagert sich dann die Antwort auf die Sinnfrage ganz von derjenigen Sinngebung, die wir empfangen, auf diejenige, die wir uns erwerben, und damit von einem Sinn unseres Daseins als solchem zu einem von unserem Werterwerb abhängigen Sinn. Der Sinn unseres Lebens fällt dann mit dem Sinn unserer Akte zusammen; die Antwort fällt damit hinter die Zäsur zurück auf die Gleichsetzung von Nutzen und Sinn: sinnvoll ist das Leben, das nützt. Ob diese Antwort in einem theistischen oder in einem atheistischen Kontext gegeben wird, ob also über dem Gericht der Gesellschaft noch ein göttlicher Richter (als deren mythologischer Repräsentant) gedacht wird, der die Möglichkeit meines Lebens von mir einklagt, ist unerheblich. In jedem Falle wird auf die Sinnfrage

---

[44] WA I, 365: Amor dei non invenit, sed creat suum diligibile.
[45] S. Freud, Das Unbehagen in der Kultur, 1930, Fischer-Bücherei (Bücherei des Wissens) Nr. 47, 101.

mit dem Gesetz, nicht mit dem Evangelium geantwortet. Man könnte zwar einen Unterschied darin finden, daß dem Atheismus eine andere Möglichkeit überhaupt nicht übrig bleibt, wogegen, wenn überhaupt von Gott gesprochen wird, von seiner sinngebenden Gnade doch wenigstens gesprochen werden *kann*. Aber das überdeckt die entscheidende Schwierigkeit: auch dem Gotte gegenüber, der unsere Nützlichkeit einklagt, seine Liebe also von dem Wert, den wir zu bieten haben, abhängig macht, ist der Mensch der Schöpfer seines Glückes, und insofern ist auch dieser Theismus am entscheidenden Punkte atheistisch, aufs Können des Menschen, nicht auf das Geben Gottes vertrauend. Wie aber kommen wir, nachdem die Anfangsbejahung unseres Lebens weit hinter uns liegt und nur noch Gegenstand sentimentaler Sehnsucht ist, und da Erfahrung selbstloser Liebe so äußerst selten ist, – wie kommen wir wieder ins »Urvertrauen«, worauf können wir uns verlassen und unsere Hoffnung gründen, daß wir sinngebend geliebt werden? Evangelium ist alles andere als selbstverständlich.

IV. Die Sinnfrage im Nihilismus

Ausgehend von Nietzsches Erfahrung des Nihilismus wird die Veränderung des Verhältnisses zum Tode seit dem Schwinden des Unsterblichkeitsglaubens dargestellt. Eine ausführliche Auseinandersetzung gilt dem Versuch, mit Hilfe der Fortschrittsidee (in ihrer bürgerlichen wie in ihrer marxistischen Fassung) die Sinnfrage zu beantworten. Jean Paul, Nietzsche, Dostojewskij, Nicolai Hartmann und Albert Camus kommen als Zeugen neuzeitlichen Denkens zu Wort.

Nietzsches Erfahrung des Nihilismus

»Der Nihilismus«, schreibt Martin *Heidegger,* »ist eine geschichtliche Bewegung, nicht irgendeine von irgendwem vertretene Ansicht und Lehre. Der Nihilismus bewegt die Geschichte nach der Art eines kaum erkannten Grundvorganges, im Geschick der abendländischen Völker ... Der Nihilismus ist die weltgeschichtliche Bewegung der in den Machtbereich der Neuzeit gezogenen Völker der Erde. Darum ist er nicht erst eine Erscheinung des gegenwärtigen Zeitalters, auch nicht erst das Produkt des 19. Jahrhunderts, in dem zwar ein geschärfter Blick für den Nihilismus wach und auch der Name gebräuchlich wird. Der Nihilismus ist ebensowenig nur das Produkt einzelner Nationen, deren Denker und Schriftsteller eigens vom Nihilismus reden. Diejenigen, die sich frei davon wähnen, betreiben seine Entfaltung vielleicht am gründlichsten.«[1]

Es ist hier nicht der Raum und entspricht nicht der Absicht dieser Schrift, die von Heidegger vorgenommene Ausweitung des Titels des Nihilismus auf die Geschichte des abendländischen Geistes von der platonsichen Metaphysik über die christliche Theologie bis zum neuzeitlichen Rationalismus[2] zu diskutieren. Heidegger stimmt mit *Nietzsche* darin insofern überein, als auch dieser im Nihilismus die Konsequenz der abendländischen Geistesbewegung erblickte; auch dieser hat schon das starke Empfinden des Neuen ausgesprochen, das

---
[1] Nietzsches Wort »Gott ist tot«, in: Holzwege, 1957³, 193f.
[2] M. Heidegger, Nietzsche II, 350: »Die Metaphysik ist als solche der eigentliche Nihilismus.«

geschieht, wenn diese Konsequenz Wirklichkeit wird, den Unterschied von latenter Tendenz und unverschleierter Manifestation. Beide sehen die Notwendigkeit, den Begriff zu entmoralisieren; nicht irgendwelche boshaften Menschen sind hier am Werke, sondern ein objektives, »geschickliches« Geschehen vollzieht sich durch die Köpfe der Menschen hindurch, dem keiner sich entziehen kann. Nihilismus ist allgemeines Schicksal; wer sich dessen noch nicht bewußt ist, hat doch schon damit zu tun, kann aber noch nicht mitreden, weil er noch nicht weiß, was ihn schon erreicht hat.»Wer nicht schon weiß, was Nihilismus ist, hat sich in der Hörsaaltür geirrt.«[3]

Die Entmoralisierung ist notwendig; denn von Anfang an haftet dem Begriff etwas Negatives an. »Idealismus, . . . den ich Nihilismus schelte«, nennt Friedrich Heinrich *Jacobi* 1799 in einem Rundschreiben an *Fichte* dessen Philosophie, weil in dieser die Vernunft es unternehme, alles aus sich selber herzuleiten, also sich selbst zu vergotten, wogegen doch der Mensch als ein endliches und bedingtes Wesen sich nur in das Nichts verlieren kann, »sobald er sich in sich allein' begründen will. Alles löset sich ihm dann allmählich auf in sein eigenes Nichts. Eine solche Wahl aber hat der Mensch; diese Einzige: das Nichts, oder einen Gott. Das Nichts erwählend macht er sich zu Gott; d. h. er macht zu Gott ein Gespenst; denn es ist unmöglich, wenn kein Gott ist, daß nicht der Mensch und alles, was ihn umgibt, bloß Gespenst sei.«[4] Als ein Scheltwort tritt mit diesem Brief an der Schwelle des 19. Jahrhunderts die Vokabel in den Sprachgebrauch ein,[5] und zwar in einem Kontext, der sofort mit großer Klarheit das Thema skizziert, in dem bei aller Energie des Widerspruchs schon die Angst dessen, der sich selbst davon nicht freihalten kann, mitzittert, indem »ein (!) Gott« aus dem Sinnbedürfnis als unentbehrlich postuliert wird: Der Warnung ist die Be-

---

[3] H. Wein, Nihilismusgespräche, in: Universitas 17, 1962, 1223ff.
[4] Fr. H. Jacobis Werke, 1816, 3. Bd., 44, 48f. Neben Jacobi schlägt Fr. v. Baader (1765–1841) als einer der ersten Alarm; vgl. E. Benz, Fr. v. B. und der abendländische Nihilismus, Archiv für Philosophie, 3/1949.
[5] Einer unveröffentlichten Vorlesung von W. Müller-Lauter über den Nihilismus aus dem Jahre 1963, der ich manche Hinweise und Anregungen verdanke, entnehme ich, daß sich schmähende Titulaturen, die mit nihil verbunden wurden, schon in der mittelalterlichen Theologie finden: Augustin nannte die, die nicht glauben, nihilisti, und Abaelard und Petrus Lombardus bezeichneten mit dem gleichen Ausdruck Irrlehrer, welche die menschliche Natur Christi für nichts hielten.

fürchtung schon anzuspüren, alles Warnen und Postulieren könne nichts helfen. Im Sprachgebrauch behielt dann das Wort Nihilismus immer etwas Abwartendes, Vorwurfsvolles[6]; auch die Entmoralisierung konnte das nicht beseitigen. Denn wo die Objektivität des Geschicks hervorgehoben wurde, wie bei Nietzsche und Heidegger, wurde doch immer zugleich die Frage nach der Überwindung des Nihilismus gestellt. Nihilismus wird also empfunden als ein Zustand, in dem man nicht leben kann, der nicht Endzustand bleiben, sondern allenfalls nur Durchgang, wie unvermeidlich auch immer, sein darf. Nicht zufällig stellen sich in *Nietzsches* Äußerungen dazu immer wieder, gegen seine Intention der Bejahung des Nihilismus, Worte des Erschreckens ein, und nicht zufällig ist es ihm eine Sache höchsten Mutes, dieser Erkenntnis standzuhalten: »Denken wir diesen Gedanken (sc. der Sinnlosigkeit jeder Wertsetzung) in seiner furchtbarsten Form: das Dasein, so wie es ist, ohne Sinn und Ziel, aber unvermeidlich wiederkehrend, ohne ein Finale ins Nichts: ›die ewige Wiederkehr‹. Das ist die extremste Form des Nihilismus: das Nichts (das ›Sinnlose‹) ewig!«[7] »Habt ihr Mut, o meine Brüder?!« fragt Zarathustra. »Seid ihr herzhaft? Nicht Mut vor Zeugen, sondern Einsiedler- und Adler-Mut, dem auch kein Gott mehr zusieht? ... Wer den Abgrund sieht, aber mit Adlers-Augen, wer mit Adlers-Krallen den Abgrund faßt: der hat Mut.«[8]

Die Erfahrung des Nihilismus ist zugleich ein individuelles und kollektives Problem. Es wird das Versagen der bergenden und nor-

---

[6] Im 19. Jahrhundert wurde das Wort populär durch Iwan Turgenjews Roman »Väter und Söhne«, wo mit ihm die russischen Anarchisten gemeint sind. Wirksam war während des Zweiten Weltkrieges H. Rauschnings Entlarvung des Nationalsozialismus als einer nihilistischen Bewegung (Die Revolution des Nihilismus, 1938). In Rauschnings späterem Buche »Masken und Metamorphosen des Nihilismus« (1955) wird die Entlarvung auf viele andere Zeiterscheinungen ausgedehnt. Der vorwurfsvolle Gebrauch ist so beliebt geworden, daß E. Jünger mit Recht schreibt: »Der Vorwurf des Nihilismus zählt heute zu den verbreitetsten, und jeder wendet ihn gern auf seine Gegner an. Es ist wahrscheinlich, daß *alle* Recht haben« (Über die Linie, 1958³, 44).
[7] Nietzsches Werke, hg. von K. Schlechta, 1954–1956 (im Folgenden abgekürzt: Schlechta), III, 853.
[8] Also sprach Zarathustra, in: Schlechta II, 524. Die Zarathustrische Rhetorik verrät die Angespanntheit dieses Mutes noch durch die unerkann ?, trügerische Schiefheit des Bildes: der Adler ist nicht Opfer des Abgrundes, sondern schwebt unberührt über ihm; es ginge aber doch um einen Mut, den die hoffnungslosen Opfer des Abgrundes aufbringen müßten.

mierenden Kraft bisheriger Sinngebung des Lebens, des Tuns und des Opferns erfahren, ohne daß neue Sinngebung in Sicht wäre. Es ist »Nichts in Sicht«, wie der Titel einer die Situation klar aussprechenden Novelle von Jens *Rehn* lautet. Neu ist daran die Allgemeinheit der Erfahrung, von der seither und zunehmend alle Kundgebungen der Schriftsteller und Künstler voll sind; individuell ist sie älter. Wo ein einzelner jenes Versagen erfuhr, da verhielt er sich in der Gesellschaft meist unter einer Tarnung hinter vorgeblicher Anerkennung des offiziellen Gehäuses; dessen Worte und Verheißungen in der Praxis negierend und ignorierend, mit Lippenbekenntnis aber anerkennend, oder auch praktisch sie noch befolgend, aber in heimlicher Anzweiflung oder schon in Verneinung. Dies geschieht dann noch im Gegensatz zur öffentlichen Meinung. Der einzelne ist eine nihilistische Zelle in der Gesellschaft, zu deren Unterminierung wirkend oder auch von ihr abgekapselt; er lebt als Ungläubiger inmitten von Gläubigen, als Narr (L. *Kolakowski*) inmitten der offiziellen Religion und Ordnung.

Oder es steht *umgekehrt*: die öffentliche Meinung ist vom Nihilismus beherrscht, sie bedrängt mit ihrem Druck die einzelnen und Gruppen, die ihr einen *Glauben* entgegensetzen. Sollen wir sagen: noch entgegensetzen? Vielleicht auch: schon wieder! Diese einzelnen und Gruppen können vor-nihilistisch oder nach-nihilistisch sein; es ist besser, dies nicht voreilig zu entscheiden!

Kann es eine durchgehend nihilistische öffentliche Meinung und Gesellschaft geben? Dies würde Verzicht auf bindende Wertsetzungen bedeuten. Kann dann die Gesellschaft noch bestehen? Kann sie die Opfer des Einzelnen noch rechtfertigen und fordern, ohne die sie doch nicht bestehen kann? Eine wichtige Frage heute, weil unsere öffentliche Meinung gemischt ist:

a) Schon als pluralistische erzwingt sie dauernd gegenseitige Relativierung und Infragestellung der Wertsetzungen. Können diese dann ihre Verbindlichkeit beim einzelnen wirklich behalten? Hat dann z. B. die Justiz noch allgemeingültige Normen?

b) Dauernd wirkt nihilistische Literatur und Philosophie auf das allgemeine Bewußtsein. Darum wird sie in den kommunistischen Ländern ausgesperrt, ohne daß solche Aussperrung die Infektion verhindern könnte.

Infolgedessen ist die *Überwindung* des Nihilismus ständiges Thema: wegen des Bedürfnisses der Gesellschaft nach objektiver Gründung ihrer Werte und Normen, – wegen des Bedürfnisses des einzelnen nach Geborgenheit im Sinn. Sinnfrage als Klage verrät den Wunsch, der Nihilismus möchte nur Durchgangsphase sein. Solche Situation ist verführerisch: Die totalitären Bewegungen bieten sich an. Ihrem Irrationalismus und Dogmatismus wird heute bei uns entgegengesetzt die Antithese der rein rationalen Gesellschaft, bis in die Erziehung des einzelnen. Aber wird es dem dabei geführten Kampf gegen die Sinnfrage, dem Verbot der Sinnfrage im Namen des Rationalen, gelingen, mit diesem Bedürfnis fertig zu werden? Es besteht Anlaß, schwarz zu sehen. Hier bleibt nur übrig der Appell an den Heroismus, die Sehnsucht nach der Behausung zu unterdrücken. Nur so kann der Nihilismus nicht als Durchgangsphase, sondern als Dauerzustand bejaht werden. Wer ist ein solcher Heros? Wieviele sind es? Was wird aus der Gesellschaft? Diese Fragen sind nicht als Urteile, sondern als echte Fragen zu hören. Nur: sie müssen gehört werden, man darf sie sich nicht im Lobpreis des Heroismus verhehlen, sonst ist dieses Rühmen des Heroismus selbst nichts anderes als eine Weise der Selbsttäuschung, die man so entschlossen hinter sich gelassen zu haben meint. »Jede Ethik, die Heroismus verlangt, ist verdächtig.«[9]

Als Nietzsches Schwester Elisabeth *Foerster-Nietzsche* die nachgelassenen Aphorismen unter dem schon eine Tendenz unterschiebenden Titel »Der Wille zur Macht«, der eine verhängnisvolle Berufung auf Nietzsche durch die Machtgierigen des 20. Jahrhunderts allzusehr suggerierte, in problematischer Weise systematisch zusammenordnete, stellte sie an den Anfang des 1. Buches, dem sie die Überschrift »Der europäische Nihilismus« gab, folgenden Aphorismus:

»Was ich erzähle, ist die Geschichte der nächsten zwei Jahrhunderte. Ich beschreibe, was kommt, was nicht mehr anders kommen kann: die Heraufkunft des Nihilismus. Diese Geschichte kann jetzt schon erzählt werden: denn die Notwendigkeit selbst ist hier am Werke. Diese Zukunft redet schon in hundert Zeichen, dieses Schicksal kündigt überall sich an; für diese Musik der Zukunft sind alle Ohren bereits gespitzt. Unsere ganze europäische Kultur bewegt sich seit langem schon mit einer Tortur der Spannung, die von Jahrzehnt zu Jahrzehnt wächst, wie auf eine Katastrophe los: unruhig, gewaltsam, überstürzt: einem Strom ähnlich, der ans Ende will, der sich nicht mehr besinnt, der Furcht davor hat, sich zu besinnen.«[10]

---
[9] C. Verhoeven, Wohin ist Gott?, 1969, 147.
[10] Jetzt in: Schlechta III, 634.

Im übernächsten Aphorismus spricht Nietzsche von der Ablösung durch eine neue Bewegung, die aber den Nihilismus *voraussetzt* und durch ihn hindurch gegangen ist, durch seine Erkenntnis. Nihilismus erkennt den eigentlichen Wert aller bisherigen Werte: darum ist er »die zu Ende gedachte Logik unserer großen Werte und Ideale«.[11] Dieser Wert in allen bisherigen Werten und *vor* allen neuen Werten, – der Wert, der alle neuen Werte erst aus sich heraus setzen kann, nun aber in Erkenntnis, ist der »Wille zur Macht« – der Wille zu sich selbst, die gänzliche Egozentrizität und Subjektivität. Zu ihr sich bekennen, ist redlich – und zugleich das einzig Sinnvolle.

Das Neue ist die Enthüllung des Bisherigen; die »Entwertung« besteht darin, daß die Werte als Satzungen des Menschen erkannt werden, und eben diese Rolle, die er schon immer gespielt hat, ist nun vom Menschen in Erkenntnis zu übernehmen. Wird er so auf sich gestellt, so scheint ihm freilich zunächst viel zu fehlen, was er bisher zu haben glaubte: »Was bedeutet Nihilismus? Daß die obersten Werte sich entwerten. Es fehlt das Ziel. Es fehlt die Antwort auf das ›Wozu?‹.«[12] Es fehlt die Wahrheit, die bisher als Wahrheit extra me, außer und über mir, mir zum Halt gedient hat: »Daß es keine Wahrheit gibt; daß es keine absolute Beschaffenheit der Dinge, kein ›Ding an sich‹ gibt. Dies ist selbst nur Nihilismus, und zwar der extremste.«[13] Noch mehr: Der Verlust der Wahrheit ist das Ja zur Lüge:

»Was ist ein Glaube? Wie entsteht er? Jeder Glaube ist ein Für-wahr-halten. Die extremste Form des Nihilismus wäre die Einsicht: daß jeder Glaube, jedes Für-wahr-halten notwendig falsch ist: weil es eine wahre Welt gar nicht gibt. Also: ein perspektivischer Schein, dessen Herkunft in uns liegt (insofern wir eine engere, verkürzte, vereinfachte Welt fortwährend nötig haben). – Daß es das Maß der Kraft ist, wie sehr wir uns die Scheinbarkeit, die Notwendigkeit der Lüge eingestehen können, ohne zugrunde zu gehn. Insofern könnte Nihilismus als Leugnung einer wahrhaften Welt, eines Seins, eine göttliche Denkweise sein.«[14]

Dieses Eingeständnis ist aber selbst zweideutig: Es gehört eine Kraft dazu, die es zu einer geradezu göttlichen Denkweise macht, – und es kann ein Zeichen von Schwäche sein, mit solchem Eingeständnis die Selbstbehauptung, die im bisherigen Wertesetzen mit objekti-

---
[11] Schlechta III, 635; vgl. 493: »Nihilismus als Konsequenz der bisherigen Wert-Interpretation des Daseins.«
[12] Schlechta III, 557.
[13] Schlechta, ebd.
[14] Schlechta III, 555; schon ein Dreivierteljahrhundert früher Puschkin: »Erhabener Betrug ist lieber uns als niedrer Wahrheit Finsternis.«

Nietzsches Erfahrung des Nihilismus 89

vem Anspruch enthalten war, zu unterlassen. Es gibt den Nihilismus als »Zeichen der gesteigerten Macht des Geistes« und den müden Nihilismus der Dekadenz, den Nietzsche im Buddhismus vorgebildet findet[15]; schon dieser Ambivalenz wegen kann Nihilismus nur ein »pathologischer Zwischenstand« sein[16].

Nietzsche hat in den zitierten Sätzen einmal die Erkenntnis der ewigen Sinnlosigkeit, ein andermal die Erkenntnis, daß es keine Wahrheit gibt, die extremste Form von Nihilismus genannt. Daran wird sichtbar, daß die Sinnfrage und die Wahrheitsfrage zusammengehören; sie stehen und fallen miteinander. Nun wird man aber gegen Nietzsche nicht das alte Argument, das schon *Augustin* gegen die antiken Skeptiker vorbrachte, hervorholen dürfen: Wer den Satz, »daß es keine Wahrheit gibt«, aufstellt, nehme ja mindestens für diesen Satz Wahrheit in Anspruch, widerspreche also mit dem Aufstellen seiner These dieser selbst, ein unvermeidlicher Zirkel. Nietzsche ist auf diese Weise nicht abzufertigen; denn seine Bestreitung der Wahrheit meint nicht einen logischen Skeptizismus; er erzählt vielmehr eine Geschichte, die Geschichte der Erschütterung der Wahrheitsgewißheit und der Sinnesgewißheit im neuzeitlichen Denken, das doch mit dem Ziel besserer Gewißheit (wie *Descartes'* Schrift über die Methode zeigt) aufgebrochen war.

Der Prozeß, den die Aufklärung dem Christentum gemacht hat, wuchs sich zu einem Prozeß aus, in dem die Wahrheitshoffnung der Aufklärung selber unterging: »Die ›Sinnlosigkeit des Geschehens‹, der Glaube daran ist die *Folge* einer Einsicht in die Falschheit der bisherigen Interpretation«, nämlich der christlichen. Daraus mußte die Schlußfolgerung sich aufdrängen: »Die Undurchführbarkeit einer Weltauslegung, der ungeheure Kraft gewidmet worden ist, erweckt das Mißtrauen, ob nicht alle Weltauslegungen falsch sind.«[17]

»Seit Kopernikus rollt der Mensch aus dem Zentrum ins X.« Das sind »die nihilistischen Konsequenzen der jetzigen Naturwissenschaft.«[18] Es gab also eine bisherige Weltauslegung: bei ihr ergab sich ein Sinn des Ganzen und damit auch des einzelnen; leider aber erwies sie sich bei wissenschaftlicher Prüfung als falsch. Jetzt gibt es eine wissenschaftliche Weltauslegung, die zwar ihre Wahrheit auf

---
[15] Schlechta III, 557.
[16] Schlechta, ebd.
[17] Schlechta III, 497.
[18] Schlechta III, 882.

ihre Weise erhärten kann, aber uns sinnbedürftige Wesen in eine sinnleere Welt versetzt. So mündet die neuzeitliche Geistesbewegung in den Nihilismus, in dem Nietzsche ihre Wahrheitshoffnung untergehen sieht. Es lohnt sich für unseren Zweck, die von ihm skizzierte Geschichte etwas ausführlicher vor Augen zu führen.

Das Gehäuse der christlich-abendländischen Metaphysik

Die christlich-abendländische Metaphysik war eines der großen Gehäuse, in dem Menschen auf Erden ihre Platzanweisung und damit ihre Einfügung in einen größeren Sinnzusammenhang erhalten haben. Sie konnte das leisten, weil sie Welterklärung, Sinngebung für den einzelnen, Grundlegung der Gesellschaftsordnung und Ethik innig miteinander vereinigte. Indem sie dies alles nicht nur auf religiösem Wege, nicht nur für den Glauben tat, sondern dank der mittelalterlichen Zusammenschau von Natur und Gnade, von Vernunft und Offenbarung auch die Vernunfteinsicht auf Gott als prima causa und summum bonum (als ersten Ursprung und letztes Ziel des Ganzen) zurückführte, gab sie dem Leben und der Welt eine unerschöpfliche und vollgenügsame transzendente Sinnverankerung, – und indem sie bewies (dies war der Sinn der mittelalterlichen Gottesbeweise), daß die Weltphänomene nur bei Annahme ihres Gegründetseins in Gott befriedigend in ihrem Zusammenhange erklärt werden können, gab sie dem Weltbezug auf Gott hin seine Vernunftnotwendigkeit. So stützte das Sinnbedürfnis als Argument (sofern seine Befriedigung Maßstab für die Richtigkeit der Welterklärung war) die vernünftige Welterklärung und umgekehrt stützte das Gelingen einer vernünftigen Welterklärung (die gelang, wenn man die Existenz Gottes voraussetzte) die religiöse Erfüllung des Sinnbedürfnisses im Gottesverhältnis. Gab es auch Risse im Mittelalter, Konflikte unter den mittelalterlichen Philosophen wie unter den Elementen der mittelalterlichen Gesellschaft, so waren sie doch überwölbt von dieser Harmonie von Wissenschaft (im mittelalterlichen Sinne des Wortes) und Religion, die eben das Gehäuse dieser Metaphysik darstellte, der Wilhelm *Dilthey* den »Charakter einer Weltmacht« zuschreibt:

»Der Zusammenhang dieser Geschichte verlangt nur den Nachweis, daß die Metaphysik fortdauernd an astronomischen Schlüssen einen positiven, wissenschaftlichen Rückhalt hatte, welcher ihr unerschütterliche Sicherheit gab. Diese Schlüsse, unterstützt durch solche aus der Zweckmäßigkeit der Organismen, haben erheblich dazu beigetragen, daß die Metaphysik zweitausend Jahre den Charakter einer Weltmacht behielt: königliche Gewalt, nicht in dem engen Kreise von Gelehrten, sondern über die Gemüter aller Gebildeten, wodurch auch die ungebildeten Massen ihr untergeordnet blieben. Das religiöse Erlebnis, welches für den Glauben an Gott die tiefste und unzerstörbare Grundlage enthält, wird nur bei einer Minderheit der Menschen in der von dem Wirbel der egoistischen Interessen nicht gestörten Besonnenheit eines gläubigen Herzens verstanden. Die Autorität der Kirche ist im Mittelalter oft bestritten worden. Die äußeren Mittel des kirchlichen Gehorsams und des kirchlichen Strafsystems haben beständige gärende Bewegungen und die schließliche Zerspaltung der Kirche nicht aufhalten können. Aber unerschüttert steht in diesen zweitausend Jahren die auf die Lage der europäischen Wissenschaft gegründete Metaphysik der intelligenten Welturache.«[19]

Diese Harmonie zerbrach mit dem Aufkommen der neuzeitlichen Wissenschaft. Ist in Nietzsches Worten davon auch zu absolut die Rede, sofern es dort so erscheint, als sei die Wissenschaft (im neuzeitlichen Sinne) zuständig, über die Sicht des *Ganzen* von Welt und Existenz zu entscheiden (wir haben heute, wie *Pascal* es schon gefordert hat, die Grenzen der Wissenschaft, wie sie in ihrem Wesen begründet sind, deutlicher erkannt), so ist doch kein Zweifel, daß der aufbrechende und lange nicht zu bewältigende Konflikt von wissenschaftlicher und religiöser Weltansicht den Zusammenbruch jener »Weltmacht« und ihrer bergenden Kraft – und damit den Nihilismus zur Folge hatte.

Die wichtigsten Ursachen dieses Zusammenbruchs haben wir schon von Nietzsche gehört: Die modernen Naturwissenschaften beginnen (Fr. *Bacon*) mit einem Mißtrauen gegen vorgefaßte metaphysische Konzeptionen und stellen mit ihrer induktiven Methode alles dem menschlichen Forschen im Bereich der Empirie anheim. Wissenschaft ist Kritik. Ihr Ethos richtet sich gegen den Augenschein, gegen die subjektiven Wünsche, für die Wahrheit, d. h. dafür, wie die Wirklichkeit an sich selbst ist; sie ist getragen von Leidenschaft für die objektive Wahrheit. Dahinter stand ursprünglich eine *Hoffnung:* daß die Wahrheit besser sei als die Täuschung, daß sie ein Weg zum Leben sei. In diesem Pathos steht die Aufklärung auf gegen die religiös-metaphysische Tradition, gegen die kirchlichen Dogmen, gegen die »Vorurteile«. Dabei ist mit »besser« zunächst auch gemeint: besseres Leben im äußeren Sinne: scientia est potentia (Wissen ist Macht), – wie es denn auch durch die Anwendung der

---

[19] W. Dilthey, Einleitung in die Geisteswissenschaften, Ges. Werke I, 1925, 211f.

Wissenschaft ermöglicht wird bis heute. Weil aber bei dieser Aufklärung durch Wissenschaft auch viele schöne und tröstliche Vorstellungen zersetzt werden (darunter zunächst der Geozentrismus mit dem geordneten, endlichen Welthaus, das von göttlichem Himmel umschlossen ist), deshalb wird das »besser« verinnerlicht: »besser« ist der freie, erkennende Mensch (Sapere aude!), auch wenn er die Unbehaustheit in Kauf nehmen muß, als der geborgene Mensch, der seine Geborgenheit nur um den Preis seiner Mündigkeit sich erhalten kann. »Ein Wahn, der mich beglückt, / ist eine Wahrheit wert, die mich zu Boden drückt.« Auch dies wird in der schließlich reifen Situation am deutlichsten von Nietzsche im Pathos der Redlichkeit ausgesprochen: »Meine Philosophie – den Menschen aus dem Schein herausziehen, auf jede Gefahr hin.«[20] »Die Erkenntnis hat sich in uns zur Leidenschaft verwandelt, die vor keinem Opfer erschrickt.«[21] »Wir machen einen Versuch mit der Wahrheit! Vielleicht geht die Menschheit daran zugrunde! Wohlan!«[22] Darum: »›Wille zur Wahrheit‹ – das könnte ein versteckter Wille zum Tode sein.«[23]

Zunächst lagen diese Konsequenzen noch im Dunkel. Die neuentdeckte Unendlichkeit der kopernikanischen Welt erfüllte das Herz Giordano *Brunos* mit der Inbrunst eines mythischen Pantheismus. Die »ungeheuren leeren Räume« begeisterten ihn, während *Pascal* schon ihren Schrecken empfand. Die Welterklärung bedurfte nicht mehr Gottes zum Verständnis der Planetenbewegung und des Fixsternenhimmels; Schwerkraft und Fliehkraft genügten; an die Stelle Gottes trat das Gesetz der Natur, das zuerst auf die Himmelskörper, dann auf die Lebewesen *(Darwin)* und auf die Geschichte der Gesellschaft *(Marx)* angewendet wurde. Der liebe Gott war, wie David Friedrich *Strauß* spöttisch sagte, durch *Kopernikus* und *Galilei* wohnungslos, durch Darwin arbeitslos geworden. Inmitten der von den Naturgesetzen nach dem Weltbild der klassischen Mechanik durchgehend determinierten Welt fand sich der Mensch, wie Nietzsche sagte, aus dem Zentrum ins X gerollt, zu einem winzigen, bedeutungslosen, gleichgültigen Nichts geworden, zu einer Mikrobe

---

[20] Fr. Nietzsche, Ges. Werke XVII, 18.
[21] Schlechta I, 1223.
[22] Fr. Nietzsche, Ges. Werke XII, 410.
[23] Schlechta II, 207f. – Schon als 21jähriger an seine Schwester: »Suchen wir denn bei unserem Forschen Ruhe, Frieden, Glück? Nein, nur die Wahrheit, und wäre sie höchst abschreckend und häßlich« (11. 6. 1865; Schlechta III, 953).

auf einem Sandkorn im unendlichen Weltall. Neben seine Winzigkeit trat dabei noch seine durchgehende Bedingtheit und Determiniertheit. Wird er im Christentum angesprochen als Geschöpf im Gegenüber zum Schöpfer, als Ebenbild und Kind Gottes, womit immer zugleich seine Wichtigkeit und seine Freiheit ausgesagt ist, so erscheint er sich jetzt nicht mehr als personhaftes Geschöpf des personhaften Schöpfers, sondern als Resultat eines unpersönlichen Prozesses, sowohl durch die Evolutionslehre wie in der physiologischen Anthropologie. Damit aber gerät er in einen tiefen Widerspruch mit sich selbst. Denn so, wie er sich selbst kennt und sein Leben lebt, findet er sich von der Wissenschaft nicht bestätigt: keine Freiheit wurde ihm von ihr zugesprochen, von innen (psychologisch) wie von außen (soziologisch) erschien er restlos determiniert, damit auch seine Sittlichkeit als ein leerer Wahn. Worin man in einer langen griechisch-christlichen Tradition das Auszeichnende des Menschseins gesehen hatte, das schien dem Menschen nun abgesprochen zu werden. Wie er als sittliche Person verstanden werden und sich behaupten könne in einer durchgehend determinierten Welt, wird seit *Kant* zu einem Hauptproblem von Philosophie und Theologie des 19. Jahrhunderts, und nach dem Zerbrechen der alten Gottesbeweise fand die Theologie in diesem Widerspruch, in diesem Ungenügen der wissenschaftlichen Betrachtung für den sich als sittliche Person wissenden Menschen den Ansatzpunkt für einen neuen, moralischen Gottesbeweis, für den Nachweis der Notwendigkeit, die wissenschaftliche Weltbetrachtung durch eine religiös-sittliche zu ergänzen. Das ist die Linie der protestantischen Theologie von Albrecht *Ritschl* und Wilhelm *Herrmann* bis heute zu Rudolf *Bultmann* und Gerhard *Ebeling*. Wie weit hier eine Antwort auf die nihilistischen Konsequenzen der naturwissenschaftlichen Weltbetrachtung gefunden sei, ist eine Hauptfrage der heutigen philosophisch-theologischen Diskussion.

Zunächst stand man vor der Erkenntnis, daß die Wahrheit, von der man sich einen Weg zum Leben versprochen hatte, ein Medusenhaupt zeigte, das erstarren ließ: keine Bedeutung des menschlichen Lebens mehr, verschwindende Kleinheit und Einsamkeit im Kosmos, Ohnmacht gegen die Determination, kalte Gesetzlichkeit, keine eingreifende Hilfe, tiefe Gleichgültigkeit der sittlichen Entscheidung zwischen Gut und Böse, kein Sinn, – das schien die illusionslose Wahrheit zu sein, die es zu bestehen gilt.

Die Sterblichkeit

Unter der Kantschen Destruktion war auch der theoretische Beweis für die Unsterblichkeit dahingesunken. Auch für ihn hatte *Kant* in seinem »moralischen Gottesbeweis« einen Ersatz geben wollen, der deutlich von der Sinnfrage geleitet war[24]: wer sittlich handeln will, darf allein dem Ruf der Pflicht folgen; nur von Achtung vor dem Sittengesetz, nicht vom Schielen auf Lohn und Strafe, weder in diesem noch in einem künftigen Leben, dürfen seine Entscheidungen bestimmt sein. So bedarf er weder Gottes noch einer jenseitigen Vergeltung als Motiv seines Tuns. Dennoch ist die Frage nach dem Jenseits nicht ausgestrichen. Wenn der sittlich Handelnde nicht fragen darf, ob das Tun des Guten sich lohnt, und wenn wir beobachten, daß es sich in diesem irdischen Leben tatsächlich sehr häufig nicht lohnt, ja stattdessen Nachteile und Martyrien einträgt, dann erscheint damit die moralische Welt und die äußerlich-sinnliche Welt in einem schroffen Gegensatz. Wer sich an die eine hält, ist in der anderen nicht zu Hause. Kann der Gegensatz der zwei Reiche das letzte Wort sein? Zwar darf das den sittlich Handelnden in seinen Entscheidungen nicht scheren, – aber wird es ihn nicht doch anfechten müssen? Dann ist, so scheint es, die Welt nicht für das Gute und das Gute nicht für die Welt geschaffen. Das Tun des Guten erscheint als Fremdheit, ja als Don Quichoterie in dieser Welt. Für diese Anfechtung, in der der Sinn des so kategorisch gebotenen Tuns des Guten um des Guten willen auf dem Spiele steht, hält Kant den Trost bereit: die irdische Welt und die irdische Lebenszeit ist nicht die gesamte; was auf dieser ersten Strecke im Gegensatz steht, wird sich auf der späteren Strecke, postmortal, zusammenfinden: die Pflicht und das Glück. Wenn wir den Tod nicht das letzte Wort sein lassen, wird auch der Gegensatz nicht das letzte Wort sein. Über den Tod hinausblickend dürfen wir die Versöhnung des hier Unversöhnten erhoffen. Dafür steht Gott ein, der zugleich der Bürge des Sittengesetzes und der Schöpfer der Welt ist. Um der Sinnhaftigkeit der Sittlichkeit willen und um der Sinnhaftigkeit der Welt willen müs-

---

[24] G. Rohrmoser, Atheismusproblem von Pascal bis Nietzsche, in: Internat. Dialog Zeitschrift 1, 1968, H. 2, 138f: »Die Frage nach Gott hat für Kant den Sinn, nach der Bedingung zu fragen, unter der allein es für den Menschen einen Sinn hat, in der Welt zu sein.« Im Besonderen zum moralischen Gottesbeweis vgl. D. Baumgardt, Der Kampf um den Lebenssinn unter den Vorläufern der modernen Ethik, 1933, 1. Teil: Kant und die moderne Kantkritik, 1–198.

Die Sterblichkeit 95

sen wir Gott und Unsterblichkeit postulieren: Die ethische Bestimmung des Menschen fordert seine Weiterdauer[25].

Damit steht Kant im Erbe jener großen Tradition, in der griechisches Seelendenken und christlicher Auferstehungsglaube ineinander geflossen waren, so aber, daß sich der pantheistische Zug des griechischen Denkens verloren und eine entschiedene Individuation sich durchgesetzt hatte: Die Seele kehrt nicht zurück in die Allseele, deren Teil sie ist, sondern die einzelne Seele als das eigentlich Personbildende im Menschen bleibt Gott gegenüber bestehen und erntet nach dem Tode, was sie im zeitlichen Leben gesät hat. Wie problematisch auch jene Vereinigung von Unsterblichkeitstheorie und Auferstehungsglauben gewesen ist[26], und wie verheerende Folgen eine verkehrte Predigt der jenseitigen Vergeltung psychisch und moralisch auch haben kann, – es darf nicht übersehen werden, daß durch die christlich geformte Unsterblichkeitslehre der einzelne in

---

[25] Die Stärke dieses Postulats, das doch zugleich alle Schwäche eines Postulats hat, zeigt sich daran, daß es unausrottbar immer wieder bei den verschiedensten Denkern auftaucht; dafür nur zwei Beispiele: Ernst Troeltsch (Die Zukunftsmöglichkeiten des Christentums, Logos 1/1910, 177): »Wenn die Persönlichkeit überhaupt erst zustande kommt durch Aufnahme absoluter Werte in das naturhafte Seelenleben, so ist es zugleich das Problem der Persönlichkeit, das ohne den Gedanken einer Endvollendung nach dem Leibestode nicht gelöst werden kann, soviel Dunkel und Schwierigkeiten um diesen Punkt sich auch legen möge. Jede Behauptung eines letzten, absoluten Seins verlangt eine Lehre von den letzten Dingen auch in der zeitlichen Entwickelung des menschlichen Geistes. Jede Behauptung eines absoluten Wertes jenseits der relativen Werte verlangt ein Jenseits auch im metaphysischen Sinne.« – Für Dostojewskij war dies ein Leitgedanke seiner Apologie des Christentums: »Ohne eine höhere Idee kann weder ein Mensch noch eine Nation in der Welt bestehen. Auf Erden gibt es jedoch nur *eine* höhere Idee (Dostojewskij unterstreicht das Wort »eine«), die ist: die Idee der Unsterblichkeit der Menschenseele; denn alle übrigen Lebensideen haben alle ihren Ursprung nur in dieser einen Idee« (Tagebuch eines Schriftstellers, Jahrgang 1876, Dezember, 1963, 266f). – Vgl. dazu L. Schestow, Spekulation und Offenbarung, 1965, 245f, 187; dazu auch die Worte des Teufels zu Iwan Karamasoff in den »Brüdern Karamasoff«, 11. Buch, 11. Kap.
[26] Den Unterschied zwischen beiden hat schon Luther in seinem Protest gegen das die Unsterblichkeit der Seele als kirchliches Dogma festlegende 5. Laterankonzil (1512/17) ausgesprochen: »Solche Unsterblichkeit haben die Philosophen erträumt, aber die heilige Schrift lehrt von der Auferstehung und dem ewigen Leben anders« (Luthers Werke, Erlanger Ausgabe II, 83); die heutige theologische Forschung hat ihn kräftig herausgearbeitet; vgl. dazu z. B. O. Cullmann, Unsterblichkeit der Seele und Auferstehung der Toten, Theol. Zeitschrift (Basel), 1956, 126ff, und G. van der Leeuw, Unsterblichkeit oder Auferstehung, ThExh NF 52, 1956, sowie die vier Radiovorträge von N. M. Luyten, A. Portmann, K. Jaspers und K. Barth: Unsterblichkeit, 1957.

seiner Unersetzlichkeit, in seiner unvertretbaren Besonderheit und in seiner unabschiebbaren Verantwortung festgehalten, in seiner Würde gegenüber der nivellierend uns ins Allgemeine durch den Tod zurücksaugenden Natur bewahrt wurde. Wenn Th. W. *Adorno* von der »christlichen Lehre von Tod und Unsterblichkeit, in der die Konzeption der absoluten Individualität gründet«, spricht, so bemerkt er dort selbst, daß in sie die Menschheit eingeschlossen sein muß, andernfalls sie »das Prinzip der Selbsterhaltung ins Widersinnige vergrößern« würde[27]. Daß sie letzteres täte, ist ihr immer wieder vorgehalten worden; das »Beharren in der Einzelheit« habe keinen vernünftigen Sinn gegenüber der bleibenden Allgemeinheit des Lebens, und die Vorstellung des ewigen Für-sich-seins des Individuums habe eine »unsagbare Trockenheit«, schreibt der junge *Marx* in den Notizen für seine Dissertation[28]. Wie solchen sträflichen Egoismus hat man ihr auch diesseits verachtende Weltflüchtigkeit vorgeworfen. Aber auch hier gilt: abusus non tollit usum (der Mißbrauch hebt den rechten Gebrauch nicht auf), und nicht zu übersehen ist, wie hier, wenn man die Unsterblichkeitslehre bei ihrer starken Seite nimmt, der Akzent erstens auf die Verantwortung des einzelnen und zweitens gerade aufs Diesseits als den Ort, an dem sich das ewige Schicksal entscheidet, fällt, dies aber so, daß Individualität und Diesseits hier von einem Sinn umfangen sind, den der Tod nicht durchstreichen kann, sondern gerade entgegenbringt.

Während *Kant* seinen Beweis entwirft, breitet sich die Erschütterung der Unsterblichkeitsidee, die von Aufklärungsschriftstellern des 18. Jahrhunderts noch neben der Gottesidee und der Freiheitsidee für eine der Vernunft und der Urreligion eigene angesehen wurde, immer weiter aus. Die lebhafte Diskussion von Kants Zeitgenossen über die Unsterblichkeitsfrage (G. E. *Lessing,* Fr. H. *Jacobi,* Moses *Mendelsohns* »Phaidon«, 1767) zeigt, wie angstvoll diese Erschütterung empfunden wurde. Ein Erbe ging hier zu Bruch, das zum Gesamtbewußtsein der Menschheit, von den sog. Primitiven über die großen Religionen bis zu den verschiedenen Gestalten idealistischer Philosophie, gehört hatte (mit der seltsamen Ausnahme des alttestamentlichen Israel, das den Totenkult der es umgebenden Hochreligionen Ägyptens und des Zweistromlandes verwarf, sich

---

[27] Th. W. Adorno, Minima Moralia, 283.
[28] Marx – Engels – Gesamtausgabe I,3, 115 f.

Die Sterblichkeit

Hochreligionen Ägyptens und des Zweistromlandes verwarf, sich jedes Hinausblicken verbot und Gott ganz für das Diesseits in Anspruch nahm).

Wir haben also vom Tode zu sprechen, wie immer wieder in der in dieser Schrift angestellten Besinnung. Verdeutlichen wir uns mitten im geistesgeschichtlichen Überblick, wovon wir dabei sprechen. Vom Tode? Schon die Vokabel täuscht eine Bekanntschaft vor, die zweifelhaft ist. Der eigenartige russische Schriftsteller V. V. Rosanow notiert einmal in seinen Aphorismen:

»Wie entsetzlich, daß der Mensch (dieser ewige Philologe) für dieses Unbegreifliche ein Wort erfunden hat: *Tod*. Ist es denn überhaupt möglich, dies irgendwie zu benennen? Kann das überhaupt einen Namen haben? Ein Name – das ist doch schon eine Definition, die andeutet: ›Ein bißchen was weiß ich davon...‹! Und dabei wissen wir davon doch gar nichts. Und wenn wir im Gespräch das Wort ›Tod‹ gebrauchen – das ist, als tanzten wir im Blancmanger eines Diners herum oder stellten Fragen wie: ›Wieviel Stunden gehen in eine Suppenterrine?‹«[29]

Der Tod ist das einzige, wovon wir alle wissen und doch keine Erfahrung haben. Denn was die anderen erfahren, die wir sterben sehen, wissen wir nicht, und daß wir selbst sterben müssen, wissen wir nicht aus Erfahrung, sondern aus Schlußfolgerungen[30]. Wir sind unter den uns bekannten Lebewesen die einzigen, die ihren Tod voraus wissen, und die sich selbst den Tod geben können, aber was der Tod ist und wohin er uns führt, wissen wir nicht. »Nach drüben ist die Aussicht uns verrannt« (*Goethe*, Faust II, 5. Akt).

Was dann nach jener Stunde
sein wird, wenn dies geschah,
weiß niemand, keine Kunde
kam je von da,

von den erstickten Schlünden,
von dem gebrochnen Licht,
wird es sich neu entzünden,
ich meine nicht.

Gottfried Benn[30a]

---

[29] Die Legende vom Großinquisitor, in: Merkur, Oktober 1959, 936. Vgl. C. Verhoeven, Wohin ist Gott?, 1969, 145: »Über das Ende der echten Wirklichkeit kann man nicht nachdenken; das Ende als solches liegt außerhalb des Horizontes des Denkens. Darum kann es auch nicht entlarvt werden; nur das Denken darüber kann entlarvt werden. Der Tod aber kann nicht gedacht werden, eben so wenig wie das Leben nach dem Tode. So kann auch Gott nicht gedacht werden.«
[30] P. L. Landsberg, Die Erfahrung des Todes, 1937, 60: »Der Tod als absolutes *Ende* des Menschen ist eine inhaltslose, nur worthafte Idee, der selbst in der äußersten Bedrängnis vor dem Tode keine Erfahrung entspricht. Es gibt keine Erfahrung von ›Nichts‹, auch nicht in der Angst, die nur ein ›Schwinden‹, eine Seinsabnahme fühlbar macht.«
[30a] Gesammelte Gedichte, 1956, 123.

Die Leugnung postmortalen Lebens ist nicht wissenschaftlicher als seine Behauptung: wir wissen nichts; weder die Argumente pro noch die Argumente contra reichen hin, um einen Wissenssatz zu ermöglichen. Wissen wir nichts *über* den Tod und sein Danach, so ist unser Dasein vom Wissen *vom* Tode durchdrungen; noch sein Verdrängen, noch sein Übertönen sind Weisen der Auseinandersetzung mit dem gewissen Bevorstehen des Todes nicht weniger als unsere Bemühungen, ihm zu entgehen. *Heidegger* hat das in »Sein und Zeit« genau analysiert. Weil uns nicht mehr als das Daß des Endens unseres Lebens bekannt ist, nicht sein Wann, nicht sein Wie, nicht sein Was, nicht sein Wohin, darum sind alle Aussagen über den Tod, die über die physiologischen Bestimmungen hinausgehen, höchst subjektiv; sie spiegeln unser augenblickliches Meinen wider und haben mehr Bekenntnis- als Erkenntnischarakter; sie sprechen unsere Hoffnungen und unsere Verzweiflungen aus und sagen also mehr über uns selbst aus als über den Tod. So steht es schon bei unseren unmittelbaren Reaktionen auf plötzliche Todesgefahr. Ich habe in den Fällen, da ich dem bevorstehenden Tode unmittelbar entgegensah, auf die verschiedenste Weise reagiert: mit gläubiger Getrostheit, unangerührter Verachtung, dumpfer Gleichgültigkeit und schlotternder Angst. Auch wer sich auf das Herannahen der letzten Stunde lange vorbereiten kann – auf dem Krankenbett oder in der Zelle des zum Tode Verurteilten – lernt meist die verschiedensten Reaktionsweisen kennen und erfährt, daß er sie nicht in der Hand hat. Sie sind nicht absolut, wohl aber relativ unabhängig von den Anschauungen, die wir vom Tode hegen, seien es christliche oder nicht-christliche. Relativ: denn auch, wer dem Tod noch so sehr eine positive Funktion zuschreibt, ist vorm Angefallenwerden durch den Todesschrecken und durch verzweifelte Trauer bei einem tödlichen Verlust nicht geschützt; Tröstungen, die festzustehen scheinen, können versagen, womit übrigens nicht das Geringste über oder gegen den Wahrheitsgehalt solcher Tröstungen gesagt ist. Nicht absolut: was wir uns als Auffassung von Tod und Leben gebildet haben, was wir als Werte der Hoffnung oder der Hoffnungslosigkeit mit uns tragen, wirkt mit bei der Art, wie wir durch solche Erlebnisse hindurchgehen, was wir, falls wir sie überleben, aus ihnen gewinnen, und wie wir unsere letzte Stunde durchleben. Auch da, wo kein anderer für mich eintritt, auch in der isolierenden Unvertretbarkeit meines Blickes auf

Die Sterblichkeit 99

mein Sterben und meines Sterbens selbst bin ich gesellschaftliches Individuum, wirken allgemeine geistige und gesellschaftliche Einflüsse mit. Das Sterben der Individuen trägt nicht nur, aber auch die Signatur ihrer Zeit[31].
Der Tod, »dieser fürchterliche Nihilist, der alle Werte vernichtet« (E. *Bloch*), – unser vorherzusehendes Sterben, erst recht im Prozeß des Alterns mehr und mehr den Blick auf sich ziehend, und das Sterben der Menschen um uns her – ist die dringendste Anmeldung der Sinnfrage. Sie ist in den Augenblicken von Angst und Trauer, sie ist auch in den Strecken der Reflexion der eigentliche Stachel. »Die Anwesenheit des Todes verdirbt das Leben bis in die Wurzel; er macht jede Vollendung unmöglich.«[32] Dem gilt immer wieder die Arbeit nicht nur der Priester, der Denker, der Ideologen, doch wohl aller: dieses »unmöglich« zu verharmlosen, den Hader zu beschwichtigen, gegen den Tod als Einbruchstelle für die Unterminierungen unserer Sinngebungen abzudecken, gegen seine unwiderstehliche Vergleichgültigung unsere Wichtigkeiten aufrecht zu erhalten, seine Sinnwidrigkeit in umfassenderen Sinn hinein aufzuheben. Dieses letztere geschieht, wo übers Grab irgendwie hinausgeblickt werden kann.

Freilich ist manches Hinausblicken leicht als allzu dünne Beschwichtigung zu enthüllen, als dünner Schleier vor stoischer Resignation. Etwa der Trost mit »der Toten Nachruhm« (Edda), in kämpferischen und ruhmüberliefernden Gruppen zur Todesverachtung, an der die Gruppe interessiert ist, stimulierend. Das Interesse am Gedächtnis in der umgreifenden Gemeinschaft, am Dank fürs Opfer, wodurch das Opfer vom bloßen Verwendetwerden unterschieden und in menschliche Kommunikation hineingenommen wird[33], schwingt hier als Wahrheitsmoment mit. Aber die Täuschung dieser Art von Unsterblichkeit ist bei der Kurzfristigkeit des

---

[31] Fritz Dehn, der Berliner Literaturwissenschaftler, hatte die Absicht, die Wandlung des Sterbens unter dem Einfluß des Wandels der Zeitstimmungen an Hand von Berichten über Sterbelager darzustellen. Dazu ist er nicht mehr gekommen. Statt dessen sei nur auf sein unvergeßliches »Gespräch über den Tod« verwiesen (1934).
[32] C. Verhoeven, aaO. 31. – Eine repräsentative Befragung junger Franzosen im Alter von 15 bis 29 Jahren ergab im Jahre 1969, daß von den Religiösen 33%, von den Areligiösen 35% sehr vom Gedanken an den Tod umgetrieben sind, und daß den Letzteren der Tod als ein das ganze Leben überschattendes brutales Fragezeichen gilt (mitgeteilt von K. Hutten in: Impulse, Mitteilungen der Evang. Zentralstelle für Weltanschauungsfragen, IX, 1969, Nr. 4).
[33] Vgl. oben S. 57ff.

Gedankens leicht zu durchschauen, und außerhalb der engen Gemeinschaft, in der solche Nachruhm-Verheißung tragen konnte, als allgemeiner Satz, wirkt das Schillersche »Wenn der Leib zu Staub zerfallen, lebt der große Name noch« allzu hohl, der Eitelkeit allzu benachbart.

Die Verheißung jenseitigen Lebens, die die christlich geformte Unsterblichkeitslehre aus der Auferstehungsverkündigung der Ostergemeinde aufbewahrt hatte, läßt den einzelnen nicht untergehen in der Allgemeinheit des Kollektivs, für das er gelebt hat und vielleicht gestorben ist, und das sowohl vergeßlich wie ebenfalls vergänglich ist. Sie bewahrt als Person in einem unvergänglichen Sinn hinein. Damit erst ist der Verdacht, sein Sinn bestehe doch nur in der Funktion, verwendetes Material für die Interessen einer Allgemeinheit zu sein, wirklich abgewehrt. In Zeiten, in denen der Jenseitsglaube gesellschaftliche Macht besaß, hat er die Klage über Vergänglichkeit, Altern und Tod, die die ganze Menschheitsgeschichte durchzieht, nicht beseitigt, aber ihr ein Gegengewicht gegeben. Sie war nicht identisch mit der Klage um Sinnlosigkeit überhaupt. Das wird sie nun in der Neuzeit.

Wie intensiv sie auch in Kulturen mit starker Jenseitsrichtung sein kann, beweisen genug Äußerungen aus dem alten Ägypten, aus Indien. Für unsere abendländische Tradition denke man an *Johannes von Saaz*' »Ackermann von Böhmen« oder höre *Augustins* Klage um den Verlust seines Freundes:

»Wie wurde damals mein Herz von Gram verdüstert! Wohin ich auch blickte, überall begegnete mir der Tod. Die Vaterstadt ward mir zur Pein, das elterliche Haus zu unsagbarem Elend. Woran ich einst mit ihm gemeinsam mich gefreut, ohne ihn verkehrte es sich zur Folterqual. Überall suchten ihn meine Augen und fanden ihn nicht. Alles war mir verhaßt, weil er fehlte und nichts mir sagen konnte: Da kommt er! wie früher, wenn er fort gewesen war und zurück erwartet wurde. Ich ward mir selbst zu einem großen Rätsel und fragte meine Seele, ›warum sie sich betrübe und so unruhig sei in mir‹, aber sie konnte keine Antwort geben. Und wenn ich ihr zusprach: ›Hoffe auf Gott‹, gehorchte sie nicht. Und das mit Recht, denn wahrer und wertvoller war doch der Mensch, der Liebling, den sie verloren, als das Hirngespinst, auf das sie hoffen sollte.«[34]

Wie auch in solche durch keine Jenseitshoffnung geminderte Todeserfahrung die Jenseitshoffnung als Gegengewicht hereinwirkte, zeigt jenes von Ernst *Bloch* gebrachte Beispiel eines Mörders »noch um 1700, der zum Gerädertwerden von unten herauf, also der grausamsten Todesart damals, verurteilt war und den der Gerichtshof

---
[34] Confessiones, IV, 4.

Die Sterblichkeit 101

begnadigen wollte, falls er in der Walpurgisnacht den Hexensabbat auf dem Brocken mitmachte«, der aber »die Begnadigung zurückwies, lieber sich aufs Rad flechten ließ, als daß er noch das letztmögliche Heil seiner Seele zu verscherzen gewillt war«[35]. Die christliche Durchformung der antiken Seelenlehre hat diese ja nicht nur individualisiert, sondern von der strahlenden Auferstehungsvision her mit weit überschießender Hoffnung erfüllt, Hoffnung keineswegs nur aufs bloße Erhaltenbleiben, gar nur als unerfreulicher Rest im Reiche der Schatten, sondern Hoffnung auf Heil, auf Erfüllung, auf ewige Lust und Freude, aller Vorstellung sich entziehend, von den schönsten Vorstellungen gerade nur angedeutet, und zwar nicht Schlaraffenland, sondern Gottesgemeinschaft als höchstes, am nächsten kommendes Wort der Andeutung: »Wir werden Ihn sehen, wie er ist« (1. Joh. 3,2), – Ausblick also auf eine Erfüllung, die den Weg durch die hiesige Miserabilität und den Kampf ums Gute hier samt seinen Opfern, die auch den Verzicht auf die angebotene Ersparung des von unten her Gerädertwerdens wirklich lohnt. Je mehr diese Hoffnung schwindet, je mehr die »Aussichten in die Ewigkeit« wieder zu einem spezifischen Bekenntnis der einzelnen Glaubenden und einer einsamen Verkündigung der christlichen Kirche werden, nicht mehr aber als selbstverständlich übernommene, allgemeine Tradition das durchschnittliche Denken über den Tod prägen, desto mehr wird das Todesschicksal als Sammelpunkt, als Probierstein und als verschärfende Intensivierung der Sinnfrage bewußt. Dies – und nicht die Klage als solche – unterscheidet die neuzeitlichen Äußerungen, seit Beginn des 19. Jahrhunderts, in steigendem Maße von denen, für die wir Augustin und Johannes von Saaz als Beispiele angeführt haben. Eine gewisse Milderung durch die idealistische Philosophie hält nicht lange vor. Jetzt zeigt sich, welche Folgen es hat, wenn die ins Kollektiv und seine Traditionen integrierenden Kräfte ge-

---

[35] E. Bloch, Atheismus im Christentum, 1968, 338f. – Das Kapitel »Quellen des möglichen Todesmuts« in diesem neuesten Buche Blochs stellt sich wie kein anderes bisher aus marxistischer Feder der Todesfrage und damit auch der Frage nach der Bedeutung von Jenseitshoffnung als Widerspruch gegen »die bloße abgemachte Dimensionslosigkeit des Todes«: »Das Christentum ist nicht nur ein Schrei gegen die Not, es ist ein Schrei gegen den Tod« (Prinzip Hoffnung II, 63; zum Todesproblem in »Prinzip Hoffnung« vgl. auch III, 198–201, 267–272). Das geht weit hinaus über die üblichen Denunziationen der Jenseitshoffnung, auch z. B. bei G. Anders, Die Schrift an der Wand, 1967, 27–35, denen dort aber das ehrliche Geständnis der Schrecklichkeit der Vorstellung des Endes angefügt wird (35–44).

ringer werden: das Bevorstehen des individuellen Sterbens wirft das Individuum auf die isolierende Frage nach sich selbst. »Das Bewußtsein vom Tode«, schreibt Paul Ludwig *Landsberg* sechs Jahre, bevor er selber im KZ ermordet wird, »geht gleichen Schritt mit der menschlichen Individualisierung... Diese Individualisierung besteht ihrem Wesen nach nicht nur darin, daß Menschen eine hellere und genauere Bewußtheit ihrer persönlichen Eigenart gewinnen, sondern in der Tatsache, daß sie wirklich eigenartiger werden«; deshalb sind Zeiten hoher Individualisierung vom Todesgedanken besonders geängstigt (Landsberg nennt als Beispiele aus der Vergangenheit die Spätantike, die Renaissance und die Reformation), und deshalb wird in diesen Zeiten besonders bewußt, daß die menschliche Person, wie Landsberg gegen *Heidegger* formuliert, nicht ein »Sein zum Tode« ist, sondern auf Verwirklichung ihrer selbst, und zwar auf bleibende, also auf Vollendung gerichtet; darum ist der Gedanke eines persönlichen Fortlebens nicht »nur ein tröstliches Versprechen«, sondern »eine Aktualisierung dieser ontologischen Grundstruktur«[36].

Die die ganze Menschheitsgeschichte durchhallende Klage über des Menschen Vergänglichkeit wird nun wie nie zuvor zum literarischen Thema. So kreisen *Jean Pauls* Dichtungen um den Tod und verlangen nach Auferstehung und einem neuen Himmel und einer neuen Erde.

»Ich habe mit dem Tode geredet«, läßt er den lebendig begraben gewesenen Ottomar in der »Unsichtbaren Loge«[37] schreiben, »und er hat mir versichert, es gebe weiter nichts als ihn... Wenn ich nun wäre tot geblieben: so wär' also das, was ich jetzt bin, der Zweck gewesen, weswegen ich für diese lichtervolle Erde und sie für mich gebauet war? – Das wäre das Ende der Szenen?... Wenn ich nun drei Augenblicke hätte, einen zur Geburt, einen zum Leben, einen zum Sterben: zu was hätt' ich sie denn, würd ich sagen? – Alles aber, was zwischen der Zukunft und Vergangenheit steht, ist ein Augenblick – wir haben alle nur drei.«
Als er aus seinem Tode wiedererwachte und seine »Auferstehungsstätte« – die Kirche, in der er im Sarge aufgebahrt worden war – verließ, da strahlte ihm die wiedergewonnene Erde im Mondesschimmer und Morgendämmerung entgegen; aber alles war verändert:

---

[36] P. L. Landsberg, aaO. 17, 423.
[37] Vier und dreißigster oder I. Advent-Sektor; dazu das darauffolgende Extrablatt »Vom hohen Menschen«. – Die gleiche Entfremdung vom Leben durch die Todeserfahrung schildert der russische Dichter Leonid N. Andrejev (1871–1919) in seiner Dichtung von dem Grabe entstiegenen Lazarus (Lazarus, 1906, jetzt in: ro-ro-ro- Klassiker Nr. 15); Andrejev nannte sich einen Menschen, »der an nichts glaubt, auf nichts hofft und sich selbst haßt«.

Die Sterblichkeit

»Als am Morgen sich die Erde mit vollgebluteten fleckigen Wolken gegen die matte Sonne drehte; so fühlt ich, daß ich meine vorige frohe Erde nicht mehr hatte, sondern daß ich sie auf immer in der Gruft gelassen, und die Menschen, die ich wieder fand, schienen mir Leichname, die der Tod hergeliehen und die das Leben aufrichtet und schiebt, um mit diesen Figuren zu agieren in Europa, Asia, Afrika und Amerika... Seitdem ist's auch mit meinen Planen ein Ende: man kann hienieden nichts vollenden.«

Unter ahnungslos Dahinlebenden ist er nun der Wissende: »Es ist unbegreiflich, daß man dem betäubten Haufen, dessen Reden artikuliertes Schnarchen ist, das dicke Augenlid nicht aufziehen kann, wenn man von ihm verlangt, sieh doch durch deine paar Lebensjahre hindurch bis ans Bett, worin du erliegst – sieh dich mit der hängenden plumpen Todten-Hand, mit dem bergigen Kranken-Gesicht, mit dem weißen Marmor-Auge, höre in deine jetzige Stunde die zankenden Phantasien der letzten Nacht herüber – diese große Nacht die immer auf dich zuschreitet und die in jeder Stunde eine Stunde zurücklegt und dich Ephemere, du magst dich nun im Strahl der Abendsonne oder in dem der Abend Dämmerung herumschwingen, gewiß nieder schlägt. Aber die beiden Ewigkeiten thürmen sich auf beiden Seiten unsrer Erde in die Höhe und wir kriechen und graben in unserem tiefen Hohlweg fort, dumm, blind, taub, käuend, zappelnd, ohne einen größeren Gang zu sehen als den wir mit Käferköpfen in unsren Kot ackern.«

Auch der Ausblick auf den außerirdischen Kosmos, mit dem andere[38] sich zu trösten versuchen, bringt keine Hilfe, weil alles unter dem gleichen Verderbensgesetz steht: »Ich schauete gerade zum Sternenhimmel auf; aber er erhellet meine Seele nicht mehr wie sonst; seine Sonnen und Erden verwittern ja eben so wie die, worein ich zerfalle. Ob eine Minute den Maden-Zahn, oder ein Jahrtausend den Haifisch-Zahn an eine Welt setze: das ist einerlei, zermalmt wird sie doch. Nicht blos diese Erde ist eitel, sondern alles, das neben ihr durch den Himmel flieht und das sich nur in der Größe von ihr trennt. Und du holde Sonne selber, die du wie eine Mutter, wenn das Kind gute Nacht nimmt, uns so zärtlich ansiehst, wenn uns die Erde wegträgt und den Vorhang der Nacht um unsre Betten zieht, auch du fällest einmal in deine Nacht und in dein Bette und brauchst eine Sonne, um Strahlen zu haben!«

In gedämpfterer Weise, wie nicht anders zu erwarten, aber nicht weniger intensiv findet sich die gleiche Klage bei Adalbert *Stifter*[39]: Im Testament des Ahnherrn liest der Neuankömmling:

»Der Dämon der Taten steht jederzeit in einer neuen Gestalt vor uns, und wir erkennen ihn nicht, daß er einer sei, der auch schon euch erschienen war – und eure Schriften sind mir unnütz. Jedes Leben ist ein neues, und was der Jüngling fühlt und tut, ist ihm zum ersten Male auf der Welt: ein entzückend Wunderwerk, das nie war und nie mehr sein wird – aber wenn es vorüber ist, legen es die Söhne zu dem andern Trödel der Jahrtausende, und es ist eben nichts als Trödel, denn jeder wirkt sich das Wunder seines Lebens aufs neue.

Was ich hier schreibe, bin nicht ich – mich kann ich nicht schreiben, sondern nur, was es durch mich tat. Ich habe die Erde und die Sterne verlangt, die Liebe aller Menschen, auch der vergangenen und der künftigen, die Liebe Gottes und aller Engel – ich war der Schlußstein des millionenjährig bisher Geschehenen und

---

[38] Siehe unten S. 148ff.
[39] Die Narrenburg, 3. Kapitel »Der rote Stein«.

der Mittelpunkt des All, wie es auch du einst sein wirst, – aber da rollt alles fort – wohin? das wissen wir nicht. – Millionenmal Millionen haben mitgearbeitet, daß es rolle, aber sie wurden weggelöscht und ausgetilgt, und neue Millionen werden mitarbeiten und ausgelöscht werden. Es muß auch so sein: was Bilder, was Denkmale, was Geschichte, was Kleid und Wohnung des Geschiedenen – wenn das Ich dahin ist, das süße schöne Wunder, das nicht wiederkommt! Helft das Gräschen tilgen, das sein Fuß betrat, die Sandspur verwehen, auf der er ging, und die Schwelle umwandeln, auf der er saß, daß die Welt wieder jungfräulich sei und nicht getrübt von dem nachziehenden Afterleben eines Gestorbenen. Sein Herz konntet ihr nicht retten, und was er übriggelassen, wird durch die Gleichgültigkeit der Kommenden geschändet.«

Hinrichtung und Selbstmord werden nun zu literarischen Themen, um das Preisgegebensein an den Tod und zugleich den Überdruß an einem entleerten Leben darzustellen. Für *Dostojewskij* ist seine eigene Hinrichtung, der er entgegensah und von der er im letzten Augenblick durch Begnadigung freikommt, die einschneidendste Erfahrung seines Lebens. Im »Idiot« schildert er aus dieser Erfahrung die letzten Gedanken eines zum Tode verurteilten Menschen:

»Er wußte, worüber er nachdenken würde: er wollte es sich immer einmal vorstellen, möglichst schnell und klar und grell, wie denn das eigentlich sei: soeben lebt er noch, er ist, nach drei Minuten aber ist er nicht, nach drei Minuten wird er ein Irgend-etwas sein – aber was denn schon, wo denn? Und alles das glaubte er in diesen zwei Minuten entscheiden zu können. Nicht weit von jenem Platz, auf dem sie erschossen werden sollten, war eine Kirche, und das vergoldete Dach der Kuppel glänzte im hellen Sonnenschein. Er wußte noch, daß er unverwandt, daß er fast starr auf diese goldene Kuppel und die Strahlen, die von ihr ausgingen, gesehen hatte; er vermochte sich nicht loszureißen von diesen Strahlen: es schien ihm, daß sie seine neue Natur seien, daß er nach 3 Minuten irgendwie mit ihnen ineinanderfluten werde... Die Ungewißheit und der Ekel vor diesem Neuen, das unfehlbar sogleich eintreten mußte und ewig sein würde, waren für ihn auch in der Erinnerung noch grauenvoll. Doch trotzdem sei ihm in diesen Augenblicken nichts schwerer gewesen, erzählte er, als der unausgesetzte Gedanke: ›Wie aber, wenn du nicht zu sterben brauchtest? Wenn man dir das Leben wiedergeben würde – welch eine Ewigkeit! Und all das gehörte dann mir! Oh, jede Minute würde ich in ein ganzes Jahrhundert verwandeln, nichts würde ich verlieren, jede Minute würde ich zählen, nichts, nichts würde ich verlieren, keinen Augenblick würde ich ungenützt vergeuden!‹ Er sagte, daß dieser Gedanke in ihm schließlich zu einem so brennenden Ingrimm geworden sei, daß er nur noch gewünscht habe, schneller erschossen zu werden.«[40]

---

[40] Der Idiot I, V. – Autobiographisch dazu Dostojewskijs Brief an seinen Bruder vom gleichen Abend (22. 12. 1849) und sein Bericht im »Tagebuch eines Schriftstellers«, Jahrgang 1873 (1963, 75f). – Vgl. in Leo Tolstojs »Krieg und Frieden« die vom gefangenen Pierre erlebte Hinrichtungsszene (4. Bd., 1. Teil, Abschnitt 10–11) und das Sterben des Fürsten Andrej (Abschnitt 16), sowie Tolstojs Erzählungen »Drei Tode« und »Der Tod des Iwan Iljitsch«.

Die Sterblichkeit 105

Am bekanntesten Text für eine solche Reihe wird das Zusammenfallen von Todesbedrängnis, Sinnfrage und Gottesfrage am deutlichsten, an *Jean Pauls* »Rede des toten Christus, vom Weltgebäude herab, daß kein Gott sei«[41]. Hier ist der Nihilismus in Klarheit ausgesprochen, – aber nicht mit der aesthetischen Selbstgefälligkeit des Dekadenten, auch nicht mit jenem Heroismus *Nietzsches*, der leicht in den Verdacht gerät, er bewundere sich selbst, sei also schließlich ebenfalls nur aesthetisch.

In den Abgrund, von dem Nietzsche spricht, sieht auch Jean Paul, aber er zeigt in ihn, um jedem, der sich noch Mut dafür zutraut, vor Augen zu führen, worum es sich handelt. Er will nicht Mut machen, sondern »in Furcht setzen«, und zwar diejenigen, die vor der Furcht nur durch ihren Leichtsinn bewahrt sind, die vom Abgrund des Nihil so leichthin reden können nur deshalb, weil sie ihn noch nie wirklich zu Gesicht bekommen haben, die »das Dasein Gottes so kaltblütig und kaltherzig erwägen, als ob vom Dasein des Kraken und des Einhorn die Rede wäre«.

Die Traumerzählung zeigt eine Kirche inmitten eines Friedhofs, dessen Gräber sich geöffnet haben. Die Schatten der Toten stehen um den Altar; auf diesen sinkt »eine hohe edle Gestalt mit unvergänglichem Schmerz« hernieder, und alle Toten rufen ihr entgegen: »Christus, ist kein Gott?« Er antwortet: »Es ist keiner«, und berichtet in das Erbeben der Toten hinein, wie er durch »die Wüsten des Himmels« und die Tiefen des Abgrundes geforscht und gefragt habe: »Vater, wo bist du?« »Aber ich hörte nur den ewigen Sturm, den niemand regiert« – und statt des göttlichen Auges starrte ihn die Welt mit einer »leeren, bodenlosen Augenhöhle« an, »und die Ewigkeit lag auf dem Chaos und zernagte es und wiederkäute sich« (vgl. Nietzsches Wiederkehr aller Dinge!). Da kommen die gestorbenen Kinder in den Kirchenraum und werfen sich vor ihm nieder und fragen: »Jesus haben wir keinen Vater?« – und er antwortet »mit strömenden Tränen«: »Wir sind alle Waisen, ich und ihr, wir sind ohne Vater.« Dann breitet sich diese Klage aus: »Kalte, ewige Notwendigkeit« oder, was das gleiche ist, »wahnsinniger Zufall« ist die letzte Wahrheit: sie und nichts anderes erblicken diejenigen, die eingeschlafen sind in der Hoffnung auf »einen schöneren Morgen voll Wahrheit, voll Tugend und Freude«, durch den ihre irdischen Wunden geschlossen würden. »... Ihr Unglücklichen, nach dem Tode werden sie nicht geschlossen.«

---

[41] Ihre erste Form ist das »Nachlaßblatt« von 1789: »Schilderung des Atheismus; er predigt: es ist kein Gott«; dies wird bald abgewandelt in »Totenpredigt, Shakespeare«, dann in »Des toten Shakespeares Klage unter toten Zuhörern in der Kirche, daß kein Gott sei« (1789/90); die endgültige Form wird 1795 als »1. Blumenstück« in den Roman »Siebenkäs« aufgenommen. – Zur Auslegung vgl. G. Bornkamms Aufsatz in seinem Sammelband: Studien zu Antike und Urchristentum, 1970³, 245 ff, und W. Rehm, Experimentum Medietatis, Studien zur Geistes- und Literaturgeschichte des 19. Jahrhunderts, 1947, 7–95 (jetzt: Jean Paul – Dostojewskij. Zur dichterischen Gestaltung des Unglaubens, 1962).

»Wie ist jeder so allein in der weiten Leichengruft des Alls! Ich bin nur neben mir.«[42]

Für Jean Paul ist das die Wahrheit des Traumes, nicht die Wahrheit des Erwachens, – er würde sagen: Gott sei Dank nicht! Ihr setzt er vielmehr, das Wahrheitsein ihr bestreitend, die andere Wahrheit des Erwachens, die Wahrheit des Vaters, der »eine frohe, vergängliche Welt« mit seiner Sonne umfängt, *entgegen*. So stehen sich nun hart entgegen die beiden Bekenntnisse: daß die Erkenntnis des Nichts die Wahrheit des Erwachens nach dem Traum von Sinn und Gott sei, – und das andere, daß die Faszination des Nichts der schreckliche Albdruck sei, den die Wahrheit des Erwachens als bösen Traum widerlegt und aus dem das Erwachen zum Leben befreit. Daß der Nihilismus eine Wahrheit anbietet, die tödlich ist, darin sind Jean Paul und Nietzsche sich einig. Und ebensowenig wie Nietzsche hat Jean Paul in diesem Zusammenhang verschwiegen, welche Praxis er aus dem Traum vom Nichts hervorwachsen sieht, aber, anders als Nietzsche, ohne jede Illusion: eine tödliche: »Ach, wenn jedes Ich sein eigener Vater und Schöpfer ist, warum kann es nicht auch sein eigener Würgeengel sein?«

Das Sinngebende muß ein Bleibendes sein gegenüber dem Sinnempfangenden, – so hatten wir bei unserer Analyse gesehen. In der Kette der Verweisungen wird jedes vergängliche Sinngebende überholt durch die Frage nach Unvergänglicherem. Haltbarer, haltender Sinn kann nur vom Unvergänglichen herkommen. Wenn Bernhard *Groethuysen* einmal von der Unfähigkeit des modernen Denkens spricht, »das Bild des Todes in den Gesamtzusammenhang des neuen Bewußtseins zu integrieren«[43], so ist das nicht irgendeine vorwerfbare Unfähigkeit, ein bloßes Versagen von denkerischer Kraft. An allerlei gedanklichen Integrierungen hat es nicht gefehlt; weder Idealismus noch Materialismus, weder Vitalismus noch Existentialismus ließen es daran fehlen. Die Autoren waren, während sie es niederschrieben, davon befriedigt, sonst hätten sie es nicht geschrieben. Die Unmöglichkeit liegt in der Sache selbst, und deshalb ist die gedankliche Integration von der lebendigen Integration sehr zu unterschei-

---

[42] In der vorhergehenden Fassung spricht Shakespeare: »Ich höre nur mich, und hinter mir wird vernichtet... Seht ihr denn nicht, ihr Toten, das stillestehende Aschenhäufgen auf dem Altar, ich meine das vom verfaulten Christus?«
[43] B. Groethuysen, Philosophische Anthropologie, 1937, 130.

den. Sie aber ist das offene Problem, das existentielle, die nicht schließbare Wunde. »Wer vermag die heimliche Bestürzung zu schildern, die der endgültige Verzicht auf den Glauben an die Unsterblichkeit der Seele auslöst.«[44] »Unsterblichkeit der Seele« ist dabei nur ein unzulängliches Stichwort für eine über den Tod hinausreichende und angesichts des Todes bestehende Zuversicht des bleibenden Sinnes meiner so flüchtigen Existenz, und um Verzicht handelt es sich dabei weniger als um Verlust, der sich in Klage äußert. Die heimliche Verzweiflung bleibt präsent, auch wo sie gedanklich überspielt wird. »Wer aber verzweifelt stirbt, dessen ganzes Leben war umsonst.«[45] Es war wohl nicht umsonst; aber die Verzweiflung besteht darin, daß nicht gesagt werden kann, inwiefern es nicht umsonst war.

Exkurs über das Todesproblem im Marxismus

Der Marxismus, solange seine Vertreter, wie bisher leider meistens, meinen, seine materialistische gesellschaftliche Analyse und Programmatik mit einer allgemeinen Weltanschauung des Materialismus verbinden zu müssen, muß, um die Opfer, die der Kampf um den Sozialismus verlangt, zu rechtfertigen und die christliche Hoffnung zu ersetzen, einen Ausweg in der Zukunft suchen und die Unfähigkeit, den Tod ins Leben zu integrieren, als eine nur durch die gegenwärtige Gesellschaft bedingte hinstellen. Das geschieht mit der Formel vom »natürlichen Tod«, die durchs ganze marxistische Schrifttum geistert: seinen Stachel habe der Tod nur durch die Unmöglichkeit sinnvoller Lebenserfüllung in der Klassengesellschaft und durch die katastrophalen Abkürzungen des Lebens infolge von Kriegen, Verbrechen, Unfällen und Unvollkommenheit der Medizin. Wenn all dies überwunden sein wird, werde auch das Verhältnis des Menschen zu seinem Todesgeschick sich qualitativ geändert haben, der Mensch mit dem Sterben versöhnt sein. August *Bebel* drückte das mit einem Optimismus, der von der Befürchtung der Flachheit unangekränkelt ist, aus:

»Der moralische und physische Zustand der Gesellschaft, die Arbeits-, Wohn-, Nahrungs- Kleidungsweise, ihr geselliges Leben, alles wird dazu beitragen, Un-

---

[44] I. Silone, Abkehr von Moskau, in: Der Gott, der keiner war, 1952, 91. Vgl. E. Bloch, Prinzip Hoffnung II, 1529: »Was ist mit dem Hohlraum, den die Erledigung der Gott-Hypostase hinterläßt oder auch nicht hinterläßt?«
[45] Th. W. Adorno, Minima Moralia, 313.

glücksfälle, Erkrankungen und Siechthum möglichst zu verhüten. Der natürliche Tod, das Absterben der Lebenskräfte, wird mehr und mehr Regel werden. Die Überzeugung, daß der ›Himmel‹ auf Erden ist und gestorben sein zu Ende sein heißt, wird die Menschen veranlassen, vernünftig zu leben. Am meisten genießt, wer lang genießt. Langes Leben weiß gerade die Geistlichkeit, welche die Menschen auf das ›Jenseits‹ vorbereitet, am besten zu schätzen. Die Sorglosigkeit ihrer Existenz ermöglicht ihr, das höchste durchschnittliche Lebensalter zu erreichen.«[46]

Wenn Th. W. Adorno seine Hoffnung auf eine gesellschaftliche Lösung des Todesproblems andeutet, so geschieht das natürlich in differenzierterer Weise[47]. Er geht mit Grund an gegen *Heideggers* Ontologisierung des Todes, die »Wucht und Größe des Tores« anbetet, das »einmal die Pforte zum ewigen Leben war«; dieses »Einverständnis mit dem Sein«, das »die Verheißungen der großen Religionen seinsvergessen« schilt, »lebt von der Komplizität des Todes«. Jener Verheißungen aber, für deren Sinn Adorno eintritt, bedarf es zugleich »keineswegs«, weil »der Gedanke einer Abschaffung des Todes nicht a fortiori abzutun« ist, wie unwahrscheinlich diese auch sein mag. Mindestens kann sich ontisch etwas am Tode ändern, dann nämlich, wenn das menschliche Leben in einer gelungenen Gesellschaft endlich einmal gelingen wird:

»In einem nicht länger entstellten, versagenden Leben, einem, das die Menschen nicht mehr um das Ihrige betröge, brauchten sie wohl nicht erst mehr vergebens zu hoffen, daß es ihnen doch noch das Versagte gewähre, und darum auch gar nicht mehr so sehr zu fürchten, es zu verlieren, wie tief ihnen solche Angst auch eingefleischt ist.«[48]

Auch hier ist die Frage noch offen, ob die Aussöhnung mit dem Sterben in Frieden geschieht, im wahren Versöhntsein mit der Begrenztheit unseres Lebens, wie es die neutestamentliche Bezeichnung des Sterbens mit »Schlafen« meint[49], oder in Resignation. Resigna-

---

[46] A. Bebel, Die Frau und der Sozialismus, 30. Aufl., 419.
[47] Th. W. Adorno, Jargon der Eigentlichkeit, 1964, 120–136, bes. 134, 129f, 128. – Ähnlich H. Marcuse, Triebstruktur und Gesellschaft, 1967², 232f; dazu auch Marcuses Nietzsche-Interpretation, ebd. 119ff.
[48] Wie diese Perspektive eines »nicht länger entstellten« Lebens ohne Todesfurcht christlich zu deuten ist, darüber unten S. 287f.
[49] Eine große Tradition der christlichen Theologie sprach von einer kreatürlichen Unsterblichkeit des Menschen und sah nur in dem Abfall des Menschen von seiner ursprünglichen Gottesverbundenheit die Ursache für das Todesschicksal. Sie hat damit den Protest gegen den Tod und den Protest gegen jedes Sich-Abfinden mit dem menschlichen Tod als Naturgesetz, also als unaufhebbares Herrwerden der Natur über den Menschen kräftig ausgedrückt, geleitet vom Blick auf den Ostersieg (1. Kor. 15, 55f): »Der Tod ist verschlungen in den Sieg. Tod, wo ist dein

Exkurs über das Todesproblem im Marxismus

tion ist notgedrungenes, aber nicht freudiges Ja. Die in der christlichen Verkündigung angebotene Bejahung des Sterbens ist eine tief dialektische, sofern mit ihr nicht Beseitigung des Schmerzes und der Trauer, aber im Erfahren des Widerspruchs zugleich Zuspruch und Einverständnis versprochen wird, ein Zugleich also von Widerspruch und Freude, bei dem der Freude das letzte Wort in Aussicht gestellt wird. In der Freude also unterscheidet sich die Glaubensbejahung des Sterbens von der resignierten. Gesellschaftliche Veränderung der Lebensweise und damit auch der Sterbensweise kann die »widernatürlichen« Todesfälle verringern und dem Leben besseren sozialen Gehalt verschaffen, anstelle der widerwärtigen Beschädigungen, die Leben und Sterben in der verdinglichten Gesellschaft ständig erleiden; sie kann die Bedingungen unseres Lebens und Sterbens verbessern, aber sie kann und soll nicht unsere eigene Stellung zum Sterben automatisch produzieren, also manipulieren. Diese vielmehr entspringt dem Geheimnis unserer Freiheit. Über

---

Sieg? Tod (andere Lesart: Hades), wo ist dein Stachel? Aber der Stachel des Todes ist die Sünde, die Kraft der Sünde aber das Gesetz.« Röm. 6,23: »Der Lohn der Sünde ist Tod, die Gnadengabe Gottes aber ewiges Leben in Christus Jesus, unserem Herrn.« Aber die paulinische Formel nennt die Sünde nicht die Ursache, sondern den Stachel des Todes, also dasjenige, was uns zur Aussöhnung mit dem Tode, zur Integrierung des Sterbens ins Leben unfähig macht. Der Zusammenhang von Tod und Sünde, der sich durch die ganze Bibel zieht, ist eschatologisch, von der Einheit von Gott und Leben her gesehen, ist also die Kehrseite der messianischen Hoffnung, und man kann ihn deshalb gar nicht ernst genug nehmen. Aber die ontologische Konsequenz einer »kreatürlichen Unsterblichkeit« des Menschen in seinem leiblich-irdischen Dasein braucht man deshalb nicht zu ziehen. Wenn die Praefatio zur Totenmesse im Missale Romanum sagt: Vita mutatur, non tollitur (Das Leben wird verwandelt, nicht beseitigt), so heißt das zugleich, daß der Tod verwandelt, aber nicht beseitigt wird, und eben diese Verwandlung des leiblichen Todes ist das Entscheidende. Karl Barth hat deshalb im Unterschied zu jener theologischen Tradition von der kreatürlichen Sterblichkeit des Menschen gesprochen, das Prädikat der Unsterblichkeit, also Ewigkeit (ebenso wie im Neuen Testament: 1. Tim. 6,16) Gott vorbehalten und in der verschiedenen Stellung zu dieser schöpfungsmäßigen Begrenztheit unseres Daseins eine besondere Weise des Unterschieds zwischen sündigem Hader gegen und freudigem Einverständnis mit Gottes Willen gesehen (z. B. Kirchl. Dogmatik, III/2, 766f; III/4, 675–683). Der »natürliche Tod«, theologisch gesehen, ist also unsere geschöpflich-zeitliche Begrenztheit, von uns im Glauben gerne bejaht. Im Unterschied der beiden theologischen Positionen reflektiert sich sowohl die zum Wesen menschlicher Existenz gehörende Zeitlichkeit, also Natürlichkeit des menschlichen Sterbens, als auch die »Widernatürlichkeit«, der Widerspruch zwischen wahrem Leben und faktischem Leben in der Entfremdungsgesellschaft, – oder umgekehrt: in der marxistischen Rede vom »natürlichen Tod« reflektiert sich die Ahnung von der »Unnatürlichkeit« und Erlösungsbedürftigkeit auch des menschlichen Sterbens.

Freude oder Resignation entscheidet nicht der gesellschaftliche Zustand, sondern die Kraft des Sinnes, den wir vernehmen. Wenn also Werner *Fuchs*[50] den »archaischen Todesbildern«, die dem Tod als Eingriff übernatürlicher Macht oder als Übergang in eine übernatürliche Seinsweise die Vorstellung vom »natürlichen Tod« als biologisch verursachtes Ende der Individualexistenz, wie es einzig der heutigen Wissenschaft entspreche, entgegenstellt, so hat er mit seiner Entlarvung der Ausnützung jenes »archaischen« Bildes durch die Herrschenden und der Projektion sozialer Ängste und Beschädigungen in die Todesvorstellung allerdings recht. Aber die gesellschaftskritische Wahrheit wird auch von ihm wie von Bebel ergänzt durch die Vorstellung, wenn alle »nicht-natürlichen« Todesursachen ausgeräumt seien und die Gesellschaft eine befriedigende innerzeitliche Lebenserfüllung anbiete, sei dem »natürlichen Tod« aller Widerspruchscharakter genommen. Solche Vision eines künftigen gesellschaftlichen Jenseits dürfte dem Illusionsverdikt, das von dieser Seite über andere Jenseitshoffnung so unbesehen gefällt wird, wahrhaftig nicht weniger ausgesetzt sein. Macht sich dichterische Phantasie an die Ausmalung von Gesellschaft, in der unsere heutigen Widerwärtigkeiten überwunden und mit der gelungenen Naturbeherrschung auch freundliche Methoden des Sterbens gefunden sind, dann entsteht gerade hier der Verdacht, es könnte damit der Mensch um ein Leiden am Sterben betrogen sein, das ihm für die Verwirklichung seines Menschseins unentbehrlich ist, weil hier die Dialektik von Widerspruch und Einverständnis in eine banale Mühelosigkeit aufgelöst wird. Man vergleiche dafür die Darstellung der Sterbemethoden in den Zukunftsromanen von *Huxley* (»Brave new World«) und *Werfel* (»Stern der Ungeborenen«)!

Gesellschaftliche Veränderung allein kann die Wunde nicht schließen, kann mit der Beseitigung aller »nicht-natürlichen« Todesursachen uns den Tod nicht zu einem »natürlichen« machen, oder vielmehr nur zu einem allzunatürlichen. Denn der Tod ist ja gerade nicht, wie der junge *Marx*, *Hegel* nachsprechend, schrieb, »der harte Sieg der Gattung über das Individuum«[51], sondern der harte Sieg der Natur über das Individuum und schließlich auch über die Gat-

---

[50] W. Fuchs, Todesbilder in der modernen Gesellschaft, 1969.
[51] K. Marx, Frühschriften, hg. von E. Landshut, 239; vgl. Hegel, Jubil.-Ausg., 8, 433: »Im Tode erweist sich die Gattung als die Macht über das unmittelbar Einzelne.«

Exkurs über das Todesproblem im Marxismus

tung. Und wenn der Mensch in einer veränderten Gesellschaft seinen Reichtum nicht mehr im Besitz von Gütern und Herrschaft findet, sondern in den Mitmenschen selbst, so ist es eine vollkommene Illusion, zu meinen, weil er dies als sein wahres Glück erkenne, werde ihm dadurch das eigene Sterben und das Sterben anderer leichter erträglich werden, da doch alle Erfahrung uns lehrt, daß Glück nicht entfernt uns »lebenssatt« macht, wie es die Bibel von Abraham und Hiob berichtet (1. Mos. 25,8: Abraham starb »im schönen Alter, alt und lebenssatt«; Hiob 42,17), sondern den Schmerz der Trennung aufs äußerste verschärft. Was »lebenssatt« macht beim »natürlichen Tode«, ist nicht der Reichtum des Lebens, sondern die Abnahme der Lebenskraft im Alter mit allen damit zusammenhängenden Leiden, und eben das haben wir ja vor allem vor Augen, nicht so sehr das Hingerafftwerden durch »nicht-natürliche« Todesursachen, nicht das von der Hingabe an eine sinngebende Größe (eine Idee, ein Kollektiv, ein geliebter Mensch) übernommene Sterben, von Emotion und Opferbewußtsein getragen, meist vorher kaum erblickt und bedacht, – das schleichende Sterben in Krankheit und Alter, das im langsamen Heranrücken ins Auge gefaßte, das beschwerliche, durch Entstellungen erniedrigende, das soviel denken läßt und zugleich das Denken mehr und mehr schwächt, bei dessen Annäherung alles gewichtlos wird, was unserem Leben Gewicht zu geben versprach, – dieses Sterben ist es, das, ob es uns selbst oder andere trifft, die Todesfrage zur Sinnfrage verschärft, eben der »natürliche Tod«. Von ihm sagt *Platon* im »Timaios«, er sei schmerzlos und eher mit Freude als mit Leiden verbunden. Leo *Schestow* aber hat recht mit seinem Einspruch:

> »Wer selbst lernen, nicht aber andere belehren will, dem erschien der Tod stets als etwas im höchsten Grade unnatürliches, als etwas unnatürliches kat exochen, und wird ihm stets als solches erscheinen... Der Tod ist immer furchtbar. Warum ist man eigentlich der Ansicht, der Tod sei im Alter natürlicher als in der Jugend? Wenn dem Wort ›natürlich‹ überhaupt irgendein Sinn zukommt, ... so wäre es viel natürlicher (denn so pflegt es ja meist zu sein), durch Krankheit oder eine andere ›zufällige‹ Ursache zu sterben, als im Alter und schmerzlos... So ist der Tod, trotz Plato, das Unnatürlichste, Geheimnisvollste und Rätselhafteste von allem, was rings um uns geschieht.«[52]

Unmöglich kann dies abgeschlossen werden, ohne Ernst *Bloch* zu erwähnen. Er hat sich wie kein anderer Denker im marxistischen Bereiche dem Todesproblem gestellt als dem letzten Widerstand

---

[52] L. Schestow, Auf Hiobs Wage, 1929, 350f.

gegen das Heimatlich-Werden der Welt. Außer dem Tode, sagt er, ist »kein Feind... zentraler, keiner so unausweichlich postiert, keine Gewißheit in dem durchaus ungewissen Leben und seinen Zweckbildungen ist mit der des Todes auch nur vergleichbar«[53]. »Die Kiefer des Todes zermalmen alles, und der Schlund der Verwesung frißt jede Teleologie, der Tod ist der große Spediteur der organischen Welt, aber zu ihrer Katastrophe.«[54] So wenig ist er bereit, sich damit abzufinden, so wenig ist er zu jenem seit Ludwig *Feuerbach*[55] im Marxismus empfohlenen Sich-Begnügen bereit, daß

---

[53] E. Bloch, Prinzip Hoffnung II, 1301.
[54] Ebd.
[55] Durchgehend ist Feuerbachs Meinung in seiner Hauptperiode, daß der Mensch zum »Kandidaten des Diesseits«, der er werden soll, werden kann, indem er sich die überstiegenen Wünsche abgewöhnt, und darunter vor allem den Wunsch, den Tod zu überleben, welcher Wunsch für ihn der eigentliche Quellort von Religion ist, in der es weniger um Gott selbst als vielmehr um Unsterblichkeit geht: »Wenn der Mensch nicht stürbe, wenn er ewig lebte, wenn also kein Tod wäre, so wäre auch keine Religion... Nur das Grab des Menschen... ist die Geburtsstätte der Götter« (Das Wesen der Religion, Kröner-Ausg. 37f, 316ff). Statt dieses Interesses an sich selbst muß dem Einzelmenschen die Gattung wichtig werden, welche ihm der einzige Ort seines Fortlebens ist. Genügsamkeit im Wünschen und Hingabe an das Wohl der Menschheit, – das sind die Forderungen, mit denen Feuerbach seinen Lesern die Todesangst und das über den Tod hinausreichende Hoffen austreiben will, und wieder sieht man die ausgetriebene Illusion zur Hintertür als naiven moralischen Illusionismus hereinkommen, wenn er die Kandidaten des Diesseits mit wirklichkeitsabgewandtem Gesichte verherrlicht (Das Wesen des Christentums, 1843², 254): »Wer daher in dem Bewußtsein der Gattung als einer Wahrheit lebt, der hält sein Sein für andere, sein öffentliches gemeinnütziges Sein für *das* Sein, welches eins ist mit dem Sein *seines* Wesens, für sein unsterbliches Sein. Er lebt mit ganzer Seele, mit ganzem Herzen für die Menschheit. Wie könnte er eine besondere Existenz für sich noch im Rückhalt haben, wie sich von der Menschheit scheiden? Wie im Tode verleugnen, was er im Leben bekräftigte? Nec sibi sed toti genitum se credere mundo (glauben, daß man nicht sich selber, sondern der ganzen Welt geboren sei).« Daß der Blick auf den Himmel die Erde entleere, ist dabei die fixe Idee bei ihm wie bei seinen Nachfolgern: »Wo das himmlische Leben eine Wahrheit, ist das irdische eine Lüge« (Das Wesen des Christentums, 1843², 239), und schon 1839: »Der Glaube an ein himmlisches Leben entmenscht den Menschen und ist daher der wahre Vernichtungsglaube« (Über Philosophie und Christentum, Sämtl. Werke VII, 89). – Schon Feuerbach nimmt die Vorstellung vom »natürlichen Tode« zu Hilfe: »In Wahrheit wünscht sich der Mensch nur keinen frühzeitigen, keinen gewaltsamen, keinen schrecklichen Tod... Nur der unnatürliche, der unglückliche Todesfall, der Tod des Kindes, des Jünglings, des Mannes in seiner vollen Manneskraft empört uns gegen den Tod und erzeugt den Wunsch eines neuen Lebens«, aber das seien ja nur »abnorme Fälle« (Das Wesen der Religion, 331f). – Wie sehr das offizielle marxistische Denken in dieser Bahn verharrt, zeigt Branko Bosnjaks Buch »Philosophie und Christentum« (Filozofija i Křsćanstvo, 1966, nur serbisch; Rezension in: Praxis, Zagreb, 2/1967, 292ff).

Exkurs über das Todesproblem im Marxismus

er es schon früher, im »Geist der Utopie«, sogar mit der Seelenwanderung versucht hat[56]. Das »Prinzip Hoffnung« endet noch mit einem zuversichtlichen Ausblick auf eine im Laufe des Fortschritts der Naturbeherrschung sich ergebende Überwindbarkeit des Todes, die seitherigen Arbeiten sind zurückhaltender, und der Schlußteil von »Atheismus im Christentum« (1968) ist ein ergreifendes Ringen mit dem Todesproblem, in immer neuem Ansetzen. Dabei kann genauer Nachprüfung nicht verborgen bleiben, daß Blochs Auskünfte, was die Kernfrage nach einer Teilhabe des einzelnen, des heutigen einzelnen, an der Endvollendung (wenn diese denn, allen noch möglichen Gefahren zum Trotz, real werden sollte) anlangt, dunkel bleiben, – was ihn ehrt, weil es ein Zeichen dafür ist, daß er es sich nicht leicht macht. Zwar wird auch von ihm der einzelne unwirsch angeherrscht, er habe sich gefälligst nicht so wichtig zu nehmen[57], aber Bloch weiß zu gut, daß jedermann allein und auf sich selbst geworfen ist, wenn der Todesruf an sein Ohr dröhnt; der Moralismus, der von ihm fordert, anderes wichtiger zu nehmen, ist nichts als der Egoismus der anderen. So richtet Bloch die Fahne der Hoffnung für den geschichtlichen Weg der Menschheit auf; wie weit aber deren Erfüllung auch die Erfüllung derer sein soll, die an den Rändern dieses Weges vorher verscharrt worden sind, vermag er, so deutlich ihm diese Frage als eine alles andere in Frage stellende vor Augen steht, nicht zu sagen. Noch einmal: daß er nicht mehr zu sagen versucht, als er atheistisch zu sagen vermag, und dennoch die verbleibende Frage nicht wegredet, sondern offen hält, gehört zur Größe und Radikalität seines Denkens, und ebenso, daß er die Legende vom »natürlichen Tod« durchschaut. Denn er weiß wohl: Wenn die gewalttätigen Abkürzungen des Lebens abgeschafft sein werden, dann »bleibt der naturhafte Tod, als der durch keine gesellschaftliche Befreiung berührbare ... nun gerade für die befreite, solidarisch gewordene Menschheit ein spezifisch welthaftes, weltanschauliches Problem. Desto mehr, als nach abgeschaffter Armut und Lebenssorge sich die Todessorge besonders hart erhebt, gleich-

---

[56] E. Bloch, Geist der Utopie 1923², Schlußteil: »Karl Marx, der Tod und die Apokalypse«.
[57] E. Bloch, Atheismus im Christentum, 1968, 330: »Das je einzelne, je nur sich gewärtige Ich darf (!) sich nicht so wichtig nehmen, es stirbt ohnehin mehrmals im Leben.« 335f: »Wobei das Ich, das sich derart wichtig wird, keineswegs immer in dem Maß wichtig ist, wie es sich wichtig nimmt.«

sam ohne das Unterholz übriger, banaler Depressionen. Die Vermittlung mit dem Subjekt der Gesellschaft ist in der klassenlosen gelungen, jedoch das hypothetische Subjekt der Natur, woraus der Tod kommt, liegt auf einem andern Feld, auf einem weiteren als dem des geglückten sozialen Einklangs... Totentanz ist noch am schönsten irdischen Ort. Desto sichtbarer eben, als eine neue Erde im sozialen Anfang betreten sein möchte, als – nicht zuletzt – die Todesverachtung aus der Zeit der heroischen Revolution abgeschlossen ist«[58].

Indem ein dem Sozialismus verpflichtetes Denken an der vorgetriebensten Stelle dies gesteht: »Totentanz ist noch am schönsten Ort«, hält es die Wunde offen. Wo man sie voreilig zu schließen versucht mit Gerede, mit moralischer Forderung, mit kollektivistischer Mißachtung des einzelnen, mit der Fabel vom »natürlichen Tod«, mit der Empfehlung vom genügsamen Sich-Abfinden mit dem biologischen Schicksal, da enthüllt sich, was herauskommt, wenn der Marxismus über sein sozialrevolutionäres Programm hinaus mehr sein will, wenn er mehr sein will als eine »Anleitung zum Handeln« *(Lenin),* wenn er sich als Weltanschauung etabliert und, indem er die Religion und das Christentum ersetzen will, selbst zur Religion sich macht, selbst die Sinnfrage beantworten will: Im offenen Todesproblem trägt er dann den Nihilismus, den er hinter sich gelassen zu haben meint, in sich und hat ihn deshalb, von ihm zersetzt, als seinen überholenden Feind vor sich.

Nietzsches Antwort auf den Nihilismus

»Als Nietzsche vom Tode Gottes erfuhr, begann jedes Ding wie nie vorher nach seinem Sinn zu fragen, jedes Ding und alles, ... und

---

[58] E. Bloch, Prinzip Hoffnung III, 270f. – Alfred Jaeger (Reich ohne Gott. Zur Eschatologie Ernst Blochs, 1969, 164) weist darauf hin, daß Bloch für die Frage nach der Teilhabe des heutigen einzelnen am Endheil Ansätze einer »präsentischen Eschatologie« entwickelt, d. h. eines Anteils, der jetzt schon gegeben ist durch die kritische Wahrheit, in der schon während des »Prozesses« das Ziel ergriffen wird. Aber diese Ansätze sind so schwach wie undeutlich wie ungenügend. Vgl. dazu meine Auseinandersetzung mit Bloch in: Verkündigung und Forschung H. 2/1969, 2–37, und meine Darstellung des Sinn-Problems im Marxismus in meiner Schrift: Die marxistische Religionskritik und der christliche Glaube (Siebenstern-Taschenbücher Nr. 33), bes. 104–112, 144–150.

jedes Ding und alles verlangte von da an nach seiner Neubewertung.« »Von nun an stand der Mensch unter dem schrecklichen Zwang der absoluten Freiheit: er hatte die Wahl, entweder mit der ganzen Schöpferkraft seines eigenen Herrseins seine eigene Welt zu erschaffen oder spirituell zugrunde zu gehen. Denn die Welt, wie sie ist, hat weder Sinn noch Wert. Sinn und Wert muß ihr *gegeben* werden: von Gott oder vom Menschen selbst.«[59] Erich *Hellers* paradoxe Formulierung vom »schrecklichen Zwang absoluter Freiheit« erweist sich an *Nietzsches* Denkweg selber: er läßt auf ihm jede äußere und höhere Autorität ebenso hinter sich wie jedes äußere und höhere Wozu. Keiner ist da, der ihn senden könnte, und kein Wozu ist sichtbar, durch das sich die Mühen des Weges lohnen. Aber wie ein mit einer Sendung Beauftragter geht er dahin, verbietet sich Obdach und Erleichterung, als ob ein herrliches Ziel ihn dafür entschädigen würde. Der Wahrheit gehorsam berichtet er seine Entdeckung, daß es keine Wahrheit gibt, daß alles, was man dafür hält, nur nützliche Lüge sei, erlaubt sich selber aber keine wohltätige Täuschung, der Redlichkeit als letzter Tugend nach dem Sturz aller anderen Werte verpflichtet, ein Asket der Redlichkeit, in nicht geringerer Askese als jene Mönche, deren lebensfeindlicher Askese er so tief mißtraute. Das höhere Gesetz der bisherigen Moral hatte sich ihm, dem freien Geiste, im Stürzen in ein inneres Gesetz verwandelt, das ihn mit unerbittlicher Strenge ins Joch nahm:

»Wer etwas von den Folgen errät, die in jedem tiefen Verdachte liegen, etwas von den Frösten und Ängsten der Vereinsamung, zu denen jede unbedingte Verschiedenheit des Blicks den mit ihr Behafteten verurteilt, wird auch verstehen, wie oft ich zur Erholung von mir, gleichsam zum zeitweiligen Selbstvergessen, irgendwo unterzutreten suchte – in irgendeiner Verehrung oder Feindschaft oder Wissenschaftlichkeit oder Leichtfertigkeit oder Dummheit; aber warum ich, wo ich nicht fand, was ich brauchte, es mir künstlich erzwingen, zurechtfälschen, zurechtdichten mußte (-und was haben Dichter je anderes getan? und wozu wäre alle Kunst in der Welt da?).«[60]

Aus solchen Unterständen wird er rasch weitergetrieben »dem Rauche gleich, der stets nach kältern Himmeln sucht«. »Wer das verlor, was du verlorst, macht nirgends halt«, ob es auch Narrheit ist, nicht zurückzubiegen, Narrheit gewesen ist, aufzubrechen, – er, der freie Geist, ist der Geist, der keine Wahl mehr hat:

---

[59] E. Heller in: Merkur, Dez. 1959, 1112, 1115.
[60] Schlechta I, 437.

Die Krähen schrein
Und ziehen schwirren Flugs zur Stadt:
Bald wird es schnein –
Wohl dem, der jetzt noch Heimat hat.

Nun stehst du starr,
Schaust rückwärts, ach wie lange schon,
Was bist du Narr
Vor Winters in die Welt entflohn?

Die Welt – ein Tor
Zu tausend Wüsten stumm und kalt;
Wer das verlor,
Was du verlorst, macht nirgends halt.

Nun stehst du bleich,
Zur Winter-Wanderschaft verflucht,
Dem Rauche gleich,
Der stets nach kältern Himmel sucht.

Flieg, Vogel, schnarr
Dein Lied im Wüstenvogel-Ton.
Versteck, du Narr,
Dein blutend Herz in Eis und Hohn.

Die Krähen schrein
Und ziehen schwirren Flugs zur Stadt:
Bald wird es schnein –
Weh dem, der keine Heimat hat![61]

Die Sendung geht in Wüsten, – die Lust zieht hinaus aufs Meer; die Oasen und die Inseln sind die Versuchungen des Wahrhaftigen, dem Wahrheit zur Lüge und Lüge zur Wahrheit geworden ist. Die Bilder von Wüste und Meer wechseln ab, konkurrieren, wie die Stimmungen der auferlegten Opferpflicht und der Lust der Unendlichkeit konkurrieren, aber die Unaufhaltsamkeit des aus den Behausungen von Sendung oder/und Lust Hinausgetriebenen ist die gleiche[62].

Nietzsche nennt sich selbst den »ersten vollkommenen Nihilisten Europas«[63], aber ihm, der alle Positionen hinter sich ließ, konnte auch die Negation kein letztes sein. Dabei war ein doppeltes Motiv wirksam: sowohl die Sorge, es möchte auch die Negation zu einer dogmatischen Position – und damit dem Weiterfliegenden zu einem

---

[61] Fr. Nietzsche, Vereinsamt, in: Lyrik des Abendlands, 1948, 514.
[62] »Wahrhaftig – so heiße ich den, der in götterlose Wüsten geht und sein verehrendes Herz zerbrochen hat, ... wo Oasen sind, da sind auch Götterbilder ... erlöst von Göttern und Anbetungen, furchtlos und fürchterlich, groß und einsam: so ist der Wille des Wahrhaftigen« (Ges. Werke VII, 150). – Zum Bild des Meeres vgl. E. Biser, »Gott ist tot«, 1962.
[63] Schlechta III, 634.

Nietzsches Antwort auf den Nihilismus

gewöhnlichen Aufenthalt werden, — wie auch das in vielen Metaphern (»Wüste«, »Kälte«, »Erfrieren« usw.) angedeutete Leiden an der Negation selbst. Überwindung des Nihilismus wird zum Ziel. Wie aber soll sie möglich sein, wenn der Nihilismus selbst gerade die Enthüllung der bisherigen Sinnsuche der Menschheit als einer aussichtslosen ist und insofern das unvermeidliche Ergebnis dieser Suche? Ist der Nihilismus selbst nichts weiter als die Entdeckung der Sinnlosigkeit, weil Aussichtslosigkeit des Verlangens nach einem objektiven Sinn, so ist der entscheidende Schritt zur Überwindung (nicht zur Zurücknahme) dieser Negation die Erkenntnis von der Unnötigkeit eines solchen Sinns. Es wird nun zum »Gradmesser für die erreichte Wahrhaftigkeit«, »wieviel man einer Einlegung und Auslegung vom Sinn überhaupt entraten kann, wie weit man in einer sinnlosen Welt sinnfrei zu leben vermag«[64].

Dieser Schritt geschieht aber bei Nietzsche auf eine zweifache, unterschiedene, nicht harmonisierbare Weise[65]. Beide Weisen sind darin vereint, daß sie den äußersten Nihilismus zur Voraussetzung haben, d. h. die These, daß es nichts außer und über dem Menschen gibt, was ihm seine Wofür-Frage beantwortet und sein Sinnbedürfnis erfüllt. Diese Erkenntnis muß zuerst bejaht werden.

1. Nicht an ihr zugrunde gehen, nicht im Jammer und in der Passivität verwahrlosen wird der, der aus ihr den Aufruf an seinen Willen entnimmt, die Werte, die er nicht mehr von irgendeiner übermenschlichen Autorität gesetzt bekommt, selbst zu setzen, neue Tafeln der Werte zu schreiben, die nur in ihm selber ihren Grund haben, sich selbst zu erkennen als den, der von jeher schon der Grund all dieser scheinbar objektiven Werte, der großen Ideen des Wahren und des Guten und des Schönen, der Ideen Gott und Unsterblichkeit gewesen ist. Die äußerste Selbstbejahung des Willens (im Gegenschlag zu *Schopenhauers* Verneinung des Willens) ist der Wille zur

---

[64] So K. Löwith, Kierkegaard und Nietzsche oder theologische und philosophische Überwindung des Nihilismus, 1933, 16.
[65] Man wird nach den Arbeiten von Karl Schlechta und Erich Podach endgültig mit der Vorstellung eines Nietzscheschen Systems brechen müssen, wie sie doch auch noch Karl Löwiths Buch »Nietzsches Philosophie der ewigen Wiederkehr des Gleichen« (1956) zugrundeliegt. Gerade die Widersprüchlichkeit in Nietzsches »Überwindung« des Nihilismus hindert, ihn zu einem Lehrer zu machen, der auf Schüler aus ist. Seine Bedeutung ist nicht die eines Wegweisers, sondern die eines Zeugen, der einen Leidensweg geht. — Für das Folgende bin ich der S. 84, Anm. 5 erwähnten Vorlesung von W. Müller-Lauter zu Dank verpflichtet.

Macht, der Wille zu sich selbst. Zu ihm ruft Nietzsche auf: Indem der Mensch nicht mehr nach von anderswo her gesetzten Zielen strebt, sondern sich selbst seine Ziele setzt, ist er sich selbst das Ziel; seine Selbstentfaltung ist ihm selbst das höchste Gut, der von ihm selbst gesetzte Sinn in der allgemeinen Sinnlosigkeit.

2. Auch Nietzsches zweite Antwort ist mit einem Aufruf verbunden. Aber dieser Imperativ steht zu ihr selbst im Widerspruch, und damit steht auch die erste Antwort zur zweiten Antwort im Widerspruch. Denn seine zweite Antwort macht jeden Imperativ sinnlos. Es ist seine Lehre von der ewigen Wiederkehr des Gleichen, nach *Löwith* der einheitsstiftende Gedanke seines ganzen Lebens, 1881 zum ersten Mal klar formuliert, am See der Silvaplana, »6000 Fuß jenseits von Mensch und Zeit«, wie Nietzsche darunter schreibt:

»Wie, wenn dir eines Tages oder Nachts ein Dämon in deine einsamste Einsamkeit nachschliche und dir sagte: ›Dieses Leben, wie du es jetzt lebst und gelebt hast, wirst du noch einmal und noch unzählige Male leben müssen; und es wird nichts Neues daran sein, sondern jeder Schmerz und jede Lust und jeder Gedanke und Seufzer und alles unsäglich Kleine und Große deines Lebens muß dir wiederkommen, und alles in derselben Reihe und Folge – und ebenso diese Spinne und dieses Mondlicht zwischen den Bäumen, und ebenso dieser Augenblick und ich selber. Die ewige Sanduhr des Daseins wird immer wieder umgedreht – und du mit ihr, Stäubchen vom Staube!‹ – Würdest du dich nicht niederwerfen und mit den Zähnen knirschen und den Dämon verfluchen, der so redete? Oder hast du einmal einen ungeheuren Augenblick erlebt, wo du ihm antworten würdest: ›Du bist ein Gott, und nie hörte ich Göttlicheres!‹ Wenn jener Gedanke über dich Gewalt bekäme, er würde dich, wie du bist, verwandeln und vielleicht zermalmen; die Frage bei Allem und Jedem: ›Willst du dies noch einmal und noch unzählige Male?‹ würde als das größte Schwergewicht auf deinem Handeln liegen! Oder wie müßtest du dir selber und dem Leben gut werden, um nach nichts mehr zu verlangen als nach dieser letzten ewigen Bestätigung und Besiegelung?«[66]

---

[66] Im vierten Buch der »Fröhlichen Wissenschaft«, Aph. 341, Schlechta II, 202f. – Vgl. Nietzsches Bericht über die Entstehung des Zarathustra: »Die Grundkonzeption des Werks, der Ewige-Wiederkunfts-Gedanke – diese höchste Formel, die überhaupt erreicht werden kann – gehört in den August des Jahres 1881: er ist auf ein Blatt hingeworfen mit der Unterschrift: ›6000 Fuß jenseits von Mensch und Zeit‹. Ich ging an jenem Tage am See von Silvaplana durch die Wälder; bei einem mächtigen pyramidal aufgetürmten Block unweit Surlei machte ich halt. Da kam mir dieser Gedanke« (Schlechta II, 1128). Erste Vorgedanken finden sich schon in »Vom Nutzen und Nachteil der Historie« (Schlechta I, 216, 222). »Im Grunde ja könnte das, was einmal möglich war, sich nur dann zum zweiten Male als möglich einstellen, wenn die Pythagoreer recht hätten, zu glauben, daß bei gleicher Konstellation der himmlischen Körper auch auf Erden das gleiche, und zwar bis aufs einzelne und kleine, sich wiederholen müsse: so daß immer wieder, wenn die Sterne eine gewisse Stellung zueinander haben, ein Stoiker sich mit einem Epikureer verbinden und Caesar ermor-

Nietzsches Antwort auf den Nihilismus

Deutlich ist, wie Nietzsche hier zurückgreift auf vorchristliches Denken vom zyklischen Gang der Geschichte: die Welt geht nicht voran auf ein Ziel hin, sie kommt in immer neuen Wiederholungen immer wieder auf sich selbst zurück. So muß Ewigkeit gedacht werden: Wenn sie nicht als die Ewigkeit Gottes der Welt gegenübersteht, dann kann sie nur die Ewigkeit der weltlichen Zeit selbst sein; wenn der ewige Gott nicht ist, dann muß die Welt ewig sein, und wenn keine Teleologie gedacht werden darf, weil sie sofort die Frage nach dem, der dieses Telos verhängt hat, impliziert, dann muß diese zeitliche Welt als eine ihre Möglichkeiten »ewig wiederkäuende« gedacht werden. Wenn Nietzsche diese Möglichkeiten als immer wiederkehrende ansieht, dann kann man fragen, ob er damit ihre Reihe nicht als eine endliche denkt, wie auf eine Kugel aufgereiht, und was eigentlich dazu zwingt. Die Antwort muß sein: nicht eigentlich ein logischer Grund, es sei denn das Wörtlich-Nehmen des Bildes vom Zyklos. Dahinter steht der Zwang eines Willens[67]: jede Möglichkeit einer Sinngebung von außen her auszuschalten, die Notwendigkeit in ihrer härtesten Form, das Schicksal in seiner extremsten Sinnlosigkeit zu denken, dem ins Gesicht zu sehen – und dann es zu bejahen: »Nie hörte ich Göttlicheres!« – dies also nicht zu bejammern wie *Jean Paul*, nicht für teuflisch zu halten, sondern für göttlich: das ist der Amor fati, zu dem Nietzsche hier aufruft; wer ihn dieser Vision gegenüber aufbringt, »ein Jasagen zur Welt, wie sie ist, ohne Abzug, Ausnahme und Auswahl«[68], der erst ist sich selber und dem

---

den und immer wieder bei einem anderen Stande Kolumbus Amerika entdecken wird. Nur wenn die Erde ihr Theaterstück jedesmal nach dem fünften Akt von neuem anfinge, wenn es feststünde, daß dieselbe Verknotung von Motiven, derselbe *deus ex machina*, dieselbe Katastrophe in bestimmten Zwischenräumen wiederkehrten, dürfte der Mächtige die monumentale Historie in voller ikonischer *Wahrhaftigkeit*, das heißt jedes Faktum in seiner genau geschilderten Eigentümlichkeit und Einzigkeit begehren, wahrscheinlich also nicht eher als bis die Astronomen wieder zu Astrologen geworden sind« (222).
[67] Schlechta II, 161: »*Amor fati:* das sei von nun an meine Liebe! Ich will keinen Krieg gegen das Häßliche führen. Ich will. nicht anklagen, ich will nicht einmal die Ankläger anklagen. *Wegsehen* sei meine einzige Verneinung! Und, alles in allem und großen: ich will irgendwann einmal nur noch ein Ja-sagender sein!«
[68] Schlechta III, 834: »Eine solche *Experimental-Philosophie*, wie ich sie lebe, nimmt versuchsweise selbst die Möglichkeiten des grundsätzlichsten Nihilismus vorweg: ohne daß damit gesagt wäre, daß sie bei einer Negation, beim Nein, bei einem Willen zum Nein stehen bliebe. Sie will vielmehr bis zum Umgekehrten hindurch – bis zu einem *dionysischen Ja-sagen* zur Welt, wie sie ist, ohne Abzug, Ausnahme und Auswahl –, sie will den ewigen Kreislauf – dieselben Dinge, dieselbe Logik und Unlogik der Verknotung.«

Leben »gut«. Denn er wünscht sich nicht ein anderes, sondern sagt Ja zu seiner Wiederkehr.

Das ist nicht so dahingeredet, sondern von einem Menschen gesprochen, der seit Jahren an schmerzhafter Krankheit leidet, in dessen Briefen immer wieder von »unablässigen« und »unerträglichen« Schmerzen und »fürchterlichen Anfällen« die Rede ist. Eben dies alles ist auch mitgemeint unter dem, wozu im Amor fati Ja zu sagen ist, das ganze Leben, wie denn dessen Schatten- und Nachtseite untrennbar zu seiner Gänze gehört. Aber so sehr wir das mit Respekt hören: es ist nicht einzusehen, wie hier ein Imperativ noch möglich sein soll. Nicht nur ist diese ewige Wiederkehr gänzlich gleichgültig dagegen, ob wir sie bejahen oder verneinen, sondern mit ihrer gänzlichen Determiniertheit ist auch unser Ja und Nein, auch der Aufruf zu ihm schon determiniert; für die Freiheit, die dem Imperativ erst Sinn gäbe, ist keine Lücke mehr; die Wiederkehr der Geschichte hat die Geschichte selbst verschlungen. Wo die Frage nach dem Sinn der Geschichte ausgeschlossen oder in das Geschehen der Geschichte hineinverlegt wird, als läge der Sinn im Geschehen als solchem, da geht die Geschichte selbst verloren. Hier geschieht nichts Neues mehr unter der Sonne, und es ist gleich, ob wir von Wiederkehr, also im Bilde der Bewegung, sprechen, oder das Bild, da es nur noch ein Bild ist, fallen lassen und von ewiger Starre sprechen. *Heraklit* ist hier von *Parmenides* aufgesogen – und doch nicht zu parmenideischer Ruhe gekommen.

In Erinnerung an *Jean Paul* aber ist noch etwas anderes zu sagen: Hier wird bejahende Liebe zu einem Bild der Wirklichkeit verlangt, das sich, ohne daß es Nietzsche bewußt ist, deckt mit dem, was das christliche Denken die Hölle nennt[69]. Nietzsche hat es aber vielleicht doch geahnt, als er einmal die Wirkung dieser Lehre mit der mittelalterlichen Höllenvorstellung verglich[70]: wie in der Hölle hoffnungslos sich immer die gleiche Absage an Gottes Liebe wiederholt, und eben dies die Hölle ist, so ist auch diese sich ewig wiederholende Welt eine einzige Absage an Gott. Es ist die Größe Nietzsches, daß er alle anderen Auskünfte als Erweichung der Alternative ansah,

---

[69] Ich verdanke diesen Hinweis dem Aufsatz von K. Kindt, Die Wiederentdeckung der Hölle durch Friedrich Nietzsche, in: Geisteskampf um Christus, 1938, 163ff.
[70] So K. Kindt nach Kröner-Ausg. VI, 17.

Nietzsches Antwort auf den Nihilismus

vor die der Nihilismus stellt, als »verkappte Theologie«[71], und dem Menschen nichts übrig ließ als die Zumutung, auf jeden Trost und jede Hoffnung zu verzichten und den Gedanken für wahr zu halten, in dem die äußerste Zumutung enthalten ist, der also übermenschliche Tapferkeit erfordert. Aber die Frage ist, ob nicht selbst dies, die übermenschliche Tapferkeit, noch eine Beschönigung ist. Das Christentum kennt einen Gedanken, der analog zu sein scheint: die resignatio ad infernum. *Luther* hat ihn sich an dem Verlassenheitswort Jesu am Kreuz (Matth. 27,46 = Ps. 22,2[72]) klargemacht: Jesus bejaht seine Gottverlassenheit; dies ist äußerster Gehorsam und äußerste Liebe zu Gott; nicht um meiner selbst willen, um des willen, was ich von Gott habe, sondern um Gottes willen Gott lieben, auch wenn er in die Hölle verstößt, – Gottes Gerechtigkeit bejahen, auch wenn ich damit meine Verdammnis bejahe. Dies aber geschieht im Aufblick zum Sinn der Hölle über der Hölle, zu Gott, und eben in diesem Aufblick ist die Hölle gewandelt und nicht mehr Hölle. Amor fati als Amor dei – das ist sinnvoller Aufruf; ohne Gott aber ist der Aufruf zum amor fati nicht eine Überwindung der Hölle (des Nihilismus), sondern selber sinnlos, und der Protest dagegen, der Jammer darüber ist eine bessere, deutlichere Erkenntnis der Wirklichkeit. Nietzsche hat den Deus absconditus geahnt inmitten einer theologischen Welt, die von ihm kaum mehr etwas wußte. Aber Luther hat mehr vom deus absconditus gewußt: daß man ihn nur lieben kann vom deus revelatus her, in der durch die Offenbarung erschienenen Einheit des deus absconditus und des deus revelatus, des zornigen und des liebenden Gottes. Ohne diese Offenbarung kann den deus absconditus niemand lieben; der Aufruf dazu geht nicht nur ins Übermenschliche, sondern ist sinnlos.

Nietzsche hat diese Lehre zuerst beschwingt, als höchste und den Tapferen erhebende Erkenntnis vorgetragen, (»Zarathustra«), als »dionysisches Jasagen«, zugleich aber und dann mehr und mehr ihre Entsetzlichkeit empfunden[73].

---

[71] Schlechta I, 260.   [72] Vgl. S. 253ff.
[73] 1881 schreibt er an Peter Gast: »erfüllt von einem neuen Blick, den ich vor allen Menschen voraus habe«, von »Tränen des Jauchzens« (Schlechta III, 1172). 1894 aber erinnert sich Lou Andreas-Salomé: »Unvergeßlich sind mir die Stunden, in denen er ihn (sc. den Gedanken der ewigen Wiederkehr) mir zuerst als ein Geheimnis, als ein Etwas, vor dessen Bewahrheitung und Bestätigung ihm unsagbar graue, anvertraut hat: nur mit leiser Stimme und mit allen Zeichen des tiefsten Entsetzens sprach er davon« (Friedrich Nietzsche in seinen Werken, 1894, 222ff).

Er war ausgezogen gegen die »Hoffnungslosigkeit, die das Christentum gegen alle kommenden Zeiten des irdischen Daseins im Herzen trägt«, als einer, der eine »Gesundheitslehre des Lebens« forderte und eine Erkenntnis, die der »Erhaltung des Lebens« dient; denn »Erkennen, welches das Leben vernichtete, würde sich selbst mit vernichtet haben«[74]. Jetzt endet er im Gegenteil und erkennt mehr und mehr, daß er darin endet. Seine Briefe werden zum Ausdruck der Klage, die er sich mit seiner Lehre verboten hatte. Er ist sein Leben lang nicht von der Auseinandersetzung mit dem Christentum losgekommen; noch in seinen heftigsten Invektionen gegen das Christentum ist zu erkennen, wie sehr er daran gebunden ist. Sein ganzes Denken kann verstanden werden als ein Befragen des Christentums, ob es halte, was es verspricht, – und ob es nicht auch einen Weg in der entgegengesetzten Richtung gebe. Seit Nietzsche hat die Penetranz des Fragens ein hohes Maß erhalten. Ausweichen darf es nicht geben, nur ein Hindurchgehen, – und dann wird sich zeigen, daß es so sein mußte, daß es sich gelohnt hat, sich diesem Blick in den Abgrund nicht zu entziehen. Ihm aber, Nietzsche, der ihn tut, ihm vergeht schließlich aller angemaßte Heroismus, und er schreibt am 2. 7. 1885 an *Overbeck:* »Mir steht mein Leben jetzt in dem Wunsche, daß es mit allen Dingen anders stehen möge, als ich sie begreife, und daß mir jemand meine ›Wahrheit‹ unglaubwürdig mache.« Nicht weniger merk-würdig aber ist jene Zwischenfrage, die er sich einmal in einem Briefe an Peter *Gast* (20. 8. 1880) stellt, nach der Erinnerung an den Verlust der Freundschaft mit Richard Wagner und dem Hinweise auf die »härtesten Opfer, die mein Gang im Leben und Denken von mir verlangt«: »Es scheint mir so töricht, recht haben zu wollen um den Preis von Liebe.«

Fortschritt als Sinngebung

In einem Aphorismus, der mit den früher zitierten Nihilismus-Aphorismen[75] in Zusammenhang steht, erwähnt *Nietzsche,* daß die »bisherige Gewöhnung«, auf ein »von außen« gestelltes Ziel zu schauen, nach dem Zusammenbruch des Glaubens an ein solches Außen dazu führe, daß man nach einer anderen Autorität suche, »welche unbedingt zu reden wüßte und Ziele und Aufgaben befeh-

---

[74] So 1872 in »Vom Nutzen und Nachteil der Historie« (Schlechta I, 260, 282).
[75] Siehe S. 87f.

Fortschritt als Sinngebung

len könnte«. (Man beachte dabei freilich, daß der große Psychologe aus Verachtung zu kurz psychologisiert: er, der so bewegend von der Schwererträglichkeit des Blicks in den Abgrund zu reden wußte, hätte doch bedenken sollen, daß nicht nur »alte Gewöhnung«, sondern mehr noch neue Furcht, Furcht vor dem Abgrund und Flucht vor ihm, zu solchem Ersatz drängen könnten!) Nietzsche nennt als solchen post-religiösen Ersatz die Autorität des Gewissens (die Moral als dogmenfreier Rest der Religion), dann die Vernunft, dann den »sozialen Instinkt« (Prophezeiung dessen, was wir später den »Nihilismus der zweiten Generation« nennen werden) und schließlich »die Historie mit einem immanenten Geist, welche ihr Ziel in sich hat und der man sich überlassen kann«[76]. Dieses Vertrauen zum immanenten Sinn der vorwärts und aufwärts führenden Menschheitsgeschichte war (und ist) eine große Macht, die über die Frage des Nihilismus hinweg trösten kann. Zugrunde liegt die Geschichtsansicht der jüdisch-christlichen Eschatologie: die große, aus der alttestamentlichen Offenbarung erwachsene Hoffnung, daß die Geschichte der Menschheit, ja der ganzen Schöpfung durch ihre gegenwärtige Periode des Leides, der Schuld, der scheinbaren Sinnlosigkeit heimlich hingelenkt wird auf eine Heilung der Welt und eine herrliche, alles Durchgemachte ausgleichende Erfüllung. Die Emanzipation der Aufklärung nimmt diese Hoffnung mit hinüber und gibt sie nun aus als eine der Vernunft immanente und aus dem Gang der Geschichte erweisliche Hoffnung[77]. Als der Geschichte (ver-

---

[76] Schlechta III, 554f.
[77] H. Lüthy, Geschichte und Fortschritt, in: Das Problem des Fortschritts – heute, hg. von R. W. Meyer, 1969, 4f: »Es sind letzten Endes zwei entscheidende Prämissen der modernen Fortschrittsidee, die sie absolut und radikal von allem früheren Verständnis von Mensch, Welt und Geschichte trennen: unsere Vorstellung einer endlosen linearen Erstreckung der historischen Zeitdauer in alle Vergangenheit und Zukunft, die Hegel treffend unsere ›schlechte Unendlichkeit‹ nennt, und die gleichzeitige Übertragung der im Unbewußten unausrottbaren Unsterblichkeitsidee vom individuellen Menschen auf die zoologische Gattung Mensch, mit der wir die Todesgewißheit zwar nicht überwunden, aber intellektuell verdrängt haben.« – Ein guter Überblick ist in W. Weischedels Aufsatz »Sind die Menschen besser geworden? Zur Frage nach dem moralischen Fortschritt des Menschengeschlechts« (ZEE 8, H. 2/1964; jetzt in: Philosophische Grenzgänge, 1967, 80–98) zu finden. Vgl. außerdem insgesamt die oben genannte Züricher Vorlesungsreihe »Das Problem des Fortschritts – heute«; die Kieler Vortragsreihe: Die Idee des Fortschritts, hg. von E. Burck, 1963; W. Zorn, Zur Geschichte des Wortes und Begriffs ›Fortschritt‹, in: Saeculum, 4/1953, 340ff; J. Taubes, Abendländische Eschatologie, 1947, und R. Goll, Der Entwicklungsgedanke und der Evolutionismus, Phil. Diss. Graz 1959.

meintlich) immanent wird sie Garantie dafür, daß der Mensch Gottes nicht bedarf, um den Sinn seines Daseins zu finden: die Geschichte in sich selbst ist ja sinnvoll und gibt dem menschlichen Einzelleben Sinn. Insofern dient die Fortschrittsidee der Emanzipation von einem von außerhalb gesetzten Ziel, wie Nietzsche sie wollte, und verlegte aber doch noch nicht, wie Nietzsche wollte, die Zielsetzung in die Brust des schöpferischen Menschen, sondern ließ den Menschen noch gebunden sein und seinen Sinn empfangen von der übermenschlichen und objektiven Bewegung der Geschichte her.

Karl *Löwith*[78] hat die Stufen der Fortschrittsidee vom 18. Jahrhundert bis zum Marxismus dargestellt und ihre »theologischen Voraussetzungen« zurückverfolgt bis zu *Augustins* »De civitate Dei«. Er spricht – scheinbar paradox – vom »antichristlichen und mithin christlichen Gehalt der modernen Fortschrittsreligion«, sofern sie nämlich ihrem »Ursprung nach christlich« und ihrer »Tendenz nach antichristlich« sei[79]. Das heilsgeschichtliche Denken des Augustin sah die Geschichte in einem linearen Lauf von Gott in der Schöpfung in Gang gesetzt. Den sechs Schöpfungstagen entsprachen sechs Epochen der Geschichte: 1. Adam bis Sintflut, 2. Noah bis Abraham, 3. Abraham bis David, 4. David bis babylonisches Exil, 5. Babylonisches Exil bis Christus, 6. Christus bis Wiederkunft Christi. Daran ist 1. bemerkenswert, daß die übrige vorchristliche Weltgeschichte, soweit sie Augustin bekannt gewesen war, ganz in die alttestamentliche Heilsgeschichte aufgesogen (oder auch: von ihr verdrängt) worden war, – 2. daß diese Geschichte vom Menschen her eine Unheilsgeschichte und nur von Gott her, durch Gottes Eingreifen, eine Heilsgeschichte ist: von der Schöpfung abwärts zur Grundkatastrophe des Sündenfalls, von da zum Gericht, – durch Gottes gnädiges Eingreifen aber Aufhebung dieser Unheilslinie durch Stiftung einer Heilslinie. 3. Diese beiden Linien gehen weiter und führen auf eine letzte Scheidung der Gerechten und Ungerech-

---

[78] K. Löwith, Weltgeschichte und Heilsgeschehen, 1953. Vgl. auch Löwiths Aufsatz: Das Verhängnis des Fortschritts, in: Die Idee des Fortschritts, 17–40 (jetzt in: Vorträge und Abhandlungen. Zur Kritik der christlichen Überlieferung, 1966, 139–155). – Für Ernst Troeltsch (Der Historismus und seine Probleme, 1922, 57) ist der geschichtsphilosophische Begriff des Fortschritts »die Säkularisation der christlichen Eschatologie, der Gedanke eines universalen, von der ganzen Menschheit zu erreichenden Endzieles, aus der Sphäre des Wunders und der Transzendenz in die der natürlichen Erklärung und der Immanenz versetzt«.
[79] K. Löwith, aaO. 63.

Fortschritt als Sinngebung

ten. Diese Scheidung ist sowohl prädestinatianisch gedacht wie auch durch das menschliche Ja oder Nein zu Gott bewirkt. Wie schwierig auch das Freiheitsproblem bei Augustin und für Augustin zu lösen ist, jedenfalls hat weder die göttliche Lenkung der Geschichte noch die Übermacht der göttlichen Gnade bei ihm zur Folge, daß der Mensch nur ein willenloses Rädchen im Getriebe der ihren Weg laufenden Geschichtsmaschine ist, sondern immer zielt der Wille Gottes, wie auf die Durchsetzung seiner Herrschaft über der ganzen Welt, so auch auf den einzelnen Menschen, behaftet ihn bei der Verantwortung für seine Taten und gibt seinem Schicksal ewigen Sinn, sowohl im Gericht wie auch in der Gnade. 4. Zwischen den beiden Adventen Jesu Christi liegt nur *eine* Periode, d. h. alles, was post Christum natum noch geschieht, ergibt keine grundstürzenden Zäsuren mehr; kann der einzelne noch seinen Sinn verfehlen und dem Gericht verfallen, so doch die Geschichte selbst nicht mehr, weil Gott in Christus für ihr positives Ende schon entschieden hat. 5. Unterschieden ist diese Geschichtssicht bei allen neutestamentlichen Wurzeln vom Neuen Testament dadurch, daß für das Neue Testament zwar, wie wir sehen werden, ein positives Licht auf Gottes Willen mit den Menschen fällt, nicht aber ein Licht auf den Geschichtsverlauf, das diesen nun als sinnvoll deuten und also eine Geschichtsphilosophie im Sinn Augustins entwickeln ließe. Nicht die Geschichte bekommt im Neuen Testament einen sinnvollen Verlauf (im Gegenteil, die apokalyptischen Reden Jesu bei den Synoptikern wie die Apokalypse des Johannes kündigen eher zunehmende Verdüsterung und wachsendes Chaos an), sondern der einzelne Mensch, und die Gesamtmenschheit wird in der End-Erfüllung aus der selbstverschuldeten Sinnlosigkeit gerettet. Deshalb gibt es im Neuen Testament auch nicht eine qualitative Unterscheidung der Zeit vor und nach Christus. Nur die Begegnung mit der Verkündigung des Evangeliums qualifiziert einschneidend die Lebenszeit des Menschen und der Völker als Angebot einer neuen Möglichkeit des Lebens.

So ist es also erst die zu einer Gesamtbetrachtung der Geschichte, zu einer Geschichtsphilosophie durch Augustin umgewandelte biblische Eschatologie, die die Voraussetzung für den modernen Fortschrittsgedanken bietet, und die dessen Säkularisierung, d. h. Herauslösung aus dem Glauben an Gott als lenkenden Herrn der Geschichte ermöglicht. Im 18. Jahrhundert treten sich die beiden Linien Augustins noch unversöhnt gegenüber: *Voltaire* hofft, daß in der

Geschichte, ob sie auch »im Ganzen gesehen, ein Haufen von Verbrechen, Dummheiten und Elend ist«, doch die Vernunft immer neue Fortschritte machen wird; *Rousseau* sieht sie dagegen als Verfallsgeschichte, die zum Heil nur durch eine Rückwärtsbewegung zum verlorenen Paradies kommen könnte, – daher sein Gebet in seiner Antwort auf die Preisfrage der Akademie von Dijon »Hat die Erneuerung der Wissenschaften und Künste dazu beigetragen, die Sitten zu veredeln?«: »Allmächtiger Gott, erlöse uns von den Kenntnissen und den unheilvollen Künsten unserer Väter, und gib uns die Unwissenheit, die Unschuld und die Armut zurück, die einzigen Güter, die unser Glück ausmachen können und die wertvoll sind vor Dir!«

Im 18./19. Jahrhundert werden diese beiden Linien versöhnt unter Übergewicht der ersten, der Heilslinie, bei *Lessing, Kant, Herder, Fichte, Hegel, Comte* und im Marxismus, bis zu E. *Bloch* und *Teilhard. Kant* sagt zwar: »Aus so krummem Holze, als woraus der Mensch gemacht ist, kann nichts Gerades gezimmert werden«, »aber die Annäherung zu dieser Idee ist uns auferlegt«, und dies ist eine sinnvolle Aufgabe; denn in der von der Vorsehung gelenkten Geschichte waltet eine »Naturabsicht« auf Vollendung hin, so daß man »diesen widersinnigen Gang menschlicher Dinge« »als die Vollziehung eines verborgenen Planes der Natur ansehen« kann[80]. Die transzendente Lenkung durch einen »weisen Schöpfer« bei Kant wird bei *Hegel* zum immanenten Motor, der als mächtig waltender göttlicher Geist den Geschichtsprozeß vorantreibt auf immer reichere Verwirklichung der Freiheit hin. *Marx* läßt den göttlichen Geist weg und ersetzt ihn durch die immanenten Widersprüche des Seins und der Gesellschaft, die durch ihre Spannung das Geschehen vorantreiben, – aber ebenfalls auf ein vollendetes Reich der Freiheit hin, auf ein Reich Gottes ohne Gott.

Gibt es ein solches Fortschreiten der Gesamtmenschheit auf eine Höhe hin, auf der das, was jetzt negativ und darum sinnwidrig erscheint, überwunden ist, dann kann damit ein Sinn angegeben wer-

---

[80] Vgl. die Darstellung in Weischedels Aufsatz und Kants Darlegung im »Streit der Fakultäten«, 2. Teil (»Erneuerte Frage: Ob das menschliche Geschlecht im beständigen Fortschreiten zum Besseren sei«), aber auch Kants skeptische Bemerkung, der Gedanke eines moralischen Fortschritts der Menschheit sei »bloß eine gutmütige Voraussetzung der Moralisten von Seneca bis Rousseau«, gegen den die Geschichte aller Zeiten »allzu mächtig« spreche (Religion innerhalb der Grenzen der bloßen Vernunft. Kants Werke, hg. von W. Weischedel, 4. Bd. 666f).

Fortschritt als Sinngebung

den für die Kämpfe und Opfer der Gegenwart und des Einzellebens, dann gibt es eine Sinngebung der moralischen Appelle und zugleich eine Tröstung angesichts des Anblicks von soviel Bosheit, Dummheit und Leid, wie sie heute noch eben die Frage nach dem Sinn so schmerzhaft auslösen: Dies alles wird nicht ewig so bleiben, ist nur das Vorübergehende, wird überwunden werden; die Menschheit, der du dich verbunden fühlst, und die du als so geschändet und sich selbst schändend bejammerst, wird noch zu ihrer wahren Gestalt und Würde, zu einem wahrhaft menschlichen Leben kommen, – und du selbst kannst dazu beitragen, indem du dich in der Linie des Fortschritts einsetzt und ja nicht etwa in der des Rückschritts! Diese Tröstung[81] enthält also das Doppelte, was wir für Sinn-Tröstung als erforderlich festgestellt haben: Gabe und Aufgabe, – Gabe der objektiven Sinnhaftigkeit und daraus resultierend subjektiv die Möglichkeit sinnvollen Handelns. Überall, wo der Begriff des Progressiven akzentuiert verwendet wird, schwingt das mit, – gerade heute, wo er im Gegenschlag zum fortschrittsskeptischen Konservatismus und zum nihilistischen Faschismus in linken Gruppen wieder auf die Fahne geschrieben wird, wie er im Osten immer auf der Fahne stand. Das Denken des Sozialismus ist von jeher von ihm beherrscht. Dabei hat Marx die Vorstellung vom Verlauf des Prozesses ernüchtert und vertieft: nicht ein automatisch-geradliniger Aufstieg, wie im liberal bürgerlichen Fortschrittsdenken des 19. Jahrhunderts[82], sondern im dialektischen Widerspruch, im Kampf, mit Rückschlägen, durch Katastrophen hindurch, geschieht die schmerzhafte Geburt des Neuen.

Die entscheidende Frage ist, ob diese Idee leisten kann, was sie soll und verspricht? Tut sie es nicht, so ist ihr Ersatzcharakter am Tage. Die Kritik an ihr bedeutet freilich nicht Bestreitung ihrer Lebenswahrheit, die in ihrem Appell an unsere Verantwortung für

---

[81] Wie wichtig die Funktion der Tröstung ist, zeigt schon Lessings beschwörende Anrufung: »Geh deinen unmerklichen Schritt, ewige Vorsehung! Nur laß mich dieser Unmerklichkeit wegen an dir nicht verzweifeln. – Laß mich an dir nicht verzweifeln, wenn selbst deine Schritte mir scheinen sollten, zurückzugehen! – Es ist nicht wahr, daß die kürzeste Linie immer die gerade ist!« (Erziehung des Menschengeschlechts, § 91).
[82] David Friedrich Strauß schließt sein von Nietzsche so verhöhntes Alterswerk »Der alte und der neue Glaube« (1872) mit dem Ausblick auf die »Weltstraße der Zukunft«, wie er sie in seinem Buche gezeigt zu haben meint, »die nur stellenweise vollends fertig gemacht und hauptsächlich allgemeiner befahren zu werden braucht, um auch bequem und angenehm zu werden«.

unsere Handlungen liegt. Er hält uns die Zukunft als Gericht über unser gegenwärtiges Handeln vor Augen, fordert uns auf, offen für die Zukunft zu sein, unsere Phantasie für die Erkenntnis und Verwirklichung neuer Möglichkeiten einzusetzen und nicht borniert aufs Hergebrachte uns zu beschränken. Was in der Zukunft sich nicht bewährt und für die Zukunft nicht taugt, das lohnt nicht. Aber sie will ja eine noch größere Frage beantworten: nicht nur die Frage nach dem Sinn meiner Handlungen, sondern die Frage nach dem Sinn meiner Person, meines Daseins und meines Lebens.

Die Faszinierung, die von dem Fortschrittsgedanken ausgeht, zeigt sich heute an einem neuen Entwurf, der von christlicher Seite her kommt, und der deshalb vielen als ein Weg zur Überwindung des anti-christlichen Charakters der Fortschrittsidee erscheint: Pierre *Teilhard de Chardin*, – ein Beweis, wie wenig berechtigt, ja wie kurzschlüssig es war, den Fortschrittsgedanken im Namen eines Kulturpessimismus und eines aus den zwei Weltkriegen genährten pessimistischen Krisenbewußtseins als überholt abzutun. Seine Kraft ist die Hoffnung, die Zukunft möge die Leiden und Mühen der Vergangenheit und Gegenwart durch künftige Harmonie lohnen. Diese Hoffnung entsteht und wird genährt durch die biblische Reich-Gottes-Verkündigung. Was diese wirklich sagt, kommt später. Dann erst wird der Grund der kritischen Fragen deutlich, die wir an diese Hoffnungskonzeption stellen, und es wird sichtbar werden, wie die christliche Hoffnung gegenüber diesen gleichen Fragen bestehen kann.

Vorweg sei noch kurz *Teilhard de Chardin* dargestellt, der weiten Wirkung wegen, die er posthum in unseren Tagen hat[83]. Wie kein anderer christlicher Denker der Neuzeit hat er die Fortschrittsidee aus ihrer Säkularisierung zurückzuholen, sie ihrer gegen-christlichen Tendenz zu entbinden und mit der christlichen Hoffnung zu verbinden versucht, und hat deshalb Wissenschaft als Element innerhalb der von Glauben und Wissen gleichmäßig getragenen Fortschrittsperspektive verstanden und getrieben. Darum konnte er von dieser Perspektive sich die Einigung von Christen und Nichtchristen

---

[83] Vgl. jetzt S. M. Daecke, Teilhard de Chardin und die evang. Theologie, 1967; über Teilhards Gedanken zum Fortschrittsproblem kann man sich durch seine Aufsätze im 5. Band der deutschen Ausgabe seiner Werke (Die Zukunft des Menschen, 1963) unterrichten.

Fortschritt als Sinngebung

zum gemeinsamen Menschheitswerk versprechen, wie er es großartig und drängend 1941 von Peking aus in seinem Appell »zur Sammlung der gespaltenen Menschheit im Begriff des Fortschritts und im Glauben an den Fortschritt« getan hat. Im Dienste dieser Bemühung schafft er erstens eine in der Tradition der katholischen Theologie bisher unbekannte Unvoreingenommenheit gegenüber der naturwissenschaftlichen Evolutionstheorie und sucht zweitens über die heutige schiedlich-friedliche Trennung von Glauben und Wissen eine neue Synthese, ohne in die frühere Bevormundung des Wissens durch die Kirche zurückzubiegen.

Teilhards Zukunftsperspektive ist eine ungeheure Extrapolation der Entwicklungstheorie im Dienste der Sinngebung: Der Satz »natura non facit saltus« (Die Natur macht keine Sprünge) wird verbunden mit der These, daß die Entwicklung der Natur vom Anorganischen bis zum Geistwesen Mensch in der Vergangenheit schließen läßt auf eine ebensolche Weiter- und Aufwärtsentwicklung in der Zukunft. In diese Perspektive bringt er nun den christlichen Schöpfungsglauben und die christliche Vollendungshoffnung in der Weise ein, als er von ihr die Angabe des Zieles und die Begründung der Unaufhaltsamkeit, also der Zuversicht bezieht: Das Ziel der ganzen Entwicklung ist ein freilich noch Jahrmillionen entfernter Punkt (Omega), an dem die Vereinigung Gottes mit seiner Schöpfung in Christus sich voll ausgewirkt haben wird durch eine gänzliche Durchdringung alles Seins mit dem göttlichen Pleroma (Fülle), und dies bedeutet zugleich höchste Vervollkommnung der Menschheit. Unaufhaltsam ist diese Entwicklung, sofern die Schöpferkraft Gottes dafür garantiert, daß sie weder beim heute erreichten Grad stehen bleibt noch wieder verfällt, sondern – obwohl durch Katastrophen gehend – zum positiven Ziele kommt. Sinngebend für alles Vorhergehende ist sie, sofern die Vollendung nicht unabhängig ist von unserem persönlichen Einsatz: durch unsere Anstrengung arbeiten wir mit, zunächst an der Vollendung unserer Seele, die nicht einfach etwas von Geburt an Fertiges ist, sondern von uns gebildet wird während der ganzen Dauer unseres Lebens, dann aber, durch diese Selbstvollendung hindurch, an der Vollendung des Ganzen. »Durch jedes unserer Werke arbeiten wir mit, atomhaft, aber wirklich, das Pleroma der Erfüllung der Zeit aufzubauen, d. h. Christus ein wenig zur Vollendung zu bringen.« Und: »Gott ist der letzte Punkt, auf den alle Wirklichkeiten zusammenlaufen. Jedes Element der Welt, was es auch sein mag, besteht jetzt und hier gleichsam in der Form eines Kegels, dessen Mantellinien am Ende ihrer einzelnen Vervollkommnung und am Ende der allgemeinen Vervollkommnung der Welt, in der sie sich befinden, sich in Gott als dem gemeinsamen Anziehungspunkt verknüpfen.«[84] Der letzte Regent der Entwicklung ist also nicht der Zufall (*Darwin;* Genetik: Mutationen), sondern das Ziel (also hegelisch zu denken). Wir können heute schon sehen, wohin die Fahrt geht, – und zwar durch Verbindung der wissenschaftlichen Evolutionstheorie mit der Inkarnation Gottes in Christus, wie der christliche Glaube sie lehrt; dann geht die Entwicklung von Anfang an, vom ersten Uratom an hin auf den Menschen, und dann nicht mehr über den Menschen hinaus, aber auf die Vollendung des Menschen in seiner Endvereinigung mit Gott, also im Verhältnis zum heutigen Menschen zu einem »Übermenschen« = der durchgöttlichten Menschheit. Die Sinnlosigkeit droht nicht mehr, weil das Mißlingen nicht mehr droht, und weil auch der Widerspruch zwischen Gott und Mensch (die Sünde), dessen Überwindung doch das Zentralthema des christlichen Glaubens ist, für Teilhard nur eine relativ geringfügige Störung bedeutet, der er wenig Aufmerksamkeit widmet.

Allerdings, das Katastrophenbewußtsein, das im Marxismus auf dem Wege von *Marx* zu *Lenin* so zunimmt, und das in *Blochs* immer neuer Erinnerung an die noch offene Alternative des Ausgangs sich ausdrückt, es ist auch bei Teilhard vorhanden. Er sieht früher als andere die rapide Akzeleration der Fortschrittsphänomene voraus, der technischen Verwertung der Forschung, infolgedessen der explosiven Bevölkerungszunahme und des Vernichtungspotentials, und fragt 1941, »wie dieser Fortschritt seine jetzige Geschwindigkeit noch lange halten kann, ohne daß das Leben in sich selbst zerbirst, oder die Erde bersten läßt, auf der es geboren ist«[85]. Eben dagegen soll nun alles eingesetzt werden, gerade auch christliche Glaubens- und Liebeskraft, aber nicht mehr im kräftezersplitternden Gegensatz zu einer Wissenschaft, die sich selbst für atheistisch hält, ohne es doch in Wahrheit zu sein, da ihr Wirken doch ein Element in der kosmischen Evolution ist, deren Tendenz niemand besser als der Christ anzugeben weiß, weil das christliche Dogma von

---

[84] P. Teilhard de Chardin, Le milieu divin, 1957, 136f.
[85] P. Teilhard de Chardin, Die Zukunft des Menschen. Werke V, 1963, 99.

Fortschritt als Sinngebung 131

Schöpfung, Inkarnation, Auferstehung und Endreich nichts anderes als ihre Aufdeckung ist. Zur Einheit allerdings ist auch hier die wissenschaftliche Evolutionsperspektive und die christliche Hoffnungsperspektive keineswegs gebracht. Scheinbeweise, ungerechtfertigte Extrapolierungen, Symbolisierungen und Analogien überdecken die Differenz. Die Hoffnung behält auch hier ihren Glaubenscharakter. Ihr ein wissenschaftliches Fundament zu geben, ist auf Teilhards synthetische Weise, die den Glauben in eine Gnosis verwandelt, so wenig gelungen wie im Fortschrittsdenken des 19. Jahrhunderts oder in E. *Blochs* spekulativer Ontologie des Noch-nicht-Seins. Es dürfte besser sein, sich dieses Glaubenscharakters der Hoffnung nicht zu schämen: »Der Mensch ist nicht dazu erschaffen, die Wege der Geschichte zu ›kennen‹; ihm ist einzig erlaubt, an sie zu glauben.«[86] Freilich verlangt Hoffnung nach einem Grund, aber Wissenschaft kann ihn nicht liefern.

Als sie meinte, ihn liefern zu können, sprach sie etwa so:

»Wenn man sich mit den großen geschichtlichen Perioden näher befaßt, dann sieht man ganz klar, wie die Rolle des Irrtums und der Bosheit in dem Maße abnimmt, als man sich in der Geschichte nach vorne bewegt. Die menschliche Gesellschaft wird immer gesitteter und, wenn ich es zu sagen wagen darf, immer tugendhafter. Die Summe des Guten ist immer mehr in der Zunahme begriffen in dem Maß, als sich die Summe der Wahrheit vermehrt und die Unwissenheit in der Menschheit abnimmt. So drängt sich einem der Begriff des Fortschritts als ein Ergebnis der geschichtlichen Studien von hinten her gesehen auf.«[87]

Was hat sich davon bewährt? Von den äußeren Übeln des menschlichen Lebens, von denen John Stuart *Mill* gesagt hat, der größte Teil von ihnen bestehe aus vermeidbaren, ist in den entwickelten Industrienationen eine große Anzahl abgebaut worden. Der Gedanke des Rechtes jedes Individuums auf Leben und Selbstentfaltung setzt sich planetarisch als revolutionäre Kraft durch und unterhöhlt archaische Sozialordnungen mit ihrer religiösen Kastenideologie. Kriege, Seuchen, Hungersnöte, Armut sind nicht mehr bleibende Malzeichen der Menschheitsgeschichte. Die gleiche wissenschaftlich-technische Zivilisation, die die Menschheit mehr und mehr

---
[86] E. Rosenstock-Huessy, Des Christen Zukunft oder Wir überholen die Moderne, 1965, 129.
[87] Der Chemiker Marcelin Berthelot (1827–1907) in seinem Buche »Wissenschaft und Philosophie«, 1886, zit. in: G. Gusdorf, Wissenschaft und Glaube im 20. Jahrhundert, 1958, 32.

einheitlich bestimmt, macht durch ihre unerhörte materielle Produktivität diese Massenübel abschaffbar, heute schon unnötig, und die durch sie geschaffene Möglichkeit verpflichtet, sie zur Wirklichkeit zu machen, gegen die entstehenden Interessen, die am alten Elend festhalten, zu kämpfen. Der Sozialismus steht auf der Tagesordnung der Menschheit, und die nächsten Jahrzehnte werden vom Kampf um ihn erfüllt sein. Darin hat *Marx*, die Möglichkeiten der entwickelten industriellen Produktion deutlicher als die meisten neben ihm vorhersehend, richtig gesehen, ebenso allerdings in seiner Vorhersage der Kämpfe, die zur Realisierung unvermeidlich sein werden, wie sehr seine Theorie auch in Einzelheiten überholt sein mag. Die Geschichte ist zwar nicht automatisch jener Weg zur Freiheit, als den *Hegel* sie beschrieben hat, sie ist aber als Weg der Produktionsentwicklung der Weg zur Möglichkeit von Freiheit. Sie ist das in einem materialistisch genau angebbaren Sinne: als Entwicklung der menschlichen Produktivkräfte, der Verfügungsgewalt über die Natur. Die Marx-Engelssche Formel vom Übergang vom Reiche der Notwendigkeit zum Reiche der Freiheit bedeutet: Gewinnung materiellen Reichtums macht der Menschheit überflüssig, was vorher unvermeidlich oder schwer vermeidlich gewesen ist: den Konkurrenzkampf um den großen Kuchen, der doch bisher zu klein war, um alle gleichmäßig satt zu machen, die Privilegierung derer mit dem größeren Anteil gegen die schlechter Wegkommenden. Der Sinn von Herrschaft als Sicherung dieser Privilegierung fällt nun weg; bisher vom Konkurrenzkampf legitimiert, verliert sie nun ihre Notwendigkeit und kann, wie *Lenin* in »Staat und Revolution« ausführt, durch Kompetenzen für Organisation und Verwaltung ersetzt werden. Wer ermißt, wie sehr unser ganzes Denken bisher, in jeder Hinsicht, auch ethisch und religiös, von Erfahrung und Notwendigkeiten der Mangelgeschichte geprägt war, erkennt, daß diese uns bevorstehende, heute schon mögliche Veränderung in ihrer Bedeutung für unser äußeres *und* inneres Leben kaum hoch genug eingeschätzt werden kann. Dieses Überflüssigwerden von früher schwer vermeidlichen brutalen Weisen der individuellen und kollektiven Selbstbehauptung, dieses Nicht-mehr-zu-ihnen-Gedrängtwerden und damit der Wegfall ihrer Legitimierung, für die bisher Philosophen und Theologen soviel Gedanken aufgewendet haben, ist der eigentliche Fortschritt, den die fortschrittsgläubigen Sozialisten der Neuzeit deutlicher sahen als ihre durch ihre pessimistische An-

Fortschritt als Sinngebung

thropologie *dafür* kurzsichtigen theologischen Gegner mit ihrer konservativen Tendenz. Diese hätten statt dessen von ihrem Glauben her dankbar sein sollen für solchen zunehmenden Reichtum neuer Möglichkeiten, für solche Befreiung von bisherigen entstellenden Notwendigkeiten, und ihre Ethik hätte eine Ethik des Dankes und der Verantwortung für den wissenschaftlichen-technischen Fortschritt sein sollen[88].

Denn allerdings, Verantwortung erhöht sich mit dem Wachsen der Möglichkeiten. Es sind nicht mehr als Möglichkeiten; sie bewirken Freiheit nicht automatisch. Ob Freiheit, nun möglich geworden, auch Wirklichkeit wird, hängt noch von anderen Faktoren, hängt in großem Maße von den Entscheidungen der Menschen ab. Und damit von einem Unsicherheitsfaktor, der alles noch offenhält. Aber immerhin: der Pessimismus, der sich dieser Unsicherheit bedient, um mit Berufung auf die immer gleichbleibende Schlechtigkeit der Menschen den Blick nach vorne und die Arbeit für den Fortschritt zu lähmen, ist Theologie im Dienste der bremsklötzigen Interessen, und das auch in dem, womit er vielleicht Recht hat. Zuerst soll das gelten, was heute dran ist: Übel können verschwinden in früher nie geahntem Maße; materielles Glück kann sich ausbreiten; knechtende Ordnungen, Selbstbehauptungsmethoden und Moralen der bisherigen Mangelgeschichte können überflüssig werden, zusammen mit all den Herrschaften, die sich durch sie bisher legitimierten. Das Elend in zwei Dritteln der heutigen Welt, das noch vorhandene Elend im restlichen Drittel, die Verwechslung von Glück mit Konsumidiotie, die Militär- und Fabriksklaverei samt allen mit all dem verbundenen Entstellungen der Menschen sind heute schon überflüssig: das ist Ergebnis bisherigen Fortschritts und Aufforderung, für das Fazit daraus, also für weiteren Fortschritt zu arbeiten.

Erst wenn das nicht mehr, rückschrittlicher Interessen halber, weggelogen wird, erst wenn solcher Fortschritt entschieden bejaht wird, und zwar vor allem im Interesse derer, die heute noch nicht an ihm teilhaben (denn gering geschätzt, pessimistisch herabgesetzt wird er meist nur von denen, die ihn behaglich genießen: Kulturpessimisten an gedeckter Tafel, die Hungernde und Sklaven belehren, wie wenig mit materiellem Glück getan sei), – erst dann darf in

---

[88] Darüber ausführlicher in meinen »Thesen zur Anthropologie des Friedens«, in: Festschrift für W. Künneth, 1970

den Wein das Wasser der Ernüchterung gegossen werden, die Wahrheitsmomente an der Kritik des Fortschrittsglaubens, die Dialektik des Fortschritts.

Eine ständige Erfahrung steht entgegen, immer schon gemacht, wirksam nun erst recht im Zeitalter messianischer Fortschrittshoffnung: Wir beteiligen uns an einer Bemühung, die der Änderung der Verhältnisse dienen soll, wir geben all unsere Kraft dafür und schlagen unser Leben dafür in die Schanze. Dann aber fraß die Revolution ihre Kinder oder entläßt sie – aber wie! Die Geschichte der Revolutionen ist eine Geschichte der Enttäuschung der Revolutionäre. Was herauskommt, gleicht dem Traum nicht oder nur von ferne – oder ist sein Gegenteil[89].

Im besten Falle ist einiges besser geworden, und doch ist nichts besser geworden, nicht in der Perspektive des Fortschritts, nicht als ein relatives Näherrücken ans absolute Ziel. Die Menschen sind anders geworden, der Sowjetmensch anders als der gedrückte Muschik der Zarenzeit, sie sind freier, selbstbewußter geworden, gewiß, und das ist nicht zu verachten; aber sind sie vorangekommen, aufs Ziel

---

[89] Eindringliche Überlegungen über die innere Situation des in Zweifel und Enttäuschung geratenen Revolutionärs hat Nikolai J. Bucharin angestellt; sie sind einzigartig als letzte Worte eines zum Tode Verurteilten, und freilich, was ihre politische Seite anlangt, vermutlich nicht wörtlich zu nehmen. In seinem großen Schlußwort in dem ihn betreffenden Akt der Stalinschen Säuberungsprozesse sagte er am 13. 3. 1938, man denke im Ausland bei den aufsehenerregenden Geständnissen in diesen Prozessen vielfach, es handle sich um Dostojewskijsche Naturen. Solche aber seien in der heutigen Sowjetunion selbst in den entlegensten Winkeln nicht mehr zu finden. Bei ihm jedenfalls liege der Grund zu seinem Geständnis einmal in der Wandlung »von bestimmten Formen des Kommunismus zu eigenartigen neuen Formen des Faschismus. Dieser innere Prozeß ging Hand in Hand mit dem Kampf um die Macht« (Bucharin spricht hier von der antistalinschen Opposition; es kann aber vermutet werden, daß er damit in ironischer Umkehr Stalin charakterisieren wollte). Der andere Grund liege in der Haft: »Drei Monate habe ich standhaft geleugnet, dann habe ich angefangen auszusagen. Die lange Zeit der Untersuchungshaft, immer zwischen Leben und Tod, läßt in einem die Frage aufkommen, einen anderen Maßstab an alles Geschehen anzulegen, als wenn man wirklich im Leben stünde. Ich fragte mich oft, ob wohl der Prozeß für mich mit dem Tode enden würde, und fragte mich dann, wofür ich sterbe, warum, wozu. Das absolute Nichts steht vor einem. Keine Idee, kein Zweck, für den man sterben könnte, ohne Reue zu zeigen; alles was um einen vorgeht, macht das Sterben entsetzlich schwer, ja zwingt zur Reue und zu Geständnissen« (zit. nach dem Bericht von H. Poerzgen, in: Frankfurter Zeitung, 14. 3. 1938; die ganze Schlußrede Bucharins ist abgedruckt in: Th. Pirker, Die Moskauer Schauprozesse 1936–1938, dtv Nr. 146, 1963, 226–241.

Fortschritt als Sinngebung

hin? Sind sie glücklicher? Sie sind vielleicht zufriedener – Meinungsumfragen bestätigen das für die Wohlstandsnationen in überraschendem Maße, – aber sind sie glücklicher? Glücklichsein hängt von Glücksfähigkeit ab, – sind sie glücksfähiger? Sind sie gemeinschaftlicher, liebefähiger, freudiger, freier sich selbst gegenüber? Besser situiert, aber noch ebensoviel Kanaille. Konfliktsituationen nicht besser gewachsen als früher. Bewegungen, die gut anfingen, verkommen – ins Spießige oder in kleinen oder großen Bonapartismus. Heuchelei, Nichts-gönnen-Können, Antipathien grassieren wie bisher. Wir zerstören weiter uns selbst und die anderen – Kinder werden vernünftiger erzogen, aber es wird nichts Vernünftigeres aus ihnen. Alle Sünden der Väter werden wiederholt, keine ausgelassen.

Wenn es wahr ist, daß der Mensch von Natur ein dem Menschen feindseliges Wesen ist (A. *Mitscherlich*), dann ist das verständlich. Dies ist die moderne Fassung der Erbsündenlehre. Erziehung, Verhältnisse, sie können das Verhalten etwas bessern, zivilisieren, aber nur beschränkt, nur in Milderung der Aktionsformen, die Mordgesinnung ist verdeckt, kann stets wieder durchbrechen. Auschwitz und alles, wofür dieser Name steht, hat vorher niemand für möglich gehalten, aber es war möglich, es geschieht weiter, es wird weiter möglich sein. Verhältnisse und Erziehung können Hemmungen verstärken, – eine Decke von Hemmungen über dem Chaos der Aggressionen, dick genug, um Fortschritt vorzutäuschen, zu dünn, um ständig kleine und große Durchbrüche zu verhindern.

Der Mensch – das Wesen, das sich selbst zerstört. Das nicht glücklich sein kann. Das sich nicht selbst erlösen kann. Das steht als Erfahrung gegen den Glauben an ein revolutionäres und evolutionäres Näherrücken ans Ziel einer heilen Welt, einer heimatlichen Gesellschaft. Es hat sich nichts geändert, nichts seit der Steinzeit, wir erkennen uns durch alle Zeiten hindurch durchaus wieder. Fortschritt der Menschheit – die Metapher soll die Vorstellung einer breiten Marschkolonne erwecken, die sich einem Ziel nähert, also ein einheitliches Subjekt, eine einheitliche Massenbewegung, eine übereinstimmende Wertskala, räumlich symbolisiert. Aber stimmt irgend etwas davon? Oswald *Spenglers* »Kulturmorphologie« und die ordinäre Rassenlehre waren extreme Leugnungen eines einheitlichen Menschheitssubjektes; aber wenn es auch gemeinsame Menschheitserfahrungen gibt, geschichtlich bewahrt in wissenschaftlicher Reflexion, welche »die Emanzipationsschwellen der Gattungsgeschichte erinnert«, »in den Produktivkräften sich akkumulierende Verfügungsgewalt über Naturprozesse«[90], und also heute den Sog der vom Abendland ausgehenden wissenschaftlich-technischen Zivilisation, der alle Völker ergreift und zur technischen Menschheit vereinigt, – ist das schon die endgültige, die bleibende Vereinigung zum Gattungssubjekt? Kann das nicht wieder auseinanderbrechen? Wird Asien, Afrika nicht innerhalb dieser Vereinigung heute asiatischer, afrikanischer? Die Rassenkämpfe, denen wir erst noch entgegengehen, – was werden sie vom gerade erst sich andeutenden Gattungssubjekt übrig lassen?

Für die geschichtliche Bewegung selbst ist natürlich immer zugestanden worden, daß sie nicht als das geschlossene Vorrücken einer Kolonne verstanden werden darf. Es gibt Rückschläge, Verluste, Einbrüche, Unterschiede zwischen Avantgarden, die noch dazu wechseln, mal da, mal dort (*Hegels* weltgeschichtliche Völker), und den Fußkranken und Mitgeschleppten. Nur wenn man aufs Ganze sieht, entsteht der Eindruck gemeinsamer Bewegung. Aber muß er entstehen? Kann der Historiker solche geschichtsphilosophische Schau verifizieren? Wird er aus dem Gang der geschichtlichen Bewegung eine auf die Einheit und auf das Fortschreiten der Menschheit zielende Prognose gewinnen können? Reicht die prognostische Möglichkeit über einen Zeitraum hinaus, der im Verhältnis zur gesamten Menschheitsgeschichte doch nur sehr beschränkt ist? Auf wie lange wird *diese* Bewegung des Fortschreitens im Sinne der wissenschaftlich-technischen Zivilisation andauern? Und wohin wird sie – nicht ihren Möglichkeiten nach, sondern in Wirklichkeit – führen?

Denn dieses Fortschreiten ist in einem mehrfachen Sinne ambivalent. Daß die zunehmende Naturbeherrschung zugleich Zunahme der Möglichkeiten von Menschenvernichtung und von Beherrschung der Menschen durch Menschen ist, ist ständig diskutiertes Problem der Gegenwart. Die entsetzlichen Herrschaftschancen industrieller Totalstaaten haben Hitler und Stalin – und das nur anfangsweise! – uns vor Augen geführt; die entsetzlichen Vernichtungschancen zeigen uns die heute schon vorhandenen A-B-C-»Waffen«. Können

---

[90] J. Habermas, Erkenntnis und Interesse, 1968, 31,75. Ich zitiere gerade ihn, weil für die Kritische Theorie der Frankfurter Schule die Hegel-Feuerbach-Marxsche Vorstellung von der Menschheit als Gattungssubjekt ihrer Bewegung konstitutiv ist.

wenigstens die Krankheitsübel beseitigt werden? Die sich ausbreitenden Zivilisationskrankheiten stimmen skeptisch, ebenso die Warnungen der Genetiker vor Verschlechterung des menschlichen Erbgutes durch Wegfall bisheriger natürlicher Auslese, – wobei der Trost einiger Genetiker, genetische Wissenschaft werde dies wettmachen können durch Eingriffe in das Vererbungssystem und Züchtung einer gesunden Menschheit, eher Befürchtung über die inhumanen Konsequenzen solcher Züchtungsvisionen erweckt[91]. Wie wird die Erde, unsere alte Mutter, samt ihren Landschaften die Bevölkerungsexplosion überstehen? Wird sie eine für Menschen heimatlich bewohnbare sein, – für Menschen, die ohne das Glückserlebnis der Naturschönheit und des Umgangs mit Pflanzen und Tieren neuen Mangel an Stelle des überwundenen früheren erleiden werden? Ausrottung ungezählter Tierarten, Verwüstung von weiten Landschaften ist heute schon bitterer Preis des Fortschritts, ebenso – und zu wenig ermessen – Einbuße an Fähigkeiten, die dem »primitiven« Menschen in seinem unmittelbaren Naturzusammenhang eigen gewesen sind, Fähigkeiten des Schmeckens und Fühlens, der seelischen Schau und des übersinnlichen Erahnens, die unverträglich sind mit unserem objektivierenden, auf Beherrschung gerichteten Umgang mit der Natur. Wer Herr wird, gewinnt nicht nur, sondern verliert, – diese Erkenntnis, von *Hegel* in der »Phänomenologie des Geistes« auf das Verhältnis von Herr und Knecht angewendet, gilt auch für das Verhältnis von Mensch und Natur: auch hier schafft Herrschaft Entfremdung, die sich am Herrscher rächt. Der Gewinn neuer Möglichkeiten muß bezahlt werden mit dem Verlust anderer, und eben diese Einsicht, daß alles bezahlt werden muß, hindert die unbesehene Rühmung des Fortschritts; dies mindestens ist wahr an der kulturpessimistischen These von Erwin *Reisner,* die Entwicklung des Menschengeschlechts und der Fortgang seiner Geschichte bestehe in Wirklichkeit in der fortschreitenden Abnahme seines menschlichen Reichtums, zugunsten der hypertrophen Entfaltung einer einzelnen, das Übrige zerstörenden Fähigkeit, der des rationalen Denkens[92].

---

[91] Vgl. dazu Fr. Wagner (Hg.) Menschenzüchtung, Das Problem der genetischen Manipulierung des Menschen, 1969 (darin besonders W. Kütemeyer, Wissenschaft, Methode und Mensch, von der Medizin aus gesehen, 113-134); G. R. Taylor, Die biologische Zeitbombe, 1969.
[92] Bes. in: Die Geschichte als Sündenfall und Weg zum Gericht, 1930; diese geschichtstheologische These steht aber auch hinter den späteren Arbeiten Reisners.

Ist es denn schon ausgemacht, daß wir nicht – während wir noch mit E. *Bloch* konstatieren, es sei noch nicht ausgemacht, *ob* die Geschichte in der Erfüllung oder im Mißlingen der Barbarei ende, – schon mitten in der unaufhaltsam progredierenden Barbarei uns befinden? Bedarf es der rousseauanischen Romantik eines sentimentalen Zivilisationsmüden, um ernsthaft zu fragen, inwiefern denn nun eigentlich ein wahrer Fortschritt sich vollzogen habe, etwa von den Bovoros-Indianern, die Claude *Lévi-Strauß*[93] beschrieben hat als einen Stamm von hoher Moral, ausgebildeter Metaphysik, empfindlicher Kultur, zu ihren Mördern, den brasilianischen Beamten, Grundbesitzern und Bodenspekulanten, von denen sie in den letzten zwei Jahrzehnten ausgerottet worden sind, – und welcher Fortschritt für sie? Was für *Marx* und *Engels,* wenn sie sich über Primitiv-Kulturen und hinterwäldlerische Gesellschaften äußerten, noch ohne Träne dem Fortschritt geopfert werden konnte, ist für uns heute eher geeignet, ihn tief fragwürdig zu machen. Als die europäischen Völker und vor allem ihre Oberschichten das Christentum ergriffen, haben sie es so verändert, daß alle Reformationsbewegungen nicht mehr dagegen aufkamen; sie haben aus dem Christentum das für die übrige Menschheit unerträgliche und mörderische Selbstbewußtsein und Sendungsbewußtsein der weißen Rasse gewonnen und zugleich die Möglichkeit eines rational-technischen Weltverhältnisses, das nun als Verhängnis die ganze Menschheit in sich aufsaugt und alle Fähigkeiten abtötet, die sich mit ihm nicht vertragen. Inquisition, Hexenverbrennung, Judenverfolgungen, Indianermord (dieser in ununterbrochener Folge vom 16. bis zum 20. Jahrhundert[94]), Abknallen der Australneger, Kolonialgreuel, und als Geschenk dafür immer mehr Slums in der weißen wie in der dritten Welt und Aushöhlung des Lebens mitten im Wohlstand, – all das hat die Menschheit zwar immer schon gekannt, aber die letzten 500

---

[93] Cl. Lévi-Strauß, Das wilde Denken, 1968.
[94] Im Blick auf das Inkareich und andere Völkermorde der Geschichte ist es ein hohler Optimismus, mit dem denen, denen das Überleben gelingt, der Fortschrittsorden verliehen wird, wenn populäre Fortschrittsapologeten argumentieren: »Die Fortschrittstheorie behauptet nicht, daß irgendein Volk ewig lebe und sich immer vervollkommne, sondern daß die Kultur dies tue. Sobald ein Volk seine Kulturmission erfüllt hat, tritt es von der Weltbühne ab, übergibt aber anderen, lebensfrischen Völkern seine Kulturschätze« (F. Müller-Lyer, Der Sinn des Lebens und die Wissenschaft, 1910, 263), – übrigens ein Beispiel für die Europazentrik der Fortschrittstheorie: ist sie mehr als ein Selbstlob des »weißen Mannes«?

Jahre haben das, statt es abnehmen zu lassen, gesteigert; dazu sind die Kriege grauenhafter geworden denn je, und das amerikanische Verbrechen des Vietnamkrieges hat bewiesen, daß wirksame Hemmungen nicht bestehen, daß die herrschenden Gruppen schlechthin zu jeder Bestialität imstande sind[95]. Ein kenntnisreicher Mann wie der bedeutende Harvard-Anthropologe Earnest *Hooton* (gest. 1954) war der Meinung, der Mensch habe vor 30 000 Jahren den Gipfel seiner Reife erreicht, seitdem keine physische Verbesserung mehr erfahren und sei besonders in den letzten 6–8000 Jahren in absteigender Entwicklung begriffen: »Spielzeug und Maschinen verbessern sich ständig, nicht der Mensch, der im Gegenteil immer unzulänglicher wird.«[96] Wenn Fr. Engels noch zuversichtlich glaubte, wir seien noch auf dem aufsteigenden Ast, – sind wir sicher, daß die Nacht der Barbarei nicht längst begonnen hat und aller vermeintliche Fortschritt nur Fortschritt der Verfallsgeschichte ist? Das Neue Testament in seinen apokalyptischen Teilen (Mark. 13; Matth. 24; Offenbarung des Johannes) sah unter solch negativem Vorzeichen das Fortschreiten der Geschichte, freilich noch nicht ahnend, daß Christentum, von der menschlichen Barbarei in die Hand genommen und zum Herrschaftsinstrument pervertiert, dabei ein benütztes Element sein werde. Der neutestamentlichen Apokalyptik ging es aber (was E. Bloch, der verdienstlicherweise ihre Bedeutung besser hervorhebt als viele Theologen, freilich verkannt hat) nicht darum, die Geschichte als Menschwerdung durch progredierenden Aufstieg nach oben zu beschreiben; ihr Problem war, wie Menschen menschlich bleiben könnten trotz und inmitten progredierenden Abstiegs[97]. Jene neute-

---

[95] Th. W. Adorno, Minima Moralia, 452: »Aber mag es selbst schon immer so gewesen sein, obwohl doch weder Timur noch Dschingis Khan noch die indische Kolonialverwaltung plangemäß Millionen von Menschen mit Gas die Lungen zerreißen ließen, so offenbart doch die Ewigkeit des Entsetzens sich daran, daß jede seiner neuen Formen die älteren überbietet. Was überdauert, ist kein invariantes Quantum von Leid, sondern dessen Fortschritt zur Hölle. Das ist der Sinn der Rede vom Anwachsen der Antagonismen.«
[96] FAZ, 11. 5. 1954.
[97] »Erheben wird sich Volk wider Volk und Reich wider Reich; es werden da und dort Erdbeben kommen, es werden Hungersnöte kommen... Und ein Bruder wird den andern zum Tode überliefern und ein Vater das Kind, und Kinder werden gegen ihre Eltern auftreten und sie zum Tode bringen« (Mark. 13,8,12). »Weil die Gesetzesverachtung überhandnimmt, wird die Liebe in vielen erkalten« (Matth. 24,12). »Menschen werden den Geist aufgeben vor Furcht und Erwartung der Dinge, die über den Erdkreis kommen werden« (Luk. 21,26). »Die übrigen Menschen, die nicht getötet wurden, kehrten nicht um von den Werken ihrer

stamentlichen Autoren blickten freilich dennoch voll Hoffnung nach vorne, sie hofften aber nicht auf das unaufhaltsame Voranschreiten der Menschheit, sondern auf das unaufhaltsame Näherrücken der göttlichen Rettung. Wer sich getragen weiß von der Latenz-Tendenz des universalen Seins und die Menschheit bei guten Kräften weiß, mit dieser Tendenz nach vorne erfolgreich zu kooperieren, der kann ungehindert atheistisch schwärmen. Die Jünger Jesu bekamen durch Golgatha die Augen für den Abgrund der Geschichte so geöffnet, daß sie ihn überall wiedererkannten. Sie wissen sich nun nicht mehr in Konformität mit einer humanisierenden Tendenz, sondern im Widerstand gegen den enthumanisierenden Trend. In diesem Widerstand verfliegt ihnen die atheistische Illusion, daß das Menschen-Notwendige auch das Menschen-Mögliche sei; inmitten von Barbarisierung und Selbstzerstörung bedarf es übernatürlichen Beistandes, um natürlich zu bleiben.

Ob die Tendenz mehr auf Barbarisierung als auf Humanisierung gehe, – nur die Fage ist hier gestellt, nicht pessimistisch ein Gesetz behauptet. Aber auszuweichen ist nicht, und nur als Frage kann sie gestellt werden, – aber schon als solche ist sie stark genug, alles selbstverständliche Reden vom Fortschritt, unter der Suggestion der bloßen Zeit, es müsse das Spätere, weil auf dem Früheren aufbauend, zwangsläufig auch das Bessere sein, unterminierend.

Jedenfalls nicht im Glücklichsein seien wir fortgeschritten, meinte vor 60 Jahren Eduard *von* Hartmann unter dem Einfluß Schopenhauers, der – dem Prediger Salomo ähnlich – dem Fortschrittsgedanken feind war und in der Geschichte nur eine zufällige Konfiguration und eine beharrliche Wiederholung derselben Dinge unter jeweils anderen Namen erblicken konnte[98]. Der Fortschritt zur Individualisierung, von dem wir früher sprachen[99], ist ein Fortschritt zu größerer Empfindungs-, also Leidensfähigkeit.

»Man irrt sich, wenn man in der Philosophie Trost und Hoffnung zu finden wähnt; zu solchen Zwecken gibt es Andachts- und Erbauungsbücher... Es wächst sowohl das Elend als auch das Bewußtsein des Elendes, wie die Erfahrung zeigt,

---

Hände, ... und sie kehrten nicht um von ihren Mordtaten, von ihren Zaubereien, von ihrer Unzucht und von ihren Diebereien... Sie machten sich alle ein Malzeichen auf ihre rechte Hand oder auf ihre Stirne, so daß niemand kaufen oder verkaufen kann als nur der, der das Malzeichen hat« (Offb. 9,20f; 13,16f).
[98] A. Schopenhauer, Die Welt als Wille und Vorstellung, Ergänzungen zum 3. Buch, Kap. 38.
[99] Siehe S. 102.

Fortschritt als Sinngebung

und die vielfach behauptete Erhöhung des Glückes der Welt durch die Fortschritte der Welt beruht auf einem ganz oberflächlichen Schein... Wie das Leiden der Welt gewachsen ist mit der Entwickelung der Organisation von der Urzelle an bis zur Entstehung des Menschen... Nicht jedoch das goldene Zeitalter liegt vor uns, sondern das eiserne, und die Träumereien von dem goldenen Zeitalter der Zukunft erweisen sich als noch viel nichtiger wie die von dem der Vergangenheit. Wie die Last dem Träger um so schwerer wird, einen je weiteren Weg er sie trägt, so wird auch das Leiden der Menschheit und das Bewußtsein ihres Elends wachsen und wachsen bis ins Unerträgliche.«[100]

Mit dem moralischen Fortschritt, den wir durch *Berthelot* rühmen hörten[101], steht es nicht besser. Auf ihn käme es entscheidend an. »Das Einige, woran mir gelegen sein kann«, sagt *Fichte* in der »Bestimmung des Menschen« (3. Buch), »ist der Fortgang der Vernunft und Sittlichkeit im Reiche der vernünftigen Wesen; und zwar lediglich um seiner selbst, um des Fortganges willen.« Sollte damit eine Zunahme, ein Sich-Durchsetzen sittlichen Handelns mit dem Ergebnis einer schließlich durchgehend versittlichten Menschheit gemeint sein, so ist solche Hoffnung nur demjenigen möglich, der jedes unsittliche Handeln auf das Konto der Verhältnisse setzt. Wie groß deren Konto ist, kann soziologischem, insbesondere marxistischem Denken nicht bestritten werden. *Lenin* setzt seine Hoffnung auf die Gewöhnung (in »Staat und Revolution«), die, nachdem die Verhältnisse selbst, gründlich verändert, keinen Druck zu unsittlichem, also den anderen Menschen schädigendem Handeln mehr ausüben, alte Verhaltensweisen überwinden und gemeinschaftliches Verhalten zum natürlichen Habitus machen werden. Dann aber ist mit der Möglichkeit zur Schuld auch die Freiheit abgestorben. Der automatisch sittlich handelnde Mensch, der nicht mehr die Spannung zwischen seinem Eigentrieb und dem Anspruch des Nächsten und der Gemeinschaft je erst überwinden muß, ist zur Ameise geworden, nicht zu besserem Menschsein vorgestoßen[102]. Wir werden zu unterscheiden haben zwischen einem Fortschritt der Gesittung und einem Fortschritt der Sittlichkeit[103]. Können im ersteren sich Geschichts-

---

[100] E. v. Hartmann, Philosophie des Unbewußten (1869) 5. Aufl., 3. Kap.: Das dritte Stadium der Illusion, 732ff, 756.
[101] Siehe S. 131.
[102] Vgl. meine in Anm. 58 genannte Abhandlung über marxistische Religionskritik, 103.
[103] Leopold von Ranke: »In der Sittlichkeit kann ein Fortschritt nicht angenommen werden; denn die Sittlichkeit ist zu eng mit der Persönlichkeit verbunden. In der Humanität aber ist ein Fortschritt wahrnehmbar, d. h. ein Volk betrinkt sich jetzt weniger als früher, es prügelt sich weniger usw. Daß aber in jedem

perioden unterscheiden und wird er mit guten Gründen erhofft von einem Übergang aus der kapitalistischen, täglich neu in den Egoismus des Konkurrenzkampfes drängenden Gesellschaft zur sozialistischen, so ist er doch weder mit dem letzteren zu verwechseln noch ein dauerhaftes Gut. Die sittliche Entscheidung ist nicht vererbbar, nicht Ergebnis gesellschaftlicher Veränderungen. Diese sind nicht Ursache unserer Entscheidungen, sondern Bedingungen für ihre Verwirklichung; sie können begünstigen, aber sie können nicht garantieren.

Das Fazit ist vorerst ein doppeltes:

1. Der »Doppelcharakter des Fortschritts«[104]: diesem so immanent, daß er nicht nur bei jedem einzelnen Fortschritt mitbedacht werden muß, sondern eine grundsätzliche Frage an die Hoffnung auf einen zur heilen Welt führenden Gesamtfortschritt bedeutet. Zwar ist (nur als Frage war ja oben, S. 136ff, die Erwägung, ob wir uns in fortschreitender Barbarisierung unter dem Anschein von Zivilisierung befinden, angestellt worden!) nicht ausgemacht, ob es ein »Fortschritt zur Hölle« ist; aber ebensowenig ist ausgemacht, ob die Ambivalenz des Fortschritts überhaupt überwindbar ist, was doch die Voraussetzung für die Möglichkeit der *Bloch*schen »Alternative zwischen absolutem Nichts und absolutem Alles«[105] wäre. Ist sie nicht überwindbar, so hat der Fortschritt nicht ein mögliches positives Ziel, sondern ist nichts anderes als dauernder Kampf um das Erringen seiner positiven Aspekte, das Bestehen seiner ihn begleitenden Gefahren und das Verwinden der von ihm verursachten Einbußen. –

Immer wieder brechen die Jungen auf, die suchen Fortschritt über die Systeme der Alten hinaus. Dann erfahren sie Rückschläge, Enttäuschung und Ernüchte-

---

folgenden Jahrhundert eine größere Anzahl von sittlich höher potenzierten Menschen existiere, läßt sich nicht annehmen« (Die Epochen der neueren Geschichte, 1917, 143f; vgl. die ersten beiden Vorträge über »Wie der Begriff Fortschritt in der Geschichte aufzufassen sei«).
[104] Th. W. Adorno, Minima Moralia, 276: »Der Doppelcharakter des Fortschritts, der stets zugleich das Potential der Freiheit und die Wirklichkeit der Unterdrückung entwickelte, hat es mit sich gebracht, daß die Völker immer vollständiger der Naturbeherrschung und gesellschaftlichen Organisation eingeordnet wurden, daß sie aber zugleich vermöge des Zwanges, den Kultur ihnen antat, unfähig wurden, das zu verstehen, womit Kultur über solche Integration hinausging.«
[105] Z. B. in: Atheismus im Christentum, 327.

Fortschritt als Sinngebung 143

rung; schließlich sind sie selbst die Alten, die mißbilligend bitter, ohne Verständnis die Jungen undankbar und treulos aus dem Gehäuse ins Abenteuer des Neuen ausziehen sehen. Kann man hoffen, daß solche immer wieder im Schicksal des Veraltens versackenden Aufbrüche das Rad der Geschichte doch wenigstens zu kleinen Fortschritten bewegen, die addiert dann den großen Fortschritt ergeben? Aber der Sinn dieser Bewegungen dürfte nicht durch solche sehr zweifelhafte Addition zu gewinnen sein. Liegt er nicht schon (und genügend) darin, daß eben dies der einzig sinnvolle Lebensvollzug einer jungen Generation ist: nur indem sie es unternimmt, die Dinge besser zu machen als ihre Väter, kann sie ihr Leben gewinnen. Mehr als sich auf den Weg machen zur Verbesserung, kann sie nicht; das Ziel wird sie sicher nicht erreichen; das Erlahmen wird auch ihr Teil sein. Ob wenigstens die Richtung des Weges die richtige war, wird sich erst herausstellen. Aber alles Risiko darf sie nicht furchtsam, alle negative Erfahrung der Früheren darf sie nicht skeptisch machen; sie muß aufbrechen zum Bessermachen, sonst entgeht ihr das eigene Leben. Darin, nicht aber in jener Addition liegt der Sinn revolutionärer Generationsbrüche.

2. Die eine Vorstellung der Einheitlichkeit suggerierende Rede von »dem« Fortschritt wird am besten ganz aufgegeben zugunsten einer pluralischen Rede. Wo singularisch geredet wird, ist dann jeweils anzugeben, um welchen Einzelfortschritt, der dann doch immer nur innerhalb der Dialektik des gesamten Fortschreitens der Geschichte steht, es sich handelt. *Rosenstock-Huessy,* der in diesem Sinne zwischen Fortschritt als Singulare tantum und Fortschritten als Plurale tantum unterscheidet, sagt mit Recht, daß ein Abgrund zwischen dem Singular und dem Plural dieses Begriffs liegt[106]. Freilich, daraus ergibt sich eine Enthüllung des Fortschrittsglaubens als eines illusionären Glaubens, ein Ersatz der als Illusion abgetanen christlichen Hoffnung durch eine veritable Illusion. Das Fazit ist einerseits der skeptische Satz *Nestroys,* den Ludwig *Wittgenstein* als Motto vor seine »Philosophischen Untersuchungen« setzt: »Überhaupt hat der Fortschritt an sich, daß er viel größer anschaut, als er *ist«,* andererseits die bloß moralische und dennoch genug gehaltreiche Maxime: *Es kommt darauf an, für den Fortschritt zu kämpfen, ohne aber an ihn zu glauben.* Denn: »Wer es nicht der Mühe wert findet, bessere Zeiten herbeizuführen, der ist auch nicht gut genug für bessere Zeiten« (Jeremias *Gotthelf).*

»Glauben« bedeutet hier: im Fortschritt Sinn und damit Trost des Lebens zu finden, auf ihn als auf die Sinngebung unseres Lebens zu bauen. Wie wenig der Fortschrittsgedanke das leisten kann, wird

---
[106] E. Rosenstock-Huessy, Des Christen Zukunft, 95–99, 117–130: »Fortschritt christlich oder modern?« Vgl. auch E. Jüngels Vortrag »Der Schritt des Glaubens im Rhythmus der Welt« in der in Anm. 77 genannten Züricher Vorlesungsreihe.

klar, wenn wir, ohne weiter die Möglichkeit »des« Fortschritts in Frage zu stellen, ja sie sogar hypothetisch unterstellend, noch einige Fragen stellen, die die sinngebende Funktion dieser Idee betreffen[107].

1. Was durch diese Idee getröstet wird, ist nicht mehr als die Frage nach dem Sinn meiner Leistungen: sie, die mich soviel Mühe, Entsagung und Opfer gekostet haben, sollen nicht mit mir vergehen, sondern weiter wirken als mein Beitrag zum Vorwärtskommen der Menschheit. Der Segen dieser Sinngebung trifft meine Handlungen, unter ihnen meine besten Hervorbringungen, mit denen ich mich identifizieren kann, – also das, was von mir verwertbar ist, loslösbar von meiner Person: worin ich nützlich geworden bin. Wir sind aber schon mißtrauisch geworden gegen die Gleichsetzung von Sinn und Nutzen. Der Trost läßt viele Fragen offen: Bin ich in dem, worin ich nützlich war, nicht ersetzbar? Andere machen es ebenso gut oder besser. Und was ist mit meinen Irrtümern, d. h. mit denjenigen Handlungen, die ich guten Glaubens tat, heute aber, besser belehrt, bereue, mit denen ich mich also nicht mehr identifizieren, die ich aber auch nicht ungeschehen machen kann? Die in den Naziverbrecher-Prozessen ständig uns erinnerte Situation von 1945 ist doch deutlich genug: das für die falsche Sache geopferte Leben – was ist mit ihm? Und was ist mit meinen schwachen Stunden? Was mit den Perioden, in denen ich durch Krankheit, Alter ausgeschaltet bin vom Leisten? Wie vermag dieser Trost noch zu sprechen, wenn im Rückblick dem Alternden das, was er zu tun vermocht hat, immer kleiner, immer unzulänglicher erscheint, und es zu spät ist, Besseres hervorzubringen? Wie soll der Neid vertrieben werden, mit dem eben unter dem Druck dieser Idee auf die geschaut wird, die der Menschheit nützlicher sein konnten? Und was ist mit den Menschen, die keine Chance gehabt haben, Leistungen aufzuweisen, den Schwachsinnigen, Mongoloiden usw? Der Fortschrittsgedanke ist al-

---

[107] Zur theologischen Kritik des Fortschrittsglaubens vgl. M. Kähler, Der Menschheit Fortschritt und des Menschen Ewigkeit, in: Dogmatische Zeitfragen I, 1898, 16–45; H. E. Weber, Historisch-kritische Schriftforschung und Bibelglaube, 1914², 239–249: das Fortschrittsprinzip als Lösung des Sinn-Problems und der christliche Glaube; außerdem P. Althaus, Die letzten Dinge, 1926³, 121ff; K. Barth, Kirchliche Dogmatik IV/1, 565; P. Tillich, Systematische Theologie III, 1965, 380f, 402f; H. Böhmer, Der Zusammenbruch der modernen Apokalyptik, in: Ges. Aufsätze, 1927, 225–259; G. C. van Niftrik, Menschheit im Fortschritt, 1969.

Fortschritt als Sinngebung

so mit Leistungsgerechtigkeit unlöslich verbunden, mit all ihrer Unbarmherzigkeit, ihrer aristokratischen Tendenz und ihrer Trostlosigkeit, da ja die hier angebotene Rechtfertigung meiner Existenz gerade dann versagt, wenn sie am nötigsten wäre: wenn nicht nur die Vergänglichkeit unserer Leistungen uns anficht, sondern ihre Unzulänglichkeit, der Irrweg und die Schuld.

2. Liegt der Sinn unseres Lebens in unserem Beitrag zu dem Weg der Menschheit hin auf ihr Ziel, so fordert diese Tröstung von mir, wenn sie mir helfen soll, noch ganz besondere Leistungen: die Leistung des Glaubens, daß es zu einer solchen Geschichtsperiode wirklich kommen wird, die in der Lage sein wird, durch ihre Fülle sinngebend zurückzustrahlen auf alle vorigen Perioden. Dieser Glaube – oder besser gesagt, diese Hoffnung ist aber eine willkürliche Leistung, wenn sie weder hervorgerufen wird durch eine hoffnungweckende Verheißung, der man trauen kann, noch bewirkt durch wissenschaftliche Beobachtung der Geschichte; sie ist dann ein reines Postulat. Das Verlangen nach dem Sinn der Geschichte wird reduziert auf den Sinn meiner Leistungen, und es wird befriedigt durch ein Postulat, das sich als Erkenntnis gebärdet.

Ich muß mich in gänzlicher Hingabe der Menschheit als ganzer widmend, sie, wie *Pascal* in den »Pensées« einmal sagt, wie einen einheitlichen Gesamtmenschen ansehen, der durch die Geschichte geht, zunehmend reifer wird und schließlich zu seiner Erfüllung kommt[108]; als seinen Teil mich ansehend, muß mir seine Erfüllung auch für mich genug sein. Der Anstrengung zu diesem Selbstvergessen zugunsten des Ganzen steht aber entgegen, daß mir dieses Ganze nicht wirklich sichtbar ist, daß es eine gedankliche Konstruktion ist, – noch dazu eine, die mich zum Ganzen in das gleiche Verhältnis ordnet, in dem in der Pflanzen- und Tierwelt das Individuum zur Art und ihrer Erhaltung steht, also in die Vergleichgültigkeit des einzelnen gegenüber dem Ganzen, wodurch die Besonderheit menschlicher Individualität, das Personsein des Menschen nicht ernstgenommen werden kann. Eben dieses Personsein ist der Grund, weshalb der Trost vom Ganzen her gerade dann versagen muß, wenn die Person durch Leiden, Schuld und Tod unausweichlich auf ihre Individualität geworfen ist. Daß das Ganze

---

[108] Später wird dann einer der großen Verkünder der Idee, Auguste Comte, die Menschheit das »große Wesen« nennen, in dem wir alle nur Teile sind.

mehr wert sei als das einzelne, ist ein Axiom, das beim Menschen versagt. Wie soll der Mehrwert des Ganzen überwindend ins Feld geführt werden, wenn ein Mensch mit *Dostojewskij* fragt:

»Die Natur verkündet mir durch meine Erkenntnis irgendeine Harmonie des Ganzen. Die menschliche Erkenntnis hat aus dieser Verkündigung Religionen gemacht. Sie sagt mir, daß ich – obschon ich genau weiß, daß ich an der Harmonie des Ganzen nicht mitwirken kann und auch niemals mitwirken werde, ja überhaupt nicht begreifen werde, was sie denn nun eigentlich ist und bedeutet – mich dieser Verkündigung dennoch zu unterwerfen, mich zu bescheiden, das Leid im Hinblick auf die Harmonie des Ganzen auf mich zu nehmen und zu leben einzuwilligen habe. Wenn man dagegen selbst und bewußt wählen könnte, so würde ich doch selbstverständlich lieber nur in dem kurzen Augenblick, den mein Leben währt, d. h. solange ich existiere, glücklich sein wollen, da doch das Ganze und seine Harmonie mich absolut nichts angehen, sobald ich aufhöre, zu sein – gleichviel, ob dieses Ganze nach meinem Tode mit seiner Harmonie erhalten bleibt, oder ob es gleichzeitig mit mir zu existieren aufhört. Und wozu auch sollte ich mich so um seine Erhaltung nach meinem Tode sorgen? – das ist die Frage!«[109]

3. Wieso aber ist es das *Ganze,* das zu seiner Erfüllung kommt? Kann die Erfüllung die Distanz der Zeiten überwinden? Können ihrer teilhaftig sein diejenigen, die schon früher dahingesunken sind, – oder wenigstens diejenigen, denen ich mein Leben zum Opfer bringe? Es kann einer sein Leben dafür in die Schanze schlagen, daß es seine Kinder einmal besser haben, – wie weit aber kann dieser Gedanke an ferne Generationen, von denen ich weder weiß, ob es sie geben wird, noch wer sie sind, tragen? Soll das ungestörte Glück künftiger Generationen von Schafen – so fragte Arthur *Koestler* einmal – ein Trost sein für die Schafe, die jetzt geschlachtet werden?[110]

---

[109] Selbstmord und Unsterblichkeit, in: Literarische Schriften, 293f.
[110] Die gleiche Frage bei Schiller in seinen Ideen zu einer allgemeinen Geschichte in weltbürgerlicher Absicht (Sämtl. Werke, 1904ff, 12. Bd., 24): »... und in welchem Verhältnis stünden wir so zu dem vergangenen und kommenden Weltalter, wenn die Ausbildung der menschlichen Natur ein solches Opfer notwendig machte? Wir wären Knechte der Menschheit gewesen, wir hätten einige Jahrhunderte lang Sklavenarbeit für sie getrieben und unserer verstümmelten Natur die beschämenden Spuren dieser dienstbaren Zeit eingedrückt, – damit das spätere Geschlecht in seligem Müßiggange seiner moralischen Gesundheit warten und den freien Wuchs seiner Menschheit entwickeln könnte.« Und Heinrich Heine (Reisebilder, 5. Teil, in: Sämtl. Werke III, hg. von E. Elster, 277): »Aber ach, jeder Zoll, den die Menschheit weiterrückt, kostet Ströme Blutes, und ist das nicht etwas zu teuer? Ist das Leben des Individuums nicht vielleicht ebensoviel wert wie das des ganzen Geschlechtes? Denn jeder einzelne Mensch ist schon eine Welt, die mit ihm geboren wird und mit ihm stirbt, unter jedem Grabstein liegt eine Weltgeschichte.« – Vgl. meine in Anm. 58 genannte Schrift, 109f.

Fortschritt als Sinngebung 147

Es wird bei diesen Fragen nicht vergessen: der Glaube an den Fortschritt ist eine tragende Kraft für viele gewesen, die ihr Leben gegen Tyrannis hingegeben haben, ein bergender Trost für revolutionäre Kämpfer, – und schon dies verbietet, verächtlich von ihm zu reden[111]. Aber die Kräftigkeit dieses Trostes im individuellen Falle kann nichts daran ändern, daß es Selbsttröstung in Ermangelung besserer Sinngebung ist, die die entgegenstehenden Fragen nicht auslöschen kann. Diese Kämpfer legen die eigene Kraft ihrer Hingabe in einen Gedanken, der von sich aus nicht leisten kann, was er soll. Welchen Anteil haben die früher Gestorbenen am kommenden Reich? Die Treue zu den Toten läßt diese Frage stellen; genau um sie geht es in der christlichen Eschatologie, in der die Verheißung des Reiches Gottes die Toten miteinschließt, so daß diejenigen, die die Erfüllung erleben, »den Entschlafenen nicht zuvor kommen werden«, wie Paulus es ausdrückt (1. Thess. 4,15), so daß also das Früher oder Später der Zeit keine Differenz im Anteil schafft. Wird diese Verheißung, die sich aus der Geschichte nicht immanent erheben läßt, gestrichen, so sinken die Toten zum verbrauchten Material für das Glück der Späteren herab.

4. Diese Frage wird virulent auch deshalb, weil sich nicht verbergen läßt, daß auch die Erfüllungsperiode als eine innergeschichtliche nur eine vorübergehende sein wird. Unter den frühen Fortschrittsdenkern war es Charles *Fourier* (1772–1837), der sich darüber Gedanken gemacht hat. Er entwirft eine Reihenfolge von Geschichtsstadien. Wir leben gegenwärtig nach seiner Überzeugung im Stadium der Aufwärtsentwicklung, deren Endstadium er das Stadium der Harmonie nennt. Dieses gipfelt im »Höhepunkt des Glücks«. Nun empfindet Fourier das Problem, daß dieses Stadium, das allen vorhergehenden Sinn verleihen soll, selbst wieder vergänglich ist; sein Ausweg zeigt seine Hilflosigkeit: Er streckt die Erfüllungszeit in die Länge und läßt sie viel länger dauern als die Zeit der Vorbereitung. Diese braucht 5000 Jahre, die auf- und absteigende Phase der Harmonie je 35 000 Jahre, und der Höhepunkt des Glücks 8000 Jahre. Weil aber dann freilich, da alles Irdische vergänglich ist,

---

[111] Vgl. die Abschiedsbriefe hingerichteter sozialistischer und kommunistischer Widerstandskämpfer in: Du hast mich heimgesucht bei Nacht, hg. von H. Gollwitzer/K. Kuhn/ R. Schneider, Siebenstern-Taschenbuch Nr. 9, 1964; P. Malvezzi/G. Pirelli, Letzte Briefe zum Tode Verurteilter aus dem europäischen Widerstand, dtv-Nr. 34, 1955.

unvermeidlich das Stadium des Verfalls kommt, hat dieses tröstlicherweise nur 5000 Jahre, und um sich solcher Sorgen noch besser entschlagen zu können, fügt er später dem Stadium der Harmonie noch ein paar tausend Jahre hinzu[112]. Die Klassiker des Marxismus ließen ihre Phantasie weniger schweifen und haben deshalb diese Frage schlicht ignoriert. Einmal aber sah sich Fr. *Engels* doch gedrängt, sich ihr zu stellen, und tat das auf folgende Weise[113]:

Die bewußte Organisation der gesellschaftlichen Produktion, in der planmäßig produziert und verteilt wird, wird den Menschen in gesellschaftlicher Beziehung ebenso über das Tierische hinausheben, wie das die Arbeit schon für die Gattung besorgt hat. Aber auch für diese neue Geschichtsperiode, deren Kultur »alles Bisherige in tiefen Schatten stellt«, gilt das Wort des Mephisto (Faust I): »Alles, was entsteht, ist wert, daß es zugrundegeht.«

»Millionen Jahre mögen darüber vergehen, Hunderttausende von Geschlechtern geboren werden und sterben; aber unerbittlich rückt die Zeit heran, wo die sich erschöpfende Sonnenwärme nicht mehr ausreicht, das von den Polen herandrängende Eis zu schmelzen, wo die sich mehr und mehr um den Äquator zusammendrängenden Menschen endlich auch dort nicht mehr Wärme genug zum Leben finden, wo nach und nach auch die letzte Spur organischen Lebens verschwindet und die Erde, ein erstorbner, erfrorner Ball wie der Mond, in tiefer Finsternis und in immer engeren Bahnen um die ebenfalls erstorbne Sonne kreist und endlich hineinfällt. Andre Planeten werden ihr vorangegangen sein, andre folgen ihr; anstatt des harmonisch gegliederten, hellen, warmen Sonnensystems verfolgt nur noch eine kalte, tote Kugel ihren einsamen Weg durch den Weltraum. Und so wie unsrem Sonnensystem ergeht es früher oder später allen anderen Systemen

---

[112] Vgl. Th. Ramm, Die großen Sozialisten als Rechts- und Staatsphilosophen, 1955, 323f.
[113] Fr. Engels, Die Dialektik der Natur (1878; posthum veröffentlicht), 1955, 23–28. Die Erwägung ist natürlich nicht originell marxistisch, sondern gehört ebenso in die Naturphilosophie des Bürgertums, wie eine Engels vermutlich bekannte Stelle in einem Vortrag von Hermann von Helmholtz »Über die Entstehung des Planetensystems« (1871) zeigt (Populäre wissenschaftliche Vorträge, H. 3, 1876, 134): »Erloschene Sonnen! Die Tatsache, daß solche existieren, gibt den Gründen neues Gewicht, welche uns schließen lassen, daß auch unsere Sonne ein Körper ist, der den einwohnenden Wärmevorrat langsam ausgibt und also einst verlöschen wird ... Es ist dies ein Gedanke, dem wir uns nur mit Widerstreben hingeben; er erscheint uns wie eine Verletzung der wohltätigen Schöpferkraft, die wir sonst in allen, namentlich die lebenden Wesen betreffenden Verhältnissen wirksam finden ... Wer weiß zu sagen, zu welcher Stufe der Vollendung bei dem wunderbaren Anpassungsvermögen an die Bildungen des Lebens, welches allen Organismen zukommt, unsere Nachkommen nach 17 Millionen Jahren (das ist die Zeit, für welche nach physikalischer Berechnung der Wärmevorrat der Sonne ausreicht) sich ausgebildet haben werden ... Ja, wenn Erde und Sonne regungslos erstarren sollten, wer weiß zu sagen, welche neue Welten bereit sein werden, Leben aufzunehmen?«

Fortschritt als Sinngebung 149

unsrer Weltinsel, ergeht es denen aller übrigen zahllosen Weltinseln, selbst denen, deren Licht nie die Erde erreicht, solange ein menschliches Auge auf ihr lebt, es zu empfangen.« Dieser negative Ausblick ist aber nicht das letzte Wort. Denn »sagen, daß die Materie während ihrer ganzen zeitlos unbegrenzten Existenz nur ein einziges Mal und für eine ihrer Ewigkeit gegenüber verschwindend kurze Zeit in der Möglichkeit sich befindet, ihre Bewegung zu differenzieren und dadurch den ganzen Reichtum dieser Bewegung zu entfalten, und daß sie vor- und nachher in Ewigkeit auf bloße Ortsveränderung beschränkt bleibt – das heißt behaupten, daß die Materie sterblich und die Bewegung vergänglich ist«. Daß aber Materie »Bewegung einbüßt«, widerspricht der Definition der Materie als einer wesenhaft in Bewegung befindlichen und ist darum »undenkbar«. Es »muß« vielmehr »die in den Weltraum ausgestrahlte Wärme die Möglichkeit« haben, »in eine andere Bewegungsform sich umzusetzen, in der sie wieder zur Sammlung und Betätigung kommen kann«. Dies erlaubt Engels den Rückgriff auf das zyklische Denken der Antike:

»Es ist ein ewiger Kreislauf, in dem die Materie sich bewegt ... Aber wie oft und wie unbarmherzig auch in Zeit und Raum dieser Kreislauf sich vollzieht; wieviel Millionen Sonnen und Erden auch entstehn und vergehn mögen, wie lange es auch dauern mag, bis in einem Sonnensystem nur auf einem Planeten die Bedingungen des organischen Lebens sich herstellen; wie zahllose organische Wesen auch vorhergehn und vorher untergehn müssen, ehe aus ihrer Mitte sich Tiere mit denkfähigem Gehirn entwickeln und für eine kurze Spanne Zeit lebensfähige Bedingungen vorfinden, um dann auch ohne Gnade ausgerottet zu werden – wir haben die Gewißheit, daß die Materie in allen ihren Wandlungen ewig dieselbe bleibt, daß keins ihrer Attribute je verlorengehen kann, und daß sie daher auch mit derselben eisernen Notwendigkeit, womit sie auf der Erde ihre höchste Blüte, den denkenden Geist, wieder ausrotten wird, ihn anderswo und in andrer Zeit wieder erzeugen muß.«

Es ist für unseren Zusammenhang zwar bezeichnend, aber nicht entscheidend, daß das von Engels für undenkbar Erklärte inzwischen denkbar geworden ist: aus dem Zweiten thermodynamischen Hauptsatz wird für die gesamte Energie des Universums eine irreversible Richtung auf ein gänzliches »Einbüßen« der Bewegung gefolgert, auf eine allgemeine Entropie geschlossen. Mag diese Extrapolation aus der Thermodynamik auf eine Geschichtlichkeit und Endlichkeit der gesamten kosmischen Bewegung auch umstritten sein (daß die sowjetischen Gelehrten alle gegen diese Theorie sprechenden Argumente aufbieten, ist wegen der dortigen Verbindung von Wissenschaft und Weltanschauung verständlich) – für uns ist wichtiger, aus welchen psychologischen Gründen Engels ein Interesse an der Statuierung jener Undenkbarkeit hat: »Die Unzerstörbarkeit der Bewegung« wird von ihm ja ins Feld geführt gegen die Depression, die aus dem Gedanken des Vergehens alles Entstehenden folgt. Sie soll behoben werden durch den Gedanken immer neuen Entstehens nach dem Vergehen. Ein sehr selbstloser Liebhaber des »Lebens an sich« wird sich daran – auf dem Papier wenigstens – eine Zeitlang aufrichten können, – genau so lange, als er zu übersehen vermag, daß damit eben nur über das »Leben an sich«, genauer noch: über die Materie an sich etwas gesagt ist, keine Hoffnung aber gegeben ist für das, was sein Leben ausmacht: seine Werte, sein Kämpfen, sein Opfern, sein Lieben und Hoffen, – keine Hoffnung für den sozialistischen Kämpfer, für den Engels schreibt.

Den beiden Erhaltungssätzen (von der Erhaltung der Materie und der Erhaltung der Kraft) wird hier, um die christliche Hoffnung zu ersetzen, eine Antwort entnommen, die sie in Wahrheit nicht enthalten. Wie der Fortschrittsglaube eine säkularistische Theodizee ist, so ergibt dieser Gebrauch des Erhaltungsgesetzes eine säkularisierte Vorstellung des ewigen Lebens und wiederholt die alte pantheistische Mystik des Aufgehens des Individuums ins All-Eine.

In den philosophischen Tiefebenen findet man vieles unverhüllter ausgesprochen als auf den Höhen der großen Denker. So kommt Ludwig *Büchner,* der Bruder Georg Büchners, Popularisator des Materialismus vulgaris, in seinem damals viel gelesenen Buche »Kraft und Stoff« (1894) auf Hamlets Friedhofsbetrachtung zu sprechen.

In der 1. Szene des 5. Aktes fragt Hamlet, einen Totenschädel betrachtend: »Warum sollte die Einbildungskraft nicht den edlen Staub Alexanders verfolgen können, bis sie ihn findet, wo er ein Spundloch verstopft? ... Zum Beispiel so: Alexander starb, Alexander ward begraben, Alexander verwandelte sich in Staub; der Staub ist Erde; aus Erde machen wir Lehm: und warum sollte man nicht mit dem Lehm, worin er verwandelt wurd, ein Bierfaß stopfen können?
Der große Cäsar, tot und Lehm geworden,
Verstopft ein Loch wohl vor dem rauhen Norden.
O daß die Erde, der die Welt gebebt,
Vor Wind und Wetter eine Wand verklebt!«
Die klagend-ironischen Worte nimmt der biedere Schönredner ungerührt auf und schreibt: »Mit diesen, aus tiefster Empfindung hervorgegangenen Worten deutete der große Brite schon vor dreihundert Jahren eine wissenschaftliche Wahrheit an, welche trotz ihrer Klarheit und Einfachheit, trotz ihrer Unbestreitbarkeit immer noch nicht diejenige allgemeine Anerkennung gefunden zu haben scheint, welche ihr in so hohem Grade gebührt ... Der Stoff als solcher ist unsterblich, unvernichtbar; kein Stäubchen im Weltall kann verloren gehen, keines hinzukommen ... Mit vollem Rechte hat daher die kühne Phantasie des britischen Dichters den Stoff, welcher einst des großen Cäsar Leib bilden half, bis zu dem Punkte verfolgt, wo er in Gestalt von Erde oder Lehm ein Loch der

Fortschritt als Sinngebung

Wand verklebt... Dasselbe Atom, welches heute den stolzen Gang eines Herrschers oder Helden vermitteln hilft, liegt vielleicht schon morgen als Straßenschmutz zu dessen Füßen. Dasselbe Atom, welches heute in dem Gehirn eines Schafes kreiste, hilft vielleicht schon morgen an der Gedankenarbeit eines Denkers oder Dichters. Dasselbe Atom, welches heute noch Unrath und Dünger bilden half, wiegt sich vielleicht schon morgen im Verein mit seinesgleichen als duftender Schmelz auf Blumenkelchen.« Und tröstend verweist er uns auf die ausgleichende Gerechtigkeit der Wissenschaft: »Auch ist die Wahrheit nicht öde und trostlos; denn in der Natur des wahren Wissens liegt es, daß es dasjenige, was es auf der einen Seite zu zerstören oder zu rauben scheint, auf der anderen mehr als ersetzt.«[114]

Naturgesetze werden hier zu einem Mittel weltanschaulichen Trostes. In der gleichen Zeit, in der man im Namen des Materialismus mit dem Hegelschen Idealismus gebrochen hatte, in der man an die Stelle der Spekulation die wissenschaftliche Einzelforschung gesetzt hatte und meinte, sich damit sehr viel besser der Wirklichkeit zu vergewissern, – in der gleichen Zeit blieb man tief im Erbe *Hegels:* Der Sinn des einzelnen kommt vom Sinn des Ganzen her; das Ganze ist das Sinngebende, und das Ganze ist keiner weiteren Sinngebung bedürftige Sinnfülle[115]; dieser sehr spekulative Hintergrund ermöglicht die Tröstung der vermeintlichen Materialisten.

Das Problem hält sich durch überall, wo in Abhängigkeit von einem »vom Kopf auf die Füße gestellten« *(Marx) Hegel* von der Geschichte der Menschheit seine Lösung erhofft wird. Bei Jürgen *Habermas* wie in der ganzen »Kritischen Theorie« ist das Bewußtsein dafür vorhanden, aber noch nicht genügend geschärft – oder wenn geschärft, dann der Versuchung zur Resignation, die sich sofort auch politisch auswirkt, preisgegeben, wie die Altersperiode von Max *Horkheimer* und Th. W. *Adorno* zeigt. Habermas zeigt die Krise des im Fortschrittsgedanken enthaltenen menschlichen Selbstvertrauens, »weil der zur Welt als Krise universalisierte Krisenzusammenhang keinen transmundanen Standort reiner Erkenntnis außer sich läßt; weil der Richter vielmehr in diesen Rechtsstreit ebenso verwickelt wie der Arzt von dieser Krankheit selber ergriffen ist ... nemo contra Deum nisi Deus ipse (Niemand kommt

---

[114] L. Büchner, Kraft und Stoff, Volksausgabe, 1894, 10f, 13, 71.
[115] Dieser Gedanke ist natürlich nicht nur Hegelsches Eigentum, sondern allgemein idealistisch, wie z. B. Schillers Epigramm »Unsterblichkeit« zeigt: »Vor dem Tode erschrickst du! / Du wünschest, unsterblich zu leben? / Leb' im Ganzen! Wenn du / lange dahin bist, es bleibt.« (Andere Fassung: »Du fürchtest dich vor dem Tode, / du wünschest, unsterblich zu leben. / Leb' im Ganzen, es bleibt, / bist *du* auch längst nicht mehr da.«)

gegen Gott auf außer Gott selbst).« Darum »verlagert sich die Entscheidung so in Praxis hinein, daß erst mit deren Gelingen Kritik selber wahr werden kann«[116]. Das Gelingen des Fortschritts ist also das Wahrheitsgericht über diesen selbst. Dieses Gelingen ist aber der Menschheit selbst anvertraut. Denn »die Menschheit ist mit dem Werk ihrer Erlösung je alleingelassen; und nur solange sie sich aus dem Stand der Unmündigkeit noch nicht befreit hat, muß sich ihr als Erlösung darstellen, was doch nur sie allein auf dem Wege ihrer Selbsterzeugung vernünftig herstellen kann«[117]. So interpretiert Habermas zutreffend *Marx*. »Erlösung« wird also solange von anderswoher, von Gott, erhofft, solange die Menschheit nicht ihrer Kraft der Selbsterlösung innegeworden ist. Dann entdeckt sie »Gott« als ein Symbolwort für ihre eigene künftige Möglichkeit und »dechiffriert« es als »alter ego der Menschheit«, und Fortschritt ist dann »die Menschwerdung des umgekehrten Gottes«, nämlich die Beseitigung des Mißverhältnisses, das »bisher zwischen der Ohnmacht in der Verfügung über das Verfügbare einerseits und der Gewalt in der Verfügung über das Unverfügbare andererseits besteht«, – so Habermas in Interpretation *Schellings*[118]. Indem Habermas zugleich aus dem »Materialismus« einer »empirisch gesicherten Geschichtsphilosophie« den »doppelten Verzicht auf Selbstbegründung und Selbsterfüllung« folgert und fordert[119], vollzieht er eine Selbstbescheidung, bei der nur noch zu fragen ist, ob sie radikal gemeint ist. Wenn ja, dann muß eben das Pathos der »Selbsterzeugung« und Selbsterlösung aufgegeben werden. Weder die ethischen Kriterien des Fortschritts, also der positive Begriff der Humanität, gefüllt mit Nächstenliebe und Brüderlichkeit, noch die Hoffnung auf das Gelingen können dann als apriori einsichtig, als der »Vernunft« als solcher immanent behauptet werden[120]. Darum fragt Michael *Theunissen*[121] mit Recht, woher die Richtschnur für dieses Fortschrittsden-

---

[116] J. Habermas, Theorie und Praxis, 1967², 181.
[117] Ebd. 185; vgl. K. Marx, Frühschriften, hg. von S. Landshut, 246f: Selbsterzeugung gegen Schöpfung.
[118] J. Habermas, aaO. 137.
[119] AaO. 311f (302–312).
[120] So M. Horkheimer des öfteren über das Gebot der Nächstenliebe: »Mit der letzten Spur der Theologie verliert der Gedanke, daß der Nächste zu achten, gar zu lieben sei, das logische Fundament« (in: Werk und Wirken Paul Tillichs, 1967, 130).
[121] M. Theunissen, Gesellschaft und Geschichte. Zur Kritik der kritischen Theorie, 1969, 37ff, 40.

Fortschritt als Sinngebung 153

ken nun eigentlich genommen werde, ob anderswoher als aus faktischer Geschichte, nämlich aus dem »Erbe der christlichen Theologie«, und ob ohne ein »Absolutes« in der Geschichte von der Art, wie christliche Theologie es behauptet, dies alles nicht haltlos in der Luft schwebe. Was marxistische Theorie »materialistisch« begründen kann, sind also weder die ethischen Kriterien, von denen sie in ihrem Humanitätsbegriff spricht, noch die Hoffnung des Ziels, das doch das Wahrheitsgericht des Fortschritts ist, sondern gerade nur eine negative Sinnbestimmung jeweiliger pragmatischer Forschrittsbemühungen: »eine praktisch betriebene und zu betreibende Eliminierung des mit dem materialistischen Weltzustand stets neu und in neuen Formen erzeugten ›Unsinns‹ ökonomischer wie politischer Krisen«[122]. Erst ein nicht mehr mit der Religion konkurrieren, nicht mehr sie als Ersatz durch besseren, durch Selbsterlösung ablösen wollender Marxismus ist ein auf seinen, auf den materialistischen Begriff gekommener Marxismus. Solange er mehr will, solange er am Fortschrittsbegriff festhält, solange er sich noch in irgend einem Sinn als universale Weltanschauung und Heilslehre etabliert, ist er nur säkularisierte christliche Eschatologie, hat er noch nicht genügend säkularisiert, sondern nur »mit halbem Herzen«[123]. Man gibt dann, immer noch heimlich theologisch, wie Maurice *Merleau-Ponty* sagt[124], der horizontalen Transzendenz, was man der vertikalen genommen hat; die Geschichte ist hier »une Puissance exterieure« (eine äußere Macht), für die wir nichts sind als Instrumente ohne innere Substanz. »Dieser Geschichtsgötze säkularisiert einen rudimentären

---

[122] J. Habermas, aaO. 161.
[123] A. Wellmer, Kritische Gesellschaftstheorie und Positivismus (Suhrkamp Nr. 335), 1969, 64f: »Nicht daß Marx einen Sinn der Geschichte sich von Hegel vorgeben ließ, der doch seines göttlichen Ursprungs entkleidet sinnlos geworden wäre, ist ihm als ›metaphysischer Rest‹ vorzuwerfen, sondern daß er die die geschichtliche Situation revolutionär transzendierende Aktion des Proletariats zugleich als die letzte Aktion des absoluten Geistes verstand; er säkularisierte die christliche Eschatologie nur mit halbem Herzen über Hegel hinaus: unter der elenden Gestalt des Proletariats verbirgt sich bei ihm noch die Vollmacht Gottes, die das Heil verbürgt.«
[124] M. Merleau-Ponty, Signes, Paris 1960, 88f: »... Cette histoire idole séculaire une conception rudimentaire de Dieu... Par ailleurs aucune philosophie de l'histoire n'a jamais reporté sur l'avenir toute la substance du présent ni detruit le soi pour faire place a l'autre. Cette neurose de l'avenir serait exactement la nonphilosophie. Aucune philosophie n'a jamais consisté à choisir entre les transcendances – par example entre celle de Dieu et celle de l'avenir humain; elles sont tout occupées à les mediatiser.«

Gottesbegriff... Keine Geschichtsphilosophie hat jemals auf die Zukunft die ganze Substanz der Gegenwart übertragen noch auch das Selbst zerstört, um Platz für ein anderes zu machen. Diese Neurose der Zukunft wäre genau die Nicht-Philosophie. Keine Philosophie bestand jemals in einer Entscheidung zwischen den Transzendenzen, etwa zwischen der Transzendenz Gottes und der Transzendenz der menschlichen Zukunft; sie sind immer ganz damit beschäftigt gewesen sie zu vermitteln.« Vermittlung war hier aber immer Vertauschung: die Zukunft sollte aus sich leisten, was ursprünglich, im »Erbe der christlichen Theologie«, als Verheißung Gottes gehört worden war.

Einige konnten sich damit nicht zufrieden geben; einige machten sich zum Munde derjenigen Opfer, denen hier ein Lobpreis des Ganzen zugemutet und in den Mund gelegt wird, gegen den vieles spricht und der nicht besser ist, als wenn man den Schrei des Opfers mit einem Knebel erstickt, – oder ihm ein Musikinstrument in den Mund steckt, das jeden Schrei in einen Lobgesang verwandelt. Die, die nicht Opfer sind, hören dann eine liebliche, erbauliche Musik, – das Opfer aber weiß nichts davon, es weiß nur etwas von seiner Not und seinem Schrei. Sein Anwalt sind diejenigen, die dem Ganzen absprechen, es habe die Gewalt der Sinngebung – nur deshalb, weil es das Ganze sei. Darum geht es *Kierkegaard* in seinem Widerspruch zu *Hegel*, darum den russischen Antihegelianern Wissarion G. *Bjelinskij* und Fjodor M. *Dostojewskij*.

Bjelinskij (1810–1848) geriet auf seinem Wege über Romantik und Linkshegelianismus in Gegensatz zu Hegels Versöhnung von Idee und Wirklichkeit und der damit gegebenen Rechtfertigung der Geschichte als des Prozesses der Vernunft zu ihrem Zu-sich-selbst-Kommen, und zwar gerade dadurch, daß ihm »das Soziale« zum »Wahlspruch« wurde[125], dies aber so, daß er nach einer Versöhnung des Individuellen mit dem Sozialen fragte, bei dem das Individuelle nicht zum Opfer für das Soziale wird:

»Mein Herz blutet und zuckt zusammen, wenn ich die Menge und ihre Vertreter erblicke. Kummer, schwerer Kummer befällt mich beim Anblick barfüßiger Knaben, die auf der Straße mit Knöcheln spielen, beim Anblick zerlumpter Bett-

---

[125] Brief an W. P. Botkin, 8. 9. 1841 (in: K. Noetzel, Russische Meisterbriefe, 1948, 194ff) zu Bjelinskijs Hegelkritik vgl. K. Löwith, Von Hegel zu Nietzsche, 1953, 158ff.

Fortschritt als Sinngebung

ler, oder eines betrunkenen Fuhrmanns, oder eines von der Wache zurückkehrenden Soldaten, oder eines Beamten, der mit der Mappe unter dem Arm eilig seines Weges geht, oder eines selbstzufriedenen Offiziers und eines stolzen großen Herrn.«

Er blickt voraus auf eine Zeit, in der alle Menschen Brüder sein werden, »und nach dem Ausspruch des Apostels Paulus wird Christus seine Macht dem Vater zurückgeben, und der Vater Vernunft wird von neuem herrschen, aber schon in einem neuen Himmel und über einer neuen Erde«. Zwar spricht Bjelinskij an dieser Stelle noch von der Geschichte als der »unerläßlichen und vernünftigen Entwicklung der Idee«, aber dieser Tribut an Hegel kann nicht verdecken, daß ihm das künftige »goldene Zeitalter« abrupt transzendent zur gegenwärtigen Welt steht. Diese Hoffnung ist aber keine Hegelsche Theodizee, sie macht das gegenwärtige Elend nicht vernünftig begreifbar und die Zukunft nicht zu seiner Rechtfertigung. Der einzelne darf nicht zum Material für den Bau des Ganzen verwendet werden. »Für mich steht die menschliche Persönlichkeit höher als die Geschichte, höher als die Gesellschaft, höher als die Menschheit.«[126] »Was frage ich danach, daß für Auserwählte Seligkeit da ist, wenn der größte Teil aller Menschen nicht einmal ihre Möglichkeit ahnt? Fort mit der Seligkeit – wenn sie nur mir allein unter Tausenden beschieden ist! Ich will sie nicht, ich will sie gar nicht, wenn ich sie nicht teilen kann mit meinen jüngeren Brüdern.«[127] So macht sich der »rasende Wissarion«, wie ihn seine Freunde nannten[128], zum Munde der von Hegel und allen Fortschrittsgläubigen dem »Moloch« des Allgemeinen geopferten Brüder:

»Das Schicksal des Subjekts, des Individuums, der Person ist wichtiger als das Schicksal der ganzen Welt und als die Gesundheit des Kaisers von China (das ist die Hegelsche Allgemeinheit). Man sagt mir wohl: entwickle alle Schätze deines Geistes zu freiem geistigen Selbstgenuß, rein um dich zu trösten, gräme dich, um dich zu erfreuen, strebe nach der Vollkommenheit, klettere auf die höchste Stufe auf der Leiter der Entwicklung – und strauchle – so fällst du – hol dich der Teufel – so ein H ... S ...! Danke ergebenst Igor Fedorowitsch (Hegel), ich verneige mich vor eurer philosophischen Schlafmütze, aber bei aller geziemenden Hochachtung vor eurem philosophischen Philistertum habe ich die Ehre Ihnen mitzuteilen, daß, wenn es mir auch gelänge, auf die höchste Stufe der Leiter der Entwicklung hinanzuklimmen, – ich auch dort Euch ersuchen würde, mir Rechen-

---

[126] An W. P. Botkin, 4. 10. 1840 (bei K. Noetzel, aaO. 190).
[127] An W. P. Botkin, 8. 9. 1841 (vgl. Anm. 125).
[128] Nach L. Schestow, Tolstoi und Nietzsche, 1923, 260; vgl. dort die Bemerkungen in Schestows Vorwort zu dem bei der nächsten Anmerkung zitierten Brief Bjelinskijs.

schaft abzulegen über alle Opfer der Lebensverhältnisse und der Geschichte, über alle Opfer des Zufalls, des Aberglaubens, der Inquisition Philipps II. usw. usw.: andernfalls werfe ich mich von der höchsten Stufe kopfüber hinunter. Ich begehre das Glück nicht einmal umsonst, wenn ich nicht beruhigt werde über das Schicksal jedes einzelnen meiner Brüder im Blute – Bein von meinem Bein und Fleisch von meinem Fleisch. Man sagt, die Disharmonie sei die Bedingung der Harmonie, vielleicht; dies mag recht vorteilhaft und angenehm sein für Melomanen, doch keinesfalls für die, die genötigt sind, durch ihr Schicksal die Idee der Disharmonie darzustellen.«[129]

Von *Dostojewskijs*[130] Auseinandersetzung mit dem Nihilismus wie mit dem Naturalismus und dem Fortschrittsglauben müßte jetzt nicht weniger ausführlich die Rede sein wie von *Nietzsche*. Der Streit der Interpreten ist bei beiden gleich heftig. Dostojewskij hat, so viel mir bekannt ist, Nietzsche nicht gelesen, wohl aber Nietzsche Dostojewskij: Dostojewskij ist der »einzige Psychologe, von dem ich etwas zu lernen hatte: er gehört zu den schönsten Glücksfällen meines Lebens, mehr selbst noch als die Entdeckung Stendhals.« Nietzsche erwähnt an dieser Stelle Dostojewskijs Aufenthalt im sibirischen Zuchthaus, wo er »lauter schwere Verbrecher, für die es keinen Rückweg zur Gesellschaft mehr gab«, zu seiner Überraschung vorgefunden habe »ungefähr als aus dem besten,

---

[129] An W. P. Botkin, 1. 3. 1841, abgedruckt in: Orient und Okzident, H. 3, 1930, 46. – Im gleichen Sinne wird im selben Zeitraum das Bild vom Moloch von einem anderen russischen Schriftsteller, der ebenfalls durch Hegel hindurchgegangen ist, verwendet, von Alexander Herzen (1812–1870); vgl. V. Piroschkow, Alexander Herzen. Der Zusammenbruch einer Utopie, 1961, 66: »Wäre der Fortschritt unser Ziel, für wen arbeiten wir dann? Wer ist dieser Moloch, der im Augenblick, wo sich die Mühseligen ihm nähern, statt sie zu belohnen, zurückweicht und als Trost für die erschöpften, dem Untergang geweihten Menschenhaufen, die ihm ihr ›morituri te salutant‹ zurufen, nur mit bitterem Hohn zu antworten weiß, daß es nach ihrem Tode auf der Erde schön sein werde.«
[130] Berufung auf Dostojewskij ist heute ein gewisses Wagnis; der Widersprüchlichkeit seiner Denkmotive entspricht die Widersprüchlichkeit der Interpretationen. Jede Interpretation ist hier Entscheidung für eine gewisse Selektion (dazu K. Onasch, Dostojewskij und kein Ende? in: ThLZ 83, 1958, Sp. 569–576; ders., Dostojewskij als Verführer, 1961). In meiner Auffassung bin ich vor allem bestimmt worden zuerst durch E. Thurneysen, Dostojewskij, 1923, und ders., Der Schritt zur Kultur. Eine Bemerkung zu Dostojewskijs Tagebuch eines Schriftstellers, in: ZZ 1, H. 4, 1923, 70ff und Fr. Lieb, Das Problem des Menschen bei D., in: Orient und Okzident, 1930, III, 22–40, schließlich durch L. Schestow, Dostojewskij und Nietzsche, 1924, und das große Dostojewskij-Kapitel in: Auf Hiobs Wage, 1929, 41–143. Vgl. auch E. v. Hippel, Dostojewskijs Kampf gegen den Nihilismus, in: Stimmen der Zeit 77, H. 8, 1952 und in Romano Guardinis Dostojewskij-Buch (Der Mensch und der Glaube, 1932, 295ff) die Analyse der Gestalt Stawrogins in den »Dämonen«.

Fortschritt als Sinngebung

härtesten und wertvollsten Holze geschnitzt, das auf russischer Erde überhaupt wächst«[131]. Nietzsche ist also an Dostojewskijs »Aufzeichnungen aus einem Totenhause«, das er »eines der menschlichsten Bücher, die es gibt«, nennt[132], vor allem die zähe, harte Haltung dieser Menschen, deren Leben zerbrochen ist und die vor dem Nichts stehen, wichtig. Er versteht Dostojwskijs Bericht heroisch, – anders als Dostojewskij ihn gemeint hat[133].

Dostojewskij sah mit gleicher Schärfe und Illusionslosigkeit das Umgebensein vom Nichts als das eigentliche Problem unserer Zeit wie schon *Jean Paul* und dann *Nietzsche*. Er rang sein Leben lang mit dem Nihilismus, den er tiefer empfand, tiefer erkannte, tiefer zur Sprache brachte als die professionellen Nihilisten selbst. Aber dieses Ringen geschah bei ihm in einer anderen Bewegung als bei Nietzsche. Dazu lese man »Die Dämonen«, die »Aufzeichnungen aus dem Kellerloch« und »Die Brüder Karamasoff«. Im Blick auf das vierte und fünfte Buch der Karamasoffs (»Empörung« und »Großinquisitor«) notiert er einmal, die freidenkerischen Kritiker, die ihn wegen seines Christentums verlachen, hätten sich »ja nicht einmal träumen lassen von einer solchen Gewalt der Verneinung, wie ich sie durchgemacht habe«. »In Europa gibt es keinen atheistischen Ausdruck von solcher Gewalt und hat es nie gegeben.«[134] Dostojewskij ist radikaler als Nietzsche, sofern er auch die sublime Form eines Fortschrittsgedankens, die in Nietzsches Vision des Übermenschen enthalten ist, nicht mitgemacht hat, und sofern er sich von der Setzung neuer Werte nichts versprochen hat.

Dostojewskij hat noch konsequenter und beharrlicher als Bjelinskij die Möglichkeit bestritten, von einer künftigen Harmonie her die gegenwärtigen Disharmonien zu rechtfertigen, und zwar setzt er, wie dieser, bezeichnenderweise nicht bei der Frage nach dem Sinn unserer *Leistungen* an, sondern bei der Frage nach dem Sinn des *Leidens*, und exemplifiziert an demjenigen Leiden, an dem die Antwort uns am schwersten fällt, weil sie hier nicht in der Auffor-

---

[131] Schlechta II, 1021 (Götzendämmerung, Aph. 45). An anderer Stelle fragt Nietzsche, ob die Verbrecher, mit denen Dostojewskij in der sibirischen Katorga zusammengelebt hat, als »samt und sonders ungebrochene Naturen nicht hundertmal mehr wert sind als ein ›gebrochener‹ Christ« (Schlechta III, 726, 619).
[132] Schlechta III, 1254 (Brief an Peter Gast, 7. 3. 1887).
[133] Vgl. mein Nachwort zu den »Aufzeichnungen aus einem Totenhause«, in: ro-ro-ro Nr. 122–124.
[134] Tagebuch eines Schriftstellers, 1963, 613, 620.

derung zu irgendeiner Sinngebung des Leidens durch die Leidenden selbst (durch Ergebung, Läuterung, Buße usw.) bestehen kann: an den Leiden der Kinder[135]. Den Kindern gilt durchweg Dostojewskijs besondere Zuneigung und Teilnahme. »Ein lachendes, fröhliches Kind«, so schreibt er einmal in den »Memoiren aus einem Totenhause«, ist »ein Sonnenstrahl aus dem Paradiese, ist eine Offenbarung aus der Zukunft, wo die Menschen endlich wieder so rein und arglos sein werden, wie jetzt nur Kinder sein können.«[136] An den Kindern zugefügten Qualen entwickelt Iwan Karamasoff[137] seine Frage, »warum und wozu alles so gewesen ist«. »Ich rede nicht von den Leiden der Großen. Die haben den Apfel vom Baum der Erkenntnis gegessen und – zum Teufel mit ihnen, aber die Kinder, die Kinder!« »Warum sind auch sie zum Dünger für irgend jemandes künftige Harmonie geworden?«

»Denn sieh, Aljoscha, es ist doch möglich, daß ich, wenn ich diesen Augenblick noch erlebe oder von den Toten auferweckt werde, um das alles zu sehen, – daß auch ich dann beim Anblick der Mutter, die den Peiniger ihres Sohnes umarmt, mit allen anderen zusammen ausrufe: ›Gerecht bist du, o Herr!‹ Ich will aber nicht, daß ich dann so ausrufe. Und darum beeile ich mich, solange es noch Zeit ist, meine Schutzwehr dagegen zu errichten, und darum danke ich im voraus für jede höhere Harmonie. Ist sie doch nicht einmal ein einziges Tränlein jenes gequälten Kindchens wert, das sich mit den Fäustchen an die kleine Brust schlug und zu seinem lieben Gottchen betete. Sie ist es nicht wert, denn diese Kindertränlein sind ungesühnt geblieben. Sie aber müssen gesühnt werden, sonst gibt es keine Harmonie. Aber womit, wodurch kannst du sie sühnen, wie sie rächen? Ist das überhaupt möglich? Was tut es schließlich, daß sie gerächt werden? Was tue ich mit der Rache, was nützen mir die Höllenqualen der Peiniger, was kann die Hölle hierbei wieder gutmachen, wenn das Kindchen schon zu Tode gequält ist? Und was ist das für eine Harmonie, wenn es noch eine Hölle gibt? Ich will verzeihen und umarmen und will nicht, daß noch gelitten werde. Und wenn die Leiden der Kinder zu jener Summe von Leid, die zum Kauf der Wahrheit erforderlich ist, unbedingt hinzukommen müssen, so behaupte ich im voraus, daß die Wahrheit diesen Preis nicht wert ist. Ich will nicht, daß die Mutter den Peiniger ihres Sohnes umarme! Wie darf sie es wagen, ihm zu vergeben? Wenn sie will, kann sie für sich vergeben – mag sie ihm ihr unermeßliches Mutterleid und

---

[135] K. Onasch, Dostojewskij als Verführer, 1961, 69: »Das Thema ›Kind‹ hat D., mit dem Romanfragment ›Netotschka Neswanowa‹ angefangen, über den ›Kleinen Helden‹ bis zum ›Idioten‹ und ›Jüngling‹ in ständiger harter Auseinandersetzung mit Rousseau entwickelt.«
[136] Vgl. auch Dostojewskijs Erzählung »Der Traum eines lächerlichen Menschen« und seinen ausführlichen Bericht über einen Kindermißhandlungsprozeß und über die Kolonie minderjähriger Verbrecher im »Tagebuch eines Schriftstellers« (Jahrgang 1876).
[137] Die Brüder Karamasoff II, 5. Buch, Kap. »Empörung«.

Fortschritt als Sinngebung

ihren Schmerz verzeihen; aber die Leiden ihres von Hunden zerrissenen Kindes darf sie nicht verzeihen, dazu hat sie kein Recht, auch dann nicht, wenn ihr Kind selbst dem Peiniger verziehe! Wenn das aber so ist, wenn man nicht verzeihen darf, wo ist dann die Harmonie? Gibt es in der ganzen Welt ein Wesen, das verzeihen könnte, welches das Recht hätte, zu verzeihen? Ich will keine Harmonie, aus Liebe zur Menschheit will ich sie nicht. Lieber bleibe ich bei ungesühnten Leiden. Lieber bleibe ich rachelos bei meinem ungerächten Leid und in meinem unstillbaren Zorn, selbst, wenn ich nicht im Recht wäre. Ist doch diese Harmonie gar zu teuer eingeschätzt. Wenigstens erlaubt es mein Beutel nicht, so viel für den Eintritt zu zahlen. Darum aber beeile ich mich, mein Eintrittsbillet zurückzugeben. Und wenn ich nur ein ehrlicher Mensch bin, so ist es meine Pflicht, dies sobald wie möglich zu tun. Das tue ich dann auch. Nicht Gott ist es, den ich ablehne, Aljoscha, ich gebe ihm nur die Eintrittskarte ergebenst zurück.«

»Das ist Empörung, sagte Aljoscha leise und mit gesenktem Blick.« Iwan wehrt sich gegen den Vorwurf. Er will ja Gott weder leugnen noch absetzen; er will nur den Widerspruch aufweisen, in dem sich Gott selbst objektiv befindet. Das tut er mit Gegenfragen (von denen E. *Bloch* ebenso wie bei Hiobs Fragen sagen könnte: »Ein Mensch überholt, ja überleuchtet seinen Gott«[138]): Würdest du einwilligen, den Bau einer glücklichen Menschenwelt auf den »unvergoltenen Kindertränchen« auch nur eines gequälten Kindes zu errichten, – oder könntest du wünschen, daß die Menschen sich auf eine solche Bedingung ihres Glückes einlassen? Man sieht, es wird befragt eine Sinngebung der menschlichen Passionsgeschichte, bei der im Namen der Glücklichen das Leiden der Unglücklichen als nützlich und nötig begriffen wird, eine Sinngebung nicht von den Geopferten her, sondern von den vom Opfer Gewinnenden her, und es wird befragt ein Gott, der die Welt so geschaffen hat, daß, was er ist, und was diese Welt ist, sich so wenig trifft wie nach der Euklidischen Geometrie zwei Parallelen sich treffen können. Soll aber mit irgendeiner Konstruktion dennoch vorstellbar gemacht werden, daß sie sich treffen, so ist es eben diese Konstruktion, die Iwan sich weigert, anzunehmen:

»Nun, so laß dir denn kurz gesagt sein, daß ich im Endresultate diese Gotteswelt nicht akzeptiere, und wenn ich auch weiß, daß sie existiert, so will ich sie doch nicht gelten lassen. Nicht Gott akzeptiere ich nicht, verstehe mich recht, sondern die von ihm geschaffene Welt akzeptiere ich nicht und kann ich nicht akzeptieren. Ich will mich deutlicher ausdrücken: ich bin wie ein Kind überzeugt, daß das Leid vernarben und sich ausgleichen wird, daß die ganze beleidigende Komik der menschlichen Widersprüche wie ein armseliges Trugbild verschwinden wird, wie eine widerliche Erfindung des kraftarmen, nur atomgroßen euklidischen

---

[138] E. Bloch, Atheismus im Christentum, 1968, 152. »Ein Mensch kann besser sein, sich besser verhalten als sein Gott« (150).

Menschenverstandes, und daß schließlich im Weltfinale im Moment der ewigen Harmonie etwas dermaßen Kostbares geschehen und erscheinen wird, daß es für alle Herzen ausreicht, zur Stillung allen Unwillens, zur Sühne aller von Menschen begangenen Greuel, zur Sühne alles durch sie vergossenen Blutes, daß es ausreichen wird zur Möglichkeit nicht nur der Vergebung, sondern auch der Rechtfertigung alles dessen, was mit den Menschen geschehen ist, – schön, schön, mag das alles geschehen und so sein, ich aber akzeptiere das nicht und will es nicht akzeptieren! Mögen sich sogar die Parallel-Linien treffen, und mag ich das auch selbst sehen, sehen und sagen, daß sie sich getroffen haben so werde ich es trotzdem nicht annehmen. Sieh, so bin ich, Aljoscha, das ist meine These.«[139]

Aljoscha kann die Ausweglosigkeit nicht leugnen. Es ist die Ausweglosigkeit des metaphysischen Gottes, der in seiner Allwissenheit als das ewige Gesetz und die ewige Harmonie unbetroffen über der Leidenswelt thront, und mit dessen Vorstellung die Wirklichkeit der Leidenswelt zu versöhnen das Geschäft aller Unternehmungen von Theodizee ist, um unserer eigenen Aussöhnung mit dieser Wirklichkeit willen. Aljoscha erkennt, daß das Evangelium nicht dazu da ist, unseren Protest gegen diese Wirklichkeit zu dämpfen und eine Rechtfertigung dieser Wirklichkeit, die immer zu ihrer Konservierung führen müßte, zu betreiben. Aber eben die Erinnerung an das Evangelium läßt »plötzlich seine Augen aufleuchten«. Er antwortet nun nicht mehr direkt auf Iwans Fragen, sondern auf das, was hinter Iwans Fragen steht. Sie sind ja Fragen eines Anklägers, der nicht verzeihen kann, nicht Gott und nicht den Menschen, und der darum Verzeihung verbietet. Ohne Möglichkeit gegenseitiger Vergebung stehen sich für ihn Gott und die Menschen gegenüber, und eben dies ist die letzte Verhärtung des Widerspruchs. Aljoscha fragt: »Gibt es auf der ganzen Welt ein Wesen, das verzeihen könnte, das das Recht hätte, zu verzeihen?« Er weiß: Verzeihung ist nicht nur eine Frage des guten Willens, der Überwindung von Haß-Emotionen; zum Verzeihen muß einer Macht und Recht haben[140]. Iwan weiß sofort, wen Aljoscha mit seiner Frage meint; er selbst ist es ja, der nicht verzeihen kann und kein Recht dazu sieht. Aljoscha möchte ihm denkbar machen, daß an seine Stelle einer treten könnte, der das Recht und den Willen hätte, Gott und der Welt zu verzeihen: so unschuldig gefoltert wie jene Kinder, aber selbst diese Qual noch wendend aus einer Anklage zu einer Fürbitte für die Quäler, – und

---

[139] Am Ende des vorhergehenden dritten Kapitels. – Als wären sie in Kenntnis dieser Worte geschrieben, wirken Kierkegaards letzte Absätze des 1. Abschnitts von »Die Krankheit zum Tode«.
[140] Siehe unten S. 277.

dies als der angeklagte Gott und der anklagende Mensch, als der anklagende Gott und der angeklagte Mensch in einem. Der metaphysische Gott, dem Iwan sein »Ich akzeptiere nicht!« zurief, ist dann verschwunden; hier ist ein in die qualvolle Disharmonie seiner Welt eingehender Schöpfer, der mit dem anklagenden Opfer und dem angeklagten Folterer sich identifiziert und darum verzeihen kann und darf.

Blitzartig-kurz nur wird davon Andeutung gemacht, dann nimmt Iwan Aljoschas Bemerkung zum Anlaß, seine Dichtung vom Großinquisitor vorzulesen. Aber die Andeutung hat verdeutlicht: Gelingender Fortschritt, endlich erreichte Harmonie ist nicht nur durch die Qual des Negativen hindurchgegangen, hat die Negation nicht nur als Motor benützt, sie hat sie noch in sich; ihre Harmonie steht unter dem Schatten der Anklage der Vergangenheit. Der Weg, die Opfer am Wege verklagen das Ziel. Das Ziel, die Endharmonie ist *nicht* die Rechtfertigung des Weges und kann sich vor der Anklage des Weges nicht rechtfertigen. Allzu unbesehen ist auf das Verhältnis des Allgemeinen zum Individuellen, der schließlichen Menschheitsharmonie zu den geopferten Menschen das teleologische Verhältnis übertragen worden, das zwischen einem Ziel, das wir uns gesetzt haben, und den Opfern, die wir selbst für dieses Ziel auf uns nehmen, besteht. Die Frage der Schuld und des unschuldigen Leidens bleibt offen. Innergeschichtlich kann sie nicht gelöst werden. Rationale Theodizee, gelindender Fortschritt, Philosophie der Geschichte können sie nicht stillen. Der metaphysische Gott bleibt im Anklagezustand samt den schuldigen Menschen. Sinngebung muß in wirksamer Vergebung bestehen. Die Menschheit kann sie sich nicht selbst beschaffen. Wer kann vergebend Sinn geben?

Sinngebung als Sinnsetzung

Dostojewskij wird also die ewige Wiederkehr nicht mit dionysischem Ja, sondern mit unablässigem Protest begrüßen. Gerade auch für sie gilt sein »Ich kann nicht einwilligen«. Nicht anders steht er zu der anderen Weise von *Nietzsches* Überwindung des Nihilismus: seinem Appell, sich von den überkommenen Moralsystemen freizumachen, indem ihre angebliche Objektivität, Ewigkeit, Wahrheit und Gottgebotenheit durchschaut wird als Verhüllung ihres Ursprungs in menschlicher Setzung, sich zu diesem menschlichen Ursprung aller Moral zu bekennen und zum Setzen neuer Werte Mut zu fassen. Weder in der Analyse der Genesis der Moral noch in seinem Appell ist Nietzsche einsam und original. Er lebt im Jahrhundert von Herbert *Spencer* und Karl *Marx,* die die Relation der Moral zu gesellschaftlichen Interessen genügsam aufgedeckt und damit den Anspruch zeitloser Gültigkeit moralischer Gebote relativiert haben, und Sinngebung als schöpferischer Akt des Menschen ist auch außerhalb der Nietzscheschen Denkbewegung die heute verbreitetste Antwort auf die Sinnfrage.

Sie liegt so nahe, weil sie in einer lebenswichtigen Erfahrung gründet. Von ihr war bei der Analyse der Sinnfrage schon ausgiebig die Rede. Während ich dies schreibe, erzählt mir Klaus V.:

»Den X haben wir in Paris kennengelernt. Der war eifriger FDJler gewesen, dann aber wegen titoistischer Abweichung aus der FDJ rausgeflogen. Er verließ die DDR, gänzlich demoralisiert; in Paris vergammelte er vollends. Dann machten wir, während des Algerienkrieges, eine große Briefaktion: Desertionsratschläge an französische Soldaten und Fremdenlegionäre. Zufällig hörte er davon und machte mit. Damit fing er sich wieder. Sein Leben hatte nun ja wieder Sinn: er hatte eine sinnvolle Aufgabe.«

So wird es immer erlebt: Verlust einer Aufgabe, für die das Leben eingesetzt werden konnte und die das Leben erfüllte, kann zerstörender Sinnverlust sein, und Finden einer solchen Aufgabe lebensrettende Sinnfindung. »Sinn« ist eine Relation von Personen, die einander wichtig werden. Aufgabe bedeutet: mein Tun wird wichtig für andere, und durch mein Tun – so hoffe ich – ich selbst.

»Wozu bin ich da?« und »Für wen bin ich da?« – zunächst fließen uns diese beiden Fragen ineinander. Die Wozu-Frage ist die Frage meines Berufs, sowohl punktuell: jetzt gerade, in dieser Stunde und in diesem Personenkreis, wie auch fürs ganze Leben: was ist meine Berufung? Wofür kann ich mein Leben einsetzen? Was ist meine Sendung? Was lohnt sich wirklich? Jesu »Ich bin gekommen, ...«[141] ist das große Beispiel eines Lebens, das mit seiner Sendung und seiner Aufgabe ganz identisch ist. Sein Wozu ist sein Für-sein für die Menschen.

---

[141] Z. B. Matth. 5,17: »nicht aufzulösen, sondern zu erfüllen«; 9,13: »die Sünder zur Umkehr zu rufen«; 18,11: »zu retten«; 20,28: »zu dienen und mein Leben zu geben als Lösegeld für viele«; Luk. 12,49: »ein Feuer anzuzünden«; Joh. 10,10: »damit sie Leben und reiche Fülle haben«.

Sinngebung als Sinnsetzung

Die beiden eben genannten Fragen sind aber nicht vollkommen identisch. Beim Wozu ist einmal wichtig, daß es nicht ein mir aufgenötigtes ist (wie das Wozu eines Sklaven), sondern ein von mir frei erwähltes und bejahtes. Soll meine Wahl aber kein Irrtum sein, so muß es ein Wozu sein, das mich nicht nur für mich selbst befriedigt, sondern durch das ich anderen wichtig werde; der Geizige in Ernest *Hellos* dämonischer Novelle »Ludovik«, der vom Sammlertrieb Besessene, ob er nun Geld oder Briefmarken sammelt und dafür die Existenz der von ihm Abhängigen opfert, stellt Dinge über Menschen und ist damit selbst der Verdinglichung verfallen.

Aber auch wo Erfüllung einer Aufgabe mich anderen Menschen wichtig macht, kann Verdinglichung herrschen; der Physiker oder Chemiker, der Massen-Vernichtungsmittel entwickelt, ist denen, denen er wichtig ist, Werkzeug zu menschenfeindlichen Aktionen; er hat sich, vielleicht aus Forschungsbesessenheit, ein Wozu gewählt, das ihm den Fluch künftiger Opfer zuzieht.

Aber auch, wo das gewählte Wozu solcher Problematik nicht ausgesetzt ist, bleibt jene Differenz offen, die bei der Unterscheidung von Nutzen und Sinn immer wieder hervorgehoben worden ist. Mit Eifer widme ich mich meiner für andere höchst sinnvollen Aufgabe und freue mich, daß damit mein Leben einen Sinn hat. Wer so dran ist, hat allen Anlaß sich zu freuen; er ist beneidenswert für ungezählte andere, die in der Tauschgesellschaft ihre Lebenszeit für ungeliebten Broterwerb vertun müssen, denen weder das Wozu ihrer Arbeit einsichtig ist noch andere Menschen beigesellt sind, für die sie mit ihrem Broterwerb wichtig werden können. Aus dem Leerlauf sinnlosen Tuns wird uns mit sinnvoller Aufgabe herausgeholfen. Kühn und dankbar atmen wir auf: nun hat unser Leben Sinn.

Aber immer noch stehen wir im Erwerb von Sinn, immer noch in jener Leistungsgerechtigkeit, die ein Zustand von Angst ist. Wir sind den anderen nützlich – diese Art von Sinn haben wir gewonnen, und das ist nicht wenig, das ist viel. Aber immer noch sind wir den andern nicht mehr als eben nützlich. Vielleicht faktisch unersetzlich, aber prinzipiell ersetzbar. Immer noch begegnen wir ihnen auf einer Ebene, auf der sie zu uns (um eine paulinische Formel zu benützen) noch nicht sagen: »Ich suche nicht das Eurige, sondern euch« (2. Kor. 12,14). »Die Liebe sucht nicht das Ihre« (1. Kor. 13,5). Sinn des Lebens, nicht nur der Handlungen, Sinn der Person, nicht nur der Werke, ist im Verhältnis der Liebe erreicht. Dieses Verhältnis kann man nicht verdienen, so sehr unser Bemühen ständig dafür unsere Werke einsetzt. Von der Ebene des Nutzverhältnisses zur Ebene des Liebesverhältnisses gibt es keinen direkten Zugang. Mein eifriges Mich-nützlich-Machen kann, recht verstanden, nur den Sinn haben, den anderen, um dessen Liebe ich werbe, ohne sie erwerben zu können, auf mich aufmerksam zu machen. Zeichen meines Flehens um den allein von der Liebe zu gewährenden Sinn sind meine nützlichen Taten, nicht weniger, aber auch nicht mehr. Denn der von der Liebe gewährte Sinn hängt nicht von den Leistungen ab, kommt nicht aus deren Profit, übergreift das, was ein Mensch zu bieten hat, und bejaht ihn, auch wo er noch nichts oder nichts mehr zu bieten hat.

Daß ein Handeln sinnvoll sei in diesem qualifizierten Sinne – so also, daß es die Befriedigung gibt, nicht umsonst da zu sein, für andere nützlich zu sein –, hat immer schon zur Voraussetzung, was ich mir, darin irrend, von ihm als Folge verspreche: daß ich aufgenommen bin in ein gemeinschaftliches Leben, in dem mir diese anderen wichtig sind, aber auch ich ihnen wichtig bin unseres vorgängigen Zusammengehörens wegen. Diese Zugehörigkeit geht meinen Handlungen prinzipiell voraus; ohne sie bin ich nützliches Werkzeug, aber nicht mehr, wie sehr ich auch meine Nützlichkeit beweise. Wird die Zugehörigkeit mir gewährt, dann ist mein Handeln der Dank dafür, Vollzug des mir gewährten Sinnes durch mein Tun. Mein Dasein ist bejaht, und von daher die Freude an der sinnvollen Aufgabe. Sinnvoll ist sie von dem übergreifenden Zusammenhang her, der ein Zusammenhang von Personen sein muß, nicht ein Zusammenhang von Sachen, auch nicht ein Weltzusammenhang, in dem die Menschen ebenfalls nur flüchtige Sachen sind, und in diesem Zusammenhang muß ich mich schon vorfinden, um auf ihn dann tätig antworten zu können. Ist mir der Zusammenhang nicht sinnvoll, dann wird davon auch der Sinn meines Tuns zersetzt; ich kann ihn nicht durch mein Tun sinnvoll machen. Auch hier kommen wir zum gleichen Schluß: Sinn ist Voraussetzung, nicht Ergebnis, Empfangenes, nicht Geleistetes, Gnade, nicht Verdienst. Sinnvolles Handeln gründet in vorweg gewährtem Sinn. Daß wir es uns oft umgekehrt denken, ist verständlich, aber Täuschung.

Weder ein übergreifender Zusammenhang (griechisch, idealistisch) noch eine auf uns gerichtete Liebe (christlich) – das ist die Situation des Nihilismus, die *Jean Paul, Nietzsche* und *Dostojew-*

Sinngebung als Sinnsetzung 165

skij klar erkannt haben. In der sinnleeren Welt Sinn zu gewinnen, das hieße Überwindung des Nihilismus. Nietzsches Aufruf zur Sinnsetzung – sich selbst also zu bejahen als schöpferischen Sinngrund und die Sinnleere der Welt als Chance zu solchem Schöpfertum – ist offenbar, an die eben analysierte Erfahrung anknüpfend, viel näherliegend, als er selbst meinte. Nicht nur von Nietzscheanern wird er begangen. Er hat Größe, stoischen Heroismus, aber ohne die stoische Apathie. Er kann Leidenschaft und Verantwortungsgefühl mobilisieren. Er ist aristokratisch, die Tröstung, die Verführung aristokratischer und kraftbewußter Menschen.

»Das Leben hat keinen Sinn außer dem, den wir ihm geben ... Diese Himmel und Höllen warten auf den Sinn, den wir ihnen geben, wie alle Lebewesen ungeschlacht und fassungslos die Namen erwarten, die Deukalion und Pyrrha über ihnen aussprechen ... Ich wage zu wünschen, daß aus meiner guten Calpurnia ein Kind erstehe, damit es sage: Auf das Sinnlose will ich einen Sinn prägen und in den Einöden des Unerkennbaren will ich kennbar sein ... Wir stehen zu nichts in Beziehung, ehe wir es nicht in einen Sinn gefüllt haben, und wir wissen auch nicht mit Gewißheit, was dieser Sinn ist, ehe wir uns nicht opfervoll mühten, ihn dem Ding aufzuprägen.« Denn: »Das Leben, das Leben enthält dieses Geheimnis, daß wir nicht wagen, das letzte Wort darüber zu sprechen, ob es gut oder schlecht sei, ob es sinnlos sei oder geordnet. Daß alles das behauptet wurde, ist mir ein Beweis, daß alles in uns selbst liegt. Dieses ›Leben‹, in welchem wir uns bewegen, hat keine Farbe und gibt kein Zeichen. Wie du einst sagtest: Das Weltall weiß nicht, daß wir da sind.«[142]

Ontologische Analyse, scheinbar zweckfrei unternommen, bringt Nicolai *Hartmann*[143], obwohl er, darin vom Nihilismus unberührt, an der Objektivität der sittlichen Werte festhält, zu einer Antwort auf die Sinnfrage, die den Menschen zwar nicht zum Schöpfer der Werte, wohl aber ebenfalls zum Schöpfer seines Lebenssinnes macht. Unter den uns bekannten Lebewesen ist der Mensch der einzige Mittler zwischen der Idealität der Werte und der Realität der Welt, weil er an beiden Reichen, am mundus intelligibilis und am mundus sensibilis, an der Welt der Ideen und an der Welt der Sinne, teilhat. Dafür aber, daß er Werte verwirklichen kann, ist die Sinnleere der Welt gerade entscheidende Voraussetzung. Sinnleere heißt hier: das materielle Geschehen, das Naturgeschehen hat von sich aus kein Ziel, ist nicht durch eine immanente Teleologie auf ein Ziel hin gesteuert, in ihm wirken nur causae efficientes, nicht causae finales

---
[142] Cäsar an L. M. Turinus, in: Th. Wilder, Die Iden des März, 1949, 284ff.
[143] N. Hartmann, Sinngebung und Sinnerfüllung, in: Blätter für deutsche Philosophie 8, 1934/35; Das Problem des geistigen Seins, 1933; Teleologisches Denken, 1951.

(d. h. nur materielle Ursachen, in sich blind, nicht Zielursachen). Eben dies gibt uns Menschen die Möglichkeit, den Ursachenketten des materiellen Seins durch unser Eingreifen die Richtung auf diejenigen Zielursachen hin zu geben, die wir in unseren geistigen Entscheidungen anstreben. Würde mit unseren Zielsetzungen eine geheime Steuerung der Welt auf ein Ziel hin, die dann auch uns als Weltwesen umgreifen und beherrschen würde, konkurrieren, dann wäre unsere Freiheit entweder ganz aufgehoben oder zum mindesten ständig durchkreuzt von jener mächtigeren Teleologie des Welt-Sinnes. Sinnvolle, zielgerichtete Handlungen der Menschen sind also nur in einer sinnleeren, nicht-zielgerichteten Welt möglich. Ist nun aber die untermenschliche Welt gleichgültig gegen unsere Zielsetzungen, so ist keineswegs der andere Mensch gleichgültig gegen sie. »Niemand erträgt die Sinnlosigkeit, vergeblich da zu sein. Jeder bedarf zu dem, was er ist, noch der Sinnerfüllung, gewertet, verstanden, genommen, ja nur moralisch ›gesehen‹ zu werden. Er will mit dem, was wert ist an ihm, auch ›vernommen‹ sein.« So ist der Mensch der einzige »Sinngeber in der Sinnlosigkeit des bloßen Daseins der Welt«, die Menschen aber sind sich gegenseitig Sinnerfüllung und Sinngebung[144].

Wir haben uns durchgehend auf die existentielle Frage nach dem Sinn meines, d. h. des einzelnen menschlichen Daseins konzentriert; die Erörterung des Problems der Geschichtsphilosophie, also einer Teleologie der Menschheitsgeschichte und der Geschichte des Universums im Ganzen, auf die die Polemik von N. Hartmann zielt, können wir hier ignorieren. Unsere Kritik der Fortschrittsidee ergab ja, daß mit ihr ein befriedigender Sinn der Einzelexistenz nicht sichergestellt werden kann; so wird unsere Fragestellung auch nicht von Hartmanns Bestreitung getroffen. Seine Analyse des Verhältnisses von Zielbestimmtheit des menschlichen Handelns und Ziel-Unbestimmtheit des Naturgeschehens ist einleuchtend.

Aber Hartmann, ein dezidierter Nichtchrist, wollte mit ihr ja mehr. Sein weltanschauliches Interesse schlug, entgegen seinem Programm eines nicht-festgelegten und nichts präjudizierenden Denkens, immer wieder durch. Er wollte mit seiner Analyse einen negativen Gottesbeweis, einen Beweis für die Unmöglichkeit Gottes, liefern. Deshalb zieht er aus seiner Analyse universale Konsequen-

---

[144] Zitate aus: Das Problem des geistigen Seins, 1949^2, 170–173.

Sinngebung als Sinnsetzung

zen und unterstellt zugleich, daß Gott – der, den der christliche Glaube Gott nennt – ein Seiendes innerhalb der Welt sei, und daß deshalb sein Verhältnis zu den Dingen und Prozessen der Welt genau so beschrieben werden könne wie das eines anderen weltlich Seienden. Dies unterstellend, kommt dann heraus: Wenn dieser Gott die Welt zielbewußt leitet, dann ist für zielbewußtes menschliches Handeln kein Raum mehr. Damit trifft er zwar einige Beschreibungen des göttlichen Weltverhältnisses in der mittelalterlichen Theologie (bis hinein in deren spätere Nachwirkungen), nicht aber die Intention der christlichen Aussagen, von der später mehr die Rede sein wird. Gott (im christlichen Gebrauch des Wortes) ist nicht ein weltlich Seiendes; sein Verhältnis zur Welt kann nicht in Analogie zu den Verhältnissen, in denen innerweltlich seiende Größen zueinander stehen und aufeinander wirken, beschrieben werden; es ist vielmehr ein unserer Vorstellung entzogenes Geheimnis. Was der christliche Glaube über ein Ziel des göttlichen Handelns mit der Welt sagt (alle jene eschatologischen Aussagen, die mit Recht E. *Bloch* so wichtig sind), sind Hoffnungsaussagen. Wird nach Möglichkeit oder Unmöglichkeit solcher Hoffnung gefragt, so kann das nicht von einer ontologischen Bestimmung des innerweltlich Möglichen her entschieden werden. Daß das Erhoffte – das Zum-Ziel-Kommen dieser nicht nur sinnleeren, sondern, wie der Jude Bloch deutlicher sieht als der baltische Aristokrat Hartmann, böse-sinnwidrigen Welt – möglich sei, sagt der Glaube im Vertrauen darauf, daß der Gott, der diese Verheißung gegeben hat, auch weiß, sie möglich und wirklich zu machen. Gottes Möglichkeiten gehen der Wirklichkeit dieser Welt voraus und sind nicht von ihr her zu beschreiben[145]. Darum konkurriert christliche Hoffnung auf eine Sinnerfüllung der menschlichen Geschichte nicht mit einer ontologischen Analyse des Verhältnisses der menschlichen Willenshandlungen zur nur kausal, nicht final determinierten materiellen Welt und kann durch diese nicht zum Unsinn gemacht werden.

Was aber »Sinn« alles umfaßt, ist von Hartmann unzulänglich bestimmt worden. Er setzt Sinn mit Zielgerichtetheit, also mit Zweckhaftigkeit gleich. Sinn meint aber im Kontext der existentiellen Sinnfrage, wie wir gesehen haben, noch mehr und anderes. Sinn

---

[145] Das ist – auch im Blick auf Hartmann – grundlegend ausgeführt in Eberhard Jüngels Aufsatz: Die Welt als Möglichkeit und Wirklichkeit, in EvTh 29, 1969, 417–442.

bekommen durch Geliebtwerden ist etwas anderes als zweckhaft Geplantwerden, und dem steht Hartmanns Ontologie nicht im Wege. Hartmann berührt das, wo er vom zwischenmenschlichen Verhältnis spricht, auf das sich die einzelnen zweckhaften Handlungen des Menschen beziehen. Hier aber eben bekommt »Sinn« einen Sinn, der nicht nur die Handlung, sondern die Person betrifft. Erschöpft sich der Sinn in der Zweckhaftigkeit unserer Handlungen? Und erschöpft sich der Sinn, den Liebe gewährt, in der Liebe, die wir – ab und zu – von Menschen empfangen und – spätestens durch den Tod – wieder verlieren? Das sind die Sinnfragen in der sinnleeren Welt.

Neben Nicolai Hartmann sei als Beispiel von Beantwortung der Sinnfrage durch Aufforderung zur Sinngebung aufs Neue das durchschnittliche *marxistische* Denken angeführt. Wir hörten schon von jener jungen Philosophengruppe aus der Deutschen Demokratischen Republik, gegen E. *Bloch* gewendet (also ebenso wie bei N. Hartmann gegen eine geschichtsphilosophische Teleologie)[146]: »Sinn« ist eine Kategorie, die nur auf menschliches Handeln anwendbar ist. Dieses muß sich nach Werten richten. Welche Werte »sinnvoll« sind, zeigt uns die Aufmerksamkeit auf den historischen Fortschritt, durch den uns jeweils die Aufgaben gestellt werden. Was gestern noch unsinnig, abstrakt-utopisch war, kann heute schon sinnvoll sein; was gestern noch sinnvoll war, kann heute sinnwidrigreaktionär geworden sein. Die Voraussetzung dabei ist, daß die Erkenntnis des jeweils Fortschrittlichen heute nicht mehr im Vermuten des einzelnen liegt, der sich dabei doch so leicht irren kann, sondern daß Wissenschaft heute eine objektiv zutreffende Erkenntnis ermöglicht[147], – eine Behauptung, bei der die Zuversicht, mit der

---

[146] Ernst Blochs ›Revision des Marxismus‹ (vgl. S. 74), 68.
[147] O. Klohr (Hg.), Moderne Naturwissenschaft und Atheismus, 1964, zit. nach A. v. Jüchen, Atheismus in West und Ost, 1968/69: »Der Maßstab dafür (sc. für die Sinnerfüllung des Menschenlebens) liegt in seiner Beziehung zum objektiven Fortschritt in der gesellschaftlichen Entwicklung, in dem sich die Selbstschaffung des Menschen verwirklicht. Die menschliche Gesellschaft entwickelt sich in objektiver Gesetzlichkeit. Ihre Gesetze verwirklichen sich im und durch das Handeln des Menschen. Sie waren früher unbekannt. Ob das Tun des Menschen in seiner Gesamtheit sinnvoll, mehr oder weniger sinnvoll war, stellte sich erst nachträglich heraus. Nachdem durch den Marxismus-Leninismus die Gesetzmäßigkeiten der gesellschaftlichen Entwicklung aufgedeckt wurden, besteht die Möglichkeit, daß der Mensch sein Leben in bezug auf den Fortschritt der Menschheit wissenschaftlich begründet und damit sinnvoll gestaltet.«

Sinngebung als Sinnsetzung 169

sie gemacht wird, ebenso erstaunlich ist wie der Inhalt. Denn wenn damit nicht nur ein sehr allgemeiner Rahmen gegeben sein soll – etwa die Maxime: handle so, daß damit die Entwicklung zur Befreiung der Menschen von Unterdrückung und Ausbeutung gefördert wird! – sondern auch eine ins Detail meiner jetzigen Einzelentscheidung hineinreichende Anweisung, die mich vor Irrtum und also vor Sinnverfehlung behütet, so dürfte die bisherige Geschichte des Marxismus mit den gegenseitigen Vernichtungskämpfen der einzelnen Gruppen und den gnadenlosen Todesurteilen von Marxisten über Marxisten eben wegen sinnverfehlenden Handelns hinreichend bewiesen haben, daß Wissenschaft – auch eine sich marxistisch verstehende Wissenschaft – weit überfordert ist, wenn sie die objektive Erkenntnis dessen, was hier und jetzt mein sinnvolles Handeln sein soll, liefern soll. Hängt der Sinn meines Handelns daran, daß es mit den objektiven Erfordernissen des Fortschritts der Menschheit übereinstimmt, dann muß, wenn und weil Wissenschaft versagt, deren Anweisung unvermeidlich ersetzt werden durch die Anweisung einer mit der Autorität päpstlicher Unfehlbarkeit ausgestatteten Zentrale, die auf Einblick in den objektiven Fortschritt Anspruch erhebt, und der ich mich schlechthin zu unterwerfen habe. Dies ist aber ein Gewaltstreich, der die Verlegenheit nur vorübergehend löst, d. h. nur so lange, bis die Irrtumsfähigkeit dieser Zentrale auch dem Gläubigsten nicht mehr verborgen ist. Der Gewaltstreich ist selbst schon nihilistisch; denn die beanspruchte Objektivität ist nichts anderes als die Subjektivität dieser Zentrale; sie ist – mit Entrechtung aller Übrigen – die sinnsetzende Instanz.

Es wurden im Obigen drei sich untereinander heftig befehdende Positionen zusammengeordnet. Gemeinsam ist ihnen allen, daß sie den Begriff des Sinnes einzig für unsere Handlungen und Leistungen zulassen; Sinn ist eine Kategorie der menschlichen Aktivität. Der Mensch ist nicht Sinnempfänger, sondern Sinngeber; darin wird seine Würde gesehen. Der Verweis auf die Würde des Menschen ist der Ersatz einer positiven Antwort auf die Sinnfrage, die ja nach einem von uns zu empfangenden Sinn fragt. Die Erbauung an der Würde des Menschen soll uns trösten über die Mahnung zur Genügsamkeit in der Sinnfrage, die uns gleichzeitig verpaßt wird. Diese Würde hat *Pascal* mit berühmten Worten der Geistlosigkeit des Weltalls entgegengehalten; auf sie weist *Kants* moralisches Gesetz in uns, das uns über die Stumpfheit der sinnlichen Welt erhebt. An ihr müssen wir uns erbauen, wenn uns das Ausgeliefertsein an die Brutalität der materiellen Welt, wenn uns die Ohnmacht von uns geistbelebten Würmern niederschlägt; denn wenn es wahr ist: »Das Weltall weiß nicht, daß Menschen in ihm leben«, so hat das auch zur Folge: »Wir sind alle der Gnade eines herabfallenden Dachziegels ausgeliefert«.[148] Mehr an Sinn ist nicht zu haben als der Sinn, den wir in unsere Handlungen hineinlegen und durch unsere Handlungen in unser Leben hineinbringen. Allerdings: sie geschehen in einer sinnleeren Welt, und sie werden von der Sinnleere der Welt verschlungen. Wer sich beklagt: »Ein kosmisches Geschehen, in dem der Mensch und seine Geschichte verschwindet, ist das Sinn-Nichts«[149], wird barsch zurechtgewiesen: er habe sich abzufinden, – oder zum dionysischen Ja aufgefordert, das sich auch in der euphorischen Art, wie von marxistischen Schriftstellern die Ewigkeit und Unerschöpflichkeit der sich selbst bewegenden Materie gepriesen wird, wiederfindet.

Der Unterschied zwischen Nietzsche einerseits und N. Hartmann, den traditionellen Marxisten und vielen andererseits liegt darin, daß die letzteren das Sinngeben an Normen und Werte binden, die außerhalb des Einzelmenschen liegen, an ein ihm vorgegebenes Gesetz (in seiner Vorgegebenheit noch eine letzte Erinnerung daran, daß der Mensch vor aller eigenen Aktivität ein Empfänger ist). An die Stelle von Hartmanns idealem Wertreich tritt bei den Marxisten die Gattung der Menschheit in ihrer Fortschrittsbewegung auf »das Reich des Menschen« hin als überindividuelle Instanz, die den individuellen Entscheidungen, sofern sie dieser Instanz sich fügen, objektive Wahrheit, wahren Sinn garantiert. Am Gesetz dieser Instanzen entscheidet sich, ob der Sinn des Lebens verwirklicht oder verfehlt wird. Nietzsche erkennt radikaler die Bodenlosigkeit dieses objektiven Idealismus oder Materialismus: die Menschen selbst sind der Ursprung dieser Normen und Werte, die sie in den objektiven Himmel der idealen Wertwelt oder der Fortschrittsidee projizieren. Der Nihilismus ist die Konsequenz der neuzeitlich-atheistisch gedachten Autonomie, die auf die Dauer durch solche Schein-Objektivitäten nicht mehr aufgehalten werden kann. Dazu gilt es sich zu bekennen, den Menschen konsequent als die sinngebende Instanz

---

[148] Th. Wilder, Die Iden des März, 62, 267.
[149] E. Brunner, Dogmatik III, 1960, 479.

Sinngebung als Sinnsetzung

(sinngebend nicht nur für die Handlungen, sondern vorher noch für die Normen des Handelns) zu bejahen, die Objektivität entschieden in die Subjektivität zurückzuholen. Der Unterschied ist aber so tief nicht, wie er von den Vertretern beider Seiten gehalten wird. Denn:

1. Auch der Nietzschesche Subjektivist kommt, da er nicht allein auf der Welt ist, nicht darum herum, seine Entscheidungen auszuweisen und zu verantworten, sie also nach Werten zu rechtfertigen, die nicht allein von ihm gesetzt sind und nicht allein für ihn gelten. Aus der Kommunikation über Normen und Werte kann sich keiner herauslösen; als Robinson kann keiner menschlich existieren. Entweder er muß anderen seine Setzung diktatorisch aufzwingen (und selbst dies kann er nur, wenn er eine genügend große Gruppe für sie gewinnt), oder er muß mit anderen zusammen erkunden, was objektiv für sie alle wertvoll ist. Nur so wird er seine Wertsetzungen von Schadenstiftung und Nonsens unterscheiden können. Alle Bemühungen, Nietzsche von der Verantwortung für die Vaterschaft am Faschismus und an der Hitlerei zu entlasten, haben eine Einschränkung seines radikalen Wert-Subjektivismus zur Folge gehabt.

2. Auch die marxistische Objektivität ist so objektiv nicht, wie sie sich gibt, und kann, wie schon gesagt, sobald Schwierigkeiten in der Ermittlung des objektiv Wertvollen und Fortschrittlichen auftreten, zu höchst subjektiven Setzungen samt deren gewalttätiger Erzwingung führen. Von daher rührt die Gleichsetzung von Kommunismus und Faschismus im Totalitarismusbegriff; das ist ihr Wahrheitsmoment, das Wahrheitsmoment auch in der Rede vom »Linksfaschismus«, ein Wahrheitsmoment, das diese irreführende, bösartige Gleichsetzungswaffe der antisozialistischen Demagogie erst möglich gemacht hat, das darum bei der Abwehr dieser Demagogie als solches erkannt werden muß. – Vor allem aber: Der Unterschied besteht darin, daß das Nietzschesche Individuum unmittelbar mit der sinnlosen Welt konfrontiert ist, das marxistische Individuum aber von der Gesellschaft umgeben ist, die ihm den Blick auf die umgreifende Sinnlosigkeit der Welt alltäglich verstellt. Um es anschaulich zu sagen: die Insel inmitten des Ozeans der Sinnleere (vgl. die Metapher des Meeres bei *Nietzsche!*) ist verschieden groß; im einen Fall umfaßt sie nur das Individuum, im anderen reicht sie über dieses hinaus auf ein mehr oder weniger großes Kollektiv, schließlich bis auf die als Einheit in einheitlicher Fortschrittsbewegung gedachte

Menschheit. Dank der Größe der Insel kann der einzelne, wenn er nicht gerade ein hintersinniger Grübler ist, ziemlich lange davon absehen, daß in größerer oder geringerer Ferne die Insel ihr Ende hat und eines Tages ganz versinken wird (und für diese Perspektive sich mit Fr. *Engels* damit trösten, daß dieses Meer, das meine Insel gebar, nach deren Untergang andere hervorzubringen imstande ist). Oder: der Lichtkegel, den das sinngebende Subjekt auszusenden vermag, ist kleiner oder größer, je nachdem das Individuum oder die Gattung als Subjekt gedacht wird. Aber in jedem Falle ist er räumlich und zeitlich begrenzt, und um ihn herum ist finstere, abgründige Nacht.

Immer wieder wird diese Grenze offenbar werden, nicht nur einzelnen, sondern ganzen Generationen. Immer wieder wird sich zeigen, daß diese Art von Beantwortung der Sinnfrage im Nichts verläuft. Ein Marxismus, der sich als Ablösung und Überbietung von Religion gab und also die Sinnfrage zu beantworten sich unterfing, wird dann immer wieder als eine Vorstufe des Nihilismus – und nicht, wie er meinte, als dessen Überwindung sich herausstellen, wie es sich in der Biographie einzelner Kommunisten (und nicht nur der Exkommunisten!) und in der Generationenfolge der Jugend sozialistischer Länder genügsam zeigte[150]. Und immer wieder wird dann, da man ja weiterleben muß und ohne Sinn nicht lang weiterleben kann, aus diesem nihilistischen Stadium geflohen werden in den Trost eines kollektiven Bezugssystems, dem Sinngebungskraft zugeschrieben wird. Mit dem kargen Brot, das es bietet, versucht man sich zu nähren, die Augen schließend vor der Perspektive des Nichts, und in der Angst, die deren heimliche Ahnung erzeugt, erbittert die gewonnene Sinnheimat verteidigend gegen alles und alle, die sie in Frage stellen, – bis dann die Vorläufigkeit der Sättigung, die Grenze der Insel wieder einmal am Tage ist und das umgebende Nichts aufs Neue unübersehbar. »O Gott, die Hälfte meines Lebens soll ein

---

[150] Über das Aufbrechen der Sinnfrage in den Ländern des östlichen Sozialismus berichtet A. Buchholz in seinem Buch: Der Kampf um die bessere Welt, 1961, 155–165; 174ff (Tod); 188ff; 192–196. Ein Beispiel einer marxistischen Sinnpredigt bietet W. Leonhard in der Sylvesteransprache des Schulleiters Paul Wandel, in: Die Revolution entläßt ihre Kinder, 1955, 237. – Wie hinter der Weltanschauung der Nihilismus zerfressende Wirklichkeit sein kann, samt den daraus resultierenden politischen Folgen, dafür liefern die politischen Führungsspitzen im 20. Jahrhundert Beispiele genug, – vgl. z. B. die Schilderung der sowjetischen Führung in Theodor Pliviers Roman: Moskau, 1952, 457ff.

Sinngebung als Sinnsetzung 173

Gebet sein«, sagt Georg *Büchners* Leonce, »wenn mir nur ein Strohhalm beschert wird, auf dem ich reite wie auf einem prächtigen Roß, bis ich selbst auf dem Stroh liege.« Und Valerio antwortet ihm: »Die Erde und das Wasser da unten sind wie ein Tisch, auf dem Wein verschüttet ist, und wir liegen darauf wie Spielkarten, mit denen Gott und der Teufel aus Langeweile eine Partie machen.«[151]

> Die Welt zerdacht. Und Raum und Zeiten
> Und was die Menschheit wob und wog,
> Funktion nur von Unendlichkeiten –,
> Die Mythe log.
>
> Woher, wohin – nicht Nacht, nicht Morgen,
> Kein Evoë, kein Requiem,
> Du möchtest dir ein Stichwort borgen, –
> Allein bei wem? *Gottfried Benn*[152]

Nietzsches Größe: Er hat diese Bewegung vom Nichts zum Sinn, vom Sinn zum Nichts nie hinter sich, ist nie mit ihr fertig, bricht immer neu auf. Er sieht wirklich in den Abgrund und erkennt ihn als Abgrund. Sein Appell an den Mut, sein Sich-Ermahnen zum Bestehen und Ertragen drückt aus, daß er weiß, worum es sich handelt. »Es gibt eine schreckliche Menge von Problemen, die auf mich drükken. Und was für Probleme! Wenn ich nur den Mut hätte, alles zu denken, was ich weiß« (An Overbeck, 12. 2. 1887). Eine Leugnung des objektiven, des nicht erst von uns zu setzenden, sondern des von uns zu empfangenden Sinnes, die nicht ständig neu mindestens nach diesem Mute fragt, gehört zu jenen Typen von Atheismus, von denen *Jean Paul* sagte, sie sprächen über die Existenz Gottes, als ginge es um die Existenz des Einhorns. Nietzsche hat damit ein Mindestmaß gesetzt für die Berechtigung, hier mitzusprechen. Dieses Bewußtsein des nötigen – und ach, kaum erschwinglichen Mutes einigt ihn mit Jean Paul und Dostojewskij, die dann freilich auch noch den Appell an den Mut für einen unzulänglichen Ausweg, für eine Tarnung der Verzweiflung halten, die hier das letzte Wort hat, und die in jenem Appell noch zurückgehalten und überspielt wird, sich um sich selbst betrügt und ihren äußersten Grad noch vor sich hat. Genau die Fähigkeit, sich die Wahrheit durch feige Selbstbelügung zu verstellen, die Nietzsche als Kennzeichen vornihilistischer Haltung empfand, wird nun, um sich am Leben zu erhalten, neu aktuell, wie Nietzsches Ambivalenz zwischen Rühmung der Redlichkeit und Lobpreis der lebenerhaltenden Lüge selbst zeigt. »Auf Erden kann

---

[151] Leonce und Lena, 2. Akt, 2. Szene. [152] Gesammelte Gedichte, 1956, 229.

man nicht leben, ohne zu lügen; denn Leben und Lüge sind Synonyma«, notiert Dostojewskij im »Tagebuch eines Schriftstellers«[153].

Wie erträgt man das? Diese seine Frage hat Nietzsche den nach ihm Kommenden vererbt. Eine Weise des Ertragens ist der Mut, auf den Nietzsche hoffte, eine andere, nicht zu vergessende, massenhaft realisierte die der Gleichgültigkeit in der Abstumpfung. Hermann Rauschning[154] unterscheidet nach Generationen: die erste erfährt den Nihilismus als Befreiung von lastenden Traditionen, als »grenzenlose Ausweitung des Menschentums«, die zweite – die Generation des Ersten Weltkrieges und seiner Folgen – erfährt ihn als Katastrophe und strebt nach sinnverleihender Einverleibung in irgendein überindividuelles Sein, das der (schon erkannten!) Sinnlosigkeit entgegengesetzt werden kann, sei dies nun ein ethnisches (Nation) oder politisch-programmatisches Kollektiv (Partei); in der biographischen Psychologie können hier so entgegengesetzte Zusammenschlüsse wie der zum Faschismus und der zum Sozialismus die gleiche Funktion haben, wie viele Lebensläufe in der Zeit zwischen den beiden Weltkriegen beweisen. Die dritte Generation erfährt die Enttäuschung auch dieses Auswegs. Ihre Angehörigen finden sich wieder zurückgeworfen in die Vereinzelung, unterworfen den Mächten der technischen Zivilisation und Administration; ernüchtert passen sie sich an, ohne zu revoltieren und ohne ihr Tun mit Fortschrittsidee zu glorifizieren. Sie treiben Wissenschaft und Technik weiter, ohne zu wissen, wozu und wohin, empfinden schon die Frage als antiquiert, verdrängen und verschweigen sie. Daraus kann dann wieder eine Generation mit neuen Hoffnungen aufbrechen, abgestoßen von der Langeweile und der Bequemlichkeit der Anpassung und neu erfüllt von Visionen der Gerechtigkeit, des Fortschritts und des Ziels. Der Rat, sich abzufinden, widerspricht zu sehr dem Leben selbst, dem eigensten Wesen des Menschen, – »noch am Grabe pflanzt er die Hoffnung auf« (Schiller) – als daß er sich durchhalten ließe.

Ein Generationenschema ist natürlich eine Typisierung, die nur eine sehr begrenzte Wahrheit hat. In Wirklichkeit laufen bei Individuen und bei Gruppen die Haltungen nebeneinander her, durcheinander, oft im selben Menschen miteinander ringend – und wech-

---

[153] Musarion-Ausgabe von Dostojewskijs Werken, 1921, Bd. I, 97.
[154] H. Rauschning, Masken und Metamorphosen des Nihilismus, 1954, 22–33.

Sinngebung als Sinnsetzung

selhaft sich verdrängend. Einzelne Gestalten werden zu Repräsentanten − T. E. *Lawrence* mit seiner zersetzten Heldenlegende und seinem: »Nichts lohnt sich zu tun, und nichts ist wert, getan zu werden«[155], − und in der Resonanz eines Schriftstellers bei einer ganzen Generation bündelt sich Resignation und Suche ununterscheidbar. Beispiel dafür (mehr noch als die Faszination, die nach 1945 von Gottfried *Benn* ausging): Albert *Camus*[156]. Aus der Abstumpfung in die Gleichgültigkeit wird das bewußte Ergreifen der Gleichgültigkeit, in beiden Fällen aber, entgegen Nietzsches dionysischem Aufruf, aus dem Satze »Alles ist sinnlos« der Satz »Alles ist gleichgültig«. Darein mengt sich die Hoffnung, mit der das Leben selbst gegen die Gleichgültigkeit und die Sinnlosigkeit protestiert. Schon das unmittelbare leibliche Leben ist vorgängig Ja zum Sinn und darum unstillbare Frage nach dem Sinn, und jeder Handgriff wiederholt das: »Atmen heißt urteilen«, sagt Camus[157], − aber im Nicht-sich-Abfinden erscheint noch kein Sinn, nur die Rätsel, die der Dechiffrierung sich entziehen, wie Camus über Aeschylos schreibt: »Au centre de son univers, ce n'est pas le maigre non-sens que nous trouvons, mais l'énigme, c'est-à-dire un sens, qu'on déchiffre mal parce qu'il éblouit« (Im Zentrum seines Universums befindet sich nicht der magere Nonsens, den wir finden, sondern das Rätsel, d. h. ein Sinn, den man schlecht entziffern kann, weil er blendet)[158].

---

[155] Dazu J. Rausch, T. E. Lawrence oder Die Schrecken der Freiheit, in: Der Mensch als Märtyrer und Monstrum, 1957, 224ff. Rausch erinnert dort zutreffend an die Gestalt Nikolai Stawrogins in Dostojewskijs »Dämonen«, der von sich sagt: seine Kraft habe sich als »unermeßlich« erwiesen, »aber wozu ich diese Kraft verwenden soll, habe ich vergessen«. Ebenso Lawrence: »... jetzt, wo ich gefüllt bin, um ein gutes Gewicht zu haben, gibt es nichts, wofür ich es anwenden möchte.«
[156] Besonders in Camus' Roman »Der Fremde« und in seinem »Mythos vom Sisyphos« das Bild der gegeneinander arbeitenden Steinfabriken.
[157] A. Camus, Der Mensch in der Revolte, 1969, 11. − Der Weg Camus' in seinen Tagebüchern! − Ähnlich ist für Franz Kafka schon der bloße Vollzug des Weiterlebens Ausdruck dafür, daß wir nicht aufgeben zu hoffen, nämlich auf Sinn. In seinen »Betrachtungen über Sünde, Leid, Hoffnung und den wahren Weg« (Hochzeitsvorbereitungen auf dem Lande und andere Prosa aus dem Nachlaß, 1966, 54) findet sich die Notiz: »Daß es uns an Glauben fehle, kann man nicht sagen. Allein die einfache Tatsache unseres Lebens ist in ihrem Glaubenswert gar nicht auszuschöpfen. ›Hier wäre ein Glaubenswert? Man kann doch nicht nicht-leben.‹ Eben in diesem ›kann doch nicht‹ steckt die wahnsinnige Kraft des Glaubens; in dieser Verneinung bekommt sie Gestalt.«
[158] Aus: L'Eté, 1954, zit. nach W. Müller-Lauter, Thesen zum Begriff des Absurden bei Albert Camus, in: Theologia Viatorum, 1961/62, 215.

V. Der christliche Glaube und die Sinnfrage

Die Sinnfrage ist die Gottesfrage, sofern mit dem Worte »Gott« jeweils diejenige Instanz bezeichnet wird, von der Sinngebung erhofft wird. Im christlichen Glauben wird das Wort »Gott« reserviert für eine Stimme, die in der Geschichte Israels und in der Erscheinung Jesu Christi gehört wird. Dieses Hören hat eine neue und eigenartige Stellung, Verschärfung und Beantwortung der Sinnfrage zur Folge.

Es ist nötig, sich zu erinnern: Haben wir von einem Ismus (Nihilismus) gesprochen, Geistesgeschichte getrieben, literarische Namen genannt und Quellen zitiert, so haben wir damit nicht Absichten der Bildung gehabt, nicht von anderen Leuten gesprochen, sondern von uns selbst. Wir hätten nicht notwendig so weit ausgreifen müssen, in die Geistesgeschichte des 19. Jahrhunderts, in die Literatur, wir hätten statt dessen auch von uns selbst, von Gestalten und Lebensweisen in unserer nächsten Umgebung erzählen, die geheimsten Fragen unserer verborgenen Stunden offenbaren können. Es wäre das Gleiche an den Tag gekommen, vielleicht noch deutlicher. Es hat aber hoffentlich jeder im bisher Gebotenen sich selbst und seine eigene Situation wiedererkannt.

Wir können zunächst drei Sätze nebeneinander stellen, die uns die Aufgabe unseres zweiten Teils deutlich machen:

1. Alle, die den Nihilismus in seiner Tiefe erkannt haben, haben auch seine Überwindung angestrebt.

2. Auch dem, der den christlichen Glauben nur oberflächlich kennt, ist doch sicher: Ein Christ kann nicht sagen, sein Leben und die Welt hätten keinen Sinn. Glauben heißt: in Gewißheit letzten Sinnes zu leben und geborgen zu sein. Aber: Bedeutet das, daß den Glaubenden die Sinnfrage überhaupt nicht anficht? Und woher hat er seine Gewißheit? Steht es so, daß er weiß (oder zu wissen meint), wo andere bestenfalls Sinn erhoffen, verdeckt von undurchdringlichen Rätseln? Heißt Glauben: die Antwort auf die Sinnfrage besitzen?

3. Der Nihilismus hat die christliche Sinngebung hinter sich gelassen. Die Radikalität des Fragens hat über die bisherigen Ant-

Sinn und »Gott«

worten hinaus getrieben auf den Weg des Rauchs, »der stets nach kältern Himmeln sucht«. Radikales Fragen heißt: über alle Antworten hinausfragen, sie alle in Frage stellen und unterlaufen (W. *Weischedel*), nicht sich irgendwo wieder zur Ruhe bringen lassen: »Wer das verlor, was du verlorst, macht nirgends halt!« Soll jetzt der Weg zurück eingeschlagen werden, aus Angst vor den Folgen, die Flucht nach rückwärts ins schon Verlassene, in kindliche Geborgenheit, aus Bedürfnis nach Halt? Ist das nicht Einladung zur Feigheit, – und zu Unmöglichem, weil es diesen Weg zurück nicht mehr gibt, wenn einmal die Naivität gebrochen ist?[1] Geschieht der Sprung des Glaubens durch Appell an die Angst? Und ist Theologie eine Verteidigung der letzten, schon umspülten Inseln einstiger Gewißheit?

Es meint mancher, das Christentum hinter sich gelassen zu haben, – es war aber nur das Christentum, wie er es bisher gekannt hat, – oder: es war nur eine bestimmte Aneignungsweise, eine bestimmte Stufe seines Glaubens und Erkennens, über die er hinausgeführt werden sollte; dazu mußte der schmerzhafte Bruch mit dieser Stufe dienen, eine Periode des Zweifelns, des Unglaubens. Wie im individuellen Leben, so kann es auch in der Geistesgeschichte gehen. Es kann also aus ihr nicht einfach der Schluß gezogen werden, daß Vergangenes nicht wiederkehrt, sondern nur, daß vergangene Gestalt nicht wiederkehrt. Nicht das Christentum, wohl aber eine bestimmte Gestalt des Christentums liegt unwiderruflich hinter uns.

Sinn und »Gott«

Der Genfer Katechismus von Johannes *Calvin* (1542) beginnt folgendermaßen:

> Was ist das Hauptziel des menschlichen Lebens?
> Gott zu erkennen.
> Wieso das?
> Weil Gott uns geschaffen und in die Welt gesandt hat, um durch uns verherrlicht zu werden...
> Was ist das höchste Gut der Menschen?
> Eben dies gleiche...
> Was aber ist die wahre und rechte Erkenntnis Gottes?
> Erkennen, um zu ehren... Das bedeutet: daß wir unser ganzes Vertrauen auf ihn setzen; daß wir ihm dienen im Gehorsam gegen seinen Willen; daß wir ihn

---
[1] Vgl. H. v. Kleist, Über das Marionettentheater.

anrufen in aller unserer Notdurft (dans toutes nos necessités), suchend in ihm unser Heil und unser Glück ...[2]

Es lohnt sich, über diesen Katechismusanfang ein wenig zu meditieren. Er unterstellt seine erste Frage als eine allgemeine: jedem sofort verständlich, von jedem schon empfunden. Er hält sie für sinnvoll. Er will den, der sie als sinnlos, weil unbeantwortbar, – als sinnlos, weil die nicht-gegebene Voraussetzung eines über die einzelnen Ziele *im* Menschenleben hinausgreifenden Wozu unterstellend – zur Seite gelegt hat, anstacheln, sie neu aufzuwerfen. Er will ihre Unruhe virulent erhalten. Der Verdacht trifft zu: er will das, weil er diese Frage weder für sinnlos noch für hoffnungslos hält.

Er ist aber nicht der Meinung, daß es für jede sinnvolle Frage auch eine sinnvolle, ausreichende Antwort geben muß. Die Fraglichkeit unserer Existenz wird von ihm nicht voreilig, wie oft in der Geschichte der Metaphysik, als heimlicher Hinweis auf in Aussicht stehende Antwort angesehen. Wo Frage ist – auch unvermeidliche, auch am Existenzkern nagende –, *muß* es keineswegs Antwort geben. Hoffnung, noch so unvermeidlich uns ausgepreßt von den Versagungen dieses Lebens, noch so vehement Lebenserfüllung einklagend vom Leben, von der Welt, von der Zukunft, am Grabe noch aufgepflanzt, hat in sich keine Garantie der Erfüllung. Hoffnung ist

---

[2] Entsprechend der Anfang des Westminster (Shorter) Catechism (1647): »What is the chief end of man? Man's chief end is to glorify God, and to enjoy Him for ever«, – und der Anfang des 1955 in Deutschland gebrauchten römisch-katholischen Katechismus: »Wozu bin ich auf Erden? Ich bin dazu auf Erden, daß ich den Willen Gottes tue und dadurch in den Himmel komme«; in einer Ausgabe dieses Katechismus wurde in der Auslegung auf einen burgundischen Höfling verwiesen, der kurz vor seinem Tode sich als Grabschrift bestimmte: »Hier ruht der Tor, der aus der Welt gegangen ist, ohne zu wissen, wozu er in die Welt gekommen ist.« Im neuen Einheitskatechismus lautet die Antwort: »Wir sind auf Erden, um Gott zu dienen, Ihn zu lieben und einst ewig bei Ihm zu leben.« – Für Calvins Katechismus vgl. K. Barth, Das Glaubensbekenntnis der Kirche, 1967. – R. C. Chalmers zitiert in seinem Beitrag zu: The Meaning of Life in five Great Religions (1965, 83) eine Bemerkung des damaligen amerikanischen Außenministers Dean Rusk: »If war should break out ... the northern Hemisphere will simply be burned up. That means that Kennedy and Krushchev both live with the first question of the Westminster (Shorter) Catechism always in mind: What is the chief end of man?« Unversehens wird damit hinter dem Katechismus das Problem gesellschaftlicher Herrschaft sichtbar: Indem der Katechismus den Einzelnen anredet und ihn auffordert, die Hauptsache seines Lebens selbst zu erkennen und zu entscheiden, impliziert er den Widerspruch zu Zuständen, in denen diese Entscheidung in der Hand einiger weniger liegt, die sie für ganze Hemisphären treffen, und also auch die Aufforderung, solche Zustände zu beenden.

Sinn und »Gott« 179

zähes Erwarten dessen, was Gegenwart versagt, von der Zukunft. Sie kann sich einreden, wenn sie nicht aufgibt, zwinge sie die Erfüllung herbei. Bedürfnis erdichtet sich Antworten; Sinnbedürfnis erdichtet sich Sinn. Es verschafft sich damit Frieden, den es braucht, und gewinnt daraus Lust, die es nötig hat. Aber »der Beweis der ›Lust‹ ist ein Beweis für ›Lust‹, – nichts mehr«, sagt *Nietzsche* gegen die allzu pragmatische Anpreisung des christlichen Glaubens durch manche Theologen, dieser Glaube sei wahr, weil er selig mache; »woher um alles in der Welt stünde es fest, daß gerade wahre Urteile mehr Vergnügen machten als falsche und, gemäß einer prästabilierten Harmonie, angenehme Gefühle mit Notwendigkeit hinter sich dreinzögen?«[3] Die Wahrheit kann so sein, daß sie uns keineswegs »Vergnügen« macht, uns vielmehr der Verzweiflung oder der Resignation, der resignierten Verzweiflung überliefert. Prästabilierte Harmonie von Wahrheit und Bedürfnis kann jedenfalls nicht mit der Kraft des Bedürfnisses selbst begründet werden. Setzt Th. W. *Adorno*[4] gegen die Entsagung in Nietzsches amor fati die Hoffnung als die uns hier und heute gemäße Gestalt der Wahrheit – »Am Ende ist Hoffnung, wie sie der Wirklichkeit sich entringt, indem sie diese negiert, die einzige Gestalt, in der Wahrheit erscheint« –, so hat er recht, sofern damit die Unwahrheit der Wirklichkeit, wie sie ist, aufgedeckt und angeklagt wird: ihr Nicht-Übereinstimmen mit der Sinnhaftigkeit, die in der Wirklichkeit um uns her dauernd prätendiert wird; die »Idee der Wahrheit« muß aufgerichtet werden, nicht um positivistisch die vorhandene Wirklichkeit als wahr zu sanktionieren, sondern um dies gerade zu verhindern, und ersteres zu tun, wäre wahrhaftig, wie Adorno sagt, das schlimmere »Verbrechen der Theologie«; sie verrät sich selbst, wo sie, um dem Verdacht, dem Bedürfnis vom Bedürfnis erdichtete Antwort zu liefern (wie er sie seit L. *Feuerbach* und *Nietzsche* umgibt), zu entgehen, darauf verzichtete, im Namen der Wahrheit die Hoffnung gegen die unwahre Wirklichkeit aufzurichten.

Aber die Wahrheit, in deren Namen das geschieht, ist doch zunächst keine andere als die Wahrheit unseres Bedürfnisses: seine Dringlichkeit, seine Unvermeidlichkeit, – und die Wahrheit seines Widerspruchs gegen jede Affirmation, die uns die Wirklichkeit als

---
[3] Der Antichrist, Aph. 50 (Schlechta II, 1215).
[4] Th. W. Adorno, Minima Moralia, 172ff.

eine sinnhafte vorlügt. Sie ist nicht die Wahrheit der Befriedigung des Bedürfnisses; sie ist wahre Hoffnung, aber ob der Hoffnung eine Wahrheit außerhalb ihrer entspricht oder entsprechen wird, eine wahre Wirklichkeit anstelle der unwahren, das ist eine offene Frage.

Sie ist, wie schon erwähnt, von Metaphysikern und metaphysischen Theologen gern als Indiz für die Wahrheit der Hoffnung selbst benützt worden: weil nichts das Sinn-Verlangen des Menschen wirklich befriedigen kann, weil jeder Genuß, jedes Glück zeitlich ist und vom Verlangen des Menschen transzendiert wird, zum mindesten transzendiert werden kann, darum muß es eine transzendente Erfüllung geben, – wenn wir nicht annehmen sollen, daß der Mensch gerade von seinem zentralsten, menschlichsten Verlangen geäfft werde, daß er – das unglücklichste Lebewesen von allen – wesentlich im Widerspruch zu seinem faktischen Dasein zu leben verurteilt sei. Der auf dem desiderium naturale, dem wesenhaften Sinn-Bedürfnis des Menschen aufbauende Gottesbeweis besagt also: Wir haben uns zu entscheiden, ob wir eine Übereinstimmung zwischen unserem Bewußtsein (als einem sinnverlangenden) und dem Sein selbst (als einem dieses Verlangen erfüllenden) annehmen – oder die Unerklärlichkeit, damit auch Unsinnigkeit unseres Sinnverlangens für eine mögliche letzte Wahrheit halten wollen. Zu mehr als zu einer solchen Alternative will ein derartiger Beweis nicht führen, aber immerhin bis dorthin[5].

Auch das gelingt aber doch nur durch eine Extrapolation innerweltlicher Erfahrungen. Der Durst ist der einzige und schlagende Beweis für die Existenz des Wassers, sagte Franz *von Baader*[6]. Das gilt aber doch nur in einer doppelten Beschränkung: 1. Der Durst beweist die Existenz – nicht von H_2O »an sich«, sondern von H_2O »für uns«, d. h. von H_2O als einer Materie, die geeignet ist, Durst zu stillen. Und 2. Der Durst beweist das insofern, als in ihm das Wasserbedürfnis eines Lebewesens sich meldet, das Teil eines Systems ist, in dem Wasser vorkommt, und zwar als eine seiner Lebensbedingungen: der Durst ist die Folge der Existenz des Wassers (sofern der Mensch ohne Wasser nicht als der, der er ist, vor-

---

[5] Vgl. die schöne Darstellung der transzendierenden Skala des menschlichen Verlangens nach dem höchsten Gut in der Scholastik bei N. Hinske, Handeln und Enttäuschung, in: Sein und Ethos, hg. von P. Engelhardt, 1963, 213–272.
[6] Zit. bei C. Verhoeven, Wohin ist Gott?, 1969, 123. Im Folgenden schließe ich mich den dortigen Ausführungen des holländischen Philosophen an.

Sinn und »Gott«

handen wäre), und insofern ist der Durst ein Beweis der Existenz des Wassers. So ist z. B. auch sexuelles Bedürfen des anderen Geschlechts ein Beweis für die Existenz eines anderen Geschlechts, weil nur im System der Zweigeschlechtlichkeit dieses Bedürfen entstehen konnte. »Was da ist, schafft ein Bedürfnis. Jede Fülle der Welt schafft in mir eine Leere ... Das andere Geschlecht macht mich zu einem sexuellen Wesen; ihre (sc. der Sexualität) Fülle schafft in mir eine Leere.«[7]

Kann das extrapoliert werden auf unser Verlangen nach Sinn? Jedenfalls nicht in einer die Frage abschließenden Weise. Denn physisches Bedürfnis beweist sich durch die Unerläßlichkeit seiner Erfüllung oder mindestens (im Falle der Sexualität) durch die Beschaffenheit des Menschen, wie sie unwidersprechlich vorliegt. Nicht jedes Bedürfen ist diesem gleich, – weshalb C. *Verhoeven* zwischen Bedürfnis und Verlangen unterscheidet. Wir verlangen nach Glück, nach Geliebtwerden, nach Frieden. Ob uns dies aber zugedacht ist, ist durch unser Verlangen nicht schon entschieden. »Das Bedürfnis ist in der Natur lokalisiert, das Verlangen in der Freiheit. Das Bedürfnis setzt die Anwesenheit dessen, wodurch es erfüllt werden kann, voraus; das Verlangen dagegen setzt seine Abwesenheit voraus ... Das Verlangen nährt sich von seinem eigenen Hunger.«[8] Aus *diesem* Hunger ist keine Aussicht auf Erfüllung zu erschließen; seine Unerträglichkeit ist kein Argument für seine Aussicht auf Gestilltwerden. Es ist nicht ausgeschlossen, daß wir die Wesen sind, deren Geschick es ist, sich von ihrem Hunger zu nähren, und die eben darin – dies eigentlich ist ihr »Geist« – den Grund ihrer erstaunlichen und auch verheerenden Hervorbringungen haben, wie das Theodor *Lessing* immer neu versichert hat[9]. »Die Frage ist ein Orientierungsverhalten, ein Ortungsmechanismus wie das Radargerät. So wenig die Tatsache von Radarstrahlen die Existenz bestimmter Körper fordert oder beweist, so wenig läßt sich vom Fragen auf letzte Fraglosigkeiten schließen.«[10]

Die Frage also – nur sie, aber sie mit allem Ernste, eben als eine gänzlich offene – greift Calvin auf, setzt Interesse an ihr voraus oder

---

[7] AaO. 124f.
[8] AaO. 126.
[9] Th. Lessing, Geschichte als Sinngebung des Sinnlosen, 1916, Neuauflage 1962; Der Untergang der Erde am Geist, 1923⁴.
[10] H.-D. Bastian, Theologie der Frage, 1970², 28.

hofft es doch zu erwecken, indem er sie uns entgegenstellt. Wovon er im Folgenden sprechen will – nämlich von der christlichen Botschaft –, das hat mit dieser Frage zu tun, bezieht sich auf sie und will eine Antwort auf sie sein. Diese Botschaft geht also die Menschen etwas an, und es läßt sich zeigen, daß sie sie etwas angeht, daran, daß ihre Beziehung zu dieser zentralen Frage gezeigt werden kann[11]. Sie schwebt also nicht beziehungslos über den Menschen und hat nicht mit deren Lebensfragen nichts zu tun oder nur mit den speziellen Fragen einiger »religiös« Veranlagter. Sie bezieht sich vielmehr auf die allgemeinste Frage aller, sie freilich sofort zu einer präzisen Frage machend. Denn sie versammelt unsere Wozu-Fragen aus der alltäglichen Zerstreutheit aufs Zentrum: Was ist die Hauptsache (la principale fin)? Damit wird die Frage kritisch: Ist, was wir jeweils für die Hauptsache halten, wirklich die Hauptsache? Was allein kann die Hauptsache sein, und was soll darum für uns die Hauptsache sein? Ist das allgemein angebbar, oder läßt sich das relativistisch aufheben? Ist die Hauptsache unsere willkürliche Setzung oder auch unsere jeweilige historische Determination – oder steht eine einzige Hauptsache objektiv für alle Menschen fest? Und was sind die Kriterien, nach denen *die* Hauptsache von allem Nebensächlichen unterschieden werden kann?

Die Antwort Calvins auf diese erste Frage ist sowohl überraschend als auch mehrdeutig. Letzteres insofern, als das Wort »Gott«, das ja wie eine Selbstverständlichkeit hier eingeführt wird, eben deshalb sowohl unbestimmt wie bestimmt verstanden werden kann. Wird es unbestimmt verstanden, dann ist es als Titel verwendet; der Satz ist dann tautologisch: »Gott« können wir ansehen als einen aus der Religionsgeschichte uns überlieferten Titel für »Hauptsache«. Was uns Hauptsache ist, das ist uns »Gott«. Hier wird der Zusammenhang der existentiellen und der metaphysischen Frage sichtbar: »Gott« ist der Titel sowohl für die Hauptsache, der wir unser Leben widmen, wie auch für den Grund der Welt, – oder, genauer gesagt (und so meinten es auch die mittelalterlichen Gottes-

---

[11] Ob Calvin hier und in dem ähnlichen Anfang seines Hauptwerkes »Institutio religionis Christianae« auf einer »natürlichen Theologie« aufbaue (vgl. oben S. 31), war eine in der Calvin-Forschung besonders der dreißiger Jahre heftig verhandelte Frage, vgl. G. Gloede, Theologia naturalis bei Calvin, 1935; P. Barth, Das Problem der natürlichen Theologie bei Calvin, ThExh Nr. 18, 1935; K. Barth, Kirchliche Dogmatik II/1,29f. Unsere Stellung in dieser Frage wird im Folgenden deutlich.

Sinn und »Gott«

beweise), der Titel für das Problem des Seienden, das in seiner Existenz eine offene Frage nach seinem Grunde ist[12]. Darum ist die Sinnfrage die Gottesfrage. Von dem her, was wir für unsere Hauptsache halten, bekommt unser Leben und Tun seinen Sinn, darum kreist es. Was ist die Hauptsache in unserem Leben und für unser Leben? Daß wir erkennen, was wirklich Hauptsache, *die* Hauptsache ist, sein kann und darum sein soll. »Die Hauptsache ist, daß die Hauptsache die Hauptsache bleibt«, hat mir in sowjetischer Kriegsgefangenschaft einmal ein Schlosser aus dem Wuppertal, ein glaubwürdig frommer Freund, mahnend und stärkend zugerufen. Keine Hauptsache zu haben, ist ein verderblicher Zustand, und auch, wo wir eine haben, verführen uns Nebensachen leicht genug zum Abfall in Zerfahrenheit und Untreue.

Damit wird deutlich, was an der Antwort zunächst überraschend ist: *Erkennen* der (objektiven) Hauptsache soll (subjektiv) die Hauptsache sein. Das ist nicht eine intellektualistische Verengung. Erkennen, wie es hier gemeint ist, bedeutet sowohl zur Kenntnis bekommen wie auch von der Macht dieser Kenntnis beherrscht, geleitet und gehalten werden. Dieses Erkennen ist ein Dasein in Erkenntnis, sowohl intellektuell wie mit Bejahung des Willens und Freude des Gefühls, ein totaler Lebensvollzug. Es hat eine eschatologische Perspektive auf jenes Schauen hin, von dem weiter unten[13] die Rede sein wird, auf jenes »völlige Erkennen, wie ich auch völlig erkannt bin« (1. Kor. 13,12)[14]. Hiesiges Erkennen ist, wenn es wahres Erkennen der wahren Hauptsache ist, schon vorwegnehmendes Teilhaben am endgültigen Erkennen. Erkennen der Hauptsache ist Leben im Sinn.

Dies alles ist noch unbestimmt, nur formal, weil noch offen ist, was die Hauptsache ist. Für Calvin, der »Gott« hier groß schreibt (Dieu), ist das Wort nicht nur Titel für die von Individuum zu Indi-

---

[12] Nach der Formulierung eines Thomisten: »Gott ist der Name (gemeint ist: der Titel! H. G.) des Problems, das uns durch die Existenz der Welt gestellt ist« (zit. in: L'Analyse du Langage Théologique. Le Nom de Dieu, hg. von E. Castelli, Paris 1969, 91).
[13] Siehe S. 250f.
[14] Besonders in den johanneischen Schriften wird Erkennen in dieser Totalität gebraucht; z. B. Joh. 8,28.32; 14,20; 17,3.25; 1. Joh. 2,5; 5,20. – Von hier aus wird verständlich, daß für Karl Barth Erkenntnis Gottes und unser selbst der Inhalt der letzten Vollendung ist, der endlich zur Totalität gekommene Vollzug unseres Lebens (vgl. unten S. 286, Anm. 18).

viduum auswechselbare Hauptsache, sondern Name, reserviert für die Hauptsache, von der er Mitteilung zu machen hat. Zwar könnte man auch seine weiteren Antworten noch formal verstehen. Denn das geschieht ja von der sinngebenden Hauptsache her: wir verherrlichen sie, indem wir sie zur Hauptsache erklären; sie ist unser höchster Wert; wir setzen unser Vertrauen auf ihre Sinnhaftigkeit, dienen ihr, berufen uns auf sie, finden in ihr unser Heil und unser Glück. Wo wir in christlichem Sprachzusammenhang das Wort »Heil« benützen, kann ohne weiteres dafür »Sinn« in der Bedeutung von sinngebender Hauptsache, mit der die Frage nach dem zentralen Wozu beantwortet wird, eingesetzt werden.

Aber Calvin will nicht in eine allgemeine Problematik einführen. Mit den gleichen Worten, die auch zu deren Schilderung dienen könnten, will er von etwas sehr Bestimmtem sprechen. Seine Fragen sind nicht sokratisch gemeint; sie wollen nicht aus Scheinwissen in die offene Situation der Ratlosigkeit treiben; sie fragen Gehörtes ab, wie nicht nur ein Katechismus, sondern auch ein sonstiges Übungsbuch es tut. Indem das Gehörte aber in die Frageform eingegangen ist, wurde deutlich, daß mit dem, was sich hat hören lassen, nicht nur Information über irgendein Erkenntnisobjekt, sondern Information darüber, was dieses Objekt den Erkennenden angeht, inwiefern es mit dessen Fragen zu tun hat, gegeben worden war.

Für Calvin ist »Gott« nicht nur Titel, sondern Name eines Bestimmten: dessen, von dem er gehört hat, dem er in der Kirche und mit der Kirche zuhört, des JHWH Israels, des Gottes der christlichen Botschaft. Wird diesem Bestimmten der allgemeine Titel »Gott« so reserviert, daß er im Sprachgebrauch die Funktion eines Eigennamens bekommt, so soll schon dieser sprachgeschichtliche Name sagen: Dieser allein verdient diesen Titel wirklich; dieser allein ist Grund und Ziel alles Seienden; dieser allein kann und soll Hauptsache unseres Lebens sein. »Gott« als Name gebraucht, verweist auf eine Geschichte, die in einer Botschaft erzählt wird, auf die Geschichte Jesu Christi und mit ihm, in seine Geschichte eingeschlossen, auf die Geschichte Israels. Wird sie als eu-angelion, als für den Hörer gute, erfreuliche Botschaft erzählt, dann dient das Erzählen nicht der Information über Vergangenes, dem nur noch historisches Interesse zukommt, sondern dem Hörer wird gesagt, dies sei eine erfreuliche Geschichte für ihn, dies sei auch seine Geschichte, seine heilvolle Geschichte, er selbst komme in ihr vor und sei mit

Sinn und »Gott«

ihr gemeint, und er solle nun den Platz, das Recht und die Aufgabe wahrnehmen, die ihm mit ihr und in ihr zugeteilt sind. »Gott« umfaßt nun, wie im Folgenden noch ausführlich dargestellt werden wird, eine ganze Geschichte, in der die Welt als Ganzes und jeder einzelne Mensch vorkommt; »Gott« ist der Name einer Verheißung für die Welt als Ganzes und jeden einzelnen[15]. »Gott« ist als Name nicht Bezeichnung für eine einzelne Größe für sich, über deren Existenz oder Nicht-Existenz man gemächlich debattieren kann wie über irgendeine Größe der Welt, deren Existenz kontrovers ist, mit deren Existenz oder Nicht-Existenz sich aber nichts Wesentliches für uns ändert; »Gott« als Name ist vielmehr Bezeichnung für eine Größe-in-Beziehung, also zugleich auch für die Beziehung; mit »Gott« als Name ist ein Zusammenhang ausgesagt, in dem wir uns selber finden können und sollen, ein Sinn-Zusammenhang, der Name einer neuen Sinngebung. Indem wir in diese Beziehung gesetzt werden, ändert sich alles: eine Hauptsache ist da, die sich zu erkennen gibt als das »höchste Gut der Menschen«, die zu verherrlichen ein sinnvoller Lebensinhalt ist, auf die wir alles Vertrauen setzen können, die wir in tiefer Sinneskrise anrufen können, auf die zu hören, an der sich zu orientieren, an deren Werk sich zu beteiligen dasjenige ist, was sich wahrhaft lohnt. Die Botschaft erzählt mit ihrer Geschichte uns die »real verändernde Tatsache, daß Gott ist«[16].

Der Katechet Calvin sagt die Antworten vor, die ein Mensch auf seine menschlichen Fragen gibt, wenn er diese Botschaft mit Ver-

---

[15] Wie wichtig der Zusammenhang zwischen dem einzelnen und der Welt für die Sinnfrage ist, wurde schon öfters berührt (z. B. S. 169f) und wird uns noch mehr beschäftigen. Gegen die Sinnleere des Ganzen kommt alles Bemühen um Sinngebung für den einzelnen nicht auf. Das blitzt auf, wenn z. B. ein so spekulativ begabter Psychologe wie Ronald D. Laing sich über Sozialisationsprobleme äußert und, den Kreisen der sozialen Kontexte nachgehend, durch die das Verhalten des einzelnen verständlich wird (Familie, Gesellschaft), schließlich »an eine empirische Grenze« kommt, »die selbst ohne erkennbaren Sinn zu sein scheint«. Weil es (jedenfalls auf dem Wege empirischer Wissenschaft) nicht möglich ist, »die Totalität des globalen Sozialsystems in eine größere Form oder Anlage einzugliedern, in der sie ihre Rationalität fände«, bedroht die »Irrationalität des Ganzen« auch die Rationalität der Subsysteme. »Einige Leute meinen, mit einem kosmischen System wäre das möglich. Dagegen hat mehr als einer gesagt – und wurde deshalb für verrückt erklärt –, daß Gott vielleicht nicht tot sei: vielleicht sei Gott selber verrückt.« (Undurchschaubarkeit und Evidenz in modernen Sozialsystemen, in: Dialektik der Befreiung, hg. von D. Cooper, ro-ro-ro-aktuell Nr. 1274, 1969, 13f). Das ist nicht extravagante Blasphemie, sondern – das Hiob-Problem!
[16] K. Barth, Kirchliche Dogmatik II/1,289.

stand gehört und sich in die von ihr erzählte Geschichte hineingestellt hat. Sein Katechismus beschreibt ein menschliches Selbstgespräch, verändert durch das Vernehmen dieser Geschichte. Ein Mensch geht mit sich selbst zu Rate; da er aber dabei durch Gehörtes bestimmt ist, ist sein Monolog auch Dialog. Andere Menschen sprechen mit, Traditionen und sozialer Kontext[17]; gerade die Sinn-Erwägung geschieht nicht einsam. In das Stimmengewirr tritt nun auch diese Tradition ein, die Tradition der christlichen Botschaft, und bietet sich als Antwort auf jene zentralen Fragen nach dem Hauptziel und dem höchsten Gute an. Es ist menschliche Tradition; Menschen sprechen hier zu Menschen; kein Engel erscheint, keine himmlische Posaune ertönt. Menschen haben hier befriedigende Antwort auf menschliche Fragen gehört und sagen es deshalb anderen Menschen weiter. Daß hier auf Erden nur menschliche Dinge verhandelt werden (W. *Raabe*), das gilt auch hier. Gegen den Verdacht, daß hier unser nicht zu bändigendes Sinn-Verlangen eine Befriedigung unter vielen erdacht und erdichtet habe, ist dieses Antworten nicht gefeit und darf es nicht sein.

Denn nur ein empirischer Beweis könnte diesen Verdacht ausräumen, ob er nun in einem supranaturalen Mirakel oder in einer Beweisführung mit den Mitteln der positiven Wissenschaften bestünde. In beiden Fällen würde der Beweis vernichten, was er beweisen soll:

1. Ein einzelnes empirisches Vorkommnis wäre dann Grund und Legitimation für die Sinn-Perspektive, die doch eine totale ist; das einzelne sollte dann das Ganze ausweisen, wo es doch selbst nur *innerhalb* des Ganzen seine Funktion haben kann.

2. Wenn Sinn nur in eigener Stellungnahme, nur antwortend empfangen werden kann[18], dann handelt es sich hier um ein Geschehen, dessen Bedeutung und Wahrheit nur im Mitvollzug erkannt werden kann. Verobjektivierung zum betrachtbaren Gegenstand bringt dieses Geschehen nicht zu Gesicht, sondern macht es unsichtbar. Die eigene Entscheidung kann also aus ihm nicht eliminiert werden, auch wenn der Vorwurf, dann walte hier Dezisionismus (willkürliche Entscheidung), und die Kontrolle der Vernunft sei – inhuman genug – ausgeschlossen, sich sofort hören läßt[19]. Wo

---

[17] Siehe oben S. 24.
[18] Vgl. S. 62.
[19] Dies ist im Blick auf W. W. Bartley, Flucht ins Engagement, 1962, gesagt.

Sinn und »Gott«

es um die Sinnfrage geht, ist die Subjektivität die Wahrheit, – darin behält *Kierkegaard* recht. Denn hier geht es ums Ganze und um mich selbst, und für beides ist Wissenschaft nicht zuständig, weil sie weder über das Ganze noch über das Selbst verfügt. Will sie hier zuständig sein, wird sie notwendig zur Ideologie[20]. Gerade indem die christliche Beantwortung der Sinnfrage ihre Nicht-Objektivierbarkeit und Nicht-Beweisbarkeit offen eingesteht, errichtet sie ein Hindernis gegen ihre eigene Ideologisierung (nicht das einzige; mehrere sind nötig; denn Ideologisierung droht stets von mehreren Seiten).

Unvernünftig freilich geht hier nichts zu. Kein credo quia absurdum (Ich glaube, gerade weil dies absurd ist) ist hier aufzubringen. Absurd ist hier nichts, obwohl einiges anstößig, sowohl der Unbeweisbarkeit wegen wie auch, wie gleich noch zu sehen, des Inhalts wegen. Aber was unbeweisbar ist, kann nicht deswegen schon für absurd erklärt werden. »Vernünftig« – wie vieldeutig das Wort auch ist – kann jedenfalls eine Auskunft genannt werden, die auf Fragen paßt. Diese Stimmigkeit unterliegt wohl der Vernunftkontrolle. Gehört aber zur Antwort die Dimension des Ganzen und die Dimension der Zukunft, dann kann Vernunft wohl die zugehörige Frage formulieren, nicht aber die Entscheidung vorschreiben. Von den drei Grundfragen *Kants*[21] ist die zweite: »Was sollen wir tun?« mit Recht von den beiden anderen eingeklammert; denn zum Tun bedürfen wir des Wissens, geleitet aber wird unser Tun von dem, was wir hoffen. Was wir hoffen, hängt ab von dem, worauf wir, nach vorne blickend, vertrauen. Für die Zukunft vertrauen wir auf erprobte Tatsachen und auf Versprechungen. Das Wissen vermittelt uns Tatsachen, gerade sie aber können uns nicht sagen, was wir hoffen dürfen. Darauf antwortet vielmehr *Verheißung*, ob wir diese nun selber machen oder ein anderer. Sinn umfaßt immer die Zukunft. Ist Sinn ein Verhältnis zwischen Personen[22], so wird hier gefragt, wer sich uns für die Zukunft (und für eine wie lange Zukunft) verheißt, ob wir seiner Verheißung vertrauen dürfen, was

---

Da eine ausführlichere Auseinandersetzung über die Frage der Bewahrheitung, der Vernunftkontrolle und des Dezisionismus-Vorwurfs hier nicht möglich ist, verweise ich auf meinen Dialog mit W. Weischedel, Denken und Glauben, 1965.
[20] Vgl. Fr. Gogarten, Verhängnis und Hoffnung der Neuzeit, 1953, 143ff.
[21] Siehe S. 19.
[22] Siehe S. 62.

uns zu solchem Vertrauen bewegt. Daß wir nicht irregeführt werden, – dagegen gibt es keine Garantie, die im Bereich des Wissens läge. Leben, weil in Zukunft gehend, heißt: Wagen ohne solche Garantie. Anders ist Leben nicht zu haben, nur der Tod. Ob Hoffen Illusion war, ist nicht aus dem Wissen zu entscheiden, das immer das schon Fertige, also das prinzipiell Vergangene ausspricht; es *wird* sich erst herausstellen, wer zuletzt lacht.

So ist der Illusionsbegriff, der seit F. *Bacon* für die Wissenskritik, seit den französischen Aufklärern für die Religionskritik so munter verwendet wird, zu differenzieren: Es gibt Illusionen über das Vorhandene und Illusionen über die Zukunft. Die ersteren werden falsifiziert durch empirische Kontrolle, die letzteren nicht durch sie, sondern durch die Zukunft selbst, die offen vor uns liegt und auf die hin wir heute zu leben wagen. Hoffnung kann enttäuscht werden. Glauben und Vertrauen richtet sich auf Zukunft; deshalb riskiert der Vertrauende, daß ihm Enttäuschtwerden von Seiten der Nicht-Vertrauenden angekündigt wird. Er kann das nicht widerlegen; sein Glaubensakt besteht gerade darin, daß er dem, dem er vertraut, zutraut, er werde das widerlegen; dies heißt: Glauben.

Jede Angabe von Sinn umfaßt die Zukunft. Deshalb enthält jede solche Angabe, weil sie ein Hoffnungsakt ist, einen Glaubensakt[23].

---

[23] L. Kolakowski, Vom Sinn der Geschichte, in: Neues Forum 13, 1966, 337ff, 479ff; die Schlußsätze (481) lauten: »Aus der Geschichte läßt sich keinerlei immanenter Sinn entnehmen; zur Sinngebung bedarf es eines vorgängigen Glaubensaktes. Aber läßt sich dieser Glaubensakt vielleicht rechtfertigen? Die Frage überschreitet das hier gestellte Thema; ich will sie daher nicht des näheren untersuchen. – Es genügt zu betonen, daß dieser Glaubensakt für den Menschen unentbehrlich ist; die machtvollsten Realisationen der Geschichte setzen einen solchen Glaubensakt voraus; er ist ihre geistige Voraussetzung. Ein solcher Glaube ist daher schöpferisch und fruchtbringend. Man darf sich nur nicht der Illusion hingeben, daß er aufhören könnte, Glaube zu sein, insbesondere, daß er sich eines Tages als Schlußfolgerung aus dem historischen Material erweisen könnte und dort nur auf seine Entdeckung als eine solche Schlußfolgerung wartet. Seit dem Zeitalter der Aufklärung haben die Philosophen ihren Glauben mit der Würde einer Wissenschaft versehen; nun ist es Zeit, solche vorgebliche Wissenschaft wieder auf das Niveau des Glaubens einzuordnen – ich sage nicht: ›degradieren‹, ich sage nicht: ›emporheben‹, ich sage: ›einordnen‹. – Solcher Glaube ist stets mit praktischer Bedeutsamkeit versehen; er ist eine Projektion, die der Vergangenheit Sinn gibt. Nur mit Bezug auf unsere Zielsetzung läßt sich unser historisches Erbe ordnen – ein Erbe, das so viel vorbereitende Akte für diese Zielsetzung enthält. – Hegel, Marx, Husserl waren sich durchaus dessen bewußt, daß sie, im Augenblick, wo sie Geschichte schrieben, gar nicht Geschichte schrieben; sie schrieben Autobiographie des Geistes; indem sie schrieben, setzten sie fort, worüber sie schrieben. Ihr Werk wurde gewissermaßen sogleich zur Geschichte, in-

Sinn und »Gott«

Wer sich das verhüllt, aus Wissenschaftsgläubigkeit, die er für allein vernunftgemäß erklärt, verkennt seinen eigenen Lebensvollzug. Auch die Fortschrittsidee, auch die Negation des Sinnes im Nihilismus sind nicht mehr Wissensakte, sondern transempirische Stellungnahmen zur Zukunft. Darum lassen sich Antworten auf die Sinnfrage nicht durch rational-empirische Argumente beurteilen. Sie entziehen sich nicht der Kommunikation; wir teilen sie einander mit, preisen die unsrige den anderen an, erzählen uns unsere Begründungen und die Lebenserfahrungen, die wir mit ihnen machen. Wir können sie vergleichen; wir können im Vergleich prüfen, wieso hier und dort die Antwort zur Frage stimmt, wie weit die Antwort reicht, was sie unbeantwortet läßt, und weshalb sie – eventuell – an einer bestimmten Stelle abbricht. Wir können aber einander nicht überzeugen, den eigenen Glauben nicht beim anderen herstellen. Was dem anderen genügt, kann mir sehr ungenügend erscheinen, und was mich überwindet, kann den anderen kalt und vertrauenslos lassen. Weil das Ganze und die Zukunft nicht in der Verfügung unseres Wissens stehen, können wir, was uns zum Hoffen veranlaßt, nur einander bezeugen; das Überzeugen liegt nicht in unserer Hand.

Calvin hat mit seinen Antworten wiedergegeben, was er von der christlichen Botschaft gehört hat, – in diesem Stück einhellig mit der ganzen, sonst so zerspaltenen Christenheit. Er war dabei allerdings – im Unterschied zu L. *Kolakowski* und vielen anderen – der Überzeugung, daß nicht »wir selbst die Urheber dieses der Geschichte auferlegten Sinnes sind«. Er hörte durch Menschen eine Verheißung

---

dem sie dieser ihren Sinn gaben. – Obige Schlußfolgerung enthält keine Entmutigung des Skeptizismus. Sie versucht im Gegenteil eine Alternative darzubieten, die unvermeidlich scheint: entweder wir stellen uns auf den Standpunkt des authentischen Historizismus und verdammen folglich die Geschichte zu ewiger, unbegreiflicher Dunkelheit, bewahren uns freilich, zur Belohnung, ein Bewußtsein ohne Illusionen, befreit vom Glauben – oder wir kehren zur Idee einer sinnvollen Geschichte zurück, mit Hilfe eines bewußten Planes, welcher, in die Vergangenheit projiziert, die Geschichte verständlich macht. – Dieser Plan muß den Akt der Hoffnung und den Akt des Glaubens zugleich in sich enthalten: Hoffnung, daß er tatsächlich möglich ist; Glaube, daß seine Möglichkeiten einem vorgeschichtlichen Bild des Menschen entstammen, dessen mühselige Verwirklichung durch die Geschichte erfolgen kann. – Ein solcher Plan ist eine Entscheidung in der Wahl von Werten; und das ist kein wissenschaftlicher Vorgang. Doch ohne diesen Plan verewigt sich die Dunkelheit der Geschichte, durch ihn erst erhält sie ihren Sinn. Wir selbst sind die Urheber dieses der Geschichte auferlegten Sinnes. Wir wissen es und glauben dennoch an diesen Sinn – entgegen aller Wirklichkeit.«

von jenseits des menschlichen Geistes her. Er sah sich als Empfänger, nicht als Produzent dieser Sinngebung. Auch dies konnte er und können die, die mit ihm Hörer und Vertrauende im Blick auf diese Verheißung sind, nicht beweisen. Daß es sich hier um Gottes Wort, um letzte Wahrheit und um sinngebende Zusage einer Liebe, die der Welt im Ganzen und jedem einzelnen gilt, handelt, können sie gerade nur bezeugen, und dies dadurch, daß sie im eigenen Leben zeigen, wie dadurch das in die Zukunft gehende menschliche Leben zur Hoffnung verändert wird. Aber sie können, um den Verdacht bloß menschlicher Produktion und Projektion – zwar nicht zu widerlegen, wohl aber zu erschweren, doch auf einen auffallenden Tatbestand verweisen, von dem z. B. dann auch in jenem Genfer Katechismus ausführlich die Rede ist: Daß, wie wir vorhin sagten, die Antwort zur Frage paßt, trifft wohl zu, aber nicht einlinig, so als sei mit der Frage die Antwort schon vorgeschrieben. Der fragende Mensch erhält, wonach er sich sehnt, – aber um dies zu erhalten, muß er erst durch eine Krise hindurch. Während er die Antwort in Frage stellt, ob sie ihm denn passe, wird er selbst durch die Antwort in Frage gestellt, ob er denn zu dieser Antwort passe, ja, ob die Frage überhaupt noch zu ihm und er zu seiner Frage passe. Indem er sich nach Sinn sehnt, meldet er seinen Anspruch auf Sinn an. Dieser Anspruch wird, wie wir sehen werden, radikal in Frage gestellt, ja durchaus bestritten. Er ist nicht mehr der, dem Sinn zusteht. Während er fragt, ob sein Leben Sinn habe und wie es Sinn bekommen könne, wird ihm gesagt, daß sein Leben Sinn hatte, und daß er diesen Sinn verspielt hat ohne Aussicht, ihn sich wieder verschaffen zu können. Das ist das Dysangelion im Euangelion, das harte Nein im Ja der frohen Botschaft, ohne das diese nicht zu haben ist. Jeder, der sie hört, muß sein Recht gänzlich aufgeben, um es dann erst als ein ganz anderes Recht wiederzubekommen. Er bekommt sich in einem Lichte zu sehen, das jeder scheut. Das ist das Widrige, vielen höchst Widerliche am christlichen Glauben, das ein Zeichen dafür ist, daß in ihm nicht nur menschliches Verlangen Urheber seiner eigenen Stillung ist[24].

---

[24] Dies hat der junge Luther im Blick, wenn er in seinen Disputationsthesen contra scholasticam Theologiam von 1517 gegen die Meinung, der Mensch begehre von Natur das Gottsein Gottes (um darin seinen Sinngrund zu finden), die (angesichts der Entwicklung von der früheren Transzendenzmetaphysik zur heutigen Immanenzmetaphysik auch geistesgeschichtlich prophetische) These stellt

Die Glaubensgestalt der antik-christlichen Metaphysik 191

Die Antworten Calvins sind freilich durch zweitausend Jahre Kirchengeschichte altgewohnte, scheinbar allbekannte Antworten, dazu durch diese Kirchengeschichte mangels Lebensbezeugung der Kirchenkollektive und vieler (oder sagen wir, um uns nicht selbstgerecht auszunehmen: aller), die sich mit dem Namen »Christ« schmückten und schmücken, reichlich diskreditiert. Die Luft ist voll der Versicherung, daß »Gott tot« sei, d. h. daß diese Antworten kraftlose und vergangene Antworten seien. Diese Versicherung ist so suggestiv, auch modisch, daß sie selbst in vielen Köpfen erst bewirkt, was sie behauptet: die Unfähigkeit, noch hinzuhören, aufzumerken und es mit dem Gehörten zu probieren. Wer diese Versicherung, obzwar durch viele Erfahrungen begründet, gerade deshalb, weil sie sich objektiv gibt, für Unsinn hält, muß versuchen, gegen sie und die Gummiwand, die sie aufbaut, anzugehen, – mit Worten und Darlegungen, wie in einem solchen Buch, – mit Worten nicht nur, sondern mit seinem eigenen Leben von der Verheißung, von der er spricht, zusammen mit den anderen, denen es mit dieser totgesagten Botschaft ebenso ergeht wie ihm. Sie alle können nicht mehr als aufmerksam machen – in der Gewißheit aber, daß erst noch vor uns steht, was so viele meinen, hinter uns zu sehen.

Die Glaubensgestalt der antik-christlichen Metaphysik

Die Sinnfrage ist eine metaphysische Frage. Mit ihr wird der Bereich des Sinnlich-Konstatierbaren überschritten auf den Sinn hin, der ihm vom Menschen aufgeprägt wird. Dieser Sinn ist nicht aus dem Sinnlichen selbst zu erheben. Mit ihr wird aber auch der Bereich der menschlichen Einzelexistenz überschritten auf das hin, wovon sie sich für sich selbst Sinn versprechen kann. Dies Überschreiten

---

(Nr. 17, WA 1,225): »Non potest homo naturaliter velle deum esse deum, Immo vellet se esse deum et deum non esse deum« (Nicht kann der Mensch natürlicherweise wollen, daß Gott Gott sei; vielmehr will er, daß er selbst Gott sei, und daß Gott nicht Gott sei). D. h.: ein im Menschen, wie wir ihn an uns selbst kennen, tiefsitzender Drang, sich selbst den Sinn garantieren zu können, wird durch das Evangelium als Weise der Sinnentfremdung enthüllt, bestritten und gebrochen; statt dessen wird uns durch das Evangelium zugemutet, nicht mehr selbst creator sui (Schöpfer unserer selbst) sein zu wollen (wie Luther später oft sagt), sondern anzuerkennen, daß wir Sinnempfänger sind, schon als Geschöpfe, erst recht als solche, die ihr Recht an Sinn durch Verfehlung verwirkt haben.

(Transzendieren) findet kein Ende, bis es entweder Ruhe findet in einem Sinngebenden, das selbst keiner Sinngebung bedarf[25], oder angesichts der großen Leere, in die es gerät, resignierend aufgegeben und entweder abbrechend an einer vorläufigen Sinn-Instanz festgemacht oder verzweifelnd überhaupt als sinnlos denunziert wird. Lange Jahrhunderte fanden eine sie befriedigende Antwort in der antik-christlichen Metaphysik, d. h. in der Weise, in der christliches Denken die antike Frage nach der Gründung des Bedingten im Unbedingten samt deren antiker Beantwortung übernommen und mit dem Inhalt des christlichen Glaubens verbunden hatte. Diese geschichtliche Denkgestalt des christlichen Glaubens wurde von *Nietzsche* mit seinem »Gott ist tot« totgesagt. Ihre charakteristischen Wesenszüge sind folgende:

1. Die letzten Fragen des Menschen werden als Fragen theoretischer Welterkenntnis angesehen, formuliert und beantwortet, – in großem Zutrauen zu der Möglichkeit, jedes menschliche Fragen in eine theoretische Frage zu verwandeln, also zu verobjektivieren und auf dieser Ebene dann auch mit den Mitteln der theoretischen Vernunft zu beantworten.

2. Die biblische Gottesverkündigung wird mit der philosophischen Spekulation verbunden in einem Stufenverhältnis: wo die Vernunft die natürliche Grenze ihrer Erkenntnis- und Aussagemöglichkeiten erreicht, tritt die Offenbarung überhöhend ein und führt die Vernunft zu weiteren, übernatürlichen Erkenntnissen und Aussagen. Dies bedeutet: Die biblischen Erzählungen von Begegnungen zwischen Gott und Mensch, im Zentrum von einer Geschichte Gottes mit den Menschen in Jesus Christus, werden als Quelle für eine theoretische Lehre von Gott, für Lehrsätze über Gott in der Form objektiver Lehre verwendet; damit werden sie freilich verändert und können nicht mehr in ihrem ursprünglichen Sinn verstanden werden. Ihre ursprüngliche Form als Geschichten erscheint hier nur als Illustration und Einkleidung allgemeiner objektiver Wahrheiten.

3. Was dem Menschen von sich aus zu erkennen möglich ist, und was die Offenbarung ihm sagt, bestätigt sich gegenseitig und stützt sich gegenseitig[26]. Das hatte die positive Wirkung, daß das, was die

---

[25] Siehe S. 52.
[26] Dazu das Zitat von W. Dilthey, S. 90f, Anm. 19. – Vgl. zu diesem Abschnitt den Aufsatz von H.-G. Geyer, Atheismus und Christentum, in: EvTh 30, 1970, 255–274.

Die Glaubensgestalt der antik-christlichen Metaphysik   193

Offenbarung sagt, nicht nur im kleineren Kreis der mit Ernst Ergriffenen und Glaubenden Geltung hatte, sondern auch weit darüber hinaus; es war von der Vernunft bestätigt und erschien als das, was die Vernunft fordert, wonach sie verlangt, und was sie doch selbst nicht zur Genüge erreichen kann. Vernunftsätze und Glaubenssätze griffen ineinander, gingen unscheidbar ineinander über, – so bekamen die Vernunftsätze ihre Verankerung im Absoluten, wie es die Offenbarung enthüllte, und die Glaubenssätze wurden von der Vernunft bestätigt, so daß man sich ihnen nicht entziehen zu können schien, wenn man nicht unvernünftig sein wollte, oder wenn man nicht ohne jene Antwort bleiben wollte, die die Vernunft auf ihre Fragen sich doch nicht selbst geben kann, auf die sie aber doch auch nicht leichthin verzichten kann. Fragt die Vernunft nach dem letzten Sinn, so gibt die Offenbarung darauf eine Antwort, die ihrerseits von den Bedürfnissen und von den Normen der Vernunft und von den Ergebnissen vernünftigen Denkens bestätigt wird.

Von der Reformation wie von der Aufklärung her wurde dieses harmonische Ineinandergreifen von Vernunft und Offenbarung kritisch befragt. Es wurde enthüllt, daß hier heimlich den Vernunftsätzen schon eine bestimmte, vom Glauben geprägte Form gegeben worden war, daß sie so, wie sie hier formuliert wurden, schon von Glaubensentscheidungen herkamen. Nun aber wurde möglichste Scheidung der Vernunft- und der Glaubenssätze angestrebt, außerdem ihr qualitativer Unterschied – bei *Kant*: zwischen Sätzen der theoretischen und der praktischen Vernunft – hervorgehoben, und das *Ergebnis* war: Während bisher diejenigen Sätze, in denen Glaube und Vernunft zusammenstimmten, Selbstverständlichkeit hatten, verloren sie diese nun. Das waren jene Begriffe, in denen die gemäßigte Aufklärung des 18. Jahrhunderts noch einmal zusammenzufassen suchte, was auch die Vernunft vom Christentum bejahen und behalten könne: Gott, Unsterblichkeit, Freiheit, – d. h. (in der Sprache unserer Überlegungen): ein letztes, absolutes, sinngebendes Sein, – eine menschliche Zukunft über den Tod hinaus, die dem Tod seinen sinnbedrohenden Charakter nimmt, – und die menschliche Verantwortung für sinnvolle, d. h. sittliche Lebensführung nach den von Gott gegebenen, d. h. vor dem Absoluten sich bewährenden Normen. Wenn *Nietzsche* sagt: »Gott ist tot«, dann heißt das: die radikale Aufklärung hat über die gemäßigte Aufklärung gesiegt, sie hat die heimlichen christlichen, die heimlichen Glaubensvoraussetzungen dieser scheinbaren Vernunftideen entlarvt und hat ihnen damit die Selbstverständlichkeit – die Allgemeinverbindlichkeit dank ihrer Vernünftigkeit – genommen. Wer sich entschlossen auf die Vernunft stellt, der wird von dieser nicht dem Glauben in die Arme geführt, nicht zur Ahnung letzter ewiger Werte und zur anfänglichen Erkenntnis einer letzten göttlichen Sinngebung geleitet, die von der Offenbarung dann nur noch gefüllt und bereichert wird; dem zerbricht vielmehr dieser Vernunftglaube, der sieht weit und breit nichts von Sinn und ewigem Wert, der steht schließlich, »zur Winterwanderschaft verflucht«, nur dem Nichts und der Sinnlosigkeit gegenüber, der wird höchstens[27] sich noch warnen lassen können, aus dieser Sinnlosigkeit wieder ein neues Absolutum, ein neues Dogma zu machen, – der wird dann also, soweit es auf ihn, auf das, was er von sich aus sagen kann, ankommt, in einer Welt ohne Antwort nur fragen und nichts als fragen können.

Damit ist aber die christliche Botschaft nicht verstummt. Es ist nur klargelegt, daß sie nichts Selbstverständliches sagt, und es ist der Unterschied ihrer Aussagen und der Vernunftaussagen freigelegt, so daß beide nicht mehr vermischt werden können[28]. Nicht der christliche Glaube, sondern jener christliche Vernunftglaube der antik-christlichen Metaphysik gehört zu den hinter uns liegenden Glaubensgestalten. Dann, wenn die christliche Antwort auf die metaphysische Frage eine Antwort *nicht* aus dem Vermögen des Menschen ist, die der Mensch sich gibt, aber im Fortschritt der

---

[27] So W. Weischedel, Philosophische Theologie im Schatten des Nihilismus, in: EvTh 22, 1962, 233–249, jetzt in: Philosophische Grenzgänge, 1967, 132–150.
[28] Dies ist aus der gegenwärtigen Situation formuliert. So wenig an dieser Stelle zu den heutigen Verhandlungen über das Ende oder die Zukunft der Metaphysik und über das Verhältnis von Metaphysik und christlicher Theologie Stellung genommen werden kann, so wenig soll hier eine endgültige negative Prognose für alle Versuche, die heutige Scheidung von Philosophie und Theologie, die aus dem Ende des mittelalterlichen Bundes zwischen beiden resultierte, zu überwinden, gestellt werden. Diese Scheidung hat für beide Seiten, bei aller heutigen Unvermeidlichkeit und bei aller deutlicheren Erkenntnis sowohl der Eigenständigkeit positiver Wissenschaft wie der Besonderheit hebräisch-biblischen Denkens und konzessionsloser Offenbarungstheologie, auch so viele Nachteile, daß die Bemühung, sie legitim, d. h. ohne Erschleichungen, zu überwinden, des Schweißes der Edlen wert ist. Hegel und Kierkegaard als zwei verschiedene Wege christlichen Denkens müssen vielleicht nicht auf immer im schroffen Entweder-Oder stehen (vgl. das bald erscheinende Buch von M. Theunissen, Hegels Philosophie des absoluten Geistes als theologisch-politischer Traktat). Für meine, hinter dem obigen Abschnitt stehende Position vgl. H. Gollwitzer/W. Weischedel, Denken und Glauben, 1964.

Biblische Botschaft und Sinnfrage 195

Geschichte seines Geistes auch transzendiert und hinter sich läßt, – dann, wenn die christliche Antwort ein Wort der Offenbarung aus dem Menschen-Unmöglichen ist, wie die biblischen Schriftsteller es freilich immer behauptet haben, dann ist damit zu rechnen, daß sie nicht verstummt als Stimme der Vergangenheit, sondern von neuem in eigener Kraft auf uns zukommt. Auf nicht mehr kommt es jetzt an, als daß wir damit rechnen und deshalb *offen* fragen nach der Stellung der christlichen Botschaft zur menschlichen Sinnfrage.

Biblische Botschaft und Sinnfrage

Wir sagen: nach der *Stellung* zur Sinnfrage, nicht: nach der *Antwort* auf die Sinnfrage. Wir werden auch von einer Antwort hören. Aber es ist von vornherein einiges zu bedenken:

1. Soeben wurde von einer »Botschaft« und von der Bibel gesprochen. Warum tauchen solche Worte auf, wenn wir nach christlichen Dingen fragen? Es ist wahrhaftig nicht einfach, nach ihnen zu fragen. Da wird uns etwas Bestimmtes versprochen, »die« christliche Stellung, ein Singular also, wollen wir sie aber erfragen, so verwirren und verstellen die vielen Christentümer den Blick. Wollen wir uns an die offiziell anerkannten Dogmen halten, so wird zunächst die Lage nicht leichter; denn gibt es auch Grundaussagen, die von den meisten christlichen Glaubensgemeinschaften gemeinsam anerkannt werden, so bedürfen diese doch erst noch der Auslegung, und außerdem stehen neben ihnen andere Grundaussagen der einzelnen christlichen Gruppen, über die kein Übereinkommen vorhanden ist[29]. Der Abstand der Zeit zwischen jenen ersten Jahrhunderten

---

[29] Es gibt einen sog. consensus quinquesaecularis, d. h. eine für die christlichen Großkirchen und einen großen Teil der Freikirchen geltende Übereinstimmung in der Anerkennung derjenigen Grundaussagen, die von den sog. ökumenischen Konzilen der ersten fünf Jahrhunderte beschlossen worden sind. Als die christlichen Kirchen sich in unserem Jahrhundert zur ökumenischen Bewegung zusammenfanden, konnten sie aber nicht einfach darauf zurückgreifen, weil das Verhältnis der einzelnen zu dieser altkirchlichen Überlieferung verschieden war. Sie haben sich 1950 auf folgende Basisformel geeinigt: »Der Ökumenische Rat der Kirchen setzt sich zusammen aus Kirchen, die Jesus Christus als Gott und Heiland anerkennen.« 1961 wurde sie neu formuliert: »Der Ökumenische Rat der Kirchen ist eine Gemeinschaft von Kirchen, die den Herrn Jesus Christus gemäß

und uns heute, die Unterschiedlichkeit und häufige Gegensätzlichkeit im Verständnis jener gemeinsamen Grundaussagen, der Mangel an überzeugender Praxis, ja, der vielfach abstoßende Kontrast zwischen Theorie und Praxis, – das alles macht reichlich viele Zeitgenossen unlustig, sich mit auf diese schwierige Suche nach dem wahrhaft Christlichen zu begeben. Trotz der auch dort vorhandenen Richtungsunterschiede ist es leichter herauszubringen, was der Buddhismus oder der Islam zu einer Frage zu sagen hat, als »das« Christentum. Konnten dafür bisher die christlichen Konfessionen – je mit ihrem Anspruch, für »das« Christentum zu sprechen – einspringen, so scheint auch dies sich heute zu ändern; die Lehreinheit jeder Konfession, selbst der bisher geschlossensten, der römisch-katholischen, scheint unaufhaltsam zu zerfallen. Immerhin ist der Vorgang nicht analogielos: wir erleben ihn ebenso bei jener ideologischen Einheit, die es in unserem Jahrhundert mit dem römischen Katholizismus aufgenommen hat, beim Kommunismus. Wie Christen andere Christen wegen verschiedener Auslegung des Christlichen verfolgt und umgebracht haben, so auch Kommunisten andere Kommunisten, und was das Wesentliche und vor allem, was das Zukunftsträchtige am Marxismus sei, ist heute unter Marxisten ebenso strittig wie die entsprechende Frage unter Christen. Die Frage selbst ist aber hier wie dort keineswegs sinnlos und aussichtslos. Sie lohnt sich, aber sie kann nicht nur durch Rezitierung autoritativer Texte beantwortet werden. Jedenfalls beim Christlichen ist seine Erkenntnis nicht unter Ausschaltung der Subjektivität zu gewinnen. Die Frage nach ihm verlangt vom Fragenden, daß er zugleich hörend und kritisch sich verhalte. Weder darf er subjektiv nach seinem Geschmack verfügen wollen, was das Christliche sei, noch darf er es kritiklos anderen nachsprechen. Im »Gespräch mit den Vätern und den Brüdern«, d. h. anhörend die Überlieferung in ihrer verwirrenden Vielfalt und Gegensätzlichkeit, und in Aussprache mit den Zeitgenossen, die der gleichen Frage sich verpflichtet haben, wird er je und je selbst sagen müssen, was sich ihm ergeben hat, und dies – hoffentlich nicht einsam, aber auch das Risiko der Einsamkeit nicht scheuend – vertreten müssen.

---

der Heiligen Schrift als Gott und Heiland bekennen und darum gemeinsam zu erfüllen trachten, wozu sie berufen sind, zur Ehre Gottes des Vaters, des Sohnes und des Heiligen Geistes.«

Biblische Botschaft und Sinnfrage

2. Das Christliche muß von uns nicht erst erfunden werden, kann auch nicht erfunden werden, so sehr es freilich von jedem erst entdeckt und gefunden werden muß. Es ist vorgegeben. Das sagt das Wort »Botschaft«. Botschaft ist eine Mitteilung, bei der der Bote und Hörer nur passiv produktiv sind (d. h. erfinderisch in den Ausdrucksmitteln und aktiv in der Anstrengung des Verstehens); die echte Botschaft selbst ist immer eine für den treuen Boten nicht-manipulierbare und für den Hörer neue, wohl aber sagbar und verstehbar. Sie hat mit den Angelegenheiten und Problemen, mit dem Leben des Hörers zu tun, steht in einem aufweisbaren Bezug zu ihm, ist ihm als neue fremd, aber nicht beziehungslos fremd. Ist es eine ihn wirklich betreffende Botschaft, dann ändert ihr Anlangen seine Situation, läßt ihn diese neu verstehen und bringt in sie neue Möglichkeiten hinein.

Alle die verschiedenen Christentümer haben die eine Urbotschaft des Christentums vorausgesetzt und beansprucht, sie authentisch weiterzugeben. Sowohl deshalb, weil dies unter immer neuen Zeitbedingungen geschah, also das Weitergeben zugleich ein Übersetzen sein mußte, als auch deshalb, weil immer wieder kräftig eigene Erfindungen eingemischt wurden, kam es zu der Vielheit von Christentümern. Andersartige religiöse Traditionen und Bedürfnisse, Interessen der herrschenden Oberschichten an der Ausnützung dieser Botschaft für ihre Zwecke, neu entstandene Lebensprobleme, – all das mischte eifrig mit. Allen Christentümern aber liegt die eine Urbotschaft zugrunde, in ihnen allen wird sie laut, durch sie alle hindurch meldet sie sich an und steht zugleich kritisch zu ihnen allen. Solange ein Verständnis von Leben und Welt sich christlich nennt, unterstellt es sich der schlichten Tatsache, daß »christlich« von Christus kommt, daß also hier Botschaft von Christus weitergegeben werden soll, und setzt sich damit der kritischen Frage nach seiner wirklichen Christlichkeit aus. Die Botschaft von Christus geht, wenn wir die zweitausend Jahre seit ihrem Entstehen überblicken, scheinbar schutzlos durch die Welt, jedem Mißverständnis und Mißbrauch ausgesetzt, ausgenützt zu den übelsten Zwecken, so kräftig aber, daß sie nicht totzukriegen ist, wie oft auch immer totgesagt, und daß sie die schlimmsten Verkrustungen und Entstellungen immer wieder durchbricht. Je orthodoxer christlich, desto mehr ist sie permanenter Protest gegen ihre Gleichschaltungen mit den großen Gesellschaftssystemen; bei christlichen Randgruppen, die von der offiziellen Christenheit als ketzerisch verfolgt wurden, ist sie oft besser gehört worden als in den Großorganisationen; sie ist aber ketzerisch auch gegen viele Ketzereien, die sie ebenso sehr mit hinzugefügten Erfindungen vermischt haben wie die Großkirchen. Läßt sich kurz sagen, was sie ist, mit Anspruch auf objektive Richtigkeit, wo doch, wie gesagt, Subjektivität nicht ausschaltbar ist? Zwei Worte, Urworte des Christentums, dürften dafür die entscheidenden sein: Christus und Evangelium.

Christus ist Titel für Jesus von Nazareth, für einen historischen Menschen also, und zwar einen jüdischen Menschen, der in einem bestimmten Dort und Damals der Geschichte seine Lebenszeit gehabt hat. Christus ist griechische Übersetzung des hebräischen Titels Messias (der Gesalbte), aber streng singularisch gemeint: nicht irgendein Gesalbter; alle anderen Gesalbten (Priester und Könige in Israel) sind zu verstehen auf diesen einen hin. Das Passivum »gesalbt« deutet im hebräischen Sprachgebrauch, der von Gott aus Ehrfurcht lieber nur indirekt redete, auf Gott als den Salbenden, also Sendenden, Beauftragenden und Ausrüstenden hin. Der Messias ist eine Figur der jüdischen Enderwartung: eine menschliche Person, die, von Gott zum Endkönig eingesetzt, eine entscheidende Rolle in der Erfüllungszeit der Geschichte spielt, wenn Israels Leiden, Sünde und Knechtschaft ein Ende hat und die Gerechtigkeit Gottes zum Heil aller Völker die Herrschaft ergreift. Wird der Titel nun auf Jesus von Nazareth angewendet, dann soll er sagen: dieser Mensch hat wie kein anderer bleibende, entscheidende und endgültige Bedeutung für die ganze Menschheit zu allen Zeiten. Christliches Denken hat sein Thema in dem Versuch, anzugeben, was eine solche unerhörte und einzigartige, sonst nie für einen Menschen gewagte Aussage bedeutet und impliziert, und worin sie ihre Notwendigkeit und also ihre Begründung hat. Seine Aufgabe ist, bei diesen Angaben die extreme Höhe der neutestamentlichen Aussagen zu verstehen und nicht hinter ihnen zurückzubleiben.

Von der Weitergabe der Information über diesen Jesus als den Christus wird überall, wo sie in der Botenfunktion (und also nicht bloß als historische Wissensinformation über einen gewesenen Menschen) geschieht, zweierlei gesagt, was nicht weniger außerordentlich ist als die Prädikation Jesu als des Christus:

a) In dieser Kunde von Jesus durch seine Jünger, durch die christlichen Gemeinden geschehe sein eigenes lebendiges Weiterspre-

Biblische Botschaft und Sinnfrage

chen und Weiterwirken, quer hindurch auch durch die mit dem Weitergeben verbundenen Defekte im Verständnis; durch Mißbrauch und Mißverständnis hindurch werde seine eigene Stimme die Hörer erreichen; menschliches Sprechen von ihm werde er als Medium benützen, um selbst zu den Hörern zu sprechen und sie zu seinen Jüngern zu berufen, wie er es zu seiner Erdenzeit tat.

b) Diese Botschaft von ihm, durch deren Vermittlung er selbst – nicht unvermittelt, aber er selbst, unmittelbar – zu den Hörern spreche, sei schlechthin Frohbotschaft, Euangelion, eine Botschaft, die die Situation der Hörer, wie sie auch bisher gewesen sein möge, so gründlich verändert, daß diese nun aufatmen, lachen, hoffen, Zuversicht fassen, selig sein, sich freuen können, wozu sie denn auch unablässig aufgefordert werden. Dieses Zweite ist für unseren Zusammenhang von besonderer Wichtigkeit. Man kann dieses *eu* in dem Worte Evangelium nicht genug bedenken. Es ist in dieser Radikalität in keiner anderen Botschaft, in keiner Religion und Philosophie gewagt worden. Es ist *das* Charakteristische an der authentischen christlichen Botschaft. Sie ist lustig machende Glücksbotschaft[30]. Wo sie so weitergegeben wird, daß sie Angst erweckt und vermehrt, mit Drohungen verbunden ist, an Leistungsbedingungen geknüpft wird (und sei es die Bedingung, den Glauben zu leisten!), da ist Evangelium in Gesetz verwandelt, da ist es den übrigen Botschaften, die wir erfinden und für die wir agitieren, angeglichen. Dieses *eu* ist so unfaßlich bedingungslos und zusichernd, daß es allen Negationen, allen dagegen sprechenden Erfahrungen, die doch Legion sind, widerspricht, auch von keiner Zeit, keinem Tod, von nichts Gegenwärtigem und nichts Zukünftigem durchkreuzt, widerlegt und außer Kraft gesetzt werden zu können behauptet. Es lädt ein zur Wette *Pascals*: sich darauf zu verlassen, damit sein Leben und Sterben zu wagen und abzuwarten, ob man in Zeit und Ewigkeit damit ent-

---

[30] In prägnanter Überschrift-Kürze Luk. 6,21: »Selig ihr Weinenden, weil ihr lachen werdet!« Als Bild für die Erfüllung dienen die rauschenden orientalischen Hochzeitsgelage (Matth. 22,1ff; 25,1ff; auch Joh. 2,1ff). Evangelium ist Aushändigung der Eintrittskarte für ein rauschendes Fest, Bescheinigung des Befreundetseins mit einem fürstlichen Bräutigam (Mark. 2,19; Joh. 3,29). Die urchristliche Hagalliasis (Luk. 1,14; Apg. 2,46) war ebenso des Vergnügens voll wie die Tänze der Chassidim, die Martin Buber einmal mit Recht gegen Karl Barths christliches Vorurteil von der Traurigkeit des Judentums anführt (Die Schriften über das dialogische Prinzip, 1954, 305; zu K. Barth, Kirchliche Dogmatik III/2, 333f). Religionen und Christentümer mögen oft genug lustfeindlich sein, das Evangelium ist es nicht.

täuscht werden wird, zusichernd und wettend, daß dies nicht geschehen werde. Durch die Radikalität dieses *eu* wird die christliche Verwendung des Wortes »Gott« definiert: Pflegt man mit diesem Worte ursprünglich alles Übermenschlich-Staunenerregende und Freudemachende zu bezeichnen (so Karl *Kerényi*), und dann (monotheistisch singularisiert) diejenige Instanz, die alles begründet und über alles letztgültig entscheidet, dann sagt die Rede von Jesus Christus als eine Evangeliumsrede den Hörern: Ihr habt schlechthin und endgültig und auf ewig Grund, nicht traurig, sondern fröhlich zu sein, nicht zu weinen, sondern zu lachen. Christliches Denken hat zum Thema den Versuch, anzugeben, was es bedeutet, daß die Botschaft von Jesus als dem Christus als eine solche konkurrenzlose Wohltat für alle Menschen ausgerufen wird, was das impliziert, und worin das seine Notwendigkeit und also seine Begründung hat. Es hat die Aufgabe, mit seinen Angaben die extreme Plerophorie und Gewißheit der neutestamentlichen Aussagen zu verstehen und im Weitergeben nicht hinter ihnen zurückzubleiben.

3. Christliches Denken bekommt diese Aufgabe in jeder neuen Zeit gestellt durch das, was andere ihm vorgesagt haben. Über Vorgesagtes soll es nachdenken. Vorgesagt sind ihm die neutestamentlichen Aussagen, auf die soeben hingewiesen wurde. Sie sind Niederschlag von Erfahrungen, die mit Jesus von Nazareth – und zwar sowohl vor als auch nach seinem Tode – gemacht worden sind; darum sprechen sie vom irdischen Jesus, vom sterbenden Jesus und vom auferstandenen Jesus. Das Aussprechen dieser Erfahrungen verspricht den Hörern, daß sie gleiche Erfahrungen machen werden. Weil dieses Versprechen sich erfüllt hat und weiter erfüllt, sind immer wieder Menschen willig geworden, die Information von Jesus weiterzugeben. In dieses Weitergeben fließen also auch alle Erfahrungen ein, die Spätere mit der Botschaft von Jesus gemacht haben. Wird das Weitergeben vollzogen in der Form, daß die Aussagen des Neuen Testaments, also der ersten, der »apostolischen« Generation des Christentums, dafür maßgeblich (= kanonisch) sein sollen, dann hat das zwei Gründe: a) Diese erste Generation ist exemplarisch für alle weiteren christlichen Generationen in der Intensität, in der sie die Wohltat der Erscheinung Christi erfahren und daraus Lebenskonsequenzen gezogen hat. b) In der Orientierung am Neuen Testament versichern sich diejenigen, die die Information über Jesus als

Biblische Botschaft und Sinnfrage

den Christus weitergeben, der Identität ihres Gegenstandes und damit der Identität ihrer selbst mit den früheren und späteren Generationen der Jüngerschaft Jesu und damit auch der Identität der Erfahrungen, die hier in Aussicht gestellt werden.

Das Neue Testament aber bezieht sich zurück auf die hebräische Bibel, von den Christen mit einem nicht unbedenklichen, weil nach Antiquierung klingenden Ausdruck »Altes Testament« genannt. Mit diesem Rückbezug sagt die Gemeinde der Jünger Jesu, daß Jesus als der Christus seine Gemeinde nicht erst jetzt bekommt, sondern schon *in* sie kommt: Israel ist die ursprüngliche Gemeinde Jesu, schon vor seiner Erscheinung durch Euangelion, d. h. durch göttliches, verheißendes, zusagendes Anreden und Sich-Verbünden gegründet. Jesus ist also nicht zufällig Jude und hat nicht eine neue Religion gegründet, die dann das Judentum von sich abgestoßen und »überwunden« hat, sondern er konnte nur ein Jude sein; sein ganzes Existieren ist sinnvoll nur im Zusammenhang mit Israel, in bezug auf Israel. Auf ihn hin existiert – so sieht es das Neue Testament – Israel, und er existiert auf Israel hin, und zwar dauernd, auch heute; dies gilt nicht nur für das Israel ante Christum natum, und wird nicht aufgehoben dadurch, daß der größere Teil Israels an der Weitergabe der Botschaft von Jesus als dem Christus sich nicht beteiligt. Israel ist aber nach dem Alten Testament nicht Selbstzweck, sondern um der Hoffnung der ganzen Menschheit willen »erwählt«, d. h. mit dem Evangelium der Bundeszusage erfreut und in dessen Dienst gestellt worden. Israel ist – als einziges unter den Völkern der Erde – in seinem Dasein und Bestehenbleiben eine messianische Größe: Hoffnungszeuge, damit Kritik des gegenwärtigen Zustandes der Menschheit vom verheißenen Reiche her. Jesu Erscheinen ist Erfüllung der Zielsetzung der Existenz Israels auf die Menschheit hin: nun kommen »Heiden«, d. h. Repräsentanten der nichtjüdischen Völker, in den geöffneten Bund: der »Zaun« ist weg (Eph. 2,14). Darum ist die christliche Kirche die Kirche aus Juden und Heiden, – ohne daß damit aber das Judentum seinen messianischen Sinn und seine Funktion für das große *eu*, für die Heilsbotschaft verloren hätte (wie leider die Christen oft meinten; dies die Wurzel für den christlichen, in Wahrheit gegenchristlichen Antijudaismus mit all seinen mörderischen Folgen!). Das äußere – und nicht nur äußere, sondern wesenhafte – Kennzeichen dafür ist die Gemeinsamkeit der hebräischen Bibel mit ihrer Bundeszusage und dem daraus ergehenden Anspruch zu bestimmter Praxis. Für unsere Ausführungen über die Sinnfrage bedeutet das: Wird für sie das Wort »christlich« benützt, so kann grundsätzlich die gleiche Auskunft über die Frage nach dem Sinn des Lebens und ihre Beantwortung von einem Juden, der sich recht, d. h. auf Grund der hebräischen Bibel versteht, mitvollzogen werden. Wo wir »christlich« sagen, kann auch »biblisch« gesagt werden, wenn damit nur nicht etwas bloß Historisches gemeint wird. Denn der Bezug auf die Bibel ist nicht nur Bezug auf eine Sammlung sehr alter Schriften, sondern Erinnerung an die dort grundlegend ausgesprochenen, aber heute ebenso lebendigen Erfahrungen und Hoffnungen.

4. Entscheidend für alle unsere Überlegungen: Judentum und Christentum sind Praxis; der Glaube ist Praxis, und zwar soziale Praxis. Auch das Bedenken der Sinnfrage kann christlich nur unter diesem Vorzeichen geschehen, – so oft das auch übersehen werden mag. Es geht nicht allein um neue Interpretation der Welt, sondern um diese um der Veränderung der Welt willen, mindestens in dem begrenzten Lebensradius eines Individuums und einer kleinen Gruppe, tendenziell aber um Veränderung des Ganzen. Es geht nicht nur um einen Vorgang im Inneren des Einzelmenschen (sehr wohl freilich auch um einen solchen), nicht nur um Veränderung von Gedanken, wie sie z. B. im Fürwahrhalten eines Lehrsatzes geschieht, auch nicht nur um Veränderung durch Empfang eines Trostes im allgemeinen Weltleid oder eines inneren Friedens in der allgemeinen Unruhe oder um das angenehme Gefühl, die stärkste Macht als Bundesgenossen wissen zu können – permanent »Gott mit uns« auf dem Koppelschloß! Alles, was in dieser Hinsicht bei der Begegnung des Evangeliums mit seinen Hörern geschieht – und es geschieht wahrhaftig nicht Geringes in dieser Hinsicht! –, hängt mit der neuen Praxis zusammen, in die es die Hörer beruft, und wird, wie oft geschehen, entstellt, wenn es aus diesem Zusammenhang gelöst wird.

Israel wird durch den Gottesbund in ein verändertes Leben berufen. Dieses Leben wird in der Thora (fälschlich übersetzt: Gesetz; bessere Übersetzung: Wegweisung, Lebensanleitung) beschrieben. Diese Lebensveränderung ist Ziel und Ergebnis der Bundeszusage. Die Absage an die Götter der Nationen ist nicht ein bloß theoretischer Akt, nicht die Ersetzung einer polytheistischen Weltinterpre-

Biblische Botschaft und Sinnfrage 203

tation durch eine monotheistische. Ob man Kriegs- und Fruchtbarkeitsgötter anbetet oder nur einen einzigen Gott, der für alle Ressorts zuständig ist, ist ein uninteressanter Unterschied. In Israel wird unter dem einen Gott anders gelebt, nach innen und nach außen, das ist der entscheidende Unterschied. Die Thora ist Anleitung zur Aufsage des Gehorsams gegen die Mächte und Notwendigkeiten, die als Götter das Leben beherrschen, Einweisung in eine neue Freiheit: mit den Realitäten, mit dem Krieg, mit der Produktion, mit den Nachbarvölkern, mit den Fremden im eigenen Siedlungsgebiet, mit dem Boden, mit den Schwachen und Untergebenen ist nun anders umzugehen, als es dort geschieht, wo die kosmischen und ethnischen Mächte herrschen. Das ist Risiko und Zumutung. Dafür wird Israel bestimmt, ohne daß es sich danach gesehnt hätte. Gegen sein »Wir wollen es ebenso haben wie andere Völker« (1. Sam. 8,20) steht immer wieder die prophetische Kritik. Um das Volk mit der Bestimmung und Forderung, unter der es steht, zu versöhnen, preisen ihm die Propheten die Bestimmung als ein Glück an, sagen ihm für die unleugbar großen Gefahren dieses Weges den Bund seines Gottes zu und versichern ihm, dieser Gott sei den anderen Göttern gewachsen und überlegen, der Schöpfer und Herr alles Geschehens, der Bürge des guten Ausgangs, der Sinn Gewährende. Weil das besondere Leben, zu dem Israel bestimmt ist, nur im Vertrauen zu dem, der es ihm zumutet, gelebt werden kann, bedarf Israel dieser Zusicherungen, und Glauben, d. h. Vertrauen auf sie ist identisch mit dem Leben gemäß der Bestimmung.

Mit den neutestamentlichen Gemeinden, an denen wir exemplarisch ablesen wollen, worum es beim Christsein geht, steht es nicht anders. Martin *Bubers* Meinung[31], im Unterschied zum Judentum, in dem Glauben ein vertrauendes Tun meint, bedeute Glauben im christlichen Verständnis, schon bei Paulus, eine theoretische Zustimmung zu bestimmten Glaubenslehren, ist zwar durch viele Erscheinungen der Kirchengeschichte veranlaßt und verständlich; aber diese Erscheinungen unterliegen ihrerseits der Kritik durch das ursprüngliche christliche Glaubensverständnis, und dieses meint ebenfalls vertrauendes Tun, durch Vertrauen ermöglichtes und sinnvoll gewordenes Tun. Jesu Ruf »Denkt um, weil die Gottesherrschaft im nahen Kommen ist« (Matth. 4,17), und die paulinische Aufforde-

---

[31] In seinem Buch »Zwei Glaubensweisen«, 1950.

rung, »die Werke der Finsternis abzulegen und die Waffenrüstung des Lichts anzuziehen« (Röm. 13,12), oder »als ins Leben des Geistes Versetzte im Geiste zu wandeln« (Gal. 5,25), besagen: Verändertes Leben ist es, was nun auf Erden entstehen soll. Und zwar verändertes Zusammenleben, nicht nur verändertes Verhalten einzelner zu anderen einzelnen. Zwar natürlich auch dieses, sofern ja jeder bei sich selbst anfangen muß, aber sein Anfangen bei sich selbst würde versacken, käme er nicht in Gemeinschaft hinein, die ihm hilft, und daß mehrere so anfangen, bringt sie zu einer verändert lebenden Gruppe zusammen, und auf die kommt es an. Es klingt noch allzu abstrakt und infolgedessen individualistisch, wenn das Neue, was Jesus bringt, beschrieben wird als das paradoxe Ineinander von »Ich soll« und »Ich darf«, von radikaler Forderung und schrankenloser Annahme[32]. Das kann immer noch, wie oft geschehen, als ein bloß innerer Vorgang verstanden werden. Was wäre es dann mehr als die raffinierte Ausbalancierung einer hypertrophen Norm des Über-Ich mit der Bequemlichkeit, – folgenlos für die übrige Welt und für den Besitzer eines so affizierten Gewissens höchst vorteilhaft: er kann sich rühmen, mit seiner hochgespannten ethischen Norm alle hausbackeneren praktikablen Moralen zu übertreffen, ohne doch den Unbequemlichkeiten ihrer Praktizierung ausgesetzt zu sein. Es ist zu verstehen, daß Sigmund *Freud* demgegenüber empfiehlt, lieber moralisch weniger radikal, aber um so mehr Praktikables zu lehren[33]. Jesu Radikalisierung der göttlichen Forderung mit dem Zentrum der Gebote der Nächstenliebe und der Feindesliebe wurde vom Urchristentum konkret-gesellschaftlich verstanden: als gewaltlose Gruppe in einer Welt der Gewalt existieren, ohne Hierarchie, ohne interne Herrschaftsweisen, den individuellen Besitz der Not der Brüder zur Verfügung stellen, Herren und Sklaven zu Brüdern vereinigen, nicht weiter mitmachen bei all den Brutalitäten der damaligen heidnischen Umwelt. Unter den Bedingungen ihrer Zeit dies zu verwirklichen, – diesseitige, freie Bruderschaft – das war praktisch das »neue Leben«, in das sie sich durch Jesus versetzt sahen, die Freiheit der Liebe, die sie lieben lernten, an der sie immer wieder auch schuldig wurden, auf deren endgültige, uneingeschränkte Verwirklichung im Reiche Gottes sie hofften, wie

---
[32] So lautet die Lieblingsformel von Herbert Braun, z. B. in: Spätjüdisch-häretischer und frühchristlicher Radikalismus II, 1957, 134f; Jesus, 1969, 71.
[33] S. Freud, Das Unbehagen in der Kultur.

Biblische Botschaft und Sinnfrage

eben jemand, der einmal einen Geschmack von solchem neuen Leben bekommen hat, sich ausstreckt nach einer Welt, in der das Neue weder in ihm noch um ihn durch die alte Misere korrumpiert wird. So bekamen in diesem Ansatz einer neuen Gesellschaft die Worte: Glauben, Sünde und Vergebung einen sehr greifbaren gesellschaftlichen Bezug[34].

Schon die bloße Existenz einer solchen Gruppe ist ein politisches Faktum; erst recht ihre Ausbreitung muß die bestehende Gesellschaft unterminieren, erst recht ihre Ausstrahlung auf die öffentliche Meinung, ihre Nachahmungswirkung, erst recht ein aktives Politischwerden als Konsequenz der Nächstenliebe. »Systematische Subversion von Institutionen« muß die Wirkung von Gruppen sein, die Christus nachfolgen, »der als so subversiv galt, daß die politischen und religiösen Führer seiner Zeit ihn töteten«[35]. Die Interessenten des Bestehenden werden nicht zusehen können. Sie werden zurückschlagen, das Feuer ersticken müssen, durch Unterdrückung oder Korrumpierung. Der »Sieg des Christentums« war der Sieg der herrschenden Oberschichten über das Christentum, damit die Verdrängung des Christlichen aus der gesellschaftlichen Praxis in die Innerlichkeit und ins Individuelle, – natürlich nicht vollständig (es gab Auswirkungen sowohl im großkirchlichen Bereich wie durch das Ausbrechen von ketzerischen Randgruppen, die den christlichen Radikalismus wieder gesellschaftlich zu praktizieren suchten, – dies alles keineswegs zu unterschätzende Auswirkungen), aber doch so gründlich, daß auch heute Christentum als gesellschaftliche Praxis erst wieder entdeckt werden muß.

Wo es entdeckt und zur Tat wird, ist das Kreuz Jesu zur Stelle; anderes ist nicht zu erwarten. »Wer hinter mir mitgehen will, der

---

[34] Petr Pokorny hat in einem kleinen Aufsatz (Die Sozialität des Glaubens in der entstehenden Kirche, in: Communio Viatorum, Prag 1962, H. 2/3, 130–136) gezeigt, wie dieses Sozialwerden des christlichen Glaubens in der Gemeinde (eine jüdische Tradition!) die junge Christenheit von der Abstraktion, dem Dualismus und dem Individualismus sowohl der spätantiken Metaphysik und Gnosis wie der Mysterienkulte unterschied. »Selbst das ›Anziehen des neuen Menschen‹ ist ein kollektives Ereignis, und das Heil konnte man sich kaum nur individuell vorstellen« (132). – Vgl. vom gleichen Verfasser: Der Kern der Bergpredigt, 1969. Dort: »Zum Wesen des Reiches Gottes gehört, daß es schon jetzt durch die Menschen wirksam wird« (21). »Die Gnade im biblischen Sinne besteht gerade darin, daß der Mensch einen Auftrag erhält« (20).
[35] R. Shaull, Der christliche Glaube als Skandal in einer technokratischen Welt, in: Diskussion zur ›Theologie der Revolution‹, 1969, 40.

verleugne sich selbst und nehme sein Kreuz auf sich und folge mir nach!« (Mark. 8,34). Aktuell: Da heute Nächstenliebe unbestreitbar bedeutet: politisch werden, und da die Unmenschlichkeit der kapitalistischen Besitzgesellschaft mit ihrem alten und neuen Kolonialismus am Tage ist, da die technokratischen Tendenzen das menschliche Leben der Freiheiten, die die Technik ermöglicht, zugleich berauben, die Kämpfe der Rassen und der Kampf der von Reichtum Ausgeschlossenen um ihren Anteil immer schärfer werden, können christliche Gruppen nur mehr sozialistische Gruppen sein. Was aber haben sozialistische Gruppen und einzelne im Zeitalter der brutalen Konterrevolution in Ost und West vor sich anderes als den Kreuzesweg? Wenn Jünger und Gemeinden Jesu, die ihres Namens wert sind, sich »schwerlich anderswohin stellen können als auf die äußerste Linke«[36], dann wird es ihnen daselbst nicht anders gehen als denen, die – als »unbewußte« Juden und Christen, unterirdisch von dem Ruf der biblischen Botschaft für die Menschlichkeit des Menschen mobilisiert – dort schon in die Feindschaft der bestehenden Welt und also auf einen Weg des Martyriums geraten sind. »Die Christen soll man ermahnen, daß sie ihrem Haupt Christus durch Verfolgungen, Tode und Höllen nachzufolgen bedacht seien und so sich mehr darauf verlassen, durch viele Bedrängnisse in den Himmel einzugehen als durch friedliche Sicherheit« – so beschließt *Luther* seine 95 Thesen[37], und der jüdische Revolutionär Eugen *Leviné-Nissen*, von dem der Christ gewordene Jude Karl Jakob *Hirsch* schreibt: »Dies war die reinste Erscheinung eines völlig selbstlosen Menschen, die ich in meinem Leben gesehen habe«[38], sagt während der Tage der Münchener Räterevolution 1918: »Den blutigen Preis müssen wir doch zahlen... Viele von uns werden die Sonne nicht mehr lachen sehen, viele von uns werden durch ihren

---

[36] K. Barth, Römerbrief, 1919, 381.
[37] WA I, 238, 18–21: »Exhortandi sunt Christiani, ut caput suum Christum per penas, mortes infernosque sequi studeant, Ac sic magis per multas tribulationes intrare celum, quam per securitatem pacis confidant.« – Ebenso Calvin in seinem Brief an den zum Anschluß an die evangelische Gemeinde entschlossenen Jean de l'Epine in St. Germain, 24. 9. 1561 (CR 18,739; Nr. 3534): Superest ut ab hoc conflictu ad continuam militiam te accingas, multisque molestiis ac laboribus subeundis, qui manent veri Christi servi, strenue te compares. (Darüber hinaus kommt es darauf an, daß du von diesem Konflikt an dich dem dauernden Kriegsdienste Christi verschreibst und dich entschieden gleichstellst, die viele Mühen und Anstrengungen auf sich nehmen und so wahre Diener Christi bleiben.)
[38] Heimkehr zu Gott, 1946, 68.

Biblische Botschaft und Sinnfrage

Tod die künftige Freiheit einleiten«, und vor dem Standgericht der bayrischen Reaktion: »Wir Kommunisten sind alle Tote auf Urlaub.«[39]

Auf *diesem* Wege entsteht dann das Gespräch über die Sinnfrage, als ein von der Lebenspraxis und ihren Folgen ausgelöstes, und geht hin und her zwischen den Jüngern und dem Meister, zwischen den Nachfolgenden und dem Vorangehenden, zwischen denen, die sich auf einen solchen Weg verführen ließen, und dem, der sie auf ihn verführt hat:

ob dies eine Verführung sei, unheilstiftend, oder eine Führung wirklich zum »guten Leben«, –
ob der Weg denn auch ein sinnvolles Ziel habe oder etwa im Nichts ende, –
ob ich selbst mit ans Ziel komme, –
ob wir nur verheiztes Himmelfahrtskommando sind, Geopferte für fremde Zwecke, –
ob der, der uns auf ihn versetzt hat, selbst ihn mitgeht, –
was uns denn beistehe auf dem Weg und uns bewahre vor den Entstellungen und Verirrungen, die auf ihm drohen – ob wir allein seien oder ob außer der Kraft von uns Menschen, dieser unzulänglichen, noch andere Faktoren uns das Ziel erreichen helfen, –
ob auch fürs Durchhalten-Können bis zum Ende gesorgt sei, –
ob am Ende wir werden sagen können, dies alles habe sich gelohnt, –
usw. usw.

Weit entfernt davon also, daß der Sozialismus eine Antwort auf die Sinnfrage sein könne, – er drängt sie vielmehr erst auf (und zwar sowohl auf dem Wege wie auch noch und wieder am Ziel!). Die Frage des Nihilismus hat er nicht hinter sich, sie unterläuft ihn immer wieder. Die Arbeit tröstet nicht aus sich selbst, sie bedarf der

---

[39] Zit. nach dem Aufsatz von G. Schmolze, E. Leviné-Nissen. Israelit unter den Dissidenten der bayerischen Revolution, in: Emuna 4/1969, 329–336. Für Leviné sind die Worte seiner Frau über seine Haltung vor der Hinrichtung kennzeichnend: »Keine Klage über sich, keine Erbitterung, keine Feindseligkeit. Und so voll Liebe, so voll Vertrauen zu allen, so voll Glauben an die Menschheit, an ihre Güte. Es sah fast aus, als ob er Mitleid mit ihnen hätte, daß sie eine solche schwere Tat auf sich nahmen, ihn zu morden: ›Jetzt wird es mir gar nicht schwer sein. Jetzt werde ich keine so feindlichen Gesichter sehen, wie es im Anfang war, als sie so verhetzt waren. Jetzt wissen sie schon ganz gut, daß ich nicht ihr Feind bin.‹ Er sah schon den kommenden Tag, die große Zukunft, er lebte schon in ihr.«

Tröstung, der Stärkung, der größeren Perspektive. Die christliche Praxis macht das »Dogma« nicht überflüssig; sie führt vielmehr in Fragen, in denen eben der Inhalt des christlichen Dogmas allein ihr die ausreichende Antwort gibt. Sicher, man hört diese Antwort nicht immer gleichmäßig, oft kann man sie kaum verstehen, oft tröstet man sich mit kleineren Sinngebungen, die – Gott sei Dank! – nicht fehlen. Man arbeitet ja auch zusammen mit solchen, die nicht mehr haben als solche kleineren, bescheideneren Sinngebungen und damit auskommen müssen – oder meinen, damit auskommen zu müssen: mit dem Lohn, den eine gute Tat in sich hat, mit dem dankbaren Aufleuchten der Augen eines Hilfe empfangenden Notleidenden, mit dem Gedanken an die Enkel, die es einmal besser haben sollen (oder auch besser ausfechten werden), und an den Fortschritt, für den wir mitverantwortlich sind, oder auch – oft genug muß Negatives herhalten – mit der Befriedigung, daß den Bösen der Sieg versalzen, den Herrschenden der ungestörte Genuß verdorben worden ist. Man nährt seinen Hunger mit dem, was man zur Hand hat.

Diejenigen aber, die ihren Impuls zur politischen Arbeit für sozialen Fortschritt, also für Sozialismus, der Sendung Jesu Christi verdanken, werden sich bei solchen vorläufigen Sinngebungen nicht zufrieden geben können. Die Vorläufigkeit, das Unterlaufensein von letzter Sinnlosigkeit können sie sich nicht mehr verbergen. Sie kommen ja her von der großen Sinnverheißung des Reiches Gottes, durch die sie in Bewegung gebracht worden sind. Sie geraten in Anfechtung durch die Erfahrungen auf dem Wege. So wird die Sinnfrage zum Gegenstand des Gesprächs zwischen den Jüngern und ihrem Herrn. Im Erwägen dessen, was er über diesen Herrn – und dadurch von ihm selbst – aus der biblischen Botschaft hört, vergegenwärtigt sich der Jünger, daß die Sendung *nicht* das Versprechen enthielt, ihm werde diese Anfechtung erspart bleiben; im Gegenteil, sie war ihm vorhergesagt worden, sowohl in den Äußerungen derer, die ihm vorausgegangen sind auf diesem Wege, wie vor allem im Kreuzesgeschick seines Herrn selbst: »Ein Jünger ist nicht über den Meister« (Matth. 10,24); er weiß also von vornherein, daß dies alles ihn nicht »befremden« darf (1. Petr. 4,12). Zugleich damit vergegenwärtigt er sich aber auch die größere Perspektive, das Plus an Verheißung, das ihm von Anfang an eröffnet worden war:

die Zusage des Zieles, das die Fragen stillen wird: »An jenem Tage werdet ihr mich nichts fragen« (Joh. 16,23), –
die Zusage des schon geschehenen Aufbruches Gottes zur Verwirklichung des Reiches, zur Beendigung der menschlichen Selbstzerstörung, zur gänzlichen Rettung der Menschheit, –
die Zusage des ewigen Bundes, des Nicht-Alleinseins, des Aufbewahrtseins des eigenen Ichs, –
die Zusage der Vergebung für das immer wieder eintretende Versagen und Schuldigwerden, –
die Zusage des täglichen Beistandes: »Ich bin bei euch alle Tage bis ans Ende der Welt« (letztes Wort des Matthäusevangeliums, Kap. 28,20), –
die Zusage der Liebe, die alle umfaßt und mich nicht vergißt.

Im Widerstreit der Erfahrung andrängender Fragen und des Hörens dieser Zusagen vollzieht sich unablässig die Praxis des neuen Lebens hier auf Erden. Dieser Erwägung *innerhalb* dieser Praxis gilt die folgende Darstellung der Sinnfrage im Kontext der biblischen Botschaft.

5. Was wir als Antwort auf die Sinnfrage hier zu hören bekommen, wird nicht wie ein Rezept verwendet, gar wie ein Opiat eingenommen werden können, um damit prompt die bisherigen Schmerzen loszuwerden. Die Antwort funktioniert nicht automatisch wie ein geometrischer Beweis. Sie hat etwas eigenartig Selbständiges, Unableitbares, darum freilich auch Unbeweisbares. Sie lockt, aber sie zwingt nicht. Man kann sich gegen sie sperren wie Iwan Karamasoff, der es fertig bringt, eine künftige Antwort anzudeuten und doch sich a priori gegen sie zu erklären. Sein *»Ich aber akzeptiere das nicht und will es nicht akzeptieren!«* ist die unergründliche Freiheit des Menschenherzens, für die Hoffnung aber insofern besteht, als ihr »Ich werde es nicht akzeptieren« eben nur ein jetziges ist, das in der Geschichte mit diesem »Herrlichen« und »Kostbaren« vielleicht sehr verändert und ganz aufgehoben werden kann. Was einer nachher sieht und infolgedessen sagt, kann ganz anders sein, als was er vorher zu sagen geschworen hat.

Es geht aber noch nicht sofort um die Beantwortung, sondern zuerst einmal um die Stellung der Sinnfrage im Rahmen der christlichen Botschaft. Es könnte ja sein, daß die Antwort, die wir hier zu hören bekommen, nicht direkt derjenigen Frage zuteil wird, wie wir sie gemeinhin stellen. Schon die vorhin besprochene Verbindung mit bestimmter Praxis läßt das vermuten. Es könnte sein, daß die Sinnfrage selbst eine Veränderung erfährt, wenn sie mit der christlichen Botschaft zusammentrifft. Deshalb fragen wir als erstes: Wie wird innerhalb der christlichen Botschaft die Sinnfrage gesehen und gestellt? Konkreter: Begegnet sie uns auch in der Bibel? Taucht die Sache des Nihilismus auch in diesen 2000 Jahre und mehr vor dem neuzeitlichen Nihilismus geschriebenen Schriften auf?

VI. Schöpfung und Sinn

Nach der Auflösung des jahrhundertealten Bundes zwischen christlichem Denken und antiker Metaphysik zeigt sich, daß biblischer Schöpfungsglaube und moderner Nihilismus sich berühren in der Erkenntnis, daß ein dem Weltgeschehen immanenter Sinn nicht aufgewiesen werden kann. Für den biblischen Glauben ist dies aber nur die negative Kehrseite der positiven Geborgenheit der Welt als Schöpfung in der Zuwendung des Schöpfers. In der Beziehung zu ihm hat die Welt und das Einzelleben Sinn.

Schöpfung und Nichts

Wo Sinnverlust erfahren wird, findet sich der Mensch nicht mehr eingebettet in eine tragende, sinnvolle Wirklichkeit. Wo Sinnverlust nihilistisch erfahren wird, findet sich der Mensch samt seiner Welt nicht mehr eingebettet in eine tragende, sinngebende Wirklichkeit, zu der er Zugang hat durch Besinnung auf das Sein selbst. In der vorhergehenden Metaphysik antwortete ihm das Sein, wenn er durch alle Bedingtheit mit seiner Frage zum Grunde des Seins vorstieß, auf eine sinngebende Weise; er fand sich einem Letzten verbunden, das ihn trägt, das Logos, Sinn hat, und zu dem er durch Besinnung hinfindet, mit dem er durch sein eigenes Sein je schon verbunden ist. Dies war das Wesen der antiken Metaphysik in ihren verschiedenen Formen; sie war denkerische Seinsfrömmigkeit. In den Götter-Epiphanien wird, wie Walter F. *Otto* schön gezeigt hat, die Tragkraft des Seins erlebt; die Metaphysik setzt dies ins Denken um[1]. In der christlichen Zeit wurde das mit dem christlichen Schöpfungsglauben verbunden und dabei die Kluft zwischen diesem Schöpfungsglauben und der antiken Seinsfrömmigkeit überdeckt. Dies brach auseinander. Daraufhin erklärt sich der nihilistische Mensch – damit vermeintlich dem Christentum Abschied gebend – als außerstande, sich im Seinsgrunde geborgen zu finden und durch immanente Besinnung auf einen ihn tragenden, sinngebenden Seins-

---

[1] M. Heideggers These von einer tiefen Kluft zwischen vorsokratischer und nachsokratischer Seinserfahrung und von dem Beginn des im Nihilismus sich dann in seinem Wesen enthüllenden Subjektivismus bei Platon, der Nietzsches tiefe Abneigung gegen Sokrates vorausgegangen ist, kann ich mich nicht anschließen.

grund zu stoßen. Alle seine Werte schweben, so klagt er (oder auch: so triumphiert er!) ohne Grund in der Luft; er ist ganz auf sich selbst geworfen: »Ich hab mein Sach auf nichts gestellt.« Das erinnert an die Stellung, in die der israelitische Mensch durch die ihm zuteil gewordene Gottesanrede geraten ist[2]. Wenn wir im Alten Testament lesen, wie in so anstoßerregender Intoleranz dem Volke Israel die Beteiligung an den Kulten der Nachbarvölker oder deren Imitation verboten wird, dann heißt das: sie dürfen nicht das verehren, womit der Mensch seinsmäßig verbunden ist: die Kräfte der Erde, der Natur, des Blutes, des Eros und der Ahnen (also der eigenen Geschichte). Sie dürfen sich von daher nicht Sicherung, nicht Sinngebung und Erfüllung versprechen. Diese Kräfte bieten sich uns zunächst dafür an. Man sieht ja, daß wir von ihnen leben, auf sie angewiesen sind und von ihnen abhängen. Was liegt näher, als Einfluß auf sie, unter deren Einfluß wir stehen, zu bekommen suchen, indem wir uns zu unserer Abhängigkeit von ihnen bekennen, versuchen, mit ihnen in ein günstiges Verhältnis zu kommen und uns in ihrer Gunst zu bergen. Das ist der Sinn der religiösen Verehrung dieser großen Mächte. Dabei sind Polytheismus und Monotheismus nicht so grundsätzlich unterschieden, wie wir oft meinen. Der Monotheismus ist es nicht, der das Alte Testament vor dem »Heidentum« auszeichnet, er ist nicht die besondere Erfindung des israelitischen Geistes, wie man oft meint. Auch das antike Denken hat den Weg vom Polytheismus zum Monotheismus gefunden und zurückgelegt. Die antike Aufklärung geht den Weg der Abstraktion: sie entmythologisiert die Göttermythen, indem sie die anthropomorphe Redeweise von den Göttern interpretiert als poetische Redeweise, die über sich hinausweist auf das eine Sein, das summum ens, das allen Seinsgestalten zugrunde liegt. Mit diesem einen Sein sind wir verbunden durch unseren Geist, der die vordergründige Vielheit der Seinsgestalten zu transzendieren vermag hin auf die letzte, hintergründige, gestaltlose ewige Einheit, in der er Ruhe findet. Das ist der Weg von *Xenophanes* zu *Parmenides*, der dann von den nachsokratischen Denkern in verschiedener Weise fortgesetzt wird. Das muß nicht zur Folge haben, daß die polytheistische Verehrung eingestellt wird. Man hat in der Spätantike das Judentum geschätzt als

---

[2] Hierzu und zu den Ausführungen über den Nihilismus vgl. das wichtige Buch von K. H. Miskotte, Wenn die Götter schweigen. Vom Sinn des Alten Testaments, 1966³.

die »philosophische Religion« wegen seiner Bildlosigkeit und seines Monotheismus, zugleich aber mit Recht als fremd, ja als atheistisch empfunden wegen des schroffen Gegensatzes, in den die Juden ihren Monotheismus gegen die heidnische Götterverehrung stellten; Profanum illis omnia, quae apud nos sacra (*Tacitus* gegen die Juden). Als die Christen diesen Gegensatz fortsetzten, sagt der griechische Philosoph *Celsus* gegen sie: das sei doch ein primitiver Gegensatz, der Mangel an dialektischem Denken verrate; wer die Götter verehre, entziehe dem einen Gott, der hinter ihnen allen steht, nichts; denn in den vielen (als den vordergründigen Erscheinungs- und Wirkgestalten des Einen) verehre er ja den Einen in umso vollkommenerer Weise[3].

Daran zeigt sich, daß der antike Monotheismus und der alttestamentliche Monotheismus in Wirklichkeit etwas sehr Verschiedenes sind. Der antike Monotheismus meint den einen Seinsgrund, an dem wir alle, alle Einzelseienden, die Götter wie die Menschen, in ungebrochener Kontinuität teilhaben, mit dem wir verbunden sind, und der uns zugänglich ist durch kultische Verehrung wie durch geistiges Transzendieren, durch Mystik wie durch Philosophie; zu ihm als zum Letzten aufsteigend versichern wir uns unseres Bleibens inmitten aller Flüchtigkeiten und Wechselfälle des Erdenlebens, der Sinnenwelt, des Vordergrundes, und überwinden Unglück und Tod durch Aufstieg ins Bleibende. Dies ist noch immer der Weg erst kultisch-religiöser, dann philosophisch-metaphysischer Daseinsvergewisserung gewesen, im Osten nicht anders als im Westen.

Sehr anders steht es in Israel. Ähnlich wie der moderne, nachmetaphysische Mensch findet sich der Mensch des Alten Testaments nicht in dieser Kontinuität zu einem letzten bleibenden Sein, das ihm zugänglich ist, und an dem er teilhat. Er kann auch die Götter nicht verehren und sich ihnen anvertrauen; denn sie sind nicht Erscheinungsformen des Grundes der Welt. Die Mächte, die im Bilde der Götter vorgestellt werden, sind Wesenheiten, die ebenso wie er, der Mensch selbst, unsicher und bodenlos schweben und eines Grundes erst noch bedürfen, an dem sie aber nicht schon teilhaben, mit dem sie nicht durch ihr Sein schon verbunden sind. Darum nennt sie das Alte Testament da, wo es sie am deutlichsten charakterisieren

---

[3] Celsus: vgl. C. Andresen, Logos und Nomos. Die Polemik des Kelsos wider das Christentum, 1955, 60f, 99ff, 104f; A. Miura-Stange, Celsus und Origines, 1926, 30, 90ff.

will, *Nichtse:* »Nichtig sind sie, ein lächerlich Machwerk; zur Zeit der Heimsuchung ist's aus mit ihnen« (Jer. 51,18); d. h. in der Stunde der Bedrängnis zeigt es sich, daß sie stumm und ohnmächtig sind, nur ein »Machwerk« des Menschen, eine Projektion des menschlichen Geistes, durch die der Mensch seine Verbundenheit mit dem Bleibenden ausdrücken *und* gewinnen will, – und eben dies scheitert in der Stunde der Anfechtung. Denn die Götter können ihm so wenig helfen, wie er sich selbst helfen kann, und sie können ihm deshalb nichts helfen, weil ihre Verehrung nur eine Weise seiner Selbsthilfe gewesen ist, eben ein Versuch, von sich aus sich des Bleibenden zu versichern. Die Mächte aber, die er in den Göttern verehrte, und die ihm so viel bleibender und mächtiger erschienen als er selbst und deshalb in der Lage, ihm Sinn zu verleihen, sind nichtig wie er selbst[4]. Dieses Wort »nichtig« steht über ihnen allen, wie über den Göttern, so auch über den Völkern (»Alle Völker sind vor Ihm wie nichts, für nichtig und wesenlos von Ihm geachtet«, Jes. 40,17), und über den Einzelmenschen: »Wie gar nichts sind doch alle Menschen, die doch so sicher leben« (Ps. 39,6); »Nur ein Hauch (= nichts) sind die Menschenkinder, ein Trug die Sterblichen« (Ps. 62,10). Die großen Himmelsmächte, die die kosmische Ordnung angeblich garantieren, werden im ersten Schöpfungsbericht (1. Mose 1) zu Beleuchtungskörpern degradiert – und der Mensch im zweiten Schöpfungsbericht (1. Mose 2) zu einem Stück Ackerstaub, durch Einhauchen des Lebensodems nicht anders belebt als die Tiere auch: »Denn Staub bist du und Staub sollst du werden« (1. Mose 3,19). Das »alles ist eitel« des Predigers Salomo ist alttestamentliches Gemeingut[5].

---

[4] Vgl. dazu H. W. Wolff, Jahwe und die Götter in der alttestamentlichen Prophetie, in: EvTh 29, 1969, 397–416, und H. J. Kraus, Der lebendige Gott, in: EvTh 27, 1967, 169–200.

[5] Dazu lese man noch den 89. Psalm, der V. 1–38 Gottes Treue in Schöpfung und Bund rühmt, dann V. 39 (–52) umschlägt in Klage und Frage des Angefochtenen und V. 53 in erneutem Umschlag mit einem lobenden Amen endet. V. 48 argumentiert er: »Bedenke doch, JHWH: Was ist doch das Leben? Wie nichtig sind alle Menschenkinder, die du geschaffen hast!« (So übersetzen die Jerusalemer und die Züricher Bibel, dagegen Luther und Miskotte: »Warum willst du alle Menschen umsonst geschaffen haben?«) – Auch Thomas von Aquin sagt – biblisch, sehr ungriechisch! –: »Omnis creatura vertibilis est in nihil« (Alle Kreatur ist hinwendbar zum Nichts) (Summa Theologica III, 13,2). Deshalb spricht H. Plessner (Eranos-Jahrbuch 20, 1952, 360) von einem »in das Fundament seines Glaubens eingebauten Nihilismus« des Juden und Christen (zit. nach G. Sauter, Die Zeit des Todes, in: EvTh 25, 1965, 634). – Fr. Gogarten, Der Mensch zwischen Gott und Welt, 1956³, 283: Die Welt als »nur Welt« ist »unvollkommen und

Schöpfung und Nichts

Was aber heißt jenes »*vor Ihm*« bei Jes. 40,17? Hier allerdings wird die große Differenz zwischen biblischer und nihilistischer Sicht der Nichtigkeit der Welt deutlich: daß diese Welt nicht in sich ruht und nicht in sich stehen kann, daß sie deshalb auch nicht letzte Sinngebungsinstanz für das einzelne Seiende sein kann, daß das Ganze also nichtig ist wie das einzelne, das ist nicht Ergebnis unablässig weiterbohrenden Fragens, Ergebnis der Welt-Erforschung, überhaupt nicht Ergebnis von Forschen, sondern Enthüllung der Welt im Lichte der Selbstkundgabe desjenigen, der Israel durch prophetisches Anreden zum Partner seines Bundes macht. Die Erkenntnis der Unsicherheit, Bodenlosigkeit der Welt samt allen ihren Mächten, Göttern und Werten ist die negative Kehrseite der positiven Erkenntnis, des höchst positiven Ereignisses, zu dem Israel sich ausgesondert sieht. Deshalb ist die Schwermut der Vergänglichkeit und das Gefühl der Flüchtigkeit und Ungewißheit alles Seienden im Alten Testament zwar auf eine unvergeßlich ergreifende Weise ausgesprochen, aber nicht etwas für sich Stehendes, nicht ein isoliertes oder gar letztes Wort; es ist, ohne durchgestrichen zu werden, umgriffen von eigenartiger Freude und Gewißheit: Israel sieht seine Existenz begründet, sieht sich geschaffen und gehalten durch den Zugriff eines Anderen, Unvergleichlichen, der sich aus einem unbegründeten, nur in ihm selber begründeten, erbarmungsvollen Beschluß ihm zugewendet hat, um es zu gründen, um sich ihm bekannt zu machen, um in ein Verhältnis gegenseitigen Verkehrs mit ihm zu treten und es zu seinem Zeugen gegenüber den anderen Völkern zu machen. Israel weiß sich jetzt getragen und gehalten nicht durch eigene Kräftigkeit, nicht durch die Kräfte und die Ordnung des Kosmos, und darf daher den Sinn seiner Existenz nicht mehr sehen im Aufbau nationaler Macht, in großen Kulturleistungen; wenn es nach seinem Grund und

---

ungesichert und in sich selbst sinnlos«. – So auch schon L. Feuerbach: »Die Schöpfung ist das ausgesprochene Wort Gottes ... Aussprechen ist ein Willensakt, die Schöpfung ist also ein Produkt des Willens.« Feuerbachs Folgerung: Also handelt es sich bei der Lehre von der Schöpfung um die Bejahung der Göttlichkeit des Willens, und zwar des »absolut subjektiven, unbeschränkten Willens«. Demnach ist »die Schöpfung aus Nichts der höchste Gipfel des Subjektivitätsprinzips« und »bedeutet weiter nichts als die Nichtigkeit der Welt«. Die jüdische Herkunft der Schöpfungslehre ist freilich für Feuerbach sofort ein negatives Indiz: »Nur in der unergründlichen Tiefe und Gewalt des hebräischen Egoismus hat also die Schöpfung aus Nichts, d. h. die Schöpfung als ein bloßer befehlshaberischer Akt, ihren Ursprung« (Das Wesen des Christentums, Akademie-Ausgabe, Ostberlin 1956, 172, 194).

nach seinem Sinn fragt, muß es weg von sich selbst und weg von der umgebenden Welt sehen nach außen, auf ein Außerhalb seiner selbst. Es lebt nicht aus den Kräften des Kosmos und für die Zwecke des Kosmos, es hat Grund und Sinn außerhalb seiner selbst, es lebt, wie später die christliche Sprache sagt, aus *Gnade*. An sie soll es sich hängen; auf den, der Israel seine Gnade zuwendet, soll es vertrauen; in ihm hat es Ruhe und Sicherheit, für ihn soll es leben, und für ihn zu leben lohnt sich. Das ist die Freude und die Freiheit Israels, um die es sich in allen Geboten, die ihm zuteil werden, und in allen Aufrufen der Propheten handelt; diese »Freude im Herrn« ist seine »Stärke« (Neh. 8,10), und nur von dieser Freude her wird die Nichtigkeit, das Nicht-aus-sich-selbst-sein-können gesichtet.

Von diesem Modell der eigenen Existenz her sieht das Alte Testament dann die Existenz aller Menschen und die Existenz der ganzen Welt. Dafür steht das *Bilderverbot* im Alten Testament, einzigartig und Israel abschneidend von der Welt der Religionen[6]. Es ist nicht aus Vergeistigungstendenz zu verstehen; denn die Geistigkeit, Übermaterialität des Göttlichen war in den Religionen sehr wohl bewußt, und gerade diese Geistigkeit ist in den Götterbildern oft sehr ergreifend ausgedrückt. Man darf nicht, um die Besonderheit des biblischen Glaubens hervorzuheben, den »heidnischen« Religionen eine »primitive«, ungeistige Gottesvorstellung andichten. Worum es in Wirklichkeit geht, zeigt eben das (im katholischen und lutherischen Katechismus leider aus dem Dekalog entfernte) Gebot: »Du sollst dir kein Gottesbild machen, kein Abbild, weder dessen, was oben im Himmel ist, noch dessen, was unten auf Erden, noch dessen, was in den Wassern unter der Erde ist. Du sollst sie nicht anbeten und ihnen nicht dienen« (2. Mose 20,4f). Das Götterbild besagt: die Welt ist von sakraler Göttlichkeit erfüllt, das Sichtbare und Dingliche ist gottdurchlässig, transparent für das Göttliche, Medium des Sakralen; das weltliche Sein ist Emanation des göttlichen Seins und steht in Seinsteilhabe mit diesem. Deshalb ist das Göttliche der Welt seinsimmanent, und deshalb ist es durch Kultus, mystische Meditation und philosophische Besinnung zugänglich; dies sind Weisen, in denen der Mensch sich Grund und Sinn des Daseins sicherstellen kann.

---

[6] Zum Folgenden vgl. G. v. Rad, Aspekte alttestamentlichen Weltverständnisses, in: EvTh 24, 1964, 57–73.

Schöpfung und Nichts

Das Bilderverbot sagt dazu ein schroffes Nein, diffamiert sogar für Israel diese Seinsfrömmigkeit, indem es sie im Dekalog mit Mord und Ehebruch gleichstellt. Es bedeutet 1. strengste Transzendenz Gottes. Der Grund der Welt liegt außer ihr. Zum Grunde hin transzendieren heißt nicht: vom Sichtbaren zum Unsichtbaren, vom Materiellen zum Geistigen aufsteigen; diejenige Transzendenz, die metaphysische Besinnung vollzieht, erreicht nur denjenigen Grund der Welt, der noch zur Welt selbst, sozusagen als ihre Tiefenschicht, gehört, der ihre immer noch immanente Seinsbedingung ist. Das Seiende ist nicht Natur, sondern Kreatur. Der wahre Grund der Welt ist ihr Jenseits, in einem radikalen Jenseits ihrer selbst. Hier geschieht Ablehnung jeder noch so subtilen Identitätsmystik (Pantheismus) und Identitätsmetaphysik. Gott ist wirklich der »ganz Andere« im »unendlich qualitativen Unterschied« zur Welt *(Kierkegaard).*

2. Hier geschieht radikale Entgötterung der Welt. Die Schöpfung ist nicht sakral, sondern profan, damit Arbeitsfeld für unbefangenes menschliches Leben. Die moderne Säkularisierung, die Möglichkeit wissenschaftlichen und technischen Verhaltens zur Welt ist hier begründet und vorweggenommen. Nicht Anbetung, sondern Weltlichkeit ist das rechte Verhalten zum Weltlichen. »Die Götter weichen *aus* den Dingen, wenn Gott die reine Herrschaft *über* die Dinge antritt.«[7]

3. Entgötterung heißt sowohl Entzauberung wie auch Entdämonisierung: die Welt, die als das Nicht-Göttliche Gott gegenüber und unter Gott steht, ist eine einheitliche Welt, durch das gemeinsame Wesen ihres Geschöpflichseins zusammengeschlossen, und eben darin *gut,* d. h. von Gott gewollt und sich Gott verdankend. Es geht nicht durch die Welt der Riß zwischen dem Göttlichen und dem Teuflischen, der für die Religionen konstitutiv ist. Omne ens qua ens

---

[7] H. Heimpel, Der Mensch in seiner Gegenwart, 1955, 157. Dieses »Weichen« ist aber zugleich intensivste Zumutung an den Menschen: seinen Glauben *nicht* an Seiendes, an die Mächte, unter denen er sich vorfindet, zu hängen (woher sowohl die ständige Neigung Israels zum Anschluß an die Götterverehrung der Umwelt wie auch die Leidenschaftlichkeit der dagegen gerichteten prophetischen Polemik verständlich wird). »Wir können uns keine Vorstellung davon machen, welche Glaubenskraft für das Glied der altisraelitischen Gemeinde dazu gehörte, das machtvoll einwirkende Gestirn der Sonne *nicht* anzubeten oder vor dem geheimnisvollen Monde *nicht* niederzufallen, dessen Rhythmus u. a. dem Zyklus der Frau so seltsam entsprach« (W. Philipp, Die Absolutheit des Christentums, 1959, 230).

bonum est[8]! Es gibt eine Nachtseite dieser Welt, es gibt Übel, Krankheiten und Tod –, aber sie haben nicht selbständige Macht, sondern stehen unter Gott und können nur, was er ihnen erlaubt. Es gibt freilich einen Riß in der Schöpfung; dieser ist aber nicht ursprünglich, nicht ein Gegensatz zwischen guten und bösen Gottheiten, nicht ontologisch, sondern ontisch: ein Gegensatz zwischen dem Schöpfer und einem seiner Geschöpfe, dem Menschen, und dieser Gegensatz ist nicht ewig. Denn dazu geschieht die Heilsgeschichte, damit dieser »zwischeneingekommene« (Paulus) Gegensatz wieder sein Ende findet. Gott ist auch ihm überlegen. Den großartigsten Ausdruck für die Einheit der Welt findet das Alte Testament in dem Lobpreis, der von dieser ganzen Schöpfung ausgeht[9].

Die Nichtidentität von Gott und Welt und die schlechthinnige Transzendenz Gottes über der Welt bedeutet nicht eine Unfähigkeit Gottes für den Bezug zur Welt, sondern eine Überlegenheit, die ihm intimste Nähe zu seinen Geschöpfen erlaubt[10]. Das Alte Testament sieht das am Modell des *Bundes* Gottes mit Israel, der nicht Selbstzweck ist. Israel ist Durchgangsstelle, Ansatzpunkt für ein rettendes Sich-Bemühen des Schöpfers um sein *ganzes* Menschengeschlecht, und das Neue Testament sieht den neuen Bund Gottes in Jesus Christus sich ausdehnen auf die ganze Heidenwelt, die nun ebenfalls in diesen Bund hereingerufen wird.

Die »Nichtigkeit« der Welt und des Menschen bedeutet also nicht, daß sie nichts wert seien, und daß der Weise, der die Eitelkeit aller Dinge erkennt, sie deshalb verachten dürfe. »Gott ist mächtig und verachtet doch niemanden« (Hiob 36,5). »Er ruft dem, das nichts ist, daß es sei« (Röm. 4,17). Nichtigkeit bedeutet hier, daß es nicht aus sich selbst ist und Wert hat, sondern daß es seinen Wert aus Gnade zugeeignet bekommt, als solches aber seines Daseins sich

---

[8] Dieser Satz antiker Seinsfrömmigkeit bekommt, von den scholastischen Theologen verwendet, einen sehr anderen Sinn: gut ist alles Seiende dank der Bejahung, die ihm durch Gott, indem er es ins Sein ruft, zuteil wird. Seine Wirklichkeit hat es nur von daher, daß es von Gott möglich gemacht wurde (auch hierzu vgl. den S. 167 Anm. 145 genannten Aufsatz von E. Jüngel). Schöpfung ist, wie besonders K. Barth in seiner Schöpfungslehre herausgearbeitet hat (Kirchliche Dogmatik III/1 u. 3), Wohltat.
[9] Vgl. G. von Rad, aaO. 62. Dazu lese man die drei letzten Lieder des Psalters (Ps. 148–150) und den Gesang der drei Männer im Feuerofen, ebenso auch Werner Bergengruens Gedicht »Lobsang und Lobrauch« in: Die heile Welt, 1950, 197ff.
[10] Deus intimo interior (Gott ist innerlicher als das Innerlichste), sagt Augustin.

freuen kann, sein Dasein als etwas Gutes ansehen soll und dafür danken kann: »Ich danke dir, Gott, daß du mich geschaffen hast«, sagt die hl. Klara im Sterben. Das hat die christliche Theologie dann mit ihrer Lehre von der Creatio ex nihilo ausgedrückt: Weder ist der Schöpfer (wie im platonischen Timaios) auf einen schon vorhandenen Stoff, auf eine außer ihm vorhandene Möglichkeit angewiesen (wie der Künstler), noch stammt die Welt aus Gott selbst, als wäre sie seine Ausstrahlung. Ihre Möglichkeit ist allein der gnädige Wille Gottes, ihre Wirklichkeit ist ein Sein außer Gott, aber von Gott umgriffen, über dem Nichts gehalten und jeden Augenblick von ihm gewirkt und durchwirkt. Innigste Nähe Gottes zur Welt und grundsätzliche Verschiedenheit von Gott und Welt müssen hier gleichzeitig miteinander gedacht werden. »Man fragte Rabbi Ahron, was er bei seinem Lehrer, dem großen Maggid, gelernt habe. ›Gar nichts‹, sagte er. Und als man in ihn drang, sich zu erklären, fügte er hinzu: ›Das Garnichts habe ich gelernt: Den Sinn des Garnichts habe ich gelernt. Ich habe gelernt, daß ich gar nichts bin und daß ich doch bin‹.«[11]

Der Ausdruck »Schöpfung aus dem Nichts« ist nicht biblisch. Er kommt in einer apokryphen Schrift des Frühjudentums, im 2. Makkabäerbuch 7,28, vor, und auch hier nicht genau: »Bedenke«, so sagt eine jüdische Mutter, um ihren Jüngsten für das Martyrium zu stärken, »daß Gott dies (sc. die Erde und alles, was auf ihr ist) nicht aus schon Bestehendem gebildet hat, und daß auch das Menschengeschlecht so entstanden ist«: ouk ex ontou, wogegen »aus dem Nichts« heißen müßte: ex ouk ontou. Dennoch hat der von der scholastischen Theologie gebildete Ausdruck seine biblische Konformität. Er soll weder, widerlogisch, das Nichts als Material, »aus« dem Gott geschaffen hat, angeben, noch zur Spekulation über ein absolutes Nichts oder über die in der Scholastik verhandelte Frage der Anfangslosigkeit und Ewigkeit der Welt veranlassen. Er soll sagen, daß für Gott nichts anderes nötig, daß er auf nichts anderes angewiesen ist, um Dasein zu geben, als auf sich selbst und seinen Willen, – und er soll für die Welt sagen, daß sie in nichts anderem Bestand hat als in Gottes Zuwendung: Gottes Ermöglichen ist der Grund von Möglichkeit der Welt[12]. Damit tritt der Glaubenssatz von der Schöpfung in der Radikalität, die er in dem Ausdruck creatio ex nihilo erreicht, nicht in Konkurrenz zu naturwissenschaftlichen Erwägungen einer »Ewigkeit« der Welt, wie sie in den Erhaltungssätzen ausgesprochen ist, und verneint nicht die innerweltliche Gültigkeit des Satzes: ex nihilo nihil fit (aus nichts wird nichts); er bedarf auch nicht einer Stützung durch die in der heutigen Astrophysik diskutierten Kosmogonien, durch die wissenschaftlichen Hypothesen von einem zeitlichen Anfang des Universums. In ihm bekennt vielmehr der Mensch als Antwort auf die gehörte Verheißung der Zuwendung Gottes sich selbst (zuerst: Israel!) und die ganze Welt als gänzlich angewiesen auf Gottes Lebensgebung, als lebend

---

[11] M. Buber, Die Erzählungen der Chassidim, 1949, 325.
[13] Vgl. den Anm. 8 erwähnten Aufsatz von E. Jüngel.

aus ständigem Geben Gottes. Insofern ist der Satz von der creatio ex nihilo der biblische Protest gegen eine Selbstverehrung der Welt, die dann immer umschlägt in eine Verehrung innerweltlicher Mächte, von denen der Mensch sich abhängig sieht. Er steht dann gegen die weltanschauliche Ausweitung des Satzes: ex nihilo nihil fit, die die Unbedürftigkeit der Welt, ihr Stehen in sich selbst feiert, in der Meinung, nur so die Autonomie des Menschen wahren zu können. Mit dieser Feier beginnt Carus *Lucretius* den 1. Gesang von De rerum natura: »Erstlich dann stehe für uns als die oberste Regel der Satz fest: Nichts wird je aus Nichts erzeugt durch göttliche Schöpfung.«

Aber was gegen die Schöpfungsmythen der Religionen billig und fortschrittlich war, sofern diese als Welterklärung den Modus der Weltentstehung angeben wollten, trifft nicht das biblische Schöpfungsbekenntnis; denn dieses will nicht eine Erklärung geben, die dann von Wissenschaft durch bessere Information ersetzt werden könnte, sondern will gegen das Alleinsein der Welt die Gemeinschaft Gottes mit der Welt bekennen.

Die biblischen Schöpfungsaussagen stehen in einer Dimension, ohne deren Beachtung sie verhängnisvoll mißverstanden werden: sie blicken nach vorne, sie gehören in den Zusammenhang der biblischen Eschatologie, der biblischen Hoffnung. Ihre wesentliche Dimension ist nicht die der Vergangenheit, sondern die der Zukunft, unter Einschluß der Gegenwart. Sie wollen nicht über ein einstmaliges Geschehen informieren, nicht über einen Vorgang vor aller Geschichte; Schöpfung ist das Anheben einer Geschichte, die auf ein Ziel gerichtet ist, das schon im Anheben leuchtet. Was vom Anfang erzählt wird, ist Verheißung. Schöpfung ist samt dem Menschen, um mit *Goethe* zu reden, »ein Wurf nach einem höheren Ziel«.

Wenn man das übersieht, dann stößt sich freilich das »Und siehe, es war sehr gut« (1. Mose 1,31) mit allem, was uns an der vorhandenen Welt mit Grund gar nicht gut dünkt. Unser Aufbegehren gegen die Sinnleere der Welt, gegen den unermeßlichen Jammer im natürlichen und im menschlichen Leben steht dann »gegen das Genesispathos des Anfangs einer so unzureichenden Welt und den Gott, der sein Werk auch noch sehr gut findet«[13], und jenes »sehr gut« erscheint nicht nur als unbehebbarer Widerspruch, sondern als tendenziöse Anweisung, das Vorhandene hinzunehmen und jede Empörung und jede vorwärtsdrängende Veränderung als ungeziemende Auflehnung gegen den göttlichen Willen gefälligst sein zu lassen: konservative Ideologie. Damit wird aber der Widerspruch und die Trauer nicht erstickt. Sehr gut ist diese Welt wirklich nicht –, das sagt im Alten Testament gerade dasjenige Buch, in dem der

---

[13] E. Bloch, Atheismus im Christentum, 144.

Schöpfung und Nichts

Reichtum von Gottes Schaffen besonders gepriesen wird, das Buch Hiob. Während der großen Wirtschaftskrise Anfang der dreißiger Jahre brachte der »Simplizissimus« eine Zeichnung: Zwei abgehärmte Arbeitslose unterhalten sich, und der eine von ihnen sagt: »Der Pfarrer erzählt, Gott habe die Welt in sechs Tagen erschaffen«, worauf der andere antwortet: »Sie ist auch danach.« Die Unvollkommenheit der Welt ist allzu sichtbar: »Ich glaube immer mehr, daß man den lieben Gott nicht nach dieser Welt beurteilen darf. Sie ist eine Studie von ihm, die mißlungen ist« (Vincent *van Gogh*)[14].

Tatsächlich, der Gott der Bibel darf nicht »nach dieser Welt beurteilt« werden. Denn sein Schaffen ist nicht auf ein Ins-Dasein-Setzen, als Werk einer prima causa (ersten Ursache), beschränkt. Die Dimension der Zukunft besagt:

1. Die Schöpfung ist nicht fertig. Ihr Gutsein ist nicht ein abgeschlossenes, statisches. Es ist ein Tauglichsein für Weiteres[15].

2. Gottes Schaffen, d. h. Gottes Lebengeben, geht ständig weiter. »Sein Erbarmen ist noch nicht zu Ende. Neu erwacht es jeden Morgen. Wie groß ist seine Treue!« (Klagelieder Jer. 3,22f). Deshalb lebt alles, was lebt, von dieser Treue, von seinem ständig ergehenden Odemeinblasen: »Nimmst du ihnen den Odem, so schwinden sie hin und sinken zurück in den Staub. Du sendest deinen Odem aus, und sie werden erschaffen, und das Angesicht der Erde machst du neu« (Ps. 104,29f).

Schöpfung und Evolution schließen sich also nicht aus, wie *Teilhard de Chardin* richtig erkannt hat, gegen jenen aus schlechter Theologie kommenden Widerstand von Darwin-bekämpfenden

---

[14] G. Chr. Lichtenberg notiert einmal, diese Welt sei so voll von Krankheiten, Mißgeschicken, Erdbeben, Orkanen, Not und Tod, daß man geneigt sei, sie nur für das »eingelieferte Probestück eines untergeordneten Geistes anzusehen, der die Sache noch nicht verstand«. – Erst recht im Blick auf den Menschen, diese zweifelhafte Krone der Schöpfung; so Eugen Roths Vers »Fünftagewoche«:
 Wie wär' geworden alles gut,
 Hätt' Gott am sechsten Tag geruht.
 Er wär' nur kommen bis zum Affen;
 Der Mensch wär' blieben unerschaffen.
[15] W. H. Schmidt, Die Schöpfungsgeschichte der Priesterschrift, 1964, 59ff: »gut sein« meint nicht eine Vollkommenheit in sich, sondern tauglich sein für Gottes Absichten. Vgl. K. Barth, Kirchliche Dogmatik III/1,248: Die Schöpfung »ist das Werk, das seinen Meister damit lobt, daß es für den Gebrauch, den er von ihm machen will, bereitsteht.« 249: »Gott hört nicht auf; er fängt vielmehr gerade jetzt an, dem nun in sich geschlossenen Weltganzen als Schöpfer gegenüberzustehen, als sein Schöpfer an und in ihm tätig zu sein.«

Theologen in noch nicht lange vergangener Zeit[16]. Es geht weiter, in qualitativen Sprüngen kann aus Altem Neues entstehen, es bleibt nicht bei ewiger Wiederholung, es dreht sich nicht alles im Kreise.

3. Im Anfang ist schon das Ende angekündigt, nicht die Enderstarrung der großen Entropie, das tödliche Ende des Wiederzurücksinkens ins Nichts und also der Sieg der Sinnlosigkeit, sondern das Telos, das sich allerdings nicht vermittels des Aufweisens einer immanenten Teleologie nachweisen läßt[17], das aber im Lichte des Anfangs schon aufleuchtet. Denn das Licht Gottes, mit dessen Wirksamwerden der erste biblische Schöpfungsbericht einsetzt (1. Mose 1,3), ist nicht nur das Leben ermöglichende Licht, sondern von Anfang an das Licht der Zukunft Gottes, und meint immer schon den Aufruf an den Menschen, den der Prophet seinem Volk zuruft: »Steh auf, werde Licht! Denn dein Licht kommt!« (Jes. 60,1). Das Licht des Anfangs ist Ankündigung des Sieges des Lichts: »Nacht wird nicht mehr sein, und sie brauchen weder Lampenlicht noch Sonnenlicht; denn Gott der Herr wird leuchten über ihnen« (Offb. 22,5). Heutige alttestamentliche Wissenschaft hat diese eschatologische Perspektive der Schöpfungsberichte der Genesis zunehmend herausgearbeitet:

»Die Schöpfung ist nicht der Anfang eines unübersehbaren zeitlichen Geschehens, von dem niemand weiß oder auch nur fragt, wie lange es gehen wird, sondern die Schöpfung ist das beginnende Geschehnis in einer Reihe von Geschehnissen, welche miteinander eine fest umgrenzte Weltzeit vollmachen, so daß man an jedem Punkte dieses Geschehens fragen kann, wann Endzeit und Erfüllung kom-

---

[16] Ch. Darwin bewies bessere theologische Erkenntnis, wenn er sein Hauptwerk »Die Entstehung der Arten« mit den Worten schließt: »Aus dem Kampf der Natur, aus Hunger und Tod geht also unmittelbar das Höchste hervor, das wir uns vorstellen können: die Erzeugung immer höherer und vollkommnerer Wesen. Es ist wahrlich etwas Erhabenes um die Auffassung, daß der Schöpfer den Keim alles Lebens, das uns umgibt, nur wenigen oder gar nur einer einzigen Form eingehaucht hat, und daß, während sich unsere Erde nach den Gesetzen der Schwerkraft im Kreise bewegt, aus einem so schlichten Anfang eine unendliche Zahl der schönsten und wunderbarsten Formen entstand und noch weiter entsteht« (Reclam-Ausg. 1921, 690; vgl. G. Altner, Charles Darwin und Ernst Haeckel, Theologische Studien, H. 85, 1966).
[17] E. Blochs Versuch, solche latente teleologische Tendenz auf das Reich des Menschen hin der Materie zuzuschreiben, bleibt doch nicht mehr als eine große dichterische Schau, und als Philosophie spekulative Metaphysik, Schelling redivivus, Stützung der Hoffnung des Menschen auf sein Reich von unten, notwendig freilich, wenn die Gründung dieser Hoffnung in der Verheißung von oben eliminiert ist. Vgl. dazu A. Jaeger, Reich ohne Gott. Zur Eschatologie Ernst Blochs, 1969, und J. Habermas, Ein marxistischer Schelling – Zu Ernst Blochs spekulativem Materialismus, in: Theorie und Praxis, 1963, 336–351.

men. Dem Anfang entspricht ein Ende, der Schöpfung die Vollendung, dem ›sehr gut‹ hier das ›ganz herrlich‹ dort; sie sind aufeinander angelegt; die Schöpfung ist in der Theologie des Alten Testamentes ein eschatologischer Begriff. Daß Gott der Schöpfer der Welt ist, besagt, daß er die ganze Zeit, alle Zeiten beherrschend und gestaltend, zielsetzend und vollendend, umfaßt. Darum heißt er der Erste und der Letzte (Jes. 44,6).«[18]

So geht die Gleichsetzung der biblischen Schöpfungsberichte mit den Ursprungsmythen nicht nur deshalb fehl, weil in ersteren das Bedürfnis nach Erklärung der Entstehung der Welt, obzwar ebenfalls vorhanden, dem Bekenntnis zum Empfangen des Lebens aus Gottes Hand und zum Gegenüber von Gott und Welt untergeordnet ist, sondern auch, weil es sich hier nicht um einen Mythos mit der konservativen Tendenz der Rechtfertigung der vorhandenen Welt handelt, sondern um eine Rückschau, die schon Vorschau ist, schon Exodus-Charakter hat:

»Schöpfung ist nicht protologischer Ursprungsmythos, sondern eschatologischer ›Entwurf‹.« »Die eschata (die letzten Dinge) bestimmen die prota (die ersten Dinge), indem sie den Herrschaftsanspruch der arché (der Ursprungsmächte) bestreiten.«[19]

Schöpfung sagt dann: Von Anfang an ist die Welt gut im Sinne dieser Perspektive, und dies ist die ihr zugeeignete Bestimmung, um deren willen sie nicht mißachtet werden darf. Geschöpfliches, besonders leibliches Leben trägt in sich Verheißung auf Erfüllung, ist nicht zur Vernichtung, sondern zur Vollendung bestimmt. Darum hat die Kirche gut getan, daß sie nicht *Marcion* gefolgt ist, der den Schöpfergott haßte und das Neue nur als Erlösung vom Alten, nicht als Erfüllung durch die Treue des Schöpfers angesehen wissen wollte. Der Erlöser steht nicht gegen den Schöpfer, sondern ist der seiner Schöpfung treue Gott. Wie es keinen biblischen Schöpfungsglauben ohne Eschatologie gibt, so auch »ohne Schöpfungslehre keine Eschatologie«.

»Ein Gott, der mit dem Alpha des Centauren nichts zu tun hat, kann auch für uns nichts bedeuten, was der Rede wert wäre: er kann uns nicht vom Tode ret-

---

[18] L. Köhler, Theologie des Alten Testamentes, 1935, 71. Vgl. jetzt H. D. Preuß, Jahwereligion und Zukunftserwartung, 1968.
[19] G. Sauter, Zukunft und Verheißung, 1965, 174, 176. – Für die politische Bedeutung dieses Gegensatzes von Eschatologie und Protologie vgl. Paul Tillichs im Angesicht des nationalsozialistischen Griffes nach der Macht (als eines Aufstandes im Namen der heidnischen Ursprungsmächte gegen die prophetische Perspektive) geschriebene Schrift: Die sozialistische Entscheidung, 1933.

ten; denn wir sind ein Stück Natur. Und wo die Rede von Gott dies ignoriert, muß sich der Naturbegriff gegen den Gottesbegriff wenden, wie dies beim späten *Löwith* geschieht.«[20]

Schöpfung als Sinngebung

Was bedeutet dies für die Sinnfrage?

1. Die Frage nach dem Sinn des einzelnen und nach dem Sinn der Welt können nicht mehr voneinander getrennt werden. In einer sinnleeren Welt kann auch ein Sinn für das Einzelleben nur so angegeben werden, daß er umgeben ist von dem Nichts, das ihn immer wieder aufsaugt; solche Antwort ist je schon vom Nihilismus unterlaufen und entweder eine Vorstufe zu ihm oder eine Flucht aus ihm, nicht aber eine Rettung vor ihm.

2. Vom Sinn der Welt kann dann gesprochen werden, wenn die Welt nicht allein ist, wenn sie nicht nur ein anderes Wort für die ewige Bewegung der Materie ist, für das ewig neu gebärende und verschlingende Ungeheuer des Alls. In dem Geschehen des Wortes Gottes, dessen Zeugen die biblischen Menschen, Israel und die Kirche, sind, geschieht es, daß dieses All, die Welt, in ein Verhältnis gesetzt wird zu einer anderen, sehr anderen, ganz anderen Macht über ihr, die nicht welthaft zu denken ist, die aber sich so zur Welt neigt und zur Welt steht, daß die Welt von ihr her ist und für sie sein kann: *die Welt hat ein Wofür*. Dies aber, ohne damit aufzuhören, in sich nichtig zu sein. Das heißt: die Welt bedeutet für diesen, der ihr Herr im radikalen Sinne, ihr Grund und ihr Sinn ist, nichts und zugleich sehr viel. Sie bedeutet für ihn nichts, sofern er nicht auf sie angewiesen ist. Er braucht sie nicht. Er ist nicht ärmer ohne sie, nicht in Verlegenheit ohne sie; er ist ohne sie nicht *einsam*, er bedarf ihrer nicht, um z. B. einen Partner seiner Liebe zu haben. Dies meint im besonderen die christliche Trinitätslehre als Hinweis auf den Reichtum der innergöttlichen Liebe. Heidnisches Denken

---

[20] R. Spaemann, in: Wer ist das eigentlich – Gott?, 1968, 63. Daß dies auch für die Frankfurter kritische Theorie gilt, d. h. daß hier trotz Eschatologie der Mensch der Übermacht der Natur letztlich ausgeliefert bleibt, ist der Verdacht von M. Theunissen: »Die Natur übernimmt, so wird man vermuten dürfen, die Funktion eines Surrogats für das geschichtliche Absolute, dessen Anspruch die zum ›umgreifenden Subjekt‹ der Menschengattung mystifizierten Individuen nicht gewachsen sind« (Gesellschaft und Geschichte. Zur Kritik der kritischen Theorie, 1969, 31).

Schöpfung als Sinngebung

hat immer eine notwendige Verbindung zwischen Welt und Gott gedacht, eine Notwendigkeit der Welt für Gott. Für biblisches Denken ist die Welt schlechthin kontingent; von Gott nicht aus seinem Bedürfnis, sondern aus Freiheit geschaffen, also nicht herleitbar und dadurch in einer logischen Notwendigkeit begründbar. Diese Freiheit aber ist nicht die Willkür einer Laune, sondern die Freiheit der Gnade, die Freiheit einer überfließenden Liebe. Gnade heißt gönnen. Gott gönnt den Geschöpfen Dasein, und aus diesem unbedürftigen Gönnen sind sie, und in ihm haben sie ihre Sicherheit: Schöpfung ist erbarmende Liebe. So gilt schon für das bloße Dasein *Luthers* schon erwähntes Wort: Amor Dei non invenit, sed creat suum diligibile.

3. Nur unter diesem Vorzeichen der Unbedürftigkeit Gottes ist dann das andere zu denken, daß die Schöpfung, nachdem Gott sich selbst zum Schöpfer bestimmt hat, für ihn *viel* bedeutet. Liebe heißt: nicht mehr ohne den Geliebten sein wollen und für ihn alles Gute wollen. Gott will nicht mehr ohne seine Welt sein, er hat sich an sie gebunden. Das Gute, das Gott für seine Schöpfung will, ist eben darin zu erkennen, daß er ihr a) Dasein, Leben gönnt, und b) daß er sich selbst zum Wofür der Welt gibt: die Welt darf für ihn sein, sie darf für ihn etwas bedeuten. Eph. 1,11f: Er wirkt »alles nach dem Ratschluß seines Willens«, »damit wir seien zum Lobe seiner Herrlichkeit« (Luthers Übersetzung: »auf daß wir etwas seien zum Lob seiner Herrlichkeit«). Dies ist dort für diejenigen gesagt, die »auf Christus hoffen«, also für die der Offenbarung Gottes Glaubenden. Aber sie tun damit ja nur das, wozu alle bestimmt sind, und worin die Bestimmung aller zum Ziele kommt; dies gilt also für alle Menschen. Und da die Menschen damit zum Munde der ganzen Schöpfung werden (dies zu sein ist die besondere Würde des Menschen), gilt das für die ganze Schöpfung. Deshalb haben die alten Theologen von finis (= Sinn!) creationis gesprochen und gesagt: finis creationis ultimus est gloria Dei (letztes Ziel und letzter Sinn der Schöpfung ist die Ehre Gottes) (*Quenstedt*). Das klingt wie ein Egoismus Gottes, als sei er wie ein eitler Herrscher auf seine Glorifizierung durch die Untertanen bedacht; manchmal ist es auch so ausgeführt worden, daß dieser Verdacht bestätigt wurde. Aber gemeint ist nicht ein »Egoismus«, bei dem die anderen zum bloßen Material der Selbsterhöhung gemacht werden, sondern gemeint ist die Zuwendung einer Liebe, die sich selbst, die die Lie-

besgemeinschaft, das Leben in der gegenseitigen Verbundenheit der Liebe zum Ziele für die Geliebten setzt. Deshalb haben die alten Theologen das Wort gloria so entfaltet, daß sie sagten: Gott hat in und durch die Schöpfung manifestiert, also erkennbar gemacht a) die gloria bonitatis (seine Güte), b) potentiae (Macht), c) sapientiae (Weisheit) suae, so daß die Schöpfung das, wovon sie lebt, erkennen kann, darin Frieden haben kann und ihm dafür danken kann. Erst wenn man dankt, hat man ein Geschenk und in dem Geschenk die Liebe des Schenkenden ganz empfangen. Im Dank gehen wir über uns hinaus, wachsen wir über den engen Bereich unseres Lebens, über unser Kreisen um uns selbst hinaus. Es ist also die Krönung der *Liebe* Gottes, daß er nicht nur Leben schenkt, sondern die Möglichkeit des Dankens für dieses Geschenk eröffnet und sich als Adressaten unseres Dankens zur Verfügung stellt. Er schenkt uns die Freiheit, über uns hinaus ihm das Leben, das er uns schenkt, im Dank wieder zurückzugeben, er schenkt uns damit Sinn. Finis creationis est gloria Dei will also sagen: Der Sinn der Schöpfung ist der Dank.

4. Die Sprecher des Nihilismus wie auch eines entschlossenen theoretischen Materialismus sahen und sehen den biblischen Glauben, ihn unter der fragwürdigen Etikette »Religion« mit allen möglichen, höchst disparaten Phänomenen auf einen Nenner bringend, als Sonderfall von »Idealismus«. Daß biblischer Glaube sinnbejahende Aussagen zu machen vermag, genügte ihnen dafür als Indiz. Sein Ort konnte ihnen kein anderer sein als im verlassenen Raume der Metaphysik. Aber die positiven Aussagen des biblischen Glaubens kommen nicht aus einem noch zäh – etwa aus Lebensangst – festgehaltenen Rest von (wenn auch schon brüchiger) Seinsgewißheit und aus einer entweder dem menschlichen Geiste eingeborenen oder durch gesellschaftliche Misere verursachten transzendenzgerichteten Sinnhoffnung, die man dann meinte, in einer rationalen Metaphysik bewahrheiten zu können. Sie kommen vielmehr her von einer neuen und neuartigen Zuteilung der Einheit von Leben und Sinn, die nicht auf der Kontinuität des Endlichen mit dem Unendlichen beruht, ja die vielmehr die Diskontinuität zwischen dem Endlichen und dem Unendlichen allererst scharf aufreißt. Dieses Aufreißen schafft die Berührung mit dem Nihilismus und die Distanz zur antiken Metaphysik und zum Idealismus überhaupt. Es steht aber – entgegen der Reihenfolge unserer Darstellung, in der wir zuerst von der Nichtigkeit des Geschöpfs und dann von der sie

Schöpfung als Sinngebung

umgreifenden Liebe des Schöpfers sprachen – nicht so, daß im biblischen Glauben (das läßt sich auch religionsgeschichtlich aufzeigen) zuerst die Nichtigkeit erfahren wird und dann deren Überwindung. Wäre es so, dann ließe sich der Glaube als ein Rezept der Überwindung des Nihilismus empfehlen, wie es oft geschieht und doch bedenklich ist, weil er damit in den Dienst der menschlichen Verlegenheiten gestellt wird, wogegen *Bonhoeffer* sich mit Recht gestellt hat[21]. Der Glaube aber hat sein Entstehen im Widerfahrnis der unter uns zu vernehmenden Bundeszusprache. Er ist nicht ein rationales Schlußverfahren, nicht spekulative Etablierung einer Hinterwelt, nicht eigenmächtige Befriedigung unseres Bedürfnisses.

Die Erfahrung von Nichtigkeit und Diskontinuität ist ein Moment *an* der Erkenntnis der göttlichen Liebe, in dieser begründet. Zuerst geschieht der lebenschenkende Zugriff dieser Liebe, zuerst müßte also eigentlich sie beschrieben werden, – und dann stellt sich daran heraus, daß die Gründung vom Leben und Sinn in dieser Liebe jede andere Gründung, also auch die in der Kontinuität des Seins, zerbricht, daß Mensch und Welt ihren Sinn nicht mehr in sich selber tragen, seiner nicht mehr unmittelbar gewiß sein können, sondern auf das Schenken durchs Wort der Zusage angewiesen sind. Frei, unverschuldet wird geschenkt, – darin ist die Negation der Selbstverständlichkeit und der Verfügbarkeit enthalten. Im persönlichen Akt des Willens wird Sinn geschenkt; darum kann er nur mit Dank beantwortet werden, mit dem Dank dessen, der, ohne Anspruch darauf zu haben, von freier Gnade aus dem Nichts heraus geholt und über dem Nichts gehalten wird.

5. Dies gilt nun im besonderen für die Menschen. Das Alte Testament hat dafür zwei Ausdrücke, die mit verschiedenen Bildern das Gleiche sagen: Ebenbild und Bund. *Ebenbild* (1. Mose 1) besagt: Der Mensch ist bestimmt, diejenige Stelle in der Schöpfung zu sein, an der Widerspiegelung der göttlichen Liebe stattfindet, Antwort auf sie, die von oben nach unten geht, durch eine Liebe, die von unten nach oben geht. Ebenso meint *Bund*: Partnerschaft zwischen Gott und Mensch, also zwischen zwei Ungleichen, die durch ihre Ungleichheit aber nicht hoffnungslos getrennt sind, weil der Überlegene dem Unterlegenen Partnerschaft gewährt. Damit bekommt

---

[21] Siehe S. 34ff.

das Wort »Sinn« nun ganz jene doppelte Richtung, die wir bei seiner Analyse fanden: es besagte dort sowohl die Zuwendung der Liebe wie die Aufgabe, die damit dem Empfänger gestellt wird. Der Empfänger ist nicht zur bloßen Passivität verurteilt, sondern darf und soll aktiv werden. Sinngebung personaler Art durch Liebe besagt – so fanden wir – nicht nur: Du bist mir wichtig (wichtig könnte uns auch ein bloßes Instrument oder ein Sklave sein, also ein bloß nützlicher Gegenstand), sondern auch: Deine Antwort ist mir wichtig, deine Gegenliebe, und also nicht nur dein Sein, sondern auch dein Tun, eben: dein Dank, deine Hilfe, dein Mitwirken. Wo der Sinn nicht nur im Nutzwert besteht, sondern wo es sich um Sinngebung und Sinnempfang zwischen Personen handelt, da hat Sinngebung die Form des Auftrags. Der geschenkte Sinn besteht in der gewährten Gelegenheit und Freiheit, mein Für-Sein für den anderen zu betätigen. Infolgedessen kann das Verhängnis, von dem dann zu sprechen ist, nicht nur im Sinnverlust bestehen, also darin, daß die bisher von mir als sinngebend empfundene Größe ausfällt (entweder indem sie mir genommen wird durch Tod usw., oder indem sie sich in neuen Situationen nicht als umfassend und tragend genug, also als nicht-ausreichend erweist), sondern das Verhängnis kann auf meiner Seite, auf der Seite des Sinn-Empfangenden eintreten durch Sinnverfehlung und Sinnzerstörung, indem ich, der Sinnempfangende, die entsprechende Antwort nicht gebe, den Auftrag nicht erfülle, mißachte, ihm zuwiderhandle und dadurch, soviel an mir ist, mein Leben in dem durch die Sinnverleihung gewährten Bunde sinnlos mache. Eben dies aber ist die Lage des Menschen in biblischer Sicht, von der nun zu sprechen ist.

VII. Die Sinneskrise in der Bibel

Diese Sinngebung durch Schöpfung ist nicht fraglos. Sie wird im biblischen Glauben als in Frage gestellt erfahren von zwei Seiten her: durch die (scheinbare) Untreue des Schöpfers und die (tatsächliche) Untreue des Geschöpfs. Die erste Infragestellung wird besonders in den Psalmen, im Buche Hiob (dazu eine Auseinandersetzung mit dessen Verständnis bei Immanuel Kant und Ernst Bloch) und im Verlassenheitswort Jesu am Kreuz ausgesprochen. Die zweite Infragestellung meint den biblischen Begriff der Sünde und die Überwindung der durch sie verursachten Sinnwidrigkeit des menschlichen Lebens durch die Versöhnung in Jesus Christus.

Psalmen und Hiob

Die bisherige Schilderung des durch den Schöpfer verliehenen Sinnes für das an sich Nichtige war so positiv, daß zwei Einwände gegen sie erhoben werden können, von denen der eine uns längst auf den Lippen liegen wird, während der andere uns durch die Bibel zugeschoben wird. Beide Einwände kommen in der Bibel nachdrücklich zur Sprache. Der erste besagt, daß die große Sinnverheißung der göttlichen Liebe durch unsere Lebenserfahrung nicht bestätigt zu werden scheint, daß der Schöpfer seinem Versprechen vermutlich untreu geworden ist. Der zweite besagt, daß das menschliche Geschöpf den ihm verliehenen Sinn verfehlt und zerstört hat. Die beiden Anfechtungen der Sinnverheißung handeln also a) von der (scheinbaren) Untreue des Schöpfers und b) von der (wirklichen) Untreue des Geschöpfs. Damit haben wir sie schon nicht mehr so, wie wir sie vorzubringen pflegen, formuliert, sondern im Sinne der Bibel, also in der Umkehrung, die in ihr mit dem Anklageverhältnis zwischen Schöpfer und Geschöpf vollzogen wird.

Das heißt aber nicht, daß die erste Anklage im biblischen Bereiche nicht in aller Schärfe empfunden und ausgesprochen wird, oder daß sie dort von vornherein verboten und als unzulässig, als Ausdruck von Sünde, disqualifiziert wird. Die menschliche Klage und Anklage gegen Gott hat ihre Stelle gerade auch im Gespräch des Frommen mit Gott, also im Glaubensverhältnis.

Der Glaubende im biblischen Sinn ist der, der die göttliche Sinnverheißung hört, empfängt, ihr vertraut und ihr mit dem Dank des Lebens antwortet. Aber eben dieser Glaubende ist damit nicht der Sinnkrise entnommen, er sitzt nicht in friedlicher Geborgenheit, weit weg von den Stürmen und Verzweiflungen, denen die anderen, die von dieser Verheißung nichts wissen oder sie in den Wind schlagen, ausgesetzt sind. Er lebt im *Gegensatz* zwischen der Verheißung und ihrer Bestreitung, ja, er scheint diese Bestreitung und die mit ihr gegebene Verzweiflung tiefer durchmachen zu müssen als die anderen.

Denn er stellt die Frage ja nicht mehr hypothetisch, von außen eine ihm zur Kenntnis gekommene Behauptung mit der Empirie vergleichend und sie nach Falsifizierung verwerfend. Sein Fragen ist existentiell wie das eines Menschen, der das Handeln des geliebten Menschen nicht mit dem bisherigen Verhältnis der Liebe zusammenzubringen vermag, – oder auch: der fürchten muß, durch sein eigenes Handeln dieses Verhältnis zerrissen zu haben. War es ihm ein lebenswichtiges Verhältnis, dann steht mit *solcher* Falsifizierung seine Existenz auf dem Spiele: er kann nicht weiterleben wie bisher, er kann vielleicht überhaupt nicht weiterleben. Die Gotteszusage ist dem, der sie hört und davon lebt, ein Herkommen vom Sinn und ein Geborgensein im Sinn, für das die kindliche Heimat, an der wir uns die Vorgängigkeit der Sinneserfahrung klar gemacht haben[1], eine Analogie, aber nur eine schwache Analogie ist. Und eben diese Gotteszusage, hereinkommend in dieses irdische Leben, als Licht mit Dank empfangen, beendet nicht das Fragen, sondern: weil eine Wirklichkeit erhellend, von der sie sofort bestritten wird – treibt sie es erst recht hervor. Sie macht unzufrieden mit den Antworten, mit denen einer bisher sich zufrieden gab, deckt die in ihnen enthaltene heimliche Resignation ebenso auf wie die in ihnen enthaltene heimliche Selbstüberschätzung. Sie stößt weg vom genügsamen Sich-Abfinden zu unbescheidenem Suchen nach besserem Sinn und stachelt damit Fragen an, die wir bisher mit Erfolg beschwichtigt hatten.

»Darum kommen die *echten* Fragen erst *kraft* des Glaubens. Eben so steht es mit der Rede, daß dieses Dunkel, dieses Rätsel das Leben ›sinnlos‹ mache; ›sinnlos‹ – gemessen an welchem Sinn? Mit dem Wort Sinnlosigkeit. befestigen wir jederzeit die Geltung eines Sinnes.« Darum »ist das ›Sinnlose‹ ein Frontalangriff auf den Glauben, auf das Gottvertrauen. Darum kommen die wirklich – angst-

---

[1] Siehe S. 69ff.

Psalmen und Hiob

vollen Fragen als ein Sturm über uns«. Die Glaubenden »laufen nicht weg aus der Geschichte, sie fliehen nicht in das eine oder andere Elysium, sie werfen das alte heidnische Heimweh nach dem Goldenen Zeitalter weg; sie stellen sich bloß an den Rand der Rampe, an den trostlosen Horizont ihrer Zeit ... Sie wissen die Dinge nicht aus eigener Kraft zu reimen; sie werden angefochten von Zweifel und Verzweiflung samt der Gottverlassenheit dazu ... Nun ist es ernst, nun der vorige ›letzte Ernst‹ der grimmigen Selbsterlösung von ihnen genommen ist. Und sie *leiden* an ihrem Leben, aber deswegen, weil sie den Namen (Gottes) kennen, weil sie ein Glauben anfingen, weil sie zu bitten gelernt haben; sie halten es nicht aus bei den Sinngebungen der Völker; und die Resignation ist ihnen verboten; der Friede im Schicksal, im amor fati ist ihnen entzogen ... Gott erscheint vor ihnen als Feind, als ›lauernder Bär auf dem Wege‹ (Klagel. 3,10). Der ›Sinn‹ ihres Lebens ist nicht kontinuierlich offenbar in ihrem Herzen, ihm wird durch die Erfahrung von außen gründlich widersprochen.«[2]

Es gibt darum keine Klage und Anklage, die in der Bibel nicht ausgesprochen würde. Im besonderen die *Psalmen* sind voll davon: Der gleiche Mensch, der die Geborgenheit im Bunde Gottes rühmt, klagt, daß er aus diesem Bunde ausgestoßen sei, und fragt: »Warum verstößest du mich?« (Ps. 43,2). »Gott, warum verstößest du uns so ganz und bist so zornig über die Schafe deiner Weide?« (Ps. 74,1). Er fragt, ob vielleicht *dies* die letzte Wahrheit sei: »Wird denn JHWH ewiglich verstoßen und keine Gnade mehr erzeigen? Hat seine Güte für immer ein Ende, ist es aus mit seiner Treue für alle Zeiten? Hat Gott des Erbarmens vergessen, oder hat er im Zorn sein Mitleid verschlossen?« (Ps. 77,8–10, vgl. *Bubers* Übersetzung). Die göttliche Verheißung tritt in den Anschein des Vorübergehenden, Gott selbst in den Anschein des Vergeßlichen: »Warum hast du meiner vergessen?« (Ps. 42,10). »JHWH, wo ist deine vorige Gnade, die du David zugeschworen hast bei deiner Treue?« (Ps. 89,50). Biblisch hängen Treue und Wahrheit zusammen. Diese Wahrheit, die doch als letzte und bleibende sich ausgegeben hatte, ist in die Krise gezogen. Der versprochen hatte nahe zu sein (JHWH = ich werde da sein), ist ferne, ist nicht da: »JHWH (= Ich bin da!),

---

[2] K. H. Miskotte, Kennis en Bevinding, Haarlem 1969, 176, 172. Vgl. J. Moltmann, Gottesoffenbarung und Wahrheitsfrage, in: Parrhesia, Festschr. zum 80. Geburtstag von Karl Barth, 1966, 170: »Gerade der Glaubende wird sich selbst zum Rätsel, zur offenen Frage, zum homo absconditus. Cor inquietum, Gewissen und offene Fraglichkeit des Lebens sind weniger die Voraussetzungen als vielmehr die Folgen des christlichen Glaubens.« Dazu auch H. Vogel, Das Fragen als ein Grundproblem der menschlichen Existenz, in: EvTh 21, 1961, 97–115, und K. Barth, Kirchliche Dogmatik II/1,279ff: »Es bedarf des Glaubens, um der Anfechtung teilhaftig zu werden. Die *Anfechtung* ist ja genau so wie der Trost (und vom Trost gar nicht zu trennen) ein *göttliches* Werk« (280).

warum trittst du so ferne und verbirgst dich in der Zeit der Not?« (Ps. 10,1). War die Antwort, die der Glaubende, der Verheißung entsprechend, gab, sinnlos, illusionär? »Soll es umsonst sein, daß mein Herz unsträflich lebt?« (Ps. 73,13 nach Luther; Buber: »Nur ins Leere klärte ich mein Herz, badete meine Hände in Unsträflichkeit«). Recht scheinen diejenigen zu haben, die von vornherein davon nichts hielten und sich deswegen den von dem Worte JHWHs verworfenen Sinngebungen und Verehrungen gewidmet haben: »Warum lässest du die Heiden sagen: Wo ist nun ihr Gott?« (Ps. 79, 10; 115,2). »Tränen sind meine Speise geworden bei Tag und Nacht, da man täglich zu mir sagt: Wo ist nun dein Gott? ... Wie ein Fraß in meinen Gebeinen ist mir der Hohn meiner Dränger, da sie täglich zu mir sagen: Wo ist nun dein Gott?« (Ps. 42,4.11). Noch kann er es nicht glauben, daß er nur getäuscht worden sei, noch hält er fest, – aber mit der bangen Frage: »Herr, wie lange willst du dich so ganz verbergen?« (Ps. 89,47); »Herr, wie lange willst du zusehen?« (Ps. 35,17); »Wie lange soll dein Knecht warten?« (Ps. 119,84); »Ach, du, JHWH, wie lange?« (Ps. 6,4)[3].

Am radikalsten geschieht dieses anklagende Fragen an zwei Stellen, einer im Alten Testament, einer im Neuen Testament im Alten Testament im Buch *Hiob*[4]. Hiob wird als der Gottesfürchtige sondergleichen eingeführt, zwischen ihm und seinem Gott besteht ein Verhältnis vollkommener Sicherheit: Ihm ist Gott als der Gnädige und Treue gewiß – und Gott ist seiner sicher, – so sicher, daß er dem Satan gegenüber eine Wette eingeht und ihn, seinen treuen Knecht

---

[3] Weitere Beispiele aus dem Alten Testament: Warum?: 2. Mose 5,22; 14,11; Jos. 7,7; Richt. 6,13; Ps. 10,1.13; 44,24f; 88,15; Jer. 14,8f; Hab. 1,13; Mal. 2,14. – Wie *lange?*: Ps. 6,4; 74,10; 79,5; 80,5; 85,6f; Jer. 3,5; Hab. 1,2. – Dazu Cl. Westermann, Die Begriffe für Fragen und Suchen im Alten Testament, in: Kerygma und Dogma 6, 1960, 2ff; A. Jepsen, Warum? Eine lexikographische und theologische Studie, in: Das ferne und nahe Wort, Festschr. f. L. Rost (Beih. z. Zeitschr. für alttestamentl. Wissensch. 105), 1967, 106–113; H.-D. Bastian, Theologie der Frage, 1969, 268ff.
[4] Zum Folgenden vgl. aus der Literatur zum Hiobbuch besonders W. Vischer, Hiob – ein Zeuge Jesu Christi, 1933; R. de Pury, Hiob – der Mensch im Aufruhr, in: Biblische Studien, H. 15, 1957; K. Barth, Kirchliche Dogmatik IV/3,1. Hälfte, 444–448, 459–470, 486–499, 522–531 (Sonderdruck in: Biblische Studien, H. 49, 1966); W. Strolz, Hiobs Auflehnung gegen Gott, 1967; E. Bloch in: Auf gespaltenem Pfad, Festschr. zum 90. Geburtstag von Margarete Susman, 1964, 85–102, und das Hiob-Kapitel in: Atheismus im Christentum, 148–168; auch schon in: Prinzip Hoffnung II, 1456.

Psalmen und Hiob

und Bundespartner, dem Satan zu einem Experiment ausliefert. Zur hohen dialektischen Kühnheit dieses rätselhaften Buches eines unbekannten Verfassers gehört, daß es, ans Blasphemische grenzend, den Gott, dessen wahres Gottsein, dessen dennoch in Geltung bleibende Wahrheit und Treue es doch am Ende bekennen will, in solchen Anschein geraten läßt, um eben dadurch, auf dem Umweg einer solchen Verdächtigung, sowohl den Anschein, in dem Gott in der Anfechtung des Glaubens steht, als auch Gottes Bewährung in dieser Anfechtung so scharf wie möglich zu zeichnen. In der Wette geht es um die vom Satan gestellte Zweifelsfrage, ob Hiob an seiner Gottesfürchtigkeit auch dann noch festhalten werde, wenn er von ihr nichts mehr profitiere, – ob also nicht so sehr die Gemeinschaft mit Gott selbst von ihm als Sinn seiner Existenz erkannt werde als vielmehr das, was er an Gütern und Vorteilen durch diese Gemeinschaft hat, so daß in Wirklichkeit der Nutzwert der Gottesgemeinschaft es ist, der ihm diese Gemeinschaft wichtig macht: der nützliche Gott. Werden ihm diese Güter und Vorteile genommen, so muß sich zeigen, ob diesem Hiob Gott selbst wirklich wichtig ist, und ob er Gott die Freiheit zugesteht, ihn zu segnen und nicht zu segnen, oder ob ihm Gott nur ein Diener seines eigenen Interesses ist. »Ist etwa Hiob *umsonst* gottesfürchtig?« (1,9), – diese Frage des Satans gibt das Thema an. Während nun Hiob im Rahmenstück die Schläge, die ihn treffen, noch in gefaßter Ergebenheit hinnimmt (nach der ersten Prüfung: »Der Herr hat's gegeben, der Herr hat's genommen; der Name des Herrn sei gelobt!« – nach der zweiten Prüfung zu seiner Frau: »Das Gute nehmen wir an von Gott, und das Böse sollten wir nicht annehmen?«), scheint er seine Haltung im Gesprächsteil[5] zu ändern: »Danach öffnete Hiob seinen Mund und verfluchte den Tag seiner Geburt« (3,1; dagegen 1,22f und 2,10: »In alledem versündigte sich Hiob nicht mit seinen Lippen«!). Alle vernünftige Theodizee, die Rechtfertigung Gottes und damit die rationale Sinngebung seines Leidens, die ihm seine frommen Freunde anbieten, lehnt er hartnäckig ab; wie Jer. 31,15: »Rahel weint

---

[5] Wie die Rahmengeschichte des Hiobbuches (Kap. 1–2; 42,10–17) mit dem Gesprächsteil (Kap. 3–42,9) zusammenhängt, ist strittig. Eine mir einleuchtende Vermutung ist, daß der Verfasser (oder, da auch im Gesprächsteil wahrscheinlich noch Überarbeitungen stattgefunden haben, der Hauptverfasser) die Rahmenfabel als Volkserzählung übernommen und im Blick auf seine Schöpfung, den Gesprächsteil, bearbeitet hat.

über ihre Kinder und will sich nicht trösten lassen«, so sagt Hiob: »Wie tröstet ihr mich so vergeblich!« (21,34), – er, der von sich selber sagt: »Ich tröstete die, die Leid trugen« (29,24), und :»Von meiner Mutter Leib an habe ich gerne getröstet« (31,18). Denn er besteht darauf, daß das, was ihm von Gott widerfährt, dem widerspricht, was ihm von Gott versprochen war, und daß dieser Widerspruch nicht mit noch so frommen Argumenten versöhnt werden kann. Den Gott, der sich ihm verheißen hat, und den Gott, der ihm jetzt so schrecklich begegnet, kann er nicht zusammenbringen und weiß doch – das eben ist das Besondere an ihm –, daß es der gleiche Gott ist. Sein eigentliches Leid besteht »in dem Zusammentreffen seines tiefen *Wissens* darum, *daß* er es in dem, was ihm widerfahren ist und aufliegt, mit *Gott* zu tun hat – mit seinem ebenso tiefen *Nicht-Wissen* darum, *inwiefern* er es darin mit Gott zu tun hat[6]«. In dem »furchtbaren Zusammenstoß«, in der »entsetzlichen Reibung« des Wissens und Nicht-Wissens besteht das Problem des Hiob. Auch jetzt tut er nicht, worauf Satan gewettet hat: er flucht Gott nicht, sagt ihm nicht ab. Aber eben dadurch, daß er das *nicht* tut, wird seine Bedrängnis größer, als wenn er es täte. Träte er aus dem Widerspruch aus, würde sein Leiden ihm äußerlich, als bloßes, grausames Geschick ihn treffend. Eben dadurch, daß er Gott nicht losläßt, wird sein Leiden innerlich, ihn zerreibend:

»Er *versteht ihn* (Gott) aber nicht in diesem Widerfahrnis. Er erkennt ihn, seinen Gott, darin nicht *wieder*. Er sieht darin wohl Gott – aber gewissermaßen *einen Gott ohne Gott*, d. h. einen Gott, der nicht die Züge des Angesichtes *seines*, des wahren Gottes trägt, der in freier Treue sein Partner und dessen Partner er selbst in ebenso freier Treue geworden ist ... Er zweifelt keinen Augenblick daran, daß er es mit diesem seinem Gott zu tun hat: es bringt ihn aber fast oder ganz von Sinnen, daß eben er ihm in einer Gestalt begegnet, in der er ihm schlechterdings *fremd* ist.«[7]

Dagegen seine Frage, seine Klage, sein Protest in Worten heftigster Auflehnung, heftigster Ablehnung aller frommen Beugung, steifen Trotzens auf seine Unschuld und sein Recht, ungescheuter Anklage gegen den Gott, der ihm versprochen hat, sein Freund zu sein, und der ihm jetzt als sein gefährlichster Feind begegnet.

»Was sind doch die sämtlichen alten und neuen Skeptiker, Pessimisten, Religionsspötter und Atheisten für arglose, gemütliche Gesellen neben diesem Hiob! Die wußten und wissen ja gar nicht, gegen wen sie mit ihrem Achselzucken, Zwei-

---

[6] K. Barth, Kirchliche Dogmatik IV/3,463.
[7] AaO. 464.

Psalmen und Hiob

feln, Lächeln und Leugnen angingen und angehen. Hiob wußte es. Er redete im Unterschied zu ihnen en connaissance de cause. Die konnten und können sich mit einem ›Gott‹, den sie als ihren Gott gar nicht kannten, wohl ohne erhebliche Kosten ›auseinandersetzen‹. Hiob konnte gerade das überhaupt nicht tun.«[8] Seine Anklage aber richtet er an keinen anderen als an den Angeklagten selbst. Eben dies wäre »Gott absagen«: wenn er seine Anklage vortrüge bei irgendeiner anderen, vermeintlich höheren Instanz, bei einer Idee von Gerechtigkeit, bei einer ihm besser erscheinenden Gottheit, sei es in seiner Brust oder irgendwo.

»Der Mensch kann reden, er darf reden; wenn er nur wirklich zu Gott redet, gibt es nichts, was er ihm nicht sagen darf.«[9] »Hiob flüchtet sich zu Gott, den er anklagt. Hiob setzt sein Vertrauen auf Gott, der ihn enttäuscht und in die Verzweiflung gestürzt hat... Ohne daß er von der anstößigen Behauptung seiner Unschuld und der (ungerechtfertigten!) Feindschaft Gottes abläßt, bekommt er seine Hoffnung und nimmt den zu seinem Verteidiger, der ihn verurteilt, hält den für seinen Befreier, der ihn ins Gefängnis bringt, und seinen Todfeind für seinen Freund.«[10]

Es bleibt aber nicht dabei, daß Hiob unbeweglich im Gegensatz verharrt, und dies das einzige wäre, was der Verfasser uns mitzuteilen hat. Der Mensch ist hier nicht dazu verurteilt, im Fragen, im unentwirrten Widerspruch zu leben; das Paradox ist nicht das Letzte, Gott ist nicht der Gott einer ewigen Dialektik von sic et non (Ja und Nein). Das Paradox und der Kampf des Gegensatzes ist Durchgang zum Frieden der Antwort. Sehr merkwürdig ist aber, wie diese Antwort geschieht und worin sie besteht (Kap. 38–42).

1. »Und der Herr antwortete Hiob aus dem Gewitter« (38,1). Gott allein kann heraushelfen, nicht noch so wohlmeinende Theologie. Vom Menschen her, auch vom frommen Menschen her gibt es keine Auflösung, sondern nur inmitten des Fragens und Anklagens das Festhalten und Warten und Bitten.

2. Der Inhalt der göttlichen Antwort besteht nicht in einer Bestätigung der (im einzelnen oft durchaus biblischen, richtigen, beherzigenswerten) Sätze der Freunde; diese werden vielmehr vom Herrn mit Zorn abgewiesen und ihnen ein Bußopfer auferlegt; »denn ihr habt nicht recht geredet von mir wie mein Knecht Hiob« (zweimal 42,7 und 8). Sie haben eine Antwort geben wollen, die auf einseitige Weise den Widerspruch auflöst, eine Antwort in einleuchtenden Sätzen. Die wahre, göttliche Antwort erfolgt anders.

---

[8] AaO. 466.
[9] M. Buber, Der Glaube der Propheten, 1950, 237.
[10] R. de Pury, aaO. 23f.

3. Scheinbar geht JHWH auf die Reden des Hiob gar nicht ein, im Gegensatz zu den Freunden, die mit ihm diskutierten und Gottes Handeln verteidigten. Gott verteidigt sich nicht und interpretiert sich nicht. Er spricht überhaupt nicht von sich selbst, sondern von seiner Schöpfung. Sie führt er vor in ihrer ganzen unendlichen Vielfalt, in ihren kleinsten und größten Erscheinungen von den Tautropfen bis zu Behemoth und Leviathan, den Ungeheuern der Meerestiefe, in ihrem reichen Leben, in ihrer Unüberblickbarkeit und Unergründlichkeit. Und dies alles in der Form von Fragen an Hiob: »Wo warst du, da ich die Erde gründete?«, beginnt er (38,4). »Kannst du die Bande der sieben Sterne binden? Oder das Band des Orion auflösen?« (38,31). »Kannst du dem Rosse Kräfte geben oder seinen Hals zieren mit seiner Mähne?« (39,19). »Kannst du mit dem Leviathan spielen wie mit einem Vogel oder ihn für dein Mädchen an eine Leine binden?« (40,29) usw. Aber auch: »Haben sich dir des Todes Tore je aufgetan, und hast du gesehen die Tore der Finsternis?« (38,17). »Gürte wie ein Mann deine Lenden, *ich* will *dich* fragen, lehre mich!« (40,7). Hiob hatte recht, die allzu einsichtigen Rechtfertigungen Gottes von Seiten seiner Freunde abzulehnen, – er hatte nicht recht mit seiner Forderung, Gott müsse ihm eine andere, bessere, aber doch einsichtige Antwort geben. Statt dessen wird er durch die nun an ihn gestellten Fragen an seinen Ort gewiesen, an den Ort des Menschen *unter* Gott, der Gottes Handeln nicht nachrechnen kann, dessen Weisheit nicht ausreicht, Gottes Weisheit zu kontrollieren, ob sie auch wirklich Weisheit sei, dem also Gott nicht eine einsichtige, für ihn nachrechenbare Antwort schuldig ist. Er wird an den ihm zukommenden Ort der Demut verwiesen.

Außerdem: aufgezählt wird nicht nur die Unerforschlichkeit, sondern auch die Zwecklosigkeit des Lebens in der Schöpfung, sein Spielcharakter. Die Freunde hatten Sinn und Nutzen verwechselt, sie hatten mit dem Nutzen des frommen Lebens argumentiert, mit der Nützlichkeit Gottes für den Menschen und der Nützlichkeit des Menschen für Gott. Die göttliche Antwort, bzw. das göttliche Fragen schafft diese Kategorie ganz beiseite. Die Gemsen und der Storch, die Geier und das Krokodil, – wozu sind sie da? Hier kommt das Wahrheitsmoment derer zurecht, die auf die Zwecklosigkeit des animalischen Lebens verweisen, wenn sie auch unrecht haben mit ihrer Meinung, damit die menschliche Sinnfrage niederschlagen zu können. Der Sinn dieser Tiere liegt nicht in irgendeinem

Nutzen, sondern darin, daß sie dank der schöpferischen Freiheit Gottes sein dürfen, *spielen* dürfen dank des »Spiels seiner Gnade und seiner Liebe« (R. *de Pury*). Da gibt es keine Ansprüche auf Grund von Verdiensten, sondern nur das dankbare Annehmen des freien Waltens Gottes: er gibt das Leben »umsonst«; es ist für ihn »umsonst«, und so liebt ihn auch der, der ihn als Geber erkennt und liebt, »umsonst«.

4. Damit Hiob dies auch weiterhin kann, damit die Erkenntnis der Freundschaft Gottes den Anschein der Feindschaft Gottes überwiegt, bekommt er in *Sätzen* nicht einsichtige Auskunft, sondern nur Hinweis auf die uneinsichtige Freiheit Gottes. Wären die Sätze, die diese Freiheit unterstreichen, die ganze Antwort, so würden sie die Fragen des Hiob nur niederschlagen mit der Unbegreiflichkeit Gottes, die sich dann nicht von der Unbegreiflichkeit des Schicksals unterschiede, von der auch die heidnischen Schriftsteller genug zu sagen wußten. Es würde dann nicht der Widerspruch behoben sein, die Frage, ob die überlegene Weisheit Gottes auch die Weisheit seiner Liebe und Treue ist, ob Gott auch als der scheinbare Feind weiterhin der Freund des Hiob ist. Ist Gott dem Menschen nicht eine nachprüfbare Aufklärung über die Weisheit seiner Wege schuldig, so ist er ihm doch um des angefochtenen Bundes willen die andere Antwort schuldig, ob der Mensch auf ihn weiterhin als auf seinen treuen Freund bauen kann. Diese Antwort aber geschieht nicht in einem aufklärenden Satz, sondern dadurch, daß Gott sich dem Hiob von Person zu Person zu erkennen gibt: einfach dadurch, *daß* er nicht stumm bleibt, *daß* er, Gott, mit Hiob redet, wird Hiob bestätigt, daß er recht getan hat, seine Klagen über Gottes fremdes Begegnen an niemanden anderen zu richten als an *diesen* Gott, auf Grund dessen, daß er von ihm das Versprechen der Freundschaft erhalten hatte, auf das Hiob sich *gegen* Gottes Fremdheit beharrlich beruft. Auf die Fragen, auf die Anweisung des ihm zukommenden Ortes antwortet Hiob mit dem bußfertigen Eingeständnis: »Siehe, ich bin zu gering, was soll ich antworten? Ich lege die Hand auf meinen Mund« (40,4). Auf die Selbstoffenbarung Gottes antwortet er: »Ich hatte von dir mit den Ohren gehört, aber nun hat mein Auge dich gesehen« (42,5).

Damit ist die Auflösung des Widerspruchs in die *eschatologische* Perspektive gerückt. Denn Schauen Gottes – das ist nicht eine Gabe in dieser Zeit; das ist Gegenstand der Hoffnung. Verheißung ist das

Schauen und damit die endgültige Behebung der Anfechtung, damit der Mensch glaubend sich an diese Verheißung hält und dadurch die Anfechtung durchsteht. Auf dieses Eschaton hat Hiob gesetzt. An hochbedeutsamer und schwer zu enträtselnder Stelle in seinen Reden hat er auf einen Goel vorausgeblickt (19,25). Trotz Ernst *Bloch* dürfte dieses schwierige Wort nicht ausgerechnet mit »Bluträcher« zu übersetzen sein, als wolle Hiob gerächt werden an seinem göttlichen Quäler, sondern, wie von den meisten Exegeten befürwortet, mit Anwalt, Rechtsbeistand. Daß dies nicht ein anderer, ein neuer »Exodus-Gott« gegen JHWH sein wird, sondern JHWH selbst, zeigt schon eine ähnliche Stelle vorher: »Siehe, im Himmel lebt mir ein Zeuge, mir ein Mitwisser in der Höhe. Es spotten meiner meine Freunde; zu Gott blickt trauend auf mein Auge, daß er Recht schaffe dem Manne gegen Gott, dem Menschen gegen seinen Freund« (16,19–21). Kein anderer wird gegen JHWH zu Hilfe gerufen als JHWH selber; *Augustins* de deo ad deum fugere (von Gott zu Gott fliehen) – von hier stammt es her; Hiob-Menschen kennen es. Das Gleiche steht, von Bloch nicht beachtet, in der Fortsetzung des Goel-Satzes: »Ich weiß gewiß: mein Anwalt lebt. Als Letzter (oder: als Vertreter) tritt er über dem Staube auf. Bin ich erwacht, dann läßt er mich bei sich aufstehen; ich werde Gott von meinem Fleische aus schauen. Ihn werde ich schauen, er wird für mich sein. Meine Augen werden ihn sehen, nicht als einen Fremden (oder: Feind). Und meine Nieren sehnen sich« (19,25.27, nach der »Jerusalemer Bibel«). Jetzt ist Hiob zerrissen zwischen Gott und Gott, zwischen Verheißung und Augenschein. Er appelliert an die Verheißung gegen den Augenschein, an das, was in der Verheißung allein diesen Widerstreit tragbar macht: eine Zukunft, in der Verheißung und Augenschein versöhnt sind. Diese künftige Einheit ist das Eschaton: Ihn sehen, »wie er ist« (1. Joh. 3,2), und nicht als einen Fremden, einen Feind. Was Hiob am Ende widerfährt, ist Auferstehungserscheinung; denn wenn etwa Paulus sagt, er habe »den Herrn gesehen« (1. Kor. 9,1), dann ist damit nicht irgend eine optische Feststellung einer wunderbaren Erscheinung gemeint, sondern Sehen des Eschatons: »wie er ist«, nicht Feind, sondern Freund; Glauben ist Hoffnung auf dieses Sehen im Einklagen der Verheißung, Vorwegnahme in Hoffnung, wie der Hebräerbrief (11,27) von Moses sagt: »Er hielt sich an den, den er nicht sah, als sähe er ihn.« Eben dies tat Hiob noch als Klagender. Sein Anklagen ist ein Einklagen.

Immanuel Kants und Ernst Blochs Hiob-Deutung 239

Exkurs: Immanuel Kants und Ernst Blochs Hiob-Deutung

»Hat Hiob also Unrecht bekommen?«, fragt Sören *Kierkegaard*[11]; »Ja! auf ewig; denn höher hinauf kann er nicht gehen als zu dem Gerichtsstuhl, der ihn gerichtet. Hat Hiob Recht bekommen? Ja! auf ewig, dadurch, daß er Unrecht bekommen hat *vor Gott*«. Von anderswoher als von der *letzten* Instanz ist Auflösung nicht zu bekommen. Spricht sie nicht, die letzte Instanz, gibt es keine sprechende letzte Instanz, nur die »ewig wiederkäuende Ewigkeit« der unendlich sich bewegenden Materie, dann lehrt eine Stimme, unsere eigene, letztbelehrte Stimme, »als letzte Maxime und Ausflucht: ›Im Dunkel leben, im Dunkel tun, was wir können‹, – es ist eine ernste Stimme, dies ist ihre Bergpredigt«[12]. Dann steht Hiobs Auflehnung freilich noch vor dieser letzten Belehrung; durch sie wird sie sinnlos, – die Auflehnung entsteht durch den Widerspruch von Gott zu Gott, von Spruch und Gegenspruch letzter Instanz, gehört und erfahren vom Menschen im Gegenüber zu Gott. Gott selbst ist es, der seine Verheißung sinnlos zu machen scheint; ob dies das Letzte sei, das ist die Frage.

Immanuel Kant

Inwiefern dies nun durch die Gottesreden am Schlusse des Buches beantwortet werde, und inwiefern Hiob durch sie sowohl Recht als auch Unrecht bekomme, darauf gibt Immanuel *Kant* in seiner Hiob-Deutung eine doppelte Auskunft[13]:
1. Die Antwort geschieht in einer »bloßen Abfertigung aller Einwürfe wider die göttliche Weisheit«, also in einem »göttlichen Machtspruch«. Dieser ist aber dann nicht ein bloßes Niederschlagen unseres Fragens durch gewalttätige Übermacht, wenn wir bedenken, daß wir mit »Gott« »notwendig und vor aller Erfahrung« den Begriff von einem »moralischen und weisen Wesen« verbinden müssen. Dies vorausgesetzt, legt sich in den Gottesreden die der Schöpfung zugrundeliegende Vernunft, die durch die »Anordnung und Erhaltung

---
[11] S. Kierkegaard, Die Wiederholung (Kierkegaards Werke, hg. von E. Hirsch, 1955, 5.–6. Abt., 82).
[12] G. Benn, Vorbemerkung zu »Frühe Lyrik und Dramen«, in: W. Lennig, Gottfried Benn, rowohlts monographien Bd. 71,32.
[13] Über das Mißlingen aller philosophischen Versuche in der Theodizee, 1791, Akademie-Ausgabe, Bd. 8,264ff (Kants Werke, hg. von W. Weischedel, Bd. 6, 116ff).

des Ganzen« bewiesen wird, hier selbst aus. Sie weist darauf hin, daß »seine für uns unerforschlichen Wege selbst schon in der physischen Ordnung der Dinge, wie viel mehr dann in der Verknüpfung derselben mit der moralischen (die unserer Vernunft noch undurchdringlicher ist) verborgen sein müssen«, – also sowohl uns verborgen sein müssen, als auch, wenn wir nicht auch am Sinn der moralischen Ordnung verzweifeln wollen, von uns angenommen werden müssen[14]. Während in dem, was »beide Teile«, sowohl die Freunde als auch Hiob, »vernünfteln oder übervernünfteln«, »wenig Merkwürdiges« enthalten ist, geschieht in den Gottesreden »nicht Auslegung einer vernünftelnden (speculativen), sondern einer *machthabenden* praktischen Vernunft«, eine »*authentische* Theodizee«, »durch die er (Gott) dem Buchstaben seiner Schöpfung Sinn gibt«.

2. Bekommt Hiob Unrecht, sofern auch er über die Grenze hinausdrängt, die dem Menschen als einem »gebrechlichen Geschöpf« durch das »System des unbedingten göttlichen Ratschluß«, dem Hiob sich nun zu beugen lernt, gesetzt ist, so bekommt er Recht hinsichtlich des »Charakters«, den er in seiner Auflehnung offenbart: Während man bei den Reden der Freunde den Eindruck hat, sie redeten nur so, weil sie damit guten Eindruck bei dem sie behorchenden Mächtigeren machen wollten – wie denn Hiob selbst ihnen heuchlerisches Ansehen der Person vorwirft (13,7–11) –, so sticht davon »Hiobs gerade Freimütigkeit ... sehr zum Vorteil des letzteren ab«.

»Betrachtet man nun die Theorie, die jeder von beiden Seiten behauptete: so möchte die seiner Freunde eher den Anschein mehrerer spekulativer Vernunft und frommer Demut bei sich führen, und Hiob würde wahrscheinlicher Weise vor einem jeden Gerichte dogmatischer Theologen, vor einer Synode, einer Inquisition, einer ehrwürdigen Classis oder einem jeden Oberkonsistorium unserer Zeit (ein einziges ausgenommen) ein schlimmes Schicksal erfahren haben. Also nur die Aufrichtigkeit des Herzens, nicht der Vorzug der Einsicht, die Redlichkeit, seine Zweifel unverhohlen zu gestehen, und der Abscheu, Überzeugung zu heucheln, wo man sie doch nicht fühlt, vornehmlich nicht vor Gott (wo diese List ohnedas ungereimt ist): diese Eigenschaften sind es, welche den Vorzug des redlichen Mannes, in der Person Hiobs, vor dem religiösen Schmeichler im göttlichen Richterausspruch entschieden haben.«

Der große Kritiker der spekulativen Vernunft hat zutreffend erkannt, daß die Gottesreden gerade, indem sie nicht Antworten auf Hiobs Fragen bringen, sondern Gegenfragen, die den Frager selbst

---

[14] Vgl. das S. 62 über Kants moralischen Gottesbeweis Ausgeführte.

Immanuel Kants und Ernst Blochs Hiob-Deutung

in Frage stellen, die »Grenzen der bloßen Vernunft«, die Grenze *unserer* Vernunft als einer bloß menschlichen, aktualisieren wollen. Mit Recht sieht er in dieser Hinsicht den nachprüfbare Aufklärung über Gottes Gerechtigkeit haben wollenden Hiob und die solche nachprüfbare Aufklärung liefern wollenden Freunde im gleichen Boote des »Vernünftelns«; denn – so sagt er schon am Anfang seines Aufsatzes – die Verfechtung der Sache Gottes ist »die Sache unserer anmaßenden, hiebei aber ihre Schranken verkennenden Vernunft«.

Die Schwäche von Kants Interpretation ist eine doppelte:

1. Seine zweite Antwort läuft auf eine bloß moralische Maxime hinaus: der redliche Mann ist, auch wenn er, wie seine Not ihn treibt, mit Gott hadert, Gott lieber als der, der sich selbst gegen sein wahres Gefühl eine künstliche Verteidigung Gottes abnötigt; ehrliche Negation ist moralisch besser als gezwungene Affirmation. Abgesehen davon, daß solche reichlich schlichte Moralbelehrung hinter der Radikalität von Hiobs Aufstand gegen Gott doch sehr zurückbleibt, ist damit der zweimalige Vorwurf Gottes an die Freunde: »Ihr habt nicht recht von *mir* geredet wie mein Knecht Hiob« (42, 7f), nicht getroffen. Hiob bekommt Recht nicht wegen seines besseren Charakters, sondern weil er recht von Gott geredet hat, darin nämlich, daß er sich mit dem Widerspruch zwischen Gottes Verheißung und Gottes scheinbarer Untreue nicht abgefunden hat.

2. Mit dem »göttlichen Machtspruch« versöhnt uns Kant dadurch, daß er ihn als Spruch der »machthabenden praktischen Vernunft« angesehen haben will. Dies muß er sein, weil Gott als die übermenschliche, physische und moralische Ordnung vereinigende Vernunft gedacht werden muß. Hiob, der die Vernunft dieser Vernunft im Aufschrei seiner praktischen Erfahrung nicht mehr erkennen kann, wird mit einer Tautologie abgefunden, der Tautologie eines Postulats: Weil Gott als Vernunft zu definieren ist, muß er vernünftig sein. Die Antwort auf die Infragestellung der göttlichen Vernunft wird aus einer definitorischen Voraussetzung gewonnen, aus »natürlicher Theologie«. Diese selbst ist aber entweder Spätgestalt griechischer Seinsfrömmigkeit oder zur Selbstverständlichkeit, zum vermeintlichen Vernunftsatz gewordener Niederschlag jahrhundertelanger christlicher Predigt, bzw. ihrer Vereinigung mit der antiken Metaphysik in der traditionellen christlichen Metaphysik, der Kants Kritik gerade den Boden entzogen hat. Die Wirklichkeit der Sinnhaftigkeit wird, wie sich schon bei der Besprechung des »moralischen

Gottesbeweises« gezeigt hat, aus unserem Bedürfnis nach Sinnhaftigkeit abgeleitet. Damit ist zwar der Stärke dieses Bedürfnisses, der Dringlichkeit, mit der es nach Antwort schreit, der Lebensnotwendigkeit einer Antwort Rechnung getragen, aber das ändert nichts daran, daß unser Postulat nur Produkt unseres Bedürfens ist. Die Vernunft des »gebrechlichen Geschöpfs« zieht sich mit ihm am eigenen Zopfe aus dem Sumpfe. Ob es denn wirklich so sei, bleibt immer noch zweifelhaft, gewißheitsversperrend. Nicht Tautologie, nicht Berufung auf vorher schon Gewußtes kann Hiob helfen; sie treibt ja gerade den Widerspruch hervor. Denn »wenn's zum Treffen kommt, so sind die Worte verschwunden, wenn du auch tausend Bibeln parat hast«[15]. »Es ist aber uns zu Trost geschrieben«, sagt *Luther* in seiner Vorrede zum Buche Hiob, »daß Gott seine großen Heiligen also läßt straucheln, sonderlich in der Widerwärtigkeit. Denn ehe daß Hiob in Todesangst kommt, lobt er Gott über dem Raub seiner Güter und Tod seiner Kinder. Aber da ihm der Tod unter Augen geht und Gott sich entzeucht, geben seine Worte Anzeigung, was für Gedanken ein Mensch habe (er sei, wie heilig er wolle) wider Gott; wie ihn dünkt, daß Gott nicht Gott, sondern eitel Richter und zorniger Tyrann sei, der mit Gewalt fahre, und frage nach niemands gutem Leben. Dies ist das höchste Stück in diesem Buche. Das verstehen allein die, so auch erfahren und fühlen, was es sei, Gottes Zorn und Urteil leiden und seine Gnade verborgen sein.«[16] Allerdings ist vorher Gewußtes hier keineswegs unwichtig, freilich nicht das, was unsere Vernunft aus ihrem Bedürfnis deduzieren kann, wohl aber, wie eben bei Hiob, das vorher gehörte Wort der göttlichen Zusage; wie die Erinnerung daran den Widerspruch hervortreibt, so hilft die Berufung darauf den Widerspruch bestehen, mitten im Schweigen Gottes, im Schreien nach Auflösung des Widerspruchs. »Nun schweigt er als ein Stock«, schildert Luther[17] Jesu Verhalten zum kanaanäischen Weibe (Matth. 15,21–28); »siehe, das ist gar ein harter Puff, wenn sich Gott also ernst und zornig zeigt und seine Gnade so hoch und tief verbirgt, wie das wohl wissen, so es im Herzen fühlen und erfahren, daß sie dünkt, er wolle nicht halten, was er geredet hat, und sein Wort lassen falsch werden, wie

---

[15] WA 20,395,29.
[16] Luthers Vorreden zur Bibel, hg. von H. Bornkamm, Furche-Bücherei Nr. 238, 1967.
[17] WA 17 II,201f.

den Kindern Israel auch geschah am Roten Meer, und sonst viel andern großen Heiligen ... Also müssen wir auch tun und lernen (wie die Frau), allein am Wort fest hangen, obgleich Gott mit allen Kreaturen sich anders stellt, denn das Wort von ihm sagt. Aber, oh wie wehe tut das der Natur und Vernunft, daß sie sich soll so nackt ausziehen und lassen alles, was sie fühlet, und alleine am bloßen Wort hangen, da sie auch das Widerspiel fühlet«. »Tröstliche Wortvermessenheit« nennt der junge Luther das an anderer Stelle[18], versäumt aber selten, hinzuzufügen, daß dies ein Tun in der Nacht und noch nicht jenseits der Nacht des Widerspruchs ist: »in der Nacht, das ist im Glauben« sagt er kommentierend zu Gideons Nachtangriff auf die Midianiter (Richt. 7,16ff)[19], und: »der Glaube ist der finstere Weg«[20]. Es ist dann schon die erste Gestalt des eschatologischen

---

[18] WA 1,255.
[19] WA 2,690.
[20] WA 18,526. — Dieses Zusammensein von Verheißung und Glaube in der Nacht der Anfechtung ist so sehr das Zentrum der Erfahrung Luthers vom Christsein, daß man aus allen seinen Schriften einen Kommentar zu Hiobs Reden ausschreiben könnte (obwohl er selbst sich seltener auf Hiob, mehr auf die Psalmen und auf den verlassenen Christus am Kreuz bezieht, außerdem auch auf den Propheten Jona, in seiner für unseren Zusammenhang wichtigen Auslegung: WA 19, 169-251). Hier nur noch ein Zitat aus dem großen Galaterkommentar von 1535, zu Gal. 4,6 (WA 40 I, vom Verf. übersetzt): »Nicht der sinnlichen Erfahrung wird Christus gezeigt. Denn wir sehen ihn nicht, noch fühlt das Herz in der Anfechtung seine Gegenwart und Hilfe. Denn dann wird offenbar, daß Christus uns zürnt und uns verläßt. Dann fühlt der Mensch in der Versuchung die Macht der Sünde, die Schwachheit des Fleisches, den Zweifel, fühlt die feurigen Pfeile des Teufels, die Schrecken des Todes, fühlt Zorn und Gericht Gottes. Die alle erheben das heftigste und schreckliche Geschrei gegen uns, daß schlechthin nichts uns übrig scheint als Verzweiflung und ewiger Tod. Aber inmitten dieser Schrecken des Gesetzes, Donnerschlägen der Sünde, Erschütterungen des Todes und Anläufen des Teufels fängt zu schreien an (sagt Paulus, Röm. 8,15-26) der heilige Geist in unserem Herzen: abba, Vater. Und dessen Geschrei übertrifft bei weitem und zerstört die heftigsten und schrecklichen Schreie des Gesetzes, der Sünde, des Todes, des Teufels usw., durchdringt Wolken und Himmel und dringt vor bis zu den Ohren Gottes« (580,18-581,10). »Wir müssen also in der Anfechtung in keiner Weise über jene Sache urteilen aus unserer Erfahrung oder aus dem Geschrei des Gesetzes« (585,19f) »Und das ist unser Fundament: Das Evangelium befiehlt, daß wir nicht die Guttaten und unsere Vollkommenheit ins Auge fassen, sondern den verheißenden Gott selbst, den Mittler Christus selbst« (589,17-19). »Und das ist die Weise, durch die unsere Theologie ihre Gewißheit hat: weil sie uns von uns selbst wegreißt und uns außerhalb von uns selbst stellt, damit wir uns nicht stützen auf unsere Kräfte, Gewissen, Erfahrung, Person, Werke, sondern damit wir uns stützen auf das, was außerhalb von uns ist, das ist die Verheißung und Wahrheit Gottes, die nicht täuschen kann« (589,25-28). Daß für Luther dieses gegenseitige Geschrei an den Anklagen des göttlichen Gesetzes entsteht, für Hiob am

Geschehens, des Hiobschen Schauens, wenn in dieser Nacht das »Hangen am Wort« nicht ungetröstet bleibt, sondern zur Erfahrung der Bedrängnis die Erfahrung des Luft-Bekommens hinzutritt: »Wo nun dieses Wort ins Herz kommt mit rechtem Glauben, da machts das Herz ihm gleich, auch fest, gewiß und sicher, daß es so steif, aufrecht und hart wird wider alle Anfechtung, Teufel, Tod, und wie es heißen mag, daß es trötzlich und hochmütig alles verachtet und verspottet, was zweifeln, zagen, böse und zornig sein will. Denn es weiß, daß ihm Gottes Wort nicht lügen kann.«[21] Der »Immanuel«, der »Gott mit uns« ist nicht Resultat des menschlichen Selbstaufschwungs durch Reflexion auf einen vermeintlichen vernunft-immanenten Gottesbegriff, sondern ist verheißenes Geschehen, in Berufung auf die Verheißung inmitten der Erfahrung des Gegenteils, der Abwesenheit Gottes, zu erwarten, und dann immer wieder erfahrbar.

Ernst Bloch

Der leidenschaftliche Bibelleser Ernst Bloch, verehrungswürdig in seiner feurigen Hoffnungskraft, ein dichterischer Denker, mit lebendigem jüdischen Erbe, Bibel und Marx kühn zusammenschauend, hat eine Deutung des Buches Hiob vorgetragen, die – wie alle seine Aufdeckung biblischer Texte – auch da erhellend ist, wo der Text selbst zum Widerspruch nötigt. Seine bestechende Radikalität bringt andere Auslegungen in den Verdacht, absichtsvoll und verharmlosend zu harmonisieren. So wendet sich seine Hiob-Deutung im besonderen gegen die Versuche der Exegeten, die Reden Hiobs und die Gottesreden, mit denen das Buch schließt, miteinander in Einklang zu bringen. Er sieht hier nur schroffen Widerspruch, der eine Entscheidung verlangt. »Ein Mensch kann besser sein, sich besser verhalten als sein Gott.« »Ein Mensch überholt, ja überleuchtet seinen Gott – das ist und bleibt die Logik des Buchs Hiob, trotz der angeblichen Ergebung am Schluß«[22]. Denn was dieser »biblische Prometheus« am Schluß an Antworten bekommt – »Jachwe antwortet

---

Gegensatz zwischen seiner Unschuld und Gottes Schlägen, für den einen also an der Erfahrung der eigenen Ungerechtigkeit, für den anderen an der Erfahrung von Gottes Ungerechtigkeit, schafft, was die Tiefe des Konflikts anlangt, keinen grundsätzlichen Unterschied.
[21] WA 54,32.
[22] Atheismus im Christentum, 150,152.

auf moralische Fragen mit physikalischen, mit einem Schlag aus unermeßlich finster-weisem Kosmos gegen beschränkten Untertanenverstand« –, davon kann Hiob »nicht überführt, gar überzeugt, sondern nur nochmals geschlagen, geistig erschlagen« werden. Hier fehlt »jede menschliche Teleologie, jede Verheißung auf menschliches Heil hinter dem Untergang der Natur (wie in den prophetischen Apokalypsen)«; das ist sogar noch unter dem moralischen Gott der Freunde Hiobs, unterbiblisch, »eine der Bibel so fremdartige Theophanie«, ein »Natur-Baal«. Der Exodus, den Hiob nach Bloch aus dem in den Freundesreden dargestellten Gott der israelitischen Tradition vollzieht, gilt erst recht diesem »Kosmos-Dämon«. Der Schluß des Buches kann also entweder nur eine Interpolation von fremder Hand sein oder vom Dichter angefügt sein, »um seine Ketzerei ungefährdet ausdrücken zu können, was ihm ja auch gelungen ist«.

Blochs Insistieren auf diesem Entweder–Oder zwischen Hiobs Reden und den Gottesreden bekommt seine Tiefe dadurch, daß er, wie immer, damit den üblichen Gegensatz zwischen einem Theismus, der (wie Hiobs Freunde es vormachen) die menschliche Empörung gegen einen Gott, der »nicht allmächtig und gut zugleich sein kann, wenn er Satan zuläßt«, als Sünde diffamiert und zur Geduld gegen einen Willen Gottes, den er mit rationaler, immer aber windiger Theodizee rechtfertigt, ermahnt, – und einem »sittlichen Atheismus«, der triumphierend die Nicht-Existenz Gottes proklamiert, transzendieren will. Bloch stellt auf der einen Seite fest: »Jede Theodizee ist seitdem, an Hiobs harten Fragen gemessen, eine Unredlichkeit.« Andererseits aber sieht er deutlich, daß ein bloßer Atheismus, wenn er zugleich Hoffnung behaupten will, ein »geschichtsloser und irrealer, ja irrsinniger Optimismus« ist, der einem ebenso »geschichtslosen Nihilismus« immer wieder zum Opfer fallen wird. Denn es bleiben die Fragen übrig, denen er nicht gewachsen ist: das »fühllose Universum«, der »ganz fühllose, finstergesprenkelte Weltgang« und »die schwierige Materie, die sich in ihm bewegt«. »Brauchen die Wunschträume, die es so schwer haben, keinen Trost, daß für sie trotzdem etwas vorgesehen sei?... Muß materialistische Dialektik selber, nämlich daß sie einen solch langwierigen, solch entsetzlichen Prozeß braucht, nicht auch – gerechtfertigt werden?« Hiob selber sagt nicht nur dem Gott, der sich ihm als unglaubwürdig erweist, ab; er ruft nach vorne, nach einem Goel, einem Erlöser (wie Luther übersetzt), einem Rächer (wie Bloch übersetzt) (19,25-27). Aber: sein »Auszug aus caesarischer Gottesvorstellung« ist »nicht auch einer aus dem Auszug selbst. Konträr: gerade der Rebell besitzt Gottvertrauen, ohne an Gott zu glauben; das heißt, er hat Vertrauen auf den spezifischen Jachwe des Exodus aus Ägypten.« Hier ist Glauben, aber nicht mehr Glauben an einen irgendwie verstehbaren und lehrbaren Gott, an einen anderen über dem Menschen, einen »Großherrn«, aber noch an ein »Wort«, – ein Wort aber, das nicht dem Menschen zugesprochen wird, sondern das er (hier doch ähnlich wie das immanente Gottesbewußtsein, auf das Kant in der Anfechtung rekurriert!) in sich trägt: »das letzte Wort human« – »ein Wort, aus dem nun nicht mehr ausgezogen wird, sondern das selber, gänzlich schreckenlos, ins aufgehobene Oben einzieht«[23].

Hiob selbst ist, so verstanden, gerade nicht das Vorbild der unter Gottes Willen sich beugenden Geduld, wie kirchliche Tradition ihn hingestellt hat[24], er ist Prometheus, Rebell, vom falschen Gott weg an sein Recht und an seine Zukunft appellierend. Dies macht das Buch Hiob zum »durchgehaltensten Buche« des »Murrens der Kinder Israel« und zu einer Gelegenheit für Blochs »detektorische Bibelkritik«, den subversiven Grundzug der Bibel aus ihren theokratischen Überarbeitungen zum Vorschein zu bringen.

Geduld kann aber zwiefach verstanden werden: als die Apathie des Sklaven, der das Aufbäumen verlernt hat, die stumpfe Schafsgeduld, Ergebung ohne Widerstand, die unfähig macht zur Veränderung und darum als Tugend gelehrt wird von den Interessierten, das Aufbäumen dagegen als Sünde. Hiob paßt wahrhaftig in dieses Schema nicht, und das Buch Hiob ist deshalb von braven Theologen, die Glauben als Bravheit verstanden, immer als ein gefährliches Buch, über dessen Hereinrutschen in den Kanon man sich

---

[23] AaO. 166f. – Zu den Interpretationsschwierigkeiten dieser Blochschen Schlußsätze gehört die Frage, ob in dieser Wendung »daß das letzte Wort human noch nicht gesprochen ist« das Wort »human« adverbial oder absolut (»das letzte Wort: ›human‹«) zu verstehen ist. Beides kommt aber, gerade in Blochs Sinne, aufs Gleiche hinaus.
[24] Ebenso jüdische Tradition; für beides steht schon im Neuen Testament Jak. 5, 10f: »Zum Vorbild im Leiden und in der Geduld nehmt, meine Brüder, die Propheten, die im Namen des Herrn geredet haben! Siehe, wir preisen selig, die ausgeharrt haben. Von der Geduld Hiobs habt ihr gehört, und das Ende des Herrn habt ihr gesehen.«

wundern mußte, angesehen worden. Geduld im biblischen Sinne aber hängt weniger mit Dulden zusammen wie das deutsche Wort; das neutestamentliche Wort ist vom Verbum ›Bleiben‹ gebildet: hypomoné = Darunterbleiben, unter einer auferlegten Last nämlich. Dies könnte zwar immer noch die von der Herrenklasse gewünschte Tugend des Sklaven sein, aber die Verbindung mit den anderen Verwendungen von Bleiben im neutestamentlichen Sprachgebrauch[25] ebenso wie die Zusammenstellung von Geduld und Hoffnung, von »Drunterbleiben« und »Warten«[26] zeigt, daß es sich nie allein um das Bleiben unter der Last, sondern immer zugleich um das Bleiben unter dem Wort, unter der Verheißung, unter der Berufung handelt: diese zäh, standhaft festhalten, durch alle Widrigkeiten sich nicht von ihr abbringen lassen, Erleichterung der Last oder ganze Entlastung nicht durch Preisgabe der Berufung erkaufen. Diese Geduld steht nicht so sehr im Gegensatz zur Ungeduld – denn als zähes Ausharren in Hoffnung kann sie sehr wohl mit brennender Ungeduld verbunden sein, wie es der 2. Petrusbrief mit seiner paradoxen Verbindung »Wartet und eilet!« (3.12) besonders schön ausdrückt –, als vielmehr im Gegensatz zur Hoffnungslosigkeit, zur Resignation. Wahrhaftig also eine Tugend, ohne die keiner auskommen kann, der für die Humanisierung der menschlichen Gesellschaft kämpft, der also den Sozialismus als seine Berufung erkannt hat. Darin hat Bloch recht gesehen: Hiob ist schlechthin unresigniert. Eben darum aber ist er das Vorbild der Geduld, der wahren Geduld, des zähen Ausharrens mit dem sehnsüchtigen Ausschauen nach vorne, des Sich-nicht-Abfinden-Lassens, der Berufung auf ein empfangenes Versprechen, die sich nicht zum Schweigen bringen läßt.

Dafür wird nun aber – leider muß das gegen Blochs mitreißende Deutung eingewendet werden – die entscheidende Pointe des Buches verfehlt, wenn der Zusammenhang der Hiobreden und der Gottesreden getrennt wird[27]. Dieser Zusammenhang ist ein Zusammen-

---

[25] Besonders in den johanneischen Schriften: »Wenn ihr bleiben werdet in meinen Worten, so seid ihr in Wahrheit meine Jünger« (8,31); das zwölfmalige Bleiben in Joh. 15; 1. Joh. 2,28: »Jetzt, Kinder, bleibt bei ihm!«
[26] Luk. 21,19; Röm. 5,3; 8,25; 15,4; 2. Kor. 1,6f; 6,4; Eph. 4,2ff; Kol. 1,11f; 1. Thess. 1,3; Hebr. 6,12.15; 10,36; 12,1; Offb. 13,10.
[27] Vgl. meine Auseinandersetzung mit Bloch in der Sonderausgabe von K. Barths Hiob-Auslegung, Biblische Studien, H. 49,22ff, und meine S. 114 Anm. 58 erwähnte Rezension von »Atheismus im Christentum«.

halt, der Zusammenhalt Hiobs und seines Gottes, dieses Gottes und seines »Knechtes Hiob«. Damit wird die innere Spannung nicht gemindert, im Gegenteil, noch radikaler verschärft. Denn nun geht es nicht um den Gegensatz zweier verschiedener Gottesvorstellungen, des traditionellen, priesterlichen Jahwe und des Exodus-Jahwe, – ein Gegensatz, der mühelos aufgelöst werden kann durch Auswanderung aus der veralteten, sich als überholbar erweisenden Vorstellung, – ein Gegensatz zwischen Tradition und Neuaufbruch, wie ihn die geistige Entwicklung, individuell und kollektiv, zumal im religiösen Bereich, zu allen Zeiten kennt, ein Entwicklungsgegensatz also. »Der Freund, den Hiob sucht, der Verwandte, der Rächer kann nicht der gleiche Jachwe sein, gegen den Hiob den Rächer aufruft«, meint Bloch so bestimmt, daß er diesen Satz im Druck hervorhebt[28]. Aber eben dies, was nicht sein kann, ist hier der Fall und ist Hiobs Qual – und Motiv seines Nicht-Resignierens zugleich. Den überholbaren Gott, aus dem er auswandert, noch lange anzuklagen, – was hätte das noch für Sinn, da man doch weiß, was man von ihm zu halten hat? Aber den Gott anklagen, an dem er festhält, und die Anklage als eine Weise des Festhaltens nach oben zu schreien, entzweigerissen durch die Spannung zwischen dem Gott, den er aus seinem Bundesversprechen kennt, und dessen neuer, widerwärtiger Gestalt des ihn schlagenden und im Stiche lassenden Gottes, durch die Spannung zwischen Gottes zugesagter Treue und Gottes jetzt erfahrener Untreue, – so im Anklagen die Verheißung ohne Erlahmen einzuklagen – das hat Sinn, literarischen und existentiellen. Das heißt: das ist der Sinn, den der Verfasser seinem Buche gegeben hat, und mit dem er den Sinn, den Hoffnungssinn des zähen Beharrens auf der Verheißung, den Hoffnungssinn des Glaubens auf eine unerhörte Weise hat verkündigen wollen. Es ist ja immer eine ultima ratio der Exegese, in einem Text das Zusammenstehen von Widersprüchlichem dadurch zu erklären, daß man die Teile verschiedenen Autoren zuweist. Philologisch nötigt hier nichts dazu. Unzweifelhaft stammen die Reden Hiobs und die Reden Gottes vom gleichen Verfasser. Diesem zu unterstellen, er habe »Deckung der Häresien«[29] beabsichtigt, ist allzu unwahrscheinlich, ein exegetischer Gewaltstreich nicht weniger als die Zuweisung an

---

[28] Atheismus im Christentum, 157.
[29] AaO. 156.

Immanuel Kants und Ernst Blochs Hiob-Deutung

verschiedene Autoren, gerechtfertigt nur, wenn auf keine andere Weise ein Sinn zu entschlüsseln ist. Er ist aber dann zu entschlüsseln, wenn man in den Gottesreden nicht einen Natur-Baal sprechen hört. Allerdings, zunächst können sie so klingen. Und allerdings, Antwort auf seine Fragen wird Hiob in ihnen nicht zuteil. Ihm wird nichts enträtselt[30]. Im Gegenteil, zu seinen eigenen Fragen werden ihm noch andere zugeschoben, die er sich nun auch noch stellen soll, und die er sich – als ebenfalls nicht von ihm beantwortbare – in seiner Beugung auch stellen läßt: »Er übernimmt also die Frage als die ihm von Gott zugemutete Lebensform des Geschöpfs vor dem Schöpfer.«[31] Dies aber in einer neuen Hoffnung. Denn mit dem »Wer...?« (38,5ff) und »Bestimmst du...?« (39,1) war ja ironisch-negativ auf einen anderen verwiesen, eben auf den, an den Hiobs Fragen sich eigentlich richteten. Nicht eine Rätselhaftigkeit der Natur als solche, sondern die Unerforschlichkeit, die Nicht-Nachprüfbarkeit der Wege *seines* Gottes soll ihm durch die göttlichen Gegenfragen klar werden. Dies könnte freilich bloß autoritäres Niederschlagen unserer Fragen sein, uns zur stumpfen Ergebung, zur falschen Geduld verurteilend. Für Hiob aber ist es das nicht; dies will der Verfasser sagen, für den der am Schlusse das Wort ergreifende Gott kein anderer ist als der im Rahmenstück vorkommende, als der, dem Hiob sich verbunden wußte, dessen Willen er sich anfangs gebeugt hat und gegen den er dann seine wilden Anklagen schleudert. Dies sagt der Verfasser sowohl durch Hiobs Demutsbekenntnis wie durch die Schlußworte Gottes; unmöglich kann es sich hier um Ironie handeln. Für Hiob sind die Worte und die Erscheinung Gottes Antwort, obwohl nicht Beantwortung, befreiende, wieder zum Leben verhelfende Antwort, weil in ihnen Gott sich zu ihm und zu der ihm gewordenen Verheißung bekennt, wenn auch ohne neue Verheißung (wie Bloch vermißt), aber einfach durch sein Sprechen mit ihm. So versteht Hiob wohl, daß auch die über alles menschliche Verstehen hinausgehende Macht Gottes, an die er durch die aufgezählten Naturerscheinungen erinnert wird, nicht die brutale Allmacht eines Großherrn im Him-

---

[30] »Hiob wird nicht durch Erklärung des Leidens getröstet. Er wird ›durch die Rätsel getröstet‹ (G. K. Chesterton)«, E. Haller, Seelsorge im Zeichen der Hoffnung (ThExh NF, H. 155), 1968,16.
[31] H.-D. Bastian, Theologie der Frage, 274; vgl. L. Schestow, Auf Hiobs Wage, 240ff: »Woraus werden Fragen gemacht?«

mel ist, der der ausgelieferte Sklave sich nur resigniert und einsichtslos beugen kann, sondern die Macht des ihm zugewandten Gottes, seines Freundes; *diesen* Mächtigen hat er, wie er nun wieder erkennen darf, zum Freunde und nicht zum Feinde, und deshalb ist »das ganze Buch ein bis an den äußersten Rand der Skepsis vorgetriebenes Bekenntnis der Zuversicht«[32]. So hat eine jüdische Freundin Blochs, Margarete *Susman,* das Hiobbuch im Spiegel des jüdischen Leidens und dieses Leiden im Spiegel des Hiobbuches gelesen[33]: eine Ermutigung zur Treue, zum Sinn des Festhaltens, auch zur Treue im Auftrag, den der Gottesbund bedeutet, zum Auftrag, den die Verheißung gibt, und von dem Bloch Besseres zu sagen weiß als Theologen, die sie aus dem Auge verlieren, und Christen, die Geduld mit Resignation verwechseln und mit trägem Hinnehmen der Scheußlichkeiten der vorhandenen Gesellschaft: die Treue zum Auftrag, der ein Auftrag an Menschen für Menschen ist[34].

Golgatha

Im Neuen Testament wird Hiobs Prozeß in neuer Weise aufgenommen, obwohl das Buch Hiob selbst nur einmal (Jak. 5,11) am Rande erwähnt wird.

Das Schauen Hiobs ist zentraler Inhalt der in der Auferstehung Jesu gegründeten Hoffnung. Die letzten Worte Hiobs waren ge-

---

[32] Cl. Westermann, Forschung am Alten Testament, 1964, 264. – Vgl. W. Zimmerlis Ausführungen zu Blochs Hiob-Deutung in: Der Mensch und seine Hoffnung im Alten Testament, 1968: Nicht zum Deus Spes (Gott Hoffnung) wendet sich Hiob (das wäre eine Wunsch-Hypostase), sondern zum Deus Spei (Gott der Hoffnung), von dem der Mensch gerade dann, wenn er keine Hoffnung = Zukunft mehr sieht, Hoffnung erwarten darf. Darum gibt es für das Alte Testament keinen »Exodus aus Jahwe«, nicht Preisgabe Gottes um des Humanum willen, sondern gerade darum Wahrung der Unverfügbarkeit Gottes gegen jeden Versuch, sie zu rationalisieren (177f).
[33] Das Buch Hiob und das Schicksal des jüdischen Volkes, 1948.
[34] G. Howe, Mensch und Physik, 1963, 114 (zu Hiob 38–39): »Doch Gott will sagen, daß seine Urteile aus weiteren Horizonten erwachsen müssen als die unsrigen, daß er im Kampfe mit dem Chaos steht, einem Kampfe, der, neutestamentlich gesprochen, auf Golgatha seinen Höhepunkt erreicht, und daß darum seine Wege anders sein müssen als unsere Wege, und vielleicht wird man auch Kapitel 38 so deuten dürfen, daß Gott den Hiob aufruft, in diesem Kampfe sein Bundesgenosse zu sein, daß er ihn in die Nachfolge ruft.«

Golgatha

wesen: »Vom Hörensagen hatte ich von dir gehört; nun aber hat mein Auge dich gesehen. Darum widerrufe ich und bereue in Staub und Asche« (42,5f). Daß das Angewiesensein auf Hören und Belehrung des einen durch den anderen sein Ende haben werde, ist Inhalt der prophetischen Verheißung eines »neuen Bundes«:

»Ich werde mein Gesetz in ihr Inneres legen und es ihnen ins Herz schreiben; ich werde ihr Gott sein, und sie werden mein Volk sein. Da wird keiner mehr den andern, keiner seine Brüder belehren und sprechen: ›Erkenne den Herrn!‹, sondern sie werden mich alle erkennen, klein und groß, spricht der Herr; denn ich werde ihre Schuld verzeihen und ihrer Sünden nimmermehr gedenken« (Jer. 31,33f).

Eine Erkenntnis letzter Wahrheit also, und zwar nicht nur als intellektueller Vorgang, sondern als gänzliches Aufgenommensein, als Atmen und Leben in Wahrheit, nicht mehr vermittelt durch irgend welche Autorität, ohne alles jetzige Gefälle von Privilegierten, von besser Erkennenden zu weniger Erkennenden; alle Heteronomie, alle Herrschaft ist entthront, ohne daß aber die Gemeinschaft entfernt wäre, der im jetzigen Weltzustand sogar noch dieses Gefälle dient. Denn sofern es uns angewiesen macht auf den, von dem wir Belehrung bekommen, konstituiert noch der Unterschied und das Bevorzugtsein der einen vor den anderen Kommunikation. Entfernung dieser jetzigen Weise von Bedürftigkeit ist aber nicht eschatologische Isolierung des einzelnen zum autonomen Subjekt, das sich selbst genügt. Das wäre die Utopie des bourgeoisen Privateigentums, zur Absolutheit gesteigert. Die Aufhebung aller Privilegien ist biblisch nicht als Absolutheit gedacht, als losgelöstes Stehen des einzelnen in seiner Einsamkeit, sondern als die von aller Schwere, Not und Angst befreite heitere Kommunikation aller mit allen in der Freude aneinander: im freudigen Schauen Gottes sind sie nicht von einander isoliert, sondern miteinander besser, mehr denn je vereinigt:

»Sie werden sein Angesicht schauen, und sein Name wird auf ihren Stirnen sein. Und es wird keine Nacht mehr geben, und sie bedürfen nicht des Lichtes einer Lampe noch des Lichtes der Sonne; denn Gott der Herr wird über ihnen leuchten, und sie werden herrschen in alle Ewigkeit« (Offb. 22,4f).

Es ist also nicht zufällig, wenn in den neutestamentlichen Sätzen vom Schauen Gottes nicht nur im Singular, sondern zugleich im Plural, kollektiv gesprochen wird:

»Geliebte, jetzt sind wir Kinder Gottes, und es ist noch nicht offenbar geworden, was wir sein werden. Wir wissen, daß wir, wenn es offenbar geworden ist, ihm gleich sein werden; denn wir werden ihn sehen, wie er ist« (1. Joh. 3,2[35]). »Wir sehen jetzt wie mittels eines Spiegels in rätselhafter Gestalt, dann aber von Angesicht zu Angesicht. Jetzt ist mein Erkennen Stückwerk, dann aber werde ich völlig erkennen, wie ich auch völlig erkannt bin« (1. Kor. 13,12).

Die Trennmauer des Für-sich- und Aus-sich-sein-wollens, der Selbstisolierung, der Schuld ist entfernt durch eine Vergebung, die zugleich Reinigung ist: »Glücklich die, die reines Herzens sind; denn sie werden Gott schauen« (Matth. 5,8). Wird dieser neutestamentliche Ausblick hinzugenommen, dann heißt das für Hiobs letzte Worte: Wirklich gestillt – so gestillt, daß wir die Anklage zurücknehmen und bereuend widerrufen werden – werden unsere Fragen an Gott dann sein, wenn wir ins Schauen der letzten Wahrheit kommen, nur dann (damit ist die Härte des Widerspruchs, der Verhüllung des sich als Freund versprechenden Gottes in die Feindgestalt anerkannt, als durch keine theologische Überredung überwindbar anerkannt), aber dann wirklich, nämlich so sehr gestillt, daß wir unsere doch so sehr begründeten, so sehr verständlichen Anklagen bereuen werden, bereuen also, daß wir ihm nicht – geglaubt haben, nicht geglaubt haben, daß er, seinem Versprechen zufolge, auch als Feind unser Freund war, daß er im ganzen, langwierigen, schmerzvollen Weg war »Gott alles in allem« (1. Kor. 15,28[36]).

---

[35] Dazu das schöne Wort von E. Bloch (Atheismus im Christentum, 351): »Hätten diese beiden Textstellen (nämlich Marx' Wort: ›Radikal sein heißt die Dinge an der Wurzel fassen. Die Wurzel aller (sc. gesellschaftlichen) Dinge aber ist der Mensch‹) und dieses Wort des 1. Johannesbriefs einander gelesen oder hätten sie einmal wechselseitig ein Treffen, dann fiele auch auf das Realproblem der Entfremdung in allem und ihrer möglichen Aufhebung ein gleichzeitig detektivisches wie utopisches Licht.« Aber freilich – warum denn? – nicht mit der atheistischen Konsequenz: »Das unter Gott Gedachte wäre endlich Mensch geworden«, sondern: Gott und Mensch und Mensch und Mensch wären endlich geeint in der Liebe, in der jeder den anderen und das Geschöpf den Schöpfer und die Mitgeschöpfe sieht, »wie er ist«, ineinander auf- und untergehend, so wie in der Liebe einer im anderen auf- und untergeht, ohne doch zu verschwinden, weil Liebe nach Hegels richtiger Definition das Einswerden des Nicht-Identischen ist (Hegel, Jugendschriften, hg. von H. Nohl, 376f).
[36] Ich meine mit J. Chr. K. von Hofmann, dem großen neutestamentlichen Ausleger des vorigen Jahrhunderts, daß dieses paulinische Wort nicht sagen will, wie meist verstanden, am Ende werde Gott sozusagen alles in sich aufsaugen, so daß nur Er (in »schlechter Identität«) übrig bleibe und (gewissermaßen in einem eschatologischen Pantheismus) die Schöpfung wieder zurücknehme, sondern daß offenbar werde, wie Er in dem ganzen, von Paulus V. 23–28 geschilderten Prozeß der auf sein Ziel der Allerfüllung hin Wirkende gewesen sei; vgl. meine Auslegung der Stelle in: Göttinger Predigtmeditationen 1957/58, 73ff.

Golgatha

Das Neue Testament nimmt aber nicht nur Hiobs Schauen, es nimmt zuvor Hiobs Leiden auf, in einer Weise, von der man sagen kann, sie sei von Hiob provoziert, aber nicht geahnt. Zu Pascals Wort: »Jésus sera en agonie jusqu'à la fin du monde; il ne faut pas dormir pendant ce temps-là« (Jesus wird im Todeskampf sein bis ans Ende der Welt; wir dürfen in dieser Zeit nicht schlafen) schreibt Leo *Schestow:* »Gott selbst hat zu den Leiden Hiobs seine eigenen endlosen Leiden hinzugefügt, und am Ende der Welt wird der göttliche und menschliche Jammer schwerer wiegen als der Sand am Meer.«[37] Was dies meint, zeigt die Deutung der Passion Jesu in ihrer Übereinstimmung und in ihrem Unterschied innerhalb dieser Übereinstimmung in allen neutestamentlichen Schriften.

Wir konzentrieren unsere Überlegung auf die hiobhafteste Stelle des Neuen Testamentes, auf den Verlassenheitsruf Jesu am Kreuz, den das Markus- und das Matthäusevangelium berichten:

»Und als die sechste Stunde eingetreten war, kam eine Finsternis über die ganze Erde bis zur neunten Stunde. Und in der neunten Stunde rief Jesus mit lauter Stimme: ›Elohi, Elohi, lama asabthani‹ (das heißt übersetzt: Mein Gott, mein Gott, warum hast du mich verlassen?)« (Mark. 15,33f; Matth. 27,45f).

Immer wieder wird diese Stelle als eine Information über die letzten historischen Augenblicke Jesu verstanden, damit auch als Gelegenheit, Einblicke in das Innenleben des Sterbenden zu tun, samt der dann unvermeidlichen Schlußfolgerung, daß der Glaube, Bringer des messianischen Reiches zu sein, »erst am Kreuz von ihm abfiel«[38]. Man muß sich aber klar machen, daß keines der in den Evangelien überlieferten sieben Worte Jesu am Kreuz aus einem stenographischen Protokoll stammt. Sind auch die Passionsberichte der am frühesten geformte Komplex der evangelischen Überlieferung, so sind sie doch bis zu der uns vorliegenden Endfassung durch mancherlei Bearbeitung gegangen, – die vier Passionsberichte im

---

[37] L. Schestow, Auf Hiobs Wage, 468.
[38] E. Bloch, Atheismus im Christentum, 175. Ähnlich M. Horkheimer in: Dialog mit dem Zweifel, hg. von G. Rein, 1969, 12: »Noch die Überzeugung, aus der progressives, unkonformistisches Denken und Handeln sich herleiten, der Mut, der sie kennzeichnet, entbehren der Wahrheit, wenn sie die Angst und die Frage nicht in sich bewahren. Es scheint mir kein Zufall, daß eben das theologische Symbol der Wahrheit, Jesus, der Stifter des Christentums, als Sterbender gemäß dem jüdischen Psalm den Zweifel an seiner Einheit mit dem göttlichen Vater ausspricht: ›Eli, Eli lama asabthani‹. Wie viele, die nicht beim eigenen Sterben, sondern bei ihren schlimmen Taten auf seine oder andere Lehren sich beriefen, wähnten, ihrer Sache völlig gewiß zu sein. Bewußter Zweifel hätte sie zu Menschen machen können.«

Neuen Testament zeigen, mit wie unterschiedlicher Tendenz: bei Johannes ist das Kreuz zugleich der Ort der Verherrlichung: Jesu Sterben ist die Vollendung seines Werkes: »Es ist vollbracht«. Bei Lukas zeigt der Gekreuzigte noch einmal seine Sendung als Sünderheiland (zum Schächer: »Heute noch wirst du mit mir im Paradiese sein«) – und stirbt als ein Vorbild des Märtyrers (vgl. Luk. 23,34.46 mit den Worten des sterbenden Stephanus Apg. 7,58f). Da wir kein Indiz für eine größere Historizität der Berichte der ersten beiden Evangelisten haben, ergibt sich: Wir wissen nicht, ob Jesus am Kreuze noch gesprochen hat und was. Das Verlassenheitswort bei Mark./Matth. gibt uns also keine historische Nachricht, ist nicht etwa von diesen Evangelisten widerwillig, aber um der historischen Treupflicht willen aufgeschrieben worden, obwohl es ihnen peinlich sein mußte, zu melden, daß ihr Meister – im Unterschied zu anderen bis zum letzten Augenblick standhaften Märtyrern ihrer Sache (oft genug hat man ihm gegenüber das gelassene und seiner Sache gewisse Sterben des Sokrates hervorgehoben) – innerlich zusammengebrochen und in gänzlicher Verzweiflung gestorben sei. Hier ist nicht historische, sondern nur theologische Auskunft zu holen, d. h. Auslegung der Stelle kann nur fragen, was diese beiden Evangelisten, die hier wohl das älteste urchristliche Verständnis des Golgatha-Geschehens wiedergeben (H. *Gese*), haben verdeutlichen wollen, als sie aus ihrer Überlieferung diese und nur diese Worte Jesu am Kreuz weitergaben und sie nicht wie Lukas, dem sie von Markus her vermutlich auch bekannt waren, durch andere ersetzten. Gerade dann aber, wenn wir uns klar machen, daß nicht Historikerpflicht sie wie einen berufstreuen modernen Reporter gezwungen hat, diese Worte zu bringen, wird uns deren Ungeheuerlichkeit erst ganz deutlich.

Die beiden Evangelisten umgaben das Sterben Jesu mit apokalyptischen Zeichen: die unnatürliche Finsternis übers ganze Land, bei Matthäus noch das Zerreißen des schweren Vorhangs im Tempel, das Erdbeben, das Zerspringen der Felsen und das Hervorkommen von Verstorbenen aus ihren Gräbern (27,51f). Auch das laute Schreien Jesu (zweimal, kaum möglich für einen seit Stunden am Kreuze Hängenden) ist ein apokalyptischer Zug: der Messias kommt, so dachte man in den Apokalyptikergruppen des damaligen Judentums, mit »lauter Stimme« (vgl. 1. Thess. 4,16; Offb. 1,10). Vielleicht sagte die ältere Überlieferung – aber schon in diesem apo-

Golgatha

kalyptischen Sinne! – nicht mehr, als daß Jesus – ungewöhnlicherweise – mit einem lauten, wortlosen Schrei gestorben sei, und erst im weiteren Wege der Überlieferung wurde dann dieser Schrei mit dem zweiten Vers des 22. Psalms, der auch sonst den frühen Gemeinden für das Verständnis des Todes Jesu hilfreich war und vielleicht Einzelangaben des Kreuzigungsberichtes erst entstehen ließ[39], gefüllt und gedeutet.

Nun aber bedenke man, was hier geschehen ist: war in der apokalyptischen Weissagung der laute Ruf des Messias dessen Siegesruf, durch den die Welt in Schrecken und die Gläubigen in Freude versetzt werden, so ist aus ihm von der urchristlichen Gemeinde ein Verzweiflungsschrei des Messias gemacht worden, über den die Welt höhnisch triumphiert (Matth. 27,49/Mark. 15,35f) und die Jünger erschrecken und selbst verzweifeln. Ist dies Deutung der nachösterlichen Gemeinde, so ist dies wahrhaftig erleuchtete, gänzlich unerwartete Deutung. Denn es wird ja von dem gesagt, den diese Gemeinde nach Ostern in einem exklusiven Sinne den »Sohn« nennt, den sie glaubt als den Gottverbundensten, als den, der ohne Gott nicht ist und ohne den Gott nicht ist, als den, der alle Versuchung siegreich bestanden hat (Matth. 4,1–11), der mit dem Vater in einem gegenseitigen Verhältnis des unmittelbaren Erkennens und Schauens steht (Matth. 11,27), auf den Gott noch ganz anders gesetzt und sich verlassen hat als auf Hiob. Daß er von Gott verlassen sei, tatsächlich – denn es ist hier natürlich nicht ein durch die Schmerzen verursachtes subjektives Gefühl Jesu gemeint –, das ist das Unmögliche, das Undenkbare. Dieser von Gott Untrennbare hängt hier als der von Gott geschlagene und preisgegebene Gottesknecht (Jes. 53). Der ohne Gott nicht sein kann, und der weiß, daß er ohne Gott nicht sein kann – im Unterschied zu uns, die wir in tiefer Torheit immer wieder meinen, auch ohne Gott leben zu können –, der hängt hier als der nicht nur von den Menschen, sondern auch und gerade von dem, ohne den er nicht sein kann, Verlassene. Der Vater, dessen

---

[39] Man vergleiche außer dem 2. Vers dieses Psalmes auch V. 8 mit Matth. 27,39, V. 9 mit Matth. 27,43, V. 16 mit Joh. 19,28 und V. 19 mit Matth. 27,35/Joh. 19, 23f. So fand auch Luther: »Das ist der Hauptpsalm vom Leiden Christi: Du wirst keinen anderen Psalm finden, der so klar Christi Leiden beschreibt« (WA 31 I, 353). Vgl. W. Hasenzahl, Die Gottverlassenheit des Christus nach dem Kreuzeswort bei Markus und Matthäus und das christologische Verständnis des griechischen Psalters, 1937, und H. Gese, Psalm 22 und das Neue Testament, in : ZThK 65, 1968, 1–22.

Menschheitswerk an diesem Sohne hängt, und der also ohne diesen Sohn nicht der Gott der Menschen sein kann, hat diesen Sohn verlassen. Vere derelictus est per omnia (wahrhaftig verlassen ist er von allem), sagt Luther[40]. Nirgendwo ist die Frage nach Gottes Treue so schneidend akut, so über alle Vorstellung hinaus scharf gestellt; nirgendwo ist Gottes Treue so unter dem Widerspruch verborgen wie hier. Alles Schreien nach Gott, jede nach oben gerichtete Warum-Frage, die je auf Erden laut geworden ist, all unser eigenes Schreien, Zweifeln, Klagen und Anklagen ist hier versammelt und qualitativ überboten; unsere Bedrängnis ist die seinige, aber seine Bedrängnis ist weit über die unsrige hinaus; denn sein Leiden ist nicht nur physisch, so daß ihm stoisch und heroisch begegnet werden könnte, nicht nur jene entsetzliche Todesangst, die mit den körperlichen Qualen der Kreuzigung – eine der schauerlichsten Hinrichtungsarten, die sadistischer Menschengeist erfunden hat – nach den Berichten verbunden gewesen ist, nicht nur der enttäuschende Zusammenbruch bisheriger Gottesgewißheit und des messianischen Sendungsbewußtseins. Es ist – dies wollen die Evangelisten sicher sagen, und dies hat christliche Meditation des Textes auch immer wieder auszusprechen versucht – das Erleiden dessen, was keiner sonst erlitten hat, weil jeder von uns nur sein eigenes Leiden leidet, nicht aber das Leiden mit allen und das Leiden aller, das Verstoßensein aller von der Lebensquelle, vorweg und für alle erlitten, damit sie es nicht erleiden: »in das äußerste Verderben, nur daß ich nicht möchte sterben«, wie ein Passionslied der Barockzeit sagt[41].

Christliche Denker, im besonderen Johannes *Calvin*, haben diesen Schrei mit der Höllenfahrt Christi, von der das altkirchliche Glaubensbekenntnis spricht, identifiziert, – damit die Höllenfahrt nicht mehr als einen Triumphzug dessen denkend, der die Pforten der Hölle aufbricht und dem Teufelsreich die Seelen der Toten entreißt, wie auf vielen mittelalterlichen Bildern tröstlich (als kühne Bestreitung der Endgültigkeit von Tod und Vergangenheit!) zu sehen ist, sondern als Aufsichnehmen des äußersten Leidens, des Verstoßenseins in die Ferne von Gott. Dieser Schrei sagt, was mit Hölle gemeint ist. Von einem »dionysischen Jasagen«[42] kann bei weitem

---

[40] WA 5,605,39.
[41] Ernst Christoph Homburg (1605–1681) in seinem Liede »Jesu, meines Lebens Leben«, das in den meisten evangelischen Gesangbüchern enthalten ist.
[42] Siehe oben, S. 119ff, zu Nietzsche.

Golgatha

nicht mehr die Rede sein. Nur die Klage und das Entsetzen und der Schrei bleiben übrig. Dies ist aber nicht ein Zustand, den man noch irgendwie bestehen oder gar überwinden kann, um dann irgendwie weiter zu leben oder wenigstens weiter zu vegetieren, sondern dies ist schlechthin das Ende – aber nicht ein Ende, bei dem man sich darüber trösten kann, daß es nun wenigstens zu Ende und ausgestanden sei, sondern ein Ende ohne Ende, – ein Ende, das nichts beendet, das nach vorwärts und rückwärts alles erst eigentlich furchtbar macht: nach rückwärts streicht es alles durch, was gewesen war, eben diese Sendung Jesu, an deren Ursprung in Gott Jesus doch nicht zweifelt; eben sie wird von dem, der ihn sandte, nun verneint, – und nach vorwärts kann der so Verlassene nicht ins Nichts eintauchen, in die Nacht des Nichtmehrseins. Dieses Verlassenwerden ist *Gericht* und stürzt nicht in das neutrale Nichts des Nichtseins, aus dem die Welt – creatio ex nihilo – geschaffen ist, sondern in das negative Nichts des Verneintseins und des sich selbst Verneinen-Müssens, – und eben dies ist die wahre und endlose Hölle.

Dieser Schrei der Verzweiflung, ja, aber nicht Verzweiflung über Scheitern und Irrweg, nicht über Hoffnung, die als Illusion entlarvt ist, enthält nichts von Reue über einen Weg, der sich als falsch erwiesen hat. Für ihn muß Verzweiflung und Glaube zusammengedacht werden. Er ist im Glauben und Gehorsam übernommene Verzweiflung. Er sagt dem, der auf die Anrufung in Gethsemane hin (Matth. 26,36–46/Mark. 14,32–42) stumm blieb und eben dadurch die Sendung bestätigte, nicht ab, sondern spricht dem Sendenden (»*Mein* Gott ...«) aus, wohin der Gehorsam gegen die Sendung geführt hat, wiederholt die Gethsemane-Frage und stellt zugleich alles Weitere, nun die Rettung nicht mehr vor der Hölle, sondern in der Hölle und durch die Hölle hindurch, dem anheim, dessen Gericht sich hier vollzieht[43]. Es ist also ein Schrei des Gehorsamen und Vertrauenden, ein Glaubensschrei[44].

Immer wieder muß dabei bewußt gemacht werden, *wem* das ge-

---

[43] So wird dieses Kreuzeswort vom 1. Petrusbrief (2,23) interpretiert: »Gescholten, schalt er nicht wieder; leidend drohte er nicht; vielmehr übergab er (Luther: stellte anheim) es dem, der gerecht richtet.«
[44] K. H. Miskotte, Kennis en Bevinding, 193: »Das ist ein allerhöchstes Glaubenswort, das ist das tiefste Kennen dessen, der ihn gekannt hat. So geht der Glaube durch den Tod, um gerade so groß und gegründet, lebendig und kräftig zu werden in Gott ... in Gott, der kraft seiner Wahrhaftigkeit bürgt für die Wahrhaftigkeit des Glaubens.«

schieht. Erst dann steht uns das Unerhörte dieser neutestamentlichen Stelle nicht nur in der zugleich mit der Solidarität *mit* allem anderen Leiden geschehenden Überbietung alles anderen Leidens, sondern auch in der Undenkbarkeit des hier Berichteten vor Augen: getrennt sind, die nicht getrennt werden können. Wenn die spätere kirchliche Lehre die christologischen Aussagen des Neuen Testaments systematisiert in den altkirchlichen Lehrformulierungen von der Gottheit und Menschheit Jesu, von der Wesenszugehörigkeit Jesu sowohl ganz zu Gott wie auch ganz zu den Menschen, dann ist nicht schon diese »Zweinaturenlehre«, wohl aber ihr Gezieltsein auf das Sterben, auf *dieses* Sterben Jesu das Paradox aller Paradoxe: der Riß geht nicht nur durch Jesus, er geht durch Gott selbst; Gott selbst ist von Gott verlassen, Gott selbst stößt sich aus. Nicht spekulative Paradoxe sind das, um in einer sich selbst zerbrechenden Dialektik die Widersprüchlichkeit von Welt und Geschichte in Formeln zu bringen, sondern ein ganz bestimmtes, reales, historisches Geschehen, das Sterben dieses einen, bestimmten, historischen Menschen soll hier in seiner Unfaßlichkeit, die alle andere Unfaßlichkeit übersteigt, von denen, die in der Stimme dieses Menschen die letzte, die göttliche Stimme vernahmen und ihr nachfolgten, ausgedrückt werden. Und zwar von später her, von der Überwindung des Paradoxes her, von den Erscheinungen des Auferstandenen her. Ostern ist es, was der frühen christlichen Gemeinde befahl, die Spannung des Hiobbuches noch einmal zu überspannen, das Undenkbare zu denken: Gott als Mensch in der Gottverlassenheit, – und dies als das Geschehen der Liebe, als letzte Offenbarung dessen, was Liebe wirklich ist, die Übernahme des Menschengeschicks nicht nur, sondern des Menschenfluchs bis zur letzten Konsequenz. »Die Nacht von Golgatha hat nur darum für die Geschichte der Menschen so viel Bedeutung, weil in ihrem Dunkel die Gottheit, sichtbar auf alle hergebrachten Privilegien verzichtend, bis zu ihrem Ende, alle Verzweiflungen eingeschlossen, die Todesangst durchlebt«[45], – und nicht als ein sie treffendes Schicksal, sondern, wie die entscheidende Bestimmung des Neuen Testaments lautet: »*für uns*.« »Die Verlassenheit im letzten Augenblick der Kreuzigung«, schreibt Simone *Weil,* »welch ein Abgrund der Liebe auf beiden Seiten!«[46]

---

[45] A. Camus, Der Mensch in der Revolte, 1969, 29.
[46] Schwerkraft und Gnade, 1952, 178. Sie nennt dort dieses Kreuzeswort »den wahren Beweis von der Göttlichkeit des Christentums«. Ebenso in: Vorchristliche

Sinneskrise als Sinnverfehlung und Gericht

»Es möchte einer die tolle Frage stellen: Wo ist die hoffnungsloseste Stelle der Welt? Er möchte dann an ein Siechenlager denken oder an den Marterpfahl eines Konzentrationslagers oder an einen der Gasöfen, in die sie hineingepreßt wurden, oder an eine Todeszelle, oder an die Existenz eines der augenlosen Opfer von Hiroshima, oder ich weiß nicht an welch einen Ort tiefster Verzweiflung. In Wahrheit aber ist die hoffnungsloseste Stelle der Welt da, wo der Mensch, der Gott nie verlassen hat, von Gott selbst verlassen hängt. Diese Stelle ist sein Kreuz. Eine Finsternis anders als alle Finsternis dieser Welt ist es, aus der er schreit: ›Mein Gott, mein Gott, warum hast du mich verlassen?‹ Es gibt keinen Ort und kein Geschehen, wo die Zukunft des Menschen so verloren scheint wie hier. Das Wunderbare, mit keinen menschlichen Worten zu Beschreibende, durch keine Erkenntnis zu Erreichende liegt darin, daß gerade an dieser Stelle dem Menschen Zukunft, ewige Zukunft eröffnet wird. Dieser Mensch Jesus ist ja der, in dem der Sohn Gottes, also Gott selbst, sich uns zum Nächsten gemacht hat. Er ist es, der die Frage der ganzen Menschheit gehört hat, anders als wir Menschen uns selber verstanden. Auf tausend Wegen unserer Religiosität suchten wir Gott und endeten bei den Ab-Bildern unserer selbst. Er aber suchte und fand uns da, wo wir schlechterdings verloren und am Ende waren. Zu ihm sprach Gott sein Ja und Amen, ihn hat er vom Tode auferweckt. Da er aber in Tod und Leben uns gehören wollte, gehören wir mit ihm zusammen. So ist er für uns die Tür zu der Zukunft Gottes. Er selbst ist die Zukunft des Menschen.«[47]

Sinneskrise als Sinnverfehlung und Gericht

Wohin sind wir damit gelangt? Wie bei Hiob und noch viel mehr als bei Hiob begann es mit dem gottverbundenen Menschen in der gegenseitigen Gewißheit von Mensch und Gott – und es endete mit Klage und Anklage, mit tiefster Enttäuschung und der Frage, ob dies als eine Ent-täuschung etwa gar positiv gewertet werden könn-

---

Schau, 1951, 149f. – Th. Haecker, Tag- und Nachtbücher, 1947, 245: »Mein Gott, mein Gott, warum hast Du mich verlassen? Wie kann einer Gott sein und bleiben nach diesen Worten? So stellte einer die Frage. Gottes Sohn in menschlichem Sinne – wohl, ein Vater kann den Sohn verlassen. Aber dann ist auch alles sehr menschlich. Ist aber dieser Sohn nicht wesensgleich mit dem Vater? Sind die Worte überhaupt für Menschenohren bestimmt? Da der Mensch sie doch nicht verstehen kann! Dennoch sind sie gesprochen worden, und sie sagen, wie es scheint, nichts weniger als eine Verzweiflung aus. Aber eine ganz bestimmte dennoch. Manche ungläubige Interpreten haben gemeint, Christus habe mit diesen Worten Gott aufgegeben und also den Glauben an Ihn. Davon ist nichts in den Worten, also nichts von Atheismus, nichts von: es ist kein Gott, oder: Gott ist tot. Nein: Gott ist; aber er hat mich verlassen! Das freilich führt in ein ruheloses Meer von Gedanken, dem nur die Kraft und der Friede Gottes Ruhe gebieten können und – die Auferstehung.«
[47] H. Vogel in: Communio Viatorum, Prag 1959, 299. – Vgl. K. Barth, Kirchliche Dogmatik II/1, 443f: die Entsetzlichkeiten der Geschichte als »Widerschein von dem unendlich viel Furchtbareren, das sich am Karfreitag zugetragen hat«.

te, – wie wir sie im Nihilismus-Kapitel stellten. Aber hier wie dort zerbricht der Satz, daß Wahrheit auf jeden Fall besser sei als Täuschung, erweist sich als viel zu optimistisch, weil es eine tödliche Wahrheit ist, weil der Mensch nicht so gebaut ist, daß er in dieser Wahrheit leben könnte, weil die Begriffe Wahrheit und Leben hier in den äußersten Gegensatz zu einander treten. Hiob und der Gekreuzigte sind aber darin von *Nietzsche* und von denen, für die er spricht, unterschieden, daß sie beide 1. nicht von einem Bestehen dieser Lage mehr träumen können, sondern in ihr nur noch schreien und klagen können, ohne jedes Gefaßtsein, ohne jede »Haltung«, – 2. daß sie sich nicht zu dem Fazit durchringen können, die Enttäuschung habe eine Täuschung offenbar gemacht, und das letzte Wort, die letzte Wahrheit über Gott sei seine Untreue, der illusionäre Charakter aller Verheißungen, auf die der Glaube gebaut hat; sie halten vielmehr an ihm fest, halten ihm seine Verheißungen vor, appellieren vom Jetzigen an das Vorherige[48].

Das dritte Unterscheidende: Beide, Hiob und Jesus, verstehen ihre Verstoßung nicht als bloßes Schicksal, Unglück, desillusionierendes Aufgedecktwerden der Verlassenheit des Menschen im All, sondern als *Gerichtsakt* Gottes – und eben dies ist zugleich schlimmste Verschärfung der Verlassenheit *und* der Grund, weshalb sie sich nicht damit abfinden können. Denn Gott erscheint hier nicht nur als der Ungetreue, sondern als der Ungerechte. Mit der Treue steht die Gerechtigkeit Gottes auf dem Spiel. Im Unterschied zu Hiob findet aber bei Jesus nicht Empörung dagegen, nicht Berufung auf seine Unschuld statt, sondern nur »Warum?«-Frage, nur Bitte um göttliche Auskunft. Jesus fragt angesichts des Anscheins der Ungerechtigkeit Gottes in einer alles Gott anheimstellenden Frage, die er sich nicht selbst beantwortet, auch sich nicht selbst zu beantworten vermag, sondern als gänzlich offene, aber an den Vater, an *seinen* Gott gestellte Frage nur von *Ihm* beantworten läßt. Die Antwort ist dann in Ostern geschehen. Es war nicht[49] paulinische Hilfskonstruk-

---

[48] Dies ist der Grund, weshalb der Psalmvers zitiert wird: Jesus, als Messias Israels der Mund des die Verheißung empfangen habenden Israels, in der Stunde der äußersten Widerlegung dieser Verheißung auf der Verheißung bestehend, dies aber nur noch in der Weise der keine Antwort mehr zur Verfügung habenden klagenden Frage.
[49] So meint es mit vielen E. Bloch (Prinzip Hoffnung II, 1489, und Atheismus im Christentum, 221ff).

Sinneskrise als Sinnverfehlung und Gericht

tion, um über den schrecklichen Eindruck des Sterbens Jesu hinwegzukommen, sondern es ist die gemeinsame Erkenntnis der ganzen Urchristenheit im Anblick der Auferstehung Jesu, wenn das ganze Neue Testament die Antwort darin sieht, daß hier nicht Ungerechtigkeit Gottes, exekutiert an einem Unschuldigen, stattgefunden hat und damit die Sinnlosigkeit aller Unschuld, aller Güte, aller Gerechtigkeit als letzte Wahrheit bewiesen ist, sondern daß hier gerechtes Gericht Gottes von einem, von *dem* Unschuldigen schlechthin übernommen, ertragen und durchlitten worden ist zugunsten aller Ungerechten, aller derer, die diesem Gericht mit Grund verfallen sind.

Dieser letzte Satz behauptet für den Tod Jesu eine Vereinung von Sinnlosigkeit und Sinnhaftigkeit, die dem Neuen Testament entnommen ist, aber immer neu betroffen machen muß. Martyriumstod eines religiösen Propheten – davon weiß die jüdische Geschichte so viel zu sagen, daß die Klage darüber, daß Israel seine Gottesboten tötet (Matth. 23,37), ein geläufiger Topos jüdischer Selbstkritik ist. Auch die übrige Weltgeschichte meldet davon (z. B. Mani und Mirza Husûe Ali, der Gründer der Bah'ai-Religion). Der getötete Meister lebt im Gedächtnis der Anhänger fort, sein Lebensopfer erhöht die Autorität seines weiterwirkenden Lehrens. So ist es allgemein bekannt. Man kann sich nicht genug klar machen, wie sehr das Neue Testament – und damit die Entstehung der christlichen Gemeinde – aus diesem Allgemein-Bekannten herausfällt, – ob man nun finden mag, daß das für – oder daß das gegen jene ersten Christen spricht. Der Erklärungsversuche dessen, was *Bloch* das mächtige »Nichtwahrhabenwollen von Jesu Tod«[50] nennt, sind Legion. Wie man sich das auch zurechtreimen mag, um es in mitgebrachte psychologische und soziologische Kategorien einordnen zu können und so um seine anstößige Singularität zu bringen, – jedenfalls beginnt nach dem Tode Jesu eine sich Euangelion, Gute Botschaft nennende Ausrufung seiner Person, die sich mit nichts, was sonst die Geschichte an Nachwirkung und Nachruhm großer Persönlichkeiten kennt, vergleichen läßt, nicht nur der Ausbreitung nach, sondern vor allem dem Inhalt nach. Jeden Rahmen sprengend ist sowohl die Behauptung seiner Todesüberwindung, also der Auferstehung (und dieser, wie nie übersehen werden darf, nicht als

---

[50] Atheismus im Christentum, 220.

eines isolierten Mirakels der Rückkehr eines Leichnams ins Leben, sondern des Anfangs seiner siegreichen Wiederkehr und des von ihm verkündeten Reiches Gottes), als auch die universale Sinndeutung seines Todes.

Von Jesus wird nicht wie von einem anderen Märtyrer gesagt, er sei für seine Sache, für seinen Glauben gestorben, – auch nicht nur wie von einem, der in irgendeiner bedrängten Situation sein Leben für andere geopfert hat, er sei für diese ihm irgendwie Verbundenen gestorben, sondern: er ist für alle, für die Welt gestorben. Dieses *»für euch«*, *»für uns«*, von dem die neutestamentlichen Schriften voll sind, ist nicht erst paulinische, sondern schon vorpaulinische Auslegung des Todes Jesu. Paulus hat dieses von ihm bei seiner Bekehrung schon vorgefundene Bekenntnis der ersten Gemeinden nur nach Voraussetzungen und Konsequenzen so radikal ernst genommen und durchgedacht, daß oberflächlicher Betrachtung erscheint, er habe es erst aufgebracht.

Es ist hier nicht der Raum darzustellen, wie verschieden dieses »für euch«, diese heilvolle Bedeutung des Todes Jesu schon von den neutestamentlichen Autoren und dann von den christlichen Denkern durch die Jahrhunderte hindurch entfaltet worden ist in immer neuen Entwürfen einer »Versöhnungslehre«. Alle diese Lehrgestalten sind mehr oder weniger gelungene Versuche, das im christlichen Bekenntnis so schlicht und so definitiv ausgesagte »Für« zu explizieren, die von ihm hervorgerufenen Fragen nach der Möglichkeit, Notwendigkeit, Reichweite usw. zu beantworten. Diese Lehren wollen nicht selbst geglaubt werden, sie wollen Verstehenshilfen sein, damit die Aufforderung der Jesusbotschaft, Jesu Sterben als seine entscheidende Wohltat für alle Menschen anzunehmen und dafür zu danken, ernst genommen werde, – aber in dem Bewußtsein, daß dies eine sehr außergewöhnliche Aufforderung ist. Denn erstens: Mit ihr tritt in das Zentrum dieser Botschaft nicht eine Lehre, eine ideelle Wahrheit, ein ethisches Gebot, sondern eine Person; Ziel der Mitteilung der Botschaft ist die Entstehung eines personalen Verhältnisses, eines Verhältnisses zwischen den Hörern und dieser Person. Zweitens: Diese Person Jesus ist selbst Heil in Person; sie vermittelt nicht Erkenntnisse und Begriffe, für die sie nur Überbringer ist, und die abgelöst von ihr angeeignet werden könnten. Was an Erkenntnissen und Begriffen mit ihm verbunden ist, ist Hinweis auf ihn selbst, auf Jesus als die große Wohltat für alle

Sinneskrise als Sinnverfehlung und Gericht 263

Menschen, als »den Weg, die Wahrheit und das Leben«, wie das Johannesevangelium in einer unüberbietbaren Formulierung (14,6), die Meinung des ganzen Neuen Testaments zusammenfassend, sagt. Drittens: Das reale, historische, martervolle Umgebrachtwerden eines Menschen wird hier verstanden als seine eigene freie Tat, nämlich als sein Sich-Aufopfern für andere, als Liebestat also, und zwar nicht nur als eigene Bewährung der Pflicht zur Nächstenliebe, die er anderen gepredigt hat – dies freilich auch –, sondern darüber hinaus als Bewahrung der anderen vor gleichem Tode, als rettende Liebestat, und zwar – entsprechend seiner Radikalisierung des Gebotes der Nächstenliebe zum Gebot der Feindesliebe – nicht nur ihm Nahestehende rettend, sondern seine Feinde: die ihn Umbringenden rettend vor den tödlichen Folgen ihres Umbringens.

Das ist alles wahrhaftig nicht leicht zu verstehen; es sind ja über jede Fassungskraft hinausgehende Behauptungen. Es ist zu verstehen, daß christliches Denken gewaltige Anstrengungen gemacht hat, dafür Verstehenshilfen zu geben, und es ist auch zu verstehen, daß die zu diesem Zwecke unternommenen Versuche, die großen Entwürfe der Versöhnungslehre, unter denen die Namen von *Athanasius* von Alexandrien, von *Anselm* von Canterbury, von *Luther* und von Karl *Barth* hervorragen, bei genauerer Betrachtung oft in ihrem Scheitern, im Mißverhältnis von Intention und Ausführung, uns eindrucksvoller erscheinen als in ihrem Gelingen, also soweit es ihnen gelang, das »für uns« hinsichtlich seiner Möglichkeit und seiner Notwendigkeit einsehbar zu machen. Immer wieder bleiben es nur Versuche, Bruchstücke. Immer wieder ist es weniger gelungenes Einsichtigmachen dessen, was Menschen hindern kann, an diesen außerordentlichen Behauptungen achselzuckend vorüberzugehen, als die Einblicke, die durch die paradoxen Bekenntnisworte, von denen Jesus umgeben ist, aufgerissen werden in die Tiefen der menschlichen Existenz und in die Weiten der kosmischen Zukunft, und die Impulse, die davon für unser Leben ausgehen. Ein zusammenhängendes System ist auch bei dem, was jetzt für unsere Fragen nach dem Sinn des Lebens an diesen Bekenntnisworten, die durch den Tod Jesu entstanden sind und darauf hinweisen, verdeutlicht wird, nicht zu erwarten, bruchstückhafte Einblicke aber vielleicht doch zu erhoffen.

Wir haben Jesu Sterben bisher in der Hiob-Perspektive gesehen: als die Wirklichkeit höllischer Sinnlosigkeit, als Durchgestrichenwerden aller Hoffnungen, als Zusammenbruch, der alle Fragen, die je an getrosten Glauben gestellt werden können, vorwegnimmt, als Versammlung aller Klagen und Verzweiflungen. Hier kann jeder sein »äußerstes Verderben«, wie er jeweils es erfährt, wiedererkennen. Diese Hoffnungslosigkeit wird aber verschärft dadurch, daß sich eine Anklage in sie einmischt; dieser Zusammenbruch ist nach allen Seiten hin *Gericht:* Gericht über diejenigen, die ihn umbringen, als Befehlsempfänger und Befehlende, im Namen von Interessen und Idealen, im Namen des Staates und im Namen Gottes, und die damit ihr eigenes Leben von sich stoßen; Gericht über diejenigen, die ihm anhingen und in der Stunde der Bewährung alle versagten, ihr Leben ohne ihn lieber hatten als das Leben mit ihm; Gericht – seltsamerweise – auch über ihn, diesen Getöteten selbst, nicht in dem Sinne, daß er nun für seine Irrtümer bezahlen muß, sondern obwohl er in allem, was er gesagt und getan hat, ohne Schuld und Irrtum das Rechte gesagt und getan hat. Es ist, wie immer bei Gericht, bei diesem Tode von Schuld zu sprechen und, wenn dieser Getötete ohne Schuld ist und sein Tod für seine Mörder nicht, wie üblich, Zerstörung des eigenen Lebensrechtes, sondern Rettung, also Gewinnung neuen Lebensrechtes zur Folge haben soll, von *Stellvertretung* zu sprechen.

Schuldhaftes Töten ist tödliche Schuld. Wer den tötet, durch dessen Gemeinschaft er Sinn seines Lebens empfing, hat den Sinn seines Lebens getötet. Die Tötung Jesu wird im Neuen Testament verstanden als die endgültige Selbstentlarvung der Menschen als solcher, die Sinn ihres Lebens durch den Lebensgeber empfangen, den Sinn ihres Lebens aber durch Tötung Gottes zerstören. Sinnlosigkeit ist Ergebnis von Sinnzerstörung. Das ist der zweite im biblischen Zusammenhang gegen die Sinngeborgenheit des Menschen in der Liebe Gottes zu findende Einwand, den wir zu Beginn der Ausführungen über die Sinneskrise in der Bibel formuliert haben: gegen diese Sinngeborgenheit spricht die Anklage gegen die wirkliche Untreue des Menschen, die Anklage auf Selbstzerstörung durch Feindschaft gegen den, der ihm Sinn gibt. Wir haben also von dem zu sprechen, was in der biblischen Sprache mit dem inzwischen so abgenützten, kaum mehr in seinem ursprünglichen Gehalt verständlichen, besonders durch Moralisierung verdorbenen Wort *Sünde* bezeichnet wird.

Wer von anderen Religionen, im besonderen von denen des Vorderen Orients, zum Alten Testament kommt, muß betroffen sein von

Sinneskrise als Sinnverfehlung und Gericht 265

der Schärfe, mit der hier der Mensch, und innerhalb der Menschheit gerade Israel, auf seine Verschuldung, seine Sünde gegenüber Gott angesprochen wird. Man hat deshalb von einer radikalen »Versittlichung« des Gottesverhältnisses im israelitischen Glauben gesprochen. Auch das gehört zum Einzigartigen des Alten Testaments. Der Grund dafür ist aber nicht eine pathologische Hypertrophie des schlechten Gewissens. Dafür gäben die kräftigen Gestalten des Alten Testaments keinen Beleg. Es war nicht zufällig *Nietzsche*[51], der im Geschmack an diesem Buche einen »Prüfstein in Hinsicht auf ›groß‹ und ›klein‹« gefunden hat. Die Radikalität des Gerichtsgedankens kam hier vielmehr her von der Macht des Umfangenseins durch die Güte Gottes, von der Radikalität, mit der der Gott Israels seine Solidarität als Bundesgott und Schöpfer diesem Volke bezeugte, von der dadurch erfahrenen Güte des Lebens: »Die Welt kann nur von der Stelle aus für gut angesehen werden, von der aus sie geschaffen wurde; denn nur dort wurde gesagt: Und siehe, sie war gut – und nur von dort aus kann sie verurteilt und zerstört werden«, überlegt einmal, sehr jüdisch, Franz *Kafka*[52].

Gott und Mensch stehen sich hier gegenseitig in Freiheit gegenüber. Deshalb besteht ihr Gespräch weitgehend darin, daß sie sich gegenseitig zur Verantwortung ziehen: vom Menschen her geschieht das auf Gott hin so, wie wir es bei Hiob gesehen haben; von Gott her geschieht das auf den Menschen hin in überlegener und überwältigender Weise, so daß am Ende die Anklage des Menschen gegen Gott verstummt und die Anklage Gottes gegen den Menschen das Feld behält. Eben an dieser Anklage aber zeigt sich, wie töricht und abwegig die oft vorgebrachte Meinung ist, in der Religion – gemeint ist damit meist im besonderen das Christentum – werde der Mensch entmündigt, und erst Emanzipation von der Religion eröffne ihm seine Freiheit und führe ihn damit zu seiner Würde. Anklage mag eine sehr unangenehme Weise der Anerkennung von Freiheit sein, aber es ist jedenfalls eine besonders deutliche, vielleicht die deutlichste. Anklage hat nur Sinn auf Grund von Freiheit. Anklage sagt: »*Du* hast das getan! Wir sprechen jetzt nicht von dem, was die Umstände, das Schicksal, die Erbmasse, die Sterne, die Götter, Gott

---

[51] Schlechta II, 614f.
[52] Fr. Kafka, Hochzeitsvorbereitungen auf dem Lande und andere Prosa aus dem Nachlaß, 1966, 114.

selbst verschuldet haben; wir konzentrieren uns auf das, was *du* dazu beigetragen, was *du selbst* verschuldet hast!« Wer angeklagt wird, ist frei; wer frei ist, wird angeklagt. Anklage spricht den Menschen auf sein Selbst an, spricht ihm ein solches Selbst zu und lehnt es ab, ihn dadurch entschlüpfen zu lassen, daß er sich hinter die Schuld anderer, auch hinter die Schuld aller möglichen anderen Faktoren verkriecht oder gar sein Selbst mit Hilfe von soziologischen und psychologischen und biologischen und astrologischen und dämonischen Determinationen in diese Faktoren hinein auflöst, um der Anklage zu entschlüpfen: »Ich bin gar nicht da, so etwas wie mein Selbst gibt es gar nicht. Ich bin nur ein Bündel dieser Faktoren, ein zufälliger Punkt des Zusammentreffens dieser Determinationen.« Es ist wohl nicht zu bestreiten, daß heute oft die gleichen, die dem Christentum die Entmündigung des Menschen vorwerfen, diese Entmündigung durch Auflösung des Selbst in lauter Determinationen eifrig betreiben. Genau der Ernst, mit dem in der Bibel von der Sünde gesprochen wird, genau diese Zentralinhalte des christlichen Glaubens: Sünde, Gericht, Vergebung, – auch noch das besonders mißverständliche, ja unglücklich gebildete Wort »Erbsünde« – zeigen, wie der Mensch hier auf seine eigene Verantwortung und also auf seine Freiheit festgenagelt und ihm jede Selbstentlastung durch Hinweis auf sein Entmündigtsein durch Schicksal, Natur und Gesellschaft verwehrt wird[53].

Für die Sinnfrage bedeutet das: Hier wird wichtig, daß wir den Sinn als ein personales Verhältnis bestimmt haben. Sinn haben heißt: nicht nur nützlich sein für einen Zweck, einen Einzelzweck oder für das Ganze, sondern wichtig sein in personaler Beziehung, also in Liebe und Gegenliebe. Sinn kann ich darum nicht nur empfangen wie sonst eine dingliche Gabe, die ich, nachdem ich sie empfangen habe, auch in Absehung vom Geber für mich besitze; Sinn kann ich nur empfangen als ein *Verhältnis*, in dem ich zum sinngebenden

---

[53] H. J. Iwand, Gesetz und Evangelium (Nachgelassene Werke IV), 1964, 44: »Die Sünde, die ich durch das Gesetz erkenne, ist die annihilatio dei (das Zunichtemachen Gottes).« 49: »Das Gesetz hält also den Menschen gleichsam fest bei seinem Tun, gibt ihm einen Namen nach seinen Werken, und dieser Name, den das Gesetz ihm gibt, heißt peccator, parabates (Übertreter).« – Zur christlichen Sicht des Menschen als eines freien Täters und zur modernen Sicht des Menschen als Produkt seiner Determinationen vgl. meinen Aufsatz: Versöhnung, Schuld, Krankheit, in: H. Horn/H. Kittel (Hg.), Der Glaube der Gemeinde und die mündige Welt, Festschrift für O. Hammelsbeck, 1969, 119–126.

Geber stehe, und ich kann dieses *Verhältnis* nur empfangen, indem ich es in meinem *Verhalten* empfange, d. h. ich habe es erst dann wirklich *empfangen*, wenn ich es in mein Verhalten aufgenommen habe und es durch mein Verhalten beantworte. Sinngebung ist also immer *Bestimmung*, für den anderen da zu sein, zu leben und tätig zu sein, *Erlaubnis*, für ihn so da sein zu dürfen, und *Aufruf*, diese Erlaubnis zu ergreifen und diese Bestimmung zu erfüllen, *in* dieser Sinngebung zu leben und für sie zu danken.

Ist Sinn aber nicht einfach da, sondern muß er ergriffen und tätig empfangen und beantwortet werden, so kann er auch verfehlt und zerstört werden. Weil dabei aber die Rangordnung zwischen dem Geber und dem Empfänger unverändert bleibt, kann der Empfänger wohl das Verhältnis zerstören, es aber nicht neu stiften oder sich aufs neue in das Verhältnis hineinbringen. Das zerstörte Verhältnis kann nur von seinem Geber neu in Gang gebracht werden.

Genau dies ist die Geschichte des Verhältnisses zwischen Gott und Mensch, die von der Bibel erzählt wird, und zwar so, daß es die Geschichte der Menschheit im Ganzen ist und sich zugleich in der Geschichte jedes einzelnen Menschen wiederholt. Nicht ursprünglich, nicht schicksalhaft, nicht mit ontologischer Notwendigkeit ist der Mensch der Nichtigkeit seines Daseins überliefert, zerbrechen ihm immer wieder alle Sinngebungen, in denen er sich zu bergen versuchte, und erscheint ihm das Geworfensein in ein dem Nichts ausgeliefertes Leben als die letzte Wahrheit. Der Nihilismus sieht wahr – und doch nicht wahr genug. Seine Sicht wird bestätigt – und verschärft.

Sie wird *bestätigt:* »Auf das Licht harren wir, aber wohl ist noch Finsternis – auf das Erstrahlen, doch im Düster müssen wir gehn. Wir tappen an der Wand wie die Blinden, wie ohne Augen tappen wir hin; wir straucheln im Sonnenglanz, wie wenn Dämmerung wär, in der Leibesfrische sind wir wie Tote. Wir schnaufen allsamt wie die Bären, wie die Tauben gurren wir, wir harren auf die Rechtschaffung, es gibt keine, – auf die Befreiung, sie bleibt uns fern« (Jes. 59,9ff; Übersetzung von Buber). Das Neue Testament nimmt das auf und spricht von uns als denen, »die sitzen in Finsternis und Schatten des Todes« (Luk. 1,79), die »durch Furcht des Todes im ganzen Leben Knechte sein mußten« (Hebr. 2,15).

Diese Sicht wird *verschärft* dadurch, daß bei ihr die Meinung bestritten wird, es müßte so sein und sei nun eben einmal so: weil der Mensch nichtig ist, sei das Nichtsein seine letzte Wahrheit. Diese Zurückbringung in das Nichts, aus dem er samt aller Welt gekommen ist, ist nicht sein Geschick, sondern seine Schuld, hat nicht ontologischen, sondern ontischen Grund, und zwar in ihm selbst, ist nichts als das Wesen seiner eigenen Entscheidung als der Entscheidung für den Tod gegen das Leben: »Mich, die lebendige Quelle verlassen sie und machen sich hie und da löcherige Brunnen, die kein Wasser geben« (Jer. 2,13). Wenn es in der Paradiesgeschichte heißt: »An dem Tage, an dem du davon issest, wirst du des Todes sterben« (1. Mose 2,17), und wenn Paulus den Tod »der Sünde Sold« nennt (Röm. 6,23), so ist damit nicht gemeint, daß ein jenseitiger Gott ein Unternehmen, das er aus irgendwelchen Gründen nicht billigt, mit dem Tode bestraft, sondern es ist gemeint, daß dieses Unternehmen selbst den Tod in sich trägt, verblendete Hinwendung zum Tode ist, von dem man sich, eben in Verblendung, Leben verspricht. Die Ausdrücke »Zorn Gottes« und »Gericht Gottes« besagen, daß über jener Richtung, in die der Mensch sich wendet, wenn er sich Leben und Sinn von anders woher verspricht als von dem, der ihn aus dem Nichts gehoben hat und von dem er lebt, das Nein Gottes steht, – nicht ein willkürliches, das Gott auch unterlassen könnte, und gegen das wir deshalb argumentieren könnten, sondern ein wesensmäßiges, das ausspricht, was ist: »Israel, du bringst dich ins Unglück; denn dein Heil steht allein bei mir« (Hos. 13,9).

Sünde heißt dann: den Sinn des Lebens nicht von dort her empfangen wollen und in dem Verhältnis suchen, durch das allein unser Leben sinnvoll werden kann, sondern a) sich von dem Seienden Sinn versprechen, das ihn nur scheinbar, nur begrenzt und also nicht wirklich geben kann, und zwar deshalb nicht, weil es selbst als das Seiende vergötzt wird, b) ihn durch mich selbst erringen, leisten, sicherstellen wollen, also statt Sinnempfangender Sinngebender werden wollen (»eritis sicut Deus«[54]), sich selbst vergötzen und

---

[54] E. Bloch (Atheismus im Christentum, 116f u. ö.) versteht das »Ihr werdet sein wie Gott« der Paradiesesschlange (1. Mose 3,5) als Schlüssel zum ganzen subversiven, dann theokratisch unterdrückten und als Sünde diffamierten Sinn der Bibel, als ihr eigentliches Evangelium: Ziel des Prozesses ist die Beseitigung eines jeden »theokratischen Oben, worin der Mensch nicht vorkommt« (217), und die restlose Einsetzung des Menschen in Gott. So sieht er das Wort der Schlange und das neutestamentliche Hoffnungswort »Wir werden ihm gleich sein; denn wir werden ihn sehen, wie er ist« (1. Joh. 3,2) auf einer Linie. Weil er – in altmarxistischer Befangenheit – jedes Angewiesensein des Menschen auf Gnade für eine Ein-

Sinneskrise als Sinnverfehlung und Gericht

damit an der eigenen Nichtigkeit dann scheitern, c) nach dem Scheitern dieser sündigen Sinngebungsversuche (der erste ist der heidnische, der zweite der moralistisch-nomistische) an allem Sinn verzweifeln und sich dem Nichts überliefern (nihilistisch).

Gericht heißt dann: Der, von dem her allein wahrer Sinn kommen kann, der selbst der wahre Sinn ist, tritt dem nicht entgegen, sondern läßt das geschehen: »So habe ich sie gelassen in ihres Herzens Dünkel, so daß sie wandeln nach ihrem eigenen Rat« (Ps. 81,13). »Weil sie meinen Rat nicht annehmen wollten, alle meine Rüge verwarfen, darum werden sie die Frucht ihres Wandels kosten müssen und an ihren eigenen Plänen genug bekommen« (Spr. 1,30f). Dieses Zulassen Gottes, sein Schweigen zu unserer Abwendung ist die erste Form seines Gerichts. Schweigen Gottes ist das schlimmste Gericht. Die zweite Form ist die Überlieferung an den Tod, dem wir uns zugewendet haben, der nicht einfach Ende ist, sondern die Qual des Verlassenseins vom Leben, die im Kreuzeswort ausgesprochen wird, verschärft durch die Erkenntnis, daß ich selbst mich vom Leben ausgeschlossen habe, – der Tod, verschärft durch die Schuld, so daß, wie Paulus sagt, der »Stachel des Todes«, das, was den Tod und das Nichts eigentlich schmerzhaft macht, die Sünde ist (1. Kor. 15,56). Die dritte Form ist die Verkündigung der Anklage und des Urteils, so durchschlagend, aufdeckend und überführend, daß jede Verteidigung, jedes Plädoyer für mildernde Umstände, jedes Abschieben auf andere und anderes unmöglich wird. Dem Gerichtswort

---

schränkung menschlicher Autonomie und eine Lähmung des Impulses zu eigenem Tun hält, darf das Erringen des Ziels nur vom Menschen selbst geleistet werden. Weil er aber die Schwachheit des Menschen wohl ermißt, muß auch er sich den Bestand einer »Gnade« und die Verbürgung des Ziels in einer dem Menschen geltenden, aber ihm vorausliegenden Bestimmung besorgen, nun aber rein spekulativ und mit noch gefährlicheren Folgen für menschliche Autonomie: in der prädestinierten bewußtlosen Tendenz der Materie auf das Reich des Menschen hin. Die Verheißung der Schlange und die wachsende Einsetzung des Menschen in Gott im Neuen Testament sind aber genau in dem verschieden, was Jesu Gleichnis vom verlorenen Sohn (Luk. 15,11–32) sagt: Das Einsetzen des Sohns in die Gleichheit mit dem Vater ist Überfließen der väterlichen Liebe. Mit der Forderung: »Gib mir, was mir zusteht« (V. 12) bringt sich der Sohn nur in die Bodenlosigkeit dessen, der sein Sach', weil nur auf sich selbst, auf nichts stellt. Die Verheißung der Schlange ist also nicht inhaltlich falsch (darum konnte Bloch sie so überraschend mit der Menschensohn-Christologie harmonisieren), aber sie ist die Verkehrung der echten Verheißung um 180 Grad: statt gottgleich durch Gemeinschaft mit Gott – gottgleich durch Raub (vgl. Phil. 2,6). Vgl. dazu die große Rede von K. H. Miskotte über dieses Gleichnis in seinem Predigtbande: Predigten, 1969, 23–37.

folgt das Geständnis im Selbstgericht dann, in der Stunde der Klarheit und der Wahrheit, unausweichlich: Hoc ego feci (das habe *ich* getan). Die Selbstanklage ist die Verschärfung, die der Klage um den verlorenen Sinn in der Bibel hinzugefügt wird, die Verschärfung der nihilistischen Verzweiflung durch die Verzweiflung des Judas Ischarioth.

VIII. Gute Botschaft für Judas Ischarioth

Judas Ischarioth ist Beispiel für ein Leben, das geschenkten Sinn durch eigene Verfehlung verwirkt hat. Gottes Zuwendung in Jesus zu den von ihm und damit von ihrem eigenen Leben Getrennten ist Gewährung neuen Sinnes in bedingungsloser Liebe, darum auch für den Verräter und Selbstmörder in Geltung. So wenig wie die Verfehlung des Sinnes kann auch der Tod diese neue Gewährung aufheben. Das Evangelium ist Zusprache größerer Hoffnung über das Nein des Todes hinaus.

Schuld und Vergebung

Judas Ischarioth nahm sich das Leben. Er warf es nicht nur weg, weil es ihm wertlos geworden war; er stieß es von sich, weil es ihm unerträglich geworden war. Hier ist nicht nur Klage, daß der Mensch – ein sinnbedürftiges Lebewesen – sich in einer sinnlosen Welt vorfinde. Der sagt: »Ich habe übel getan, indem ich unschuldiges Blut verraten habe« (Matth. 27,4), klagt nicht über sinnloses Geworfensein, klagt nicht die Welt oder seinen Schöpfer an, sondern sich selbst. Nicht die Welt ist ihm unerträglich, sondern er erkennt sich als der Welt unerträglich, muß die Welt von sich reinigen. Gerade nur dies ist das einzig Sinnvolle, was er noch tun kann. Selbstmord ist hier nicht, wie in Albert *Camus'* »Sisyphos« eine mögliche Konsequenz aus der Absurdität der Welt, sondern die unvermeidliche Konsequenz aus der Absurdität der eigenen Existenz, das Fazit selbst vollzogener Verkehrung ins Absurde, das hier nicht so viel ist wie Abwesenheit von Sinn, sondern Gegensatz zu Sinn.

Im Neuen Testament ist Judas Ischarioth Randfigur, hat aber zentrale Bedeutung[1]. Man merkt den Berichten über ihn trotz ihrer Zurückhaltung den tiefen Schauder darüber an, daß in der nächsten

---

[1] Ob er eine historische Figur ist, ist in der jüngeren Forschung nicht unbestritten, sachlich aber nicht ausschlaggebend. Die Frage der Historizität kann hier ebenso ignoriert werden wie die Frage, ob Judas Repräsentant für eine Berührung der Jesusbewegung mit der zelotischen Bewegung im damaligen Judentum gewesen ist. Zur Auslegungsgeschichte vgl. K. Lüthi, Judas Iskarioth in der Geschichte der Auslegung von der Reformation bis zur Gegenwart, 1955; zum Folgenden auch D. Bonhoeffers Judas-Predigt (Ges. Schriften IV, 1961, 406ff). – Entsprechend dem, was oben (S. 254) über das erste Kreuzeswort gesagt wurde, wäre ein Entstandensein der Judasgestalt in der frühen Gemeinde um so auffallender. Denn

Nähe Jesu, unter den Erwählten, im Machtbereich des neuen Lebens, die Gegenbewegung, der Gegensatz, der Anschlag auf das Leben und damit die Zerstörung des eigenen Lebens noch real werden kann. Wieso hat der, der ihn zu den Zwölfen erwählte, ihn nicht davor bewahrt? Wer dem Neuen Testament angesichts des Übermaßes von Leid und Schuld auf dieser Erde eine Warum-Frage entgegenhalten möchte, um es damit abzutun, muß entdecken, daß es diese Frage in der härtesten Form in sich enthält und kennt, ohne sie beantworten zu können – und ohne durch sie an dem, dem es die Verantwortung dafür zuschiebt[2] *und* dem zu trauen es zugleich in jedem Satze auffordert, irre zu werden. Das abgründige Geheimnis der Prädestination, das doch alles andere als eine Erfindung menschenfeindlicher Grübler ist, sondern auf das jede Betrachtung menschlicher Schicksale hinführt, wird nicht entschleiert, aber ein Weg, es zu tragen und dem, der die letzte Antwort ist, ohne Entschleierung zu trauen, wird gezeigt. Wieso hat der Erwählende den erwählten Judas nicht bewahrt? Die Frage wird angedeutet und bleibt stehen, wenn der Johannesevangelist Jesus sagen läßt: »Ich habe sie (die Jünger) in deinem Namen, durch den du sie mir gegeben hast, bewahrt, und keiner von ihnen ist verloren außer dem Sohn der Verlorenheit, damit die Schrift erfüllt würde« (Joh. 17,12). In der vorher gegebenen Verheißung Jesu: »An jenem Tage werdet ihr mich nichts fragen« (Joh. 16,23) ist auch diese Frage in ihrer Unbeantwortetheit erträglich gemacht.

Judas Ischarioth hat zentrale Bedeutung, weil seine Tat ihn von den übrigen *nicht* absolut unterscheidet; mit dem, was sie getan haben, sind sie ihm alle nah[3]. Sie sitzen alle auf einer Bank: die Jünger, die fliehen, Petrus, der sich lossagt, Saulus-Paulus, der verfolgt, die pietistischen Pharisäer, die Priester, die Eliten, die Plebs: »Ihr

---

sie besagt, daß der Tod Jesu nicht nur von außen, von den Gegnern verschuldet worden ist, daß vielmehr im innersten Kern der Gemeinde (für Judas ist wesentlich, daß er zum Zwölferkreis gehört) der Verrat lauert: Wer schützt den Jünger vor sich selbst?
[2] Z. B. in so wahrhaftig anstößiger Form wie Paulus am Exempel von Jakob und Esau, Röm. 9,10–24, mit dem Vergleich der Macht des Töpfers über den Tonklumpen (V. 21), der schauerlich und dem ganzen Gottesverständnis des Paulus zuwider ist, sobald man ihn isoliert und nicht im Zusammenhang des endlichen Sieges der Gnade über *alle* sieht, von dem Paulus zentral sprechen will: »Gott hat alle eingeschlossen in den Unglauben, damit er sich aller erbarme« (Röm. 11,32).
[3] Die Moralisierung des Johannesevangelisten, der Judas einen Dieb nennt (12,6), ist ein hilfloser Versuch der Distanzierung.

Schuld und Vergebung

habt ihn durch die Hand der Gesetzlosen annageln und töten lassen« (Apg. 2,23); »den Herzog des Lebens habt ihr getötet« (Apg. 3,15). »Feinde« – so sagt nicht nur Paulus (Röm. 5,10); alle neutestamentlichen Schriftsteller sind gewiß, daß dies Gleiche sich nacheinander bei jedem Menschen herausstellen wird, nach anfänglichen Sympathien möglicherweise für Jesus, wie ja Jesusverehrung bis zum heutigen Tage auch da sich erstaunlich hält und lebhaft ausspricht, wo man den übrigen Inhalt des christlichen Credos für einen antiquierten Theismus hält. Edle Menschen rufen immer Abneigung bei einigen, bei vielen aber Zuneigung hervor. An Jesus aber ist etwas, was ihn allen Menschen, ungeachtet der großen durch ihn und für ihn erweckten Zuneigung, schwierig macht. Daß schließlich keiner mehr einen Finger für ihn rührt, ist nicht zufällig. Wir haben eine bessere Meinung über uns selbst und über die Menschen im allgemeinen, bevor wir mit Jesus näher in Berührung gekommen sind, als nachher. Es steht nicht so gut mit uns, wie wir dachten, – das ist das Ergebnis seiner Gegenwart. »Es ist kein Unterschied, alle haben sich verfehlt und ermangeln der Ehre vor Gott« (Röm. 3,23); der Johannesevangelist geht noch weiter und behauptet rundweg, Jesus sei der ganzen Menschenwelt alles andere als sympathisch, er sei ihr unerträglich; nicht nur »die Seinen (= Israel) nahmen ihn nicht auf« (1,11), sondern: »die Welt haßt mich; denn ich bezeuge, daß ihre Werke böse sind« (7,7). Hat der Evangelist die Verbreitung der Jesusverehrung bei Christen und Nichtchristen nicht vorhergesehen – oder hätte auch sie ihn an diesem Satze nicht irregemacht? »Darin aber besteht das Gericht«, schreibt er an anderer Stelle (3,19f), »daß das Licht in die Welt gekommen ist, und die Menschen liebten die Finsternis mehr als das Licht; denn ihre Werke waren böse. Denn jeder, der das Böse tut, haßt das Licht und kommt nicht zum Licht, damit seine Werke nicht aufgedeckt werden.« Diese Psychologie ist einleuchtend. Aber wird sie hier nicht allzu pauschal angewendet? Sind wir nicht auch das Geschlecht, das aus dem Dunkeln ins Helle strebt? Ruft Jesu Erscheinung nicht auch den Widerhall des Besten in uns hervor? »Kein Lebender ist vor dir gerecht« (Ps. 143,2); »keiner ist, der Gutes tut, auch nicht einer« (Ps. 14,3), – menschenfeindlich verallgemeinernder Pessimismus? Für Judas Ischarioth und seinesgleichen, für die Henker Jesu, für die kalten Schreibtischtöter aller Zeiten, für die großen und kleinen Scheusale in Menschengestalt, für die KZ-Schergen, Kindesmißhandler usw. usw. hat das jedenfalls den Vorteil, daß sie nicht mehr abgetrennt werden können auf eine Sonderbank, ausmerzungswürdig aus einer Gesellschaft derer, die sich wenigstens strebend ums Gute bemühen, und die mit Fingern auf diese Mißratenen zeigen. In deren Gemeinschaft können sie, so scheint es zunächst, nur dann bleiben, wenn man den Maßstab der Unterscheidung überhaupt fallen läßt, die Verantwortung aufhebt und uns alle miteinander als Opfer unserer Determinationen, für die wir nichts können, exkulpiert. Aber so steht es bei diesen neutestamentlichen Aussagen nicht. Der Maßstab bleibt erhalten; die Verantwortung für das, was ich bin, wird mir nicht abgenommen, wir fallen alle darunter und mangeln des Ruhms, den wir uns zubilligen. Judas ist kein Sonderfall. Er ist unser aller Fall.

Oder: wenn das zu kraß klingt, zu dogmatisch, zu sehr als eine fertige Lehre von der allgemeinen Sündigkeit, die schon alles im Vorhinein zu wissen meint (wie denn ja diese Kirchenlehre tatsächlich klingt und oft vorgetragen wird), dann sei ein Vorschlag gemacht: nehmen wir Judas Ischarioth und seinesgleichen wirklich als einen Sonderfall! Er sitzt vor uns als Adolf Eichmann in seinem kugelsicheren Glaskäfig. Die Augen aller sind auf ihn gerichtet, die Augen seiner Opfer, seiner Richter, aller, die froh sind, nicht so dran zu sein, nichts Eichmannhaftes getan zu haben. Wiedergutzumachen ist hier nichts. Der Tod durch die anderen, Besseren ist ihm gewiß. Sein Selbstbewußtsein bis zum letzten Atemzug kann er sich gerade nur dadurch erhalten, daß er abschwächt, sich entschuldigt, sich auf Befehle beruft, ein wenig bereut, vielleicht auch gegen die Anklagen ohne Reue seine Gerechtigkeit, seine Überzeugungen setzt. Solange er das tut, ist er noch nicht so weit wie der Mann aus Karioth. Der sah, was der Fall ist. Damit brach jede Schutzmauer zusammen. Er war sich selbst und der Welt unerträglich geworden.

Wir anderen aber, wir nicht so Verschuldeten, die wir auf den Unterschied, der doch besteht, Wert legen, was tun wir mit ihm? Ist die Sinngebung unsere eigene Sache, dann ist auch die Sinnverfehlung[4] unsere eigene Sache. Wer den Menschen preist als den, in des-

---

[4] Wo wir heute mit einem kirchlich-allzukirchlichen Sonderwort mit »Sünde« übersetzen, steht im Neuen Testament immer hamartanein, verfehlen, ein profanes Wort, eher ein Bagatellwort (das Danebentreffen beim Scheibenschießen!), so daß eben durch diesen Gebrauch freilich auch die Bagatellverfehlungen mit eingeschlossen sind. Vielleicht liegt auch im Wort Sinn-Verfehlung heimlich die Absicht, das Moment der Schuld abzuschwächen.

Schuld und Vergebung

sen Hand es liege, seinem Leben Sinn zu geben, der hat ihm auch die Sinnverfehlung in seine Hand gegeben. Kein Wunder, daß dann gnadenlos gerichtet wird, in jenen Säuberungsprozessen, in denen Abweichler und Verräter – wirkliche und dazu gestempelte – ausgemerzt werden, – und in der Philosophie, die in Konsequenz der Lehre vom Menschen als selbstmächtigem Sinngeber gegen die Möglichkeit einer Befreiung von Schuld durch Vergebung protestieren muß, weil keiner keinem Menschen seine Schuld abnehmen kann; in alle Ewigkeit bleibt sie auf ihm liegen[5]. Dieser Judas und seinesgleichen haben den Sinn ihres Lebens verfehlt, zerstört. Vor ihnen liegt keine Zeit, keine Möglichkeit, das Verfehlte wiederzugewinnen. Da ist nichts mehr zu machen. »Was geht das uns an? Siehe du zu!«, sagen die zu ihm, denen Judas das gesteht. »Und er ging weg und erhängte sich« (Matth. 27,4f).

Wir anderen aber, unbefriedigt durch jene philosophische Auskunft, verabscheuend die Gnadenlosigkeit der Säuberungsprozesse, – können wir ihm helfen und wie? »Fragt ein Verzweifelter, der sich umbringen will, einen, der ihm gut zuredet, davon abzulassen, nach dem Sinn des Lebens, so wird der hilflose Helfer ihm keinen nennen können; sobald er es versucht, ist er zu widerlegen.«[6] Wenn aber die Sinnfrage mit der Schuldfrage zusammenfällt, dann handelt es sich nicht um theoretische Auskunft und deren Widerlegung, sondern um die Frage, ob und von woher und mit welch standhaltender Vollmacht neues Lebendürfen für einen, der Lebendürfen sich mit unwiderlegbarem Grunde abspricht, eröffnet werden kann. Können wir ihn abbringen von seiner Selbstbeseitigung? Indem wir ihm seine Schuld ausreden? Er weiß besser, wie es um ihn steht. Indem wir an der Schutzmauer seiner Selbstverteidigung mitbauen? Dann kann das Leben also nur gerettet werden durch Lüge, durch Täuschung über die Sinnverfehlung. Wenn die Wahrheit gegen das Leben steht – nun noch in ganz anderem Sinne, als *Nietzsche* das gefürchtet und entdeckt hat –, dann kann der Mensch mit der Wahrheit nicht leben, dann sollten wir aber jeden Wunsch, ein Eichmann möge wenigstens seine Schuld erkennen, und jede Bemühung darum, also auch jedes Gerichtsverfahren einstellen. Was also können Nicht-Eichmänner (das wollten wir ja sein!) für Eichmann tun?

---

[5] So z. B. N. Hartmann, Ethik, 1926, 743 ff.
[6] Th. W. Adorno, Negative Dialektik, 367.

Es gibt in den Evangelien mindestens eine Stelle, an der nicht mit einer allgemeinen Sünden- oder gar Erbsündenlehre alle auf die gleiche Bank geschoben werden. Als Jesus wegen der distanzlosen Geselligkeit, die er mit dem Abschaum der Menschheit pflegte, von ehrenwerten, um gerechtes Leben bemühten, also ihrem Leben einen rechten Sinn gebenden Leuten Vorwürfe gemacht wurden, konzediert er ihnen den Unterschied und spricht sie als die Gesunden an[7]. Mit seinem Wort »Die Gesunden bedürfen des Arztes nicht, wohl aber die Kranken« will er ihnen aber nicht sagen, sie hätten ihn nicht nötig (das steht nicht zur Debatte), sondern wofür Gesunde ihre Gesundheit haben. Kranke bedürfen der Gesunden als ihrer Ärzte und Pfleger; Gesunden ist Gesundheit gegeben für die Kranken. Erst so eingesetzte Gesundheit gefällt Gott wohl. Der Maßstab der sittlichen Güte sittlicher Güte, der wahren Gerechtigkeit von Gerechtigkeit ist also, ob sie den Kranken, den Ungerechten zugute kommt. Was Jesus tut, sollten sie, die Gesunden, alle tun. Gesund vor Gott ist einer erst, wenn er sich nicht um seine Gesundheit sorgt (und also die Kranken meidet), sondern wenn er sich um die Kranken sorgt. Nicht-Eichmann sind wir nicht schon dadurch, daß wir nicht Eichmann sind, sondern erst dann, wenn wir uns um Eichmann sorgen. Das Neue Testament streitet mit uns nicht theologisch über den Lehrsatz, daß alle Menschen Sünder seien, sondern sobald wir ihn bestreiten und vorhandene Unterschiede betonen, behaftet es uns dabei mit der Frage, wie denn unsere als Normalität behauptete Gerechtigkeit den angeblichen Ausnahmefällen, dem Judas und Eichmann, dem Hitler und Stalin, mit diesen auch den blutbefleckten Akteuren der Staatengeschichte, den Königen, Präsidenten und Generalen, Leopold II. von Belgien und L. B. Johnson, Ludendorff und Westmoreland samt ihren Unteroffizieren und Napalmfliegern, und all den Ungezählten, an deren Händen »unschuldig Blut« klebt, zugute käme. Das Neue Testament ist das Buch der großen Sorge um Judas Ischarioth.

Wie also könnten wir ihm auf dem Wege zu dem Baume, an dem er sich erhängen wird, helfen? Aber: dürfen wir ihm helfen? Jesu

---

[7] Luk. 5,31: »Die Gesunden (Matth. 9,12: Starken) bedürfen des Arztes nicht, sondern die Kranken; ich bin nicht gekommen, Gerechte zu rufen, sondern Sünder zur Umkehr.« Matthäus (9,13) zitiert dazu (nach Hos. 6,6): »Barmherzigkeit will ich, und nicht Opfer.« A. Schlatter und J. Schniewind betonen in ihren Kommentaren mit Recht, daß Jesu Anrede an die Pharisäer nicht ironisch gemeint sei.

Schuld und Vergebung

Wort von den Kranken rührt unser Mitleid an. Aber ist es hier am Platze? Darf es hier tätig werden? Jedenfalls nicht mit einer Lüge. Nur Wahrheit kann von Wahrheit wirklich befreien. Also auch nicht mit einer mitleidigen Verzeihung. Hat unser Mitleid Recht gegen die Wahrheit? Selbst wenn eines von Eichmanns Opfern ihm vergäbe (und das ist geschehen), selbst wenn sie alle, die Überlebenden und die Toten, ihm vergäben, – wäre ihm dann vergeben? Gibt ihnen das Opfersein schon Recht und Macht zu vergeben? »Vergeben« heißt doch: wegnehmen und geben, die Sinnzerstörung wegnehmen und neuen Sinn geben. Die Reue des Täters kann das nicht, so oft das auch behauptet wird; an Reue hat es Judas nicht gefehlt, eben darum wollte und mußte er sich selbst beseitigen. Kann es die Vergebung irgendeines anderen Menschen? Ist mit der Tat nicht mehr geschehen als nur das, was den als Opfer Geschädigten betraf, ist nicht mehr weiter wirkendes Unheil in die Welt gebracht worden? Und kann ein Mensch dem anderen die Schuld abnehmen, die Tat wie ein Ding wegnehmen, wo sie doch unabtrennbar zum Täter gehört? Und kann ein Mensch dem anderen neues Leben anstelle des zerstörten und verwirkten geben, gemäß dem richtigen Satze im lutherischen Katechismus: »Wo aber Vergebung der Sünden ist, da ist auch Leben und Seligkeit«? So stimmt also Nicolai *Hartmann*, vermeintlich gegen die Bibel, mit der durchaus biblischen Meinung zusammen, daß »Sündenvergebung« in diesem lebenrettenden Sinne, wie Judas Ischarioth sie nötig hat, nichts Menschenmögliches ist. Denn der Schriftgelehrten Frage: »Wer kann Sünden vergeben außer Gott allein?« (Mark. 2,7) ist nicht böswillig, sondern durchaus sachgemäß[8]. Wer darf das – und: wer kann das? Nicht das Sich-dazu-Überwinden, sondern das wirkliche Wegnehmen und Geben.

Versuchen wir, gänzlich in der Aporie, uns vorzustellen und zu

---

[8] Simon Wiesenthal, der unerbittliche Jäger Eichmanns, ist bei seiner Bemühung, Verbrecher gegen die Menschlichkeit dem, was man die »irdische Gerechtigkeit« nennt, zuzuführen, der Vergebungsfrage bewußt geworden, wie er jetzt in seinem Bericht »Les Fleurs de Soleil« (Paris 1969) zeigt: Der Ich-Erzähler in dieser Geschichte wird als KZ-Häftling aufgefordert, einem katholischen, in seinen letzten Stunden die Beteiligung am Judenmord bereuenden SS-Scharführer durch ein Wort der Vergebung das Sterben zu erleichtern; er vermochte es nicht, nicht aus Haß; er sah nicht, wie er es gedurft hätte. Vgl. dort die Stellungnahmen der von Wiesenthal befragten Zeitgenossen. Dazu auch meine Schrift: Von der Stellvertretung Gottes, 1967, 104ff.

entwerfen, was einer, der den »Großinquisitor« schreiben konnte oder die Unterredung des Pilatus mit dem Nazarener[9], dichten müßte, – nicht um durch Kunst zu suggerieren, sondern um die Sprache zu finden, mit der gesagt werden kann, was hier anzudeuten versucht wird. Wenn nicht nur Petrus, dem Verleugner, und Saulus, dem Verfolger, wenn auch Judas, dem Verräter, auf seinem Weg zu jenem Baume der Gekreuzigte begegnet wäre (ach nein, er ist ihm nicht begegnet, hat ihn nicht bewahrt, so wie ungezählte andere auch nicht bewahrt werden, – warum da eine Bewahrung und dort keine, da ein Eingreifen und dort nur Abwesenheit? – wieder jenes Warum, das uns aber nicht hindern darf, weiter zu dichten, da man doch jeden Weg aus der Aporie probieren muß!), – hätte dies für Judas alles ändern können? Er hätte sein Opfer vor sich gesehen, sein Gericht also, Bestätigung seiner Verwerfung. Wenn von Jesus ein Wort zu ihm gekommen wäre, ein neues Wort, – das hieße Auferstehung, Auferstehung Jesu und Auferstehung des Judas. Für das alte Wort, das Wort der Verwerfung, bedurfte es keiner Auferstehung. Die Sprache der Tatsachen genügte, die Sprache des zerschundenen Leichnams, der kein Wort mehr sagt. Zum Freispruch aber vom Todesurteil muß von Jesus ein neues Wort ausgehen.

Wieso von Jesus? Haben wir nicht vorhin bezweifelt, ob das Opfer der Tat es in seiner Macht habe, nicht nur für seine Person zu verzeihen, sondern wirksam zu vergeben mit der Folge von »Leben und Seligkeit«? Daß Jesus auch dem Judas verzeihen würde, ist das Menschlich-Moralisch-Selbstverständliche für den, der Feindesliebe gepredigt hat; das hilft nicht entscheidend weiter. Nun aber sagt ihm Jesus:

»Als ich dich zu einem der Zwölfe berief, kannte ich dich schon als den, der du jetzt bist. Du hast nicht Hoffnungen zerstört, die ich irrtümlich auf dich gesetzt hätte. Du warst auch nicht nur ein Werkzeug in einem höheren Plan, zur ›Schrift-Erfüllung‹, das jetzt weggeworfen wird. Ich nahm dich an als den, als den du dich jetzt herausgestellt hast, den liebe ich, den wollte ich bei mir haben, um für ihn da zu sein. Daß nicht nur du, daß ihr alle mir den Tod bringen werdet, stand längst schon fest, nach dem, was ihr seid und was ich bin. Warum habe ich euch vor eurer Schuld nicht bewahrt, indem

---

[9] In »Der Meister und Margherita« von Michail Bulgakow.

ich mich vor euch bewahrte? Der Knecht ist nicht über seinem Herrn, habe ich euch gesagt, und ich bin nicht über dem, der mich gesandt hat und der durch mein Dasein für euch da sein will. Er will sich nicht bewahren, der, den wir gemeinsam von unseren Vätern her den Gott Israels nennen. Mit mir hast du Ihn ausgeliefert, das weißt du jetzt, darum bist du dir und der Welt unerträglich. Mit mir hat Er sich ausliefern lassen. So kam heraus, wie es steht. So kam aber noch mehr heraus. So ließ Er sich mit mir beseitigen von euch allen, so wie du dich jetzt selbst beseitigen willst. Aber durch meinen Ruf hat Er lange vorher dich angenommen, der ihn beseitigen wird. Als den Unerträglichen nahm Er dich an, um dich zu ertragen. Wir beide, Er und ich, sind an dir gestorben. Damit bist auch du gestorben. Denn bei mir zu sein, war dein Leben; das wußtest du, das weißt du jetzt noch besser. So ist mein Tod dein Tod gewesen. Du brauchst ihn jetzt nicht erst zu suchen; er ist schon geschehen. Ich hatte dich so eng mit mir verbunden, daß mein Tod auch dein Tod war. So kannst du nicht mehr von mir gelöst werden. Als du auf mein Erwählen hin mich wähltest und mein Jünger wurdest, hast du in mir dein Leben erkannt. Du hast dich nicht getäuscht, wie du jetzt meinst, wenn du denkst, eben das habe mir und dir den Tod gebracht. Wir beide, Er und ich, bleiben das Leben für die, die uns in den Tod stoßen, – nicht nur, so lange sie das nicht tun, erst recht, wenn sie es tun. Denn um deines Lebens willen haben wir uns mit dir, der uns den Tod bringt, verbunden, nicht um deines Todes willen. So sehr bin ich für dich und ist mit mir Er für dich, daß wir mit unserem Tod auch deinen Tod zu unserer Sache gemacht haben. Dein Leben gegen dich selbst durchzusetzen, darum ging es, als wir uns dir auslieferten. Nun ist dein Tod schon geschehen, aber unser Leben bleibt dir. Um deinetwillen war ich auch in dem Tod, den du mir gebracht hast, für dich; jetzt nimm auch mein Leben für dich! Denn dazu spreche ich jetzt mit dir. Der Tod, in den du uns stießest, war nicht das Letzte, wie du jetzt, dich selbst hineinstoßen wollend, meinst. Ich war dir das Wort des Lebens, ich bin es noch; ich war es dir schon von daher, daß ich es dir jetzt erst recht bin. Für dich ließ ich mich von dir töten, damit der Tod für dich vergangen sei und nur noch das Wort des Lebens für dich gelte. In mir hat der, der mich gesandt hat, für sich den Tod, für seine Mörder aber das Leben gewählt. Ich habe dich längst angenommen, wie du bist; darum nimm dich jetzt an in Hoffnung auf den, der du durch mich werden wirst! Dein Recht zum Leben hast du verspielt. Ich bin dein neues Recht zum Leben.«

Was hier lange Rede ist, geschieht in einem Blick und einem Wort[10]. Judas hört, in welchem Maße sein Meister sich mit ihm identifiziert. Er hört Erlaubnis und Gebot zum Leben, – nicht zum Weitervegetieren unter der Last der Schuld, sondern zu »Leben und Seligkeit«. Seine Schuld ist nicht abgeschwächt, aber abgenommen, – wenn nur die Metapher, die aus dem dinglichen Bereich genommen ist, recht verstanden wird, d. h. übertragen auf ein Verhältnis von Personen. Hier meint »abnehmen«: ein anderer tritt an meine Stelle. Er tauscht mit mir. Er übernimmt meine Verantwortung für das, was ich getan habe. Er bestätigt sie – das ist das Gericht; aber er überläßt sie mir nicht, sondern, sich mit mir identifizierend, entgegnet er jeder Anklage, sie treffe nun auch ihn, da er nicht von mir läßt. Er ist es, der die Folgen trägt, die Zerstörung meines Lebens durch meine Tat, und er nimmt mich, mich mit sich identifizierend, in sein Leben, das von meiner Schuld frei ist. Ich bin nicht mehr allein. Schuld isoliert, aber nun bin ich nicht mehr isoliert.

Eingeschränkt geschieht das überall, wo ein Mensch einem anderen, der an ihm schuldig geworden ist, so vergibt, daß er mit ihm zusammenbleibt und sein Leben mit ihm, für ihn lebt. Das ist selten genug, weiß Gott, und unsere Kraft dazu ist gering. Ganz mit einem an uns Schuldigen uns zu identifizieren, ganz mit ihm zu tauschen, das ist Liebe, und dazu reicht es bei uns nie ganz; nicht nur unsere Kraft, auch unsere Möglichkeit ist beschränkt. Kein Mensch kann das ganz, und kein Mensch kann das für alle. Jeder muß jeden weit genug allein lassen, gerade auch in der Schuld und ebenso im Sterben.

Was das Neue Testament von den Auferstehungserscheinungen her unter einer Erleuchtung, für die es das Wort »Heiliger Geist« benützt, am Leben und Sterben Jesu erkennt, ist »die unsägliche Wirklichkeit Jesu Christi« (K. *Barth*); sein Dasein »für viele«, d. h. für

---

[10] Für die Erscheinungen des Auferstandenen, die das Neue Testament berichtet oder wenigstens andeutet, ist es wesentlich, daß sie nicht stumm sind, als wären sie nur augenfällige Beweise, daß der Getötete nicht im Tode geblieben sei. Sie sind immer mit einem Wort verbunden und sind dadurch Sendungsereignisse, Sendung in neues Leben und neuen Dienst. Eben darum ist die Erscheinung nicht Bedingung für den Glauben der »Schüler zweiter Hand«, um Kierkegaards Ausdruck zu gebrauchen. Das Sendungswort wird weitergegeben und schafft solche, »die nicht sehen und doch glauben« (Joh. 20,29), d. h. Leben aus dem Leben Jesu empfangen durch geisterfülltes Wort.

Schuld und Vergebung

alle[11]. Kein Mensch ist da für alle. Jesus ist Mensch, »wahrer Mensch«, wie das Credo sagt. Ist er »bloßer Mensch«, wie viele, nicht aber die neutestamentlichen Zeugen sagen, so ist sein Eintreten für andere eingeschränkt. *Auferstehung Jesu* meint zweierlei: die Unbeschränktheit seines Eintretens ganz und für alle, und das davon ausgehende neue Leben, beides durch die Gegenwart Gottes in ihm, dadurch also, daß in seinem Menschsein geschieht, was sonst durch einen Menschen, sei er noch so sehr guten Willens, nicht geschehen kann. »Gottheit Jesu« meint dann: dieses Vermögen Jesu, die Wirklichkeit und Wirksamkeit seines Daseins für alle, die siegreiche Sprengung der menschlichen Grenze zugunsten aller, die als Schuldige und Opfer in dieser Grenze hilflos eingeschlossen sind; damit ein letztgültiges, in alle Ewigkeit von keiner anderen Instanz mehr aufhebbares Wegnehmen der Schuld und Geben neuen Lebens, neuen Sinnes anstelle des verwirkten. So sehr, daß *Luther* sagen kann, nun sei die Sünde nirgendwo mehr in der Welt, sondern allein auf Christus liege sie[12]. *Paulus* hat das in zwei ungeheuren Sätzen formuliert: »Gott war in Christus so, daß er die Welt mit sich selbst austauschte, ihnen ihre Übertretungen nicht zurechnend, und bei uns setzend das Wort des Austauschs (der Versöhnung).« Und: »Er hat den, der Verfehlung nicht kannte, für uns zur Verfehlung gemacht, damit wir würden: Gerechtigkeit Gottes in ihm« (2. Kor. 5,19.21).

Jene Anrede Jesu an Judas ist also nicht frei erfunden. Sie ist Versuch einer Übersetzung dieses »Wortes der Versöhnung«, um das es im ganzen Neuen Testament geht (nicht im Gegensatz zum Alten Testament übrigens, als sei dieses, wie oft fälschlich gemeint,

---

[11] »Für viele«: Mark. 10,45; 14,24; auch Röm. 5,19; »für alle«: 2. Kor. 5,14f. – Wird hier vom Neuen Testament als einer Einheit gesprochen, so könnte dem entgegengehalten werden, daß in ihm sich verschiedene Theologien finden, darunter auch solche, bei denen nicht das Kreuz Jesu im Zentrum steht, sondern seine Lehre (so vielleicht in der hypothetischen Q-Quelle) oder seine Auferstehung (so vielleicht in Eph. und in Joh.). Aber für alle ist jedenfalls der Tod Jesu am Kreuz so unerläßlicher Inhalt der Christusverkündigung, daß die Passionsberichte das älteste zusammenhängende Stück der Jesus-Überlieferung sind, und für alle ist Jesu gesamtes Leben ein Dasein für alle Menschen, ist das »Für uns« die älteste, weitest verbreitete Formel für die Bedeutung Jesu. Paulus brachte nichts Fremdes, sondern zog daraus nur das Fazit, wenn er zeigte, wie dieses Für-Sein Jesu in seinem Sterben kulminierte und erst dann ganz verstanden ist, wenn das Für-uns seines Sterbens verstanden ist.
[12] Vgl. H. J. Iwand, Gesetz und Evangelium (s. S. 266, Anm. 55), 298f.

ein »alttestamentarisches« Buch der Vergeltung, sondern in Erfüllung der dortigen Bundesverheißungen!), adressiert an Judas Ischarioth – als Repräsentanten aller oder als Ausnahmefall, an dem sich das Für-Sein der Gerechten für die Ungerechten in Konsequenz des Für-Seins der Gerechtigkeit Gottes für die Gerechten und die Ungerechten erproben muß. Zum Freunde war er samt den anderen von Jesus ernannt worden (Joh. 15,14f), – die Freundschaft hält, die Freundschaft setzt sich durch, die Freundschaft ist schöpferisch, die Freundschaft wird durch die Sinnzerstörung nicht mit zerstört, die Freundschaft hat die Schuld schon mit eingerechnet, ja übernommen, geht an ihr nicht zugrunde, schafft vielmehr das Übermaß von Schuld um zum Sieg der Freundschaft; noch das, was gegen sie geschieht, macht sie zu einem Mittel ihres siegreichen, lebenschaffenden Für-Seins. Ohne diese Freundschaft, ohne so weitgehende Freundschaft wird der Mensch, der seinem Leben Sinn geben soll, aus seinen Anstrengungen und Verfehlungen nur den Schluß ziehen können, daß »so krummem Holz« (*Kant*) damit zuviel zugemutet sei. Er bedarf des anderen, er bedarf des anderen ganz, des ganzen Eintretens des anderen für ihn, mehr als er weiß, und weder er kann so beim anderen sein noch ein anderer bei ihm, wie es diesem seinem Bedürfen entspricht. Darum bleibt ihm nur Resignation. Das »Wort der Versöhnung« steht gegen diese allverbreitete (z. B. in einem solchen hymnischen Glauben an den Menschen, wie ihn L. *Feuerbach* predigte, immer wieder zu findende) Resignation. Es ist Wort der Auferstehung von den Toten, Zuteilung der Verbindung mit dem Leben, das sich töten ließ und dadurch Leben für seine Mörder geworden ist.

Der Verräter Judas darf hier nicht schlechter gestellt werden als der Verleugner Petrus, der Verfolger Paulus, die versagenden Jünger alle. Weder seines Verrates noch seines Selbstmordes wegen darf er außerhalb des Wirkbereiches der vergebenden, Leben gebenden Liebe gestellt werden. Wird hier eine Grenze gezogen, dann wird zweifelhaft, wo wir anderen bleiben, die wir oft allzu selbstverständlich uns innerhalb dieser Grenze wähnen, wir kleinen Versager, oft auch Verräter. Nur unbegrenzte Vergebung ist wirkliche, ist göttliche Vergebung. Das Neue Testament ist das Buch der Sorge um die Mörder Jesu, die den in Jesus zu ihnen gekommenen Sinn Israels und damit sich selbst zerstören. Judas ist ihr extremer Repräsentant, für den selbst die Evangelisten kein Wort mehr einzulegen wagen. Weil aber Grenzziehung hier das Ganze gefährden würde, darum gilt, wie schon gesagt: das Neue Testament ist das Buch der Sorge um Judas Ischarioth, ist gute Botschaft für Judas Ischarioth. Das Leben dieses einen Jesus wird in dem »Wort der Versöhnung« ausgeteilt und zugeteilt. Das Leben dessen, der für alle Menschen da sein kann, weil Gott in ihm war, weil die Quelle alles Lebens in ihm sich der Feindschaft gegen das Leben ausgesetzt hat. Die Feindschaft gegen das Leben siegte, und, sie siegen lassend, siegte die Freundschaft für das Leben. »Wo die Verfehlung ›reich‹ wurde, überschäumte die Huld« (Röm. 5,20).

Tod und ewiges Leben

»Christus kam, zwei Hauptprobleme zu lösen, das Böse und den Tod« (A. *Camus*)[13]. In sehr paradox erscheinenden Formeln muß versucht werden, zu verdeutlichen, wessen die urchristliche Gemeinde unter der Erleuchtung des Geistes ansichtig geworden ist, und was seither der christliche Glaube von Jesus sagt. Damit ist nicht nur die Endgültigkeit von Schuld und Sinnzerstörung aufgehoben, ebenso ist auch der Stellenwert des menschlichen Todes verändert. Die Unwiderruflichkeit der Schuld und die Unwiderruflichkeit des Todes[14] hängen eng zusammen; beide machen jede Stillung der Sinnfrage unmöglich. Diejenigen, die von der Auferstehung Jesu her das »Wort der Versöhnung« vernahmen und vernehmen, sehen die Menschen zu Empfängern eines Lebens eingesetzt, dem der Tod keinen Strich mehr durch die Rechnung machen kann. Er ist nicht mehr

---

[13] A. Camus, Der Mensch in der Revolte, 1969, 29.
[14] A. Koestler, Gottes Thron steht leer, 1951, 175: »Der Grund, weshalb Europa vor die Hunde geht, liegt ganz einfach darin, daß wir die Unwiderruflichkeit des Todes als festen Bestandteil in unser Denken übernommen haben. Durch diese kollektive Abdankung haben wir uns von der Ewigkeit abgeschnitten und uns vom Weltall isoliert oder, wenn Sie wollen, von Gott getrennt.« Daß dagegen allerdings, wie Koestler meint, ein »neuer transzendentaler Glaube«, nämlich ein neues »kosmisches Bewußtsein«, eine »neue kosmische Disziplin und Loyalität« helfen könnte, vermag ich nicht zu hoffen, eben wegen jenes damit nicht zu überwindenden Zusammenhanges von Tod und Schuld. So neu wäre jenes »kosmische Bewußtsein« nicht, sondern nur eine (zudem nicht willkürlich mögliche) Erneuerung des kosmischen Bewußtseins der Antike oder auch asiatischer Naturfrömmigkeit; gerade dies hat aber, wie bekannt, nicht »Güte und Barmherzigkeit« zur Folge gehabt, worum es doch Koestler nach seinen Worten zu tun ist.

der Erbe aller Dinge. In der Welt, die wir kennen, herrscht er unumschränkt, unabänderlich, auch wenn wir im übrigen unsere Naturbeherrschung noch so weit vorantreiben sollten und alle Herrschaft von Menschen über Menschen abbauen könnten. Die Bibel sieht diesen Zustand nicht als naturgegeben an; sie weigert sich, sich mit ihm abzufinden, sie ist in ihrer Gänze, von der ersten bis zur letzten Seite, ein Protest dagegen. An der Stellung zu Tod und Schuld zeigt sich, wie weit Revolution durchgehalten wird, ob sie nur Vorspiel der Resignation ist, deren etwas weiteres Hinausschieben. Le mort est necessairement une contre-révolution, schrieben im Mai 1968 Pariser Studenten an die Mauer und hatten recht damit. Der biblische Protest gegen die Konterrevolution des Todes ist aber nicht ein ohnmächtiges Aufbegehren, weil dort protestiert wird nicht von menschlicher Todesklage her, aus zähem Lebensbedürfnis, sondern weil die biblischen Menschen einen Aufbruch Gottes gegen den Tod – das eigentlich meint »Offenbarung« im biblischen Sinne – zu Gesicht bekommen haben. »Gott« heißt dann hier: Bestreitung der Herrschaft des Todes durch eine Lebensmacht, die der Todeswelt transzendent und darum ihr gewachsen ist, – Aufhebung des Alleinseins von Welt und Mensch, das unvermeidlich ohnmächtiges Ausgeliefertsein an die Herrschaft des Todes bedeutet, – Aufruf, gegenüber dieser Herrschaft nicht mehr zu kapitulieren, mit ihr sich nicht mehr philosophisch, religiös, praktisch abzufinden. Gott ist biblisch – nicht auch, sondern zentral-identisch mit Verheißung des Lebens, mit Einbruch des Lebens in die Todeswelt. Und zwar ein Einbruch, der Zukunft hat, der die Todeswelt nicht läßt, wie sie ist, und nur innerlich aus ihr entführt, sondern der ihr den Kampf und damit dem Tode das kommende Ende seiner Herrschaft ansagt, und der Menschen aus der Bundesgenossenschaft mit dem Tode, aus dem Glauben an den Tod in den Glauben an die Zukunft des Lebens und die tätige Praktizierung des Glaubens herüberziehen will.

Das ist die Perspektive über den Tod hinaus, unerhört, und zwar sowohl für den Kosmos wie auch und gerade für den einzelnen, – in beiden Fällen sich jeder Vorstellung entziehend und die kühnsten Vorstellungen herausfordernd. Für den Zusammenhang dieser Schrift bleiben wir beim einzelnen. Weil der Tod unser Leben abbricht und unser Lebensdrang sich dagegen auflehnt, hat er von jeher die Frage nach dem Weiterleben hervorgerufen. Die Vorstellung des Weiterlebens, in welcher Gestalt auch immer, ist die eigentlich

Tod und ewiges Leben

selbstverständliche in den Menschheitskulturen von den »primitiven« bis zu den »höheren«; darin drückt sich die Unvorstellbarkeit des eigenen Endes aus. Die Hinnahme des »Aus-Seins« mit dem Tode im modernen Bewußtsein ist, gesamtkulturell betrachtet, eine Merkwürdigkeit, die sich als von wissenschaftlicher Welterkenntnis gefordert gibt (was natürlich Unsinn ist), und hat außerordentlich zur Verschärfung der Sinnfrage beigetragen[15]. Christliches Denken hat mit der Bedeutung, die der Tod des einen Menschen Jesus für den christlichen Glauben hat, zentral mit dem Todesproblem zu tun; wo es ihm ausweicht oder es verharmlost, ist das ein Zeichen seiner Verflachung und Entkräftung. In der christlichen Botschaft wird sowohl der Stellenwert des Todes verändert als auch die Frage des postmortalen Daseins auf- und ernstgenommen. Das letztere läßt sich nur vom ersteren her richtig sehen; abgetrennt davon fällt das Interesse an einer »Fortsetzung« des Einzellebens in jene Formen des Unsterblichkeitsglaubens zurück, die sich dem vitalen Lebensdrang und der Undenkbarkeit des Endes und dem Unausgesöhntsein mit der Begrenztheit unserer Existenz verdanken, was alles der christliche Glaube gerade überwinden will.

Die Veränderung des Stellenwertes besteht in einer Relativierung des leiblichen Todes in mehrfacher Hinsicht:

1. Ob einer tot ist oder lebendig, entscheidet sich nicht an seiner leiblichen Existenz. Auch in ihr lebend kann er in Wahrheit tot sein. Im Verhältnis zum neuen Leben wird das vorige im Neuen Testament tot genannt[16]. Vom Sinnbegriff her ist das zu verstehen: Sinn ist Leben. Wo sinnlos gelebt wird, ist Tod das letzte Urteil schon über das Leben; als Sein zum Tode ist es der Sinnlosigkeit überliefert.

2. Gemeinschaft mit Gott ist Leben. Mit ihr ist Sinnlosigkeit beseitigt. Mit ihr ist Leben im vollen Sinne, durch den allein es Leben genannt zu werden verdient, gegenwärtig. »Stellt euch Gott zur Verfügung als solche, die aus den Toten lebendig geworden sind«, schreibt *Paulus* (Röm. 6,13) und bindet damit Lebensempfang und neuen Lebensvollzug, Sinnempfang und Sinngebung des empfangenen Lebens durch uns aufs engste zusammen. »Wahrhaftig, wahrhaftig, wer mein Wort hört und auf den, der mich gesandt hat, sein

---
[15] Siehe oben S. 101ff.
[16] Eph. 2,1: »Die ihr tot gewesen seid durch Übertretung«; ebenso Kol. 2,13; 1. Tim. 5,6; auch Luk. 15,24: »Dieser mein Sohn war tot und ist nun lebendig.«

Vertrauen setzt, hat (schon) ewiges Leben, und ins Gericht (= in das Urteil, den Sinn seines Lebens verfehlt zu haben) kommt er nicht, sondern ist (schon) aus dem Tode ins Leben hinübergeschritten« (Joh. 5,24). »Ewiges Leben« (dies sagen besonders die johanneischen Schriften, aber in Einheit mit dem übrigen Neuen Testament) ist also nicht ein erst nach dem Tode zu Erwartendes, gar etwa als künftiger Lohn für jetziges Wohlverhalten, wie vergröberter christlicher Sprachgebrauch oft sagt und darum dem Christentum immer wieder unterstellt wird, sondern gegenwärtige Gabe Gottes. »Die Besoldung der Verfehlung ist Tod; die Gabe Gottes aber ewiges Leben in Christus Jesus, unserem Herrn« (Röm. 6,23). Leben ist gegenwärtige Wirklichkeit mitten in der Todeswelt, ihre schon jetzt geschehende Aufsprengung.

3. Damit geschieht Aussöhnung mit der zeitlichen Begrenztheit unseres Lebens. Das Geschöpf ist nicht unendlich, nicht ewig im zeitlichen Sinne. Unser Unendlichkeitsverlangen ist Revolte gegen unsere Geschöpflichkeit, eine Weise unseres Sein-Wollens wie Gott. Wir wollen haben, was uns unbekömmlich wäre. Diese Revolte ist zugleich Protest gegen die Todesherrschaft, Einklagung unserer Bestimmung für das Leben. Sie ist also wahr und unwahr zugleich[17]. Ihre Wahrheit und ihre Unwahrheit werden getrennt, indem ein Mensch in die Gemeinschaft mit Gott kommt und aus ihr lebt. Damit wird seine Lebenszeit zur erfüllten Zeit. Er ist dankbar für das Gegebene. Er verlangt nicht mehr darüber hinaus. Er kann nun, was vorher undenkbar schien: Ja sagen zu der Begrenztheit seines Lebens[18].

---

[17] Deshalb kann E. Bloch das »Ihr werdet sein wie Gott« der Schlange (1. Mose 3,5) preisen und mit der Glaubensperspektive »Wir werden ihm gleich sein« (1. Joh. 3,2) identifizieren. Weil er das Oben Gottes und das Unten des Geschöpfs nur als Autonomie gefährdende Fremdbestimmung verstehen kann, kann er nicht verstehen, daß es auch eine menschliche Autonomie als menschliche, d. h. als sich selbst bestimmendes Leben in der Begrenztheit des Menschlichen geben kann, das durch das Oben nicht geknechtet, sondern ermöglicht wird: Das Oben des Gebers ermöglicht das Leben des Empfängers.
[18] Dies war im besonderen das Anliegen von Karl Barth bei seinen – immer tastend gebliebenen, ihn in den letzten Jahren seines Lebens immer wieder beschäftigenden Gedanken über den Tod. Darum hat er – entgegen einer großen theologischen Tradition, in deren Namen sein Freund Heinrich Vogel protestierte (in: Verkündigung und Forschung 1951/52, Theol. Jahresbericht 1949/50, 102ff, bes. 125f) – die geschöpfliche Lebensgrenze, den »natürlichen Tod«, unterschieden von dem Tod als Feind, wie wir ihn kennen und dessen Stachel die Verfehlung ist (1. Kor. 15,56) (Kirchliche Dogmatik III/2, 776ff); darum hat er nach

Tod und ewiges Leben

Damit ist christlich die Wahrheit jener Hoffnung auf den »natürlichen Tod«, von der früher die Rede gewesen ist[19], aufgenommen. Sie kehrt wieder in der in der christlichen Frömmigkeit so häufigen Rede vom »seligen Sterben« und in der im Neuen Testament häufigen Ersetzung des Wortes »Sterben« durch »Schlafen«. Christlicher Redestil mag oft die Grenze zur Sentimentalität streifen oder überschreiten; man sollte dann nach der ursprünglichen Intention fragen. Die christliche Bitte um »seliges Sterben« war oft mit der falschen Meinung verbunden, das »letzte Stündlein« entscheide über das ganze vorherige Leben, und verzweifeltes oder verstocktes Sterben schließe vom Heile aus. Aber hinter ihr steht große, immer wieder gemachte Erfahrung von »seligem«, d. h. tief ausgesöhntem, von Trost und Freude erfülltem Sterben, die wahrhaftig zum Besten gehört, was ein Mensch sich wünschen kann. Erhofft wird aber eine solche Sterbensweise nicht als Ergebnis erfüllten Lebens, etwa davon, daß man vom Leben »etwas gehabt hat«, sei es eine genügende Menge von Genuß oder eine befriedigende Lebensleistung. Dieses Genügen ist eine Illusion; Schalwerden des Genusses, wenn man genug davon gehabt hat, ist kein Genügen, und am Befriedigtsein über unsere Lebensleistung nagt immer der Wurm des Zweifels und der Erkenntnis vielfältigen Versagens. Aber auch nicht davon, daß das Leben im Reichtum gesellschaftlicher Beziehungen gelebt werden konnte, wie die Utopie einer gelungenen Gesellschaft sie ausmalt. Es ist nicht einzusehen, wieso das Scheiden von solch »erfülltem« Leben leichter sein sollte als vom unerfüllten, und außerdem ist das Jenseits der Utopie eine schlechte Vertröstung für die, die ihrer nicht teilhaftig werden. Es kommt auf unser jetziges Leben an. »Seliges Sterben« ist geschehen und geschieht auch in Lagen bitterer Unerfülltheit des Lebens, bei vorzeitigem Abbruch durch Überfall tödlicher Krankheit, durch Hinrichtung[20], beim Verkommen in Lagern

---

dem Tod nicht eine Fortsetzung des Lebens lehren wollen, sondern den Tod als den letzten Schritt zur vollen Erkenntnis des Sinnes des gesamten Lebens zu verstehen gesucht (vgl. seine Radioansprache in der Senderreihe »Unsterblichkeit«, 1966, 45 ff); darum gehört das Ausgesöhntwerden mit der Grenze für ihn zu den Verheißungen, die der Glaube als Gehorsam ergreifen soll und kann (Kirchliche Dogmatik III/4,664). – Ebenso P. Tillich, Psychotherapie und eine christliche Deutung der menschlichen Natur, in: Psyche 5, 1951/52, 475: »Wir werden geheilt als endliche Wesen, nicht von unserer Endlichkeit.«
[19] Siehe S. 107 ff.
[20] Vgl. die Abschiedsbriefe von Alexis von Roenne in: Du hast mich heimgesucht bei Nacht, hg. von H. Gollwitzer/K. Kuhn/R. Schneider (Siebenstern-

und Gefängnissen. Es ist Ergebnis nicht von erfülltem Leben, sondern von Erfülltsein mit Gottesgemeinschaft. Dann ist auch der Tod »Eingang in das Leben«, wie ein *Gellert*sches Lied sagt[21]; dann ist der leibliche Tod »natürlicher Tod« geworden, d. h. die mit dem Geschöpfsein gesetzte Grenze, die nicht allen Sinn durchkreuzt. Dann revoltiert das Geschöpf nicht mehr gegen diese Grenze, als sei sie ihm feindlich und fremd, dann sagt es Ja zu ihr im Zurückgeben des Lebens an den, von dem es das Leben empfangen hat.

Wäre das alles, so wäre das nicht genügend: weder gegenüber dem, was die christliche Botschaft sagt, noch gegenüber unserer obigen Behauptung, daß in dieser Botschaft die Frage nach einem postmortalen Dasein auf- und ernstgenommen würde. Es stünde dann ebenfalls unter dem Resignationsverdacht, den zu vermeiden für ein Verständnis der christlichen Botschaft wesentlich ist, und dem alle modernen Stellungnahmen zum Todesproblem nicht entgehen können. In der heutigen Theologie bleibt man vielfach bei dem bisher Gesagten stehen, »entmythologisiert« christliche Auferstehungsworte hin auf die Gottesgemeinschaft im Glauben, über die hinaus nichts zu wünschen wäre, – in Sorge, sonst ins Phantastische zu geraten, dem heutigen Menschen, der mit der Unwiderruflichkeit des Todes sich abgefunden hat, unverständlich zu werden, also in konformistischer Anpassung an heutige Mentalität, – aber auch, um das Christliche möglichst zu unterscheiden von den Unendlichkeitswünschen, wie sie sich in den Religionen und in metaphysischen Projektionen ausdrücken.

Der Preis ist hoch. Wird der Ausblick über das Gegenwärtige hinaus gestrichen, auch über das Gegenwärtige des Glaubens und der hiesigen Gottesgemeinschaft hinaus, dann muß der Widerspruch zwischen Verheißung und Augenschein, zwischen Lebenszusage und Todesherrschaft als letzte Wirklichkeit anerkannt werden. Die Versöhnung bleibt nur innerlich, seelische Erfüllung des einzelnen, Trost und Lebenshilfe sicher, aber die Welt bleibt beim Alten und ohne Hoffnung. Eine sehr fragwürdige Zwei-Reiche-Lehre, der Dualismus eines »inneren Reiches« des Glaubens und des äußeren

---

Taschenbücher Nr. 9) und die Gefängnisbriefe von Ewald von Kleist-Schmenzin, in: B. Scheurig, Ewald von Kleist-Schmenzin, 1968.
[21] In dem Lied »Jesus lebt, mit ihm auch ich« von Chr. F. Gellert (1715–1769), V. 6: »Jesus lebt! Nun ist der Tod mir der Eingang in das Leben.«

Reiches, mit bedenklichen politischen Konsequenzen, da an der Sinnleere des äußeren Reiches unvermeidlich auch die Gesellschaft teilhat. Für die Gottesgemeinschaft des einzelnen ist diese äußere Welt mit ihren materiellen Problemen dann etwas Fremdes, Gleichgültiges, da der Glaube ja nur in der Abwendung von ihr sich vollzieht und ihre Ignorierung für ihn wesentlich ist. Einer existentialistischen Auslegung der neutestamentlichen Lebensverheißung verfällt, wie immer schon einer biblisch nicht korrigierten Mystik, die Welt ins Desinteressement.

Von Leib und Geist muß dann dualistisch gedacht werden, was dem hebräisch-neutestamentlichen Denken widerspricht. An unserem Leibe aber kommt an den Tag, daß der Mensch nach Geist und Leib nicht herauslösbar ist aus dem Weltzusammenhang und aus dem gesellschaftlichen Zusammenhang. Bleibt der Einbruch des Lebens in die Todeswelt auf die Innerlichkeit des Individuums beschränkt, dann ist die Folge die Aussöhnung und das Sich-Abfinden mit der zerrissenen, geknechteten Welt, wie sie ist, aus der der einzelne sich zu seinem eigenen Profit herausgelöst fühlt, und die er nun als unveränderbar ihrem Geschick überläßt. Nimmt er Weltverantwortung wahr, so geschieht dies doch nicht in einer Hoffnungsperspektive. Von so verstandener Auferstehungsbotschaft geht nicht Impuls zum Ankämpfen gegen die im Todesglauben der Menschen befestigte Todesherrschaft aus, also zum Ankämpfen gegen Mord und Vergewaltigung des Menschen durch den Menschen im Kleinen und Großen, sondern Lähmung und egoistischer Glaubensgenuß. Wie unter Resignationsverdacht, so steht diese Auffassung auch unter Ideologieverdacht. Unsere Leiblichkeit aber straft dieses Desinteressement Lügen. Sinngebung durch neues Leben muß auch sie betreffen, auch sie in eine Hoffnungsperspektive rücken, die gegenwärtige Bedeutung hat, indem sie die materiellen Probleme ernstzunehmen lehrt. Glauben muß tätiger Protest gegen die Spaltung von Innen und Außen sein, gegen die Zerrissenheit, die allerdings gegenwärtige Wirklichkeit ist und sich in solchen theoretischen Dualismen spiegelt.

Im Neuen Testament wird das damit ausgedrückt, daß von der gegenwärtigen Wirklichkeit der Gottesgemeinschaft zugleich plerophorisch *und* bescheiden gesprochen wird. Schon ist der, dem der neue Sinn in sein Leben eingedrungen ist, »in Christus«, »mit Christus lebendig gemacht« (Eph. 2,5), im Leben, »auch wenn er stirbt« (Joh. 11,25), »aus der Macht der Finsternis errettet und versetzt in das Reich des Sohnes seiner Liebe« (Kol. 1,13). Aber dieses sein Leben ist »verborgen« (Kol. 3,3), und dabei darf es nicht bleiben, dabei darf er sich nicht begnügen. Im besonderen war es *Paulus*, der gegenüber einem weltabgewandten, allzu triumphalen Enthusiasmus, den seine ersten korinthischen Hörer aus seiner Predigt der Auferstehung gefolgert und mit dort umgehenden gnostischen Erlösungslehren verbunden haben, das Noch-Nicht der vollen Erlösung, das Noch-Bevorstehen der vollen Erfüllung der Verheißung eingeschärft hat, damit auch die gegenwärtige Teilnahme am Kreuze Jesu, an der leibhaften Erfahrung des Widerspruchs, der Bedrängnis, die jetzige Verbundenheit der schon Befreiten mit dem »ängstlichen Stöhnen« aller Kreatur auf »Offenbarung«, d. h. auf volles Herauskommen und Sich-Durchsetzen des neuen Lebens (bes. Röm. 8,18-25).

Allzu triumphal muß sonst, wenn das vergessen wird, von unserem »bißchen Glauben« (K. *Barth*) gesprochen werden, als sei es mit ihm so weit her, während er doch wie ein schwankendes Rohr ist, mit alten und neuen Fragen mehr als mit Antworten versehen, höchst kümmerlich meist in den Auswirkungen, immer noch eingeschlossen in allen gesellschaftlichen Bedingungen, auch bei den großen christlichen Gestalten, so daß man nur sein Haupt verhüllen kann, wenn das hier schon Sichtbare und Erlebbare alles sein soll, wovon doch mit so großen Worten gesprochen wird. Die Rühmung gegenwärtiger Gottesgemeinschaft und neuer Sinngeborgenheit geschieht nur recht, wo sie begleitet wird von diesem Eingeständnis, von tiefer Unzufriedenheit mit dem Gegenwärtigen, sich ausstreckend nach dem, was noch aussteht. *Luther* formulierte das mit seiner Unterscheidung des iustus in spe (gerecht in Hoffnung) und iustus in re (gerecht in Wirklichkeit). Er meinte damit nicht, daß die Zusprechung der sinngebenden Liebe an den, der seinen Sinn verfehlt hat, noch nichts Wirkliches und Wirksames wäre. Er war aber gewiß, daß der, der dies hört und annimmt, dadurch nicht zufrieden wird mit seinem Status, sondern im Gegenteil das Mißverhältnis zwischen dem neuen Leben, das ihm zugeteilt ist, und dem alten Leben, in dem er sich noch immer vorfindet, unter der schon geschehenden Einwirkung des neuen Lebens erst ganz erkennt und nun umso heftiger empfindet und mit aller Ungeduld nach einer realen Überwindung dieses Mißverhältnisses verlangt. Worauf – allen Idealisten ebenso zuwider wie aller Vorstellung sich entziehend und des-

Tod und ewiges Leben

halb verlacht von denen, die mit der Frage: »Wie soll ich mir denn das vorstellen?«, d. h. aber mit der Erhebung ihrer Phantasielosigkeit und der Vorstellungsmöglichkeiten dieser gegenwärtigen Welt-, Gesellschafts- und Daseinsverfassung zum absoluten Maßstab alles Möglichen jede über unseren gewohnten Horizont hinausreichende Verheißung abschütteln können – worauf der glückliche Materialismus der Worte »Auferstehung des Fleisches« im Credo deutet, das im Hiesigen noch nicht erfüllte Plus der Verheißung, das ist eben jene Einheit der Wirklichkeit von Sinnzusage und sinnvollem Tun: Gabe und Antwort sollen sich ganz entsprechen, die Antwort ganz gelingen, der Geist wirklich der Gestalter des Leibes sein und nicht am Leibe und am Materiellen ständig seine Widerlegung, seine Ohnmacht und Verführbarkeit erfahren[22].

So verbietet die Verheißung selbst mit ihrem Plus dem sie Hörenden und ihr Vertrauenden, sich mit dem zu begnügen, was er jetzt schon empfängt und erfährt. Sie macht den Glauben zur Hoffnung. Sie lehrt ihn, alles sehnsüchtige Träumen der Menschen vom »guten Leben«, von einem Einklang von Natur und Geist, bei dem mühsam errungene Beherrschung der Natur nicht selbst noch eine Bestätigung der Feindschaft von Mensch und Natur ist, von einer durch die Bedürfnisse des Leibes und der Selbstbehauptung gegen den Tod nicht mehr zerrissenen Gesellschaft aufzunehmen ins eigene Fragen, Bitten und Hoffen und im Blick auf die verheißene Erfüllung dieser Sehnsucht – »auf den neuen Himmel und die neue Erde, in denen Gerechtigkeit wohnt« (2. Petr. 3,13) – »Und er wird abwischen alle Tränen von ihren Augen, und der Tod wird nicht mehr sein, und kein Leid noch Geschrei noch Schmerz wird nicht mehr sein; denn das Erste ist vergangen« (Offb. 21,4) – jetzt schon den Impuls und die Orientierung zu haben für sein Mitkämpfen für etwas mehr Gerechtigkeit, für Befreiung von materieller Not und menschlicher Er-

---

[22] Vgl. die Fragen von H. J. Iwand in seiner Vorlesung über Gesetz und Evangelium (AaO. 219f): »Welche Wirklichkeit entspricht denn diesem Geist, dem Geist Gottes, der uns anrührt, der uns neu machen möchte, der uns als Pfand gegeben ist? Entspricht dem auch eine leibliche Wirklichkeit? Entspricht dem eine Existenz? Es stellt sich immer wieder als eine Illusion heraus, wenn wir versuchen, unsere irdische Existenz, unsere Existenz, die wir jetzt haben, von diesem Geist her zu verstehen. Wir halten uns dann zwar für geistliche Menschen, wir sind aber in Wirklichkeit fleischliche Menschen ... Dem Geist fehlt noch der Leib, der ihm entspricht ... Der Geist bleibt unsichtbar, ohnmächtig, er kann nicht Fuß fassen im Fleisch, er wird immer nur erfahren als Widerspruch, als Antithese, aber er wird noch nicht begriffen als thesis, als Position.«

niedrigung, für etwas mehr Freiheit von Furcht vor Menschen und Natur. Unzufriedenheit ist nicht Undankbarkeit. Von dem, was vorhin über die Gegenwart des »ewigen Lebens« nicht erst künftig, sondern mitten im irdischen, leiblichen Leben gesagt worden ist, wird nichts eingeschränkt, aber es wird umfaßt von diesem Mehr, nach dem es selbst verlangt. »Wir *sind* nun Gottes Kinder, und es ist noch nicht erschienen, was wir sein *werden*« (1. Joh. 3,2).[23] »Wir dienen im neuen Wesen des Geistes«, sagt *Paulus* (Röm. 7,6) und bezeichnet doch zugleich dieses »neue Wesen« als eine »Anfangsgabe« (Röm. 8,23), eine »Anzahlung« (2. Kor. 1,22; 5,5; Eph. 1,14), ein »Aperitif« (J. C. *Hoekendijk*). Der neue Sinn ist nichts Fertiges, das man hat und mit dem man schon ans Ziel versetzt ist. Er ist Versetzung auf einen Weg, »Wurf nach einem höheren Ziel«, wie *Goethe* es vom menschlichen Dasein überhaupt gesagt hat.

Darum ist er einerseits nicht Abschluß unseres Fragens, abschließende Auskunft über den Sinn alles Geschehens, Leidens und Tuns, sondern eher Initiation des Fragens, aber freilich nun eines hoffnungsvollen, nicht mehr ins Leere gehenden Fragens. Die Fragen sind ja provoziert durch eine Verheißung, auf die sie nun zielen, und adressiert an einen Verheißenden, den sie beim Worte nehmen. Der neue Sinn ist also mehr Verheißung künftiger Antwort als schon

---

[23] Rudolf Bultmann, dessen Beschränkung der christlichen Eschatologie auf die im gegenwärtigen Leben zu empfangende Glaubensgerechtigkeit bei der obigen (s. S. 188) Darstellung heutiger theologischer Tendenz – neben anderen – gemeint war, sah sich in seinem Kommentar zum Johannesevangelium, in dem er mit Berufung auf die »präsentische Eschatologie« dieses Evangeliums die Eliminierung aller auf eine Zukunftseschatologie gehenden Aussagen exegetisch vollzog, immerhin an einer Stelle veranlaßt, von einem Interesse des Glaubens an dem, was noch nicht im Glauben selbst gegeben ist, sondern noch aussteht, zu sprechen. Er sagt dort (399) zu Joh. 17,24: »Deutlich ist nur, daß für die Glaubenden ein Sein mit dem Offenbarer über den Tod hinaus erbeten und damit auch verheißen wird. Der Tod ist für sie ja wesenlos geworden (11,25f), jedoch nicht so, daß er deshalb ignoriert werden könnte, weil ihr irdisches Leben in sich gerundet und sinnvoll wäre; vielmehr deshalb, weil ihr Leben nicht in den Grenzen der zeitlich-geschichtlichen Existenz beschlossen ist.« Ähnlich in: Glauben und Verstehen IV, 1965, 154: »Deshalb ist die Zukunft nach dem Tod und jenseits dieser Welt eine Zukunft des völlig Neuen. Sie ist gänzlich anders (totaliter aliter)... Das kann nicht anders als in symbolischen Bildern beschrieben werden.« Dazu vgl. J. Körner, Eschatologie und Geschichte. Eine Untersuchung des Begriffs des Eschatologischen in der Theologie R. Bultmanns, 1957, 59f. – Zum ganzen Abschnitt vgl. die wichtigen Ausführungen von W. Kreck, Die Zukunft des Gekommenen. Grundprobleme der Eschatologie, 1961, 50–82; 148–176.

Tod und ewiges Leben

selbst lehrbare Antwort. Deshalb ist der christliche Glaube in allem, was er behauptet, so leicht in Verlegenheit zu bringen, auf den Mund zu schlagen und doch nicht zum Schweigen zu bringen, so wie Hiob weder durch die allzu affirmativen Lösungen seiner Freunde noch durch sein Leiden, das dem Nicht-Glaubenden hinreichendes Argument gegen die Gültigkeit der Verheißung gewesen wäre, zum Schweigen zu bringen ist. Glauben ist in Zuversicht getröstetes Fragen.

Andererseits macht die Verheißung alles, was wir hier erleben, selbst zur Verheißung: das Negative als Darstellung dessen, wogegen das Leben, die Lebensquelle selbst auf den Plan getreten ist, was also »Gott in Christus« dadurch, daß er sich selbst dem bis zur letzten Konsequenz ausgesetzt hat, bekämpft und zum Abgetanwerden verurteilt hat. Das Positive als verheißungsvolles Zeichen, unsere Phantasie und Sehnsucht anregend, für das, was die Verheißung an Heilung und Erfüllung in Aussicht stellt. Jedes gesunde Aufstehen, jedes Gesundwerden, jede Freude und jedes Freudemachen, jedes Erleben wirklicher Liebe, jedes Gelingen eines guten Werkes, jede Linderung von Not, jeder Zipfel von Sinn in einem Meer von Sinnlosigkeit – überall, im Leben aller Menschen – ist veranschaulichendes Bild, vorscheinendes Gleichnis, stärkendes Zeichen, vorweisende Demonstration für das Ziel des Weges, auf den die Sinnverheißung uns gesetzt hat.

Nicht Vertröstung, aber Trost! Dessen bedarf der Mensch, erst recht der Hörer der Verheißung. Mehr bedarf er nicht. Er bedarf also nicht des Wissens, auf welche Weise das Verheißene zustandekommen soll, wie es aussehen soll, wie sich dieses Jenseits zu unserem Diesseits verhält, wie sich diese Aussicht mit den Bedingungen und Möglichkeiten der Welt, in der wir leben, also auch mit unserem »modernen Weltbild« zusammenreimt. Er spricht mit Vorstellungen aus dieser Welt (wie könnte er sonst sprechen?) vom Unvorstellbaren.[24] Er wird, wenn er sich dessen bewußt ist, diese Vorstellungen

---

[24] Vgl. P. Ricoeur, in: L'Analyse du Langage Théologique. Le nom de Dieu, hg. von E. Castelli, Paris 1969, 232: »Die Religion ist weniger konstituiert durch den Glauben als durch die Hoffnung. Denn wenn der Glaube besteht in einem Mangel im Verhältnis zum Schauen, und ebenso (nach Hegel) die Vorstellung (représentation) im Verhältnis zum Begriff, besteht die Hoffnung in einem Überstieg (excès) im Verhältnis zum Kennen und zum Handeln. Es liegt also an diesem Überstieg, daß es hier keinen Begriff mehr gibt, sondern immer nur Vorstellung.«

locker handhaben, nicht als Beschreibungen, sondern als Bilder seiner Hoffnung. Dafür nimmt er sich die Freiheit, die ihm das Hereindringen der Verheißung ins irdische Leben, das in ihrem Lautwerden durch die Geschichte Jesu Christi geschieht, gewährt, und läßt sie sich durch keinen humorlosen Ernst, der das für ein allzu kindliches Tun hält, versperren. Die Ausmalungen der neuen Gotteszeit durch die alttestamentlichen Propheten in ihrer massiven Materialität (z. B. Jes. 65,17-25; Micha 4, 1-8), der Vergleich des Paulus von alter und neuer Leiblichkeit (1. Kor. 15,35-53), die Vision der neuen Gottesstadt in der Apokalypse des Johannes (Kap. 21-22), die Vorstellung traditioneller christlicher Frömmigkeit von einem jenseitigen himmlischen Leben bei Gott nach dem Tode, die Bilder jüdischer Frömmigkeit vom messianischen Reich, die über Andeutungen nicht hinauskommende[25] Utopie *Blochs* von dem »Reiche des Menschen« als der Heimat, in der noch keiner von uns war, die Hoffnungen radikaler Marxisten vom Jenseits einer Gesellschaft, in der der Mensch endlich zu seiner Totalität kommt, die Vorschau *Teilhard de Chardins* auf den erfüllenden Punkt Omega, – all das sind das Hiesige transzendierende, immer nur Einzelaspekte bietende, unzulängliche und doch unerläßliche Versuche, messianische Sinngebung, die in der Überwindung der Todeswelt geschieht, der Verheißung entsprechend in unsere Vorstellung zu rükken, damit zu einer gegenwärtigen Kraft der Hoffnung zu machen. Denn: »Die Kraft des Jenseits ist die Kraft des Diesseits« (*Troeltsch*).[26]

---

[25] Wofür Bloch von seinen Kritikern zu Unrecht getadelt wird.
[26] Zitiert von K. Barth im Zusammenhang einer Darlegung der Bedeutung der Auferstehung für irdisches Tun in seinem Vortrag »Der Christ in der Gesellschaft« (1919) in: Das Wort Gottes und die Theologie, 1924, 66. Barth führt dort weiter aus (67): »Wir glauben also *darum* an einen Sinn, der den einmal gewordenen Verhältnissen innewohnt, aber auch an Evolution und Revolution, an Reform und Erneuerung der Verhältnisse, an die Möglichkeit von Genossenschaft und Bruderschaft auf der Erde und unter dem Himmel, weil wir noch ganz anderer Dinge warten, nämlich eines neuen Himmels und einer neuen Erde. Wir setzen *darum* unsere Kraft ein zur Erledigung nächstliegendster banalster Geschäfte und Aufgaben, aber auch für eine neue Schweiz und ein neues Deutschland, weil wir des neuen Jerusalem, das von Gott aus dem Himmel herabfährt, gewärtig sind. Wir haben *darum* den Mut, in diesem Aeon Schranken, Fesseln und Unvollkommenheiten zu ertragen, aber auch nicht zu ertragen, sondern zu zerbrechen, weil wir ertragend oder nicht ertragend den neuen Aeon meinen, in welchem der letzte Feind, der Tod, das Beschränkende schlechthin, aufgehoben wird.«

Tod und ewiges Leben

Das gilt allen Menschen. Also auch für Judas Ischarioth. Er war uns Beispiel für sinnverfehlendes Leben, das sich selbst als eine Stelle von Sinnwidrigkeit erkannte und deshalb auslöschen mußte, Beispiel einer Sinneskrise, in der Schuld dem Tode überliefert. Wenn Versöhnung wirklich »Leben aus den Toten« (Röm. 11,15) ist, dann muß sich das hier erweisen. Darum haben wir für Judas die Linie ausgezogen über den Punkt hinaus, an dem die ihn betreffenden neutestamentlichen Texte allerdings stehen bleiben. Ihr Schauder vor solcher Sinnverfehlung ist offenbar so groß, daß sie kein weiteres Wort wagen. Aber wenn Judas entweder mit uns allen auf einer Bank sitzt, oder auf einer Sonderbank besonders bösartiger Ausnahmen, auf der er aber nicht allein sitzt, sondern Unzählige mit ihm zusammen, und wenn das »für alle« so ernst genommen wird, wie es sicher gemeint ist, dann darf hier keine Grenze gezogen werden. Vergebung, Leben und Seligkeit sind dem Judas und seinesgleichen zugedacht. Die Menschheit, in der Judas dauernd vorkommt, ist es und keine andere, die »Gott so sehr geliebt hat, daß er seinen Sohn (d. h. sich in seinem Sohn) preisgab, damit alle, die darauf vertrauen, ewiges Leben haben« (Joh. 3,16).

Aber Judas hat nicht darauf vertraut, kann eingewendet werden; er hat statt dessen sich erhängt, seine Sinnwidrigkeit damit erst ganz besiegelt. Auch darin hat er viele seinesgleichen, vor ihm und nach ihm. Ist mit dem Tode alles aus? Ist mit dem Tode des Judas alles für ihn aus? Hat sinnverfehlendes Leben nur eine Chance zur Rettung auf der Strecke zwischen Geburt und Tod? Ist der Tod die unüberwindliche Besiegelung der Endgültigkeit von Sinnverfehlung? Wenn ja, dann bietet die christliche Botschaft zwar erfreuliche Möglichkeiten heilvoller Wendung an, so lange wir atmen, sie kapituliert aber vor der Todesgrenze und damit vor der Todesherrschaft. Und wenn sie zur Bedingung der Wendung hat, daß wir noch atmen, dann hat sie sicher auch zur Bedingung, wie wir atmen, mit was für Kräften wir noch versehen sind, Kräften des Hörens und Verstehens, der Entschließung und des guten Willens usw. usw., und am Ende sind wir dann bei der alten Tautologie: so lange der Mensch seinem Leben noch einen Sinn geben kann, kann er ihm noch einen Sinn geben. Judas konnte das nicht mehr, weder hatte er die Gelegenheit, die Versöhnungsbotschaft noch zu hören, noch hätte er vielleicht fertiggebracht, ihr zu vertrauen, also weg mit ihm. Damit wäre aus der Verheißung, die aus unserem unmöglich gewordenen Leben ein neues macht, eine Theorie geworden, die auf uns noch gebliebene Möglichkeiten angewiesen ist. Das Neue Testament meint aber wirklich Auferstehung von den Toten: »Wahrhaftig, wahrhaftig, ich sage euch: die Stunde kommt und ist jetzt da, wo die Toten die Stimme des Sohnes Gottes hören werden, und die, welche sie hören, werden leben« (Joh. 5,25). Judas ist tot, schon bevor er am Baume hängt. Wann er die Stimme hört, die ihm sagt: »du sollst leben«, ob vor oder nach seinem Selbstmord, ist nicht entscheidend. Denn die Stimme gilt allen, und sie kapituliert nicht vor dem Tod, weil sie aus einem Tode kommt, der »für alle« geschah. Darum ist das Evangelium Kunde des neuen Sinnes für die, die ihren Sinn verwirkt haben. Es ist frohe Botschaft für Judas Ischarioth.

IX. Sinnempfang und Sinngebung
Zusammenfassung I

Der gewährte Sinn ist zugleich Gabe und Aufgabe. Er ermächtigt zum sinnvollen Tun, d. h. zum Mitwirken an dem Werke des Schöpfers, der seine Schöpfung erhalten und zu ihrem Ziele führen will. Gnade schließt unser Wirken nicht aus, sondern bringt es in Gang und gibt ihm sinnvollen Zusammenhang und Hoffnung gegen Resignation. Damit erhält politisches und gesellschaftliches Tun eine universale Sinnperspektive und hoffnungsvollen Impuls. Die reformatorische Rechtfertigungslehre zeigt das Evangelium als überwindende Antwort auf die Sinneskrise und als Begründung zuversichtlichen Wirkens in der Welt.

Diejenige Bedeutung des Wortes »Sinn«, die uns in dieser Schrift beschäftigt, ist, wie wir festgestellt haben, sprachgeschichtlich sehr jung. Der Nihilismus ist als manifeste Zersetzung tradierter Normen, als extremer Verlust von Wirklichkeit, als Erfahrung radikaler Fraglichkeit Zeitgeschick der sich überstürzenden Neuzeit, stürzend ins unbekannte Wohin. Das erscheint als totale Entfremdung gegenüber den ins Historische versinkenden Fragestellungen früherer Zeiten. Aber es hat sich gezeigt: Wie groß der Bruch der Zeiten auch sein mag, total ist er nicht. Wir erkennen uns wieder in den Erfahrungen, Zweifeln und Hoffnungen der Früheren, und wir wären, könnten nicht nur wir mit ihnen, sondern auch sie mit uns sprechen, ihnen nicht total unbekannt. Deshalb sind geläufige Unterscheidungen zwischen Früher und Heute mit Vorsicht aufzunehmen, etwa die, daß der frühere Mensch, z. B. der mittelalterliche, gefragt habe, wie Gottes Offenbarung zu verstehen sei, der heutige aber frage, ob Gott sich überhaupt offenbare, oder, was im Grunde das Gleiche meint, daß man früher gefragt habe, wie Gott sei, heute dagegen frage, ob es Gott überhaupt gebe[1]. Oder: der Mensch des 16. Jahrhunderts habe gefragt: Wie kriege ich einen gnädigen Gott? – der heutige Mensch frage: Wie komme ich zum Sinn meines Lebens?[2]

---
[1] E. Brunner, Offenbarung und Vernunft, 1941, 4ff.
[2] P. Tillich, Der Mut zum Sein, 1953, 45ff; ders., Systematische Theologie III, 1966, 262f; ders., Ges. Werke V, 43ff. – So beginnt z. B. ein Dokument der

Geht es aber in der Sinnfrage um die Rechtfertigung dieser meiner Existenz, dann konvergieren die Rechtfertigungsfrage der Reformationszeit und die moderne Frage nach dem Sinn des Lebens, ja, sie sind identisch; nur die Sprache, in der sie ausgedrückt werden, ist verschieden. Mehr noch: in der Sprache der sog. Rechtfertigungslehre erreicht die Sinnfrage erst ihre ganze Schärfe und Tiefe, weil die Nichtung der Existenz in die Sinnlosigkeit hier nicht nur als schicksalhaftes Verhängnis, sondern als Schuld erkannt wird, und die Sinnlosigkeit damit als Sinnwidrigkeit ausgesprochen wird, aber nicht nur als die Sinnwidrigkeit der immer noch unheilen Welt um mich herum, sondern als meine eigene, von mir zu verantwortende Sinnwidrigkeit.

Der Einzelne

Wir haben den *Einzelnen,* jeden für sich fragen lassen, jeden von uns selbst, nach dem Sinn seines Lebens, nach seinem eigenen, wahrhaft befriedigenden Wozu und Wofür. Eben dieser Einzelne wird in der biblischen Botschaft angesprochen, in unüberbietbarer Individualisierung, und zwar dadurch, daß er auf seine Schuld festgenagelt wird. Indem er so nach sich selbst gefragt wird, bekommt er auch das Recht, sich selbst wichtig zu nehmen. Keine Antwort kann sich jetzt mehr als Antwort ausgeben, die das einzelne Ich ignoriert, belanglos macht und den Menschen auffordert, sich selbst nicht so wichtig zu nehmen. Keine Antwort kann genügen, die nur den Sinn größerer Einheiten, etwa den der Staaten, Nationen, Kulturen, oder auch, naturalistisch, die Erhaltung der Menschheit als Ganzes (entsprechend der überlegenen Wichtigkeit der Erhaltung der Species gegenüber dem Individuum in der außermensch-

---

4. Vollversammlung des Lutherischen Weltbundes in Helsinki 1963 über »Rechtfertigung heute« mit den Sätzen: »Das reformatorische Zeugnis von der Rechtfertigung aus Glauben allein war die Antwort auf die existentielle Frage: ›Wie kriege ich einen gnädigen Gott?‹ In der Welt, in der wir heute leben, ist diese Frage fast verstummt. Geblieben ist die Frage: ›Wie bekommt mein Leben einen Sinn?‹ Indem der Mensch nach dem Sinn seines Lebens sucht, steht er auch unter dem Zwang, seine eigene Existenz vor sich und seinen Mitmenschen zu rechtfertigen... Aber die Frage nach der Rechtfertigung menschlichen Lebens schließt nicht mehr die Frage nach der Rechtfertigung vor Gott ein« (in: Rechtfertigung heute. Studien und Berichte, 1965, 7). – Dazu K. Barth, Kirchliche Dogmatik IV/1, 591f.

Der Einzelne 299

lichen Natur) aufzuweisen unternimmt, für die die Individuen nur Material sind. Eben die Anklage, die den Menschen als Ich festnagelt, gibt dem einzelnen Menschen gegenüber all diesen Sinngebungen das Recht, sich mit seiner Rolle als bloßes Material, als bloßes Mittel zum Zweck nicht abzufinden, sondern zu fragen: Wo bleibe ich? Was wird mit mir? »Wo soll *ich* denn fliehen hin , / daß *ich* könnte bleiben?« *(Luther).* Wo jemand dazu nichts anderes zu sagen hat als der Naturalismus des 19. Jahrhunderts[3], soll er nicht mit schönem Pathos verhüllen, daß er nichts zu sagen hat.

Dazu noch eine Bemerkung: Es kann gefragt werden, ob dies nicht ein Ausdruck des europäischen Individualismus, des westlichen Persönlichkeitsbewußtseins sei, das z. B. dem asiatischen Denken fremd ist. Diese Fremdheit trifft vielleicht zu. Es steht aber nicht so, daß die christliche Sicht des Menschen, die einen solchen Akzent auf den einzelnen legt, eine Folge und Erscheinungsweise dieser europäischen Geisteshaltung ist, die dann durch die christliche Mission anderen Völkern, denen sie fremd ist, oktroyiert wird. Vielmehr ist umgekehrt das Persönlichkeitsbewußtsein des europäischen Menschen eine Folge der christlichen Verkündigung. Es gibt keine Instanz, die objektiv entscheiden könnte, auf welche von diesen Weisen der Mensch »richtiger« gesehen wird. Hier geht es nicht mehr um »Richtigkeiten«, sondern um Entscheidungen, nicht aber um solche, die wir willkürlich fällen oder unterlassen könnten, sondern um solche, in die wir hineingezogen werden. Die heutige planetarische Ausbreitung des sozialen Bewußtseins, d. h. der Anerkennung des Lebensanspruchs des einzelnen Menschen, ist ein Beweis dafür, daß die Anrede an den einzelnen, wie sie in der christlichen Verkündigung geschieht, die Menschen zu einem Bewußtsein ihres Ich-Seins und damit zu einer Intensität der Frage nach ihrem eigenen Lebens-Sinn erweckt, die nicht so leicht wieder in die frühere Apathie zurückgedrängt werden kann. Fragt man mit anklagendem Ton, der im Blick auf die negativen Seiten der Kirchengeschichte seine Berechtigung hat, was denn in der Welt durch die 2000 Jahre Christentum anders geworden sei, so wird der Geistesgeschichtler immer-

---

[3] Z. B. L. Büchner, Kraft und Stoff, Volksausg. 1894, 150: »Was ist das ganze Leben und Streben des Menschen gegenüber diesem ewigen, widerstandslosen (gemeint: unwiderstehlichen!), nur von eiserner Notwendigkeit oder unerbittlicher Gesetzmäßigkeit getragenen Hange der Natur? Das kurze Spiel einer Eintagsfliege, schwebend über dem Meer der Ewigkeit und Unendlichkeit.«

hin einiges zu antworten haben, was uns heute unaufgebbar wichtig ist (und man wird dabei nicht nur an Veränderungen in der Zeit der frühen Christianisierung Europas denken dürfen, sondern auch an Spätfrüchte des bisherigen Christentums – auch solche ambivalenter Art! –, zu denen Wissenschaft, Caritas und Sozialismus gehören); zu den entscheidenden Folgen aber gehört die Herauslösung des einzelnen aus der Suggestion des Kollektivs, der Polis, der Gens, durch sein Konfrontiertwerden mit dem Willen Gottes: ihm zugewandte Gottesliebe, ihm geltende Gottesforderung und Glaubenseinladung. Si omnes, ego non (wenn auch alle, ich nicht), wird er ermutigt zu sagen. Den »allergrößten Einschnitt der Menschheitsgeschichte« wagt deshalb E. E. *Hölscher* das Eintreten des Christentums in die Weltgeschichte zu nennen, den Einschnitt, »den wir vielleicht als den einzig wirklichen erkennen können«.

»Diese Tatsache – man mag sich zu den Lehren Christi und seiner Kirche stellen, wie man will – bedeutet die einzige *wirklich* umwälzende Veränderung der Menschheitsstruktur überhaupt, weil mit ihr die Lehre von der individuellen Menschenwürde in die Welt gebracht worden ist. Wenn wir heute das sind, was wir sind, wenn wir leben, atmen, denken und handeln dürfen als freie, uns selbst verantwortliche Menschen, so ist dies nur und ausschließlich die Wirkung der christlichen Lehre von der Freiheit eines jeden Menschen. Eine Lehre, die dem antiken Denken so diametral zuwiderläuft, wie es in Worten kaum scharf genug dargestellt werden kann.«[4]

Der Einzelne in Gemeinschaft

Es geht um dieses einzelne Leben als ein *menschliches*. Menschliches Leben ist Leben in menschlicher *Gemeinschaft*, anders wesenhaft nicht möglich, im Unterschied zur möglichen Isolierung eines Individuums mancher Tierarten. Nur durch menschliche Gemeinschaft wird der Mensch Mensch (A. *Portmann*). Damit ist Gemeinschaft von Personen gemeint. Alle überpersönlichen Kollektive (Staat, Volk, Menschheit im Ganzen) können dies nicht ersetzen, sondern sind nur dazu da, die echte menschliche Gemeinschaft zu ermöglichen und zu erhalten. Sie können deshalb auch nicht wirklich sinngebend sein. Gegenüber diesen Kollektiven besteht der Sinn unserer Einzelexistenz nur in dem Nutzen, den sie von uns haben. Das ist nicht zu unterschätzen, aber als Sinngebung, wie früher gezeigt, nicht aus-

---

[4] E. E. Hölscher, Vom römischen zum christlichen Naturrecht, 1939, 87.

Bleibende Gemeinschaft 301

reichend. Der Sinn muß in Erfüllung persönlicher Gemeinschaft liegen. Deshalb kann er nicht von einem unterpersönlichen Es, nicht von der Natur, nicht vom All, auch nicht von einer Idee ausgehen. Aller Pantheismus ist nur Verhüllung der Sinnlosigkeit und also der Trostlosigkeit. »Nur Persönliches kann Persönliches heilen«, sagte der späte *Schelling*. Erst dadurch kann nun der erste Punkt richtig verstanden werden: Es geht nicht um die Selbstbehauptung des isolierten Ich (das ist Verzerrung und Entstellung des christlichen Akzentes auf den Einzelnen!), sondern um die Erfüllung des Einzel-Ich in der persönlichen Gemeinschaft. Denn der Mensch ist nicht isoliertes Ich, sondern »das gegenüberseiende Wesen« *(Buber)*. Alle zwischenmenschliche Gemeinschaft kann aber nur endlichen, begrenzten, flüchtigen Sinn geben. In der biblischen Offenbarung geschieht es, daß »das Letzte«, das schlechthin Verborgene, sich als eine Macht enthüllt, die in der Lage und gewillt ist, sich zum Menschen menschlich zu verhalten, mit ihm menschliche Gemeinschaft aufzunehmen. Das ist mit dem Ausdruck »persönlicher Gott«, mit den Worten »Bund«, »Vater«, »Sohn«, »Kind Gottes« und »Wort Gottes« gemeint. »Wort Gottes« meint, wie Fr. *Gogarten* sagt, daß »die Beziehung Gottes zu uns, die uns sein Wort zuspricht, sich in dem Element der Personalität ereignet, in dem sich auch unsere Beziehung zum anderen Menschen vollzieht und in dem der Mensch im eigentlichen Sinne Mensch ist«[5].

Bleibende Gemeinschaft

Ist zwischenmenschliche Gemeinschaft flüchtig und begrenzt, so kann sie nicht ausreichenden, sondern nur flüchtigen und begrenzten Sinn gewähren. Nur persönliche Gemeinschaft kann Sinn geben – und »nur Unvergängliches kann Vergänglichem Sinn geben« *(Augustin)*. Es müßte sich also ereignen, daß das Unvergängliche in der Lage und willens ist, mit uns in persönliche Gemeinschaft zu treten. Weder das griechisch noch das ostasiatisch gedachte Unvergängliche ist dazu in der Lage. Daß es sich ereignet *hat*, daß der unvergängliche Gott in der Lage und willens ist, dies zu tun, und daß er es getan *hat*, ist Inhalt der christlichen Botschaft, und erst von daher, daß er

---
[5] Fr. Gogarten, Der Mensch zwischen Gott und Welt, 1956³, 223.

es getan *hat,* erst von dem *Wunder* dieser Wirklichkeit her sind wir in der Lage, vom Letzten, von Gott so zu denken, daß er in der Lage und willens dazu sei, – und ebenfalls erst vom Wunder dieses Geschehens her sehen wir – unverstellt, unausweichbar –, daß nichts anderes als nur dies unserem Dasein wahren, nicht sich erschöpfenden Sinn geben kann. Darum hat Ludwig *Wittgenstein* richtig gesehen, wenn er in seinen Tagebüchern notiert: »An einen Gott glauben, heißt sehen, daß es mit den Tatsachen der Welt noch nicht abgetan ist. An Gott glauben heißt sehen, daß das Leben einen Sinn hat.«[6] Die Zuwendung des ewig ihm gegenüberseienden Gottes in menschliche Gemeinschaft herein gibt dem Menschen als dem gegenüberseienden Wesen die sinnvolle Gemeinschaft, für die alle zwischenmenschliche Gemeinschaft Abbild, Verheißung – und dann wieder auch Frucht und Folge ist, Hoffnungsanreiz und Feld zur dankbaren Wiederholung. Das Du Gottes gibt dem Menschen Recht und Sinn, Ich zu sagen. »Ein ›Ich-sein-Können‹ ohne Gott«, so schrieb Bernhard *Groethuysen* an Margarete *Susman,* »vielleicht ist das das eigentliche Problem. Es wäre ein Mensch ganz allein in der Welt, der letzte Mensch. Könnte er noch Ich sagen? Die Pflanzen, die Tiere, die Berge, die Sterne würden ihm sagen: sei unser, laß dein Ich fahren. Er aber würde ausrufen: Du weißt doch, daß ich Ich bin. Aber keiner wäre da, ihm Antwort zu geben. So würde er nur mit sich allein reden.«[7]

Die Welt ist nicht genug

Wittgenstein sagt einen Satz vor jenem Zitat: »An einen Gott glauben, heißt die Frage nach dem Sinn des Lebens verstehen«, – also nicht einfach: die Antwort auf diese Frage haben, sondern sie gerade als Frage empfinden, erleben, die *Fraglichkeit* des Sinnes des Daseins erfassen. Und im »Tractatus logico-philosophicus« schreibt er:

»Der Sinn der Welt muß außerhalb ihrer liegen ... denn alles Geschehen und So-Sein ist zufällig. Was es nicht zufällig macht, kann nicht *in* der Welt liegen; denn sonst wäre dies wieder zufällig. Es muß außerhalb der Welt liegen.«[8]

---

[6] L. Wittgenstein, Schriften, 1960, 167 (Tagebücher 1914–1916).
[7] Zitiert in M. Susman, Ich habe viele Leben gelebt, 1964, 60.
[8] L. Wittgenstein, aaO. 80. – Vgl. M. Horkheimer, Zur Kritik der instrumentalen Vernunft, 1967, 227: »Einen unbedingten Sinn zu retten, ohne Gott, ist eitel. Wie unabhängig, differenziert, in sich notwendig ein bestimmter Ausdruck in irgend-

Die Welt ist nicht genug

Was hier von Wittgenstein in Form eines Postulats gesagt wird, sagt die biblische Botschaft als Wirklichkeit an, als Indikativ: Es *ist* so, daß der Sinn der Welt und unseres Daseins nicht immanent sind, auch wenn wir das wünschen sollten, auch wenn wir proklamieren: »Die Welt ist genug.«[9] Es wird sich immer wieder zeigen, daß sie nicht genug ist, und daß der Mensch sich sein Nicht-Genug-Haben an der Welt nicht auf die Dauer ausreden läßt. Durch das Geschaffensein der Welt und des menschlichen Lebens ist schon entschieden, »daß sein Sinn und Ziel ... nicht einfach innerhalb des geschöpflichen Daseins zu finden ist ... Das Leben des Menschen erschöpft sich in keiner Beziehung zu anderen Kreaturen und so auch nicht in der zu ihrer Gesamtheit. Keine kann ihm genügen, keine kann ihn rechtfertigen, keine kann ihm entscheidend Sinn und Zweck sein«[10].

Dieses Außerhalb bedeutet aber Angewiesensein und Abhängigsein, und zwar von Gott als dem überlegenen und freien Gegenüber, weil es ja Gegenüber in persönlicher Gemeinschaft ist, in Gemeinschaft von Personen. Das heißt: Sinngebung ist freie Gnade; sie kann vom Menschen her nicht bewerkstelligt, nicht durch Beschwörung, durch Beeinflussung herbeigeführt, sie kann nur *empfangen* werden. Sie ist *zufällig,* uns zufallend und dadurch unsere zufällige Existenz ins Sinnhafte hebend. Freie Gnade heißt auch: sie kann nie »gehabt« werden wie ein fester Besitz, immer nur empfangen werden, nur im »Empfangen« »haben« wir sie, d. h. wir haben sie so, daß wir sie immer neu *erhalten.* Wir haben sie so, daß sie immer neu uns zukommt, auf uns zukommt, – wir *haben* sie also immer in Gestalt von *Verheißung.* Sinn-Gebung ist Sinn-Verheißung, ist Versprechen: *Ich werde für euch dasein* – eben dies, aus der Ewigkeit als Wort der Ewigkeit, ist der alte Gottesname, den Israel gesagt bekommt (2. Mose 3,14).

Exkurs über JHWH

Der Israel anvertraute Gottesname JHWH, den Israel nicht als »Schall und Rauch« (*Goethe*) ansah, sondern (wie aus seiner Bedeutung verständlich) als kost-

---

einer kulturellen Sphäre, Kunst oder Religion, immer sei, mit dem theistischen Glauben muß er zugleich den Anspruch aufgeben, objektiv ein Höheres zu sein als irgendeine praktische Verrichtung.«
[9] So G. Klaus, Jesuiten, Gott, Materie, (Ost-Berlin) 1957, 95; vgl. dazu meine Schrift: Die marxistische Religionskritik und der christliche Glaube, 95, 143ff.
[10] K. Barth, Kirchliche Dogmatik III/4, 547f; ähnlich II/1, 481; III/1, 260; III/2, 597; III/3, 193; IV/1, 53.

barste Offenbarung (z. B. Ps. 9,11; 20,2,6,8; 44,6,21; 52,11; 76,2; 145,1,2,21), durfte seiner Heiligkeit wegen in Israel nicht ausgesprochen werden (3. Gebot des Dekalogs), wurde deswegen beim Lesen biblischer Texte durch Adonai (Herr) ersetzt, woraus in der Kirchensprache die falsche Vokalisierung Jehova wurde; seine ursprüngliche Aussprache steht nicht fest. Er dürfte aus einem ekstatischen Gottesschrei: Oh Er! (Ja-hu!) entstanden sein und ist den Israeliten vermutlich »als unaufgehellter, ›bloßer‹ Name (von Midian her?) zugekommen«[11]. Die Deutung, die in der Dornbusch-Geschichte (2. Mose 3,14ff) ihm gegeben wird, dürfte aber nicht Erfindung des Verfassers (des Jahwisten) sein, sondern die allgemeine Auffassung im alten Israel wiedergeben. Der Verfasser verbindet den Namen, um ihn zu deuten, mit dem hebräischen Verbum hajah, das Leben, Wirken, wirksames Dasein bedeutet. Seine Formel Ehje aser ehje ist von der Septuaginta mit »Ich bin der Seiende« übersetzt worden und ihr folgend Jahrhunderte lang mit »Ich bin, der ich bin«. Infolgedessen wurde sie, unter der Suggestion der antiken Metaphysik, als erhabene Tautologie aufgefaßt, die auf die ewige Identität und sinnliche Ungreifbarkeit des höchsten Seins hinweisen sollte, und als Vorgriff metaphysischer Gotteserkenntnis bewundert. Die heutige Forschung ist sich darin einig, daß dies ein Mißverständnis war. Sie versteht die Formel entweder als Namensverweigerung, so daß damit jede von Mose mit seiner Frage begehrte Beschwörbarkeit Gottes und also heidnische Verfügung über Gott abgelehnt[12], jede Verobjektivierung und Verdinglichung unmöglich gemacht wird. Dann wäre zu übersetzen: »Ich werde der sein, als der ich mich jeweils erweisen werde.« Oder die Formel meint eine Verheißung und ist in der Anrede vom Menschen her als ein Dankname zu verstehen[13], – eine Verheißung der Art, daß sie Gottes mitgehendes, helfendes Da-sein in Aussicht stellt, das sich in immer neuer Form vollziehen wird, so daß dem Menschen demgegenüber nur das harrende Sich-Verlassen auf dieses Versprechen übrigbleibt. Zu übersetzen wäre dann: »Ich werde dasein, als der ich dasein werde«, – wie es noch prägnanter im nächsten Vers (2. Mose 3,15) gesagt wird: »Der ›Ich werde (für euch) dasein‹ hat mich zu euch gesandt.«[14] Man wird beide Möglichkeiten zusammen-

---

[11] W. Zimmerli, Das Problem der Sprache in Theologie und Kirche, in: Dtsch. evgl. Theologentag 1958, hg. von W. Schneemelcher, 1959, 12.
[12] So W. Zimmerli, aaO.: »Für Israel ist der Jahwename ein das Persongeheimnis feststellender, kein das Wesen Jahwes aufschließender, es zuordnender Name... In der Nennung des Namens ›Jahwe‹ ist Israels Sprache nicht mehr am Orte ihrer Mächtigkeit.« L. Köhler, Theologie des Alten Testamentes, 1936, 234, Anm. 36: »Ich bin, der ich bin‹ ist eine Aussage, welche die Auskunft verweigert. Gott gibt Mose nicht das Geheimnis seines Wesens (= Namens) preis. Wer Gott ist, wird Mose an seinem Wirken schon sehen... sobald, will man einmal dogmatische Formeln anwenden, nicht Deus revelatus, sondern im strengsten Sinn Deus absconditus.« Ähnlich K. Barth, Kirchliche Dogmatik I/1, 335:«... Ich bin der, dessen eigentlichen Namen niemand nachspricht – das ist bedeutsam genug: der offenbarte Name selbst soll durch seinen Wortlaut an die Verborgenheit auch und gerade des offenbarten Gottes erinnern.«
[13] So jetzt W. von Soden, Jahwe ›Er ist, Er erweist sich‹, in: Die Welt des Orients III, 1964–1966, 175–187; auch H. W. Wolff (s. S. 214, Anm. 4), 399.
[14] Fr. Rosenzweig, Der Ewige, in: M. Buber/Fr. Rosenzweig, Die Schrift und ihre Verdeutschung, 1936, 184–210; M. Buber, Moses, 1948, 56–65; Th. C. Vriezen, Theologie des Alten Testaments in Grundzügen, 1957, 201f; G. von Rad, Theologie des Alten Testaments I, 1957, 182f, 187ff.

fassen dürfen: Für Israel war dieser Name so kostbar, weil er die Zusicherung des Bundes enthält; setzt man diese Bedeutung überall dort ein, wo im Alten Testament dieser Gottesname steht[15], dann schließt sich die Stelle erst in ihrer ganzen Tiefe und Weite auf[16]: nicht bloße Herrschaft, aber auch nicht ein bloßer Name wie Fritz und Hans, sondern ein verheißungsgeladener Name ist Israel gegeben; sein bloßes Nennen oder die bloße Erinnerung an ihn ist schon Zuruf von Verheißung, Aufforderung zu Zuversicht. Dies aber so, daß er die Weise der Erfüllung ganz diesem Gotte Israels vorbehält; sie kann jeweils nur erhofft und erfleht werden[17]. Man kann also mit Martin Buber das »Ich werde dasein, als der ich dasein werde« umschreiben: »Ihr braucht mich nicht zu beschwören; denn ich bin da, bin bei euch. Aber ihr könnt mich auch nicht beschwören; denn ich bin jeweils so bei euch, wie ich jeweils sein will; ich selber nehme keine meiner Erscheinungen vorweg, ihr könnt mir begegnen nicht lernen, ihr begegnet mir, wenn ihr mir begegnet.«[18]

Begründung und Folge der Gemeinschaft

Im Alten Testament ist die Verheißung: »Ich will ihr Gott sein« oft verbunden mit dem anderen Satz: »Ihr sollt mein Volk sein.« Wichtig ist die Reihenfolge dieser Sätze. Einige Male geht die Selbstbestimmung JHWHs als Bundesgott Israels voran und die Bestimmung Israels zum Bundesvolk steht an zweiter Stelle (3. Mose

---

[15] Also überall, wo in der Lutherbibel »Herr« steht; Jahwe kommt im Alten Testament etwa 6700mal vor, »Gott« (elohim) etwa 2500mal.
[16] Z. B. das 54mal bei Ezechiel vorkommende »Du (ihr, sie) wirst erkennen, daß ich JHWH bin«; ebenso Jes. 49, 23; Jer. 16, 19–21; 1. Kön. 8, 43; Ps. 59, 14; 135, 5 u. ö. Vgl. W. Zimmerli, Erkenntnis Gottes nach dem Buche Ezechiel (Abhandlungen zur Theologie des Alten und Neuen Testaments Bd. 27), 1954, 6f, 58ff.
[17] Dies beides ist der tiefere Sinn davon, daß diese Selbstdefinition des Deus spes, wie E. Bloch (Prinzip Hoffnung III, 337) sagt, »jede Statik sinnlos macht«. Der Name JHWH ist darin gänzlich sui generis in der altorientalischen Welt, daß er »qualitätslos« ist, d. h. nicht irgendein bestimmtes Element der Wirklichkeit ausdrückt wie sonst die orientalischen Gottesnamen. Der, den er ansagt, ist diesen Wirklichkeiten transzendent, nicht durch sie erfaßbar (vgl. über das Bilderverbot oben S. 216ff); so Th. C. Vriezen in der Festschrift für A. Bertholet, 1950, 506f.
[18] M. Buber, Kampf um Israel, 1933, 43, mit Verweis auf 5. Mose 30, 12–14. – Diese Offenheit der künftigen Begegnungsweise ist die Offenheit des Alten Testaments für das Neue Testament, d. h. für die die Erwartung erfüllende, die mit der Erwartung verbundenen Vorstellungen aber in mancher Hinsicht korrigierende Daseinsweise des Gottes Israels in Jesus. »Der Name Jahwes, der im Alten Testament die alleinige Quelle alles Trostes und Heils ist, ist jetzt konkret gefüllt durch das Heilsgeschehen, dessen Subjekt der Mensch Jesus ist« (K. Barth, Kirchliche Dogmatik III/2, 758). G. Gloege (Aller Tage Tag, 1961, 213) sagt mit Recht, die »Ich bin gekommen«-Formel in vielen Jesus-Logien lasse sich verstehen als Aktualisierung des alttestamentlichen »Ich bin da«.

26,12; Jer. 7,23; Hos. 2,25; an dieser letzten Stelle ist das »Du bist mein Gott« Antwort des Volkes auf die Verheißung: »Du bist mein Volk«). An anderen Stellen ist die Reihenfolge umgekehrt (Jer. 11,4; 24,7; 30,22; 31,33; 32,38; Hes. 11,20; 14,11; 36,28), manchmal in konditionaler Fassung: wenn Israel endlich sich als Volk JHWHs verstehen und demgemäß leben wird, dann wird JHWH sein Gott sein. Grundlegend ist die erste Reihenfolge: dem »Ich bin für euch da« entspricht das »Ihr dürft und sollt für mich da sein«; das Zweite ist Folge des Ersten und hat das Erste zur Voraussetzung. Die umgekehrte Reihenfolge wie auch sonst die konditionalen Ermahnungen in der Bibel haben nicht den Sinn, dem menschlichen Partner die Rolle dessen, der erst die Bedingungen für den göttlichen Bund herstellen müßte, zuzuschieben. Immer ist Gottes Zuwendung die vorausgehende Bedingung für das menschliche Tun. Aber zum Ziele kommt diese Zuwendung erst in der entsprechenden Zuwendung des menschlichen zum göttlichen Partner, und für die Fruchtbarkeit des Bundesverhältnisses ist Bedingung, daß auch diese zweite Zuwendung, ermöglicht durch die erste, erfolgt. So gründet die zweite Reihenfolge in der ersten und ist ebenfalls – in der Weise des Rufes zur Umkehr – eine Gestalt der Verheißung; denn auch sie ergeht aus der Zuwendung des sich um Israel sorgenden göttlichen Partners und erklärt dessen Entschlossenheit, weiterhin Israels Bundesgott zu sein.

Daran ist zu erkennen, was Gemeinschaft von Personen im biblischen Verständnis ist: die Passivität des Empfangens wird sofort gewandelt in die Aktivität des Dankens. Die Gabe wird sofort Aufgabe, und eben dies ist nichts hinzukommendes Lästiges, sondern macht die Gabe erst eigentlich zum lebenspendenden Geschenk; denn Leben ist immer Aktivität. So gibt mir der, der für mich ist, damit Möglichkeit, für ihn zu sein. Sinngebung ist Liebe samt Einladung zur Gegenliebe, ist Geschenk des gegenseitigen Für-Seins; auch mein Für-Sein setze ich nicht mir selbst, erringe ich nicht mir selber durch mich selbst, sondern erhalte ich geschenkt. Bestimmung und Aufgabe ist Geschenk von Sinn. Ewiges Für-mich-Sein Gottes gibt mir ein ewiges Wofür, gibt meinem Leben und auch meinen Handlungen eine ewige Bedeutung, weil eine Bedeutung für *den* Ewigen, der für mich ist. Von Maxim *Gorki* wird erzählt, er habe gern folgende Fragenreihe vorgetragen: »Wenn ich selbst nicht für mich bin, wer ist dann für mich? Wenn ich aber nur für mich selbst bin, wozu bin ich dann überhaupt?«[19] *Gorkis* Frage wird nun nicht nur zeitlich-unausreichend, sondern *ewig* beantwortet.

Verfehlung

Eben von dieser Würde, zu der der nichtige Mensch durch die Gnade des Schöpfers erhoben wird, gibt es tiefsten Sturz. Eben diese Bestimmung kann verfehlt, eben diese Würde kann mißbraucht werden, – nicht weil die Aufgabe zu hoch ist, und nicht, weil der Mensch zu schwach wäre. Angesichts der aufdeckenden Wucht der biblischen Anrede scheitern für den in seinem Gewissen getroffenen Menschen diese vorher so einleuchtenden Entschuldigungen. Diese Anrede vermag so zentral ins Gewissen zu treffen, ja, genauer gesagt: indem sie an den Menschen ergeht, vermag sie im Menschen ein Gewissen zu erwecken, eine conscientia, ein Mit-Wissen und Erkennen, das dem Menschen unmöglich macht, weiterhin sich in Entschuldigungen zu flüchten, hinter seinen Determinationen sich zu verstecken, sondern ihn nötigt, einzugestehen: Hoc ego feci (das habe ich getan), – und zwar nicht nur diese einzelne böse Tat, dieses einzelne schlechte Unterlassen und Versagen, sondern zusammen mit diesem einzelnen, das nur Anzeichen von größerem Schaden ist, die Zerstörung seines ganzen Sinnzusammenhangs durch Beantwortung der Zuwendung mit Abwendung, der göttlichen Herablassung mit Hochmut und Undank, der göttlichen Belehrung mit Besserwissen, der lebenspendenden Zusage, aus der göttlichen Zuwendung zu leben, mit der todbringenden Starrheit, aus sich selbst und für sich selbst leben zu wollen, des göttlichen Mutmachens und Befreiens mit träger Stumpfheit oder mit verzweifelter Resignation. Nicht Bestimmung, Geworfensein, Schicksal sind an meiner Sinnlosigkeit schuld, sondern ich selbst bin schuld, ich selbst habe den Sinn meines Lebens und das in ihm gegebene Recht zu sein zunichte gemacht, ich habe mich zerstört. Ich kann mein Dasein nicht mehr rechtfertigen. Aus dem

---

[19] Zitiert nach: Ostprobleme 13, 1961, 398. Es handelt sich um einen alten jüdischen Spruch, der von Rabbi Hillel (ca. 40 v. Chr. – 15 n. Chr.) stammt und bei ihm lautete: »Bin ich nicht für mich, wer ist für mich? Und bin ich nur für mich, was bin ich? Und wenn nicht jetzt, wann denn?« Dazu Fr. Kobler, Hillels dreiteilige Frage. Ein kategorischer Imperativ: Auf gespaltenem Pfad. Festschrift für Margarete Susman, 1964, 115–128; A. Goes, Die Fragen des Hillel, in: Aber im Winde das Wort, 1963, 236–239.

Abgrund, in den ich blicke, starrt mich nicht nur das Nichts der Vergänglichkeit, das Nichts der allgemeinen Sinnlosigkeit, sondern – sehr viel zerstörender – das Nichts meiner Nichtswürdigkeit, meiner Sinnwidrigkeit, meiner eigenen Unerträglichkeit an. Dies ist die Verschärfung der Sinnfrage durch die christliche Botschaft, in der die Klage und Anklage, die der Mensch nach außen richtet, zu einer Klage und Anklage gegen ihn selbst sich wendet. Dies ist mit den zusammengehörigen Worten Sünde – Gericht – Verdammnis gemeint, die unüberbietbaren Ernst haben und – weit entfernt davon, daß es sich dabei um Skrupulositäten vergangener, düsterer Zeiten handelte –, nur da verstanden werden, wo das Gewissen des Menschen wach geworden ist. Wenn das Gewissen das eigentlich Menschliche im Menschen ist, dann sind die Menschen nie in der Geschichte der Menschheit so sehr Menschen gewesen als da, wo sie sich im Gewissen in dieser Weise ernst genommen haben, und wo sie das loswerden, befinden sie sich nicht auf einem Fortschritt zur Humanisierung, sondern auf einem Abstieg vom Menschsein, weil vom Verantwortlichsein.

Rechtfertigung des Verfehlenden

Sich selbst in diesem Maße als den, der seine Sinnzerstörung sich selbst zuzuschreiben und selbst zu verantworten hat, erkennen und bekennen kann jeder von uns nur dann, wenn er schon aus diesem Gericht gerettet ist. Es ist uns unertragbar, uns als die Unerträglichen zu sehen. Diese Erkenntnis ist ja die Hölle, vor der auch der Selbstmord (Judas Ischarioth) nur ein Fluchtversuch, nicht aber ein wirklicher Ausweg ist. Erst im Rückblick, als die Geretteten, können wir uns ohne Ausflucht eingestehen, woraus wir gerettet worden sind. Das ist der Grund, weshalb die Bibel die Verlorenheit des Menschen schärfer zu beschreiben vermag als jede andere Form von Skepsis, Pessimismus und Nihilismus. Sie beschreibt sie von der Position der Rettung des Verlorenen her. Der Inhalt der Bibel ist die Geschichte der neuen Sinnstiftung, des großen Unternehmens der Heimholung der Verlorenen durch ihren Schöpfer, anhebend in der Anrede an Israel, durchgeführt, zum Siege geführt in der Erscheinung und dem Geschicke Jesu Christi, und diesen Sieg durchsetzend in der Vollendung des Reiches Gottes. Es geht in dieser Ge-

Sinngeben des Handeln 309

schichte um nichts anderes als um die Rechtfertigung des Geschöpfs, um den Sinn des Unternehmens der Schöpfung, darum also, daß es sinnvoll war, wenn der Schöpfer sich auf die Erschaffung der Menschen, auf den Liebesbund mit den Menschen eingelassen hat, darum, daß er sich das Recht verschafft, aufs neue der Gott dieser Menschen zu sein und ihnen das Recht, sein Volk zu sein, zu gewähren. Vom Menschen her besteht dafür keine Hoffnung mehr; der Mensch kann, nachdem er den Sinn seines Daseins zerstört hat, diesen Sinn nicht mehr restituieren, er kann Gott nicht bei der Rechtfertigung helfen; die Hoffnung Gottes steht auf Gott allein, und darum steht auch die Hoffnung des Menschen auf Gott allein. Diese Wiederbegründung des vom Menschen verspielten Sinnes, der ewigen Sinnbeziehung geschieht durch die Geschichte der Erwählung Israels, des Kreuzes und der Auferstehung Jesu Christi und der Sendung der Gemeinde Jesu in die Welt. Darum spricht der Gekreuzigte im Johannesevangelium sein *»Es ist vollbracht«*. Es ist die Geschichte des Sieges der sinngebenden Gnade. Diese Gnade erst enthüllt das Verderben des Menschen ganz; sie klagt den Menschen an, indem sie den Angeklagten vor den Folgen seiner Schuld rettet und ihm neues Leben in der Gemeinschaft mit dem Schöpfer gewährt, ihn in die Würde seiner Bestimmung wieder einsetzt, ihm durch das kein Opfer scheuende Für-ihn-Sein des ewigen Gottes sein Wofür wiedergibt.

Sinngebendes Handeln

Sinngebung bezieht sich auf das Sein wie auf die Antwort des Empfangenden. Sinnerfüllung des Lebens auf der Seite des Empfangenden geschieht in seinem tätigen Leben. Wir können nicht daran mitwirken, daß uns Sinn zugesprochen wird, und daß verwirkter Sinn uns neu gewährt wird. Sinngebung besteht aber je darin, daß unserem Leben, also nicht nur unserem Dasein, sondern auch unserem Tätigsein ein Wofür gegeben wird, eine Gelegenheit also zu sinnvollem Tun, und zwar darin, daß wir mit unserem Tun *mitwirken* können an einem größeren Werk, daß unser Wirken sinnvoll wird dadurch, daß es in Teilnahme an einem größeren Werk und in Bestimmtheit durch dieses größere Werk und also in Übereinstimmung mit dem Geist, der Richtung, den Regeln und dem Ziel dieses größeren Werkes geschieht.

Handlungen werden sinnvoll durch ihren Kontext, ihr Eingefügtsein in umfassenderes Handeln. Diese Sinnhaftigkeit ist eine doppelte: Der Schnitt eines Chirurgen ist sinnvoll als Teilhandlung der Gesamtoperation, – d. h. aber, er steht unter zwei Fragen: 1. ob er als Teilhandlung dieser Operation ein sinnvoller, d. h. nützlicher und notwendiger Schnitt war, und 2. ob die ganze Operation selbst im Interesse der Gesamttherapie eine nützliche und notwendige Handlung war. Die erste Frage kann unabhängig von der zweiten beantwortet werden – und dennoch ist die zweite Frage entscheidend auch für die erste. Weil die erste Frage unabhängig von der zweiten ist, besteht die Möglichkeit, bei der Frage nach dem technischen Sinn, nach der technischen Effizienz die Frage nach dem Gesamtsinn zu ignorieren. Daraus entsteht die Möglichkeit jenes verachtenswerten Spezialistentums, das sich Machthabern zur Verfügung stellt, ohne nach dem übergeordneten Gesamtsinn zu fragen. Man denke an die militärischen Techniker des deutschen Generalstabes, die für Hitler arbeiteten, oder jene heutigen Naturwissenschaftler und Techniker, die an der Entwicklung von ABC-Waffen arbeiten, nur weil es, wie Robert *Oppenheimer* bei der Arbeit an der Wasserstoffbombe sagte, »technically sweet« ist. Wer sich, um seiner Lust am Erfinden und Herstellen frönen zu können, der Frage nach dem Gesamtsinn seines Tuns entschlägt, hat die Frage nach dem Sinn seines Tuns auf die Frage nach dem bloßen technischen Nutzen reduziert und erniedrigt sich selbst zum bloßen Instrument.

Wir befinden uns damit wieder in der Kette der Sinnfrage[20], die, auf Handlungen bezogen, die Kette des Fragens nach dem je größeren Werk ist, von dem her das je kleinere Werk, durch sein Einbezogensein ins größere, Sinn empfängt. Wo ist dieses je größere zu finden? Wenn es darauf mehrere Antworten gibt, also mehrere »größere Werke«, – nach welchem Maßstab können wir uns zwischen ihnen entscheiden oder sie in eine Skala einstufen? Auskünfte bekommen wir von allen Seiten, ihr Streit erfüllt die Luft der Hörsäle wie der politischen Diskussionen. Keine Moral, die nicht unter Ideologie-Vorwurf stünde, – keine noch so neutrale Analyse, die nicht in eine Anweisung zu sinnvollem Handeln mündete oder mindestens danach befragt würde. Immerhin gibt es ein paar gemeinsame Momente:

a) Jede Antwort muß schließlich und zuletzt von mir, dem ein-

---

[20] Siehe oben S. 50ff.

Sinngeben des Handeln

zelnen, gegeben werden. Die Werte, die Ideen, die Probleme, die Kollektivinteressen – sie müssen durch meinen Kopf hindurch, um auf diesem Wege zu Handlungen zu werden. Das mindestens ist die Wahrheit in Nikolai *Hartmanns* Rede vom Menschen als dem final Handelnden in einer nicht-finalen Welt: Es ist immer der einzelne, auch wenn Massen arbeitsteilig kooperierend große Werke vollführen. Deshalb bemühen sich die Machthaber, die Umwelt, die sozialen Gruppen so eifrig, durch Überzeugung, Sozialisation, Manipulation oder rohen Zwang mich, den einzelnen, dazu zu bringen, daß mein Sinn-Urteil dem ihrigen konform wird, daß ich dasjenige Tun für sinnvoll halte, das sie für sinnvoll erklären. Noch damit erkennen sie an, daß ich selbst es bin, der die Sinn-Antwort geben muß. Mechanischer Zwang reicht nicht weit; ausreichendes Sinn-Motiv dem Handelnden zu liefern, ist nötig, weil er selbst der Sinngebende seines Tuns ist.

b) In diesem Sinngeben ist der einzelne aber nicht unabhängig. Sinn kann nicht willkürlich gesetzt werden. Von *Nietzsche* bis *Sorel* hat die Rühmung des freien Individuums, das mit seinem: Sic volo, sic jubeo (so will ich, so befehle ich) nicht nach übergeordneten Werten, sondern in freier Setzung den Sinn seines Handelns bestimmt, diese Abhängigkeit verdunkelt, aber nicht aufzuheben vermocht. Sie war nur Ausdruck des Verlustes an Verbindlichkeit, den überkommene Wertordnungen erlitten haben, nicht aber Beweis ihrer Entbehrlichkeit. Noch der zynischste Diktator muß, sobald er andere seinen Bestrebungen dienstbar machen will, ihnen die Verbindlichkeit seiner Vorstellungen zu suggerieren imstande sein, mag er selbst noch so willkürlich den Sinn dieses Werkes gesetzt haben; als gemeinsames, überindividuelles muß es als sinnvolles größeres Werk dargestellt werden können. Das Tun des einzelnen ist *immer* Einfügung in größeren Zusammenhang, der vom Täter nicht erst geschaffen, sondern schon vorgefunden wird. Findet er solchen Zusammenhang nicht, so bleibt sein Tun sinnleer. Weil Leben Aktivität ist, ist die Sinnbeziehung wechselseitig, aber nicht reziprok, d. h. wechselseitig in unumkehrbarer Reihenfolge: sinngebender Zusammenhang ist von mir zu empfangende Voraussetzung; sinngebendes Tun ist Antwort auf vorgegebenen Sinn-Zusammenhang, diesen in meine Aktivität übernehmend, von mir aus aktualisierend. Ist antwortendes Tun nicht möglich, so bleibt mein Empfangen folgenlos; ist Zusammenhang nicht gegeben, so wird mein Tun leer.

c) Die Suche nach dem größeren Zusammenhang findet zunächst die Kollektive, in denen der einzelne sich vorfindet, die kleineren und größeren, samt ihren Wertvorstellungen. Sie kann dann beim Menschheitskollektiv abbrechen, wie z. B. im traditionellen Marxismus. Sie kann, weil dies unbefriedigend ist, darüber hinausgehen mit universaler Tendenz, wie in den spekulativen Systemen von *Hegel* bis *Teilhard de Chardin*, dafür die moderne Idee der Evolution benützend und eine übermenschliche Tendenz des Gesamtgeschehens postulierend. Darin verrät sich, wie jeder Abbruch in der Kette des Fragens das Sinn-Bedürfnis verletzt, ja in die totale Sinnlosigkeit zurückwirft. Innerhalb der Grenzen der bloßen Vernunft ist der Konflikt zwischen dem Postulat, dem doch die zuverlässige Begründung fehlt, und der Resignation, die deshalb auf das zuverlässige Feststellbare sich positivistisch beschränkt, damit aber dem Tun keinen ausreichenden Sinn-Zusammenhang mehr angeben kann, unaufhebbar und also auch das Hin- und Her-Schwanken zwischen diesen beiden Möglichkeiten, im Einzelleben ebenso wie in den sich (oft modisch genug) ablösenden Stimmungen der Generationen. Was wir bei der Darstellung der biblischen Botschaft die Verheißung – als deren Zentralinhalt – genannt haben, ist die Information über das göttliche Werk an der Welt als dem vorgegebenen Sinn-Zusammenhang für das menschliche Tun und die von daher ergehende Einladung an jeden Menschen, an diesem göttlichen Werk mitzuwirken. Anhand der drei Artikel des sog. Apostolischen Glaubensbekenntnisses kann man dieses Werk beschreiben als Gottes Wille und Wirken, seine Welt zu erhalten und zu vollenden, sie aus der Verfallenheit an das Böse zu retten und sie dem Ziele der ungetrübten Liebesgemeinschaft zwischen dem Schöpfer und seinen Geschöpfen zuzuführen. Das ist das schlechthin umfassende größere Werk, von dem her unser einzelnes Tun Sinn und kritische Norm bekommt.

Mitwirken

Das Wort »mitwirken« erinnert an den Streit zwischen *Luther* und *Erasmus* über den »freien Willen«, der eigentlich ein Streit über die Frage, wieweit der Mensch zu seiner Seligkeit mitwirken könne und mitzuwirken habe, gewesen ist. Die humanistische Position des Erasmus befand sich dabei in grundsätzlicher Übereinstimmung mit der mittelalterlichen Gnadenlehre, trotz deren variabler Setzung des Akzentes mehr auf die vorlaufende Gnade (*Thomas von Aquin*) oder auf das menschliche Verdienst (Spätscholastik). Um der Aktivität des Menschen, seinen Entscheidungen und Handlungen, Sinn zu liefern, ließen Scholastik und Erasmus ihn mitwirken an seinem Heil, seiner Rettung, seiner Wiedergeburt, an dem Zu-Ihm-Kommen der Gnade, eben durch seine richtige Entscheidung und die positive Beantwortung des Angebots und des Gebots. Die Reformation erkannte, daß damit der Mensch aus der Rolle des Empfangenden in die Rolle dessen versetzt wird, der den Sinn selbst gibt, daß aber Sinn von oben nach unten kommt, nicht von unten nach oben erobert werden kann. Sinn ist Gnade; selbst das Wofür, die Gewährung der Aufgabe, ja selbst das Einstimmen des Empfängers in die Gnade, ist Gnade. Diese reformatorische Wahrheit, die von den besten theologischen Tendenzen im Katholizismus bestätigt wird, darf nicht vergessen werden, wenn nun die andere Frage auftaucht, wie es denn mit der Aktivität, dem *Tun* des Menschen stehe, ob er nur passiver Empfänger bleibe und seinem Aktivsein gar kein Sinn zukomme. Die Reformatoren haben diese Frage so beantwortet, daß sie sagten, die cooperatio hominis cum Deo (Mitwirkung des Menschen mit Gott) finde nicht bei seiner eigenen Errettung, also bei der Neukonstituierung des verwirkten Sinnes seines Daseins statt, wohl aber führe eben diese zur cooperatio hominis cum Deo bei der Besorgung der Welt. Im Gleichnis Jesu gesprochen: Der verlorene Sohn kann sich nicht selber wieder ins Vaterhaus hineinbringen; nachdem er aber wieder im Vaterhaus, aus Gnade als Sohn angenommen, tätig ist, steht der Sinn seines Tuns ständig unter der kritischen Frage, ob er damit seinen Dank durch sinnvolle Beteiligung am Werk des Vaters bestätige oder nicht. Die Gnade ist also gerade Motiv zum Tun, nicht ein vom Tun abhaltendes, das Tun lähmendes Quietiv. »Fide autem nobis justificatis, egredimur in vitam activam« (Durch den Glauben gerechtfertigt, gehen wir hinaus ins aktive Leben)[21].

---

[21] WA 40 I, 447, 22f.

Weg zum Ziel

Was bei den Reformatoren nicht genügend erkannt wurde, ist die eschatologische Richtung dieses Mitarbeitens des Menschen mit Gott bei der Besorgung der Welt. Für unser heutiges Denken, das infolge naturwissenschaftlicher Erkenntnisse vom Evolutionsgedanken geprägt ist und diesen mit einer Auffassung von der Geschichte als Geschichte einer sich ständig verändernden Welt mit offener Zukunft vereinigt, ist es wichtig, die eigenartige Dialektik im biblischen Weltdenken neu zu erkennen. Sie wird deutlich, wenn man beide, nach ihrer Entstehungszeit etwa sechs Jahrhunderte auseinanderliegende Schöpfungsberichte der Bibel (1. Mose 1–2) mit den übrigen biblischen Aussagen über Gottes Wirken und Mitgehen in der Geschichte der Welt zusammenhält und ihre eschatologische Richtung[22] beachtet. Dann ergibt sich: die Schöpfung ist fertig – und sie ist nicht fertig.

Sie ist fertig, sofern sie dem Menschen vorgegeben ist als der Boden, auf dem er stehen, die Luft, in der er atmen, das Land, in dem er leben kann. Nicht er ist es, der sie erst aus dem Chaos in einen Kosmos umwandeln muß; nicht er ist es, der sie vor dem Rückfall in das Chaos, vor dem Verschlungenwerden durch das »Nichtige« (.K *Barth*) bewahren müßte. Von der Angst vor dieser Möglichkeit und durch diese Aufgabe sind die Religionen bewegt. Sie samt den von ihnen sanktionierten Ordnungen sind angstvolle Versuche, die Insel menschlichen Lebens vor dem ständig andringenden Chaos zu schützen. Die Kunde vom Bundesgott als Schöpfergott soll Israel sagen, daß Schalom, Frieden und Heil *vor* seinem eigenen Tun schon durch die Treue des Bundesgottes, der selbst zwischen seiner Welt und dem Chaos steht, ihm zugesichert ist. In dieser Kunde soll es Frieden haben, schon aus dem Frieden herkommen[23].

Andererseits aber ist die Schöpfung nicht fertig. Das ist sie für die Gottesvorstellung des Deismus, bei der der Schöpfer nur die Funktion der prima causa hat, durch die das Universumsgeschehen mit allen notwendigen Bedingungen in Gang gesetzt wird, um dann selbständig weiterzulaufen. Die Schöpfung ist nicht fertig, weil der Schöpfer mit ihr nicht fertig ist, so daß er sich von ihr zurückziehen

---

[22] Siehe oben S. 220ff.
[23] Vgl. Hans P. Schmidt, Schalom: die hebräisch-christliche Provakation, in: Weltfrieden und Revolution, hg. von H.-E. Bahr, 1968, 185ff.

Weg zum Ziel

könnte wie der Handwerker von seinem abgeschlossenen Werk. Gottes gegenwärtiges Wirken in seiner Welt dient nicht nur ihrer Erhaltung, sondern ihrer Vollendung. Schöpfung ist dynamisches und teleologisches Wirken Gottes, so aber, daß dieses Wirken nicht, wie N. *Hartmann* daraus sofort meint schließen zu müssen, menschliches Wirken ausschließt, sondern gerade erst freigibt, ermöglicht und fordert[24]. Schöpfung ist Beginn von Geschichte, und zwar nicht nur der Welt, sondern Gottes mit der Welt, echter Geschichte, in der nicht nur Gleiches sich wiederholt, sondern ständig Neues entsteht, neue Möglichkeiten sich auftun, Geschichte, die auf eine erfüllende Zukunft gerichtet ist. Die Verbindung des christlichen Denkens mit der geschichtsfremden antiken Metaphysik hatte zur Folge, daß der Schöpfer als Urheber einer durch ihn ins Dasein gesetzten Welt mit einer stabilen, unveränderlichen Ordnung gedacht wurde. Für den Menschen gab es dann nur zwei Ziele: innerhalb der Welt das konservative der Mitarbeit an der Erhaltung oder jeweiligen Zurückgewinnung der Schöpfungsordnung, und als Glaubensziel der außerweltliche Aufstieg zum göttlichen Sein, nicht aber ein zukünftiges Ziel innerhalb der Welt, und das Eingeflochtensein in die ständigen Veränderungen der Welt konnte nur als Erdenrest, zu tragen peinlich, angesehen werden. Im Alten Testament, besonders bei den Propheten, wird die Teilnahme an diesen Veränderungen bejaht als ein Mitgehen mit dem in neuen Aufbrüchen geschehenden Weg Gottes in und mit seiner Welt, das große Aufmerksamkeit fürs jeweilig Neue und Bereitschaft zum Aufbrechen aus dem Bisherigen erfordert, und es wird nach vorne gesehen auf eine Vollendung der Welt, in der sie noch nicht ist, – und zwar noch nicht ist nicht nur wegen Verwüstung durch die Sünde, sondern auch deswegen, weil die Schöpfung »Wurf nach einem höheren Ziel« ist, ein Noch-nicht an größeren, von Anfang an angekündigten (das Licht am ersten Schöpfungstag, 1. Mose 1,3f, ist eschatologische Verheißung!), aber erst später (für das Neue Testament erst in der Auferstehung Jesu) deutlich sichtbar werdenden Möglichkeiten. An diesem dynamischen Schöpfungsprozeß mitzuwirken ist der Mensch berufen. Auch darauf erstreckt sich sein Ebenbild-Sein. Durch jene ältere Denkweise blieb die Theologie uninteressiert an den weltlichen Veränderungen. Sie konnte ihnen keinen Sinn abgewinnen. Sie wurde in ihrer Sozial-

---

[24] N. Hartmann, Teleologisches Denken, 1951.

ethik konservativ, dachte nicht auf populorum progressio und stärkte damit die Interessen derer, die das Bestehende aufrechterhalten wollten; die dynamisch-revolutionäre Tendenz der Bibel wurde denen überlassen, die sich von der kirchlichen Verkündigung abwandten, weil diese mit einer konservativen Theologie verbunden war und den Blick nach vorne aufgegeben hatte[25].

Befriedung und Beunruhigung

Damit ist der Quietiv-Charakter der Gnade und der reformatorischen Rechtfertigungslehre nicht verschämt, aus Angst vor den Anklagen eines früheren und heutigen Aktivismus, geleugnet. Es sollte ja, so war uns in der christlichen Botschaft verheißen, eine Antwort sein, die die Sinnfrage zur Ruhe bringt. Es zeigt sich, daß bei dieser Antwort Beruhigung und Beunruhigung in höchstem Maße vereinigt sind. Der verlorene Sohn ist nach dem Beweis der bedingungslos gnädigen Liebe des Vaters beruhigt hinsichtlich seines Seins als Sohn im Vaterhause, aber dadurch eben ständig beunruhigt hinsichtlich seines Tuns als Sohn im Vaterhause, hinsichtlich des Sinnes seines Tuns: ob es seinen Dank angemessen und genügsam ausdrücke, und ob sein Tun sich sinnvoll in das größere Werk des Vaters einfüge. Diese Unruhe ist nicht mehr die der angstvollen Frage: »Wie komme ich hinein ins Vaterhaus?« Sie ist nicht mehr die Unruhe der Angst, sondern die Unruhe des Dankes und der Liebe dessen, der aus Gnaden schon im Vaterhaus, *in* der Sinngewährung sich befindet. Weil er sich nicht mehr das Recht auf Sein zu erwerben hat, eben darum liegt ihm aus Liebe zum Vater daran, sich den Lohn des Lobes des Vaters zu erwerben; das ist der Sinn der sog. Lohnethik in der Bibel, gerade auch in der Verkündigung Jesu. Jesu Gebote sind die Fortsetzung seines Gleichnisses von den beiden Söhnen, dem verlorenen und dem zu Hause gebliebenen (Luk. 15, 11–32). Unser Tun ist damit von einer Angst befreit, die bewirkt, daß sich immer wieder unser Egoismus, unser eigenes Interesse in unser Tun einmischt, so daß wir bei unserem Tun immer zwei Herren dienen

---

[25] Weil die Konsequenzen dieses »Blicks nach vorne« für das gesellschaftspolitische Handeln hier nicht aufgezeigt werden können, verweise ich auf meine Thesen: Die Revolution des Reiches Gottes und die Gesellschaft, in: Diskussion zur »Theologie der Revolution«, 1969, 41–68, und auf meine Schrift: Die reichen Christen und der arme Lazarus, 1968.

Befriedung und Beunruhigung 317

müssen: 1. dem sachlichen Zweck, 2. uns selbst, – oder beim Tun eines Liebeswerkes: 1. dem anderen, 2. uns selbst, unserem Bedürfnis nach eigener Gerechtigkeit, nach Leistungsaufweis, nach Selbstbestätigung. Diese Selbstbestätigung und Selbstrechtfertigung im Werk, in der Leistung ist angstvolle Triebfeder allüberall, von den trivialsten bis zu den subtilsten Formen, von der Selbst-Genugtuung des protzigen Muskelmenschen, des erfolgreichen Schürzenjägers oder Geschäftsmannes, vom Fit-Bleiben-wollen des Sportlers und Filmstars bis zur Versteifung des Denkers auf das Rechtbehalten mit seinen Thesen. Wir suchen den Sinn unserer Existenz in unserer Leistung. In der modernen Leistungsgesellschaft ist der vor 400 Jahren geführte Streit um die Gerechtigkeit aus den Werken von höchster Aktualität.

»Werkgerechtigkeit, diese Hauptfrage Luthers und auch den Faustschluß regierende Frage, ist vom ›guten Werk‹ der Nächstenliebe längst auf das gute ›unsterbliche Werk‹ der Kunst und der Wissenschaft übergegangen. Mit solchen Werken glaubt man jetzt allen Ernstes bestehen zu können. Und neuestens tritt das Werk, das gerecht macht, gar als ›das Werk‹ auf, als das Hüttenwerk und das Stahlwerk und als Sozialwerk – einer Wohlfahrt, bei der zuletzt alle mißfahren. Das Werk, das Werk. Der Götze, den alle in Osten und Westen anbeten. Ein Tag, den man in einem Industriewerk verbringt, belehrt einen darüber, was das für einen Götzenklang hat: das Werk, von welchem das Heil kommt. So daß ein Luther, der heute aufträte, nicht mehr daran dächte, gegen Möncherei und werkgerechten Ablaß zu wettern, vielmehr gegen den Abgott Leistung und Goldenes Kalb Werk, die eigentliche, tödliche, unevangelische Werkgerechtigkeit dieser Zeit. – Natürlich ist eine so gründliche theologische Frage, wie es die Werkgerechtigkeit ist, nicht damit erledigt, daß eine verweltlichte Welt sie eines Tages einfach vergißt. Es steckt alles voller nicht mehr erkannter, verleugneter Theologie. So verstoßene theologische Fragen aber sind nicht zu lösen, sie würden denn als Heilsfragen wiedererkannt. Wie ließe sich auch auf das tausendjährige Denken darüber verzichten, ein Denken, das mit dem Leben bezahlt war. Kein akademisches Denken.«[26]

Es ist tatsächlich eine Heils- oder Unheilsfrage, ob von unserem Werk der Sinn unseres Lebens abhängt. Denn auch dann würde dieser von etwas abhängen, was uns genommen werden kann, was wir jederzeit verlieren können. Wir können durch Krankheit, Alter usw. in die Leistungsunfähigkeit geraten, und es kann uns in solchen Zeiten alles schon Geleistete so wesenlos werden, daß uns der Gedanke daran nicht das Geringste mehr hilft. Es können Menschen von vornherein mit sehr wenig Leistungsfähigkeit ausgerüstet sein und sind dann weder vor der Verachtung der anderen noch vor den eigenen Minderwertigkeitskomplexen geschützt, – bis hin zu jenen,

---

[26] Erhart Kästner, Die Stundentrommel vom Berge Athos, 1956, 186f.

bei denen so wenig Ausrüstung vorhanden ist, daß sie wegen ihres Schwachsinns als «lebensunwertes Leben» vom Vorschlag der Ausmerzung bedroht werden. Ein solches Unternehmen war keineswegs nur eine Folge besonderer Inhumanität des Naziregimes. Dieses hat hier nichts erfunden, sondern nur übernommen. Der Nazismus hatte als Kern die Anschauung vom Recht der Stärkeren über die Schwächeren. Eben damit war er eine sehr krasse Form der Leistungsreligion, und es kam an ihm zutage, zu welchen Inhumanitäten eine solche führen kann, auch wenn sie nicht in Form einer Rassenideologie auftritt[27]. Denn Leistungsreligion schwankt stets, wie *Luther* gesehen hat, zwischen superbia und desperatio, zwischen hochmütiger Verachtung von Seiten des Starken, der Leistung Fähigen, gegen die Unfähigeren und Unfähigen, und der Angst, auf die Seite der Unfähigen zu geraten, also dem krampfhaften Bemühen, uns auf die Seite der Starken zu bringen und uns dort zu behaupten, und, wenn dies gescheitert ist, der resignierten Verzweiflung. Es kann aber schon scheitern, wenn wir den Abstand unserer Leistung gegenüber dem, was wir hätten tun sollen, erkennen – oder gegenüber dem, was unser Ehrgeiz oder unser Vergleichen mit den Leistungen anderer uns als Ziel gesetzt hat. Worauf wir früher stolz gewesen waren, schrumpft dann zur Wertlosigkeit zusammen. Und wie groß wird die Verzeiflung auch dann sein, wenn wir zur Erkenntnis kommen, daß wir uns mit allen unseren Bemühungen für eine falsche Sache eingesetzt haben! Sinngebung durchs Werk ist ein Zustand des Krampfes, der beständigen Angst, eine Flucht vor der Sinnlosigkeit, die schließlich in das Verderben führt, vor dem man flieht. Das meint *Paulus*, wenn er sagt: »Die mit des Gesetzes Werken umgehen, die sind unter dem Fluch« (Gal. 3,10).

---

[27] Wie unüberwunden das mörderische Denken von der Tauglichkeit für Leistung weiterspukt, zeigt W. Kütemeyer (s. S. 137, Anm. 91) an den schon nicht mehr utopistischen Erwägungen heutiger Genetiker: Was soll mit den »Nieten« geschehen, die bei der künstlichen Menschenzüchtung anfallen werden? (125f). Dazu Kütemeyer: »Was damals im Herzen Europas aufkam, hat jetzt große Teile der Welt ergriffen. Was damals einer Kooperation von Staat und Forschung entsprang, ist nun mehr in das Zentrum der Wissenschaft eingedrungen«: die »Tendenz zur aboluten Manipulierung der menschlichen Person« durch »vergegenständlichende Objektivität«, »die das Leben als Ding ansieht und auch behandelt«. Diese Verdinglichung im Zentrum der auf naturwissenschaftliche Betrachtungsweise reduzierten Anthropologie korrespondiert dem kapitalistischen Verwertungsdenken, das von den bisher realisierten sozialistischen Systemen wegen ihrer Bindung an naturalistische Weltanschauung noch nicht überwunden ist.

Befriedung und Beunruhigung

Die Bibel spricht unseren Werken nicht eine unserem Dasein Sinn gebende Funktion zu. Sie bekämpft gerade diesen verhängnisvollen Wahn, daß wir von unseren Leistungen leben, und daß unser Leben so weit sinnvoll gewesen sei, als wir Leistungen aufzuweisen haben. Sie nennt unsere Leistungen *»Früchte«*[28]. Das besagt: sie begründen nicht Sinn, sondern sind Folgen der Gewährung von Sinn; sie können Weisen unseres Antwortens sein, Formen unseres Angreifens der mit der Sinngewährung aufgegebenen Aufgabe, Zeichen unseres Dankes. Der aber, der uns die Aufgaben stellt, hat seinen Bund nicht von der Erfüllung dieser Aufgaben abhängig gemacht. Nicht der Bund gründet in der Aufgabe, sondern die Aufgabe gründet im Bunde. Auch die beste Erfüllung der Aufgabe ist nicht mehr als Dank für die Aufnahme in den Bund; auch die schlechte Erfüllung der Aufgabe oder ihre Verfehlung hat nicht automatisch Ausstoßung aus dem Bunde zur Folge, weil dieser in der vorhergehenden und bedingungslosen Liebe des Vaters gründet. »Früchte« werden unsere Werke genannt, weil wir sie diesem Bunde verdanken: »Alles, was wir ausrichten, das hast du uns gegeben« (Jes. 26,12). »Wer in mir bleibt und ich in ihm, der bringt viele Frucht; denn ohne mich könnt ihr nichts tun« (Joh. 15,5)[29]. Daß nach den Früchten gefragt und dem unfruchtbaren Feigenbaum das Abhauen (Luk. 13,6ff), der unfruchtbaren Rebe das Abgeschnittenwerden (Joh. 15,2) angedroht wird, hat seinen Sinn sowohl als Erinnerung an die Freiheit der Gnade, wodurch verhindert wird, daß die Gnade zum Ruhekissen für die Faulheit wird, wie auch als Hinweis darauf, daß die Frage, ob er dem Herrn Nutzen bringe, gerade den Knecht, gerade den verloren gewesenen Sohn selbst beschäftigen muß, wenn er wirklich für die Gnade dankbar ist. Aber dies darf nicht so verstanden werden, als werde damit aufgehoben, daß die Liebe des Vaters dem Sohne schon galt, als von Nutzen noch keine Rede sein

---

[28] Vgl. z. B. Matth. 7,16ff; 13,8; Luk. 13,6ff; Joh. 15,2ff; Röm. 6,21f; Gal. 5,22; Phil. 4,17.
[29] Vielleicht hat Franz Kafka das Gleiche im Sinn, wenn er einmal notiert: »Das Negative zu tun, ist uns noch auferlegt; das Positive ist uns schon gegeben« (Betrachtungen über Sünde, Leid, Hoffnung und den wahren Weg, in: Beim Bau der Chinesischen Mauer, 1948, 218). Das Positive ist nicht unsere Leistung, sondern das Wirken der Liebe Gottes in uns; deren Gehemmtwerden abzuwehren ist dann das uns aufgetragene Negative. So hat christliche Frömmigkeit, bes. in der christlichen Mystik, ebenso bei Luther, auch das gute Werk, das Gute an unserem Wirken immer als göttliches Geben verstanden.

konnte, und daß sie bedingungslos gilt. Eben eine Weise dieser Liebe ist es ja, daß der Vater dem Sohne die Möglichkeit gewährt, ihm nützlich zu werden. Damit ist hoffentlich die verbreitete Legende zerstört, die Verkündigung der Gnade und unserer Abhängigkeit von ihr lähme die Aktivität des Menschen. Wo sie recht verstanden und nicht, wie es freilich immer wieder vorkommt, mißbraucht wird, ist sie vielmehr ein Movens, eine Ermöglichung und Ermunterung der Aktivität, und zugleich deren Schutz vor der naheliegenden Verzweiflung angesichts der Möglichkeit von Fehlgriffen und der Erkenntnis der Unzulänglichkeit. Eben dies kann nun unsere Bereitschaft, aktiv zu werden und das Risiko der Verantwortung zu übernehmen, nicht mehr hemmen. Aktivität unter der Gnade ist nicht gelähmte, sondern getröstete und also ermunterte und ermutigte Aktivität. *Sinngebung* für uns sinnzerstörerische Menschen muß *Vergebung* sein – oder sie ist nichtig.

Sinngebung durch den Bedürftigen

Sinngebung ist ein Beziehungsgeschehen, wenn auch nicht reziprok, so doch wechselseitig. Wer Leben gibt, gibt Aktivität, Subjektsein; wer unserem Dasein Sinn gibt, gibt ihm damit Möglichkeit des Sinngebens. Sinnvolles Dasein wird uns gegeben zu sinnvollem Tun. Erst im Tun wird Sinn wirklich empfangen, – und sei dieses Tun, wenn nichts anderes mehr möglich ist, auch beschränkt auf die innere Antwort des Herzens, auf Dank, Glauben und Lob. Freiheit zum Antworten – das ist alles. Wann wird sich herumsprechen, daß dies mit »Glauben« gemeint ist, wenn das Wort im biblischen Zusammenhang verwendet wird? Also nicht Unterwerfung unter autoritär vorgewiesene Lehrsätze, nicht vages Vermuten, nicht fanatisches Behaupten und Fürwahrhalten, sondern Freiheit zu dem, wozu uns die Freiheit so bitter fehlt: zum Vertrauen in Sinn, auch wenn wir ihn noch nicht sehen, Vertrauen in das zugesagte Für-uns-Sein, wagen, mit unserem Nicht-Allein-Sein aufgrund dieser Zusage zu rechnen, – und daraufhin ebenfalls das Für-Sein vollziehen, unser Tun als Für-Andere-Dasein: »Glaube, der durch die Liebe tätig ist« (Gal. 5,6).

Das ergibt eine merkwürdige Umkehrung: Bisher sahen wir uns selbst bei Betrachtung der Sinnfrage als die Armen, die ihren Sinn

Sinngebung durch den Bedürftigen 321

aus dem Reichtum der anderen empfangen, aus dem Reichtum ihrer Liebe, aus dem Reichtum der Liebe Gottes. Das in sich Nichtige lebt vom Reichtum der ihm zugewendeten Liebe. Jetzt aber wird die Armut der anderen um uns her zu einer neuen Sinn-Quelle. Sie bedürfen unser – das gibt Sinn unserem Tun. »Die Not meines Nächsten erlöst mich aus meiner Tatenlosigkeit, sie ist der Sinn meines irdischen Daseins«, so daß »die Taten nichts anderes sind als die Zeichen unseres Bewegtwerdens von der Not des Nächsten. Die Not des Nächsten regiert uns ... Dadurch, daß die Not ein Herz findet, das sie bewegt, schafft die Not gute Werke, durch die sie sich begrenzt«[30].

Was uns gegeben ist, und was wir besitzen, ist sinnleer, solange es uns Selbstzweck ist, auf uns selbst bezogen zum Genuß durch uns selbst[31]. Solange vereinsamt es uns. Wieder erweist sich, daß wir Sinn nur vom Andern her bekommen, in Aufhebung unseres Alleinseins, unserer Selbstzwecklichkeit, diesmal aber nun so, daß der arme Nächste zur Chance des Sinnes für uns wird. Im armen Nächsten wird der reiche Gott zum armen Gott, der unsrer bedarf. Von dieser Armut Gottes sind wir umgeben, wie das Weltgericht in Jesu Gleichnis (Matth. 25, 31–46) es an den Tag bringt: vom hungernden, durstigen, frierenden, gefangenen Gott. Auch die Qual des Sinnverlustes gehört zur Not des Nächsten. So ist auch das Gut des Glaubens, auch der Sinnempfang durch das Hören der Verheißung nicht Selbstzweck. Es darf einer glauben, damit auch Verzweifelte neben ihm wieder glauben, Hoffnung auf Sinn schöpfen können. Nichts hat einer für sich, und »was nicht im Dienste steht, steht im Raub« *(Luther)*. Das ist die eigentliche Meinung von Jesu Gleichnis vom barmherzigen Samariter (Luk. 10,25–37). Seine Hauptperson ist nicht der Samariter, sondern der halbtot zusammengeschlagene Mensch am Wege[32]. Nachdem der Schriftgelehrte gefragt hatte, wer denn sein Nächster sei, den er lieben solle, um das ewige Leben

---

[30] H. J. Iwand, Nachgelassene Werke IV, 215f.
[31] So sagt es der Arzt Richard Siebeck im Blick auf den Besitz von Gesundheit: »Gesundheit ist nicht erfüllt ohne die Frage: wozu? Wir leben ja nicht, um gesund zu sein, sondern wir sind gesund, wollen gesund sein, um zu leben und zu wirken. Nur in Einsatz und Leistung ist Gesundheit ein uns anvertrautes Gut. Gesundheit ist nicht letzter Selbstzweck, sondern bestimmt und begrenzt durch den Sinn des Lebens – der Sinn des Lebens aber ist Bereitschaft, Hingabe und Opfer« (zit. bei K. Barth, Kirchliche Dogmatik III/4,405).
[32] Vgl. dazu meine Auslegung: Das Gleichnis vom Barmherzigen Samariter (Bibl. Studien, Nr. 34), 1962.

(= den wahren, bleibenden Sinn seines Lebens) zu ererben, leitet Jesus ihn an, sich in die Lage dieses Menschen zu versetzen, und fragt dann, wer in dieser Lage der Nächste für ihn sein werde, also der, den er werde lieben können. Der Schriftgelehrte antwortet treffend: »Der, der ihm Barmherzigkeit erwiesen hat.« Wenn Jesus nun – und nun erst! – den Samariter zum Vorbild macht und mit den Worten: »Gehe hin und tue desgleichen!« den Fragenden auffordert, sich nun in diesen zu versetzen und also einer zu werden, der Bedürftigen und Notleidenden mit dem, was er hat, Barmherzigkeit erweist, so sagt er ihm damit: Sei jetzt nicht mehr besorgt darum, wie du dir das ewige Leben erwerben könnest, sei nicht mehr um dich besorgt (denn für dich *ist* gesorgt!); sei aber besorgt darum, wie andere zum Lieben-Können und damit zum bleibenden Sinn ihres Lebens kommen können; werde ihnen durch die Barmherzigkeit, die du ihnen erweisest, zu einem, durch den sie aus Lieblosigkeit, aus vereinsamendem Festgenageltsein in ihrer Not befreit werden zum Lieben!

So wird der Andere durch seine Not, auch durch die Not seiner Glaubenslosigkeit und also Sinnbedürftigkeit zur Sinngebung für unser Tun, zur sinngebenden Aufgabe. Nicht Sachen, immer nur Menschen sind sinngebende Aufgabe für Menschen. So sind die Worte zu verstehen, die Dag *Hammerskjöld* bei Antritt seiner zweiten Amtsperiode als Generalsekretär der UNO (1958) sprach. Er zitierte eine Frage des schwedischen Dichters Gunnar *Eklöf:* »Wird der Tag jemals kommen, an dem die Freude groß ist und die Trauer klein sein wird?« und beantwortete sie mit den Worten: »An dem Tage, an dem wir das Gefühl haben, eine lohnende Aufgabe rechtschaffen zu erfüllen, an diesem Tage ist die Freude groß, und wir können Leid und Trauer als klein ansehen.«[33]

Das uns Gegebene verlangt nach der Sinngebung durch unser Tun. Das ist die Wechselseitigkeit, in der beides gilt:

Nehmen ist seliger als Geben: das sagt unser Dank.

Geben ist seliger als Nehmen (Apg. 20,35): das erfahren wir im Dienst[34].

---

[33] Zit. nach A. Paton, Werkzeug deines Friedens, 1969, 92.
[34] A. Schlatter, Der Dienst des Christen in der älteren Dogmatik (1897), in: Zur Theologie des Neuen Testaments und zur Dogmatik, Theol. Bücherei 41, 1969, 33: »Geben ist seliger als nehmen, und Dienst ist das Ziel der Gnade.«.

Sinnverheißung

Mehrmals fiel das Wort Sinnverheißung. Das meint zweierlei: a) Die Herkunft des Sinnes liegt außerhalb von mir, im Gegenüber dessen, von dem und durch den mir Sinn zukommt. b) »Verheißung« weist aber auch in die Zukunft: die ganze Erfüllung des Sinnes liegt *vor* mir. Was ich von ihm habe, ist noch nicht das Ganze; denn *ich* lebe noch nicht völlig in diesem Sinnverhältnis, das mir von Gott her zukommt, bin ihm immer wieder noch untreu, – und außerdem: dieses Verhältnis ist noch tief verborgen; es wird noch bestritten durch alles, was nicht mit ihm im Einklang steht, durch die täglich auf mich eindringende Erfahrung von offensichtlicher Sinnlosigkeit und Sinnzerstörung, die mich irremacht an der Verheißung. Die Verheißung steht dagegen einsam, oft genug als gänzlich ohnmächtig, als gänzlich widerlegt erscheinend, scheinbar nur ein kraftloses Wort, – und doch hängt es ganz von der Kraft dieses Wortes ab, daß es mich erweckt und ermutigt, ihm zu glauben. Es ist eben »nur« Verheißung, nicht aber Offenbarsein von Sinn; ihr entspricht auf unserer Seite nicht die Einsicht, nicht das »Schauen«, sondern der Glaube (2. Kor. 5,7).

Dies wäre aber nur eine Form von Resignation, wenn mit dem Glauben, daß trotzdem ein verborgener Sinn uns gegeben ist, nicht die Hoffnung sich verbände, daß dieser Sinn noch an den Tag kommt, daß das *Nicht*-Offenbarsein des Sinns nur ein *Noch-nicht* ist. Ohne die Hoffnung wäre das Glauben an den Sinn nur die trotzige Erhebung der Paradoxie zur letzten Wahrheit; das machte den Glauben verwechselbar mit dem Heroismus. Die Bibel, feind allem Krampf, ermutigt uns zwar zur Tapferkeit des Durchhaltens in der Zeit der Paradoxie, nicht aber zum hoffnungslosen Aushalten in der Gebärde des Heroismus. Es geht bei ihr nie um den Ruhm des Aushaltens an sich[35], sondern um das durch Hoffnung getröstete Durchhalten *bis* zum Ziel, zum Ende der Paradoxie, zum Einklang von Verheißung und Wirklichkeit, von Verheißung und Augenschein. Dieses »bis« beherrscht (wie z. B. das Gesangbuch beweist) alle christliche Frömmigkeit, auch wenn es sich, was die *Vorstellungen* von der Erfüllung anlangt, in sehr verschiedenen Weisen ausspricht, die miteinander nicht ganz ausgeglichen werden können, etwa als

---

[35] Vgl. Th. W. Adornos Kritik an M. Heidegger in: Jargon der Eigentlichkeit, 1965, 131ff.

individuelle Jenseits-Hoffnung, als Hoffnung für eine Erfüllungs-Endgestalt der menschlichen Gesellschaft und als Hoffnung einer gänzlichen Verwandlung des Kosmos in einen »neuen Himmel und eine neue Erde« (Offb. 21). Diese Vorstellungen versuchen, ins Anschauliche zu bringen, was alle unsere hiesige Anschauung übersteigt. Das ist nicht zu verbieten, sondern notwendig, weil ohne solche Veranschaulichung die Verheißung für uns leer bleibt, bloßes Wort ohne Inhalt, und weil nur durch verschiedene Veranschaulichungen, die aber alle locker, als Hinweis auf eine unsere Vorstellungen überbietende Wirklichkeit, zu verstehen sind, die verschiedenen Aspekte der Verheißung und der ganze Umkreis ihres Geltungsbereiches deutlich gemacht werden können.

»Verheißung« – das könnte enttäuschen. Irgendwann einmal erfuhren wir so etwas wie Sinn, bekamen eine Ahnung, daß es das geben könnte, oder waren gar darin geborgen, – dann ging uns das verloren, wir gerieten ins Fragen, – dann kamen neue Angebote, befriedigten uns oder wurden gewogen und zu leicht befunden. Immer aber hofften wir dabei, es möchte die Strecke des Suchens wieder einmünden in einen Ort des Besitzes, in die Heimat fragloser Geborgenheit. Oft wird uns auch der christliche Glaube so empfohlen: als Ablösung der Unruhe durch die Ruhe, des vagabundierenden Umgetriebenseins durch den Frieden.

Ist das Verzerrung? Mögen sich manche Fromme allzusehr als beati possidentes gebärden und mag ihr Frieden doch wenig einladend erscheinen, weil dahinter so viel Verdrängung steckt, so viel ängstliches Sich-Einigeln um der süßen Ruhe willen, so viel Enge im Denken und Leben, so viel Verspießerung ins Winkelidyll, – ja, leicht abzutypisieren, aber da bleiben doch Aussagen und Erscheinungen, die beanspruchen können, ernst genommen zu werden. »Das Reich Gottes ist Friede und Freude im Heiligen Geist« (Röm. 14,17), – das ist doch nicht vorurteilsvoll nur als Ideologie verinnerlichten Sich-Abfindens mit schlechter Wirklichkeit um uns herum, als Rückzug ins Refugium eingebildeter Innerlichkeit zu verdächtigen. Es ist erlebt worden von Menschen, die sich dann keineswegs darauf zurückzogen, sondern von daher hinausgingen in kampfreiches Leben zur Veränderung dieser Wirklichkeit, in diese aber nicht noch ihren eigenen inneren Unfrieden hineintrugen, verschlimmernd statt verbessernd, sondern Ruhe, Festigkeit und Kraft vermitteln konnten von ihrer inneren Befriedung her. *Paulus*, viel

Sinnverheißung

geschmäht und verkannt auch in unseren Tagen, kann, wenn er ohne Ressentiment gesehen wird, dafür ein Beispiel sein neben vielen anderen. Im gleichen Atemzug schreibt er von seinen Bedrängnissen, die sehr wohl auch innerliche sind – »von außen Kämpfe, von innen Ängste« –, und nennt sich doch »überreich an Freude bei all unserer Bedrängnis« (2. Kor. 7,4f), wozu dann als sein persönlichstes Schreiben der ganze Philipperbrief zu vergleichen ist.

Innerer Friede ist Zustimmung zum Leben in der Gewißheit des Sinnes, Gott gegenwärtig haben, in Gottesgemeinschaft leben. Das ist die Verheißung, die dem einzelnen in Aussicht gestellt wird durch die christliche Botschaft – für sein jetziges Leben; das wird empfangen und erfahren, das ist gegenwärtiges Glück, – es ist töricht und ahnungslos, das voreilig schlecht zu machen.

Oft genug ist auf diesen Seiten gesagt worden, daß dies nicht dem Wirbel der Fragen entnimmt, ja ihn neu aufwirbelt, und daß die Gegenwart des Friedens den Widerspruch der schlechten Wirklichkeit erst recht schreiend macht und nach vorne, nach Aufhebung des Widerspruchs verlangen läßt. Eben darum hat das Wort »Verheißung« den doppelten Sinn: Verheißung gegenwärtiger, schon jetzt erlebbarer Befriedigung *und* Verheißung noch ausstehender, erst noch zu erhoffender Erfüllung.

Das bedeutet: Die Sinnfrage wird durch die christliche Botschaft nicht einfach beantwortet. Sie wird gegenwärtig so beantwortet, daß das durch Hoffnung getröstete Durchhalten bis zu ihrer zufriedenstellenden, zum Frieden bringenden Beantwortung möglich wird. Die Fragen werden nicht einfach gelöst; aber es kann nun mit den ungelösten Fragen gelebt, wirklich gelebt werden. Ohne eschatologische Perspektive gibt es keine Hoffnung für die Frage nach dem Sinn unseres Lebens. Wie die eschatologische Perspektive, in die diese Frage durch die christliche Botschaft gebracht wird, aussieht, davon ist jetzt noch zu sprechen.

X. Ausblick nach vorn
Zusammenfassung II

Die Schöpfung ist nicht fertig. Auch die Sinngebung ist nicht fertig. Was wir in der Sinnzusage der biblischen Botschaft erhalten, ist Ausrüstung zum Hoffen und zum Durchhalten in der Nacht der Anfechtung und der Erfahrung von Sinnlosigkeit durch Ausblick auf Erfüllung der Verheißung. »Gott« ist der Name der Verheißung und ist die Verheißung der Erfüllung. Die eschatologische Dimension des christlichen Glaubens macht Glauben zu Hoffnung. Wir haben den Sinn noch nicht so, daß wir ihn sehen; aber wir blicken voraus auf seine Offenbarung. Sinnverheißung ist Befehl und Einladung zu Sinnhoffnung.

Woraufhin blicken wir nach vorn? Hinter uns liegt kein Paradies, kein Goldenes Zeitalter, das ist seit Darwin klar; also erhoffen wir es von der Zukunft. Eschatologie tritt an die Stelle von Protologie. Biblischer Messianismus bekommt neue Aktualität, nicht zufällig und willkürlich; denn ohne ihn ist messianischer Sozialismus, wie er seit zweihundert Jahren als Gespenst, Heilshoffnung und politische Bewegung umgeht, nicht zu denken. Was auch sonst noch über die Affinität zwischen biblischem Prophetentum und urchristlicher Hoffnung auf die Gottesherrschaft einerseits und modernem Sozialismus zu sagen sein mag, die Affinität selbst ist unbestreitbar. Nicht das Gekommensein, sondern das Kommen des Messias war Inhalt des urchristlichen Glaubens, – allerdings des schon Gekommenen, aber des daraufhin nun erst recht von vorne zu Erwartenden. Glut der Erwartung ist Zentrum urchristlichen Glaubens, – adventistische Kleingruppen und chiliastische Erregungen geben davon heute, trotz sektiererischer Verzerrung, eher eine Vorstellung als die temperierte Frömmigkeit großkirchlicher Gemeinden, in denen sich die bürgerliche Resignation religiös wiederholt. »Den meisten Christen«, sagt der schwedische Neutestamentler Krister Stendahl[1] in einem provozierenden Aufsatz, »war es mit ihren jüdischen Genossen vollkom-

---

[1] Kr. Stendahl, Jesus und das Reich Gottes, in: Junge Kirche 30, 1969, 126f.

Zusammenfassung II

men klar, daß der Messias noch kommen mußte, daß die Vollendung in der Zukunft lag... Die alte Christenheit war auf die Zukunft ausgerichtet. Es ist eines der überraschenden Phänomene der frühen Christenheit, daß es kein Heimweh zurück in das biblische Land gab. Diese Leute hatten keine Veranlassung, nach rückwärts zu träumen in jene Ouvertüre hinein, die in dem Erdenwandel Jesu bestand... Man hatte kein Heimweh nach dem, was zurücklag, man sah nach vorne mit Dringlichkeit und großer Intensität auf die Zeit, in der die Erneuerung kommen würde, in der Gott seinen Messias senden würde, den vorher bestimmten, der der Jesus ist, den sie kannten.«

Von den vielen Fragen, zu denen dieser Blick nach vorn, zumal in seiner Affinität zu revolutionärem Sozialismus und Anarchismus aller möglichen Variationen, Anlaß gibt, sollen nur einige herausgegriffen sein, die sich für unseren Zusammenhang aufdrängen.

1. Da ist z. B. die schon früher[2] berührte Frage nach der Teilhabe an der Vollendung für die, die das »gute Leben« der freien, wohl beschaffenen Gesellschaft nicht mehr erleben. Zunächst scheint es, wir könnten das »Reich Gottes« nur denken in der Alternative: entweder innergeschichtlicher Idealzustand in irgendeiner nahen oder fernen Zukunft (futurische Eschatologie) oder spirituelle, individuelle, zeitlos-gegenwärtige Gottesgemeinschaft im Glauben (präsentische Eschatologie). Entscheiden wir uns für das erstere, weil das letztere zu mager dünkt, zu sehr nach ideologischer Versöhnung mit einer unversöhnten Wirklichkeit riecht und hinter der geschichtlich-realen Zukunftshoffnung der Propheten und des Urchristentums zu sehr zurückbleibt, dann entstehen nicht nur Gegenfragen aus all den Gründen, aus denen immer wieder angesichts der unüberwindlich erscheinenden Misere der Menschheit die Skepsis der Hoffnung den Nerv meint abschneiden zu müssen. Es erhebt sich auch die Frage der Toten.

In einem Gespräch erwähnte E. *Bloch* einmal jene Stelle aus dem vor dem Ersten Weltkrieg Aufsehen erregenden Roman »Ssanin« des russischen Schriftstellers *Arzibashew:* Ein früher revolutionär denkender Mann distanziert sich nach dem Scheitern der russischen Revolution von 1905 und angesichts der Verhaftungen der mit der

---
[2] Siehe S. 146ff, 289ff.

Revolution Sympathisierenden von der revolutionären Bewegung und antwortet auf die vorwurfsvolle Frage seiner bisherigen Genossen: »Weshalb soll ich heute Leben und Vergnügen opfern, nur damit im 32. Jahrhundert die Arbeiter ihr Leben und ihre Vergnügungen genießen können?« Wir haben schon bei der Kritik des Fortschrittsglaubens beobachtet, daß es einen Unterschied ausmacht, ob jemand sich für die nächste Generation opfert oder für ein zeitlich unabsehbar weit entferntes Ziel. Der Grund dieses Unterschieds liegt darin, daß zeitliche Nähe gegenseitige persönliche Teilnahme möglich sein läßt, dadurch auch Dank der Späteren an die Früheren und Teilnahme der Früheren am Leben der Späteren so, daß sie dieses Leben noch zu ihrem eigenen Leben rechnen können. Hier geschieht das Opfer noch in der Sinngebung durch persönliche Gemeinschaft. Für weit entfernte Generationen ist das eine Überanstrengung der Phantasie, die nicht mehr gelingt. De facto haben für jene weit entfernten Späteren die Märtyrer vergangener Jahrhunderte nur noch Nutzwert als ferne Förderer des Fortschritts und als edle Vorbilder der Selbstaufopferung, – und auch dies nur, wenn der Nachruhm so weit vorhält, und wenn es zur Realisierung des Erhofften überhaupt kommt, was eben wegen der zeitlichen Ferne und dem Vielen, was noch dazwischen kommen kann, höchst ungewiß ist. Wird das Reich Gottes entmythologisiert als Vision eines fernen Gesellschaftszustandes verstanden, dann erhebt sich unvermeidlich die Frage, ob meine Teilhabe an ihm in mehr bestehen kann als bestenfalls in einem winzigen Nutzwert für den Endzustand, und das heißt, daß dieser zu einer wirklichen Sinngebung für mein heutiges Opfer untauglich ist.

Bloch hat jene Stelle erwähnt, weil sie ein für ihn schweres, noch ungelöstes Problem zur Sprache bringt. Für die christliche Reich-Gottes-Hoffnung wird es dadurch beantwortet, daß ihr das Reich Gottes nicht nur ein gesellschaftlicher Zustand ist, in welchem der Mensch endlich einmal ganz zu sich gekommen ist und also der Weg vom homo absconditus zum homo revelatus an sein Ziel gekommen ist, sondern die volle und umfassende Verwirklichung der Herrschaft Gottes über seine Schöpfung, d. h. der Gemeinschaft Gottes *mit* seiner Schöpfung. Infolgedessen ist es möglich, daß ein Mensch durch die Gemeinschaft mit Gott, in die er sich hat rufen lassen, jetzt schon, in der Zeit des Noch-Nicht, am Reiche Gottes beteiligt ist, – und dieses Jetzt-schon-Beteiligtsein sieht das Neue Testament als

»Angeld« (Paulus: 2. Kor. 1,22; 5,5; Eph. 1,14) dafür, daß der Mensch auch bei der Erfüllung der Hoffnung nicht leer ausgehen wird. Den wegen des Sterbens einiger Gemeindeglieder besorgt anfragenden Thessalonichern sagt Paulus (1. Thess. 4,15) als »ein Wort des Herrn«, daß diejenigen, die die Wiederkunft des Herrn noch zu ihren Lebzeiten erleben, »den Entschlafenen nicht zuvorkommen werden«. So war der christlichen Hoffnung von vornherein die Gewißheit eigen, daß es in bezug auf das Reich Gottes »nicht Frühere und Spätere« geben wird, nicht solche, die nur Material und Vorstufe für das Glück gewesen sind, und solche, die es genießen; an der Seligkeit des Reiches Gottes haben alle gleichmäßig Anteil, im Reich Gottes sind alle miteinander in der Gemeinschaft mit Gott vereinigt[3].

Das Problem wird also dadurch beantwortet, daß die Gemeinschaft mit Gott, die jetzt schon zugeteilt wird, die Differenz der Zeiten überbrückt, daß durch die Verbindung mit Gott, wie sie jetzt schon durch die Verheißung und den sie ernstnehmenden Glauben entsteht, der einzelne unverlierbar mit dem Reiche Gottes verbunden ist und nicht mehr verloren gehen kann, daß das Reich Gottes ihm nicht mehr verloren gehen kann. Auch nicht mehr durch das Dazwischenkommen des Todes, – wie das die quälende Befürchtung des Kriegs- und KZ-Gefangenen ist: ob er vielleicht noch vor der herannahenden Befreiung sterben werde, so daß das Durchhalten der Mühsale schließlich doch sinnlos gewesen wäre. »Ihr werdet es alle erleben!« lautet die Verheißung, und sie kann deshalb so lauten, weil sie die Überwindung des Todes ansagt. Durch »die Kraft seiner Auferstehung (Jesu Christi) und die Gemeinschaft mit seinen Leiden, indem ich seinem Tode gleichgestaltet werde«, hofft Paulus »zur Auferstehung der Toten zu gelangen« (Phil. 3,10f). »Denn wenn wir mit der Ähnlichkeit seines Todes verwachsen sind, werden wir es auch mit der seiner Auferstehung sein« (Röm. 6,5), und deshalb werden diejenigen, die sich in früheren Zeiten (in der Zeit des alten Bundes vor der Erscheinung Jesu Christi) um ihres Glaubens willen »foltern ließen und nahmen die Befreiung nicht an, um eine herrlichere Auferstehung zu erlangen«, »nicht ohne uns zur Vollendung gelangen« (Hebr. 11,35.40).

---

[3] Vgl. meine Schrift: Die marxistische Religionskritik und der christliche Glaube, 110.

Es ist also die Auferstehung Jesu Christi und die in ihr auch den Seinen rechtskräftig zugeschriebene Auferstehung der Grund für die Gewißheit der Unverlierbarkeit des Anteils am Reiche Gottes, und dies deshalb, weil der Glaube sich auf *den* Gott richtet, den das Neue Testament definiert als den »Gott, der die Toten auferweckt« (2. Kor. 1,9). Durch nichts Geringeres als durch diesen Glauben an diesen Gott, der als der lebendige Gott »nicht ein Gott von Toten, sondern von Lebendigen« ist, (»denn für ihn sind alle lebendig«: Luk. 20,38), durch den angesichts der Verkündigung der Auferstehung Jesu Christi die Hoffnung des Lebens ergreifenden Glauben kann jenes Problem der zeitlichen Differenz gelöst und dem infolge dieser Differenz von der Sinnlosigkeit bedrohten Opfer des Märtyrers der Sinn zugesichert werden. Eliminiert man diesen Gott als eine »Hypostase«, um auf diese Weise eine vermeintlich mythologisch formulierte Hoffnung ins Menschliche zu übersetzen, dann behält man keineswegs ihren menschlichen Kern, sondern nimmt ihr die Substanz und bleibt mit jenem nun unlösbar gewordenen Problem hoffnungslos zurück. Das Problem des Todes ist nicht nur das unseres eigenen Todes und nicht nur das der Überwindung seiner jetzigen Sinnwidrigkeit durch verändertes Sterben in einer kommenden besseren Gesellschaft; es ist ebenso sehr die Frage einer Hoffnung für all die Dahingesunkenen, die wir dem Tode überlassen müssen, und damit der Sinnlosigkeit. Für ein Denken, das sich allein an unseren Möglichkeiten orientiert, weil allein an unserer Aktivität interessiert, mag das eine absurde Sorge sein; denn da ist nichts mehr zu machen. Die christliche Botschaft aber hält den Toten, den »größeren Heeren« (C. F. *Meyer),* die Treue; sie hält die sie Hörenden an, den Toten die Treue zu halten, für sie, die Hoffnungslosen, zu hoffen und nicht ohne sie selig werden zu wollen. Sie ist Verkündigung der Sinnverheißung für die Toten.

2. Unser Leben ist interessant dadurch, daß es Kampf ist, Spannung und stets neue Überwindung von Spannung; Leid und Schuld sind Elemente, ohne die auch der Reichtum unseres Lebens nicht zu denken ist. Ausgemaltes Schlaraffenland der Zukunft verführt uns, uns um diese Elemente betrügen zu lassen. Die psychische Situation von Menschen in einer konfliktlosen Gesellschaft ist uns nicht vorstellbar, und es ist sehr fraglich, ob sie wünschbar ist – für Menschen unserer Art, für die Menschen, als die wir uns kennen. Gilt aber

Zusammenfassung II

unser Bemühen der Heraufführung einer Gesellschaft, die vom Nonsens bisherigen Dschungelkampfes befreit ist – und wahrhaftig hat es uns darum zu gehen! –, dann kommt uns die Frage in die Quere, ob die Menschen damit nicht von dem befreit werden, was sie zwar gerne entbehren, aber nicht entbehren können, um menschlich zu werden.

Auch diese Frage hat E. *Bloch,* der Fragen nicht gerne ausweicht, aufgeworfen. Er erinnerte an die häufige Beobachtung, daß wir dann, wenn wir einen lange angestrebten Zustand erreicht haben, oft gestehen müssen: »Der Traum war schöner«, und er bezeichnete diese Empfindung des Zurückbleibens der Wirklichkeit hinter der Hoffnung schön als die »Melancholie der Erfüllung«. Davon werde, so meinte er, auch der Vollendungszustand, auf den die Utopie zielt und der doch ein erreichbarer innergeschichtlicher Zustand sein muß, nicht frei sein. Wir ignorieren jetzt die Frage, ob die Vollendung innerweltlich oder jenseitig zu denken ist, weil es uns jetzt allein auf die Frage nach jenem Abstand zwischen Hoffnung und Verwirklichung ankommt. An der biblischen Reich-Gottes-Hoffnung kann man erkennen, daß diese Frage ihr nicht gekommen ist, weil sie ihr nicht kommen konnte. Weshalb nicht? Nicht etwa deshalb, weil sie sich die Vollendung noch etwas schöner ausmalt, weil sie also in einem bloß komparativischen Verhältnis zu den anderen Utopien (auch zu dem »entmythologisierten« Verständnis ihrer selbst bei Bloch) steht. Daß jene Frage aufkommen, jene Melancholie eintreten kann, liegt ja nicht an irgendwelchen Mängeln, die die Verwirklichung vom Inhalt der Hoffnung unterscheiden. Auch wenn am Zustand selbst nichts mehr zu wünschen übrig bleibt, war der Traum, ja war das Träumen und das Kämpfen um den Endzustand schöner. Denn die »Lebensebben der Langeweile und des Überdrusses«, von denen Bloch spricht[4], werden nun dem Menschen, diesem Wesen, zu dessen Eigenart, wie *Pascal* sagt, es gehört, es nicht lange im gleichen Zimmer auszuhalten, erst recht zusetzen.

Zwar geraten wir hier an die Grenze dessen, was wir beurteilen können, weil wir gelungene Gesellschaft noch nicht erlebt haben, also die neuen Möglichkeiten und Bedürfnisse, die in ihr entstehen können, noch nicht kennen, und gerade Theologie muß sich hüten, an dieser Stelle, wie sie es manchmal tut, à la baisse zu spekulieren,

---
[4] E. Bloch, Naturrecht und menschliche Würde, 1958, 184.

die Not als nötiges Existential des Menschen zu denken, und mit *Moltke* den ewigen Frieden als einen Traum, nicht einmal einen schönen, zu denunzieren. Langeweile hat *Schopenhauer* als einen der Gründe genannt, weshalb die Utopie eines Schlaraffen-Staates nicht Wirklichkeit werden könne[5], und Bernard *Shaw* sah deshalb für die Menschheit nur die Alternative zwischen Not und Langeweile. So wird das antiutopisch, also lähmend verwendet. Bert *Brechts* Galilei[6] erklärt mit Grund gegen solche Verherrlichung des Segens der Not: »Zum Teufel mit der Perle, ich ziehe die gesunde Auster vor. Tugenden sind nicht an Elend geknüpft, mein Lieber. Wären Ihre Leute wohlhabend und glücklich, könnten sie die Tugenden der Wohlhabenheit und des Glücks entwickeln.« Das ist wahr – und doch, und doch, es lohnt sich, das Stichwort Langeweile ernst zu nehmen. Es fragt nach einem Inhalt des Lebens, der sich nicht erschöpft, der alle Morgen neu ist, immer neuer Anlaß zu Freude und Quell des Glücks. Es fragt auch nach einem neuen Menschen, der sich freuen und glücklich sein kann in ständiger Erneuerung, dem also Glück nicht zum Zustand, also zur Gewohnheit, also zur Langeweile wird.

Der biblischen Hoffnung kann jene Frage nicht kommen, weil sie von Anfang an nie nur auf einen Zustand als solchen gerichtet ist.

---

[5] Es gibt ein Gedicht des schwäbischen Bauerndichters Christian Wagner, das sehr genau ausdrückt, was Langeweile ist (abgedruckt bei W. Kraft, Wort und Gedanke, 1959, 233; dort über Chr. Wagner 230–250):

Wochenkalender
Montag erst. – Entsetzlich! – Freudelos
Neu beginnen, wo die Woche schloß.

Dienstag erst. – Entsetzlich! – Ohne Sinn
Spinnen neu des Lebens grau Gespinn.

Mittwoch erst. – Entsetzlich! – Ohne Ziel
Neu durchspielen das durchspielte Spiel.

Donnerstag. – Entsetzlich! – Ohne Gnad'
Neu durchmessen den durchmessnen Pfad.

Freitag schon. – Entsetzlich! – Welch ein Tand!
Neu durchwaten den durchwat'nen Sand.

Samstag schon. – Entsetzlich! – Ohne Gruß
Ewig wandern um des Hügels Fuß.

Sonntag heut. – Entsetzlich! – Wieder neu
Segeln an dem Leuchtturm hier vorbei.

[6] B. Brecht, Leben des Galilei, in: Gesammelte Werke, Bd. 3, 1967, 1296.

Zusammenfassung II

Gott ist ihr nicht ein mythologisches Hilfsmittel, um zu demjenigen Zustand zu kommen, in dem den Menschen nichts mehr zu wünschen übrig bleibt, und das man infolgedessen entmythologisierend eliminieren kann, wenn man der Meinung ist, daß die menschliche Arbeit selbst, im Bunde mit den Tendenzen der historischen Evolution, jenen Zustand heraufführen muß und kann. Gott ist ihr nicht das Uneigentliche, sondern er ist selbst der eigentliche Gegenstand des Wunsches, – und dies deshalb, weil er durch sein Sich-Offenbaren dem ihn vernehmenden Menschen diesen Wunsch über allen Wünschen eingeflößt und ermöglicht hat: mit ihm in Gemeinschaft zu sein. Daß dieser Gott ihm ein Leben schenken wird, in dem die Mängel dieses Lebens, auch der bisherigen zwischenmenschlichen Gemeinschaft ausgetilgt sein werden, ist seine überschießende Güte und muß gesagt werden, damit deutlich wird, daß die Gemeinschaft mit Gott dem Menschen wirkliches Leben schenkt; es soll ein Leben sein, das zu dem, was der Geist Gottes als »Angeld« uns bringt, das zu der Gemeinschaft mit Gott nicht mehr in Widerspruch steht, sondern ihr genau entspricht: die der Gottesgüte entsprechende Güte geschöpflicher Wirklichkeit[7]. Aber die darauf sich richtende Hoffnung ist nichts Selbständiges, darf nicht (etwa gar als das eigentlich Gemeinte!) gegenüber der auf die Gemeinschaft mit Gott sich richtenden Hoffnung verselbständigt werden. Sie ist vielmehr deren – freilich wesentliches – Attribut[8]. Schützt ein Zustand noch so vollendeter Erfüllung nicht vor der »Melancholie der Erfüllung« und

---

[7] Dazu J. Moltmann, Theologie der Hoffnung, 1968[7]; das weit wirkende Buch hat das Verdienst, im Unterschied zur bisherigen theologischen Darstellung der Reich-Gottes-Hoffnung deren horizontalen, menschheitlich-gesellschaftlichen Inhalt kräftig herausgearbeitet zu haben – allerdings unter Zurückdrängung des vertikalen Inhalts, um den es uns hier geht als dem Lebenselement des verheißenen Miteinanderlebens. Moltmann spricht davon nur gelegentlich und mit der spürbaren Befürchtung, es könnte sich dadurch wieder die alte, individualistisch-jenseitige Betrachtungsweise vordrängen (z. B. 25; 103; 107f).

[8] Adolf Schlatter, der große Exeget des Neuen Testaments, berichtet in seinen Lebenserinnerungen (Erlebtes, 1924, 104) von seinem Vater: »Dem Sterben meines Vaters gingen lange Wochen voran, in denen er nicht mehr aufstehen konnte und seine Kraft langsam verging. Als die Mutter in dieser Zeit einmal den Vers von ›den goldenen Gassen‹ sprach, antwortete er: ›Es verlangt mich nicht nach diesem Plunder, aber danach verlangt mich, am Hals des Vaters zu hängen‹. Luk. 15,20. Er sah den Sinn des Lebens und den Zweck des Sterbens in jener Begegnung des Vaters mit uns, durch die alles, was finster und sündlich in uns ist, vergeht. Meine Theologie hat mir nichts anderes verschafft, als was der Vater sterbend ausgesprochen hat; aber ich denke, das ist genug.«

den »Lebensebben der Langeweile und des Überdrusses«, so ist eben dies nicht mehr denkbar, wo es sich um Gemeinschaft mit dem lebendigen Gott als der unerschöpflichen Quelle des Lebens handelt, als dem, der sich selbst zum unerschöpflichen Sinne gibt: »Wenn ich nur dich habe, so frage ich nichts nach Himmel und Erde« (Ps. 73,25; wörtlich: »Wen hätte ich im Himmel? Und neben dir begehre ich nichts auf Erden«).

»Gott« kann im Sinne der biblischen Botschaft also als der definiert werden, durch dessen Gegenwart und Gemeinschaft der verheißene Zustand der Vollendung der Schöpfung von der Melancholie der Erfüllung befreit wird, »ausgefüllt« wird und den Sinn bekommt, den keine Seinswirklichkeit aus sich hat. Auch in der Vollendung und gerade in ihr wird Gott nicht entbehrlich, als wäre er nur ihr Lieferant, ihr Schöpfer und Hersteller gewesen, der dann eventuell auch durch einen anderen Hersteller, etwa durch den Menschen selbst, ersetzt werden könnte. Auch in der Vollendung der Schöpfung bleibt der Schöpfung ihr Sinn außerhalb, ist die Welt sich selbst nicht genug und kann die Welt (und auch die vollendete menschliche Gesellschaft) dem Menschen nicht genügen. Eben dieses Genügen von irgendeiner Seinswirklichkeit zu erwarten, war Israel durch die Offenbarung des lebendigen Gottes verwehrt worden; eben deshalb mußte es so intolerant aller Verehrung der Götter der Heiden als der Gestalten des höheren Seins absagen. Eliminierung Gottes aus der jüdisch-christlichen Eschatologie führt ins Heidentum der Seinsanbetung, wenn auch eines eschatologischen Seins, und eben dieses muß enttäuschen. Gott ist gerade in der Vollendung der Schöpfung der Unentbehrliche. Mit ihm in Gemeinschaft zu sein, ist der eigentliche Kern der Vollendung. »Gott nötig haben ist des Menschen Vollkommenheit« *(Kierkegaard)*.

Das müssen Rätselworte bleiben, solange das nahezu unbrauchbar gewordene Wort Gott nicht erneuert ist, d. h. aber (da einzelne Worte für sich nichts als sinnlose Laute sind, und es deshalb sinnlos ist, über die Vokabel Gott, wie es heute so oft geschieht, über ihr Bedeuten oder Nicht-Bedeuten zu diskutieren, wo doch ein Wort nur durch den Kontext seines Satzes und ein Satz nur durch den Kontext – entweder seines Systems oder seines Lebens bedeutend und eindeutig wird): soweit und solange nicht praktische Sprache und sprachliche Praxis das glanzlos gewordene Wort wieder strahlend werden lassen. Nicht daß es unselbstverständlich geworden ist,

Zusammenfassung II

wogegen es früher selbstverständlich gewesen sei (wie heute einer dem anderen nachsagt), hat das Wort Gott, wie schwer es auch ersetzt werden kann, nahezu unbrauchbar gemacht, sondern daß es so selbstverständlich geworden ist. Es weiß doch jeder, wovon mit dem Worte die Rede ist. Ob einer Gott für tot erklärt oder nicht für tot, – beide wissen,, wovon sie reden, ob sie darüber oder über die Existenz der Marsmenschen streiten. Theismus oder Atheismus – »Gott« ist verfügbarer Begriff, brauchbar oder unbrauchbar zum Abschluß einer Weltanschauung.

Wird es aus dem Umwelt-Sprachgebrauch aufgegriffen von denen, die das messianische Wort der Hoffnung zu hören bekommen und in die sinnleere Welt hineinbringen sollen, dann wird es zum Titel für etwas, worüber diese nicht verfügen, und womit sie doch ständig zu tun haben, zu einem Prädikat unter anderen für JHWH[9], der den Menschen sein will,was diese Prädikate sagen, und doch so über alle Prädikate hinaus ist, daß auch diese Prädikate – Gott, Vater, Herr, Retter – nur Hindeutungen sind und selbst noch zu höherer Bedeutung, als ihnen sonst eigen ist, verwandelt werden: alles Verheißungen, die auf noch unbekannte Dimensionen hinweisen, auf ein Leben, auf das wir erst noch zugehen. Damit ist »Gott« ein ganz unselbstverständliches, in keine Definition einzufangendes Wort, ein Verheißungswort geworden, anfänglich ahnbar werdend in seiner Bedeutung durch Mitleben der Lebensgeschichte, in die Jesus uns hineinzieht[10]. Dieses Hineinziehen geschieht durch das »Zeugnis« derer, die er ergriffen hat (wozu auch die Zeugen der hebräischen Bibel, des von den Christen sog. »Alten Testaments«, und das ganze Volk Israel in seiner Geschichte vor und nach Jesus gehören). Das neutestamentliche Wort »zeugen« (martyrein) steht selbst in der eschatologischen Perspektive. Denn es sagt in seiner Bescheidenheit: Sie alle können über den, mit dem sie es zu tun bekommen haben, nicht verfügen, ihn nicht demonstrieren; sie geraten in Verlegenheit, wenn man von ihnen fordert, ihn zu zeigen, zu beweisen, zu beschreiben, ja auch nur exakt zu sagen, was mit ihren Bezeichnungen gemeint ist. Sie können nur hinweisen, müssen ihm

---
[9] Siehe oben S. 303ff.
[10] Nur gerade verwiesen werden kann dazu auf die unerhörte, Gott als Verheißung auf die Sinnfrage hin auslegende Predigt von K. H. Miskotte über Apg. 26,24–25, in: Predigten, 1969, 122–146; vgl. auch K. Barth, Kirchliche Dogmatik III/3, 179f.

selbst zutrauen, daß er die leere Stelle, wo das von ihnen Gemeinte selbst sichtbar, greifbar, erfahrbar wird, ausfüllt, daß er ihr Zeugnis »erfüllt«. Ihr Hinweisen aber geschieht in untrennbarer Einheit in Wort und Lebenspraxis, im »Beten und im Tun des Gerechten unter den Menschen«, wie *Bonhoeffer* einmal sagt[11], und nur so ist es Zeugnis, das die Verheißung der Erfüllung hat. Vom Unbekannten und doch Bekannten also sprechen wir, wenn wir hier das Wort »Gott« gebrauchen, von einem Zusammensein und Zusammenleben, in das wir hineingeholt werden, von einer Geschichte zwischen uns, jedem einzelnen von uns und uns als Menschheit, und einem Anderen, der mit uns sein will, von einer Geschichte, die schon im Gange ist und eine noch unaussprechliche Zukunft vor sich hat. Wir sind nicht allein, – das ist der Kernsatz des Evangeliums. Keiner ist allein, auch wenn er ganz allein ist, und wir alle miteinander sind nicht allein; die Menschheit ist nicht allein, und das Universum ist nicht allein. Kein Zustand steht bevor oder ist zu erhoffen, in dem wir uns selbst genug sein könnten, und in dem die Welt uns genug sein könnte. Jeder Zustand, auch der idealste, erschöpft sich; das ist die »Melancholie der Erfüllung«. Darum ist kein Zustand Gott und Gott nicht nur Titel oder Lieferant eines Zustandes. Die Geschichte aber zwischen Gott und der Welt, die neue Geschichte, von deren Anheben das Evangelium spricht, ist ein unerschöpfliches Geschehen. Der, mit dem wir es in dieser Geschichte zu tun bekommen, ist der Unerschöpfliche. Es gibt eine Unerschöpflichkeit, die wir hier schon kennen: das ist die Unerschöpflichkeit im Liebesverhältnis zwischen Menschen. Der Mitmensch als Mittel zum Zweck erschöpft sich, auch der Mitmensch als Mitarbeiter. Wo Menschen in jenem Eros miteinander verbunden sind, den wir Liebe im ernsthaften Sinne des Wortes nennen, wird der andere in seiner Unerschöpflichkeit entdeckt: bekannt und doch immer überraschend, – in gewohnter Nähe, die doch nie Routine wird, – durch erlebte Geschichte verbunden, die in Erinnerung mitspricht, und Künftiges, Neues erwarten lassend, – Gleichbleiben und Sich-Ändern, beides in gleicher Freude aneinander, – Sicherheit der Verbindung, die doch täglich unverhofftes Geschenk ist, – Kennen des Anderen und Staunen über ihn wie über neues, unvorhergesehenes Wunder. Das ist Gleichnis der Gottesbeziehung, Gleichnis und Verheißung der

---

[11] D. Bonhoeffer, Widerstand und Ergebung, 207.

Zusammenfassung II 337

Unerschöpflichkeit Gottes für uns. Das ist »Ebenbild Gottes«, – da ja mit diesem Wort (1. Mose 1,26f) nach erwägenswerter Auslegung nicht nur ein zuständliches Abbild gemeint ist (etwa in der Gestalt des Menschen, seinem aufrechten Gang, seiner Geistigkeit usw.), sondern vor allem ein Geschehen zwischen Menschen, das dem wechselseitigen Geschehen zwischen Schöpfer und Geschöpf entspricht. Darum ist dem Ebenbildwort sofort angefügt: »als Mann und Frau schuf er sie«[12]. Im gegenseitigen Anderssein als Mann und Frau miteinander lebend und in Liebe einander erlebend wird der Mensch dem Menschen zum unerschöpflichen Gegenüber, zur Wiederholung und zum Gleichnis des unerschöpflichen Gegenübers zwischen ihm und Gott, das schon im Gange ist und immer unverstellter werden soll, bis »keine Nacht mehr sein wird«: »sie werden sein Angesicht schauen und sein Name wird auf ihren Stirnen sein« (Offb. 22,4f).

Deshalb endet die Bibel (Offb. 21–22) mit der Vision des »neuen Himmels und der neuen Erde, in welchen Gerechtigkeit wohnt« (2. Petr. 3,13), und diese »Gerechtigkeit«, diese nun endlich verwirklichte Richtigkeit besteht in der alles durchdringenden, unverstellten und ungetrübten Gegenwart und Gemeinschaft Gottes. Darum heißt es in der Schilderung des »neuen Jerusalems«, daß kein Tempel mehr in ihm sein wird; »denn der Herr, der allmächtige Gott, ist ihr Tempel, und das Lamm. Und die Stadt Gottes bedarf nicht der Sonne noch des Mondes, daß sie ihr scheinen; denn der Lichtglanz Gottes erleuchtet sie und ihre Leuchte ist das Lamm... Und nichts dem Fluche Verfallene wird es mehr geben« (Offb. 21,22f; 22,3). Kein Tempel wird mehr sein: keiner Vermittlung wird es mehr bedürfen, wie jetzt noch durch das ohnmächtige, unzulängliche Zeugnis, durch eine ungelenke, sperrige Sprache und durch gemischtmotivierte und mehrdeutige Taten; nicht schlechte, zeitlose Unmittelbarkeit, sondern die Unmittelbarkeit »von Angesicht zu Angesicht«, jetzt schon »anzahlungsweise« erfahren, aber noch gebrochen, dann im »Erkennen, wie wir erkannt sind«, wie Paulus (1. Kor. 13,12) stammelt. Und das Lamm wird dabei sein: die Geschichte der göttlichen Selbsthingabe in den Tod ist nicht ausgelöscht, vergessen, sondern jetzt erst ganz offenbar in ihrer unendlichen Herkunft, Tiefe und Wirkung.

---

[12] Ich beziehe mich hier auf die tiefsinnige, exegetisch jedenfalls nicht unmögliche Auslegung der Stelle durch K. Barth, Kirchliche Dogmatik III/1, 206ff.

Unterbrechung, Zwischenfrage: Dann, dort – was soll das heißen? Wohin verführt uns solches Schwärmen? In welchen Gegensatz geraten wir zu vernünftiger, besonnener Weltbetrachtung, erhitzte Apokalyptik vergangener Zeiten erneuernd, als läge nichts dazwischen, was sie uns unrezipierbar macht? Die Theologie unseres Jahrhunderts hat sich genug abgemüht mit diesen Fragen, so daß naive Wiederholung alter Texte keinem möglich ist, der daran teilgenommen hat. Es hat sich aber auch ergeben, daß Beschränkung auf das, was wir mühelos, ohne Friktionen mit heutigem »Weltbild«, uns aneignen können, uns entgehen läßt, was uns fremd ist. Das Fremde aber könnte gerade das Nötige sein, der Kern der Sache und nicht ihre zeitbedingte Schale. Fremdheit aus Gründen veränderten Weltbildes könnte Maske unserer Entfremdung sein, unserer so sehr uns durchdringenden, daß wir uns begnügen mit dem, was uns Entfremdeten mühelos eingeht. So z. B. ein Seelentrost, der in böser, sinnleerer Welt uns unserer Identität versichert, – seien wir froh, daß wir das kriegen, und mehr gibt es eben nicht. So wäre unsere Krise nur zu verstehen »als Seelen-, nicht als Weltkrise«[13] und gelöst im »erfüllten Augenblick«, den wir dann »Gott« zu nennen uns entmythologisierend unterfangen[14]. Aber das ist Herauslösung des ganz und nur innerlichen Augenblicks aus der Lebenszeit und der Lebenszeit aus dem Menschheitsgeschehen, Verinselung, mit kleinem Licht, dessen Lichtkegel um uns, um diesen Augenblick herum alles im Dunkeln läßt. »Der glaubende Mensch wäre danach in derselben Lage wie Camus' Sisyphos, der mitten in der Weltnacht sein einsames Licht anzündet, das ihm seinen eigenen Weg zwar matt erleuchtet, doch nicht den geringsten Schein ins Draußen zu werfen

---

[13] E. Bloch, Atheismus im Christentum, 70.
[14] R. Bultmann, Schlußsätze von »Geschichte und Eschatologie«, 1964², 184: »Der Sinn der Geschichte liegt je in der Gegenwart, und wenn die Gegenwart vom christlichen Glauben als die eschatologische Gegenwart begriffen wird, ist der Sinn der Geschichte verwirklicht. Derjenige, der klagt: ›Ich kann keinen Sinn in der Geschichte sehen, und darum ist mein Leben, das in die Geschichte hineinverflochten ist, sinnlos‹ muß aufgerufen werden: ›Schau nicht um dich in die Universalgeschichte; vielmehr mußt du in deine eigene persönliche Geschichte blicken. Je in deiner Gegenwart liegt der Sinn der Geschichte, und du kannst ihn nicht als Zuschauer sehen, sondern nur in deinen verantwortlichen Entscheidungen. In jedem Augenblick schlummert die Möglichkeit, der eschatologische Augenblick zu sein. Du mußt ihn erwecken!‹« – H. Braun, Die Problematik einer Theologie des Neuen Testaments, in: Gesammelte Studien zum Neuen Testament und seiner Umwelt, 1967², 339: »Gott wäre dann dort, wo der Augenblick in seiner Gefülltheit genommen und gelebt wird.«

Zusammenfassung II

vermag: Verzweiflung ist das letzte Wort dieses Evangeliums.«[15] Es bleibt dabei: »Ein kosmisches Geschehen, in dem der Mensch und seine Geschichte verschwindet, ist das Sinn-Nichts«[16], gegen das auch der erfüllte Augenblick nicht aufkommt.

Es ist wahr: das Draußen liegt im Dunkel. Wir haben kein Wissen und keine Vorstellung davon; denn was wir wissen und wahrnehmen, ist die sinnleere Welt und die endlose, sich wiederkäuende Zeit-Ewigkeit. Aber kein Zweifel, die Verheißung, die zu verstehen und wiederzugeben Theologie alle Energie aufwenden soll, gibt uns zwar nicht Wissen und Vorstellung, aber will genau dies erreichen, daß wir uns nicht mit der Welt, die wir wissen, abfinden. Sie will uns die Endgültigkeit dieser Welt unerträglich machen. Darin trifft sie auf unser Aufbäumen gegen diese Endgültigkeit, verstärkt es zum Durchhalten. »Tot wäre, wer mit der Welt einverstanden ist, wie sie ist.«[17] Das gilt weit über Kritik der gesellschaftlichen Welt hinaus. Mit dem Glauben an den Tod ist zu brechen, also zu wagen, von der Verheißung angestiftet und getragen, über die Grenzen der dem Leben entfremdeten Todeswelt hinaus zu denken, ernst zu nehmen, daß die Verheißung in Person das »Licht der Welt« ist (Joh. 8,12), und nicht nur das Licht der Seele, und also mit Worten der Todeswelt vom Leben zu sprechen.

»Dann« und »Dort« sagen wir:

1. um apokalyptische Hoffnungsrede nicht unter den Tisch fallen zu lassen, sondern zu wiederholen, weil sie Weltgehalt hat, –
2. weil wir, mit *Nietzsche,* der Erde treu bleiben wollen, also den Hoffnungsblick nicht nach oben ausweichen lassen wollen in die Transzendenz reinen Geistes, die immer wieder der Fluchtort war für die vom materiellen Elend gedrückten Seelen, –
3. weil die Verheißung uns auf einen Weg setzt, auf dem wir brechen mit der Welt, wie sie ist, auf dem unser Tun orientiert ist an der Vision einer Welt, wie sie sein soll, also im Protest gegen das Hier und Jetzt, –
4. weil die Verheißung diesen Weg beschrieben hat als einen, der nicht im Ziellosen verkommt, der ein Ende haben wird, das Vollendung heißt.

»Dann« und »dort« sagen wir, weil wir nicht schweigen wollen.

---

[15] A. Jaeger, Reich ohne Gott. Zur Eschatologie Ernst Blochs, 1969, 220f.
[16] E. Brunner, Dogmatik III, 1965², 479.
[17] D. Sölle, Die Wahrheit ist konkret, 1967, 43.

Mit Bildworten aus unserer hiesigen Welt sprechen wir, nicht als ob wir's abmalen könnten, »was kein Auge gesehen und kein Ohr gehört hat und in keines Menschen Herz emporgestiegen ist« (1. Kor. 2,9), aber um zu zeigen, was vom Hiesigen, Weltlichen von der Verheißung betroffen ist, welchem Angefangenen die Vollendung, welchem Verlangen die Erfüllung versprochen ist.

Dort anzulangen ist der uns verheißene Sinn, – gegenwärtig schon in der Verheißung, die uns einlädt, ihr zu glauben, und die uns mit dem Dort verbindet. Sie sagt: »An jenem Tage werdet ihr mich nichts fragen« (Joh. 16,23). Es ist, wie gesagt, wichtig, daß in jenen Versen der Apokalypse immer *Gott und das Lamm* miteinander genannt sind. Das Lamm ist der Gekreuzigte, in der Apokalypse des Johannes der stehende Ausdruck für ihn, und zwar immer als das erwürgte, blutige Lamm (5,6; 7,14; 12,11). Mit diesem Lamm ist also das Kreuz Jesu inmitten der Vollendung präsent, die Verlassenheit Jesu, die Sünde und die Notwendigkeit der Versöhnung durch das Selbstopfer Gottes, der Abgrund und das Nichts, die scheinbare Untreue Gottes und die wirkliche Untreue des Menschen. Dies alles aber so, daß dadurch nun der »Lichtglanz« Gottes nicht mehr beeinträchtigt und das Schauen des Angesichts Gottes nicht mehr getrübt und das Lob dieses Gottes nicht mehr gedämpft wird. Die große Theodizee, die Rechtfertigung Gottes ist geschehen, so aber, daß die Anthropodizee, die Rechtfertigung des Menschen durch Gott geschehen ist. Was Iwan Karamasoff als Anklagen gegen Gott vorgebracht hatte, waren ja lauter Anklagen gegen Menschen gewesen, gegen jene Folterer kleiner Kinder. Als Anklagen gegen Menschen waren sie aber auch Anklagen gegen mich gewesen, der ich mit *Goethe* sagen muß, daß es kein Verbrechen gibt, dessen ich mich nicht fähig denken könnte, und der ich meinen Beitrag zum Verderben der Menschheit, dem jene Kinder zum Opfer fielen, auf meine Weise genugsam geleistet habe. Als Anklagen gegen mich waren sie Anklagen gegen den, der mich geschaffen hat, Aufforderungen an ihn, meine Erschaffung zurückzunehmen, meine Sinnwidrigkeit durch meine Verstoßung in den Tod zu bestätigen. »Gott hat es schwerer als ich. Ich habe es nur zu tragen. Gott hat es zu rechtfertigen.«[18] Gott hat der Anklage nicht stattgegeben. Er hat sie auf sich selbst

---

[18] Tagebucheintragung von Franz Dibelius, dem im Ersten Weltkrieg gefallenen Bruder von Otto Dibelius, in: Meine Last ist abgelegt, 1917, 33.

Zusammenfassung II

gezogen und ist zum geschlachteten Lamme an meiner Statt geworden. Auf diese Weise hat er gerechtfertigt, daß ich sein darf. Auf diese Weise hat er mein verwirktes Leben in den Sinn zurückgeführt.

Wenn Iwan Karamasoff die gegen andere Menschen und gegen Gott geschleuderte Anklage als Anklage gegen sich selbst erkennen wird, und zwar von daher, daß er das für ihn geschlachtete Lamm Gottes, das seine Sünde trägt (Joh. 1,29), schaut, er selber im Lichtglanz Gottes unter denen, die ihre Kleider im Blute des Lammes gewaschen haben (Offb. 7,14) und am Strom des Wassers des Lebens stehen, das vom Throne des Lammes ausgeht (22,1), und »das Lied des Lammes« singen (15,3): »Groß und wunderbar sind deine Werke, Herr, allmächtiger Gott; gerecht und wahr sind deine Wege, König der Völker« – dann wird Iwan Karamasoff das »unendlich Kostbare« erkennen, das »über Bitten und Verstehen« (Eph. 3,20), über sein früheres Vorstellen hinaus für ihn geschehen ist, und dann wird er sich dem nicht mehr verschließen können, dann wird er nicht mehr rufen: »Ich werde mich nicht abfinden!«, dann wird er sich »abfinden« und mit der ganzen Schöpfung singen: »Dem, der auf dem Thron sitzt, und dem Lamme gebührt das Lob und die Ehre und die Macht in alle Ewigkeit« (Offb. 5,13).

Er wird sich dann mit seiner Anklage nicht mehr, was er doch getan hat, als weiser, gerechter und liebevoller über Gott erheben. Er wird nicht mehr mit Mascha *Kaléko* sagen:

»Ich möcht in dieser Zeit nicht Herrgott sein
Und wohlbehütet hinter Wolken thronen,
Allwissend, daß die Bomben und Kanonen
Den roten Tod auf meine Söhne spein...«[19]

---

[19] M. Kaléko, Verse für Zeitgenossen, 1957. Die folgenden Verse des Gedichtes »Verse für keinen Psalter« lauten:

»Wie peinlich, einem Engelschor zu lauschen,
Da Kinderweinen durch die Lande gellt.
Weißgott, ich möcht um alles in der Welt
Nicht mit dem Lieben Gott im Himmel tauschen.

Mir scheint, ein solcher Riesenapparat
Von Finsternis und Feuerwerk verpflichtet,
Hat Er damit ein Wunder wohl verrichtet,
Wie seinerzeit Er's in Ägypten tat?

Lobet den Herrn, der schweigt! In solcher Zeit, –
Vergib, o Hirt, – ist Schweigen ein Verbrechen.
Doch wie es scheint, ist Seine Heiligkeit
Auch für das frömmste Lämmlein nicht zu sprechen.

und nicht mehr mit Georg *Büchners* Lenz zu Oberlin sagen: »Aber ich, wär' ich allmächtig, sehen Sie, wenn ich so wäre, ich könnte das Leiden nicht ertragen, ich würde retten, retten!«[20] Ihm würde dieses »Aber *ich* !« vergehen, wenn er nun erkennt, daß der Allmächtige und Allwissende nicht wohlbehütet und schweigend hinter seinen Wolken auf seinem Throne geblieben ist, seine Gottheit und Erhabenheit und Unberührtheit und Gerechtigkeit nicht »wie einen Raub« festgehalten hat, vielmehr selbst dem Gebot seiner Liebe gehorsam war, »sich entäußerte, indem er Knechtsgestalt annahm und den Menschen gleich wurde und an Gestalt wie ein Mensch erfunden, und sich selbst erniedrigte und gehorsam ward bis zum Tode, ja bis zum Tode am Kreuz« (Phil. 2,6–8), und auf diese Weise »die Welt mit sich selbst vertauschte« (2. Kor. 5,19), so die Welt liebend (Joh. 3,16) und sich selbst in Jesus Christus »zum Sühnopfer für unsere Sünden sendend« (1. Joh. 4,10). Es wird ihm ergehen wie *Mechthild von Magdeburg:*

»Einst dachte ich, wenn ich dich sehe droben,
Eh' ich beginne, singend dich zu loben,
Würd' ich dir meinen Jammer klagen:
Nun hat mich, Herr, dein Anblick ganz und gar geschlagen;
Denn du hast mich weit über mich und meine Menschlichkeit getragen.«

Iwan Karamasoff und wir alle sehen nun den uns hier so verborgenen, aber schon hier uns verheißenen Sinn unseres Daseins. Wir sehen, daß nichts sinnlos war, was Gott tat und geschehen ließ, und vor allem anderen, daß wir selbst nicht zur Sinnlosigkeit verdammt sind. Wir sehen den, der unser Sinn ist, zu dem aufzusehen, den zu loben und dem zu dienen der Sinn unseres Daseins ist, der das Wofür unseres Lebens ist, und der sich gnädig uns zur Gemeinschaft, zum ewigen Sinn-Verhältnis gegeben hat. Nun endlich vertrauen wir ihm alles an, auch das, was uns verborgen war, auch das, was uns verborgen bleibt. Es wird uns viel beantwortet sein, viel von

---

Herr Zebaoth spaziert im Wolkenhain
Und schert sich einen Blitz, wie ich das finde.
Ich möcht in dieser Zeit nicht Herrgott sein.
Wie aber sag ich solches meinem Kinde?«

[20] Der Abschnitt, gegen Ende von Büchners Erzählung, beginnt: »Und wenn er ruhiger wurde, war es wie der Jammer eines Kindes: er schluchzte, er empfand ein tiefes Mitleid mit sich selbst; das waren auch seine seligsten Augenblicke. Oberlin sprach von Gott. Lenz wand sich ruhig los und sah ihn mit einem Ausdruck unendlichen Leidens an und sagte endlich ...«

Zusammenfassung II 343

den Fragen des Warum und Wozu. Ob uns alles beantwortet wird, ist nicht entscheidend. Auch jetzt werden wir nicht Schöpfer sein, sondern Geschöpfe, nicht im All-Einen untergehen, sondern in Liebe der Liebe antworten. Wie es Hiob erging, so nun auch uns: nicht daß unsere Rätsel rational, nachprüfbar eine Lösung finden, bringt sie zur Stillung, sondern daß wir Ihn sehen, »wie er ist« (1. Joh. 3,2), also das, was wir stammelnd und rätselvoll, im Wirrwarr von Nicht-Verstehen und Widerspruch, gerade nur der Verheißung nachsprechend, seine Weisheit, seine Macht und seine Liebe genannt haben. Was uns unbeantwortet bleibt, ist nicht mehr Qual und nicht mehr Hinderung, Ihn ohne Einschränkung und Vorbehalt zu loben. Indem wir Ihn sehen, sehen wir den Sinn des Ganzen.

»Da werd' ich das im Licht erkennen,
was ich auf Erden dunkel sah, –
das wunderbar und heilig nennen,
was unerforschlich hier geschah, –
da denkt mein Geist mit Preis und Dank
die Schickung im Zusammenhang.«[21]

Das ist die Sinngebung, die wir hier als Sinnverheißung empfangen. Sie steht gegen die Trauer, die uns doch am Lachen nicht ganz zu hindern vermag, und das Lachen noch, wie ohne festen Grund auch immer, ist Verheißung – von der Verheißung her.

»Ich komm', – weiß nit, woher.
Ich geh', – weiß nit, wohin.
Mich wundert, daß ich fröhlich bin.«

Den alten Vers des *Martinus von Biberach*[22] hat ein anderer *Martin (Luther)* umgeschrieben, von der Verheißung her:

»Ich komm' – weiß wohl, woher.
Ich geh', – weiß wohl, wohin.
Mich wundert, daß ich traurig bin.«[23]

Sinnverheißung ist nichts Geringeres als ein Befehl: Befehl zur Sinn-Hoffnung, ausstrahlend auf die Hoffnungslosen, und zu sinnvollem, nun sinngebendem Tun. Kurz vor dem Ersten Weltkrieg (1911) hat Christoph *Blumhardt* dies als Aufgabe menschlichen Lebens den Hörern der Verheißung zugerufen:

---

[21] Chr. F. Gellert, 7. Strophe aus dem Liede »Nach einer Prüfung kurzer Tage«, in: Geistliche Oden und Lieder, 1943, 134.
[22] Quellenangabe bei W. Kraft, Wiederfinden, 1962, 176, 206.
[23] WA 34 II, 175; 45, 501.

»Denk an deine Hoffnung, die du bekommen hast als Kind Gottes, und trage sie hinein in die weiten, größeren Kreise deines Volkes, trage sie hinein auch in die größeren Kreise anderer Völker, in die finsterste Heidenwelt, trag sie hinein in die Kriege der Menschen, in Mord und Blutvergießen, das so viel ist, daß das Blut, wenn es alles zusammenfließen würde, bis an den Zaum der Pferde gehen würde, wie die Offenbarung Johannis sagt, – trag sie hinein und hoffe! Hoffe als ein Erstling, hoffe in der Vorhut wie ein Offizier, hoffe im Anblick des Todes, der dir selber droht, hoffe im Anblick deines eigenen elenden Wesens, – trag die Hoffnung hinein, die dir gegeben ist als einem Kind Gottes!«[24]

---

[24] Aus einer Predigt über Röm. 8,18–27 vom 27. 8. 1911, in: Chr. Blumhardt, Eine Auswahl aus seinen Predigten, Andachten und Schriften, hg. von R. Lejeune, Bd. 4, 1932, 220f.

XI. Christlicher Glaube
und Atheismus in der Gegenwart

In fünf Thesenreihen wird der Sinn christlicher Rede von Gott entfaltet und dem Einspruch entgegengestellt, den der neuzeitliche Atheismus dagegen im Namen der Wissenschaft, im Namen der Autonomie des Menschen und im Namen der leidenden Kreatur erhebt.

THESENREIHE I:
Der Sinn der biblischen Rede von Gott

A.

1. A. Camus sagt, daß die Revolte »letzten Endes nur gegen jemanden gerichtet sich denken läßt. Der Begriff des persönlichen Gottes, Schöpfers aller Dinge und damit für sie verantwortlich, gibt allein dem Protest des Menschen seinen Sinn. Man kann daher ohne Paradox sagen, daß, in der westlichen Welt, die Geschichte der Revolte untrennbar ist von derjenigen des Christentums« (Der Mensch in der Revolte, 1969, 26).

2. Die Verneinung des neuzeitlichen Atheismus richtet sich gegen das christliche Bekenntnis vom »persönlichen Gott« und gegen die anthropologischen Implikationen dieses Bekenntnisses, bes. die christliche Rede von der Sünde und die christliche Hoffnung über den Tod hinaus.

3. Der neuzeitliche Atheismus ist damit eine Erscheinung der vom historischen Christentum bestimmten Weltgegend. In anderen Weltgegenden würde seine Verneinung gegenstandslos sein. Wo er (z. B. in marxistischer Form) seine Verneinung in andere Weltgegenden (Ostasien) hinausträgt, verbreitet er ein auf christlichem Boden entstandenes Weltverhältnis: die entgötterte Welt als Gegenstand profaner Wissenschaft; die Autonomie, d. h. Weltverantwortung des Menschen; die Gleichberechtigung aller Menschen; die Änderbarkeit der Gesellschaft.

4. Der Ausdruck »persönlicher Gott« ist in höchstem Maße mißverständlich und klärungsbedürftig. Verneinung ohne Klärung ist der durchgehende Mangel des neuzeitlichen Atheismus. Zu dieser Klärung zu zwingen, ist sein Verdienst für die christliche Theologie.

5. Das Mißverständnis, das der Ausdruck »persönlicher Gott« hervorruft, besteht in der Meinung, es handle sich um eine Beschreibung Gottes in Analogie zu menschlichen Personen, um die Vorstellung, mit »Gott« sei ein über die Welt herrschender vergrößerter Mensch gemeint, also eine Gottesvorstellung nach Art des Polytheismus (wobei dann der jüdisch-christliche Monotheismus sich vom Polytheismus nur durch die zahlenmäßige Reduktion auf einen Gott und durch die Zusammenfassung der Funktionen der vielen Götter in einem Gott unterscheide, ohne doch die polytheistische Art des Personifizierens grundsätzlich zu verlassen).

6. »Gott« ist ursprünglich nicht ein Name, sondern ein Prädikat, mit dem Übermenschliches bezeichnet wird, und zwar
a) übermenschliche Kräfte und Mächte verschiedener Art, bedrohende und hilfreiche (polytheistisch),
b) der letzte Seinsgrund (so in der antiken Metaphysik),
c) das, was jeweils Menschen »unbedingt anspricht« (*P. Tillich*), das letztlich Fordernde und das letztlich Sinngebende.

7. Im biblischen Bereich bekommt dieses Prädikat »Gott« singularische Bedeutung und wird zum (Ersatz-)Namen für diejenige Stimme, deren erste und weitergebende Hörer die Propheten Israels und Jesus von Nazareth sind, und deren Name (im Unterschied zu anderen Götternamen) zugleich gegeben und doch verborgen ist, angedeutet mit dem Tetragramm J-H-W-H, das im Alten Testament mit »Ich werde (für euch) da sein« gedeutet wird (vgl. 2. Mos. 3,14–15 in M. *Bubers* Bibelübersetzung).

8. Für das Neue Testament und die christliche Gemeinde geschieht Sich-Aussprechen dieser Stimme und ihr Gehörtwerden in reiner, vollkommener und für alle Menschen gültiger Weise in der Person Jesu von Nazareth; d. h. Jesus von Nazareth ist zugleich das endgültige Wort dieser Stimme (Joh. 1,1–18) und der diese Stimme hörende und ihr zur Verfügung stehende Mensch (das meint die altkirchliche Christologie mit ihrer Formel: »wahrer Gott und wahrer Mensch«).

Thesenreihe I 347

9. In der Bezeugung durch die von dieser Stimme Getroffenen (Israel und die Kirche, im kollektiven Bekenntnis und im Bekenntnis Einzelner) wird diese Stimme weiter hörbar. Die Bezeugung selbst ist – als die Antwort verschiedener historischer Menschen und Menschengruppen auf die eine Stimme – verschieden je nach den historischen Bedingungen, geeint dadurch, daß sie Auslegung und Stellungnahme in Konfrontation mit der einen Stimme ist. Ob es sich um adäquate Antwort handelt, wird unter den Hörern der Stimme immer aufs neue geprüft werden müssen.

10. Im Ergehen der Stimme geschieht Verbindung (biblisch: Bund) zwischen dem Anredenden und den Hörenden. Die Hörenden haben sich übereinstimmend durch alle Zeiten hindurch unter der durch die Anrede erfolgenden Aufklärung in bestimmter Weise verstanden: Sie sehen sich in eine neue Praxis gestellt, und diese gründet im Empfang einer Freundschaft. In dieser unumkehrbaren Erfahrung: Empfangen und neues Tun – besteht die Kontinuität der Gemeinde dieser Stimme.

11. Die Freundschaft und der Auftrag zur neuen Praxis (Evangelium und Gebot) werden gehört als unüberbietbar, unwiderlegbar und unerschütterlich, d. h. als Zuwendung des letzten Seinsgrundes (*Anselm von Canterbury:* id, quo majus cogitari nequit, das, im Verhältnis zu dem Größeres nicht gedacht werden kann): der letzte Seinsgrund spricht; der letzte Seinsgrund liebt; der letzte Seinsgrund will; der letzte Seinsgrund führt zu einem sinngebenden Ziel, – erstaunliche Aussagen gegenüber allem, was sonst in Religionen und Philosophien vom Letzten zu sagen gewagt worden war.

12. Der letzte Seinsgrund tritt also in eine Relation zur Welt und zum einzelnen Menschen, die nur mit der Sprache personaler Beziehungen zwischen Menschen angemessen ausgedrückt werden kann. Daher die anthropomorphe Sprache der Bibel. Sie ist »wörtlich, aber nicht buchstäblich« zu nehmen (H. *Gollwitzer*, Die Existenz Gottes im Bekenntnis des Glaubens, 1963, 131), d. h. sie will »als Bildrede wörtlich ernstgenommen werden, nicht aber als Nicht-Bildrede, also buchstäblich verstanden werden« (ebd.). Der eine Partner in dieser Relation ist ja nicht ein anderer Mensch, sondern der durch das Ergehen der Stimme in persönliche Relation tretende letzte Seinsgrund, nicht ein innerweltlich Seiendes neben anderen,

etwa ein polytheistisch gedachter Gott (vgl. These 5), sondern id, quo majus cogitari nequit.

13. Warum ist der Ausdruck »letzter Seinsgrund« gewählt? Er stammt aus der Metaphysik, aus der philosophischen Theologie; er ist gemeint, wenn in der Metaphysik die Vokabel »Gott« benützt wird. Er ist der Grenzbegriff jeder Metaphysik bei der Frage, worin alles Seiende gründe. Die Hörer der Stimme, die von den biblischen Zeugen bezeugt wird, wollen, wenn sie für diese Stimme das Wort »Gott« benützen, sagen, daß in ihr menschlich zu Menschen spricht und menschlich sich den Menschen zuwendet, worin alles Seiende gründet, und woraufhin alles Seiende ist und lebt, also das, dem alles Seiende sich verdankt.

14. Wenn das, dem alles Seiende sich verdankt, zu den Menschen menschlich spricht und sich den Menschen verspricht, dann kann die Rede der Metaphysik von dem letzten Seinsgrund nicht übernommen werden: sie ist (ursprünglich) unpersönlich; sie statuiert die Identität des Seienden und seines Grundes, nicht das Gegenüber des Anredenden und des Hörers, des Liebenden und des Geliebten; sie weiß nichts von einer Zuwendung, von einer Verheißung, von einer Hoffnung und einer Gewißheit. Dies kommt daher, daß Philosophie die menschenmöglichen Auskünfte auf das menschenmögliche Fragen formuliert, der biblische Glaube formuliert dagegen aus dem kontingenten Ereignis des Hörens der Stimme. Es handelt sich hier nicht um das, was der Mensch sich selber sagen kann, sondern um das, was er sich nur gesagt sein lassen kann *(K. Barth),* also eben um jene Reihenfolge: zuerst Empfangen, dann Tun (vgl. These 9), zuerst Hören, dann (Nach-)Denken.

15. Damit ist nicht gesagt, daß Philosophie und Glaube notwendig im Gegensatz stehen müssen, sondern nur, daß Philosophie die Aussagen nicht erschwingen kann, in denen der Glaube vom letzten Seinsgrund spricht, infolgedessen für diese Aussagen auch keine Verantwortung übernehmen kann. Je deutlicher dieser Unterschied wird, desto mehr wird Philosophie angehalten, im Fragen zu bleiben und sich nicht als Heilslehre zu etablieren, und desto mehr wird Theologie bereit sein, einzugestehen, daß ihre Voraussetzung nicht die aus sich selber verständliche Frage nach dem Transzendenten ist, sondern die unselbstverständliche »Inszendenz« oder »Kondeszen-

Thesenreihe I 349

denz« des »Transzendenten« im Ereigniswerden der Zuwendung des letzten Seinsgrundes in der Erscheinung Jesu Christi.

16. Der in Bibel und christlicher Theologie gebräuchliche Ausdruck »Wort Gottes« will sagen: Wir (d. h. zunächst: die dieses aussprechenden Menschen, Israel und die christliche Gemeinde, sie aber stellvertretend für alle Menschen, denen sie dies weitersagen) werden durch eine Stimme in einer bestimmten Geschichte konfrontiert mit einem Freunde, – mit dem ewigen Seinsgrunde als unserem Freunde, mit keinem geringeren Freunde als dem ewigen Seinsgrunde. Diese Geschichte ist für Israel die Geschichte des Bundes des zu Israel Sprechenden mit Israel; die christliche Gemeinde sieht diese Geschichte kulminieren und sich konzentrieren in der Geschichte Jesu von Nazareth, in der sich die von Israel gehörte Stimme endgültig und für alle ausspricht.

Weil es die Stimme des letzten Seinsgrundes ist, dem alles Seiende sich verdankt, wird sie Wort Gottes, Wort des Herrn und des Schöpfers genannt; weil in ihr die Freundlichkeit des ewigen Seinsgrundes sich kundtut, heißt die das Hören dieser Stimme vermittelnde Botschaft Euangelion-Freudenbotschaft.

B. Näherbestimmung der zentralen Formeln von These 16: Konfrontation durch eine Stimme in einer bestimmten Geschichte mit einem Freunde

17. *»Freund«*
Warum wird gerade dieses biblisch nicht häufig gebrauchte Prädikat (2. Mos. 33,11; Joh. 15,14f) gewählt? Es deutet an, wie positiv durch das Hören der Stimme das Verhältnis des Menschen zum Letzten, also das für alles entscheidende Grundverhältnis des Menschen wird: von der letzten, letztlich entscheidenden Instanz haben wir nicht Gleichgültigkeit eines blinden Schicksals, nicht Vernichtung im Abgrund des Nichts, nicht Verwerfung durch ein unerbittliches Gericht, sondern unverbrüchliche Freundschaft zu erwarten.

So unselbstverständlich diese Zuversicht für den Außenstehenden ist, so unselbstverständlich ist sie für den Glaubenden selbst. Gerade nur das Ergehen der Stimme in der bestimmten Geschichte kann für diese Zuversicht den Ermöglichungsgrund geben. Dies ist der Grund, weshalb das Wort »Herr« das häufigste Gottesprädikat der

Bibel ist. Indem der christliche Glaube vom Herrn als Freund und vom Freund als Herrn spricht, drückt er aus:
 a) die Unselbstverständlichkeit, das Wunder dieser Freundschaftsbotschaft: von wo Vernichtung herkommen könnte, von dort kommt Leben her;
 b) die Siegesgewißheit dieser Freundschaftsbotschaft: weil Freundschaft von der letzten Instanz herkommt, kann und wird sie nicht von anderen Instanzen durchkreuzt werden können; sie setzt sich durch als die letzte Wirklichkeit.

Macht sich der Herr zum Freunde, so hat das zur Folge, daß er nicht mehr als »despotische Gott-Hypostase«, die dem Menschen die Autonomie mißgönnt (E. Bloch), gedacht werden darf. Der Herr als Freund – d. h. a) er stellt seine Macht in den Dienst der Freundschaft; b) er begibt sich des despotischen Befehlsverhältnisses und will statt dessen Partnerschaft, also die freie Antwort des Freundes; c) er mißgönnt dem Freunde nicht die Entfaltung seiner Möglichkeiten, die Gewinnung erfüllenden Lebens, sondern will dazu verhelfen. Der Herr als Freund heißt also: Der Schöpfer hilft dem Geschöpf zur Autonomie, – und *dies* ist die Abhängigkeit des Geschöpfs vom Schöpfer.

Die von der Stimme erweckte Zuversicht auf die Freundschaft der letzten Instanz steht im Gegensatz zum Augenschein, also im Dennoch! Lebensbeobachtung, wissenschaftliche Welterhellung, metaphysische Besinnung und Befragung unseres Gewissens sagen uns das *nicht,* was jene Stimme sagt: sie versprechen uns als letzte Wirklichkeit nicht die Ewigkeit als Freund, sondern die Gleichgültigkeit der Ewigkeit, die Herrschaft des Todes, die Verlorenheit des Menschen im Weltall, die Unmöglichkeit der Wiedergutmachung des Verschuldeten. Die Freundschaftserklärung ist also eschatologisch im dreifachen Sinne: a) Indem sie letzte Verheißung gegen den Augenschein setzt, erklärt sie diesen als vorletzt, vorläufig, überwindbar, also die Gegenwart als die Unwahrheit. b) Indem sie die Freundschaft hereinträgt als die letzte Wahrheit in die Gegenwart als vorletzte Unwahrheit, versetzt sie den zum Freunde des ewigen Freundes angenommenen Menschen in einen Kampf: für die Intention der allen Menschen geltenden Freundschaft, gegen die unversöhnte Gegenwart. c) Die Freundschaft ist nicht nur eine verbale, sondern eine reale: sie ist die Gemeinschaft eines *Weges*, ist das Mitgehen des ewigen Freundes in der zeitlichen Geschichte, ist das Sich-Hereinbege-

Thesenreihe I 351

ben des Letzten ins Vorletzte, das Teilnehmen des Schöpfers an der Geschichte seines Geschöpfes, Gegenwart des Eschatons auf dem Wege zum Eschaton.

18. »*Geschichte*«
a) Der konstante Inhalt der Freundschaftserklärung ist nicht als ein abstrakter destillierbar aus seinen geschichtlichen Formen, sondern geschieht in seinen geschichtlichen Gestalten, d. h. als je konkreter »Zuspruch und Anspruch« zwischen Menschen und Menschen, in je besonderer geschichtlicher Sprache, kritisch bezogen auf bestimmte gesellschaftliche Verhältnisse und historische Vorgänge. Offenbarung der Freundschaft geschieht nicht in Form einer zeitlosen Lehre, sondern in Form von Geschichte, die durch Erzählen überliefert wird.

b) Die Erklärung der Freundschaft begibt sich sowohl in die Kontingenz wie in die Kontinuität der Geschichte. Die Diskontinuität der Kontingenz hat zur Folge: Die Rede von Gott wandelt sich (ein Dokument dieses Wandels ist die Bibel als Sammlung verschiedener, z. T. nicht miteinander harmonisierbarer Rede von Gott aus verschiedenen Zeiten). Die Kontinuität der Überlieferung erweist die Konstanz des gleichen Inhalts: Im Wandel der Zeiten wandelt die gleiche Stimme, der gleiche Zuspruch und Anspruch mit den Hörern der Stimme; frühere Erfahrungen werden aufbewahrt für die späteren und in ihnen.

c) Die geschichtlichen Ereignisse, die erzählt werden, sind nicht nur Illustrationen, auch nicht auf einer Ebene mit Naturereignissen zu sehen; sie sind vielmehr die Geschichte des Kampfes zwischen den Hörern der Stimme einerseits und ihrem eigenen Unglauben und dem Unglauben ihrer Zeitgenossen andererseits. Also: die Stimme selbst kämpft, leidet, wird bestritten, unterliegt, siegt im Wechsel der Situationen.

d) In der Geschichte Jesu Christi kommt für die die Wahrheit dieser Geschichte erkennenden Jünger an den Tag:
Erstens: Was der Stimme schon bisher in jenem Kampfe geschah, betraf nicht nur ihre menschlichen Sprecher, sondern den göttlichen Sprecher selbst: Gott selbst leidet die Geschichte des Menschen und seiner Boten unter den Menschen mit, in allen Konsequenzen.
Zweitens: Dieses Mitleiden Gottes gründet im Elend der Geschichte die Hoffnung der Geschichte, wendet die Geschichte zur

Hoffnung. Die Freundschaft ist kostspielig für den, der sie gewährt, und darum not-wendend für den, dem sie gewährt wird. Jesu Kreuz und Auferstehung ist nicht nur Exempel, nicht nur Symbol für diese mit-leidende Teilnahme des ewigen Freundes am Geschick seiner Freunde, sondern der grundlegende Vollzug dieser Teilnahme selbst; alle weitere Teilnahme ist dessen Folge. Das will die Konzentration des Neuen Testaments auf die Geschichte Jesu ausdrükken: das Heil aller (die ewige Freundschaft mit allen) ist unlöslich mit dieser bestimmten Geschichte dieses einen Menschen verbunden.

e) Diese Geschichte ist auch Teilnahme des ewigen Freundes an der Unabgeschlossenheit der Zeit: Alle Geschichte als eine zeitliche ist noch nicht fertig. Die Geschichte des Freundes mit uns ist noch nicht fertig. Sie hat ihr Ziel noch nicht erreicht. Es ist aber in ihr schon entschieden die Unlöslichkeit der Verbindung des Freundes mit seinen Freunden.

f) Die in der Erzählung weitergegebene Geschichte Jesu und der Seinen (d. h. Israels und der Jünger) ist Verheißungsgeschichte, d. h. ihr Erzählen ist der Modus der Weitergabe der in der Jesus-Geschichte begründeten Verheißung (promissio) für alle Menschen.

19. »Stimme«

a) Der traditionelle Ausdruck »Wort Gottes« wurde durch das Wort »Stimme« ersetzt,
um das Ereignishafte hervorzuheben,
um also den Eindruck zu vermeiden, es handle sich um eine in eine Doktrin einfangbare, allgemein tradierbare, theoretische Wahrheit,
um die durch die verschiedenen Gestalten ihrer zeitlichen Ereignung durchgehende Einheit der Freundesanrede anzudeuten.

b) Es gibt für uns nur diese Stimme, d. h. es gibt keine Unmittelbarkeit zu Gott in dem Sinne, daß uns Gott unmittelbar greifbar wäre. Darum können wir über Gottes Wesen abgesehen von dieser Stimme nichts aussagen: es ist keine »Ontologie Gottes« möglich. Aussagen können wir nur über diese Stimme machen, und zwar entweder historische oder kerygmatische, d. h. entweder Aussagen über die historischen Gestalten des Lautwerdens dieser Stimme, über die menschlichen Boten und ihre jeweilige Botschaft, oder Aussagen des eigenen Hörens und Weitergebens des Zuspruchs und Anspruchs der Stimme, d. h. des »Bezeugens«.

c) Haben wir Gott nur im Hören der Stimme, und nehmen wir

die Erklärung der Freundschaft ernst, so bedeutet das gleicherweise: Gott bleibt im Geheimnis, und: Gott gibt sich ganz preis. Gott bleibt im Geheimnis, d. h. sein Wesen bleibt für uns unfaßbar; die Stimme teilt uns das Für-uns-sein seines Willens zu. Wort Gottes ist promissio (Verheißung), nicht theoretische Information über den letzten Seinsgrund, – ist Zusage aus dem Dunkel (bzw. aus einem »Lichte, in das niemand eindringen kann«, 1. Tim. 6,16). Gott gibt sich ganz preis, d. h. in der doppelten Vermitteltheit seiner selbst sowohl durch die Stimme (Wort Gottes) wie durch die dieser Stimme dienenden Menschen (Kerygma) behält er sich nicht zurück, sondern geschieht seine »Selbstoffenbarung«, d. h. bekommen wir es wirklich mit dem letzten Willen des letzten Seinsgrundes zu tun. Durch die Vermittlung sind wir unmittelbar (nicht unvermittelt) zu Gott und er zu uns.

20. »Konfrontation«

a) Konfrontation mit einer Stimme geschieht durch deren Anrede und durch das Hören dieser Anrede. Glauben ist das Eindringen der Anrede in unser Bewußtsein und damit in unser Leben. Glauben »hat« man also nicht, sondern er geschieht in uns durch das immer neue Eindringen der Anrede in unser Leben.

b) Es hängt also alles daran, daß diese Konfrontation geschieht und fortdauert. Glauben gründet nicht in sich selbst, sondern kommt aus dem Hören. Auch wo Glauben z. Zt. nicht geschieht, ist die weiterdauernde Konfrontation Verheißung und Hoffnung auf neues Geschehen des Glaubens.

c) Konfrontation mit dem, der im biblischen Glauben Gott genannt wird, geschieht nicht unmittelbar, sondern vermittelt durch das Wort Gottes. Der Glaube gilt also diesem Worte Gottes: er vertraut ihm, freut sich an ihm, fürchtet es, folgt ihm. Wo in der biblisch-christlichen Rede von »Gott« gesprochen wird, kann dafür eingesetzt werden: »Wort Gottes«.

d) Konfrontation mit dem Worte Gottes geschieht nicht unmittelbar, sondern durch die Vermittlung menschlichen Wortes, des »Zeugnisses« derer, die – wiederum durch die Stimme anderer Menschen – von der Stimme des Wortes Gottes erreicht und zur Antwort des Glaubens bewogen worden sind. Ob uns durch menschliches Zeugnis hindurch die Anrede der Stimme trifft, ist stets aufs Neue offen. Faktisch aber und unleugbar sind wir mit dem menschlichen

Zeugnis konfrontiert, solange es unter uns Menschen gibt, die den christlichen Glauben bezeugen. Es gehört zur Zuversicht des christlichen Glaubens, daß dieses Zeugnis und also die Konfrontation der Menschen mit ihm in allen künftigen Zeiten der Menschheitsgeschichte, durch allen Wechsel der Kulturen und Gesellschaftssysteme hindurch, nicht aufhören wird (Confessio Augustana, 1530, Art. 7: perpetua mansura ecclesia = die immer lebendig sein werdende christliche Gemeinde).

e) Die Konfrontation ist tatsächlich eine Frontstellung zwischen dieser Stimme und uns, den Hörenden. Wir haben bei allem »Gottsuchen« diesen Gott nicht gesucht; er ist anders als der Gott, nach dem wir verlangen. Das zeigt sich an der Kreuzigung Jesu, in dem unser aller Nein zu diesem Gott manifest wird. Die christliche Botschaft konfrontiert uns mit einem Freunde, der uns sucht, obwohl wir anderes als ihn suchen. Glauben heißt darum: unter dem Einfluß der uns widerfahrenden Konfrontation umdenken (Metanoia) vom Widerspruch zur Annahme dieser Freundschaft.

f) Wenn heute oft nach der Erfahrung gefragt wird, der das Wort »Gott« entspricht, so ist der Ort dieser Erfahrung kein anderer als die hier beschriebene Konfrontation: in ihr erfahren wir die Begegnung mit Gruppen von Menschen, die durch die Stimme erreicht und in eine veränderte Lebensweise gebracht worden sind; uns einlassend auf die neue Lebenspraxis, zu der uns die Stimme der ewigen Freundschaft mit der Vorhaltung der neuen Gesellschaft des Reiches Gottes einlädt, machen wir Erfahrungen mit den Versprechungen und Weisungen dieser Stimme. Man bekommt diese Erfahrungen nicht vorher, um daraufhin sich auf die neue Lebenspraxis einzulassen, sondern erst im Gefolge dieses Sich-Einlassens. Glauben heißt: auf das Hören der Stimme hin das veränderte Leben zu wagen, zu dem sie uns einlädt.

Thesenreihe II

THESENREIHE II:
Der Einspruch des neuzeitlichen Atheismus gegen den christlichen Glauben im Namen der Wissenschaft

1. Die Entwicklung der Natur- und Geisteswissenschaften in der Neuzeit ist ein emanzipatorischer Vorgang, der eine geschichtliche Gestalt des christlichen Glaubens zugunsten einer neuen Lebensweise des Glaubens aufgelöst hat, und den der christliche Glaube von seinem Ursprung und Inhalt her bejahen muß,

a) weil für ihn der Wille Gottes auf die freie Verantwortlichkeit des Menschen gerichtet ist, – die neuzeitliche Wissenschaft ist ein Schritt auf sie zu;

b) weil der Glaube von Gottes Schöpfersein spricht und darum der Mensch die Wirklichkeit von Natur und Geschichte, wie Gott sie geschaffen hat und geschehen ließ, nicht wegzudisputieren hat, sondern sie erkennen soll und darf, wie sie tatsächlich war und ist;

c) weil die christliche Botschaft an dem Hervorkommen dieser neuzeitlichen Welt – trotz des Widerstandes offizieller Kirchenorgane – mitgewirkt hat.

2. Diejenige Gestalt des christlichen Glaubens, die durch die neuzeitliche Entwicklung aufgelöst worden ist, ist gekennzeichnet

a) durch die Vorherrschaft der Großkirchen als moralisch-kultureller Macht in der Gesellschaft der europäischen Völker,

b) durch die Verbindung des christlichen Denkens mit der antiken Metaphysik,

c) durch die Bindung der Welterforschung an biblische und kirchliche Aussagen, die für diese Welterforschung normativ sein sollten.

3. Die Auflösung dieser Glaubensgestalt geschah – abgesehen von den gesellschaftlichen Veränderungen, die sie erzwangen – durch eine Denkarbeit, an der christliche wie nichtchristliche Denker beteiligt waren. Es ist verständlich, daß die dadurch vollzogene Zerstörung überlieferter Vorstellungen für eine Durchgangsphase den Eindruck entstehen ließ, daß gläubige Haltung und wissenschaftliche Haltung im Gegensatz ständen und darum einander ausschlössen.

4. Wer diese Meinung heute noch vertritt, ist nicht auf der Höhe der geistigen Situation unserer Zeit. Durch Selbstkritik der Wissenschaft und Selbstkritik des christlichen Denkens ist längst klar-

gestellt, daß Wissenschaft nicht zum Unglauben zwingt und Glaube nicht zur Unwissenschaftlichkeit, daß vielmehr ein Mensch ohne Einschränkung zugleich glaubender Christ und freier, nur dem wissenschaftlichen Wahrheitsstreben verpflichteter Forscher sein kann.

5. Wesentliche Erkenntnisse der zu dieser Einsicht führenden *Selbstkritik der Wissenschaft*:

a) Die Naturwissenschaft hat und ergibt kein universales Weltbild, sondern arbeitet in einer bestimmten Weltsicht. Sie hat deshalb nicht zu allem etwas, geschweige denn das Entscheidende zu sagen, sondern zu vielem nichts.

b) Diese Sicht geschieht unter Auswahl, Abblendung des nicht Einfügbaren und Einrichtung des Gegenstandes zum Objekt; in ihr begegnet der Gegenstand so und nur so, wie er sich in dieser bestimmten Hinsicht zeigt: sie ist Verdinglichung zum Zwecke der Beherrschung.

c) Diese Sicht ist in sich unaufhaltsam und grenzenlos, auf alles, was weltliches Phänomen wird, anwendbar, ist aber doch nur partiell, weil alle anderen Hinsichten abblendend. »Das wissenschaftliche Vorstellen vermag das Wesen der Natur nie zu umstellen, weil die Gegenständigkeit der Natur zum voraus nur *eine* Weise ist, in der sich Natur herausstellt« (*M. Heidegger*, Wissenschaft und Besinnung, in: Vorträge und Aufsätze 1954, 62).

d) Diese Sicht ist sich in sich selbst genug, sie ist fensterlos gegen alles, was sie abblendet. Sie ist aber weder ihrem Gegenstande noch dem Menschen und seiner Beziehung zu den Gegenständen genug. Wo das für die Technik wesenhafte »Entbergen in der Art des Bestellens« »herrscht, vertreibt es jede andere Möglichkeit der Entbergung« (M. Heidegger, Die Frage nach der Technik, aaO. 35). Wer nur noch quantifiziert, dem entgehen die Qualitäten; wer nur rechnet, der kann nicht spüren und schmecken. (Deshalb ist z. B. die heutige Unvereinbarkeit zwischen Naturwissenschaft und anthroposophischer Naturauffassung kein Gericht über die letztere, sondern Zeichen der Grenze der ersteren, die die Überwindung der Unvereinbarkeit zur künftigen Aufgabe macht.)

e) Es gibt nicht *die* Wissenschaft mit einheitlicher Methode, sondern nur ein gemeinsames Ethos wissenschaftlichen Arbeitens, zu dem gehört: methodische Strenge, Vorurteilslosigkeit (nicht Voraussetzungslosigkeit, sondern Reflexion auf die je unerläßlichen Vor-

Thesenreihe II 357

aussetzungen), Offenheit für das Unerwartete, In-der-Schwebe-Halten der Hypothesen, ständige Selbstkritik, bescheidene Klarheit über die mit der jeweiligen Methode gegebene Begrenztheit der In-Blick-Nahme des Gegenstandes. Der Pluralismus der Wissenschaften ist nicht durch Diktatur einer Perspektive zu beseitigen, sondern durch ihre Verbindung für die Praxis des menschlichen Weltverhältnisses zu bejahen.

f) Die wissenschaftliche Objektivierung macht das Seiende wehrlos und den Betrachter anonym. Darum gelingt sie umso weniger, je weniger das Seiende sich wehrlos stillhalten läßt. Das ist das heute durchgehend für alle Wissenschaften bestehende Problem der »Nichtobjektivierbarkeit«. Die Einrichtung zum Objekt gelingt, je weiter das Phänomen vom Menschen entfernt ist. Emil *Brunner* hat das als »Gesetz der Beziehungsnähe« formuliert: »Die fälschende Wirkung des abstraktiven Erkennens ist umso geringer, je mehr sich die Erkentnis auf das dem Personenzentrum Ferne, umso größer, je mehr sie sich auf das dem Personenzentrum Nahe bezieht. Das Personenzentrum selbst, die Personalität als solche, erschließt sich weder dem naturgesetzlichen noch dem geistgesetzlichen Erkennen, sondern allein dem Glauben« (Das Gebot und die Ordnungen, 1932, 482f; vgl. auch E. Brunner, Offenbarung und Vernunft, 1941, 378f, und D. Bonhoeffer, Ethik, 184: »Je stärker eine Sache mit der Existenz des Menschen verbunden ist, desto schwerer ist es, ihr Wesensgesetz zu bestimmen.«)

6. Wesentliche Erkenntnisse der zu dieser Einsicht führenden *theologischen Selbst-Kritik:*
a) Die Bibel ist nicht ein verbalinspiriertes Buch mit geoffenbarten Informationen über Natürliches und Übernatürliches, sondern sie ist eine Sammlung von menschlichen Zeugnissen von Gottes Reden und Wirken, die von bestimmten, unter den kulturellen Bedingungen ihrer Zeit sprechenden und schreibenden Menschen stammen. Ihr Thema ist nicht allerlei, sondern eines: das Geschehen jener »Stimme«, in der der ewige Gott sich dem zeitlichen Menschen verspricht und ihn zu seinem Mitarbeiter an seiner Schöpfung macht. Alle Angaben der Bibel über Natur und Historie sind deshalb, ohne Verlust für den Glauben, der wissenschaftlichen Überprüfung auszusetzen und kritisierbar.
b) Das Wort Gottes, auf das der Glaube (im biblischen Sinne)

hört, ist weder Konkurrent der Wissenschaft noch Lieferant einer Weltanschauung. Es weiht nicht in die Kenntnis der Welt ein, sondern weist in den Umgang mit der Welt ein unter dem Gesichtspunkt des Dankes an den Geber, der Ehrfurcht vor dem Leben und der Liebe zu den Menschen. Damit gibt es uns gerade für wissenschaftliche Welterkundung und für vernünftige und vorläufige Zusammenfassung unseres Wissens und Wertens zu »Weltanschauungen« frei. Kein Weltbild ist christlich verpflichtend, auch nicht »das biblische«.

c) Gott, seine Offenbarung, sein Reden und Handeln sind nicht möglicher Gegenstand verobjektivierender Wissenschaft, weil Gott nicht als weltliches Phänomen vorkommt, weil er immer Subjekt bleibt und sich nie zum Objekt unseres Feststellens und Beurteilens machen läßt. Er ist nicht ein Seiendes neben anderem Seienden. Eben diese Unterschiedenheit (nicht Geschiedenheit!) von Gottes Sein gegenüber dem Sein alles Seienden macht Gott gegenüber die Welt zur Welt, d. h. zum Gesamtbegriff all dessen, was *nicht* Gott ist und darum zum Gegenstand menschlichen Forschens und Bearbeitens werden kann. (Fr. *Nietzsche,* Jenseits von Gut und Böse, Aph. 150: »Um den Helden herum wird alles zur Tragödie, um den Halbgott herum alles zum Satyrspiel und um Gott herum wird alles – wie? vielleicht zur ›Welt‹.«) Mit dieser radikalen Unterscheidung von Gott und Welt hat der biblische Glaube wesentlich zur Ermöglichung neuzeitlicher Wissenschaft beigetragen.

d) Theologie als Wissenschaft steht daher weder in Konkurrenz zu den anderen Wissenschaften noch ist sie der Norm eines für andere Wissenschaften entworfenen Wissenschaftsbegriffs unterworfen. Ihr Gegenstand sind die biblischen Zeugnisse und ihre Auslegung und Aktualisierung im Laufe der Geschichte der christlichen Kirche; ihre Aufgabe ist die kritische Prüfung der heutigen christlichen Verkündigung an der in jenen Zeugnissen enthaltenen und aus ihnen immer neu zu erhebenden Botschaft von Gottes Willen und die Vertretung dieser Botschaft im geistigen und gesellschaftlichen Ringen der Gegenwart. Ihre Wissenschaftlichkeit besteht in der Vorurteilslosigkeit, in der methodischen Strenge und in der kritischen Selbstreflexion, mit der sie ihrer Aufgabe dient.

7. Wissenschaft ist immanentes Weltverhältnis. Sie befragt die weltlichen Phänomene nach ihren innerweltlichen Ursachen und

Thesenreihe II

Folgen. Sie ist also »methodischer Atheismus«; denn in ihr kommt Gott nicht vor. Darum ist die neuzeitliche Wissenschaft die Macht der Säkularisierung, die unser aller Leben und Denken bestimmt und den christlichen Glauben nicht beendet, sondern in eine neue Gestalt bringt. Die Immanenz des wissenschaftlichen Weltverhältnisses wird vom christlichen Glauben bejaht als eine Folge und Weise des Weltverhältnisses des Glaubens; denn 1. ist Gott kein Gegenstand wissenschaftlicher Demonstration (darum Unmöglichkeit eines Gottesbeweises aus den Weltphänomenen), und 2. ist Gott nicht ein Mittel zur Welterklärung und Weltbewältigung.

8. Daß Gott nicht ein Mittel für unser Weltverhältnis ist, unterscheidet den biblischen Glauben scharf von jeder Magie und vom Aberglauben. Wissenschaft ist ein menschliches Werk. Gott steht nicht als Mittel unseres Werkes *zwischen* uns und den Phänomenen der Welt, sondern als der, der uns und der Welt das Dasein gibt und uns mit »Augen, Ohren und allen Gliedern, Vernunft und allen Sinnen« (Luther, Erklärung des 1. Glaubensartikels) für unser Wirken in der Welt ausrüstet, bei uns und über uns und der Welt. Das Gebet des Glaubens will nicht eine zauberische Beschwörung Gottes sein, die ihn als Mittel einsetzt, sondern ist die Bitte um seinen Segen, der freilich für die rechten Wirkungen unseres Wirkens, die wir nicht in der Hand haben, unerläßlich ist, und der Dank für unser Wirkendürfen und -können (vgl. H. *Gollwitzer*, Die Theologie im Hause der Wissenschaften, EvTh 18, 1958, bes. 29–37).

9. Der christliche Glaube bejaht darum die Glaubenslosigkeit der Wissenschaft (vgl. dazu Fr. *Gogarten*, Der Mensch zwischen Gott und Welt, 1956, 291–322). Der »dogmatische Atheismus« folgert aus dem »methodischen Atheismus« der Wissenschaft die Gleichgültigkeit und Überflüssigkeit des Gottesglaubens für den Menschen des wissenschaftlichen Zeitalters. Diese Folgerung ist nicht eine Konsequenz aus der Glaubenslosigkeit der Wissenschaft, sondern die dogmatische Behauptung der Allgenügsamkeit der Wissenschaft, sie ist ebenfalls Satz eines Glaubens – oder: Aberglaubens. Der christliche Glaube bestreitet die Allgenügsamkeit der Wissenschaft für das menschliche Leben und steht damit ein für die Freiheit und Unantastbarkeit des Menschen gegenüber der gänzlichen Verobjektivierung und Verfügbarmachung durch die Wissenschaft.

10. Daß die Wissenschaft nicht allgenügsam ist, gilt für den positivistischen Begriff von Wissenschaft. Gilt es auch für einen weiteren Begriff von Wissenschaft, der die hermeneutischen und die Sozialwissenschaften mit umfaßt (vgl. J. Habermas, Erkenntnis und Interesse, 1969)? Dies führt auf die Frage nach der Genügsamkeit der menschlichen *Vernunft*, mit deren Bekenntnis die Aufklärung den Prozeß gegen das Christentum geführt hat. Dazu hier nur einige Gesichtspunkte:

a) In ihrer beobachtenden und feststellenden Tätigkeit (Wissenschaft, positivistisch verstanden) ist die Vernunft nicht allgenügsam, weil sie nur einen abstrahierten Aspekt des Seins bietet (s. These 5, c und d). Aus dem so beobachteten Sein kann unser Sollen nicht deduziert werden. »Der Gott der Physik ist da, um zu geben, was wir wünschen, aber nicht, um uns zu sagen, was wir wünschen sollen« (G. de *Santillana*).

b) Mit diesem »abblendenden« Verfahren ist die Wissenschaft nur scheinbar Selbstzweck. Darf sie *in* ihrer Arbeit kein anderes Ziel haben als Erkenntnis der ihr zugänglichen Wahrheit – der feststellbaren Wirklichkeit –, so geschieht sie als ganze doch nur innerhalb des menschlichen Lebens und um dieses Lebens willen. Dieser Kontext ist ihr höherer Zweck. Sie dient einem Leben, über dessen Sinn, Ziel und Leitwerte sie nicht ausmachen kann. *Wozu* die Produktivkraft Wissenschaft verwendet werden soll, das ist heute die praktisch entscheidende Frage für den Wissenschaftler in der Klassengesellschaft des imperialistischen Zeitalters, die ihm nicht aus seiner Wissenschaft selbst beantwortet wird. Im *ethischen* Problem der Wissenschaft begegnen sich heute Theologie und Wissenschaften.

c) Im Unterschied zum 18. Jahrhundert sehen wir heute »Vernunft« nicht mehr als allgemein zeitloses Vermögen des Menschen. »Vernunft« meint das geschichtlich sich vollziehende Zu-sich-selbst-Kommen des Menschen als Gattung in wachsender Autonomie, Naturbeherrschung und Beherrschung der eigenen Geschichte. Auf diesem geschichtlichen Wege ist die Vernunft ständig zugleich urteilende (d. h. in freier Einsicht sich aneignende) und vernehmende. Durch das, was sie vernimmt, wird sie erweitert zu neuen Möglichkeiten. Zu dem, was die Vernunft vernimmt, gehört auch die biblische Botschaft. Von ihr wird die Vernunft nicht ausgeschaltet, sondern in ihr gibt sich die dort gehörte »Stimme« der menschlichen Vernunft zu vernehmen. Gerade als geschichtliche ist die menschliche

Thesenreihe II

Vernunft nie nur aktiv-setzend, sondern immer zugleich und zuerst passiv empfangend.

d) Die Anrede, unter die wir durch die biblische Botschaft geraten, geht nicht an der Vernunft vorbei, sondern richtet sich gerade an sie, will von ihr vernommen, bedacht, als Wahrheit erkannt und vernünftig verwirklicht werden. Nicht die freie Vernunft widerspricht der Offenbarung, sondern nur die unfreie, d. h. die an irgendwelche Vorurteile, Extrapolationen, Dogmen oder Wünsche gebundene Vernunft: »Es gibt keinen intimeren Freund des gesunden Menschenverstandes als den heiligen Geist und keine gründlichere Normalisierung des Menschen als die im Widerfahrnis seines Werkes« (K. *Barth*, Kirchliche Dogmatik IV/4, 31). Das Hören des Wortes Gottes bewahrt die Freiheit der Vernunft vor den aus unerfüllten Glaubensbedürfnissen ständig drohenden Dogmatisierungen und Überforderungen der Wissenschaft und hindert den Menschen, von der Wissenschaft mehr zu erwarten, als sie geben kann.

e) Die Grenzen der Vernunft sind die Grenzen des Menschen. Diese Grenzen sind nicht starr, sie sind unerhört erweiterbar, aber sie sind nicht unendlich, und ebenso wenig sind die Kräfte des Menschen, seiner Vernunft gegen das jeweils Unvernünftige zum Siege zu verhelfen, unendlich. Wir Menschen erkennen und können nur partiell; wir haben das Ganze nicht in der Hand; wir stehen im »Stückwerk« (1. Kor. 13,9–12); wir bestimmen nicht die Wahrheit, sondern die Wahrheit urteilt über uns. Deshalb ist zu unterscheiden zwischen den Wahrheiten, die wir durch Wissenschaft zu gewinnen vermögen, und der Wahrheit, die wir nur durch Gnade vernehmen können, und durch die wir selbst wahr werden. Darum bestreitet die Theologie nicht die Wissenschaften, aber sie macht »der Wissenschaft gerade das streitig, was die Griechen ihr hatten zukommen lassen: daß die Wahrheitsfrage eine wissenschaftliche Frage ist, d. h. eine Frage, die in den Bereich der wissenschaftlichen Erkenntnis fällt. Das muß die Theologie ablehnen, weil die Frage nach der Wahrheit immer die Frage nach *der* Erkenntnis ist, in der der Mensch selbst wahr wird, nicht nur erkennt, was wahr ist, und weil darum alle Erkenntnis von Wahrheit nicht nütze ist, unter der der Erkennende nicht zugleich selbst zum wahren Menschen wird« (H. J. *Iwand*, zit. bei H. Gollwitzer, Die Theologie im Hause der Wissenschaften, aaO. 27).

f) Weil wir Menschen die »Wahrheit, die uns frei macht« (Joh. 8,31–36), nicht schon in unserer Vernunft besitzen, sondern je erst empfangen müssen, ist unsere Vernunftbemühung ein Ausdruck unserer Bedürftigkeit, ein (bewußtes oder unbewußtes) Gebet um diese Wahrheit. Wir leben davon, daß dieses Gebet nicht unerfüllt bleibt. Genau so weit ist Wissenschaft ein Segen und nicht ein Fluch. Weil wir auf das Zu-uns-Kommen dieser Wahrheit angewiesen sind, ohne es kommandieren zu können, gilt Emil *Brunners* Satz, daß »niemals die Offenbarung innerhalb der Vernunft, wohl aber die Vernunft innerhalb der Offenbarung ihren Platz hat« (Religionsphilosophie evangelischer Theologie, 1927, 25).

g) Die Einsicht, daß nur durch gegenseitige illegitime Grenzüberschreitungen ein Konflikt zwischen Glauben und Wissenschaft entsteht, ist ein Fortschritt gegenüber früherer Bevormundung der Wissenschaft durch die Kirche und der Verwendung der Wissenschaft als Waffe gegen den Glauben. Aber dieses schiedlich-friedliche Verhältnis kann nicht das einzige und letzte Wort sein. Die Frage »Was kann ich wissen«? steht im Kontext der Fragen »Was soll ich tun?« und »Was darf ich helfen?« (I. *Kant*, Kritik der reinen Vernunft, ed. W. Weischedel, 1956, 677) und weist über sich hinaus auf diese beiden anderen Fragen. Von ihnen kann heutige Wissenschaft nicht mehr abstrahieren. In ihnen aber antizipieren wir, worüber eine Wissenschaft, die erforscht, was ist, uns nicht aufklären kann. »Was ist, ist nicht wahr« (E. *Bloch*). Theologie ist antizipatorische Wissenschaft, weil ihr Gegenstand, das Evangelium, Verheißung der kommenden Wahrheit ist. Nur durch die Zukunft bekommt Gegenwart ihren Sinn. Der Sinnhorizont der Wissenschaft ist die Zukunft der Menschheit. Die Theologie spricht vom verheißenen Heil und bringt in den Wissenschaftsbetrieb die Unruhe der Frage nach dem Heil. Dadurch tritt sie mit den anderen Wissenschaften »zusammen an jene Front, die wir Gegenwart nennen, an der Zukunft gewonnen oder vereitelt wird, weil das Heil der Welt erhofft und das Unheil befürchtet wird. Theologische Überlegungen dieser Art gehören also nicht in eine besondere Fakultät unter den anderen Fakultäten, sondern gehören in den Erkenntnishorizont einer jeden Wissenschaft« (J. *Moltmann*, Theologie in der Welt der modernen Wissenschaften, in: Perspektiven der Theologie, 1968, 283).

THESENREIHE III:
Der Einspruch des neuzeitlichen Atheismus gegen den christlichen Glauben im Namen der Autonomie des Menschen

> Michael *Bakunin:* »Wenn Gott existiert, ist der Mensch Sklave; aber der Mensch muß frei sein, also existiert Gott nicht« (Ges. Werke II, 1921, 15).
> Ernst *Bloch:* »Wo der große Weltherr, hat die Freiheit keinen Raum, auch nicht die Freiheit – der Kinder Gottes« (Prinzip Hoffnung II, 1413).
> *Paulus:* »Steht fest in der Freiheit, zu der euch Christus befreit hat« (Gal. 5,1).

1. Der Einspruch gewinnt sein Motiv aus dem neuzeitlichen Übergang von einer relativ stabilen Gesellschaftsordnung in eine Phase rapider Veränderung des menschlichen Lebens infolge der neuen Produktivkräfte Wissenschaft und Technik. Welt erweist sich in dieser Phase als die der Verantwortung des Menschen übergebene Welt; der Mensch erweist sich als Produzent und Gestalter seiner Welt. Er erfährt sich als homo faber, als faber suae fortunae (Schmied seines Glückes) und erkennt dies als die Freiheit, zu der er bestimmt – oder auch verurteilt ist.

2. Der Einspruch sieht Gott und Mensch, Gnade und Gebot Gottes auf der einen und menschliche Freiheit auf der anderen Seite, Abhängigkeit und Autonomie als konkurrierende Instanzen an. Er kann sich dabei berufen auf Aussagen der Bibel und der theologischen Tradition und auf Erscheinungen der kirchlichen Praxis, die das zu bestätigen scheinen.

3. Dazu stehen im Widerspruch biblische und theologische Tendenzen, die auf die Freiheit des Menschen zielen: die beiden biblischen Schöpfungsberichte zeichnen den Menschen als zum Ebenbilde Gottes bestimmt, als beauftragt zur Verwaltung und Gestaltung der Erde. Die prophetische Deutung der Geschichte Israels im Alten Testament zeigt den Sinn des göttlichen Bundesschlusses mit Israel in der Befreiung dieses Volkes vom Banne der Naturgottheiten und von menschlicher Despotie zur Bildung einer gerechten Gesellschaft und zum stellvertretenden »Lichtzeichen für alle Weltvölker, daß meine Freiheit werde bis an den Rand des Erdreichs« (Jes. 49,6 übersetzt nach Buber-Rosenzweig). Jesu Worte und Taten zielen auf den von Dämonen befreiten, zur Liebe fähigen Menschen und

laden zu einem Leben ein, das der Freude der Gottesherrschaft jetzt schon entspricht. Freiheit ist für Paulus und Johannes ein Zentralwort zur Auslegung der neuen Existenz (Röm. 8,21; 1. Kor. 7,22; 2. Kor. 3,17; Gal. 4,26; 5,1.13; Joh. 8,32–36). In der christlichen Theologie ist dies in unterschiedlichem Maße zur Geltung gebracht, nie aber ganz vergessen worden. (Klassische Texte: Luthers Schrift »Von der Freiheit eines Christenmenschen«, 1520, und Karl Barths Schrift »Das Geschenk der Freiheit«, 1952).

4. Der Widerspruch zwischen jenem Einspruch und diesem Befund macht nötig,

a) kritisch die Geschichte und Gegenwart der christlichen Kirchen zu befragen, inwiefern sie in ihrer Theologie und in ihrer Praxis dem Evangelium als einem Evangelium der Freiheit gerecht geworden sind,

b) gegenüber jenem Einspruch nach dem ursprünglichen Verhältnis von Gnade und Freiheit im biblischen Sinne zu fragen.

5. Menschliche Existenz wird biblisch verstanden als ständiges Miteinander von Empfangen und Tun, von Passivität und Aktivität, und zwar in dieser unumkehrbaren Reihenfolge. Dies bedeutet:

a) Alles Können ist gegebenes Können, alle Kraft gegebene Kraft.

b) »Gott gibt Leben« heißt: Göttliches Geben zielt auf das Können und die Kraft des Geschöpfes.

c) Nur was ins eigene Tun umgesetzt wird, ist von mir wirklich empfangen.

d) Wer Hilfe eines ihn Liebenden empfängt, hat diese Hilfe erst ganz empfangen, wenn er nicht nur die Gaben, sondern den Geber in sein Leben aufgenommen hat; diese Aufnahme geschieht im Dank. Nur wer dankend empfängt, empfängt über die Gaben hinaus den Geber.

e) Wer dankend empfängt, erkennt das eigene Können als Gabe des Gebers: »Alles, was wir ausrichten, hast du uns gegeben« (Jes. 26,12).

f) Wer dankend empfängt, läßt das Gegebene nicht ungenützt. Er freut sich der Gabe; er nützt die Gabe; er gebraucht sie in Willenseinheit mit dem Geber (Vgl. H. *Gollwitzer*, Vom Danken, in: Theologia Viatorum, Jahrb. der Kirchl. Hochschule Berlin, 1963, 56–69).

Thesenreihe III

6. Für unser Problem bedeutet dies: Wo Gott als Geber und der Mensch als Empfänger gedacht wird, ist dieses Verhältnis unrichtig gedacht,
a) wenn die Passivität quietistisch gedacht wird, d. h. als Verurteilung des Menschen zur Untätigkeit oder zum bloßen Instrumentsein. Daß der Mensch Empfänger wird, ist nicht Werk des Menschen, sondern Gnade Gottes (dies meint Luthers Betonung der Passivität des Menschen); was er aber empfängt, ist sein Leben, d. h. seine Aktivität, die auch sofort die Aktivität seines Empfangens ist;
b) wenn im Blick auf das menschliche Tun Gott und Mensch als zwei konkurrierende Kausalitäten gedacht werden, in Analogie zu zwei physikalischen Effekts. Gottes Gnade ist keine innerweltliche, physikalische Kausalität. Deshalb spricht der Dankende sinnvoll, wenn er die Ermöglichung seines Wirkens nicht sich selbst zuschreibt, sondern der Gnade Gottes, und dennoch die Verantwortung für sein Wirken sich selbst zuschreiben läßt.

7. In der Antithese Marxismus-Christentum, wie sie *Marx* selber verstand (Selbstschaffung des Menschen contra Geschöpflichkeit des Menschen, vgl. K. Marx, Frühschriften, Kröner-Ausg., 246ff), scheint sich die Antithese Erasmus-Luther (Notwendigkeit der Zustimmung des Menschen zur Gnade – gänzliche Passivität des Menschen gegenüber der Gnade) verschärft zu wiederholen. Der wahre Sinn der reformatorischen Gnadenlehre:
a) Das Geschenk der Gnade erhält der Mensch ohne sein Mitwirken, mere passive (= ganz passiv).
b) Das Geschenk der Gnade ist Freiheit anstelle bisheriger Knechtschaft, wahre Aktivität anstelle bisheriger Ohnmacht, Mitwirken mit Gott in Gottes Welt anstelle bisherigem Gegenwirken. Cooperatio cum Deo ist nicht Voraussetzung, sondern Frucht der alleinwirksamen Gnade.
c) Das menschliche Wirken ist nicht Bedingung, sondern Frucht des göttlichen Wirkens. Aber das göttliche Wirken zielt auf unser Wirken. Luther: »Im Glauben gerechtfertigt, gehen wir hinaus ins aktive Leben« (Fide autem nobis justificatis, egredimur in vitam activam; WA 40 I, 447, 22; vgl. K. Barth, Kirchliche Dogmatik IV/1, 94f: Die Formel »Gott Alles, der Mensch Nichts« ist als angebliche Beschreibung der Gnade »völliger Unsinn«. »Nun ist ja gerade des der Sinn der in Jesus Christus geschehenen Versöhnung,

daß der Mensch Gott gegenüber als Subjekt nicht ausfalle, sondern als solches erhalten, vielmehr – weil er selbst sich als solches faktisch preisgegeben hat – als Subjekt ganz neu, von oben, geschaffen und begründet werde«).

d) Die Freiheit ist nicht Ziel menschlicher Bemühung, sondern Voraussetzung. Deshalb kann sie der Mensch sich nicht selbst verschaffen, sondern sie muß ihm geschenkt werden. Deshalb steht sie nicht am Ende, sondern am Anfang alles Guten.

e) Der Mensch kann sich nicht selbst befreien.

f) Nur der befreite Mensch kann Freiheit schenken.

8. Differenzierung im Freiheitsbegriff:

a) Freiheit wird hier nicht neutral verstanden als So-und-auch-anders-Können (Herkules am Scheidewege), sondern positiv als Freiheit zum Guten, zur Liebe, zum Mitmenschen, zu Gott, zum Glauben, Lieben und Hoffen.

Die Freiheit für... (positiver Freiheitsbegriff) ist der sinngebende Kontext für die Freiheit von... (neutraler oder technischer Freiheitsbegriff: Wahlfreiheit).

b) Die letztere gehört zur Beschaffenheit des Menschen, die erstere zu seiner Bestimmung.

Die erstere kann verloren sein, während die letztere vorhanden ist.

Die erstere ist Gnade, die letztere Natur.

Wo die erstere fehlt, wird auch die letztere nicht unbeschädigt bleiben.

c) Die Freiheit für... gibt es nur im Singular, die Freiheit von... besteht in einer Vielzahl von Freiheiten: freedom-liberty. Die letztere kann politisch verloren gehen und politisch errungen werden; sie ist – nie ganz, aber weithin – ein gesellschaftliches Problem. Die erstere kann wirklich sein auch in politischer Knechtschaft.

9. Die Frage, wie der alte Mensch neu, der unfreie Mensch frei werden kann, ist das gemeinsame Problem der marxistischen und der christlichen Hoffnung. Der Erzieher muß selbst erzogen werden (K. Marx, 3. Feuerbach-These). Marx sieht die Möglichkeit der »Selbstveränderung« in der »revolutionären Praxis«; die christliche Hoffnung spricht von der Ohnmacht des Menschen zur Selbstveränderung und setzt auf die Verheißung der Gnade. Diese Antithese kann dann versöhnt werden,

Thesenreihe III

a) wenn bedacht wird, daß die Aneignung der Gabe nicht anders als im Gebrauch des Gegebenen, die Aneignung des Lebens nicht anders als im Vollzug des Lebens erfolgen kann (vgl. Thesen 5b und c): »Die Gnade will gelebt sein, sonst ist sie nicht die Gnade« (K. Barth, Kirchl. Dogmatik II/2,776). Die Gnadenverheißung des neuen Lebens ist die Ermunterung, im Vertrauen auf diese Verheißung jetzt schon mit dem neuen Leben anzufangen, also selbst sein Leben zu ändern. Glauben im christlichen Sinn ist ständige »revolutionäre Praxis« – »Selbstveränderung«;

b) wenn andererseits bedacht wird, daß der Appell an den alten, unfreien Menschen, sich selbst zu ändern, illusionär bleibt, wenn er nicht die Freiheit zur Selbstveränderung empfängt. Die Antithese besteht also nicht in der Aufforderung zur Selbstveränderung selbst, sondern in der Frage, worauf der dieser Aufforderung nachkommende Mensch sein Vertrauen setzen soll: Ist der Mensch in diesem Versuch allein und sich selbst überlassen, oder hat er einen Verbündeten?

10. Die christliche Rede von der Gnade schließt also die menschliche Selbsttätigkeit *(Arbeit)* nicht aus, sondern ein. Sie setzt menschliche Arbeit in einen dialektischen Bezug und gibt ihr eben damit eine hoffnungsvolle Perspektive:

a) Arbeit setzt Können voraus; Können ist Freiheit für...; Können steht nicht in unserer Verfügung, sondern ist Geschenk.

b) Arbeit ist Sinngebung. Sinngebung setzt einen schon gegebenen Sinn voraus, innerhalb dessen unser Werk sinnvoll sein kann. Diesen größeren Sinn können wir nicht selber setzen.

c) Arbeit geht auf ein Gelingen. Das Gelingen fordert unsere ganze Kraft, steht aber nicht in unserer Kraft. Ob unser Werk gelingt, – ob es hält, was wir uns mit ihm versprochen haben, – was es im Ensemble der übrigen Wirklichkeit, als gewirktes uns entzogen, weiterwirkt, – dies alles steht nicht mehr in unserer Hand.

11. Aus dieser Dialektik von Freiheit und Abhängigkeit, von Selbsttätigkeit und Unverfügbarkeit, von Verantwortung und Angewiesenheit auf Gnade erwächst die biblische Einladung zum *Gebet*. Gebet hat seinen Platz am Anfang unseres Tuns als Dank für unser Können, – in der Mitte unseres Tuns als Bitte um das Können wegen der Diskrepanz zwischen Sollen und Können, – an der Grenze unserer Möglichkeiten als Hilfeschrei nach den Möglichkeiten

Gottes, – am Ende unseres Tuns als Bitte um den Segen angesichts der Unverfügbarkeit des Gelingens und der Wirkungen unseres Wirkens, – in der Erfahrung des Scheiterns als Bitte um Vergebung und Tröstung durch Gottes Bessermachen, – in der Erfahrung des Erfolgs als Dank, der den Hochmut verhindert und Freude ohne Angst ermöglicht. Ora *et* labora!

12. Gebet beruft sich auf Gottes Weltregierung. Eine solche zu denken, wird aber als unvereinbar mit menschlicher Freiheit behauptet. Vgl. dazu z. B. N. *Hartmann, Teleologisches Denken,* 1951: Nur in einer durchgehend kausal determinierten Welt, nur dann, wenn er in dieser Welt mit seiner Möglichkeit der Final-Determination allein ist, kann von einer Freiheit des Menschen die Rede sein; andernfalls ist er nur unbewußtes Werkzeug der höheren, ihn wie alles andere determinierenden Macht. (Hartmanns Argument baut auf der Kantschen Freiheitsantinomie auf.) Dieser Versuch, den Atheismus denknotwendig zu machen, würde einen in Metaphysik verwandelten Vorsehungsglauben treffen. Das biblische Vertrauen auf Gottes Regierung, das sich im Gebet ausspricht, ist nicht Folge einer Theorie über die Lenkung der Weltgeschicke durch ein höheres Wesen, sondern Antwort auf das vernommene Versprechen des »Ich werde da sein«, des überlegenen Freundes (2. Mos. 3,14–15; Matth. 28,20b). Es kann und will nicht begründet sein in einer allgemeinen Theorie, weil in einer solchen Theorie das Verhältnis Gottes zur Welt von einer dritten Position her, die dann die Position unserer Vernunft wäre, überschaut würde. Gottes Verhältnis zur Welt ist aber sein eigenes Geheimnis, für uns so wenig faßbar wie Gottes Wesen selbst. Unsere Vernunft ist zuständig für *unser* Verhältnis zur Welt und kann Theorien nur darüber bilden. *Daß* Gott sich zur Welt verhält, und zwar so, wie es seine Freundesverheißung zusagt, wird von uns in der Antwort des Glaubens angenommen (= empfangen), nicht aber in einer theoretischen Annahme (= Hypothese) über das *Wie* begründet. Deshalb wird Glaube und Gebet durch den metaphysischen Streit zwischen Determinismus und Indeterminismus nicht berührt.

13. Wie steht es mit dem *Gebot* Gottes, von dem die biblische Botschaft spricht? Steht es nicht im Widerspruch zu unserer Freiheit? Bedeutet es nicht Heteronomie, Unterwerfung unter ein fremdes Gesetz, mit der Folge von sklavischem Schielen nach Lohn und

Strafe, anstelle der allein sittlichen Autonomie, in der ein Mensch kraft eigener Einsicht das Gute allein um des Guten willen tut (*Kant*)? Und werden wir nicht, wenn Gottes Gebot mit den einzelnen Geboten der Bibel identisch sein soll, gebunden an die historisch bedingte Moral früherer Zeiten, statt in eigener Verantwortung das suchen zu können, was heute, je in konkreter Situation, das Rechte ist? Ist also nicht alle religiöse Ethik per se heteronome Ethik, Tabuisierung infolge bestimmter gesellschaftlicher Interessen, Sanktionierung von menschlichen Konventionen durch die Autorität der Götter? Ist dann nicht (mit *Nietzsche*) die Moral das letzte Gesicht des toten Gottes, auch sie noch hinter uns zu lassen um unserer Freiheit willen?

14. Was »Gottes Gebot« im biblischen Kontext meint, ist nicht durch Zitierung einzelner biblischer Gebote zu erheben und muß durch Überwindung vieler Mißverständnisse in der theologischen Tradition und der kirchlichen Konvention immer erst wieder freigelegt werden. Jesus und Paulus verbinden miteinander die Barmherzigkeit Gottes, die Liebe und die menschliche Freiheit: »Da jammerte den Herrn seines Knechtes« (Matth. 18,27); »Durch Gottes Barmherzigkeiten ermahne ich euch« (Röm. 12,1); »Die Liebe ist des Gesetzes Erfüllung« (Röm. 13,10); »Durch die Liebe diene einer dem anderen; denn alle Gesetze werden in dem einen erfüllt: Liebe deinen Nächsten wie dich selbst!« (Gal. 5,13f).

15. Gottes Gebieten ist begründet in Gottes Sich-Schenken; Gottes Sich-Schenken ist die Wirklichkeit Jesu Christi. Gottes Gebieten ist der aus der Wirklichkeit Jesu Christi sich auf jeden von uns richtende Anspruch.

16. Der Anspruch aus der Wirklichkeit Jesu Christi meint: dieses Geschenk des Für-uns-Seins Gottes gelten lassen, als so Beschenkter zu leben, – und zwar mit allen Menschen als den ebenso Beschenkten zusammen zu leben als ein Bote dieses göttlichen Sich-Schenkens.

17. Gottes Gebieten als die Erlaubnis, sich an sein Für-uns-Sein zu halten, ist die Befreiung von allen heteronomen Gesetzen, die an unsere Angst appellieren. Es macht uns nicht zu unfreien Exekutoren fremder Vorschriften, sondern setzt uns in die Freiheit, auf uns erwiesene Liebe nach eigener Einsicht durch Mitarbeit an Gottes Liebesabsicht für alle Menschen zu antworten (Röm. 12,1: »ver-

nünftiger Gottesdienst«!). »Das Gebot Gottes wird uns, in welchem Gewand es uns auch begegne, seinem Grund und Inhalt entsprechend, immer auf einer bestimmten Linie in Freiheit setzen. Es wird den Menschen nicht zwingen, sondern es wird die Tore des Zwangs, unter dem er gelebt hat, sprengen ... Es wird nicht an seine Angst, sondern an seinen Mut appellieren, und es wird ihm auch nicht Angst, sondern Mut einflößen« (K. Barth, Kirchl. Dogmatik II/2, 651; vgl. für diese Thesen den ganzen § 37: »Das Gebot als Gottes Anspruch« in diesem Bande).

18. Alles, was über Inhalt und Begegnungsweise des göttlichen Gebotes und damit auch über den ihm entsprechenden menschlichen Gehorsam zu sagen ist, muß, wenn es im biblischen Sinne gesagt sein soll, an der neutestamentlichen Darstellung Jesu abgelesen werden. Indem es an Jesus abgelesen wird, unterscheidet es sich tief von der sonstigen Rede von gebietenden Göttern und gehorchenden Menschen im Bereich der Religionen. Wer hier vereinerleit, redet sachfremd. Jesus ist der gänzlich an Gottes Willen gehorsam (= hörend) gebundene Mensch und eben darum der freieste aller Menschen; sein Gehorsam ist ganz frei, ohne jede Spur von Zwang, – und seine Freiheit ist ganz Hören auf den Willen dessen, der ihm die Sendung seines Daseins gegeben hat. Sein Gehorsam ist ganz freies Einverständnis; seine Freiheit ist ganz vertrauensvolle Beugung: »Nicht wie ich will, sondern wie du willst ...« (Mark. 14,36). »An das, was damit von uns gefordert ist, daß *Jesus* lebt, regiert und siegt, haben wir uns zu halten ... Allen anderen Forderungen, mögen sie immer im Namen Gottes erhoben werden, kann man sich nur vorläufig und unverbindlich unterziehen und nie ohne die Gefährdung, daß man damit in die Irre geführt werden könnte. Das ist das Kriterium, an dem alle anderen Forderungen zu messen sind: ob auch sie indirekt *Jesu* Leben, *Jesu* Regierung, *Jesu* Sieg verkündigen ... Was Gott *von* uns will, ist dasselbe, was er *für* uns will und getan hat. Gott will *Jesus*« (K. Barth, aaO., 630f).

19. Die Legende, daß durch die Aufforderung zum Gehorsam gegen Gottes Gebot notwendig autoritäre Persönlichkeiten und Untertanenmentalität erzeugt würden, wird nicht wahrer dadurch, daß sie immer wieder erzählt wird. Mißbräuchliche Inanspruchnahme der Autorität, des Namens und des Wortes Gottes für das Gefügigmachen von Menschen unter menschliche Autorität gab und gibt es

massenhaft, wie Mißbrauch guter Ideen zu schlechten Zwecken ebenfalls allüberall zu finden ist. Dem muß mit Erziehung zur Kritik und mit Einübung im Ungehorsam begegnet werden, sowie mit dem rechten Verständnis von Gottes Gebot und menschlichem Gehorsam im biblischen Sinne. Wo Menschen wirklich unter die Autorität des Wortes Gottes geraten sind, haben sie dadurch nicht Duckmäuserei, sondern aufrechten Gang gelernt: »Man soll Gott mehr gehorchen als Menschen« (Apg. 5,29) setzt den Despoten ab und macht den Menschen zum Richter über jede menschliche Autorität: »Die Heiligen waren gehorsam, nicht fügsam« (G. *Bernanos;* dazu H. Cox, Der Christ als Rebell, 1968, 93: »Es gibt nur einen Dienst – den Dienst Jesu, einen revolutionären Dienst – und wir sind berufen, an diesem Dienst teilzuhaben.« 85: »Wenn ich sage: ›Jesus Christus ist der Kyrios‹, Jesus ist der Herr, so sage ich damit, daß er derjenige ist, dem ich Gehorsam schulde. Nicht die Bundesrepublik, nicht die Vereinigten Staaten von Amerika, nicht meine persönlichen Launen, nicht meine Familie, nicht meine Rasse; keins von diesen Dingen hat Anspruch auf meine unbedingte Treue; denn Jesus allein ist mein oberster Befehlshaber.« 22: »Es ist doch eigenartig, daß so viele der reichsten biblischen Schriften und andere christliche Literatur hinter Gefängnisgittern geschrieben wurden. Warum ist das so? Liegt es vielleicht daran, daß Christen berufen sind, Gottes Avantgarde zu sein, die heute schon in der neuen Weltzeit lebt, heute schon im Reich der Gerechtigkeit, der Brüderlichkeit, der Freiheit wirkt, das Gott errichtet?«).

20. A. *Camus* hat zum Schicksal des alleingelassenen Menschen, dessen Freiheit seine Einsamkeit ist, sich bekannt. Er hat es verklärt zu der »zärtlichen Gleichgültigkeit der Welt« (Der Fremde). Er hat, da Gott schweigt und die Weltordnung durch den Tod bestimmt ist, es für besser gehalten, nicht ums Heil, sondern um die Gesundheit sich zu kümmern und mit aller Macht gegen den Tod anzukämpfen (Die Pest). Er hat heroisch für den »großen Ansturm gegen den feindlichen Himmel« geschrieben: »Ich empöre mich, also sind wir« (Der Mensch in der Revolte). Er hat zugleich die Schrekken dieses allein gelassenen Menschen gesehen und angekündigt: In der »Zeit des zum König erhobenen Menschen« »wird der Mensch auf einer Erde, die er nunmehr einsam weiß, zu den Verbrechen des Irrationalen die Verbrechen der zum Reich der Menschen fortschrei-

tenden Vernunft fügen« (Der Mensch in der Revolte). Er hat mit der Absurdität, zu der er sich hielt, sich immer weniger abfinden können: »Wie konnte ich mit soviel Sonne im Gedächtnis auf die Sinnlosigkeit setzen?« Er hat sich darum auch mit der Herrschaft des Todes nicht abfinden können: »Wenn der Tod die einzige Lösung ist, befinden wir uns nicht auf dem richtigen Weg. Der richtige Weg führt zum Leben, an die Sonne.« Er hat, wie Père Bruckberger sagte, sein ganzes Leben lang einen Ersatz für das Christentum gesucht. In seiner Revolte wie in seinen Hoffnungsandeutungen hat er die Autonomie des neuzeitlich-nachneuzeitlichen Menschen verklärt und ihr zugleich die Verklärung ihrer Apostel zerrissen. Er hat gegen das Bündnis Gottes mit dem Menschen protestiert wie gegen die schlimmste Gefahr – eine Idee, die uns in Unterwerfung bringt und der Erde entfremdet – und zugleich nach einem Bündnis Gottes mit dem Menschen gefragt, das nicht Gefahr, sondern Hoffnung ist, das nicht entfremdet, sondern uns dem Leben wiedergibt. Seine wesentliche Frage blieb ihm eine offene Frage: »Kann man ohne Gott ein Heiliger sein? Das ist das einzige wirkliche Problem, das ich heute kenne« (Die Pest).

THESENREIHE IV:
Der Einspruch des neuzeitlichen Atheismus gegen den christlichen Glauben im Namen der leidenden Kreatur

Sigmund *Freud* an Oskar Pfister: »Und endlich – lassen Sie mich einmal unhöflich werden – wie zum Teufel bringen Sie alles, was wir in der Welt erleben und zu erwarten haben, mit Ihrem Postulat einer sittlichen Weltordnung zusammen? Darauf bin ich neugierig, aber Sie brauchen nicht zu antworten« (24. 2. 1928; Briefwechsel, 1963, 132).

Wolfgang *Borchert:* »Warst Du in Stalingrad lieb, lieber Gott, warst Du da lieb, wie? Ja, wann warst Du eigentlich lieb, Gott, wann? Wann hast Du Dich jemals um uns gekümmert?« (Draußen vor der Tür, 5. Szene).

Johann Wolfgang *Goethe* über das Erdbeben von Lissabon vom 1. 11. 1755: »Gott, der Schöpfer und Erhalter Himmels und der Erden, den ihm die Erklärung des ersten Glaubensartikels so weise und gnädig vorstellte, hatte sich, indem er die Gerechten mit den Ungerechten gleichem Verderben preisgab, keineswegs väterlich bewiesen« (Dichtung und Wahrheit).

Theodor *Haecker:* »Frage eines Geärgerten: Läßt Gott Hitler seinen oder Seinen Willen tun?« (Tag- und Nachtbücher 1939–1945, 1947, 75).

Marie *Noel* zu Racines Wort »Den jungen Vögeln gibt Gott Nahrung, und seine Güte breitet sich über die ganze Natur«: »Nimm dich in acht, Mücke, nimm dich in acht! Der kleine Vogel braucht Futter, und der liebe Gott hat dich zu seiner Nahrung gemacht. Nimm dich in acht, kleiner Vogel, nimm dich in acht! Der Habicht braucht Futter, und der liebe Gott hat dich zubereitet für seine Mahlzeit. Nehmt euch in acht ringsum, nehmt euch in acht in der Runde: Ein Bauch wartet auf dich, ein Hunger erspäht dich. Nimm dich in acht vor der Erde, nimm dich in acht ... und komm dem Himmel nicht zu nahe. Da ist die Güte Gottes, tief und schwarz wie ein Abgrund, der Angst macht. Und dennoch, ich, die Mücke, ich, die Lerche, ich, der Mensch, das Geschöpf, erspäht, gehetzt, gejagt, getötet, gegessen, ihm allein vertraue ich, vor ihm allein habe ich keine Angst« (Notes intimes, 1959).

Simone *Weil:* »Iwans Rede in den ›Karamasoffs‹: ›Selbst wenn diese ungeheure Veranstaltung uns die außerordentlichsten Wunder beschert und auch nur eine einzige Träne eines einzigen Kindes kostete – dennoch, ich würde nein sagen‹. Dieser Gesinnung schließe ich mich völlig an. Was man mir auch bieten könnte, um die Träne eines Kindes aufzuwiegen, es gibt nichts, das mich veranlassen kann, diese Träne hinzunehmen. Nichts, gar nichts, das die menschliche

Vernunft ersinnen könnte. Eines ausgenommen, das aber nur die übernatürliche Liebe zu begreifen vermag: Gott hat es gewollt. Und um dieses einen willen würde ich ebenso eine Welt, die nur Böses wäre, hinnehmen wie eine Kinderträne« (Schwerkraft und Gnade, 1954, 163).

1. Warum hat Gott Übel zugelassen? Entweder will er sie nicht verhindern, dann ist er nicht heilig, gerecht und gut; oder er kann nicht, dann ist er nicht allmächtig; oder er kann nicht und will nicht, dann ist er schwach und mißgünstig zugleich; oder er kann und will es, – wieso gibt es dann Übel? (nach H. H. *Schrey*, RGG³, VI, 741).

Wir sprechen von dieser Frage als Menschen, in deren Lebenszeit die Namen Stalingrad, Auschwitz, Hiroshima, Vietnam und Biafra hineingehören. Wir bedenken dabei, daß diese Namen von Schrekken sprechen, die nicht Natur, sondern die Menschen Menschen angetan haben. Wir werden also bei Anklage und Verteidigung der christlichen Rede von Gott nie vergessen dürfen, daß es sich zugleich um die Anklage gegen uns Menschen handelt, und um die Überwindung derjenigen Übel, für die wir selbst verantwortlich sind.

2. Wer den Widerspruch zwischen den biblischen Aussagen über Gottes Beziehung zur Welt, wie sie in der Rede von Gottes Liebe, Gottes Weisheit, Gottes Gerechtigkeit und Gottes Allmacht ausgedrückt sind, und unserer Wirklichkeitserfahrung geltend macht, sagt damit nichts, was dem Glaubenden neu ist. Diese biblischen Aussagen sind nicht Reflex einer glücklichen Situation oder eines optimistischen Naturells, also von Illusionen, die dann durch andere Erfahrungen enttäuscht werden können. Sie sind vielmehr gesprochen und entstanden im Angesicht all der Erfahrungen, die gegen sie ins Feld geführt werden können, – im Angesicht des Konzentrationspunktes solcher Erfahrungen der schreiendsten Ungerechtigkeit, der Niederlage des Guten, des Leidens der Unschuld, des schweigend verschlossenen Himmels, des Nicht-Eingreifens Gottes, der totalen Verborgenheit Gottes, des Ausbleibens der verheißenen Hilfe: im Angesicht des Kreuzessterbens Jesu.

3. Der Gegensatz besteht nicht darin, daß jener Widerspruch von den einen gesehen, von den anderen (noch) nicht gesehen würde, sondern darin, daß er von den einen für die Widerlegung der biblischen Aussagen gehalten und durch deren Preisgabe aufgelöst wird, während die anderen in ihm verharren und auf eine künftige Auflösung harren, die biblischen Aussagen also als Verheißungen ver-

stehen, deren Einlösung, bzw. deren Offenbarwerden als wahr noch aussteht.

4. Der Widerspruch wird von den Glaubenden (den im Hören der Verheißungen Verharrenden) nicht weniger scharf empfunden wie von allen anderen. Glauben ist nicht Training im Stoizismus. Der Glaubende verstummt, klagt, wird von Schmerz durchschnitten, hadert, zweifelt, – ihm bleibt nichts erspart. Keine Frage ist ihm neu oder unbekannt. Immer wieder steht auch ihm alles auf dem Spiele.

5. Für den Hörer der Verheißung besteht eine Parallelität zwischen der individuellen Erfahrung und der Betrachtung des Weltgeschehens.

a) Während der persönlichen Erfahrung von Leid, Schmerz, Unglück, Glaubensverdunkelung spricht zu ihm das Wort der Verheißung und hält ihn, indem er sich daran hält; während des Weltlaufs spricht zu ihm das Wort der Verheißung und hält ihn in Hoffnung und Sehnsucht nach der Erfüllung für alle.

b) Überstandene Erfahrung der Anfechtung und neue Erfahrung neuer Freude wird ihm zum Zeichen der Wahrheit der Verheißung, zum Anlaß des Mutes für neue Anfechtung und zum Hinweis auf die zugesagte endliche und universale Erfüllung im Reiche Gottes: im Negativen wie im Positiven ständig pars pro toto.

6. Eine Verteidigung der biblischen Aussagen ist verfehlt und wird notwendig mißglücken, wenn sie versucht, diese Aussagen, als seien sie theoretische, mit aufweisbaren Fakten zu stützen, z. B.

a) mit Fällen, in denen Gutes sich gelohnt und Böses sich gerächt hat, – als stünden solchen (für Lebensweisheit und Moral keineswegs unwichtigen) Erfahrungen nicht übergenug andere gegenüber, mit denen sich nicht die Gerechtigkeit, sondern die Ungerechtigkeit des Weltlaufs erweisen ließe;

b) mit Hinweisen auf einen oft erfahrbaren Sinn des Negativen (als Strafe = Sich-Rächen eines schlechten Weges, als Weg der Läuterung und der Besinnung u. a.), als stünde dem nicht eine unermeßliche Menge von Leiden gegenüber, bei dem jeder Versuch einer solchen Sinngebung versagt.

7. Die Aussagen des biblischen Glaubens vom Sinn und Segen des Leidens sind nicht als solche verrechenbare Theorie gemeint und tau-

gen nicht für eine theoretische Apologetik. Sie haben die Funktion, die Frage nach dem *Warum,* die nicht beantwortet wird, umzuwandeln in die Frage nach dem Wozu, d. h. den Hörer zu einer fruchtbaren Auseinandersetzung mit dem über ihn gekommenen Leid anzuregen: Wozu kann es mir dienen? Was kann ich daraus lernen? Zu welchem Umdenken (metanoia) werde ich dadurch veranlaßt? Welche neuen Möglichkeiten kann ich entdecken? – Diese Anleitung zur Ersetzung der Warum-Frage durch die Wozu-Frage ist nicht ein Rezept, die Warum-Frage zu beseitigen, wohl aber eine Hilfe, sie zu bestehen und nicht durch sie gelähmt zu werden.

8. Die Beantwortung der Warum-Frage geschieht eschatologisch, wenn »Gott abwischen wird alle Tränen von ihren Augen« (Offb. 21,4), also so, daß auch Iwan Karamasoff dann nicht, wie er hier noch ankündigt, sein »Eintrittsbillet zurückgeben« wird. »An jenem Tage werdet ihr mich nichts fragen« (Joh. 16,23). Für das hiesige Leben ist uns nicht die Antwort gegeben, da wir sie vertagen können, sondern die Verheißung, die uns zum Bestehen der unaufgelösten Rätsel heute unentbehrlich ist: »Wir wissen aber: denen, die Gott lieben, läßt er alles zum Guten zusammenwirken« (Röm. 8,28), – nicht damit wir das theoretisch nachrechnen, sondern damit wir es damit täglich neu probieren.

9. Die biblischen Aussagen über Gottes Gerechtigkeit und Liebe und über den Sinn des Leidens können also nicht zu einer Theorie der »Theodizee« zusammengefügt werden; sie sind nicht für den Betrachter des Weltlaufs bestimmt, sondern für den in diesem Weltlauf existentiell Bedrohten und Kämpfenden. Sie können deshalb adaequat nur in der persönlichen Zusprache einem anderen gesagt und nur im persönlichen Ergreifen der in ihnen enthaltenen Verheißung wiederholt werden.

10. Dem entspricht, daß uns das Rätsel des Leidens und dessen Widerspruch zu den Verheißungen häufig stärker beim Anblick fremden Leides und beim Gedanken an das massenhafte, uns in seiner Sinnlosigkeit überwältigende Leid auf Erden anspringt als bei der Erfahrung eigenen Leides. »Es ist anscheinend das reflexive Denken und Erkennen, das eher zu Zweifeln an oder zu Empörung gegen Gott führt, als das unmittelbare« (Th. *Haecker,* Tag- und Nachtbücher 1939–1945, 1947, 56f). Gerade das Leiden, das wir nur von außen erkennen, bringt uns den Widerspruch schärfer zu

Bewußtsein, läßt uns an der Warum-Frage hängenbleiben und die Verheißung als ungenügende Antwort empfinden. Die biblische Botschaft aber spricht zu uns nicht als zu Betrachtern, sondern zu uns als zu Existierenden; sie gibt uns nicht, was wir als Betrachter verlangen, sondern was wir als Existierende heute brauchen; sie beantwortet uns nicht alle wichtigen, sondern nur die unaufschiebbar dringlichen Fragen (Bruder Juniper in Thornton *Wilders* Roman »Die Brücke von San Luis Rey« muß scheitern, als er versucht, den Sinn des Schicksals von fünf Verunglückten »exakt« zu eruieren, um dadurch die Theologie zu einer exakten Wissenschaft zu machen, und muß sich damit begnügen, nach dem Sinn in seinem eigenen Leben zu fragen.)

11. Biblisch gibt es keine Theodizee, wie sie philosophisch immer wieder versucht worden ist. Dabei ist unter *Theodizee* (der Begriff stammt von Leibniz) zu verstehen der Versuch, Gottes Allmacht und Liebe auf der einen Seite und die Wirklichkeit des Übels in der Welt auf der anderen Seite so zusammenzusehen, daß der Widerspruch aufgelöst und Gott nicht mehr vom Übel her angefochten werden kann. Die Theodizee (= Rechtfertigung Gottes) ist damit zugleich Kosmodizee (= Rechtfertigung der Welt, wie sie ist). Ihr wohnt also eine konservative Tendenz inne. Christliche Theologie hat sich an diesen Versuchen oft beteiligt, 1. weil die Fragen, um die es dabei geht, natürlich auch die ihrigen sind, 2. weil ihre Arbeit vielfach in enger Verflechtung mit der Metaphysik geschah, 3. weil sie damit die Anzweiflung der biblischen Gottesaussagen hoffte zurückweisen zu können. Gegen alle Versuche einer rationalen Auflösung jenes Widerspruchs und eines rationalen Aufweises der Gerechtigkeit Gottes sind aber die Reden der Freunde Hiobs stets ein warnendes Beispiel.

12. Das Theodizeeproblem ist in keinem Kulturbereich so virulent geworden wie in dem durch die Geschichte der christlichen Verkündigung mitbestimmten. Noch der Einspruch des neuzeitlichen Atheismus, der in dieser Thesenreihe behandelt wird, ist ein Zeichen dafür; denn gerade er ist ein spezifischer Einspruch gegen den christlichen Glauben, der im Bereich anderer Religionen ohne Sinn wäre. Denn das Problem der Theodizee wird hervorgerufen durch den Widerspruch der spezifischen christlichen Gottesaussagen und der Erfahrung der Weltwirklichkeit, im besonderen durch die Ver-

kündigung des Gottes Israels als des Herrn der Geschichte und des im Ostersieg Jesu Christi schon angebrochenen Reiches Gottes.

13. Christliches Bedenken der Theodizeefrage steht unter folgenden biblischen Bestimmungen:

a) Es ist zu unterscheiden zwischen malum (= Übel) und malum (= das Böse); ersteres kann als Begrenzung des geschöpflichen Lebens (Sterben) und als Teilnahme des Menschen an der Widerständigkeit und der Ordnung der Natur seinen Platz in Gottes guter Schöpfung haben. Letzteres ist das schlechthin von Gott nicht Gewollte, das Verneinte und zu Verneinende.

b) Die Frage nach dem Woher des Bösen (unde malum?) ist eine philosophische, nicht eine theologische Frage, weil Theologie nur an der menschlichen Verantwortung für das Böse, nicht aber an einer weltanschaulichen Beantwortung der Frage nach dem Woher interessiert sein kann.

c) Biblisches Denken weist jede Erklärung des Bösen durch göttliche Ursächlichkeit (Gott als auctor mali) zurück; eine solche Erklärung wäre dem Gegensatz zwischen Gott und dem Bösen zuwider und hätte die konservative Tendenz einer Affirmation der Welt, wie sie ist, zur Folge.

d) Biblisches Denken weist die drei logisch möglichen Auswege ab: 1. das Böse auf Gott zurückzuführen, 2. Gut und Böse als ewigen Dualismus zu denken, als ewige Weltprinzipien, 3. das Böse als bloßen Schein ohne Wirklichkeit zu denken. Es übernimmt statt dessen das Paradox: Alles Wirkliche ist von Gott – das Böse ist wirklich, aber nicht von Gott.

14. Gott steht gegen das Böse. Dieser Grundsatz biblischen Denkens verhindert die Auffassung des Bösen als einer bleibenden Wirklichkeit in der Welt; er kündigt die Überwindung des Bösen an; er läßt dem Bösen Zeit, aber nicht die Ewigkeit. Er ist ein Satz eschatologischer Hoffnung.

15. Als Satz der Glaubenshoffnung verbietet er jedes Sich-Abfinden mit der Macht des Bösen. »Das ist die Botschaft, die wir gehört haben und euch weitermelden: Gott ist Licht, und Finsternis in ihm gibt es nicht« (1. Joh. 1,5). Die Unverträglichkeit von Licht und Finsternis, von Gott und dem Bösen ist die Verheißung der Begrenztheit des Bösen an Macht und Zeit. »Gott« ist biblisch ein Wort

Thesenreihe IV

des Protestes gegen das Böse, der Verheißung des Sieges über das Böse, individuell wie universal, damit der Befehl zur gegenwärtigen Entscheidung gegen das Böse, die Aufforderung, nicht und nie zu kapitulieren, die Zusprache von Mut, Hoffnung und Sinn für den Kampf gegen das Böse: »Die Finsternis ist im Vergehen, und das wahre Licht scheint (schon) jetzt« (1. Joh. 2,8).

16. Gegen die konservative Tendenz der Theodizee steht die revolutionäre Tendenz der biblischen Gottesverkündigung. Sie darf nicht zum Zwecke der Verteidigung Gottes gegen die Anklage im Namen der unter dem Bösen leidenden Kreatur abgeschwächt werden. Die Frage, warum Gott, wenn er das Böse verneint, diesem solchen Raum in seiner Schöpfung läßt, und warum er die Zeit bis zur Beseitigung des Bösen durch das Kommen seines Reiches so lang währen läßt, ist selbst eine biblische Frage (z. B. Ps. 13; 69,4; 74,10; 79,5.10; 80,5; 89,47; 94,3; Offb. 6,10). In ihr sind also Glauben und Unglauben vereinigt, aber zugleich unterschieden, sofern die Hörer der Verheißung sie aussprechen in Adressierung an den Verheißenden, nicht in Abwendung von ihm. Beantwortet wird sie vom Verheißenden nicht mit einem rationalen Argument, sondern mit der neuen Zusprache der Verheißung zur Kräftigung der weiteren kämpfenden Teilnahme am Gegensatze Gottes gegen das Böse.

17. Die Beantwortung der Theodizeefrage erfolgt im Neuen Testament nicht nur durch die Erneuerung der Verheißung wie in der Gotteserscheinung am Schluß des Hiob-Buches: 39,31–35; 42,1–6), und nicht spekulativ wie in der Metaphysik, sondern praktisch-geschichtlich durch das Geschick Jesu Christi. Durch dessen Verkündigung findet der sich eben durch sie in den Widerspruch geratende Hörer eingespannt in einen Rückblick und in einen Ausblick: in den Rückblick auf das Kreuz Jesu und in den durch die Auferstehungsbotschaft veranlaßten Ausblick auf die Offenbarung des Sieges Christi.

18. Das Kreuz Jesu als praktisch-geschichtliche Antwort auf die Theodizeefrage besagt:
a) Gott steht nicht unberührt über den Leiden der Welt, sondern setzt sich selbst diesem Leiden aus, in seinem Sohne sich dem Bösen ausliefernd (Röm. 8,32: »... welcher auch seinen eigenen Sohn (= sich selbst in seinem eigenen Sohne) nicht geschont hat, sondern hat ihn (= sich in ihm) für uns alle ausgeliefert«).

b) Das Leiden Jesu ist das ungerechteste Leiden der Welt. Ist Jesus der, als den seine Jünger ihn sehen, dann ist er der Mensch ohne Schuld, der einzige ohne Schuld. Für das, was ihm von Gott und Menschen angetan wurde, gibt es keine Rechtfertigung. Ist Jesus der, als den seine Jünger ihn sehen, dann ist er die Gegenwart Gottes in seiner Welt. Seine Hinrichtung ist dann der Totschlag Gottes durch seine Geschöpfe, der Totschlag des Lebensspenders durch die, die von ihm leben. Dann ist seine Tötung das aussichtsloseste und sinnloseste Ereignis der Welt.

c) Jesu Leiden ist die Wiederherstellung von Sinn und Recht für die, die ihn totschlugen und damit die Sinnlosigkeit des Weltlaufs besiegelten und die Ungerechtigkeit des Weltlaufs unübertrefflich enthüllten. Ist Jesus der, als den seine Jünger ihn sehen, dann ist ihm das nicht zugestoßen, sondern er hat sich dem ausgeliefert, und dies nicht, um sich von denen, die ihn verwerfen, zu trennen, sondern um ganz solidarisch mit uns zu sein (mit uns unschuldigen Opfern und, als ein nach dem Gesetz Verurteilter, mit uns schuldigen Tätern). – Ist er der, als den seine Jünger ihn sehen, dann ließ er das geschehen nicht, um die Schuld unvergebbar zu machen, sondern um sie als an *ihm* geschehen zu vergeben. – Ist er der, als den seine Jünger ihn sehen, dann ist sein Leben aus dem Tode das Leben für alle, dann ist seine Gerechtigkeit »die Rechtfertigung des Lebens für alle«: »Wo die Schuld groß wurde, da wurde die Gnade noch überschwenglicher« (Röm. 5,18–20). – Ist er der, als den seine Jünger ihn sehen, dann ist sein Leben aus dem Tode der Anfang des Weges zum Leben für die ganze Menschheit, dann hat mit ihm die Lebenszukunft für alle Menschen begonnen und kann nicht mehr zunichtegemacht werden: »Der Tod ist verschlungen in den Sieg« (1. Kor. 15,54). So ist das ungerechteste Faktum das gerechteste, das sinnwidrigste Ereignis der Geschichte die Begründung des Sinns der Geschichte (Vgl. H. *Vogel*, Die Gerechtigkeit Gottes und die Faktizität des unschuldigen Leidens in der Geschichte, in: Theologia Viatorum, Jahrb. der Kirchl. Hochschule Berlin, 1950, 115–125).

19. *Luthers* Unterscheidung des Deus absconditus und des Deus revelatus in »De servo arbitrio« will sagen: Jesu Sterben und Auferstehen ist Gottes Beantwortung der Rätselfragen des Lebens und unserer daraus entstehenden Fragen an ihn. »An diesem Punkte erkennen wir die Einheit der Barmherzigkeit, der Gerechtigkeit, der

Allmacht und der Allweisheit Gottes. An diesem Punkte also ist uns vergönnt, in das Geheimnis der göttlichen Weltregierung hineinzuschauen, das undurchdringliche Dunkel, das sonst über ihr liegt, wird wie ein Vorhang hier vor unseren Augen weggezogen. Sobald wir aber vom Kreuz wegblicken und die Weltgeschichte selbst theologisch zu deuten versuchen, wird der Vorhang wieder gezogen, und wir schauen ins undurchdringliche Dunkel« (E. *Brunner,* Die christliche Lehre von Schöpfung und Erlösung II, 217).

20. Am Ende von »De servo arbitrio« unterscheidet Luther drei Lichter: das lumen naturae, das lumen gratiae und das lumen gloriae. Das will sagen: Im Lichte unseres natürlichen Sehens (= Augenschein) erscheint es uns als ungerecht, daß so oft das Tun des Guten sich rächt und das Tun des Bösen sich lohnt. Im Lichte der Gnade (= im Blick auf das Kreuz Christi) bekommen wir darauf eine Antwort. Im Lichte der Gnade aber ist uns immer noch unbegreiflich, weshalb diese Erkenntnis des Glaubens einigen gegeben wird, anderen nicht, und weshalb der »Vorhang« nur für den Glauben, nicht für unser Schauen weggezogen ist, weshalb also der Sieg Gottes in Christus über das Böse so tief verborgen ist und der gegenwärtige Kampf zwischen Gott und Satan, zwischen dem Guten und dem Bösen so endlos lange und so ungewiß erscheint. Erst im »Lichte der Herrlichkeit« wird uns das beantwortet werden: »Ich urteile, daß die Leiden der jetzigen Zeit nicht wert sind der kommenden Herrlichkeit, die bei uns offenbart werden wird. Denn das (sehnsüchtige) Harren des Geschaffenen wartet auf die Offenbarung der Söhne Gottes. Denn der Nichtigkeit wurde das Geschaffene unterworfen ... auf Hoffnung hin, weil auch es, das Geschaffene, befreit werden wird von der Sklaverei der Vergänglichkeit zur Freiheit der Herrlichkeit der Kinder Gottes. Denn wir wissen, daß alles Geschaffene einstimmig seufzt und gemeinsam in den Geburtswehen leidet auf das Jetzt hin. Aber nicht bloß das, sondern auch wir selber, die wir die Erstlinge des Geistes besitzen, auch wir selber seufzen bei uns selbst im Warten auf die Einsetzung in die Sohnschaft, auf die Erlösung unseres Leibes. Denn durch Hoffnung sind wir gerettet. Hoffnung, die sehen kann, ist aber nicht Hoffnung ... Wenn wir aber auf das hoffen, was wir nicht sehen, so warten wir darauf in Standhaftigkeit« (Röm. 8,18–25).

THESENREIHE V:
Womit bekommt man zu tun, wenn man mit dem Evangelium zu tun bekommt?

1. Nichts ist gleichgültig. Ich bin nicht gleichgültig.
2. Alles, was wir tun, hat unendliche Perspektiven, – Folgen bis in die Ewigkeit; es hört nichts auf.
3. Es bleibt nichts vergessen. Es kommt alles noch einmal zur Sprache.
4. Wir kommen aus Licht und gehen in Licht.
5. Wir sind geliebter, als wir wissen.
6. Wir werden an unvernünftig hohen Maßstäben gemessen.
7. Wir sind auf einen Lauf nach vorne mitgenommen, der uns den Atem verschlägt; Sünde = nicht mitkommen; Bitte um Vergebung = deswegen nicht abgehängt werden.
8. Es geht nichts verloren.
9. Die Philosophen sprechen von der Suche nach Gott; aber das ist, wie wenn man von einer Suche der Maus nach der Katze spräche. Wir sind auf der Flucht – und es wird uns auf die Dauer nicht gelingen. Es wird uns zu unserem Glück nicht gelingen.
10. Wir sind nicht allein.
11. Wir sind nie allein.
12. Dieses Leben ist ungeheuer wichtig.
13. Die Welt ist herrlich – die Welt ist schrecklich.
14. Es kann mir nichts geschehen – Ich bin in größter Gefahr.
15. Es lohnt sich, zu leben.

Fazit:

»Freundlicher Anblick erfreut das Herz, eine gute Botschaft labt das Gebein« (Spr. 15,30).

Sachregister

Anfechtung 207ff, 214, 229, 231, 242f, 256, 373–381
Arbeit 63f, 163, 207, 367
Atheismus 81f, 113, 166f, 234, 259, 345–381
Auferstehung 27, 30, 238, 258f, 260f, 278, 280ff, 291–294, 330

Bund 201, 209, 215, 218, 227, 231, 233f, 251, 304ff, 312, 319, 347, 349, 363

Dank 60, 219, 226f, 237, 306, 312, 322, 364
Dienst 62

Ebenbild Gottes 227, 337
Eschatologie 183, 220–223, 237f, 250ff, 314, 323ff, 326–344, 352, 376
Evangelium und Gesetz 70, 72f, 199f, 347, 369f
Ewigkeit 58ff, 119, 350

Feindesliebe 81, 263, 278
Fortschritt 122–154, 166, 208, 308
Freiheit 78, 203, 225, 265f, 363ff
Freude 62, 109, 199, 215f, 251

Gebet 359, 367f
Geborgenheit 68ff
Gedenken 57ff, 99
Gericht 257, 259–270, 273, 308
Glauben 88, 176, 188, 203, 205, 227, 230, 238, 257, 293, 320, 353f
Gnade 79, 164, 205, 216, 225f, 297, 303, 309, 312, 316, 320, 322, 363ff
Gottesbeweis 93, 182, 186, 359
Gottesfrage 52, 176, 183–190, 346ff

Heroismus 87, 122, 165, 256, 323
Hiob 185, 221, 229, 232–253, 255, 258f, 260, 263, 265, 293, 343, 379
Hölle 120f, 256f

Illusion 188, 232, 260

Israel 184, 192, 201ff, 212ff, 260, 265, 273, 303–306, 335, 346f, 349, 363

Jenseitshoffnung 94, 96, 101, 110
Junge Generation 20, 44, 71, 99, 142f, 174

Kapitalismus 64, 163, 206, 318
Kindheit 68–73, 78, 80, 158

Leiden 157–162, 233f, 252–258, 272, 373–381
Leistung 63f, 73, 145, 157, 199, 317ff
Liebe 57, 61, 68, 70, 80, 163f, 209, 224–228, 252, 258, 263, 306, 321, 336

Marxismus 14f, 44, 107–114, 124, 148, 152f, 168f, 196, 268, 345, 365
Metaphysik 48, 52, 55, 90ff, 160, 191 bis 195, 211, 217, 226, 304, 315, 346ff, 350, 355

Nächstenliebe 206, 263, 320ff
Natürliche Theologie 31, 182, 241f
Nihilismus 49, 83–90, 116–123, 170ff, 174f, 176f, 207, 210–219, 224, 226, 267, 270, 297, 307
Nutzen 51–54, 59–67, 75f, 79, 81, 164, 233, 286, 316, 328

Passion Christi 35ff, 205f, 229, 253 bis 264, 278ff, 352, 354, 379
Person 57, 62, 65, 67, 79, 145, 187, 228, 237, 262, 266f, 300f, 306
Pessimismus 133, 234, 273, 307
Praxis 25, 202–210, 347, 354

Rechtfertigung 53, 76–82, 309, 340
Reich Gottes 128, 208, 312, 327ff
Resignation 66, 108f, 169, 230f, 250, 282, 288f, 307, 323

Schöpfung 93, 191, 203, 211–229, 236, 309, 312f, 334, 350, 355–358, 364f
Schuld 161, 264ff, 272, 274–283
Sinntäuschung 61, 169

Sinnverfehlung 74, 169, 259–271, 274 bis 282, 307ff
Sozialismus 14, 66, 74f, 107, 127, 132, 174, 206ff, 247, 300, 326
Stellvertretung 264
Sünde 109, 205, 264–269, 274–282, 307f, 340

Technokratie 66, 75f, 174, 206
Teleologie 165f, 222
Theodizee 150, 155, 161, 233, 240, 245, 340, 373–381
Tod 20, 56, 94–114, 228, 269, 271, 278ff, 283–296, 329f, 339
Tod-Gottes-Theologie 36, 191, 335
Tradition 23f, 186

Unsterblichkeit 94ff, 109, 193, 285

Vergänglichkeit 56ff, 102ff, 145, 215
Vergebung 205, 209, 252, 274, 277, 320
Verheißung 42, 187, 208f, 220–223, 229f, 238, 243f, 269, 271, 293f, 303f, 312, 323ff, 339, 343, 352, 367
Versöhnung 229, 262ff, 281ff, 295, 340

Welt 185, 214–220, 224f, 338f, 363, 368
Werkgerechtigkeit 73, 80, 145, 163, 317
Wiederkehr, ewige 105, 118f
Wort Gottes 190, 199, 227, 239, 242ff, 301, 346f, 349–354, 357f

Namensregister

Adorno, Th. W. 48, 65ff, 70, 96, 107f, 139, 142, 151, 179, 275, 323
Althaus, P. 144
Altner, G. 222
Anders, G. 101
Andreas-Salomé, L. 121
Andrejew, L. N. 102
Angelus Silesius 22, 59
Anselm von Canterbury 263, 347
Ardrey, R. 72
Arzibaschew, M. P. 327f
Athanasius 263
Augustin 33, 84, 89, 100f, 124f, 218, 238, 301

Baader, F. von 84, 180
Bacon, F. 91, 188
Bakunin, M. 365
Barth, K. 30–34, 70, 95, 109, 144, 178, 182f, 185, 199, 206, 218, 221, 231 bis 234, 259, 263, 280, 286, 290, 294, 298, 303ff, 314, 321, 335, 337, 348, 361, 364f, 367, 370f
Barth, P. 182
Bartley, W. W. 186
Bastian, H.-D. 181, 232, 249
Baumgardt, D. 94
Bebel, A. 108, 110
Benn, G. 48, 97, 173, 175, 239
Benz, E. 84
Bergengruen, W. 218
Bernanos, G. 371
Berthelot, M. 131, 141
Biser, E. 116
Bjelinskij, W. G. 154
Blumhardt, Chr. 343
Bloch, E. 11, 51, 69, 99, 100f, 107, 111 bis 114, 126, 130f, 138f, 142, 159, 167f, 220, 222, 229, 232, 238, **244** bis 250, 252f, 260f, 268, 286, 294, 304, 327f, 331, 338, 350, 362f
Böhmer, H. 144
Bonhoeffer, D. 34–42, 227, 271, 336, 357
Borchert, W. 373
Bornkamm, G. 105

Bosnjak, B. 112
Braun, H. 204, 338
Brecht, B. 58, 332
Bruno, G. 92
Brunner, E. 170, 297, 339, 357, 381
Buber, M. 65, 199, 203, 219, 235, 301, 304f
Bucharin, N. J. 134
Buchholz, A. 45, 172
Büchner, G. 173, 342
Büchner, L. 150f, 299
Bulgakow, M. 278
Bultmann, R. 33, 93, 292, 338

Calvin, J. 177, 190, 206, 256
Camus, A. 83, 175, 258, 271, 283, 338, 345, 371
Celsus 213
Chesterton, G. K. 249
Comte, A. 126, 145
Confessio Augustana 34, 354
Cox, H. 32ff, 371
Cullmann, O. 95

Daecke, S. M. 128
Darwin, Ch. 92, 130, 221f, 327
Dehn, F. 99
Descartes, R. 89
Dibelius, F. 340
Dilthey, W. 90, 192
Dostojewskij, F. M. 45, 83, 95, 104, 146, 154, 156–161, 164, 173ff, 209, 278, 340f, 376

Ebeling, G. 93
Ebner, F. 65
Edda 57, 99
Eichmann, A. 274
Eisler, R. 47
Eklöf, G. 322
Engels, F. 132, 138f, 148ff
Erasmus, D. 312f, 365
Erikson, E. H. 70
Eucken, R. 48f

Feuerbach, L. 28, 112, 179, 215, 282

Fichte, J. G. 48, 126, 143
Flake, O. 21, 53, 59
Förster-Nietzsche, E. 87
Fourier, Ch. 147
Freud, S. 71, 81, 204, 373
Freytag, G. 47
Fuchs, W. 110

Galilei, G. 92
Gellert, Chr. F. 288, 343
Gese, H. 254f
Geyer, H. G. 192
Gloede, G. 182
Gloege, G. 305
Goes, A. 307
Goethe, J. W. von 24, 97, 148, 220, 292, 303, 317, 340, 373
Gogarten, F. 187, 214, 301, 359
Gogh, V. van 221
Goll, R. 123
Gorki, M. 306
Gotthelf, J. 143
Grimm, J. und W. 47
Groethuysen, B. 106, 302
Guardini, R. 156
Günther, J. 33
Gusdorf, G. 131

Habermas, J. 136, 151f, 222, 360
Haecker, Th. 258, 373, 376
Haller, E. 249
Hammerskjöld, D. 322
Hartmann, E. von 140
Hartmann, N. 83, 165–168, 170f, 275, 277, 311, 315, 368
Hasenzahl, W. 255
Hausmann, J. 49
Hegel, G. W. 73, 110, 126, 132, 136f, 151, 154f, 188, 194, 252, 293, 312
Heidegger, M. 28, 50, 52, 60, 83, 98, 102, 108, 211, 356
Heim, K. 34
Heimpel, H. 216
Heine, H. 146
Heller, E. 115
Hello, E. 163
Helmholtz, H. von 148
Heraklit 120
Herder, J. G. von 126
Herzen, A. 156
Hessen, J. 49
Hillel, Rabbi 307

Hinske, N. 180
Hippel, E. von 156
Hirsch, K. J. 206
Hitler, A. 136, 276
Hoekendijk, J. Chr. 292
Hoelscher, E. E. 300
Hofmann, J. Chr. K. von 252
Holl, K. 18
Homburg, E. Chr. 256
Hooton, E. 139
Horkheimer, M. 151f, 253, 302
Howe, G. 250
Husserl, E. 188
Hutten, K. 99
Huxley, A. 110

Itard, J. 69
Iwand, H. J. 76, 81, 266, 281, 291, 321, 361

Jacobi, Fr. H. 84, 94
Jaeger, A. 51, 114, 222, 339
Jaspers, K. 95
Jean Paul 83, 102ff, 105f, 119f, 157, 164, 173
Jepsen, A. 232
Jeremias, J. 28, 58
Johannes von Saaz 100f
Johnson, L. B. 276
Jüchen, A. von 75, 168
Jüngel, E. 143, 167, 218f
Jünger, E. 85

Kähler, M. 144
Kästner, E. 317
Kafka, F. 175, 265, 319
Kaléko, M. 341
Kant, I. 11, 19, 29, 48, 67, 93ff, 96, 126, 169, 187, 193, 229, 238–242, 246, 282, 362, 368f
Keller, W. 49
Kerenyi, K. 200
Kierkegaard, S. 48, 154, 160, 187, 194, 217, 239, 280, 334
Kimmerle, H. 39
Kindt, K. 120
Klaus, G. 303
Kleist, H. von 177
Kleist-Schmenzin, E. von 288
Klohr, O. 21, 75f, 168
Kobler, Fr. 307
Köhler, L. 223, 304

Namensregister

Körner, J. 292
Koestler, A. 146, 283
Kolakowski, L. 45, 86, 188f
Kopernikus, N. 89, 92
Kraft, W. 332, 343
Kraus, H. J. 214
Kreck, W. 292
Kütemeyer, W. 137

Laing, R. D. 185
Landsberg, P. B. 97, 102
Lauth, R. 49, 57
Lawrence, D. H. 22f
Lawrence, T. E. 175
Leeuw, G. van der 95
Leibniz, G. W. 377
Lenin, W. I. 114, 130, 132, 141
Leviné-Nissen, E. 206
Leonhard, W. 172
Leopold II. von Belgien 276
Lessing, G. E. 96, 126f
Lessing, Th. 49, 181
Levi-Strauss, Cl. 138
Lichtenberg, G. Chr. 221
Löwith, K. 117f, 124, 154, 224
Lucretius, C. 220
Ludendorff, E. 276
Lüthi, K. 271
Lüthy, H. 123
Luther, M. 76ff, 81, 95, 121, 190, 206, 225, 242ff, 255f, 281, 290, 299, 312f, 317ff, 321, 343, 364f, 380f
Luxemburg, R. 22

Maceina, A. 45
Machovec, M. 45
Mani 261
Merleau-Ponty, M. 153
Marcel, G. 57
Marcion 223
Marcuse, H. 108
Martinus von Biberach 343
Marx, K. 13, 15, 64, 92, 96, 110, 126f, 130, 132, 138, 151f, 162, 188, 244, 252, 365f
Mechthild von Magdeburg 342
Mehnert, K. 44
Mendelsohn, M. 96
Mill, J. St. 131
Mirza Hirsûe Ali 262
Miskotte, K. H. 49, 212, 231, 257, 269, 335

Mitscherlich, A. 135
Moltmann, J. 231, 333, 362
Müller, M. 53
Müller-Lauter, W. 84, 117, 175
Müller-Lyer, F. 48f, 138

Nestroy, J. N. 143
Nietzsche, F. 13, 35, 47f, 51, 55, 59, 83–90, 105f, 114–122, 127, 156f, 161f, 164, 170, 179, 192f, 211, 256, 260, 265, 275, 311, 339, 358
Niftrik, G. C. von 144
Noel, M. 373

Onasch, K. 156, 158
Oppenheimer, R. 310
Otto, W. F. 211
Overbeck, F. 23, 122

Parmenides 120, 212
Pascal, B. 91, 145, 169, 199, 253, 331
Paulus 63, 81, 147, 163, 203, 218, 238, 252, 260, 262, 268f, 272f, 281, 285, 290, 292, 324f, 329, 337, 363, 369, 381
Peguy, Ch. 57
Petrus Lombardus 84
Philipp, W. 217
Platon 58, 111, 211, 219
Plessner, H. 214
Plivier, Th. 172
Podach, E. 117
Poerzgen, H. 134
Pokorny, P. 205
Popper, K. 46
Portmann, A. 68, 69, 300
Preuss, H. D. 223
Pury, R. de 232, 235, 237
Puschkin, A. 88

Quenstedt, J. A. 225

Raabe, W. 12, 186
Rad, G. von 216, 218, 304
Ranke, L. von 141
Rausch, J. 175
Rauschning, H. 84, 174
Ratschow, C. H. 18
Ratzinger, J. 58
Rehfeld, H. 50
Rehm, W. 105
Rehn, J. 86

Reiner, H. 48
Reisner, E. 137
Ricoeur, P. 293
Rintelen, F. J. von 49
Ritschl, A. 93
Roenne, A. von 287
Rohrmoser, G. 94
Rosanow, V. V. 97
Rosenstock-Huessy, E. 65, 131, 143
Rosenzweig, F. 304
Roth, E. 221
Rousseau, J. J. 125

Sauter, G. 223
Santillana, G. de 360
Ssachno, H. von 45
Schaff, A. 44
Schelling, G. F. 152, 222, 301
Schestow, L. 95, 111, 155f, 249, 253
Schiller, F. 100, 146, 151, 174
Schlatter, A. 276, 322, 333
Schlechta, K. 117
Schmidt, H. P. 314
Schmidt, W. H. 221
Schmolck, B. 29
Schneider, R. 27ff
Schniewind, J. 276
Schopenhauer, A. 15, 47, 117, 140, 332
Schrey, H. H. 374
Schwab, G. 43
Shakespeare, W. 150
Shaull, R. 205
Shaw, B. 332
Siebeck, R. 321
Silone, I. 107
Sokrates 58, 254
Soden, W. von 304
Sölle, D. 64, 339
Solschenizyn, A. 30
Sorel, G. 311
Spaemann, R. 224
Spencer, H. 162
Spengler, O. 135
Stalin, J. W. 63, 134, 136, 276
Stendhal, K. 326
Stifter, A. 103

Stirner, M. 60
Strauss, D. F. 92, 127
Strolz, W. 232
Susman, M. 250, 302

Tacitus 213
Taubes, J. 123
Teilhard de Chardin 126, 128–131, 221, 294, 312
Theunissen, M. 152, 194, 224
Thomas von Aquin 214, 313
Thurneysen, E. 156
Tillich, P. 28, 33f, 144, 223, 287, 297, 346
Tolstoj, L. 104
Troeltsch, E. 95, 124, 294
Turgenjew, J. 85

Verhoeven, C. 57, 87, 97, 99, 180f
Vischer, W. 232
Vogel, H. 231, 259, 286, 380
Voltaire, A. 125
Vriezen, Th. C. 304f

Wagner, Chr. 332
Wagner, R. 122
Weber, A. 30
Weber, H. E. 144
Weil, S. 258, 373
Wein, H. 84
Weischedel, W. 48, 50, 52, 77, 123, 126, 177, 194
Wellmer, A. 153
Welte, B. 49
Werfel, F. 110
Westermann, C. 232, 250
Wiesenthal, S. 277
Wilder, Th. 165, 170, 377
Wilhelm, R. 33
Wittgenstein, L. 143, 302
Wolff, H. W. 214

Xenophanes 212

Zimmerli, W. 250, 304f
Zorn, W. 123